Z 35801

Paris
1861

Goethe, Johann Wolfgang von

Ouevres complètes

Tome 10

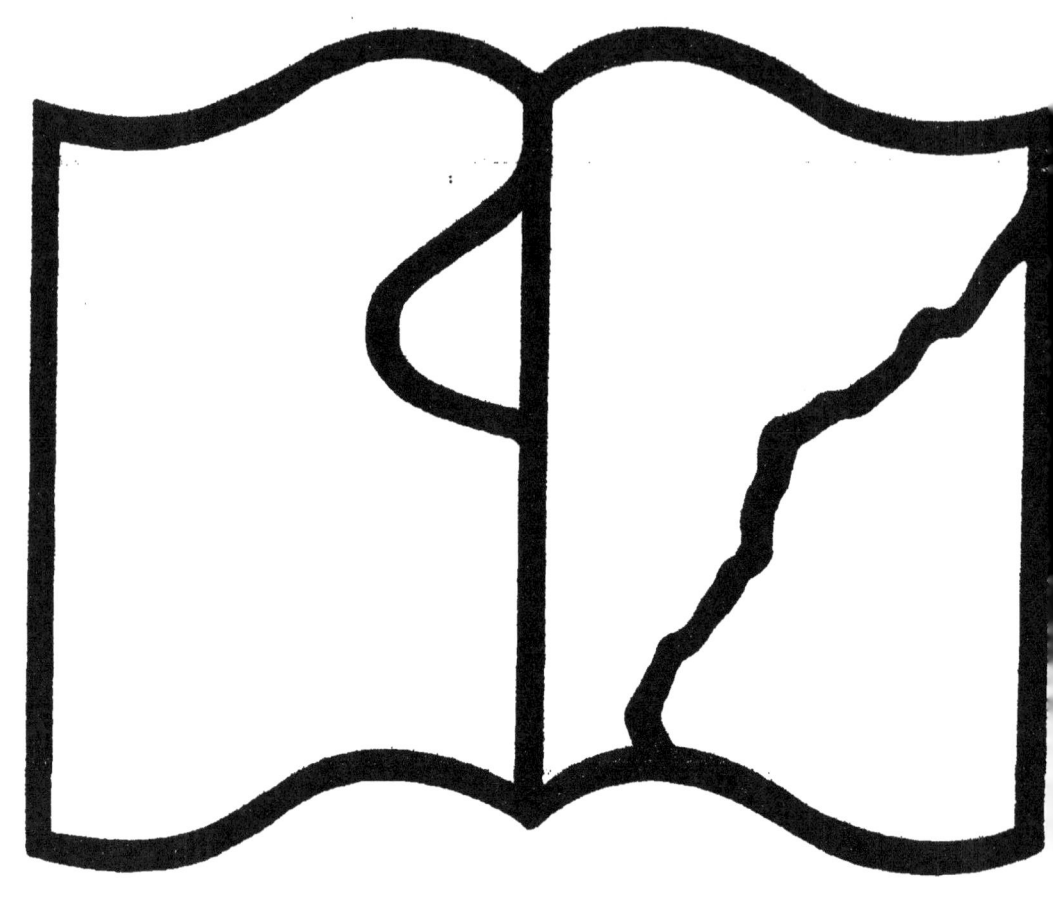

Symbole applicable
pour tout, ou partie
des documents microfilmés

Texte détérioré — reliure défectueuse

NF Z 43-120-11

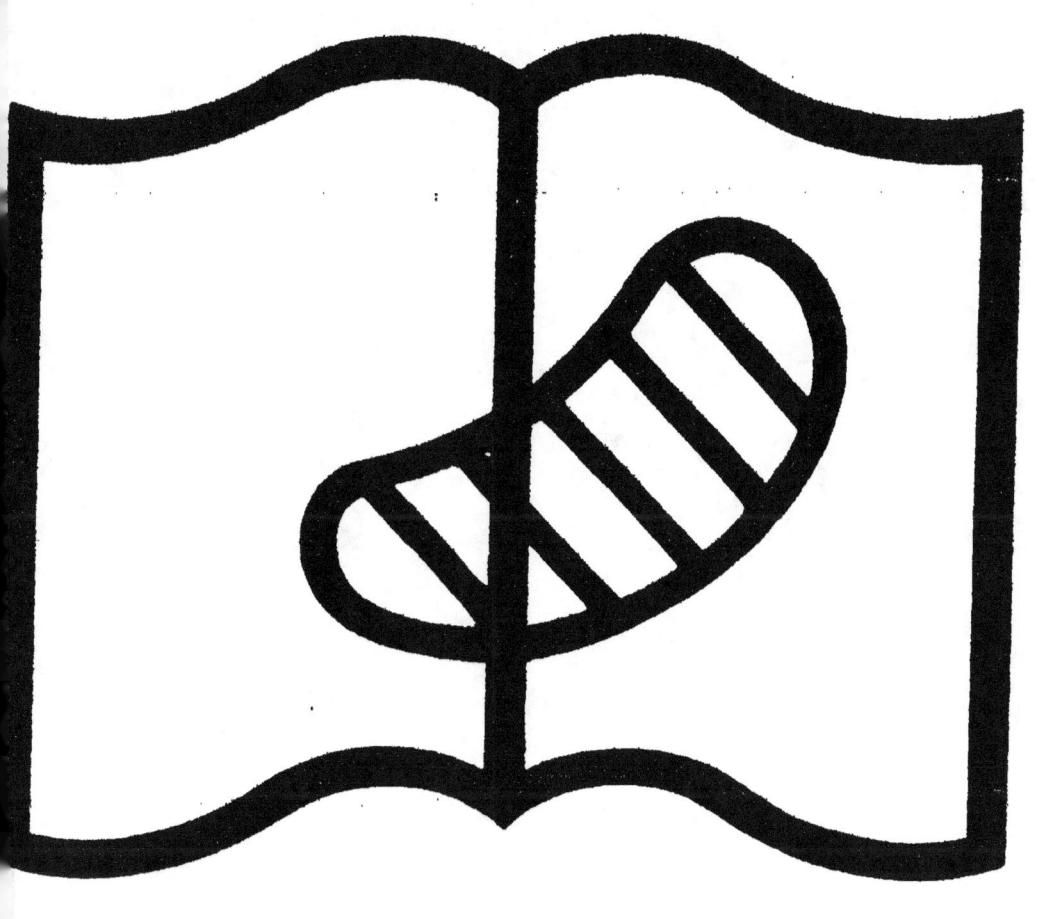

Symbole applicable
pour tout, ou partie
des documents microfilmés

Original illisible

NF Z 43-120-10

ŒUVRES

DE GOETHE

X

PARIS. — IMPRIMERIE DE CH. LAHURE ET C⁰
Rue de Fleurus, 9

MÉLANGES

PAR GOETHE

TRADUCTION NOUVELLE

PAR JACQUES PORCHAT

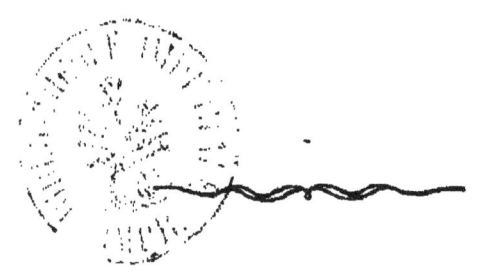

PARIS
LIBRAIRIE DE L. HACHETTE ET Cie
BOULEVARD SAINT-GERMAIN, N° 77
—
1863

INTRODUCTION.

Notre dixième et dernier volume se compose encore, en grande partie, d'écrits relatifs à la vie de Goethe. La *Campagne de France* est un récit familier qu'il nous fait de ses aventures et de ses impressions personnelles, pendant la campagne de 1792, où il accompagna le duc de Weimar, qui commandait un régiment sous les ordres du roi de Prusse et du duc de Brunswick. Le *Siége de Mayence* est une relation du même genre, qui se termine à la prise de cette ville par les alliés en 1793. Les *Annales* sont des notes biographiques, où l'auteur, après quelques réflexions sommaires sur les années précédentes, a donné, année par année, de 1789 à 1822, l'indication de ses travaux et d'intéressants détails sur sa vie.

Autant il était nécessaire de faire entrer ces productions importantes dans la traduction des Œuvres de Goethe, autant il convenait d'éliminer certains détails, qui auraient semblé à la plupart des lecteurs d'une longueur excessive, et qui auraient nui à l'effet du reste. Ce ne sont plus ici des œuvres littéraires achevées, dont la forme est détruite quand l'ensemble est tronqué : ce sont plutôt de simples documents, dont on ne devait conserver que ce qui peut intéresser le public auquel on s'adresse.

Dans ces trois écrits, mais surtout dans les *Annales*, Goethe revient souvent sur ses travaux scientifiques, et je n'ai pas laissé dans l'ombre cette direction de son activité; mais le travail de M. Faivre m'a permis d'être plus bref dans ce qui se rapporte à ce sujet. Outre qu'il n'est pas de ma compétence, je devais éviter de revenir sur ce qu'on trouve si bien exposé dans le volume supplémentaire, consacré à l'analyse des Œuvres scientifiques.

Il convenait aussi d'abréger les détails dans lesquels Goethe entre souvent sur ses travaux administratifs, qui, par leur nature et leur objet, n'avaient guère d'importance que pour la localité. Quelques indications suffisaient pour donner l'idée de sa vigilance et de son activité. Au reste, dans tout ce que j'ai conservé, je suis demeuré fidèle à mon rôle de traducteur. C'est toujours une version que j'offre aux lecteurs, ce n'est pas un résumé.

Ce que nous donnons ensuite sous le titre d'*Œuvres diverses* a été choisi d'entre un grand nombre d'opuscules, qu'on ne pouvait offrir sans distinction au public français. Goethe a laissé une foule de notes et d'articles sur les arts et la littérature. Quelques extraits donneront du moins une idée de ces travaux épars, si nombreux et si divers.

Ainsi donc, comme les *Mémoires* et les *Voyages*, la plupart des écrits dont se compose notre dernier volume sont encore des confessions ou plutôt des confidences ; nous retrouverons partout l'homme dans le livre ; mais, outre que les *Annales* s'arrêtent à l'an 1822, et laissent, par conséquent, une lacune de dix années, les faits relatifs aux temps antérieurs sont assez incomplets, et j'ai dû, comme dans le neuvième volume, y suppléer en puisant aux mêmes sources et en mettant à profit les mêmes secours[1].

J'aurais voulu, ma grande entreprise une fois achevée, pouvoir consacrer encore à l'étude de Goethe un temps assez long pour être en état d'offrir au public un travail historique et critique, détaillé et approfondi ; j'avais même formé le projet séduisant de visiter l'Allemagne et Weimar, et d'y recueillir les matériaux d'une étude dans laquelle seraient venues se classer les réflexions éparses que m'a suggérées un long commerce avec mon auteur : mais ni les convenances de mes honorables Éditeurs ni les miennes ne m'ont permis de mettre à exécution ce projet, qui aurait trop retardé cette publication, déjà longtemps différée. Il doit me suffire d'avoir consacré sans partage plusieurs années de ma vie à l'illustre poëte, et je vais enfin me séparer de lui, après avoir donné, à la suite des *Mémoires*, des *Voyages* et de mon *Introduction* au tome neuvième, les détails les plus nécessaires pour suppléer aux lacunes que laissaient encore les confidences de l'auteur.

Goethe partit de Rome le 22 avril 1788, et arriva le 18 juin à Weimar. On a vu avec quelle douleur il avait quitté l'ancienne capitale du monde ; et l'on prévoit qu'il dut avoir de la peine à reprendre

---

1. Surtout l'excellente biographie de Goethe par M. Lewes. Je l'ai suivie assez fidèlement : cependant je ne dois pas rendre l'auteur responsable de tout ce que j'avance. Il est difficile d'abréger sans modifier, et, si peu qu'il y ait de moi dans les pages qui suivent, il y a pourtant quelque chose. Il n'est pas inutile d'ajouter que j'ai dû me servir de la traduction allemande, qui passe d'ailleurs pour être parfaitement fidèle. Elle est de M. le docteur Jules Fiese.

ses premières habitudes. Après Rome, aucune grande ville ne lui aurait suffi : que devait lui paraître l'humble et tranquille Weimar !

Il avait formé à Rome le projet de vivre désormais uniquement pour les arts et les sciences, et il avait demandé la permission de résigner ses emplois. Charles-Auguste rendit généreusement la liberté à son ami, en l'autorisant toutefois à siéger au conseil (et même dans le fauteuil du prince) « quand ses affaires le lui permettraient. » Cependant Goethe conserva la présidence de la commission des bâtiments et la surveillance de tous les établissements consacrés aux arts et aux sciences, particulièrement de l'université d'Iéna et du théâtre de Weimar.

Depuis son voyage d'Italie on le trouvait plus froid et plus réservé. C'était l'effet de l'âge et de la méditation ; c'était aussi la conséquence de sa nouvelle situation. Il se sentait moins bien compris, et se retirait davantage en lui-même. Cependant il s'était fait, aussitôt après son arrivée, un grand mouvement autour de lui. Pendant les premières semaines, il avait donné beaucoup de temps à la cour. On voulait l'entendre parler de son voyage, et il était lui-même charmé d'en parler et de conter. Si, plus tard, il se renferma davantage, il fut toujours le même pour les hommes qui savaient le comprendre.

Une seule personne, à Weimar, avait à se plaindre de lui : c'était la baronne de Stein. Une longue absence avait refroidi la passion de Goethe. Il avait aimé en Italie. Mme de Stein avait quarante-cinq ans. Il ressentait toujours pour elle, et il lui garda jusqu'à la fin, une tendre affection : mais c'était trop peu pour une femme qui s'était vue passionnément aimée, et, plus elle se montra offensée, plus elle rendit une rupture inévitable.

Avant d'en venir à cette extrémité, il s'était rendu avec elle à Rondolstadt, et il y rencontra Schiller, sur qui il ne fit pas une impression favorable. On verra dans les *Annales* que cet effet fut réciproque. L'auteur des *Brigands* ne pouvait attirer à lui son émule, revenu d'Italie avec les idées les plus sublimes et les plus pures sur la grâce et la beauté. Schiller éprouvait d'ailleurs un sentiment pénible en considérant combien la fortune avait favorisé son rival, quand il reportait ses regards sur sa propre situation, difficile et précaire. On lit avec regret l'expression de ces sentiments dans ses lettres à Kœrner. Voici ce qu'il lui disait le 2 février 1789 :

« Un commerce fréquent avec Goethe me rendrait malheureux.... Je le crois égoïste au suprême degré. Il a le talent d'enchaîner les hommes et de les obliger par de grands et de petits services, en restant toujours son maître. Il est bienfaisant, mais comme un dieu, sans se donner lui-même. Aussi m'est-il odieux, quoique j'aime son esprit de tout mon cœur et que je l'admire. Enfin, il m'inspire un singulier mélange d'amour et de haine, et il éveille en moi un sentiment pareil à celui que Brutus et Cassius doivent avoir éprouvé pour César. »

Il devait plus tard apprendre à le mieux connaître; il devait un jour aimer l'homme autant qu'il admirait l'auteur. Mais cette admiration était dès lors entière. « Je ne suis point à la hauteur de Goethe, disait-il à Kœrner, quand il veut déployer toute sa force. Il a plus de génie que moi, et, avec cela, plus de fonds et de connaissances : ajoute encore un goût éclairé et épuré par l'étude des arts. »

Et, là-dessus, Schiller fait de pénibles réflexions sur la différence de leur position extérieure : Goethe, l'enfant gâté de la fortune, et lui, l'homme de douleur et de travail.

Cependant, à cette époque, Goethe n'était point heureux. Il souffrait à se voir comme étranger dans sa patrie; sa maison solitaire l'attristait; il y rêvait douloureusement à Rome et à l'Italie. Il était dans ces dispositions mélancoliques quand, par un jour d'automne (1788), comme il se promenait seul dans le parc de Weimar, sa création chérie, il fut accosté par une fraîche et jolie jeune fille, qui lui présenta un placet, en lui faisant force révérences. Il jette un coup d'œil à la belle solliciteuse, puis il parcourt la requête. Il était prié d'employer son influence en faveur d'un jeune écrivain, qui vivait à Iéna de traductions du français et de l'italien, et qui désirait un emploi. Ce jeune homme était Vulpius, l'auteur de *Rinaldo Rinaldini*[1]. Il n'est plus guère connu aujourd'hui que pour avoir été le frère de Christiane Vulpius, la jeune personne qui présentait le placet, et qui, après une longue intimité, devait être un jour la femme de Goethe.

Elle ne fut jamais sa servante, comme on l'a prétendu. Elle n'était pas sans culture. Il put lui parler de ses travaux. C'est à elle qu'il s'adresse dans sa pièce intitulée : *la Métamorphose des plantes*[2]. Mais elle était loin d'une baronne de Stein, qui avait pu être la confidente des plus sublimes inspirations de l'homme de génie.

Christiane fut d'abord une amante chérie, qui se livra sans réserve à son amant. Jeune, fraîche, bien faite dans sa petite taille,

---

1. Roman très-populaire à cette époque, dans lequel les brigands jouent un grand rôle.
2. Tome I, page 368, et particulièrement la fin de cette poésie.

des yeux riants, des lèvres vermeilles, des joues où brillaient les roses de la santé. Elle était vive, gaie, amie du plaisir. Avec cela, de l'esprit naturel, un cœur aimant, une grande aptitude pour les soins du ménage. Sous ce rapport, Goethe avait trouvé la femme qu'il lui fallait.

Mais pourquoi ne l'épousa-t-il pas d'abord? Il avait toujours redouté la chaîne du mariage; d'ailleurs, la différence des positions était extrême, et elle faisait appréhender cette union à Christiane elle-même. Elle a dit que ce fut sa faute, si le mariage fut différé jusqu'en 1806. Vivre avec Goethe, n'importe à quel titre, était assez pour elle. Ce qu'il y a de certain, c'est que, vers la Noël de 1789, après la naissance de leur premier enfant (Auguste, dont le duc voulut être le parrain), Goethe établit Christiane chez lui avec sa sœur et sa tante, et cette liaison fut toujours considérée comme un mariage. « Elle a toujours été ma femme, » dit-il, lorsqu'à la fin il l'épousa. Quoi qu'il en soit, l'opinion fut blessée; la nation ne pardonnait pas à son grand poëte cette infraction aux lois de la société, et les ennemis de Goethe profitèrent de sa faute pour jeter des soupçons sur son caractère moral.

Est-ce trop que de demander aux esprits équitables, pour excuser en quelque mesure cet homme illustre, de prendre en considération son isolement dans la haute position que l'admiration de l'Allemagne lui avait faite? Il lui fallait une compagne pour tenir sa maison, pour répondre à son besoin d'aimer: le hasard l'adresse et l'amour l'enchaîne à une femme d'un rang trop inférieur pour que le mariage n'eût pas causé un fâcheux éclat dans le monde où il vivait: entraîné par l'exemple, séduit par l'extrême facilité des mœurs, il contracte, en véritable prince, une sorte d'union morganatique....

Une fois qu'il eut pris cette position irrégulière, il eut du moins le mérite de la garder fidèlement et de finir, bien tard, il est vrai, par où il aurait dû commencer.

La bonne mère de Goethe souffrit doucement cet écart de son illustre fils. Elle aima Christiane, elle la reçut dans sa maison, la traita en belle-fille. Elle lui écrivait des lettres affectueuses, et, mère indulgente, elle ferma toujours l'oreille aux caquets. Son Wolfgang était heureux; elle prenait son parti du reste.

Enfin, s'il est vrai que ce fut Christiane qui inspira les *Élégies romaines*, les amis de l'excellente poésie auront de la peine à prendre parti contre la femme aux charmes de laquelle ils doivent ces chefs-d'œuvre justement admirés.

Cependant Weimar, qui avait vu sans sourciller la longue liaison de Goethe avec la baronne de Stein, trouva mauvais que le grand poëte eût donné son affection à une personne d'un rang si inférieur. La baronne fut outrée, et, malgré tous les efforts de Goethe pour conserver son « amitié, » la rupture fut complète. Néanmoins, il resta dévoué jusqu'à la fin à celle qu'il avait tant aimée, et Fritz de Stein ne cessa pas d'être l'objet de sa vive et paternelle affection.

Goethe acheva vers ce temps-là le drame du *Tasse*, commencé en 1777, et auquel il avait travaillé en Italie. On ne manqua pas de faire, au sujet de cette pièce, des rapprochements entre Weimar et Ferrare : Goethe était le Tasse ; Charles-Auguste, Alphonse ; la duchesse Louise, la princesse ; Herder, Antonio ; la baronne de Stein, Éléonore Sanvitale. Tout cela était plus que hasardé, mais il y a des esprits, et ils sont nombreux, qui cherchent avant tout dans une œuvre poétique des allusions, des réalités, parce qu'ils sont incapables d'y puiser une jouissance pure et désintéressée. Goethe ne laissa jamais paraître pour la duchesse Louise que le respect le plus tendre, et rien ne ressemble moins à la manière dont il fut traité par son généreux ami Charles-Auguste que la conduite d'Alphonse envers l'auteur de la *Jérusalem délivrée*.

Après son retour de Rome, Goethe ne tarda pas à étudier les ouvrages de Kant, et, dans la *Critique du jugement*, les chapitres consacrés à l'esthétique fixèrent son attention d'une façon toute particulière. Mais ce furent surtout les sciences naturelles et les beaux-arts qui lui offrirent une occupation salutaire, dont il avait grand besoin dans la situation peu agréable où il se trouvait alors. Il ne fut pas d'abord également heureux auprès du public dans ces deux directions de son activité. On peut s'étonner aujourd'hui que, sans avoir jamais été capable de rien produire dans les arts qui fût vraiment remarquable, il ait vu le public s'incliner devant ses jugements, et ait été considéré dans ces matières comme un arbitre souverain, et, qu'en revanche, après avoir fait une étude approfondie des sciences naturelles et s'être élevé dans ce domaine aux conceptions les plus admirables, il ait vu ses travaux, des travaux pleins de génie, accueillis longtemps avec indifférence, avec dédain. Cependant on a fini par reconnaître aussi dans ce nouveau champ son mérite supérieur, et, si nous osons hasarder ici notre opinion personnelle, l'avenir lui rendra peut-être encore une plus complète justice.

Ce ne fut pas seulement par ses travaux particuliers que Goethe contribua au progrès des sciences ; il y concourut puissamment par ses relations avec l'université d'Iéna. On voit dans ses *Annales* combien cette grande institution l'occupait. Elle dut en grande partie à l'influence d'un administrateur si éclairé son état florissant et l'esprit d'initiative qui l'animait.

Au commencement de l'année 1790, il retourna en Italie pour aller au-devant de la princesse Amélie et de Herder. Il les attendit à Venise. Dans cette seconde visite, l'Italie lui apparut sous un aspect bien différent, si l'on en juge par les *Epigrammes vénitiennes*, qui sont le fruit de son nouveau séjour dans cette ville. Toutefois on aurait tort d'y voir le dernier mot de Goethe et de le croire désenchanté. Les regrets du foyer domestique et de la « petite amie, » les vagues appréhensions qu'éveillait chez lui la révolution française, lui présentaient les objets sous un jour plus sombre; mais il ne cessa jamais de regretter et de chérir la terre des orangers.

A peine fut-il de retour à Weimar, qu'il dut accompagner au camp de Silésie son prince, qui était entré au service de la Prusse. Il y vécut en dehors du mouvement de la société, entièrement livré à l'étude des sciences naturelles. Revenu au mois d'août à Weimar, il eut à subir les reproches de Herder et de la duchesse Amélie, qui le forcèrent de quitter l'ostéologie pour *Wilhelm Meister*. Mais il ne s'y arrêta pas longtemps, et l'optique amena des distractions nouvelles.

Au mois de juillet 1791, la duchesse Amélie ouvrit son salon tous les vendredis à un cercle intime. Le duc et la duchesse Louise, Goethe et quelques amis favorisés se réunissaient chez elle de cinq à huit heures pour entendre une lecture de quelqu'un des membres de la société. Toute étiquette était bannie. Le lecteur avait seul une place réservée. Goethe lut un soir son récit relatif à la famille Cagliostro[1]. Une autre fois, il parla sur l'optique. Herder lut des réflexions sur l'immortalité, Bertouch sur les couleurs chinoises, sur les jardins anglais; Bœttiger sur les vases antiques, Houfeland, sur son thème favori, l'art de prolonger la vie, et Bode donna des fragments de sa traduction de Montaigne.

Mais il fallut bientôt s'arracher à cette vie studieuse et tranquille. Le duc, dont les goûts militaires s'étaient réveillés, prit le commandement d'un régiment de cuirassiers au service de Prusse, et conduisit l'avant-garde dans l'expédition entreprise en 1792 par le roi de Prusse et le duc de Brunswick contre la France. Il désira d'être accompagné par le poëte, son ami, qui lui fit avec dévouement ce grand sacrifice.

Goethe détestait la guerre et les révolutions violentes, qui n'étaient

---

1. Tome IX, page 297.

à ses yeux que des obstacles au progrès de la civilisation. C'est à ce point de vue qu'il faut le juger, si l'on veut être équitable envers lui. Il était mieux qu'un patriote, il était un homme. C'est le témoignage que lui rendit Napoléon Ier dans leur célèbre entrevue. Il travailla toute sa vie à abaisser les barrières qui séparent les nations. Il savait aimer et apprécier le bon et le beau chez les étrangers. Au fond de l'âme, il aimait et il admirait la France. Quelle place son histoire n'occupe-t-elle pas dans les ouvrages du poëte! Que d'inspirations n'a-t-il pas trouvées chez elle? Il parla souvent de ses grands hommes dans les termes de la plus vive admiration, au risque de blesser les préjugés de ses compatriotes. Véritable citoyen du monde, il ne pouvait être hostile aux principes de 89; mais il n'avait pas une assez haute opinion du siècle pour les croire applicables de nos jours. Il prévit de loin et il détesta les excès. Cela ne l'empêchait pas de condamner l'aveuglement et les torts du parti contraire. Cependant il marcha fidèlement à la suite de son prince dans la campagne de 1792, et, quand le mauvais succès eut justifié ses tristes prévisions, il sentit aussi vivement que personne l'humiliation de la défaite. Deux ou trois courts passages de son récit en disent plus là-dessus que de longues déclamations.

A son retour, une agréable surprise l'attendait : le duc avait fait rebâtir à neuf, pendant son absence, sa maison du Frauenplan. Elle pouvait passer alors pour un palais. La construction n'était pas si avancée que Goethe ne pût la terminer à son gré. Un escalier de belle apparence lui rappela l'Italie. Les bustes des dieux de l'Olympe frappaient d'abord les regards : c'étaient les symboles du repos et de l'accomplissement. A l'entrée du vestibule, le regard s'arrête sur de beaux plâtres logés dans des niches, sur le plan de Rome qui décore la muraille, et sur le plafond, où Henri Meyer a représenté l'Aurore.

Près de la porte est le groupe d'Ildefonse. Dès l'abord, le SALVE romain adresse aux arrivants la bienvenue. Au premier étage se trouve, en entrant, la salle de Junon, ainsi nommée du buste de la Junon Ludovisi, que Goethe avait apporté de Rome. Aux murs sont suspendues les Loges de Raphaël. A gauche est la salle de réception, où l'on voit le piano qui anima tant de belles soirées. Il vibra sous les doigts de Hummel et du jeune Mendelssohn ; il accompagna les chants de Catalani et de Sonntag. Les dessus de portes sont décorés de cartons mythologiques par Henri Meyer; aux murs, une copie des Noces Aldobrandines, des esquisses et des gravures de grands maîtres, une armoire renfermant des cuivres et des gemmes ; une autre armoire, qui contient des statuettes de bronze, des lampes et des vases. Trois petites chambres sont attenantes à l'autre coté de la salle de Junon : la première offre des esquisses de peintres italiens et un tableau d'Angélica Kauffman ; la deuxième et la troisième, toute espèce de vases d'argile et un appareil pour l'explication de la doctrine des couleurs. Derrière la salle de Junon s'en trouve encore une plus petite, ornée des bustes de Schiller, de Herder, de Voss, de Byron et d'autres personnages. De là, on descend par quelques marches dans une petite salle à manger, où Goethe aimait à prendre ses repas quand il avait peu de monde ; puis on arrive par un petit escalier dans le jardin, tenu avec un soin remarquable.

Le sanctuaire de la maison était le cabinet de travail, la bibliothèque et la chambre à coucher. La partie de l'appartement que nous avons parcourue rappelle aux visiteurs le ministre d'État et l'amateur des beaux-arts, et, pour ce qu'était alors Weimar, on pouvait trouver cet appartement magnifique ; mais les pièces auxquelles nous arrivons sont, même pour le temps et le lieu, de la plus extrême simplicité. Par une petite antichambre, où les collections minéralogiques sont renfermées dans de simples armoires, nous entrons dans le cabinet de travail, bas, étroit, un peu sombre, percé seulement de deux petites fenêtres et meublé de la façon la plus modeste. Tout est resté dans l'état où il se trouvait le jour de la mort de Goethe. Au milieu est une table de chêne ovale, tout unie ; point de fauteuils, point de sofa, aucune délicatesse ; une chaise commune, et, à côté, la corbeille où il avait coutume de mettre son mouchoir. Contre le mur, à droite, une longue table en poirier et des rayons portant des dictionnaires et des manuels ; à côté, une pelote, d'âge vénérable, des cartes de visite et d'autres bagatelles ; là aussi, un médaillon de Napoléon avec cette devise :

Scilicet immenso superest ex nomine multum

A côté, se trouve une autre bibliothèque, où l'on voit les ouvrages de quelques poëtes, contre le mur à gauche, un large pupitre sur lequel Goethe écrivait d'ordinaire. Il porte les manuscrits de *Gœtz de Berlichingen* et des *Élégies romaines*, et un buste de Napoléon en verre d'un blanc laiteux, qui, tourné contre la lumière, jette des reflets bleus et couleur de flamme, et dans lequel Goethe voyait un précieux témoignage en faveur de sa doctrine.

Un cahier de papier, avec des notes sur l'histoire du jour, est attaché près de la porte, et, à la porte même, sont suspendues des esquisses musicales et géologiques. Cette porte mène dans la chambre à coucher, si l'on peut donner ce nom à un petit cabinet éclairé par une seule fenêtre. Un lit simple, un fauteuil, un chétif lavabo qui porte une petite cuvette blanche et une éponge, voilà tout l'ameublement. Quiconque éprouvé quelque sympathie pour l'homme grand et bon qui reposa dans ce lieu, et y rendit le dernier soupir, ne peut voir sans émotion cette simplicité touchante.

De l'autre côté du cabinet de travail, se trouve la bibliothèque, qui n'est, à vrai dire, qu'un dépôt de livres. Ils sont placés sur de simples rayons de sapin. De petits morceaux de papier, portant les indications *Philosophie*, *Histoire*, *Poésie*, etc., annoncent un certain arrangement.

Telle fut la maison de Goethe pendant les longues années qu'il l'habita. A l'époque où nous sommes arrivés, elle n'était pas encore achevée. Le plaisir de s'y installer avec Christiane et leur premier-né, les loisirs studieux, lui offraient un agréable contraste après la vie agitée des camps. Henri Meyer avait quitté l'Italie et devint son commensal. Les *Annales* parleront de leurs travaux communs. Goethe nous dira aussi lui-même les pièces de théâtre que la révolution française lui inspira et l'agréable distraction qu'il trouvait à versifier en hexamètres les vieilles malices du *Renard*.

Il dut bientôt s'arracher à une si douce vie; dès le mois de mai 1793, le duc le rappela auprès de lui sous les murs de Mayence. Nous le laisserons raconter lui-même sa nouvelle campagne.

Ce serait le moment de faire le récit de sa liaison avec Schiller; mais qui en parlera d'une manière plus intéressante que Goethe lui-même? On verra dans ses *Annales* comment, après avoir éprouvé un mutuel éloignement, les deux grands poëtes se rapprochèrent et s'unirent, pour la vie, de la plus intime amitié. On déplorera avec Goethe qu'une liaison si belle, si honorable et si féconde n'ait duré que dix ans.

Les *Heures*, journal littéraire que Schiller publiait avec le concours des meilleurs écrivains, furent un premier lien entre les deux amis. Goethe donna pour ce recueil deux épîtres, puis les *Entretiens d'émigrés allemands*, les *Élégies romaines*, l'article sur le *Sans-culottisme littéraire*, etc.

Bientôt il communiqua à Schiller le manuscrit de *Wilhelm Meister*. Il s'établit dès lors entre eux une active correspondance.

Le 1er novembre 1794, Christiane donna à Goethe un second fils, mais l'enfant mourut au bout de quelques jours. Le poëte chercha dans le travail une diversion à son chagrin; et l'on verra que les occupations ne lui manquaient pas. Ses projets poétiques étaient nombreux; il en exécutait quelques-uns. Une tragédie, le *Prométhée déchaîné*, fut entreprise, puis abandonnée.

Les *Heures* n'avaient pas été accueillies avec la faveur qu'elles méritaient. Les deux amis ne purent souffrir patiemment ni la froideur du public et l'engourdissement de l'opinion, ni les sottes critiques de la médiocrité. Ils résolurent d'en tirer une vengeance littéraire, et ils publièrent les *Xénies*. La première idée en appartient à Goethe. Elle lui vint à la lecture de Martial. Il composa sur-le-champ une douzaine d'épigrammes, et les envoya à Schiller pour l'*Almanach des Muses*. Schiller les reçut avec beaucoup de plaisir, mais il jugea qu'il fallait aller jusqu'à la centaine et y faire figurer tous leurs ennemis. L'ardeur belliqueuse augmentant toujours, on résolut de pousser jusqu'à mille. Les deux poëtes y travaillèrent à l'envi, et de telle sorte qu'on ne distinguait plus à qui appartenait telle ou telle pièce. Souvent elles furent l'œuvre de tous deux.

Qu'on ne s'étonne pas du mouvement extraordinaire qu'elles produisirent, des indignations furieuses, des admirations hyperboliques. Les personnalités, quel qu'en soit le mérite littéraire, allument toujours les passions. C'était ce que voulaient nos deux athlètes, qui, poussés à bout par le mauvais accueil qu'on leur avait fait, crurent devoir recourir à ce moyen extrême pour secouer les esprits et signaler la sottise et l'envie. Nous ne pouvons juger plus rigoureusement ces épigrammes que celles de Boileau, de Jean-Baptiste et de Lebrun.

Cependant on aime mieux suivre les deux amis dans une plus noble carrière. Schiller avait trouvé à Weimar un théâtre tout prêt et un directeur dévoué, qui se plaisait à faire valoir les ouvrages de son émule, qui les soignait et les adoptait comme siens. Goethe, de son côté, achevait *Wilhelm Meister* avec les encouragements de Schiller, qui fut d'abord presque seul à reconnaître le mérite de cet ouvrage. *Hermann et Dorothée* est aussi de ce temps-là. Goethe méditait un poëme sur la chasse, qui est resté malheureusement à l'état de projet.

L'année 1797 fut particulièrement féconde. On la nomma l'année des ballades. Nos deux émules s'y exercèrent à l'envi, et produisirent ce qu'ils ont fait de mieux dans ce genre. La *Fiancée de Corinthe*, le *Dieu et la Bayadère*, le *Chercheur de trésors*, l'*Apprenti sorcier*, sont de cette époque.

Goethe désirait passionnément retourner en Italie; Schiller voyait ce projet avec chagrin. Son ami était assez riche, il avait assez recueilli et ne devait plus songer qu'à faire valoir les immenses ressources de son esprit. Par l'influence de ce sage conseiller, Meyer lui-même détourna leur ami de ce voyage. Cependant Goethe voulut visiter la Suisse une troisième fois. Il mena Christiane et son fils chez sa mère, qui les accueillit avec tendresse. Ils passèrent ensemble quelques jours heureux.

Après son retour, le poëte allait se plonger encore dans les recherches scientifiques, mais Schiller était là pour le rappeler à sa première vocation, et il le décida à écrire les dernières scènes de la première partie de *Faust*. Goethe méditait même une épopée[1]. Le héros serait-il Achille ou Guillaume Tell? La scène se passerait-elle dans le monde antique ou dans le monde moderne? Ce doute n'était pas la seule cause qui arrêtât le poëte; il ne s'était pas fait encore une théorie claire de l'épopée. Il écrivit un chant de l'*Achilléide*, et il s'en tint là.

Attiré d'un autre côté, il travailla avec Meyer aux *Propylées*, dans le même temps (1799) où le jeune Walter Scott traduisait *Gotz de Berlichingen*, et entrait dans la carrière où il a moissonné tant de gloire.

La générosité de Charles-Auguste mit Schiller en mesure de quitter Iéna et de s'établir à Weimar, où il passa le reste de sa vie, désormais confondue avec celle de son ami dans la poursuite des mêmes desseins, le progrès des arts et de la littérature et la création d'une scène nationale.

Le nouveau théâtre de Weimar s'était ouvert en 1790. Goethe en avait pris la direction avec une autorité absolue. Il était indépendant même du succès. La cour payait la dépense, et le poëte pouvait faire tous les essais qu'il jugeait convenables. Il surveillait les répétitions, observait les comédiens avec une grande attention. Il avait à cœur, comme Schiller, de porter l'art dramatique à une hauteur idéale, pour en faire l'école de la nation. Mais Weimar ne leur offrait pas un véritable public. En présence de la cour, les spectateurs demeuraient froids et réservés. La salle n'était animée que les jours où l'on y voyait paraître les étudiants d'Iéna. Ils arrivaient dans la ville en faisant un affreux tapage, vêtus et coiffés d'une manière étrange, les uns à cheval, les autres en voiture : objet d'effroi pour le tranquille Weimar. Ils poussaient des cris qu'ils appelaient des chants; ils provoquaient par leurs moqueries les paisibles soldats de la garde, qu'ils appelaient « les grenouilles, » à cause de leur uniforme vert et jaune. Quoi qu'il en soit, ils animaient

---

1. Voir les *Annales*, page 266.

le théâtre, mais ils y trouvaient, pour les tenir en respect, un personnage qui n'avait qu'une médiocre estime pour leurs excentricités, c'était M. de Goethe, le conseiller intime. Écoutons Édouard Devrient, l'auteur d'une excellente histoire de l'art dramatique en Allemagne.

« Il était assis dans un fauteuil au milieu du parterre, et, de son regard imposant, il dominait et dirigeait l'assemblée, tenait en bride les mécontents. Quand les étudiants faisaient trop de tumulte, il se levait et commandait le silence. A la représentation d'*Alarcus*, par Frédéric Schlegel (1802), les applaudissements d'une partie du public ayant provoqué une forte opposition de rires, Goethe se leva et, d'une voix de tonnerre, il s'écria : « Qu'on ne rie pas! » Il en vint à défendre toute marque bruyante d'approbation comme de désapprobation. Il endurait même fort peu la critique. Bœttiger avait écrit un article où sa direction était jugée sévèrement : il en eut connaissance et il déclara que, si l'article paraissait, il donnerait sa démission, et Bœttiger le retira. »

On comprend que les comédiens lui devaient être absolument soumis. Il commandait en maître, mais il était aimable et bon. Il savait remarquer les moindres succès. Les artistes avaient pour lui une vénération profonde. Un regard encourageant était une récompense; une parole bienveillante, une distinction inestimable. Aussi, malgré la modicité des appointements et la sévérité du directeur, la magie des noms de Goethe et de Schiller attirait-elle à Weimar de bons comédiens de toutes les villes d'Allemagne. Le théâtre prit un nouvel essor. Goethe, qui s'était de tout temps intéressé à ce qui intéressait ses amis, se laissa entraîner par l'enthousiasme de Schiller, et considéra le théâtre comme un moyen de civiliser la nation allemande. *Don Carlos*, *Egmont*, *Wallenstein*, furent joués successivement. L'effet fut immense, et la scène de Weimar s'éleva quelque temps au grand style.

Mais cette prospérité ne dura guère. Après la mort de Schiller, le zèle dramatique de son émule se ralentit. Puis vinrent pour le théâtre, comme pour le pays, les jours de l'adversité, après la bataille d'Iéna. En 1813, le comte de Edelink fut chargé de seconder le directeur. En 1817, Auguste de Goethe, son fils, lui fut associé. Le poëte éprouvait des contrariétés. Caroline Jagemann, actrice et cantatrice favorite de Charles-Auguste, devenue Mme de Heygendorf, trama une intrigue contre Goethe, dont elle n'avait jamais aimé l'influence. Cependant il patientait par amitié pour le prince. Un misérable incident vint mettre à bout la patience du directeur.

En 1817, un comédien ambulant, nommé Karsten, offrait à l'admiration des villes de l'Europe le barbet que Paris avait vu figurer avec tant de succès dans le *Chien de Montargis*. Le duc était grand amateur de chevaux et de chiens, et il fut aisé de lui inspirer le désir de voir la gentillesse du caniche. Quand son ministre fut informé que cet artiste d'un nouveau genre était appelé à Weimar, il invoqua l'article du règlement qui interdisait la scène aux animaux. On persuada au prince que son favori y mettait de l'entêtement. Le chien fut amené en secret. Le jour de la répétition, Goethe écrivit au duc qu'ayant toujours considéré le théâtre comme un sanctuaire, il lui demandait la permission de ne pas assister à la représentation et de se regarder comme congédié; puis il se rendit à Iéna. Le duc, un moment irrité, accepta la démission. Le procédé était dur, mais irréfléchi. Cependant Goethe sentit le coup profondément. « Charles-Auguste ne m'a jamais compris, » s'écria-t-il avec amertume. Un pareil affront, à lui, l'homme illustre! Et l'essuyer de son ami! d'un prince qui, pendant quarante années, avait été pour lui un frère plutôt qu'un souverain, et qui avait déclaré qu'il voulait reposer dans le même tombeau! Et tout cela pour un caniche! par l'intrigue d'une comédienne! Il eut l'idée de quitter Weimar et d'accepter les offres brillantes qu'on lui faisait de Vienne.

Mais le prince ne tarda pas à regretter une mesure précipitée. Il se hâta d'écrire à Goethe une lettre amicale. Le nuage se dissipa; cependant aucune prière ne put décider le poète à reprendre la direction d'un théâtre qui s'était abaissé jusqu'à produire un barbet sur la scène. Qui l'aurait dit, qu'un directeur tel que Goethe se retirerait devant un pareil ennemi?

Nous avons décrit avec quelque détail la maison du Frauenplan; on aimera sans doute à connaître aussi les habitudes du maître, et la manière dont il remplissait sa journée. Il se levait à sept heures, et souvent même plus matin, après un long et profond sommeil, et il travaillait assidûment jusqu'à onze heures. Il prenait alors une tasse de chocolat, et travaillait encore jusqu'à une heure. Il dînait à deux. Il était gros mangeur et très-friand de pouddings, de gâteaux, de mets sucrés. Il ne dînait jamais seul, et il aimait à prolonger le repas en causant et buvant. Car il aimait le vin, et il le fait assez entendre, à la manière dont il en parle souvent.

Laudibus arguitur vini vinosus Homerus.

Hâtons-nous d'ajouter qu'il ne cherchait dans le vin qu'une gaieté légère et ne tombait nullement dans l'excès. Du reste, sa table était fort simple : aucun dessert, pas même le café.

Toute sa vie domestique était d'ailleurs d'une grande simplicité. Les bougies étaient fort en usage, cependant on ne voyait sur sa table que deux chandelles.

Le soir, il allait souvent au spectacle, et, à six heures, il prenait régulièrement son verre de punch. S'il n'allait pas au théâtre, il recevait chez lui quelques amis. Entre huit et neuf, on servait un simple souper, mais il ne prenait lui-même qu'un peu de salade ou de confitures. Il se couchait régulièrement à dix heures.

Il recevait beaucoup de visites. On venait à Weimar pour le voir. On n'y passait pas accidentellement sans exprimer le désir de lui être présenté. Il en était souvent fatigué. Mais, quand la visite lui était agréable, il se montrait d'une amabilité extraordinaire. En revanche, les importuns le trouvaient froid et réservé. De là les jugements si divers qu'on a portés sur son compte. Burger voulut le traiter d'égal à égal, avec une brusquerie de mauvais goût, et il ne dut pas être satisfait de la manière dont il fut accueilli. Jean-Paul Richter se comporta mieux et fut bien plus content. En général, quiconque avait à lui dire des choses intéressantes pouvait compter sur sa sympathie. Et quant à la sûreté de son commerce avec ses amis et ses familiers, on ne saurait la révoquer en doute. Il souffrit longtemps sans se rebuter l'humeur quelquefois acariâtre de Herder. Il fut pour Schiller comme un frère. Il soutint et encouragea Hegel à ses débuts. Henri Voss, le fils du grand poëte, vint à Weimar en 1804, et il y vécut dans l'intimité de Schiller et de Goethe. Ses lettres, publiées plus tard, sont un vivant et touchant témoignage des qualités aimables de ces deux grands hommes. Goethe traita Henri Voss comme un fils, et ce jeune homme eut pour lui l'attachement le plus tendre[1].

Il admire d'abord la profondeur et la clarté de cet esprit merveilleux, de ce philosophe éminemment populaire, qui, sur les sujets les plus futiles, parle au cœur le langage de la véritable sagesse. Rien n'échappe à son attention. Il répand sur tout l'esprit et la vie, et l'on admire comme il sait tirer de la plus chétive matière des développements sublimes. Quand il s'anime, il presse le pas, ou, si une idée le saisit, il s'arrête, un pied devant l'autre, le corps penché en arrière. Être assis à table devant lui, arrêter le regard

---

1. Henri Voss, qui annonçait les plus heureuses dispositions poétiques, est mort à la fleur de l'âge.

sur son œil de flamme est une volupté. Ses traits, où la majesté brille, n'expriment pas moins de bonté et de bienveillance. « Ce que j'apprécie surtout, dit-il encore, c'est l'impression indéfinissable qu'il fait sur les cœurs. Il sait les porter vers le bien et le beau sans qu'ils s'en doutent, et ce n'est pas même avec intention qu'il le fait, c'est plutôt son être tout entier qui exerce à son insu cette influence. Dimanche dernier, je passai seul avec lui toute l'après-midi. Il tombait une douce pluie de mai. Nous étions assis dans la salle du jardin, devant la porte ouverte. Goethe était très-heureusement disposé. Il vint à parler de l'église de Saint-Pierre. Je n'entendis jamais une parole aussi belle et aussi pénétrante. Il n'est jamais plus charmant et plus aimable que le soir, dans sa chambre, appuyé contre le poêle ou assis sur le sofa. Que ce soit le silence du soir ou le soulagement qu'il éprouve après de pénibles travaux, il est plus gai, plus causant, plus ouvert, plus cordial. Oui, Goethe peut être la cordialité même. Je voudrais pouvoir vous dire une fois ce que cet homme est devenu pour moi, quelle est sa bonté à côté de sa grandeur. Je le vois tous les jours; je vis entièrement sous ses yeux; je lui ouvre mon cœur jusqu'au dernier repli : non pas qu'il le demande, mais parce que je ne pourrais vivre autrement.

« Je reste souvent jusqu'à dix heures du soir auprès de lui, dans son cabinet. Assis sur le sofa, dans le plus simple négligé, il cause ou il entend une lecture. Mais ses discours sont plus instructifs et valent mieux que toutes les lectures. Il se lève soudain et se promène de long en large ; ses gestes sont une parole vivante ; ce n'est pas seulement l'organe de la voix, c'est toute sa personne qui parle, et par ses yeux rayonne tout le feu de son âme. On lisait un soir un chant d'automne de mon père sur Dieu et l'immortalité. Goethe était absolument immobile. Il levait les yeux, comme s'il eût cherché le monde supérieur. J'éprouvai l'émotion la plus profonde à ce moment, où il dirigeait mon regard de la terre vers le ciel par des chemins tout nouveaux, et lui ouvrait une perspective dans l'éternité. »

Tandis que les deux chefs de la littérature travaillaient avec une noble émulation et une concorde fraternelle à l'œuvre commune, les Allemands disputaient sur la question de savoir lequel des deux était le plus grand poète. Goethe avait déjà condamné en Italie des discussions pareilles au sujet du Tasse et de l'Arioste, de Michel-Ange et de Raphaël[1]. Témoin de la lutte passionnée qui s'élevait

---

1. Tome IX, page 399.

entre ses partisans et ceux de son ami, il disait que leurs compatriotes devaient bien plutôt se réjouir d'avoir deux pareils « gaillards » sur lesquels ils pouvaient disputer. Le bon et modeste Schiller se mettait fort au-dessous de Goethe, qui disait à son tour : « Mes ouvrages ne seront jamais populaires comme les siens. »

Nous le laisserons rapporter lui-même, dans les *Annales*, la mort de Herder, la visite de Mme de Staël (1804), enfin la mort de Schiller, qui arriva une année plus tard.

Une fois privé de son émule, il vécut d'abord très-solitaire. Il avait perdu plus qu'un ami; celui qui avait su réveiller son ardeur poétique, lui rendre « un nouveau printemps, » n'était plus là : nous verrons Goethe se livrer encore au travail, à l'étude, aux recherches scientifiques, aux expériences de tout genre, produire même des ouvrages dont un autre serait fier; mais la splendeur du midi est passée; l'astre, toujours brillant, a perdu de sa chaleur; le soir approche.

Les confidences de Goethe nous font assez entendre que ni Jacobi ni Wolf, qui vinrent peu de temps après à Weimar, ne pouvaient lui tenir lieu de ce qu'il avait perdu. Ses relations avec les hommes marquants se multiplièrent : elles ne comblèrent pas le vide laissé par une amitié parfaite.

Mais l'année suivante (1806) amena une diversion qui ne fut que trop puissante. Dès le printemps, on prévit des troubles de guerre. Les rapports étaient toujours plus hostiles entre la Prusse et Napoléon; le duc de Weimar avait repris un commandement au service de cette puissance, et ses petits États furent enveloppés dans les orages qui assaillirent le nord de l'Allemagne. Le 14 octobre, à sept heures du matin, on entendit à Weimar une canonnade lointaine. La bataille d'Iéna avait commencé. Goethe entendit les sourdes détonations avec un effroi manifeste. Vers midi, elles s'affaiblirent. Il se mit à table comme de coutume. A peine le repas était-il commencé, que le tonnerre de l'artillerie éclata sur la ville. Goethe quitte la table. Riemer, son secrétaire, arrive et le trouve qui se promène de long en large dans le jardin. Les boulets volaient par-dessus les maisons; les baïonnettes de l'infanterie prussienne fugitive brillaient au-dessus des murs du jardin. Les Français avaient braqué du canon sur les hauteurs et ils foudroyaient la ville. La journée était belle et sereine. Les oiseaux chantaient sur l'esplanade, et le calme profond de la nature formait avec le bruit sauvage de la guerre un contraste saisissant. Les rues étaient mortes. Tout le monde se tenait caché. De moment en moment, un coup de canon interrompait le silence. Çà et là les boulets venaient frapper une maison.

Au milieu de cette scène d'épouvante, quelques hussards français entrent dans la ville au galop. Ils viennent reconnaître si l'ennemi s'est retiré. Aussitôt après, arrive un corps plus nombreux. Un jeune officier de hussards accourt à la maison de Goethe. Il annonce qu'elle sera le quartier général du maréchal Augereau, et, par conséquent, à l'abri du pillage. Cet officier était M. de Turkheim, le fils de Lili. Goethe l'accompagne au château; déjà plusieurs maisons étaient en flammes, les soldats enfonçaient les caves, le pillage commençait. Du château, Goethe revient dans sa maison, où quelques hussards s'étaient établis dans l'intervalle. Le maréchal n'était pas encore arrivé. On l'attendit une grande partie de la nuit. Enfin on ferma les portes et la famille se coucha. Tout à coup deux soldats frappent à la porte et demandent à entrer. On a beau leur dire que la maison est pleine et qu'on attend le maréchal, ils menacent d'enfoncer les fenêtres si l'on n'ouvre pas la porte. Il fallut les laisser entrer et leur servir du vin. Ils en usèrent copieusement et demandèrent le maître de la maison. On leur représenta inutilement qu'il était couché. Ils voulaient le voir. On éveille Goethe; il passe sa robe de chambre, descend l'escalier d'un pas majestueux et impose si fort par sa présence aux soldats ivres qu'ils deviennent tout à fait honnêtes. Ils entrent en conversation, ils trinquent avec lui et le laissent enfin retourner dans sa chambre. Mais, bientôt après, échauffés par le vin, ils demandent un lit, montent l'escalier en faisant tapage, pénètrent jusque dans la chambre du maître. Là commence une scène violente. Christiane, qui montra dans ces circonstances beaucoup de courage et de présence d'esprit, appelle du secours. On finit par entraîner hors de la chambre les tapageurs qui, malgré toutes les représentations qu'on leur fait, se couchent dans le lit préparé pour le maréchal. Il n'arriva que le matin. Dès lors les sentinelles protégèrent la maison.

Il s'était passé dans Weimar des scènes bien plus tristes. Le pillage fut si complet qu'on enleva du château les choses les plus nécessaires. Dans cette situation désespérée, tandis que l'incendie dévorait les maisons voisines, la duchesse Louise montra ce courage intrépide que le monde n'a pas oublié, et qui fit sur Napoléon une impression profonde. Lorsqu'il entra dans Weimar, entouré de toutes les horreurs de la victoire, la duchesse le reçut au haut de l'escalier de son château, avec une dignité ferme et tranquille. « Voilà, dit Napoléon à Rapp, voilà une femme à laquelle nos deux cents canons n'ont pas fait peur. » Elle lui recommanda son pays, elle défendit son époux, et, par son calme et son courage, elle amena le conquérant irrité à des sentiments plus doux. Il ne pardonnait pas au duc de s'être allié avec les Prussiens, et il lui déclara plus tard que, s'il l'épargnait, c'était en considération de la duchesse.

Aujourd'hui, Charles-Auguste n'a pas besoin d'excuses. Il avait suivi la politique nationale, et l'on sympathise pleinement avec le poëte, lorsqu'il justifie son prince par ces éloquentes paroles : « Je suis, dit-il, naturellement disposé à voir les choses avec calme, mais j'entre en fureur dès que je vois qu'on demande aux hommes l'impossible. Que le duc ait secouru de son argent des officiers prussiens dépouillés de leur solde; qu'il ait avancé quatre mille écus à l'héroïque Blücher après le combat de Lubeck, vous appelez cela une conjuration! Vous en faites un crime à Charles-Auguste! Supposons qu'aujourd'hui ou demain votre armée éprouve un revers; que penserait l'Empereur d'un général ou d'un feld-maréchal qui ne ferait pas exactement ce qu'a fait notre duc? Je vous le dis, le duc doit agir comme il agit. Il doit agir ainsi. Il aurait grand tort d'agir autrement. Et quand il devrait pour cela perdre ses États, son sceptre et sa couronne, comme son ancêtre, le malheureux Jean, il ne doit pas s'écarter d'un point de ces nobles sentiments et du devoir imposé à l'homme et au prince en pareille circonstance. Le malheur! Qu'est-ce que le malheur? C'est un malheur, sans doute, qu'un prince doive éprouver chez lui un pareil traitement de la part de l'étranger. Et quand il serait réduit à la même extrémité que Jean, son ancêtre, que sa chute et son malheur seraient certains, cela ne me troublerait point. Un bâton à la main, je veux, comme autrefois Lucas Cranach, suivre mon seigneur dans sa misère, rester fidèlement à son côté. Les enfants et les femmes qui nous rencontreront dans les villages diront, en versant des larmes : « C'est le vieux « Goethe et l'ancien duc de Weimar, que l'empereur des Français « a dépouillé de son trône, parce qu'il était resté fidèle à ses amis « dans le malheur; parce qu'il a visité au lit de mort le duc de « Brunswick, son oncle; parce qu'il n'a pas voulu laisser mourir « de faim ses vieux compagnons d'armes. »

En disant ces mots, il pleurait à chaudes larmes, et, après avoir fait une pause, il s'écria : « Je chanterai pour lui gagner du pain. Je me ferai chanteur de foire, et je mettrai notre malheur en chansons. Je visiterai tous les villages, toutes les écoles, où le nom de Goethe peut être connu. Je chanterai l'opprobre des Allemands, et les enfants apprendront par cœur mon chant d'opprobre, jusqu'à ce qu'ils soient devenus des hommes, et qu'en chantant ils rétablissent mon maître sur son trône et qu'ils vous renversent du vôtre. » Tels étaient les sentiments de cet homme qu'on voulait croire insensible, de cet Allemand qu'on disait mauvais patriote.

L'époque troublée au milieu de laquelle on vivait lui suggéra des réflexions sérieuses. Après seize ans d'intimité, il épousa Christiane. Il sentait la nécessité d'assurer le sort de la mère et de l'enfant. C'était d'ailleurs la juste récompense du courageux dévouement qu'elle lui avait montré dans ces jours difficiles. Ce fut le 19 octobre, par conséquent cinq jours après le pillage de Weimar, et non, comme on l'a dit, pendant la canonnade, qu'il fit bénir son mariage, en présence de son fils et de Riemer, son secrétaire. Devenue la femme de Goethe, Christiane porta cet honneur avec modestie, on pourrait dire avec humilité. De son côté, il exigeait ponctuellement pour elle tous les égards auxquels elle avait droit par son titre, et l'on eût été mal reçu d'y manquer.

Des jours tranquilles étaient revenus pour Weimar. Le prince avait fait sa paix avec le vainqueur en accédant à la confédération du Rhin. Il était rentré dans son duché au milieu des cris d'allégresse. Goethe, qui avait eu le bonheur de sauver ses papiers et ses collections, se hâta de faire imprimer *Faust* et le *Traité des couleurs*, pour les préserver d'une atteinte fatale. Il méditait encore son *Guillaume Tell*[1].

Une nouvelle affliction vint frapper la famille régnante et son ami fidèle : la duchesse Amélie mourut le 10 avril 1807, après avoir vu l'Allemagne bouleversée, son frère mort, son fils chassé de chez lui. Son cœur était brisé, et cette âme courageuse céda enfin aux coups de l'adversité. Goethe célébra sa mémoire par un discours que le duc fit lire dans toutes les églises du pays le jour du service funèbre.

Aussitôt après, le 23 avril, Bettine arrive à Weimar. On a trop écrit et trop discouru sur ses rapports avec Goethe, elle en a fait elle-même trop de bruit, pour que nous croyions devoir nous y arrêter longtemps. Une personne jeune encore, d'une imagination vive et romanesque, se croit éperdument amoureuse du célèbre poëte. Elle s'insinue d'abord auprès de sa mère, dont elle flatte la tendresse par l'expression de son enthousiasme pour ce fils adoré; il est touché à son tour des attentions qu'elle montre pour sa mère, et lui écrit en termes obligeants: elle paraît soudain à Weimar, elle surprend,

---

1. *Annales*, page 260.

elle embarrasse celui dont elle a fait son idole et qui n'a pas d'abord le courage de la rudoyer, qui même s'amuse de ses étourderies ; elle en abuse toujours davantage, et, dans une nouvelle apparition qu'elle fait à Weimar en 1811, il est enfin obligé de lui fermer sa maison.

Il n'y a rien dans tout le mouvement que Bettine a voulu produire qui mérite l'attention du public. Une seule question doit être posée : sa correspondance avec Goethe est-elle authentique ? Admettons qu'elle repose sur un fonds de vérité, mais reconnaissons en même temps que la fiction et l'exagération y abondent. Riemer déclare que cette correspondance est un roman. C'est, croyons-nous, l'opinion reçue en Allemagne. Les fameux sonnets que Bettine se fait adresser par le poëte furent écrits pour une autre. Ce trait fait juger du reste.

On s'attend bien à ne pas trouver dans les *Annales* le nom de Bettine ; mais celui de Napoléon n'y est pas oublié, et, quoique elles ne nous offrent que des notes rapides et décousues sur l'entrevue du conquérant et du poëte, nous n'interviendrons pas entre eux et nous laisserons parler notre auteur. Les faits sont indiqués et les réflexions naissent d'elles-mêmes.

Quelques jours avant cette entrevue, Goethe avait perdu sa mère. Elle mourut le 13 septembre 1808, âgée de soixante et dix-huit ans. Elle vécut heureuse, jusqu'à ses derniers jours, dans le sentiment de sa tendresse pour un fils dont elle savourait la gloire avec délices. Il avait désiré de la posséder auprès de lui ; mais un cercle d'anciennes connaissances, une longue habitude, l'enchaînaient à sa ville natale malgré les troubles de la guerre, au point qu'elle ne voulut pas même faire une visite à Weimar. Elle mourut comme elle avait vécu : sa sérénité ne se démentit pas un instant. Ayant reçu encore une invitation pendant sa dernière maladie, elle fit répondre : « Mme la conseillère ne pourra pas aller, Mme la conseillère s'en va mourir. » Elle ordonna elle-même son convoi ponctuellement, jusqu'à désigner les sortes de vins et de pâtisseries qu'on devrait servir aux assistants.

L'union de Goethe et de Christiane durait depuis plus de vingt ans ; Christiane était fort changée, et, avec l'âge, se développa, dit-on, chez elle, un genre d'intempérance toujours funeste aux charmes de la femme ; le poëte ne trouvait plus chez elle ce qui peut nourrir l'amour et le préserver de l'inconstance. Au nombre des amis qu'il voyait toujours avec plaisir quand il se rendait à Iéna, était le libraire Frommann. Dans sa famille vivait une fille adoptive, Minna Herzlieb, qui a pour nous un intérêt tout particulier, parce qu'elle est l'original de l'Ottilie des *Affinités électives*. Comme enfant, elle avait été la favorite de Goethe; devenue une jeune fille, elle eut pour lui un attrait contre lequel toute sa raison luttait en vain, et, malgré l'énorme différence des âges, ce charme fut réciproque. Les *Sonnets*, plus tard dérobés par Bettine, et qui furent adressés à Minna Herzlieb, sont, avec les *Affinités électives*, la preuve éloquente de la passion du poëte. Il est facile de comprendre que cette attraction mutuelle des deux cœurs dut alarmer les amis. On se hâta d'envoyer Minna en pension, et cette séparation, douloureusement sentie, les sauva tous deux. Suivant son habitude, Goethe exhala sa flamme dans une œuvre poétique, le roman des *Affinités électives*. Peut-être, si les circonstances qui l'ont inspiré étaient mieux connues, trouverait-on dans ce livre autant de réalités que dans *Werther*. Minna se maria plus tard et fut heureuse. Goethe sentit longtemps sa blessure. On verra qu'il y fait allusion dans ses *Annales*.

Ce fut en 1810 qu'il commença à écrire ses *Mémoires* Il a regretté de n'y avoir pas songé du vivant de sa mère, qui lui aurait rappelé et même indiqué beaucoup de faits intéressants. Ce grand travail l'occupa plusieurs années.

Les temps étaient venus où il devait se voir enlever successivement presque tous ses amis. L'année 1813 amena une séparation cruelle. Wieland mourut, et ce coup ébranla Goethe plus qu'on ne l'aurait imaginé. On lira dans ce volume le touchant éloge funèbre qu'il prononça en l'honneur du chantre d'Obéron dans la loge des francs-maçons à Weimar. Encore un écrit de notre poëte, où se manifestent, de la manière la plus aimable, ses sentiments affectueux.

Mais les mouvements politiques de 1813 durent faire encore une puissante diversion à tous les chagrins particuliers. L'Allemagne se souleva contre le tout-puissant Napoléon. Goethe douta du succès, ou plutôt il en désespéra. Il n'était pas le seul, et ce serait une souveraine injustice de lui en faire un crime. Ami et ministre d'un prince peu puissant, qu'il avait vu humilié et presque détrôné, sept ans auparavant, pour avoir pris parti contre le grand Empereur, il devait être circonspect par position, par office, quand il ne l'aurait pas été par tempérament. Ne lui reprochons pas non plus d'avoir cherché, suivant ses instincts, pendant ces terribles jours, des distractions dans la poésie. Des ballades comme la *Danse des morts*, le *Fidèle Eckart*, la *Cloche qui chemine*, n'ont pas besoin de demander grâce, parce qu'elles sont nées au milieu des orages qui allaient changer la face du monde.

Leur auteur n'était point insensible aux maux de la patrie; il ne le fut pas à l'issue des événements, mais il faut l'entendre lui-même, pour comprendre combien ses vues politiques étaient sages et que, même après la victoire de Leipzig, il sentait tout ce qui manquait à l'Allemagne pour être une grande nation. « Ne croyez pas, disait-il à un patriote de l'époque, ne croyez pas que je sois indifférent pour les grandes idées de liberté, de nation, de patrie; non, ces idées sont en nous; elles font partie de notre être, et personne ne peut s'en dépouiller. Je porte aussi à l'Allemagne un ardent amour. J'ai senti souvent une douleur amère, à la pensée que les Allemands, si estimables un à un, sont une nation si misérable. On éprouve, à comparer le peuple allemand aux autres peuples, un pénible sentiment, auquel je cherche à me dérober par tous les moyens. J'ai trouvé dans les sciences et les arts les ailes avec lesquelles on peut s'élever au-dessus de tout cela; car les sciences et les arts appartiennent au monde, et devant eux disparaissent les barrières des nations. Mais la consolation qu'ils procurent n'est pourtant qu'une triste consolation, qui ne remplace point l'orgueilleux sentiment d'appartenir à une nation grande, forte, estimée et redoutée. »

Il s'explique aussi sur l'avenir de l'Allemagne, mais cet avenir lui paraît encore bien éloigné. Voici ses propres paroles : « Que chacun de nous, selon ses talents, son inclination, sa position, développe en attendant la culture du peuple et la fortifie, afin qu'il ne reste pas en arrière des autres, qu'au contraire il les devance; afin que l'intelligence ne s'émousse pas, qu'au contraire elle se vivifie; afin qu'elle ne défaille pas, ne devienne pas pusillanime, mais qu'elle se montre capable de toutes les grandes actions, quand le jour de la victoire viendra nous luire. »

De ces considérations générales, Goethe, passant à l'examen de la situation actuelle, donne à entendre qu'il est loin de partager les illusions qu'on se fait. « On parle, dit-il, du réveil du peuple allemand, qui s'élève à la liberté. Le peuple est-il réellement réveillé? Sait-il ce qu'il veut et ce qu'il peut? Le sommeil a été trop profond pour que la secousse, même la plus rude, ait pu si tôt le rendre à lui-même. Et puis tout mouvement est-il un relèvement? Se relève-t-il, celui qu'on fait lever par force? Je ne parle pas de quelques milliers de jeunes gens et d'hommes cultivés; je parle de la multitude, des millions. Et qu'avons-nous conquis? Qu'avons-nous gagné? Vous dites la liberté!... Il serait plus exact de dire la délivrance, oui, la délivrance, non pas du joug des étrangers, mais d'un joug étranger. Je ne vois plus de Français, plus d'Italiens, mais je vois en échange, des Kosaques, des Baskirs, des Croates, des Magyares, des hussards bruns et autres. »

Paroles d'une admirable sagesse et qui, aujourd'hui même, méritent d'être pesées. On comprend que celui qui jugeait si sainement la situation de l'Allemagne ne pouvait partager les illusions enthousiastes de ses jeunes compatriotes. Et quand on lui reprochait de n'avoir pas fait des chansons de guerre : « Comment aurais-je pu prendre les armes sans haine? dit-il à Eckermann. Et comment aurais-je pu haïr sans jeunesse? Quand ces événements m'auraient trouvé à l'âge de vingt ans, certes je n'aurais pas été le dernier. Mais ils m'ont trouvé plus que sexagénaire. D'ailleurs nous ne pouvons pas servir tous la patrie de la même manière. Chacun fait de son mieux, selon les dons que Dieu lui a départis. Je me suis donné assez de mal durant un demi-siècle; je ne me suis pas accordé un jour de repos pour accomplir la tâche que la nature m'avait assignée; j'ai travaillé, scruté, agi sans cesse, aussi bien et autant que j'ai pu. Si chacun pouvait en dire autant, cela irait bien pour tous. Composer des chansons de guerre et rester dans ma chambre! Que cela eût été digne de moi! Au bivouac, à la bonne heure, lorsqu'on entend, la nuit, hennir les chevaux de l'ennemi! Mais ce n'était pas là ma vie; ce n'était pas mon rôle; c'était celui de Théodore Kœrner. Ses chants de guerre lui vont à merveille. Pour moi, qui ne suis pas d'une nature guerrière, et qui n'ai pas l'esprit guerrier, des chansons de guerre eussent été un masque, qui serait allé fort mal à mon visage. Je n'ai jamais rien affecté dans ma poésie. Ce que je n'avais pas vécu, ce qui ne m'avait pas sollicité, tourmenté, je ne l'ai ni exprimé ni chanté. Et comment sans haïr aurais-je pu écrire les chants de la haine? »

Goethe nous a dit le secret de cette largeur de vues qui lui faisait considérer tout le genre humain comme une seule famille; il s'occupait d'intérêts plus élevés et plus vastes que ceux qui agitent les politiques; il vivait pour la culture intellectuelle, pour les sciences et les arts. Nouveau sujet de reproche. Ses ennemis l'ont accusé de considérer la vie en artiste et de s'en faire un amusement. Il y a sans doute des amateurs et des artistes frivoles, qui s'amusent de leur art et de la vie : mais un homme tel que Goethe doit-il être rangé dans cette catégorie? Et peut-on l'accuser d'avoir joué avec la vie, quand il a travaillé plus sérieusement que personne, dans la carrière où l'appelait son génie, pour les fins les plus élevées de l'humanité? Ce travail l'absorbait et le rendait moins attentif à certains intérêts : mais tout homme supérieur, voué à la culture d'un art ou d'une science, serait exposé au même reproche. Heureux qui pourra le mériter à son tour !

Après le crime d'indifférence politique, on lui a imputé celui d'indifférence religieuse. Il serait plus facile encore de le justifier à cet égard. Les idées religieuses ne lui furent nullement indifférentes. Il les respecta, il les aima chez les autres. Toute croyance sincère avait droit à ses ménagements, à ses hommages. Il haïssait et méprisait sans doute la dévotion hypocrite, les exagérations intolérantes et persécutrices, mais il rangeait parmi les haïssables persécuteurs les frondeurs incrédules, les sceptiques railleurs; il ne pardonnait pas à Voltaire ses attaques insultantes contre le plus vénérable des livres, celui qui offre à tout homme non prévenu la plus pure et la plus sublime empreinte de la Divinité.

Mais quelle fut la religion de Goethe? Ses convictions varièrent aux diverses époques de sa vie. Il fut orthodoxe, piétiste, arien, panthéiste, enfin adorateur d'un Dieu, d'une Providence, qui a tout fait, tout donné, qui se révèle dans le cœur de l'homme et dans la nature, dont la splendeur nous luit dans le soleil et dans l'Évangile ; en qui nous sommes, en qui nous serons après la mort. Nous ne prétendons point définir en si peu de mots la croyance de Goethe, mais telle qu'elle soit dans le fond, on l'aime cette croyance, parce qu'elle est humaine, généreuse, large, tolérante. Amie des croyances d'autrui, elle est toujours prête à les défendre contre les dédains et les violences. Aussi, la mission que Goethe a pu justement s'attribuer dans le domaine de la poésie [1], il l'a également remplie dans l'ordre de choses religieux : en religion, comme en littérature, il fut un libérateur.

Les troubles politiques et les guerres qui bouleversaient l'Europe affligeaient son âme paisible, indignaient le noble ami des sciences, des lettres et des arts. A l'âge de soixante-cinq ans, après tant de travaux glorieux, il aurait eu le droit d'assister en spectateur oisif à ces luttes fatales ; il lui eût été permis de contempler du bord les orages : il aima mieux en détourner la vue ; ses regards, ses pensées, se dirigèrent vers l'Orient, et il y trouva une nouvelle source de poésie. Il composa *le Divan*, qu'il faut l'entendre expliquer et juger lui-même. Contre son habitude, il a fait suivre d'un ample commentaire cette œuvre poétique, dont le singulier mérite étonne plus encore, quand on réfléchit que l'auteur dut se préparer par

---

[1]. Voyez, dans ce volume, la page 464.

un travail qui eût effrayé bien des jeunes gens à produire et à transporter dans nos climats ces fleurs étrangères.

En 1814, Goethe fit un voyage à Francfort. « Il y fut accueilli d'une manière triomphale. On donna *le Tasse* avec beaucoup d'appareil. Quand le poëte parut dans sa loge, décorée de fleurs et de lauriers, l'orchestre exécuta une symphonie d'Haydn, puis toute l'assemblée se leva en poussant des cris de joie. Au lever du rideau, il se fit un silence solennel, et un prologue fut récité, dans lequel la ville souhaitait à son fils la bienvenue. Après la représentation, vint un épilogue, pendant lequel les couronnes qui paraient les bustes de Virgile et d'Arioste furent présentées à Goethe. Après la solennité, ses admirateurs remplirent les corridors et l'escalier, et il passa à travers la foule en exprimant sa reconnaissance. »

Suivons-le maintenant dans les dernières années de sa vie. Nous le verrons sans cesse occupé. Rien de ce qui se passe dans le monde des lettres, des arts et des sciences ne doit lui rester étranger. Il recherche, il attire à lui, les hommes éminents dans tous les genres. Il fréquente les bains de Carlsbad, et il y fait chaque année de nouvelles connaissances, de nouveaux progrès, dans l'étude des hommes et des choses.

En 1816, le duché de Weimar est érigé en grand-duché. Charles-Auguste établit l'ordre du Faucon, et il en décore son ami. Cette même année, Charlotte, la Charlotte de Werther, maintenant veuve, sexagénaire, mère de douze enfants, paraît à Weimar, et vient rendre visite à son poëte. On a dit qu'elle l'embarrassa un peu en s'offrant à sa vue en robe blanche, comme pour rappeler un temps qui ne pouvait plus renaître, mais de bonnes autorités nous permettent de considérer ce détail comme une invention de quelque mauvais plaisant.

Cette année marqua pour Goethe plus sérieusement. Christiane mourut. On crut que c'était pour lui une délivrance; on le jugeait mal, il regretta sincèrement la compagne de sa vie. Il avait eu pendant vingt-huit ans ses soins et son amour, et il ne put la perdre sans douleur. Des vers touchants, qu'il consacra à sa mémoire, en sont un témoignage. L'année suivante, son fils épousa Mlle Ottilie de Pogwisch, une des plus brillantes dames de Weimar. Elle fut tendrement chérie de son beau-père; elle tint son ménage jusqu'à sa mort. Elle était si avant dans ses bonnes grâces, qu'elle pouvait tout se permettre avec lui. L'année d'après, il put chanter au berceau de son premier petit-fils (Walther) et il ne tarda pas à en voir naître un second (Wolfgang), qui semble avoir été son favori. Il le laissait travailler et jouer dans sa chambre et l'appelait son petit loup (Wœlfchen).

Il était lui-même le vieil enfant gâté de la cour. Venait-il à se permettre dans son administration quelques actes un peu vifs et même irréguliers, l'intervention amicale du duc et de la duchesse arrangeait tout. L'essentiel était que Goethe fût tranquille et content. En 1823, les États de Weimar s'assemblèrent pour demander la reddition des comptes. Goethe, président de la commission des sciences et des arts, qui disposait d'environ 12 000 thaler, laissa d'abord, en ce qui le concernait, la demande sans réponse, trouvant fort mauvais qu'on lui demandât compte d'une si misérable somme. Enfin, il s'exécuta, et envoya son compte en deux lignes : reçu, tant ; dépensé, tant ; reste en caisse, tant. La lecture de cette pièce laconique provoqua les éclats de rire des uns et les murmures des autres. La grande-duchesse intervint auprès des commissaires, et leur fit considérer que le vieux Goethe était un homme à part, qu'on ne l'aurait peut-être plus longtemps ; que vraisemblablement on ne retrouverait pas son pareil, en sorte que le danger du précédent était peu à redouter. Les comptes furent admis.

Plus les années s'accumulaient sur la tête de Goethe, plus il semblait redoubler d'activité. Ses Annales en rendent témoignage. Il s'occupait de tout : peinture, sculpture, architecture, géologie, météorologie, anatomie, optique, littérature orientale, littérature anglaise ; il suivait avec curiosité les romantiques français ; il lisait Caldéron, il relisait Homère. » La vie ressemble aux livres sibyllins, disait-il ; moins il en reste, plus elle est précieuse. Il allait peu dans le monde, très-rarement à la cour. C'était la cour qui venait chez lui. La grande-duchesse lui faisait visite une fois par semaine. Elle amenait parfois avec elle quelques grands personnages, des princes, des rois. Charles-Auguste venait aussi, mais à l'improviste. Un jour, Goethe avait chez lui un étudiant d'Iéna. Un vieux monsieur entre sans bruit et s'assied sur une chaise. L'étudiant, qui avait la parole, la garde et continue sans se déranger. Quand il eut fini : « Il faut pourtant, Messieurs, dit le vieux poëte, que je vous présente l'un à l'autre.... Son Altesse Royale, le grand-duc de Saxe-Weimar ; M. N. N. étudiant à Iéna. »

En 1821, parurent les Années de Voyage de Wilhelm Meister. Sans nous arrêter à l'examen critique de cet ouvrage, reconnaissons avec notre savant biographe que le vieil auteur prit cette fois avec le public de grandes libertés. Mais, s'il n'a pas fait un bon roman, un ouvrage achevé, il a laissé un précieux volume.

Les critiques ne lui manquèrent pas en Allemagne ; il semblait quelquefois que ses compatriotes fussent lassés de l'admirer, mais sa renommée s'étendait au dehors de plus en plus, en Angleterre, en France, en Italie. L'intérêt sympathique qu'il témoignait pour les productions étrangères lui attirait l'affection d'hommes tels que Manzoni, Walter Scott, Byron, Carlyle, Stapfer, Ampère, Cousin, Soret.... Dans leur commerce, son esprit s'élevait à l'idée d'une littérature universelle, qui rapprocherait les nations, et les unirait par le lien commun d'une haute culture intellectuelle. Grande et généreuse conception, qui pourra bien se réaliser un jour, et qu'il aura préparée par ses ouvrages, comme il l'a appelée par ses vœux.

Cette idée atteste dans un vieillard une rare puissance de vie. Mais Goethe était-il vieux ? A soixante et quatorze ans, il était encore accessible aux sentiments qui sont le partage de la jeunesse. Il aimait, il inspirait l'amour, il songea un moment à épouser Mlle Lewezow, qu'il avait rencontrée à Marienbad ; et, au dire de Zelter, Mme Scymanowska, remarquable pianiste, fut, dans ce temps-là, éperdument amoureuse de lui.

Le 7 novembre 1825, quelques semaines après qu'on eut célébré le cinquantième anniversaire de l'avénement de Charles-Auguste, le souvenir de l'arrivée de Goethe à Weimar fut aussi solennisé par une fête publique. La cour, Weimar, Iéna, le pays, prirent une part active à ce jubilé demi-séculaire. Le glorieux vieillard fut comblé de témoignages d'amour et de respect.

L'année suivante, pour lui exprimer la reconnaissance de la patrie allemande, la diète germanique interdit, par privilége, la contrefaçon de ses œuvres. Jusque-là elles avaient enrichi les libraires : par cette tardive justice, on assurait à ses descendants un bel héritage.

Mme de Stein mourut le 6 janvier 1827. Le grand-duc mourut à Potsdam, le 14 juin 1828. Goethe était à table quand la nouvelle arriva. Elle lui fut communiquée avec ménagement. Sa figure ne parut pas troublée et ne trahit pas l'émotion. Il dit avec un soupir : « Ah! c'est bien triste!... Parlons d'autre chose. » Il pouvait ne pas parler de cette perte, mais n'y pas penser était impossible. « Tout est fini désormais ! » s'écria-t-il. Et, le soir, il disait à Eckermann : « J'avais toujours pensé que je m'en irais avant lui. Dieu en a décidé comme il l'a trouvé bon. Pauvres mortels, nous n'avons qu'à nous résigner et à nous soutenir aussi bien et aussi longtemps qu'il se pourra. » Retiré dans le château ducal de Dornbourg, dont la situation est si belle, auprès de la Saale, Goethe cherchait à se rendre maître de sa douleur par le travail et par la contemplation de la nature. Au bout de dix semaines, il revint à Weimar; il trouva le nouveau souverain animé pour lui des sentiments les plus affectueux. En 1829, il achève *les Années de voyage*; il travaille à la seconde partie de *Faust*; il fait la revue de ses papiers scientifiques avec le secours de M. Soret, de Genève, traducteur de sa *Métamorphose des plantes*. Au mois de février 1830, nouveau deuil, nouvelle douleur : la grande-duchesse Louise mourut. Les ombres s'étendaient; la nuit s'avançait. Cependant le vieillard se montra encore plein d'ardeur et de vie pour s'intéresser, non pas à la révolution de Juillet, mais à la grande lutte dont l'arène fut l'Académie des sciences de Paris, et dont les champions étaient Cuvier et Geoffroy Saint-Hilaire.

Mais un coup plus terrible que tous les autres devait le frapper encore aux dernières limites de l'âge. Au mois de novembre 1830, arrive la nouvelle qu'Auguste, son fils unique, est mort à Rome, où il s'était rendu pour essayer de rétablir sa santé. Le père affligé, chercha, selon sa coutume, à maîtriser sa douleur. La nature se vengea. Il fut pris d'une violente hémorragie. On désespéra de ses jours : cependant il revint à la vie et au travail, il termina *Vérité et Poésie*.

Sa chère Ottilie, la veuve de son fils, s'efforçait encore de charmer sa solitude. Elle lui lisait Plutarque et l'*Histoire romaine* de Niebuhr. La littérature contemporaine l'occupait toujours. Il lisait, avec l'intérêt que pourrait y prendre un jeune homme, ce que produisaient Béranger, Victor Hugo, Casimir Delavigne, Walter Scott, Carlyle.... Il était en correspondance avec toute l'Europe. On se rendait à Weimar en pèlerinage. Les hommages des esprits les plus distingués entouraient sa vieillesse.

Kraeuter, son dernier secrétaire, ne parle de lui que dans les termes de l'adoration, et ne peut assez admirer son activité prodigieuse à un si grand âge. Certaines heures étaient réservées à la correspondance; puis il mettait en ordre ses papiers, il achevait des ouvrages commencés depuis longtemps. A quatre-vingt-deux ans il écrivait son compte rendu de la lutte mémorable qui s'était élevée entre les deux grands naturalistes français; il termina la seconde partie de *Faust*.

Sa volonté ne fléchissait pas, mais, quoi qu'on ait pu dire, les infirmités de l'âge se faisaient enfin sentir; sa vue était toujours nette, l'appétit était bon, mais l'ouïe devenait pesante, la mémoire des choses nouvelles s'affaiblissait. Il avait toujours été sensible au froid, il le devint davantage. Cependant le grand air le ranimait. En 1831, pour échapper aux solennités de son dernier anniversaire, il se fit mener en voiture au Gickelhahn ; et, de cette hauteur, il contempla avec ravissement l'agréable vallée qui lui rappelait tant de souvenirs. « Ah! s'écria-t-il, si notre bon duc en avait pu jouir encore avec moi! » Puis il entra dans la cabane de planches où il avait passé bien des moments heureux avec Charles-Auguste et leurs amis. A la paroi se trouvaient encore les vers qu'il y avait tracés au crayon un demi-siècle auparavant. « Sur tous les sommets est le repos ; dans tous les feuillages tu sens un souffle à peine ; les oiseaux se taisent dans les bois ; attends un peu, bientôt tu reposeras aussi. » Le souvenir de Charles-Auguste, de Mme de Stein, et de tous les amis qui l'avaient précédé dans la tombe le saisit, et fit couler ses larmes. Il répéta à haute voix les derniers mots : « Oui, attends un peu, bientôt tu reposeras aussi ! »

Ce moment était plus proche que ses amis ne le supposaient. Quelques mois après, le 16 mars 1832, son petit-fils Wolfgang, qui venait, suivant son habitude, déjeuner dans sa chambre, le trouva encore au lit. Il avait pris froid la veille. Le médecin lui trouva beaucoup de fièvre. Vers le soir il parut mieux, il causa, il était de bonne humeur. Le 19, il fut assez bien pour dicter une longue lettre à Guillaume de Humboldt. Mais, dans la nuit du 19 au 20, après un paisible sommeil, il se réveilla vers minuit avec une violente douleur à la poitrine; les mains et les pieds étaient glacés. Le matin, les douleurs furent plus vives, le visage était altéré, le regard angoissé, les dents claquaient. Quand l'accès fut passé, on plaça le malade dans un fauteuil. Vers le soir, il se trouva plus calme ; il put causer de choses ordinaires. Il apprit avec joie que son entremise en faveur d'un jeune artiste avait eu un heureux succès. Il signa d'une main tremblante un mandat pour le payement d'une jeune artiste de Weimar, à laquelle il s'intéressait. Ce fut sa dernière signature.

Le jour suivant, on dut reconnaître qu'il n'y avait plus d'espérance. Les douleurs avaient cessé, mais ses idées commençaient à se troubler, et, par moments, il n'était plus à lui. Appuyé dans son fauteuil, il parlait affectueusement aux personnes qui l'entouraient. Il se fit apporter la brochure de Salvandy sur la révolution de 1830, dont il avait commencé la lecture. Il la feuilleta, mais, se sentant trop faible pour lire, il la rendit. Plus tard il se fit montrer la liste des personnes qui avaient demandé de ses nouvelles, et il fit observer que, lorsqu'il serait guéri, on ne devrait pas oublier ces marques d'intérêt. Le soir, il envoya tout le monde coucher, et ne garda auprès de lui que son vieux copiste John ; encore voulut-il qu'il se mît au lit, « parce qu'il avait grand besoin de repos. »

Le lendemain, 22 mars, il essaya de se promener dans sa chambre ; mais, après avoir fait quelques pas, il se sentit trop faible, et se laissa retomber dans le fauteuil. Il voulut que sa belle-fille s'assît auprès de lui, et il se mit à causer doucement avec elle de l'approche du printemps, des beaux jours, de l'air pur qui lui rendrait la santé. Tandis qu'Ottilie, assise auprès de lui, tenait une des mains du vieillard dans les siennes, les rêveries recommencèrent. « Voyez-vous, dit-il, la belle tête de femme, ces boucles noires, ce coloris magnifique, sur un fond sombre ? » Puis il montra sur le plancher un morceau de papier, et il demanda pourquoi on laissait traîner ainsi négligemment la correspondance de Schiller. Bientôt après il tomba dans un sommeil tranquille, et, au réveil, il demanda où étaient les dessins qu'il venait de voir. C'étaient les images de son dernier songe. Sa famille, ses serviteurs, dans une silencieuse angoisse, attendaient son dernier moment. Sa parole était toujours moins distincte. Les derniers mots intelligibles furent :
« MEHR LICHT ! (*Je voudrais*) PLUS DE LUMIÈRE ! »

Il faisait encore des signes avec la main et traçait avec l'index des lettres dans l'air, puis la main, défaillante, retomba sur la couverture étendue sur ses genoux, et le doigt continuait de s'y promener. Vers midi, le mourant appuya sa tête dans le coin du fauteuil. Une femme, qui le gardait, fit signe qu'il s'était endormi. C'était le dernier sommeil.

CAMPAGNE DE FRANCE

CAMPAGNE DE FRANCE.

Du 23 au 27 août 1792.

Aussitôt après mon arrivée à Mayence, j'allai rendre visite à M. de Stein, l'aîné, chambellan et grand maître des eaux et forêts du roi de Prusse. M. de Stein était dans cette ville une sorte de résident, et il se signalait par sa haine pour tout ce qui était révolutionnaire. Il me traça en traits rapides les progrès qu'avaient faits jusqu'alors les armées alliées, et me donna un abrégé de l'atlas topographique de l'Allemagne, publié par Jaeger à Francfort et intitulé *Théâtre de la guerre.*

A midi je trouvai à sa table plusieurs dames françaises, qui étaient faites pour captiver mon attention. Une d'elles, qui passait pour être la maîtresse du duc d'Orléans, était une belle femme déjà d'un certain âge, à la contenance fière; les yeux, les sourcils et les cheveux d'un noir de corbeau; du reste, dans la conversation, affable et polie. Sa fille, jeune image de la mère, ne disait mot. En revanche, la princesse de Monaco, amie déclarée du prince de Condé, et l'ornement de Chantilly dans ses beaux jours, se montrait éveillée et charmante. On ne pouvait rien voir de plus gracieux que cette svelte blondine, jeune, gaie, folâtre; pas un homme qui eût résisté à ses agaceries. Je l'observai avec une entière liberté d'esprit, et je fus bien surpris de rencontrer la vive et joyeuse Philine[1], que je ne m'at-

---

1. Personnage des *Années d'apprentissage de Wilhelm Meister.* Voyez tome VI, page 83 et passim.

tendais pas à trouver là. Elle ne paraissait point aussi agitée, aussi impatiente que le reste de la société, qui vivait dans l'espérance, le souci et l'angoisse. Les alliés venaient d'envahir la France. Longwy se rendrait-il d'abord ou opposerait-il de la résistance, les troupes républicaines se joindraient-elles aux alliés, et, comme on nous l'avait promis, chacun se déclarerait-il pour la bonne cause, et rendrait-il nos progrès plus faciles? Tout cela tenait alors les esprits en suspens. On attendait des courriers. Les derniers n'avaient annoncé autre chose que la lenteur de la marche des alliés et les obstacles que présentaient les routes défoncées. Ces personnes n'en étaient que plus inquiètes et plus impatientes, ne pouvant dissimuler qu'elles devaient désirer de rentrer au plus tôt dans leur patrie, afin de profiter des assignats, invention de leurs ennemis, et de vivre à meilleur marché et plus commodément.

Je passai ensuite deux joyeuses soirées avec Sœmmering, Huber, Forster et d'autres amis. Je me retrouvais dans l'air de la patrie. La plupart étaient d'anciennes connaissances, d'anciens condisciples, qui se sentaient comme chez eux dans le voisinage de Francfort. La femme de Sœmmering était de cette ville. Tous connaissaient particulièrement ma mère; ils appréciaient ses originalités, répétaient plusieurs de ses mots heureux, ne se lassaient pas d'attester la grande ressemblance que j'avais avec elle par mon humeur gaie et ma parole vive. Tout cela provoquait, sollicitait ma confiance naturelle, accoutumée. La liberté d'un bienveillant badinage dans le domaine de la science nous mit de la plus joyeuse humeur. De politique, il n'en fut pas question : on sentait qu'on se devait des ménagements mutuels; ces messieurs ne dissimulaient pas tout à fait leurs sentiments républicains, mais ils voyaient que je courais joindre une armée qui devait couper court à ces sentiments et à leur influence.

Entre Mayence et Bingen, je fus témoin d'une scène qui me révéla d'abord l'esprit du jour. Notre léger équipage n'avait pas tardé à atteindre une voiture à quatre chevaux pesamment chargée. Le chemin creux, abîmé, montant, nous obligea de mettre pied à terre et nous demandâmes aux postillons, descendus également, quels voyageurs cheminaient devant nous : le cocher de cette voiture répondit en jurant que c'étaient des Françaises, qui croyaient pouvoir se tirer d'affaire avec leur papier-monnaie, mais qu'il ne manquerait pas de verser à la première occasion. Nous lui reprochâmes ses sentiments haineux sans l'adoucir le moins du monde. Comme on avançait très-lentement, je m'approchai de la portière et j'adressai aux dames quelques paroles obligeantes, ce qui éclaircit un peu un beau visage, qu'un air d'angoisse avait rendu sombre.

Cette dame me confia aussitôt qu'elle allait rejoindre son mari à Trèves, et qu'elle désirait rentrer de là en France le plus tôt possible. Comme je lui fis observer que cette démarche était fort précipitée, elle m'avoua que, outre l'espérance de retrouver son mari, la nécessité de vivre de son papier l'avait déterminée. Du reste elle montrait une telle confiance dans les forces unies des Prussiens, des Autrichiens et des émigrés, que, le temps et le lieu l'eussent-ils permis, on aurait eu de la peine à la retenir.

Pendant notre conversation, un singulier incident se présenta. Par-dessus le chemin creux où nous étions engagés, on avait fait passer un canal en bois, qui portait l'eau nécessaire sur la roue d'un moulin situé de l'autre côté. On aurait pu croire la hauteur de la charpente calculée pour un char de foin; mais la voiture était tellement chargée par-dessus, et les boîtes et les caisses élevées en pyramides les unes sur les autres, que le canal lui opposa un obstacle insurmontable.

Les postillons, se voyant arrêtés pour si longtemps, se mirent à jurer et à tempêter; mais nous offrîmes poliment nos services pour décharger la voiture et la recharger de l'autre côté de la barrière ruisselante. La jeune et bonne dame, peu à peu rassurée, ne savait comment nous témoigner assez de reconnaissance, et sa confiance en nous s'accrut de plus en plus. Elle écrivit le nom de son mari, et nous pria instamment, comme nous devions arriver à Trèves avant elle, de vouloir bien donner par écrit, à la porte de la ville, l'adresse de son mari. Avec toute notre bonne volonté, nous désespérions du succès, vu la grandeur de la ville, mais elle ne laissa pas de croire que nous pourrions réussir.

Arrivés à Trèves, nous trouvâmes la ville encombrée de

troupes, embarrassée de toute sorte de voitures; on ne savait où se loger; les voitures stationnaient dans les places; les gens erraient dans les rues; la commission des logements, assiégée de toutes parts, ne savait où donner de la tête. Cependant une pareille confusion est comme une loterie : avec du bonheur on attrape un bon lot. M. de Fritsch, lieutenant du régiment de Weimar, me rencontra et, après les salutations les plus amicales, il me conduisit chez un chanoine, dont la grande maison et la vaste remise offrirent à ma personne et à mon léger équipage un asile commode et hospitalier, où je trouvai d'abord tout le repos nécessaire. Ce jeune officier, que je connaissais et que j'aimais dès son enfance, avait reçu l'ordre de rester à Trèves avec un petit détachement, pour prendre soin des malades qu'on laissait en arrière, ramasser les maraudeurs qui suivaient l'armée, les bagages attardés, et les faire filer en avant. Je le rencontrai bien à propos, mais lui, il n'était pas satisfait de rester sur les derrières de l'armée, où un jeune et ardent officier comme lui pouvait espérer peu de bonnes chances.

Mon domestique eut à peine déballé le plus nécessaire qu'il me demanda la permission de faire le tour de la ville. Il revint tard, et, le lendemain, la même inquiétude le poussa hors de la maison. Cette singulière conduite m'était inexplicable; enfin je trouvai le mot de l'énigme : les belles Françaises ne l'avaient pas laissé indifférent; il les chercha soigneusement et il eut le bonheur de les reconnaître, à la pyramide de boîtes, dans la grande place, au milieu de cent voitures, mais sans avoir pu découvrir le mari.

Sur la route de Trèves à Luxembourg, j'eus bientôt le plaisir de voir le monument qui se trouve près d'Igel. Je n'ignorais pas comme les anciens savaient placer heureusement leurs édifices et leurs monuments; j'écartai aussitôt par la pensée toutes les cabanes, et celui-ci me parut occuper une place digne de lui. Tout auprès coule la Moselle, qui reçoit vis-à-vis la Saar, affluent considérable; la courbure des rivières, les mouvements du terrain, une végétation luxuriante, donnent à ce lieu de la grâce et de la dignité. Le monument n'est autre chose qu'un obélisque avec des ornements de sculpture et d'architecture. Il s'élève à plusieurs étages, artistement posés les uns sur les autres, et surmontés d'une pointe ornée d'écailles imbriquées, qui se terminait par un globe, un aigle et un serpent. Il est à désirer qu'un ingénieur, amené et retenu peut-être quelque temps dans le pays par le cours de la guerre, veuille prendre la peine de mesurer le monument, et, s'il est dessinateur, nous conserve et nous donne les figures des quatre faces, telles qu'on les distingue encore.

Combien n'ai-je pas vu élever de mon temps de tristes obélisques dépourvus de figures, sans que personne ait songé à ce monument! A la vérité, il est déjà d'une époque tardive, mais on y voit encore le désir et le goût de transmettre à la postérité l'image sensible de la personne avec tout son entourage et les témoignages de son activité. Là se voient en présence les uns des autres des parents et des enfants, réunis dans un banquet de famille. Mais, pour que le spectateur apprenne aussi d'où vient cette aisance, des chevaux chargés arrivent; l'industrie et le commerce sont représentés de diverses manières. Car ce sont proprement des commissaires des guerres qui ont élevé à eux-mêmes et aux leurs ce monument, pour témoigner qu'alors comme aujourd'hui on pouvait amasser dans ce lieu assez de biens.

On avait construit toute cette pyramide avec de grands quartiers de grès, entassés bruts les uns sur les autres, et l'on y avait ensuite sculpté les figures comme sur un rocher. Si ce monument a résisté à l'action des siècles, on peut l'attribuer à une construction si solide.

Je ne pus me livrer longtemps à ces agréables et fécondes pensées, car, tout près de là, à Grevenmachern, le spectacle le plus moderne m'était préparé. Je trouvai là le corps des émigrés, qui se composait tout entier de nobles, la plupart chevaliers de Saint-Louis. Ils n'avaient ni domestiques ni palefreniers, et ils prenaient soin eux-mêmes de leurs personnes et de leurs chevaux. J'en ai vu plusieurs les mener à l'abreuvoir et les tenir devant la forge. Mais ce qui faisait le plus singulier contraste avec cette humble conduite, c'étaient les carrosses et les voitures de tout genre qui encombraient une grande prairie. Les émigrés étaient entrés en campagne avec leurs femmes et leurs maîtresses, leurs enfants et leurs parents, comme pour mettre en évidence la contradiction profonde de leur situation présente.

Obligé d'attendre pendant quelques heures en plein air des chevaux de poste, je pus faire encore une autre observation. J'étais assis devant la fenêtre de la maison, près de l'endroit où se trouvait la boîte dans laquelle on jette les lettres non affranchies. Je n'ai jamais vu une telle presse. Les lettres arrivaient par centaines. L'immense désir de rentrer dans la patrie avec son corps, son esprit et son âme, de s'y précipiter comme un torrent par la digue entr'ouverte, ne pouvait se produire d'une manière plus vive et plus pressante.

Pour passer le temps et m'amuser à découvrir ou à supposer les secrets, je me demandai ce que pouvait contenir cette foule de lettres. Je croyais deviner une amante, qui exprimait avec passion et douleur, de la manière la plus vive, le tourment de l'absence et de la séparation; un ami dans la dernière détresse, qui demandait à son ami quelque argent; des femmes exilées avec leurs enfants et leurs domestiques, et qui n'avaient plus au fond de leur bourse que quelques pièces d'argent; de chauds partisans des princes, qui, ayant les meilleures espérances, se communiquaient à l'envi leur joie et leur courage; d'autres, qui prévoyaient le mal de loin, et déploraient la perte imminente de leurs biens. Et je ne crois pas avoir mal deviné.

Je dus plusieurs éclaircissements au maître de poste, qui, pour calmer mon impatience, en attendant l'arrivée des chevaux, cherchait à lier conversation avec moi. Il me montra diverses lettres timbrées de pays étrangers, qui devaient maintenant courir à la recherche des gens déjà passés ou encore attendus. La France était ainsi assiégée de malheureux sur toutes ses frontières, depuis Anvers jusqu'à Nice. De leur côté, les armées françaises étaient prêtes pour la défense et pour l'attaque. Il fit plusieurs observations inquiétantes; l'état des choses lui paraissait du moins fort douteux. Comme je me montrais moins furieux que d'autres qui se précipitaient sur la France, il me prit bientôt pour un républicain, et montra plus de confiance. Il me fit considérer tout ce que les Prussiens avaient eu à souffrir des temps et des chemins par Coblentz et par Trèves, et me fit une affreuse description de l'état dans lequel je retrouverais le camp aux environs de Longwy. Il était bien informé de tout, et ne semblait pas répugner à informer les autres. Enfin il fixa mon attention sur la conduite des Prussiens, qui, à leur entrée, avaient pillé des villages inoffensifs et paisibles, qu'il fallût accuser de ces désordres la troupe ou les goujats et les traînards : on avait fait mine de les punir, mais les populations étaient profondément irritées.

Cela me fit souvenir de ce général de la guerre de Trente Ans, à qui on se plaignait hautement de la conduite hostile de ses troupes en pays ami, et qui répondit : « Je ne puis transporter mon armée dans un sac. »

Mais je pus remarquer en général que nos derrières n'étaient pas bien assurés.

Je laissai sur la droite, à quelque distance, Longwy, dont la conquête m'avait été pompeusement annoncée en chemin, et j'arrivai le 27 août après midi au camp de Brocourt. Établi dans une plaine, il pouvait être embrassé d'un coup d'œil, mais on n'y arrivait pas sans difficulté. Le sol humide, effondré, arrêtait les chevaux et les voitures. On était d'ailleurs surpris de ne rencontrer ni gardes ni postes, ni personne qui demandât les passe-ports et auprès de qui on aurait pu soi-même prendre quelques informations. Nous passâmes à travers un désert de tentes, car chacun s'était blotti sous la toile, pour chercher un misérable abri contre un temps effroyable. Nous eûmes beaucoup de peine à nous faire indiquer la place où nous pourrions trouver le régiment du duc de Weimar. Nous y arrivâmes enfin, nous vîmes des figures connues et nous reçûmes le meilleur accueil des amis dont nous allions partager les souffrances. Le conseiller Wagner et son caniche noir furent les premiers qui me saluèrent ; tous deux reconnurent un ancien camarade, qui allait traverser encore avec eux une époque difficile. J'appris en même temps un accident regrettable. Amarante, cheval favori du prince, était tombé mort la veille, après avoir poussé un horrible cri.

Je dus bientôt voir et me convaincre que la situation du camp était beaucoup plus fâcheuse encore que le maître de poste ne me l'avait annoncé. Qu'on se représente une plaine au pied d'une colline à pente douce ; un fossé, creusé de temps immémorial, devait détourner l'eau des champs et des prairies; mais ce fossé fut bientôt le réceptacle de tous les immondices, de tous les débris; l'écoulement fut arrêté; de violentes averses rompirent la digue pendant la nuit, et amenèrent sous les tentes les plus affreuses ordures. Les entrailles des bêtes, les ossements, tout ce que les bouchers avaient rejeté, était entraîné dans les lits, d'ailleurs humides et mauvais.

On devait aussi me dresser une tente, mais je préférai passer le jour chez mes amis et mes connaissances et me retirer la nuit dans la grande dormeuse dont le confort m'était connu depuis longtemps. Elle n'était qu'à trente pas des tentes, et pourtant, chose étrange, elle resta tellement inabordable, que, pour y entrer le soir et pour en sortir le matin, des porteurs m'étaient nécessaires.

---

28 et 29 août 1792.

C'est dans une position si singulière que je vis luire cette fois mon jour de naissance. Nous montâmes à cheval et nous nous rendîmes à la forteresse conquise. Cette petite ville, bien bâtie, est située sur une colline. Mon intention était d'acheter de grandes couvertures de laine, et nous entrâmes d'abord dans une boutique, où nous trouvâmes la mère et la fille, personnes agréables et jolies. Nous marchandâmes peu, nous payâmes bien, et nous fûmes aussi aimables que pouvaient l'être des Allemands « sans tournure. »

La maison, pendant le bombardement, avait couru de singuliers hasards. Plusieurs grenades étaient tombées les unes après les autres dans la chambre de famille. On s'échappa; la mère arracha un enfant de son berceau et s'enfuit: à ce moment, une grenade encore perce les coussins où l'enfant avait reposé. Heureusement, aucune n'avait éclaté; elles avaient brisé les meubles, grillé la boiserie, et tout s'était passé sans autre dommage; aucun boulet n'avait pénétré dans la boutique.

Que le patriotisme des habitants de Longwy ne fût pas trop robuste, on avait pu le voir en ce que la bourgeoisie avait très-vite forcé le commandant de rendre la place. A peine avions-nous fait un pas hors du magasin, que la discorde intestine des bourgeois nous apparut assez clairement. Des royalistes, et par conséquent nos amis, qui avaient amené la prompte reddition de Longwy, s'affligèrent que le hasard nous eût conduits dans ce magasin, et que nous eussions fait gagner tant de bel argent au plus mauvais de tous les jacobins, qui ne valait rien, non plus que toute sa famille. On nous détourna de même d'entrer dans une auberge splendide, et l'on nous fit même entendre qu'il fallait se défier des aliments. On nous indiqua en même temps une auberge plus modeste, mais sûre, où nous trouvâmes en effet un gracieux accueil et un dîner passable.

Nous étions donc réunis joyeusement et familièrement autour de la même table, tous anciens camarades de guerre et de garnison : c'étaient les officiers du régiment réunis avec les hommes attachés à la cour, à la maison et à la chancellerie du prince. On s'entretint des derniers événements : combien le commencement de mai avait été marquant et animé à Aschersleben, quand les régiments avaient reçu l'ordre de se tenir prêts à marcher; que le duc de Brunswick, et plusieurs autres grands personnages y avaient paru ; on ne manqua pas de citer le marquis de Bouillé comme un étranger considérable, qui prenait aux opérations une part essentielle. Aussitôt que ce nom vint aux oreilles de l'hôte, fort attentif à notre conversation, il nous demanda avec empressement si nous connaissions ce seigneur : la plupart purent lui répondre affirmativement, sur quoi il nous témoigna beaucoup de respect, et fonda de grandes espérances sur la coopération de cet homme actif et distingué. Il semblait même que depuis ce moment nous fussions mieux servis.

Comme nous étions là tous gens dévoués de corps et d'âme à un prince qui avait déployé de grandes qualités, depuis nombre d'années qu'il régnait, et qui allait faire maintenant ses preuves dans la guerre, à laquelle il s'était voué dès sa jeunesse, selon la bonne coutume allemande, nous choquâmes les verres et nous bûmes à sa santé et à celle de sa famille, particulièrement à celle du prince Bernard, chez qui, peu de temps avant qu'on se mît en marche, le colonel de Weyrach avait rempli l'office de parrain comme délégué du régiment.

Chacun avait à conter mille choses sur la marche même, comme quoi, laissant le Harz à gauche, et passant près de Goslar, on était arrivé à Nordheim par Gœttingen ; on contait ensuite les bons et les mauvais cantonnements, les hôtes grossiers et malhonnêtes, polis et mécontents, hypocondres aux manières aimables ; on disait les couvents de nonnes, les chemins et le temps tour à tour bons et mauvais. De là on s'était avancé jusqu'à Coblenz par les frontières orientales de Westphalie. On passait en revue les jolies femmes ; puis c'étaient des histoires bigarrées de prêtres bizarres, d'amis rencontrés à l'improviste, de roues brisées et de voitures versées.

A partir de Coblenz, on se plaignait des contrées montueuses, des chemins pénibles et de diverses souffrances, et, après s'être quelque peu oublié dans le passé, on approchait toujours plus de la réalité ; l'entrée en France, par un temps effroyable, fut présentée sous les plus tristes couleurs et comme un digne prélude de la situation que nous pouvions prévoir en retournant au camp. Toutefois, dans une pareille société, on s'encourage l'un l'autre ; et moi, en particulier, je me tranquillisais à la vue des précieuses couvertures de laine que mon palefrenier avait empaquetées.

Le soir, je trouvai au camp dans la grande tente la meilleure société. Elle y était restée réunie, parce qu'on ne pouvait mettre le pied dehors. Tout le monde était plein de courage et de confiance. La prompte reddition de Longwy confirmait la promesse des émigrés. On serait reçu partout à bras ouverts, et la grande entreprise ne semblait rencontrer d'autre obstacle que le mauvais temps. La haine et le mépris pour la France révolutionnaire, exprimés dans le manifeste du duc de Brunswick, se montraient sans exception chez les Prussiens, les Autrichiens et les émigrés.

Et certes, pour s'en tenir à ce qui était avéré, il paraissait qu'un peuple désuni à ce point, divisé en partis, profondément bouleversé, éparpillé, ne pouvait résister à la haute unité de vues des nobles alliés. Et puis on avait déjà des exploits à conter. Dès notre entrée en France, cinq escadrons de hussards de Wolfrat, qui faisaient une reconnaissance, avaient rencontré mille chasseurs venus de Sedan pour observer notre marche. Les nôtres, bien conduits, attaquèrent, et, comme les ennemis se défendaient vaillamment, qu'ils ne voulaient point accepter de quartier, il y eut un affreux carnage, où nous eûmes le dessus, nous fîmes des prisonniers, nous prîmes des chevaux, des carabines et des sabres, si bien que ce prélude éleva l'esprit guerrier, fortifia l'espoir et la confiance.

Le 29 août, on leva le camp et l'on se dégagea lentement et non sans peine de ces flots de terre et d'eau qui formaient une épaisse boue. Comment tenir un peu proprement les tentes, les bagages, les équipements, quand il ne se trouvait pas une place sèche où l'on pût mettre en ordre et étendre ses effets?

Cependant l'attention avec laquelle les chefs conduisirent cette marche nous donna une vive confiance. Il était sévèrement ordonné aux voitures, sans aucune exception, de suivre la colonne; le chef du régiment était seul autorisé à faire passer une chaise devant sa troupe. Aussi avais-je l'avantage de cheminer pour cette fois à la tête du corps d'armée dans ma légère calèche. Les deux chefs (le roi[1] et le duc de Brunswick) s'étaient postés avec leur escorte à l'endroit où tout devait défiler devant eux. Je les vis de loin, et, quand nous arrivâmes, Sa Majesté s'approcha à cheval de ma calèche et demanda avec sa manière laconique : « A qui la voiture? » Je répondis en élevant la voix : « Au duc de Weimar! » Et nous passâmes. Peu de gens se sont vus arrêtés par un plus noble visiteur.

En avançant, nous trouvâmes çà et là les chemins un peu meilleurs. Dans une singulière contrée, où les vallées et les collines alternaient, la terre me parut assez essuyée pour qu'on pût se tenir commodément à cheval. Je me jetai en selle, et je continuai la route plus gaiement et avec plus de liberté. Le régiment avait le pas sur toute l'armée : nous pouvions donc être toujours en avant et échapper tout à fait au mouvement incommode de la troupe.

Nous quittâmes la grand'route et nous traversâmes Arancy, où l'abbaye de Châtillon, propriété ecclésiastique qu'on avait vendue, nous offrit au passage, avec ses murs à moitié renversés et détruits, un premier indice de la Révolution.

Nous vîmes ensuite Sa Majesté galopant par monts et par vaux, accompagnée de son cortége, comme le noyau d'une co-

1. Le roi de Prusse.

mète suivie de sa longue queue. A peine ce phénomène avait-il passé devant nous avec la vitesse de l'éclair, qu'un second vint d'un autre côté couronner la colline ou remplir la vallée : c'était le duc de Brunswick, qui entraînait avec et après lui des éléments du même genre. Plus disposés à observer qu'à juger, nous fûmes toutefois conduits à nous demander laquelle de ces deux puissances était effectivement supérieure à l'autre, laquelle déciderait dans les cas douteux. Questions non résolues, qui ne nous laissaient qu'incertitude et souci. C'était là un sujet de réflexions d'autant plus sérieuses, qu'on voyait les deux chefs chevaucher hardiment dans un pays où vraisemblablement un ennemi mortel pouvait les épier de chaque buisson. Mais nous devions convenir que de tout temps l'audacieux oubli du danger personnel avait donné la victoire et assuré l'empire.

Le ciel était couvert, mais un soleil brûlant perçait les nues; les voitures avançaient péniblement sur un sol défoncé; les roues des voitures et des canons se brisaient et causaient bien des retards; on voyait çà et là des fantassins harassés, qui ne pouvaient déjà plus se traîner. On entendait la canonnade de Thionville, et l'on faisait des vœux pour l'heureux succès des alliés.

Le soir, nous nous reposâmes au camp de Pillon. Nous fûmes accueillis par une gracieuse prairie boisée. Déjà l'ombre nous restaurait; on avait assez de broussailles pour le feu de la cuisine; un ruisseau coulait auprès et formait deux bassins limpides, qui allaient être aussitôt troublés par les gens et les bêtes. J'en laissai un libre, mais je défendis l'autre vivement, et le fis tout de suite entourer de pieux et de cordes. La chose ne se passa point sans réclamations bruyantes. Un de nos cavaliers dit à un autre, tranquillement occupé à nettoyer son fourniment : « Qui donc est celui-là qui fait ainsi l'important? — Je ne sais, répondit-il, mais il a raison. »

Les Prussiens, les Autrichiens et une partie de la France venaient donc porter la guerre sur le territoire français. En vertu de quel pouvoir le faisaient-ils? Ils pouvaient le faire en leur propre nom : la guerre avait été déclarée à une partie d'entre eux; leur alliance n'était pas un secret. Mais on avait trouvé encore un prétexte. Ils se levaient au nom de Louis XVI. Ils ne faisaient pas des réquisitions, mais des emprunts forcés. On avait fait imprimer des bons que le commandant signait, mais que le porteur remplissait à son gré. Louis XVI payerait tout. Après le manifeste, cette façon d'agir est peut-être ce qui a le plus exaspéré le peuple contre la royauté. J'ai été moi-même témoin d'une scène de ce genre, que son caractère éminemment tragique a gravée dans ma mémoire. Plusieurs bergers avaient rassemblé leurs troupeaux pour les cacher dans les bois ou dans des lieux écartés : surpris par des patrouilles alertes et amenés à l'armée, ils se virent d'abord amicalement reçus. On demanda les différents possesseurs; on sépara et l'on compta les troupeaux. Le souci et la crainte, toutefois avec quelque espérance, paraissaient sur la figure de ces braves gens. Mais, lorsque, pour conclusion de tout cela, on partagea les troupeaux entre les régiments et les compagnies, et qu'on présenta très-poliment aux bergers des traites sur Louis XVI, tandis que leurs nourrissons laineux étaient égorgés à leurs pieds par les soldats impatients de manger de la chair, j'avoue n'avoir peut-être jamais vu, jamais imaginé une scène plus cruelle ni une douleur plus profonde et plus mâle dans toutes ses nuances. Les tragédies grecques offrent seules des choses aussi simples et aussi profondément saisissantes.

Du 30 août au 2 septembre 1792.

Nous nous promettions que ce jour, qui, devait nous amener devant Verdun, serait fertile en aventures, et elles ne nous ont pas manqué. La route, montueuse, était déjà plus sèche; les voitures cheminaient avec moins de difficulté; les cavaliers étaient plus lestes et contents.

Il s'était formé par hasard une joyeuse société qui, étant bien montée, s'avança jusqu'à ce qu'elle atteignît une troupe de hussards, qui formait proprement l'avant-garde du corps d'armée. Le commandant, homme posé et d'âge respectable, parut ne pas voir notre arrivée avec plaisir. On lui avait recommandé l'attention la plus sévère; il fallait procéder en tout avec prudence, et passer sagement sur tout incident désagréable. Il avait divisé ses gens selon les règles de l'art; ils avançaient isolément à une certaine distance les uns des autres, et tout se passait avec beaucoup d'ordre et de tranquillité. Le pays était désert, et cette grande solitude donnait à penser. Montant, descendant les collines, nous avions traversé Mangienne, Damvillers, Vauville et Ormont, lorsque, sur une hauteur, d'où l'on avait une belle vue, une détonation se fit entendre à droite dans les vignes. Les hussards y coururent, pour fouiller dans les environs, et ils amenèrent en effet un homme barbu, aux cheveux noirs, qui avait l'air assez sauvage et sur lequel on avait trouvé un mauvais pistolet. Il dit hardiment qu'il chassait les oiseaux de sa vigne et qu'il ne faisait de mal à personne. Le commandant, après un moment de silence et de réflexion, pendant lequel il parut combiner ce cas avec ses instructions modérées, relâcha le prisonnier menacé, en lui donnant quelques coups de plat de sabre, sur quoi le gaillard s'enfuit si précipitamment, que nos gens lui ayant jeté son chapeau en poussant des cris de joie, il ne sentit pas la moindre envie de le reprendre.

La troupe avançait, nous nous entretenions des incidents et de tout ce qu'on pouvait attendre. Il faut remarquer que notre petite société, telle qu'elle s'était jointe aux hussards, s'était formée à l'aventure des éléments les plus hétérogènes; la plupart étaient des hommes d'un sens droit, livrés au moment, chacun à sa manière. Mais il en est un que je dois distinguer, un homme très-estimable, tel qu'on en rencontrait souvent à cette époque dans l'armée prussienne, sérieux, avec une certaine humeur hypocondre, silencieux, concentré, et disposé, avec une ardeur délicate, à faire le bien. Comme nous avancions de la sorte, nous eûmes une rencontre aussi singulière qu'agréable. Deux hussards remontaient de notre côté la montagne, amenant une petite charrette à deux roues, attelée d'un seul cheval, et, quand nous demandâmes ce qui pouvait se trouver sous la toile tendue par-dessus, nous vîmes un petit garçon de douze ans qui conduisait le cheval, et, dans un coin, une jeune fille ou femme merveilleusement belle, qui se pencha en avant pour regarder les nombreux cavaliers dont sa petite voiture était entourée. Nul ne resta indifférent, mais nous dûmes laisser le soin de s'employer pour la belle à notre sensible ami, qui, dès l'instant où il eut considéré de près l'équipage en détresse, se sentit pressé irrésistiblement de le secourir. Nous nous retirâmes à l'arrière-plan, tandis qu'il s'informait exactement des circonstances. Il se trouva que la jeune personne, habitante de Samognieux, ayant voulu fuir le danger en se retirant à l'écart chez des amis plus éloignés, s'était justement jetée dans la gueule du loup; car, dans ces moments d'angoisse, l'homme croit qu'il sera mieux partout ailleurs que là où il est. Nous assurâmes tous, du ton le plus amical, à la jeune personne qu'elle ferait bien de s'en retourner. Notre commandant, qui avait d'abord soupçonné là-dessous un espionnage, se laissa enfin persuader par la chaude rhétorique de l'honnête officier, qui la ramena un peu rassurée, deux hussards à ses côtés, dans le lieu de son domicile. Nous y passâmes bientôt après, avec un ordre et une discipline irréprochables, et la belle, debout sur un petit mur au milieu des siens, nous salua gracieusement et pleine d'espérance, parce que la première aventure avait si bien fini.

Il se rencontre au milieu des expéditions militaires de pareilles pauses, pendant lesquelles on cherche à inspirer la confiance en observant momentanément une sévère discipline, et l'on établit une sorte de paix légale au milieu du désordre. Ces moments sont précieux pour les bourgeois et les paysans, et pour tout homme à qui les longues calamités de la guerre n'ont pas ravi encore toute croyance à l'humanité.

On établit un camp en deçà de Verdun, et l'on compta sur quelques jours de repos.

Le matin du 31, j'étais dans la dormeuse, la couche assurément la plus sèche, la plus chaude et la plus confortable; j'étais à demi réveillé, lorsque j'entendis quelque bruit dans les rideaux de cuir, et, en les ouvrant, je vis le duc de Weimar qui me présentait un étranger inattendu. Je reconnus aussitôt l'aventureux Grothhus, qui, ne répugnant point à jouer encore ici son rôle de partisan, était arrivé pour se charger de la mission délicate de porter à Verdun une sommation. Il venait en conséquence demander à notre prince un trompette-major. L'homme qu'on lui donna, fier d'une distinction si particulière, fut bientôt prêt à le suivre. Cette rencontre fut des plus gaies pour deux amis qui n'avaient pas oublié leurs anciennes folies. Grothhus courut ensuite remplir sa mission, qui devint plus tard le sujet de mille plaisanteries. On se racontait comme quoi il s'était avancé à cheval par la grand'route, le trompette devant lui et deux hussards derrière; comme les gens de Verdun, en véritables sans-culottes, ignorant ou méprisant le droit des gens, lui avaient tiré des coups de canon; comme il avait attaché à la trompette un mouchoir blanc et donné l'ordre de sonner toujours plus fort; comme un détachement était venu le chercher, et l'avait conduit seul dans la place les yeux bandés; comme il y avait tenu de beaux discours, mais sans produire aucun effet; et que sais-je encore tout ce qui fut dit pour amoindrir le service rendu et rabaisser l'auteur de l'entreprise?

La forteresse ayant refusé, comme il fallait s'y attendre, de se rendre à la première sommation, on dut se disposer au bombardement. Le jour s'écoula, et cependant je pris encore une petite précaution dont je ressens jusqu'à ce jour les heureux effets. J'ai dit que M. de Stein m'avait donné l'atlas de Jaeger, qui présentait le théâtre actuel de la guerre et même aussi celui où l'on espérait qu'elle serait bientôt portée. Je pris une de ces feuilles, la quarante-huitième, dans les limites de laquelle j'étais entré près de Longwy, et comme il se trouvait parmi les gens du duc une sorte de factotum, je lui fis couper et entoiler cette carte, qui sert encore aujourd'hui à me rappeler des jours si mémorables pour le monde et pour moi.

Après avoir pris ces précautions pour le présent et pour l'avenir, je jetai les yeux autour de moi sur la prairie où nous étions campés, et d'où les tentes se déployaient jusqu'aux collines. Un singulier spectacle attira mon attention sur le grand tapis vert : un certain nombre de soldats s'étaient formés en cercle, et quelque chose les occupait dans l'intérieur. En les observant de plus près, je vis qu'ils étaient rangés autour d'un éboulis en forme d'entonnoir, plein d'une eau transparente, et dont l'ouverture pouvait avoir trente pieds de diamètre. Là se trouvaient d'innombrables petits poissons que les soldats pêchaient à la ligne, ayant apporté dans leurs sacs les engins nécessaires. L'eau était la plus transparente du monde et la pêche assez amusante. En l'observant, je ne tardai pas à remarquer que les poissons, dans leurs mouvements, reflétaient diverses couleurs. Au premier moment, je pris ce phénomène pour les couleurs changeantes de ces petits corps mobiles, mais j'en eus bientôt l'heureuse explication. Il était tombé dans l'entonnoir un débris de poterie, qui me présenta du fond les plus belles couleurs prismatiques. Plus claires que le fond, rayonnant vers mon œil, se montraient sur le bord opposé à moi les couleurs bleue et violette, et, sur le bord placé de mon côté, le rouge et le jaune. Là-dessus, ayant fait le tour de la source, je vis le phénomène me suivre, comme il est naturel dans ces expériences subjectives, et, par rapport à moi, les couleurs parurent toujours les mêmes.

Occupé avec passion de ces objets, j'éprouvai la plus grande joie à voir là sous le ciel, d'une manière si vive et si naturelle, le phénomène pour lequel, depuis près de cent ans, les professeurs de physique s'enfermaient avec leurs élèves dans une chambre obscure. Je me procurai encore quelques morceaux de vaisselle, que je jetai dans l'eau, et je pus très-bien observer que le phénomène commençait très-vite sous la surface de l'eau, qu'il devenait plus apparent à mesure que le débris s'enfonçait, et qu'enfin, devenu un petit corps blanc, saturé de couleur, il arrivait au fond sous l'aspect d'une petite flamme. Sur quoi je me souvins qu'Agricola fait déjà mention de ce phénomène et qu'il était disposé à le ranger parmi les phénomènes ignés.

En sortant de table, nous montâmes sur la colline qui cachait à nos tentes la vue de Verdun, et, comme ville, nous la trouvâmes très-agréablement située. Elle est entourée de prairies et de jardins, dans une plaine riante que traverse la Meuse, divisée en plusieurs bras, entre des collines rapprochées et lointaines; mais, comme place forte, elle est exposée de tous côtés au bombardement. L'après-midi se passa à dresser les batteries, la ville ayant refusé de se rendre. Cependant, nous l'observâmes avec de bonnes lunettes et nous pûmes très-bien distinguer ce qui se passait sur le rempart en face de nous, le peuple allant et venant, et qui paraissait très-occupé à une certaine place.

Le bombardement commença à minuit, soit de la batterie établie sur notre rive droite, soit de celle de la rive gauche, qui, étant plus proche et lançant des fusées incendiaires, produisit les plus grands effets. Il nous fallut voir ces météores ignés, chevelus, passer doucement dans l'air, et, bientôt après, s'embraser un quartier de la ville. Nos lunettes, dirigées sur ce point, nous permirent encore d'observer en détail ce désastre; nous pouvions distinguer les hommes qui, montés sur les murs, faisaient les plus grands efforts pour arrêter l'incendie; nous pouvions observer et distinguer les chevrons dégarnis et croulants. Tout cela se passait au milieu d'un groupe de personnes connues et inconnues, et provoquait des réflexions étranges, souvent contradictoires, et l'expression des sentiments les plus divers. J'étais entré dans une batterie en pleine activité, mais les détonations effroyables des obusiers faisaient trop souffrir mes oreilles pacifiques, et je dus bientôt m'éloigner. Je rencontrai le prince de Reuss XIII, qui m'avait toujours témoigné de la bienveillance. Nous nous promenâmes derrière des murs de vignes, qui nous protégeaient contre les boulets que les assiégés nous envoyaient assez diligemment. Après diverses considérations politiques, qui nous égarèrent dans un labyrinthe de soucis et d'espérances, le prince me demanda de quoi je m'occupais alors, et il fut très-surpris de ce qu'au lieu de lui parler de romans et de tragédies, animé par le phénomène de réfraction qui m'avait frappé ce jour-là, je commençai à l'entretenir avec une grande vivacité de la doctrine des couleurs. Car il en était de ces développements de phénomènes naturels comme de mes poëmes : je ne les faisais pas, c'étaient eux qui me faisaient. Une fois en verve, je poursuivis mon exposition, sans me laisser troubler le moins du monde par les boulets et les globes de feu. Le prince me demanda de lui expliquer comment j'étais entré dans ce domaine. L'incident du jour vint fort à propos à mon secours.

Il n'était pas besoin de beaucoup de paroles pour faire comprendre à un tel homme qu'un ami de la nature, qui vit presque toujours en plein air, dans son jardin, à la chasse, en voyage, en campagne, trouve assez d'occasions et de loisir pour l'observer en grand et se familiariser avec les phénomènes de tout genre. Or l'atmosphère, les vapeurs, la pluie, l'eau et la terre nous offrent incessamment des teintes changeantes, et dans des conditions et des circonstances si diverses, qu'on doit désirer d'apprendre à les connaître d'une manière plus précise, de les diviser, de les réduire à certaines catégories, de rechercher leurs affinités prochaines et éloignées. Par là on acquiert dans chaque direction de nouvelles vues, différentes de la doctrine des écoles et des traditions imprimées. Nos pères, doués d'une admirable faculté sensitive, avaient très-bien vu, mais ils n'avaient ni poursuivi ni complété leurs observations, et surtout ils n'avaient point réussi à coordonner et classer les phénomènes.

Voilà les sujets dont nous étions occupés en nous promenant sur le gazon humide. Excité par les questions et les objections, j'exposais mes idées, quand la fraîcheur du matin nous poussa vers un bivouac autrichien, dont le feu, entretenu toute la nuit, offrait un énorme et salutaire brasier. Pénétré de mon sujet, dont je m'occupais depuis deux ans, et qui fermentait encore dans ma tête, comme une chose nouvelle et non mûrie, j'aurais pu dire à peine que le prince m'eût écouté, s'il n'avait fait incidemment quelques réflexions ingénieuses, et, pour conclure, résumé mon exposition en m'adressant des paroles encourageantes.

J'ai toujours observé que les hommes pratiques et les gens du monde, devant se faire exposer à l'improviste beaucoup de choses, et, par conséquent, se tenir toujours sur leurs gardes pour n'être pas trompés, il est beaucoup plus agréable de discourir avec eux d'objets scientifiques, parce qu'ils ont l'esprit libre et qu'ils écoutent sans autre mobile que le désir de s'instruire. Les savants, au contraire, n'écoutent rien d'ordinaire que ce qu'ils ont appris et enseigné, et ce dont ils sont convenus avec leurs pareils. A la place de l'objet, se pose un credo, auquel on peut aussi bien s'attacher obstinément qu'à tout autre.

La matinée était fraîche, mais sereine; nous allions et venions, moitié gelés, moitié rôtis; tout à coup nous vîmes quelque chose se mouvoir le long des murs de vignes. C'était un piquet de chasseurs, qui avait passé la nuit dans ce poste, et qui reprenait maintenant ses carabines et ses havre-sacs, pour descendre dans les faubourgs incendiés, et, de là, inquiéter les remparts. En marchant à une mort probable, ils chantaient des chansons grivoises, ce qui était peut-être excusable dans cette situation.

À peine avaient-ils quitté la place, que je crus remarquer sur la muraille un phénomène géologique très-surprenant. Je voyais sur le petit mur blanc de pierre calcaire une bordure de pierre d'un vert clair, d'une couleur toute pareille au jaspe, et je me demandais avec surprise comment une pierre si remarquable avait pu se trouver en si grande abondance dans ces couches calcaires. Mais je fus bien désenchanté, lorsque, étant accouru pour observer cette merveille, je vis que c'était de la mie de pain moisi, que les chasseurs avaient trouvée immangeable, et qu'ils avaient gaiement coupée et étendue sur le mur en manière d'ornement.

Ce fut pour nous une nouvelle occasion de parler d'empoisonnement, sujet continuel de conversation depuis que nous étions entrés en pays ennemi, et cause de terreurs paniques dans une armée en campagne; car on juge suspects non-seulement tous les mets servis par un hôte, mais aussi le pain que l'on cuit soi-même, et dont la moisissure intérieure, promptement développée, doit s'attribuer à des causes toutes naturelles.

Le bombardement cessa le 1er septembre à huit heures du matin, mais on continuait à échanger des boulets. Les assiégés avaient tourné de notre côté une pièce de vingt-quatre, qu'ils faisaient jouer de loin en loin par forme de divertissement.

Sur la hauteur découverte, à côté des vignes et en face de cette grosse pièce d'artillerie, on avait posté deux hussards à cheval, pour observer la ville et l'intervalle qui nous en séparait. Ils n'avaient essuyé aucune attaque pendant leur faction; mais, le nombre des hommes ayant augmenté lorsqu'on vint les relever, et quelques spectateurs étant d'ailleurs accourus dans ce moment, cela forma un groupe de personnes assez considérable, et les assiégés chargèrent leur pièce. À ce moment, je tournais le dos à la troupe de hussards et de curieux, qui était peut-être à cent pas, et je m'entretenais avec un ami, quand tout à coup le boulet passa derrière moi avec un sifflement terrible, si bien que je pirouettai sur mes talons, sans que je puisse dire si ce fut le bruit, l'ébranlement de l'air, enfin une impulsion physique ou morale, qui produisit cet effet. Je vis bien loin derrière la foule dispersée le boulet ricocher encore à travers quelques haies. On courut après avec de grands cris, dès le moment qu'il eut cessé d'être redoutable. Personne ne fut atteint, et ceux qui s'emparèrent de cette masse de fer la promenèrent en triomphe.

Vers midi, la ville fut sommée une seconde fois : elle demanda un délai de vingt-quatre heures. Nous en profitâmes aussi pour nous établir un peu plus commodément, nous approvisionner, et parcourir la contrée. Je ne manquai pas de retourner à la source instructive, où je pus faire mes observations avec plus de tranquillité et de réflexion, le bassin étant entièrement pêché, et l'eau s'étant tout à fait éclaircie et reposée, pour me laisser répéter à plaisir le jeu de la petite flamme descendante : aussi étais-je de l'humeur la plus agréable. Quelques accidents nous rejetèrent bientôt dans l'état de guerre. Un officier d'artillerie voulut faire boire son cheval. Le manque d'eau était général dans cet endroit ; ma source, auprès de laquelle il passa, était trop enfoncée : il se rendit à la Meuse, qui coulait près de là. La rive était rapide et il fut englouti ; le cheval en réchappa, mais l'officier fut rapporté mort.

Peu de temps après, on entendit une forte explosion dans le camp autrichien, au pied de la colline que nous pouvions voir du nôtre. Les détonations et la fumée se répétèrent quelquefois. Tandis qu'on chargeait les bombes, un incendie, effet de la négligence, s'était déclaré. On courait le plus grand danger ; déjà le feu se communiquait aux bombes chargées, et l'on avait à craindre que toute la provision ne sautât en l'air. Mais cette crainte fut bientôt dissipée par la glorieuse conduite des soldats impériaux, qui, au mépris du danger imminent, se hâtèrent d'emporter hors du camp la poudre et les bombes chargées.

Ainsi s'écoula cette journée. Le lendemain, la ville se rendit et les alliés en prirent possession ; mais nous eûmes aussitôt un trait du caractère républicain. Le commandant Beaurepaire, pressé par la bourgeoisie aux abois, qui voyait déjà la ville tout entière brûlée et détruite, si le bombardement continuait, ne put refuser plus longtemps de rendre la place ; mais lorsqu'il eut donné son consentement en pleine séance à l'hôtel de ville, il tira de sa poche un pistolet et se tua, pour donner un nouvel exemple de dévouement patriotique.

Après la conquête si rapide de Verdun, personne ne douta plus que l'armée ne se portât bientôt plus loin, et ne trouvât dans Châlons, dans Épernay et dans les bons vins du pays l'heureux oubli de ses fatigues. Je fis donc soigneusement couper et entoiler les cartes de Jaeger qui traçaient le chemin de Paris, et coller sur les revers du papier blanc, comme j'avais déjà fait pour la première, afin d'y noter rapidement ce que j'observerais chaque jour.

―――――

3 septembre 1792.

Dès le matin, je montai à cheval avec quelques amis pour visiter la ville. Nous trouvâmes dès l'entrée de grands travaux, qu'on avait faits en vue d'une plus longue résistance : le milieu des rues était dépavé et les pierres entassées contre les maisons; aussi le temps pluvieux rendait-il la promenade peu agréable. Nous nous empressâmes de visiter les célèbres boutiques où l'on trouvait les meilleures liqueurs en tout genre, et nous nous pourvûmes de différentes espèces. Il y avait entre autres un certain « Baume humain, » ayant moins de douceur que de force, qui restaurait parfaitement. Les dragées, qu'on vendait dans de jolis cornets cylindriques, ne furent pas non plus dédaignées. En présence de tant de biens, on pensa aux chers absents, à qui ces choses feraient tant de plaisir sur les bords paisibles d'Ilm. On fit préparer des boîtes. Des courriers obligeants, qui avaient mission d'annoncer en Allemagne les premiers succès de nos armes, consentirent à se charger de quelques paquets de ce genre, qui devaient rassurer les amies que nous avions laissées à la maison et les convaincre que les pèlerins parcouraient un pays où l'esprit et la douceur ne feraient jamais défaut.

Lorsque ensuite nous contemplâmes cette ville, dont une partie était dévastée, nous fûmes conduits à remarquer une fois de plus que, dans les malheurs de ce genre, causés par l'homme à l'homme, comme dans ceux que la nature lui dispense, il se présente des cas particuliers qui semblent annoncer une Providence favorable. Le rez-de-chaussée d'une maison du coin, située sur la place, présentait un magasin de faïence, bien éclairé par de nombreuses fenêtres. On nous fit observer qu'une bombe, rejaillissant de la place, avait heurté le faible montant de pierre de la porte du magasin, et avait reçu de ce choc une autre direction. Le montant était en effet endommagé, mais il avait fait l'office d'un bon défenseur : la fragile porcelaine faisait briller ses reflets magnifiques derrière les vitrages bien essuyés, transparents comme l'eau la plus pure.

A midi nous fûmes régalés à table d'hôte d'un bon gigot et de vin de Bar, qu'il faut consommer dans le pays, parce qu'il ne supporte pas la voiture. C'est l'usage à ces tables de donner des cuillers, mais non des couteaux et des fourchettes, qu'il faut apporter avec soi. Informés de cette coutume, nous nous étions fournis de ces ustensiles, qu'on fabrique dans le pays, d'une forme élégante et commode. De joyeuses et résolues jeunes filles nous servirent, comme elles avaient servi, les jours précédents, leur garnison.

Cependant la prise de possession de Verdun fut troublée par un cas unique, il est vrai, mais qui produisit une grande sensation et inspira une sympathie générale. Comme les Prussiens entraient, il partit de la foule du peuple un coup de fusil qui ne blessa personne. Un grenadier français ne put ni ne voulut nier cet acte téméraire. J'ai vu ce soldat au corps de garde, où on l'avait conduit. C'était un très-beau jeune homme, bien fait, au regard assuré, à la contenance tranquille. En attendant que son sort fût décidé, on le laissa en liberté. Près du corps de garde était un pont, sous lequel passait un bras de la Meuse : il s'assit sur le parapet, demeura quelque temps immobile, puis, se renversant en arrière, il se jeta dans l'eau. Il en fut retiré mort.

Ce deuxième acte héroïque, et qui disait beaucoup pour l'avenir, excita une haine passionnée chez les nouveaux envahisseurs, et j'entendis des personnes, d'ailleurs sensées, soutenir qu'on ne devrait accorder une sépulture honorable ni à cet homme ni au commandant. On s'était, il est vrai, promis d'autres sentiments, et l'on ne voyait pas encore chez les troupes françaises le moindre mouvement pour passer à nous.

Mais le récit de la réception que Verdun avait faite au roi de Prusse rendit les cœurs à la joie. Quatorze jeunes filles, les plus belles et les mieux élevées, avaient souhaité à Sa Majesté la bienvenue avec d'agréables discours, des fleurs et des fruits. Ses familiers lui déconseillaient d'y toucher, craignant le poison; mais le Roi ne manqua pas de recevoir ces dons aimables avec une galanterie chevaleresque et d'en goûter sans défiance. Ces charmantes personnes inspirèrent aussi, semble-t-il, à nos jeunes officiers quelque confiance; ceux qui eurent le bonheur d'assister au bal ne pouvaient assez vanter leur amabilité, leur grâce et leurs bonnes manières.

On songea aussi à de plus solides jouissances. Comme on l'avait espéré et supposé, il se trouvait dans la place d'excellentes et riches provisions, et l'on se hâta, trop peut-être, de s'en rafraîchir. Je pus observer que le lard fumé et la viande, le riz et les lentilles, et d'autres choses bonnes et nécessaires, ne furent pas assez ménagées, ce qui semblait fâcheux dans notre position. Ce fut en revanche un amusant spectacle de voir comme fut pillé tranquillement un arsenal ou un amas d'armes de toute sorte. On avait rassemblé dans un couvent toute espèce d'armes, plutôt anciennes que nouvelles, et plusieurs de ces engins bizarres avec lesquels l'homme en humeur de se défendre arrête son adversaire ou même le tue.

Voici comment se passa ce pillage pacifique. Après la prise de la ville, les chefs militaires, voulant connaître l'état des provisions de tout genre, visitèrent également ce dépôt d'armes, et en même temps qu'ils les mettaient en réquisition pour les besoins généraux de la guerre; ils trouvèrent certains objets qu'on pouvait juger agréable de s'approprier, et personne ne faisait guère la revue de ces armes sans mettre à part quelque chose pour soi. Tous les grades se permirent ces libertés, si bien que ce trésor finit par devenir, peu s'en faut, un bien vacant : chacun donnait un petit pourboire au factionnaire pour visiter la collection, et en tirait ce qui était à son gré. Mon domestique fit son propre d'un grand bâton plat, fortement et soigneusement ficelé, et qui, au premier coup d'œil, ne promettait rien de plus, mais son poids annonçait un contenu redoutable, et en effet il renfermait une épée très-large, et longue d'environ quatre pieds, avec laquelle une main robuste aurait fait merveilles.

Voilà comme on vivait entre l'ordre et le désordre, tour à tour épargnant et dissipant, pillant et payant, et c'est peut-être ce qui rend la guerre si pernicieuse pour le caractère. On joue tantôt l'audacieux, le destructeur, tantôt le modéré, le bienfaisant; on s'accoutume aux phrases, à réveiller, à soutenir l'espérance dans la situation la plus désespérée; il en résulte une sorte d'hypocrisie d'un caractère à part, et qui se distingue tout particulièrement de celle des prêtres et des courtisans.

Mais je dois faire mention d'un homme remarquable, que je n'ai vu pourtant qu'à distance, derrière les grilles d'une prison : c'était le maître de poste de Sainte-Menehould, qui s'était maladroitement laissé prendre par les Prussiens. Il ne craignait nullement les regards des curieux, et, incertain de son sort, il paraissait tout à fait tranquille. Les émigrés soutenaient qu'il avait mérité mille morts, et ils excitaient l'autorité supérieure, mais il faut dire à sa gloire que, dans cette occasion comme en d'autres, elle se conduisit avec une bienséante et calme dignité, avec une noble égalité d'âme.

---

4 septembre 1792.

Le mouvement d'une nombreuse société animait tout le jour nos tentes; on entendait beaucoup de récits, de propos et de jugements. La situation devenait plus claire qu'auparavant. On était unanime à juger qu'il fallait marcher sur Paris aussi vite que possible. Nous avions laissé intactes sur nos flancs les places de Montmédy et de Sedan, et l'on semblait peu craindre l'armée qui se trouvait de ce côté.

La Fayette, qui avait la confiance de l'armée, avait été contraint de se séparer de la Révolution; il s'était vu forcé de fuir chez les ennemis et traité en ennemi. Dumouriez, qui d'ailleurs avait montré comme ministre qu'il entendait l'art de la guerre, ne s'était illustré par aucune campagne, et, porté des bureaux du ministère au commandement de l'armée, il semblait ne faire paraître que cette inconséquence et l'embarras du moment. D'un autre côté, on apprenait les tristes événements du mois d'août : au mépris du manifeste de Brunswick, le Roi avait été mis en prison, déposé et traité comme un criminel. Mais ce qui faisait surtout le sujet des conversations, c'étaient les grands dangers des prochaines opérations militaires.

La forêt de l'Argonne, chaîne de collines boisées, qui force l'Aire à couler du sud au nord en la côtoyant, s'étendait immédiatement devant nous, et arrêtait notre mouvement. On parlait beaucoup des Islettes, passage important entre Verdun et Sainte-Menehould. Pourquoi n'était-il pas occupé? Pourquoi l'avait-il été? C'était sur quoi l'on ne pouvait s'entendre. Les émigrés devaient l'avoir surpris un moment, sans avoir pu le garder. La garnison sortie de Longwy s'y était portée; on le croyait du moins. Tandis que nous avions marché sur Verdun et bombardé cette ville, Dumouriez avait envoyé à travers le pays des troupes pour fortifier les Islettes et couvrir l'aile droite de sa position derrière Grandpré, et opposer ainsi aux Prussiens, aux Autrichiens et aux émigrés de nouvelles Thermopyles.

On s'avouait cette position extrêmement défavorable, et, tandis que l'armée aurait dû marcher en avant sans relâche, il fallut se résoudre à lui faire côtoyer l'Aire, pour assaillir à tout hasard des défilés fortifiés, sur quoi on trouvait encore très-avantageux que nous eussions enlevé Clermont aux Français, et qu'il fût occupé par les Hessois, qui, opérant contre les Islettes, pouvaient, sinon les enlever, du moins les inquiéter.

Du 6 au 10 septembre 1792.

Dans cette pensée, on leva le camp, et il fut porté derrière Verdun.

Le quartier général du roi était à Glorieux, celui de Brunswick à Regrets, et ces noms donnaient lieu à de singulières observations.

J'arrivai à Glorieux par suite d'un accident désagréable. Le régiment de Weimar devait camper à Jardin-Fontaine, près de la ville et de la Meuse. Nous réussîmes heureusement à sortir de la ville, en nous mêlant par contrebande dans la file des bagages d'un régiment inconnu, et nous nous laissâmes entraîner, quoiqu'il fût visible qu'on s'éloignait trop ; mais le chemin était si étroit que nous n'aurions pu sortir de la file sans nous perdre irrévocablement dans les fossés. Nous regardions à droite et à gauche sans rien découvrir ; nous ne pouvions obtenir de personne un éclaircissement, car tout le monde était étranger comme nous, et, grâce à la situation, en proie à l'humeur la plus triste. Enfin, arrivé sur une colline à pente douce, je vis à gauche, dans une vallée qui, pendant les beaux jours, devait être charmante, un joli village avec un château considérable, et, par bonheur, la douce et verte lisière d'un bois promettait de nous y conduire commodément. Je me hâtai d'autant plus de prendre par en bas pour sortir de l'effroyable ornière, que je voyais des officiers et des palefreniers courir de côté et d'autre, des fourgons, des chaises arrêtées ; je supposai que c'était un des quartiers généraux, et je ne me trompais point, c'était Glorieux, quartier du roi. Mais là encore je demandai, inutilement où se trouvait Jardin-Fontaine. Enfin je rencontrai, comme un envoyé du ciel, M. d'Alvensleben, dont j'avais déjà éprouvé l'obligeance. Il m'apprit que je devais suivre dans le vallon jusqu'à la ville le chemin vicinal, qui était entièrement libre, tâcher ensuite, arrivé devant la ville, de prendre par la gauche, après quoi je découvrirais bientôt Jardin-Fontaine.

Tout cela me réussit et je trouvai aussi nos tentes dressées, mais dans l'état le plus affreux ; on se voyait plongé dans une boue sans fond ; les attaches pourries des tentes se rompaient l'une après l'autre, et la toile battait la tête et les épaules de ceux qui voulaient y chercher un asile. On souffrit cela quelque temps, mais enfin on résolut de se loger dans le village. Nous trouvâmes dans une maison bien montée un malicieux bonhomme, qui avait été cuisinier en Allemagne. Il nous fit un joyeux accueil. Il se trouvait au rez-de-chaussée de belles chambres claires, une bonne cheminée et tout ce qu'il fallait pour nous reposer.

La suite du duc de Weimar était nourrie de sa cuisine. Cependant notre hôte me pressa de goûter une fois quelque chose de sa façon. Il me fit en effet une chère exquise, mais j'en fus si incommodé, que j'aurais pu penser encore au poison, si je ne m'étais aperçu d'abord qu'on avait tout assaisonné à l'ail, dont la plus faible dose m'est insupportable. Le mal fut bientôt passé, et je résolus de m'en tenir comme auparavant à la cuisine allemande.

Au moment du départ, notre hôte jovial remit, selon sa promesse, à mon domestique une lettre pour une sœur qu'il avait à Paris, et qu'il voulait recommander d'une façon toute particulière. Toutefois, après quelques paroles échangées, le bonhomme finit par lui dire : « Tu n'iras pas jusque-là. »

---

11 septembre 1792.

Après quelques jours de repos, il nous fallut de nouveau braver une affreuse température. Nous devions suivre la croupe des montagnes qui, séparant les eaux de la Meuse et de l'Aire, les obligent toutes deux de couler vers le nord. Après de grandes fatigues, nous arrivâmes à Malancourt, où nous trouvâmes les caves vides et les cuisines sans hôtes : heureux du moins de pouvoir consommer sous des toits, assis en lieu sec, les chétives provisions que nous avions apportées. L'arrangement de ces maisons me plut ; il annonçait une tranquille aisance ; partout régnait une simplicité naturelle, qui suffisait aux premiers besoins. Et nous avions troublé ce bonheur ! Nous allions le troubler encore ! Du voisinage on poussait des cris d'angoisse contre les pillards. Nous y courûmes et nous parvînmes, non sans danger, à faire cesser pour le moment ces désordres.

C'était d'ailleurs une étrange chose d'entendre ces pauvres diables de voleurs déguenillés, auxquels nous arrachions manteaux et chemises, nous accuser de la plus dure cruauté, parce que nous ne leur permettions pas de couvrir leur nudité aux dépens des ennemis.

Mais nous devions essuyer un reproche encore plus singulier. Retournés dans notre premier cantonnement, nous y trouvâmes un noble émigré de notre connaissance. Nous lui fîmes un bon accueil et il ne dédaigna pas notre table frugale ; mais il était visiblement ému ; il avait quelque chose sur le cœur, dont il cherchait à se soulager par des exclamations. Et quand nous voulûmes, en qualité de connaissances, l'engager à s'ouvrir un peu, il se récria sur la cruauté avec laquelle le roi de Prusse traitait les princes français. Surpris et presque troublés, nous lui demandâmes de s'expliquer. Alors nous apprîmes que le Roi était parti de Glorieux sans surtout, sans manteau, malgré une pluie épouvantable, et que les princes de la famille royale avaient dû renoncer de même à tout vêtement propre à les garantir du mauvais temps.

Notre marquis n'avait pu voir sans une extrême désolation ces personnes augustes légèrement vêtues, mouillées jusqu'aux os, ruisselantes de pluie; il aurait donné sa vie pour les voir passer dans une bonne voiture, elles sur qui reposaient l'espérance et le bonheur de la patrie entière et qui étaient accoutumées à un tout autre genre de vie. Nous n'avions rien à répliquer, car nous ne l'aurions pas consolé en lui faisant considérer que la guerre, comme une mort anticipée, rend tous les hommes égaux, abolit toute propriété, et menace de fatigues et de dangers les plus augustes personnages.

12 septembre 1792.

Le lendemain, en considération de si grands exemples, je résolus de laisser sous la garde du camérier[1] Wagner, qui était un homme sûr, ma voiture légère et pourtant attelée de quatre chevaux de réquisition. Il fut chargé de nous suivre avec l'équipage et l'argent comptant, si nécessaire. Je montai à cheval avec quelques bons compagnons et nous prîmes le chemin de Landres. Nous trouvâmes au milieu de la route des fagots et des branchages, débris d'un petit bois de bouleaux, qui nous donnèrent bientôt des flammes brillantes et de la braise pour nous réchauffer et pour cuire notre dîner. Mais les beaux apprêts d'une table de régiment étaient déjà détruits; on ne voyait venir ni tables, ni sièges, ni bancs; on fit du mieux qu'on put : on mangea debout, peut-être appuyé. Nous atteignîmes heureusement le camp vers le soir. Nous étions ainsi établis non loin de Landres, en face de Grandpré, mais nous savions que le passage était fortement et avantageusement occupé. Il pleu-

---

1. Le trésorier particulier du prince.

vait incessamment et non sans bourrasques; on trouvait peu d'abri sous les tentes.

Mais heureux celui dont une noble passion remplissait le cœur! Le phénomène des couleurs de la source n'avait pas cessé un moment, pendant ces jours, d'occuper ma pensée; j'y rêvais constamment pour l'élever au point d'être facilement soumis à l'expérience. Je dictais à Vogel, qui se montra encore ici un fidèle secrétaire, des notes éparses, puis je dessinais à côté les figures. Je possède encore ces papiers avec toutes les marques du mauvais temps, et comme témoignage d'une fidèle recherche dans le sentier difficile où j'étais entré. Mais le chemin de la vérité a cet avantage, qu'on se rappelle toujours avec plaisir une marche mal assurée, un détour, et même un faux pas.

Le temps empira encore, et devint si affreux pendant la nuit, qu'on se trouvait bien heureux de la passer sous les voitures des régiments. Situation terrible, en présence de l'ennemi, qui pouvait d'un moment à l'autre déboucher de ses hauteurs et de ses bois fortifiés.

―――

Du 13 au 17 septembre 1792.

Le 13, le camérier Wagner arriva de bonne heure avec tout l'équipage, y compris le caniche. Il avait passé une affreuse nuit; après mille autres embarras, il s'était écarté de l'armée dans les ténèbres, égaré par les valets ivres et endormis d'un général, qu'il avait suivis; ils étaient arrivés dans un village, et soupçonnèrent que les Français étaient tout près. Inquiété par toute sorte de bruits alarmants, abandonné de ses chevaux, qui ne revenaient pas de l'abreuvoir, il réussit pourtant à s'échapper de ce malheureux village, et nous nous retrouvâmes enfin avec notre bagage.

Il y eut ensuite un moment de trouble et aussi d'espérance. On entendait à notre aile droite une forte canonnade, et l'on se dit que le général Clerfayt était arrivé des Pays-Bas, qu'il avait attaqué les Français sur leur flanc gauche. Chacun était fort impatient de connaître l'événement. Je courus au quartier général pour savoir plus positivement ce que signifiait cette canonnade et à quoi il fallait s'attendre. On n'y savait encore rien de positif, sinon que Clerfayt devait être aux prises avec les Français. Je rencontrai le major de Weyrach, qui, par impatience et par ennui, allait justement monter à cheval et se rendre aux avant-postes. Je l'accompagnai, et nous arrivâmes bientôt sur une hauteur d'où la vue s'étendait assez loin de tous côtés. Nous joignîmes un poste de hussards, et nous nous entretînmes avec l'officier, qui était un joli jeune homme. L'affaire se passait bien au delà de Grandpré, et l'officier avait l'ordre de ne pas avancer, pour ne pas provoquer sans nécessité un mouvement. Nous n'étions pas en conversation depuis longtemps, quand le prince Louis-Ferdinand arriva avec une faible escorte. Après une courte salutation et quelques paroles échangées, il demanda à l'officier de se porter en avant. L'officier fit de pressantes représentations, mais le prince n'y eut pas égard, et poussa son cheval, en sorte que nous dûmes tous le suivre. Nous n'avions pas fait beaucoup de chemin quand un chasseur français se fit voir de loin, courut à nous jusqu'à portée de fusil, puis, faisant volte-face, disparut aussi vite qu'il était venu. Il fut suivi d'un second et d'un troisième, qui disparurent de même. Mais le quatrième, qui était probablement le premier, fit feu sur nous. Nous entendîmes siffler la balle. Le prince n'en fut pas ému, et ces gens continuèrent leur feu; plusieurs coups partirent pendant que nous poursuivions notre marche. J'avais regardé plusieurs fois l'officier, qui était dans le plus grand embarras, entre son devoir et son respect pour un prince royal. Il crut peut-être lire dans mes regards quelque sympathie, car il vint à moi et me dit : « Si vous pouvez quelque chose sur le prince, priez-le de se retirer; il fait peser sur moi la plus grave responsabilité. Il m'est rigoureusement ordonné de ne pas quitter le poste qui m'est assigné, et rien de plus raisonnable que de ne pas provoquer l'ennemi, qui est campé derrière Grandpré dans une forte position. Si le prince ne se retire pas, toute la chaîne des avant-postes sera bientôt alarmée; on ne saura pas au quartier général ce que cela signifie, et les premiers reproches tomberont sur moi, sans qu'il y ait de ma faute. »

Je m'approchai du prince et je lui dis : « On me fait l'honneur de croire que je puis quelque chose sur l'esprit de Votre Altesse : je vous prie donc de m'écouter favorablement. » Là-dessus je lui exposai l'affaire, ce qui était assez inutile, car il voyait tout de ses yeux, et il eut la bonté de tourner bride aussitôt en m'adressant quelques paroles obligeantes. Les chasseurs disparurent et cessèrent leur feu. L'officier me remercia chaleureusement. On voit par là qu'un médiateur est partout bienvenu.

Peu à peu la situation devenait plus claire. La position de Dumouriez à Grandpré était très-forte et très-favorable. On savait bien que son aile droite était inattaquable; devant sa gauche se trouvaient deux passages importants, la Croix-aux-Bois et le Chêne-Populeux; l'un et l'autre étaient soigneusement coupés et regardés comme impraticables, mais le dernier était confié à un officier négligent ou inférieur à une pareille tâche: les Autrichiens l'assaillirent. A la première attaque, le jeune prince de Ligne fut tué; à la seconde, on força le poste, et le grand plan de Dumouriez était renversé; il dut quitter sa position, et remonter le cours de l'Aisne; les hussards prussiens purent franchir le passage et pousser au delà de l'Argonne. Ils répandirent une telle panique dans l'armée française, que dix mille hommes prirent la fuite devant cinq cents, et qu'on eut beaucoup de peine à les arrêter et les rallier. C'est là que le régiment Chamborand se signala. Il retarda les progrès des nôtres, qui, envoyés proprement pour faire une reconnaissance, revinrent victorieux et pleins d'allégresse, et ne cachèrent pas qu'ils s'étaient emparés de quelques chariots. Ils se partagèrent ce qui était d'une utilité immédiate, l'argent et les habits; moi, comme membre de la chancellerie, j'eus en partage les papiers, parmi lesquels je trouvai quelques anciens ordres du jour de La Fayette, et plusieurs listes d'une fort belle écriture. Mais ce qui me surprit le plus, ce fut un Moniteur assez récent. Cette impression, ce format, qui nous avaient visités sans interruption pendant plusieurs années et qu'on n'avait pas vus depuis bien des semaines, me saluèrent d'une façon un peu cavalière; en effet, un article laconique du 3 septembre me criait d'un ton menaçant: « Les Prussiens pourront venir à Paris, mais ils n'en sortiront pas. » On croyait donc à Paris notre arrivée possible : quant à notre retour, c'était aux puissances supérieures d'y veiller.

L'affreuse position dans laquelle on se trouvait entre la terre et le ciel fut un peu adoucie, quand on vit l'armée s'avancer, et les divisions de l'avant-garde se mettre en mouvement l'une après l'autre. Notre tour vint enfin ; et, franchissant des collines, longeant des vallées, côtoyant des vignes, qui nous offraient un doux rafraîchissement, nous arrivâmes par un temps plus serein dans un pays plus ouvert, et nous vîmes dans une gracieuse vallée de l'Aire le château de Grandpré, très-bien situé sur une éminence, à l'endroit même où l'Aire court à l'occident entre des collines pour se réunir de l'autre côté de la montagne avec l'Aisne, dont les eaux, coulant toujours à l'ouest, puis mêlées à celles de l'Oise, se versent enfin dans la Seine. Il était donc manifeste que les montagnes qui nous séparaient de la Meuse, sans être d'une hauteur considérable, avaient une influence décisive sur la marche des eaux, et suffisaient pour nous jeter dans une autre région fluviale.

Pendant cette marche, je fus amené par le hasard dans la suite du roi, puis dans celle du duc de Brunswick ; je m'entretins avec le prince de Reuss et d'autres militaires diplomates de ma connaissance. Ces groupes de cavaliers peuplaient agréablement le paysage. On aurait souhaité un Van der Meulen pour immortaliser cette marche. Tout le monde était joyeux, animé, confiant, héroïque. Quelques villages brûlaient, il est vrai, devant nous, mais la fumée ne fait pas mal non plus dans un tableau de guerre. Les habitants avaient, disait-on, tiré des fenêtres sur l'avant-garde, qui, usant du droit de la guerre, s'était vengée elle-même sur-le-champ. La chose fut blâmée, mais on n'y pouvait rien changer. En revanche, nous prîmes sous notre protection les vignes, dont les propriétaires ne durent pas se promettre une riche récolte. C'est ainsi que nous avancions, agissant tour à tour en amis et en ennemis.

Après avoir laissé Grandpré derrière nous, nous arrivâmes à l'Aisne et, l'ayant traversée, nous campâmes près de Vaux-les-Muron. Nous étions dans cette Champagne de fâcheux renom, mais le pays n'avait pas si mauvaise apparence. Sur l'autre bord de la rivière, qui regardait le soleil, s'étalaient des vignes bien tenues ; dans les villages et les granges qu'on visitait, on trouvait assez de nourriture pour les hommes et les chevaux ; par malheur, les blés n'étaient pas battus et les moulins manquaient également ; les fours à cuire étaient rares aussi, et véritablement nous commencions à subir le supplice de Tantale.

18 septembre 1792.

Pour se livrer à ces réflexions, une nombreuse société se rassemblait d'ordinaire à chaque halte, et se rapprochait avec une certaine confiance, surtout au moment où l'on prenait le café. Elle était composée de singuliers éléments, Allemands et Français, militaires et diplomates ; tous personnages marquants, expérimentés, sages, spirituels, animés par l'importance du moment, tous hommes de mérite et de dignité, mais qui, n'étant pas membres du conseil secret, s'efforçaient d'autant plus de deviner ce qu'on avait résolu, ce qui pouvait arriver.

Dumouriez, ne pouvant occuper plus longtemps le passage de Grandpré, avait remonté l'Aisne, et, ses derrières étant couverts par les Islettes, il s'était posté sur les hauteurs de Sainte-Menehould, faisant face à la France. Nous avions pénétré par l'étroit passage, laissant inattaquées, sur nos derrières et sur nos flancs, les places de Sedan, de Montmédy et de Stenay, qui pouvaient à leur gré nous rendre les approvisionnements difficiles. Nous étions entrés par un temps détestable dans une triste contrée, dont le sol ingrat nourrissait à peine quelques villages clair-semés. Il est vrai que Reims, Châlons et leurs fertiles environs n'étaient pas éloignés ; on pouvait espérer de s'y rafraîchir : aussi l'avis presque unanime de la société était-il que nous devions marcher sur Reims et nous emparer de Châlons ; Dumouriez ne pouvait alors demeurer immobile dans sa position avantageuse ; une bataille était inévitable, où qu'elle fût livrée, et l'on se croyait sûr de la victoire.

Du 18 au 22 septembre 1792.

Ce fut donc un sujet de sérieuses réflexions que l'ordre qui nous fut donné le 19 de marcher sur Massiges, de remonter la rive de l'Aisne, en laissant à main gauche, de près ou de loin, cette rivière et la forêt. On se nourrissait en chemin de ces graves pensées, tout en prenant une joyeuse part aux incidents et aux événements de tout genre. Un singulier phénomène attira toute mon attention. Afin de pousser en avant plusieurs colonnes de front, on en avait mené une à travers champs par des collines unies, mais, lorsqu'il fallut redescendre dans la vallée, on avait trouvé une pente escarpée : elle fut aussitôt talutée du mieux qu'il fut possible, mais elle restait encore assez roide. A midi, un rayon de soleil parut et se refléta sur toutes les armes. J'étais sur une hauteur, et je vis passer dans tout son éclat cette rivière d'armes étincelantes; mais ce fut un spectacle surprenant quand la colonne arriva à la pente escarpée, où les rangs, jusqu'alors maintenus, se séparèrent par bonds, chaque soldat cherchant de son mieux à gagner la profondeur. Le désordre donnait parfaitement l'idée d'une cascade. Mille et mille baïonnettes, brillant pêle-mêle, produisaient le plus vif mouvement. Et lorsque, au pied de la colline, les rangs et les files se reformèrent et poursuivirent leur marche dans la vallée, comme ils étaient arrivés sur la colline, l'idée d'un fleuve se présentait toujours plus vive. Ce phénomène était d'autant plus agréable, que sa longue durée fut favorisée par le soleil dont on sentait tout le prix dans ces heures incertaines, après une longue privation.

Après midi nous arrivâmes à Massiges; nous n'étions plus qu'à quelques lieues de l'ennemi. On avait tracé le camp; nous nous établissions à la place qui nous était assignée; déjà les pieux étaient plantés, les chevaux attachés, les feux allumés, la cuisine ouverte : tout à coup le bruit se répand que le camp n'aura pas lieu; la nouvelle est arrivée que l'armée française se retire de Sainte-Menehould sur Châlons; le Roi ne veut pas la laisser échapper et il a donné l'ordre du départ. J'allai chercher des informations à la bonne source, et l'on me répéta ce que j'avais déjà entendu; seulement j'appris encore qu'à cette incertaine et invraisemblable nouvelle, le duc de Weimar et le général Heymann avaient pris les devants avec les mêmes hussards qui avaient répandu cette alarme. Au bout de quelque temps, ces généraux revinrent et assurèrent qu'on ne remarquait pas le moindre mouvement, et ces patrouilles durent avouer qu'elles avaient présumé plutôt que vu ce qu'elles avaient annoncé.

Cependant l'impulsion était donnée, et l'armée reçut l'ordre d'avancer, mais sans aucuns bagages ; toutes les voitures durent rétrograder jusqu'à Maison-Champagne pour y former une barricade et attendre, comme on le présumait, l'heureuse issue d'une bataille.

Je n'hésitai pas un moment sur ce que j'avais à faire ; je laissai la voiture, le bagage et les chevaux à mon domestique, qui était soigneux et résolu, et je montai aussitôt à cheval avec mes compagnons de guerre. Nous avions déjà reconnu souvent dans nos entretiens que l'homme qui s'engage dans une expédition doit suivre constamment les troupes régulières, quelle que soit la division à laquelle il s'est joint : là, en effet, ce qui peut nous arriver est toujours honorable, tandis que stationner auprès des bagages est à la fois honteux et dangereux. J'étais donc convenu avec les officiers du régiment que je me joindrais toujours à eux et, autant que possible, à l'escadron des gardes du corps, voulant par là fortifier toujours davantage de bonnes et belles relations.

Nous reçûmes l'ordre de côtoyer en le remontant le ruisseau de la Tourbe, qui arrose la plus triste vallée du monde, entre des collines basses, sans arbres et sans buissons. Il était prescrit sévèrement de marcher dans le plus grand silence, comme si nous eussions voulu surprendre l'ennemi, qui cependant, posté comme il l'était, ne pouvait guère ignorer l'approche d'une masse de cinquante mille hommes. La nuit vint : point de lune; pas une étoile; un vent furieux mugissait; le mouvement silencieux d'une si longue file d'hommes dans une obscurité profonde était une chose tout extraordinaire.

En chevauchant à côté de la colonne, on rencontrait souvent des officiers de connaissance, qui allaient et venaient pour accélérer ou ralentir la marche. On s'arrêtait, on se groupait, on causait. Une douzaine de personnes, connues et inconnues, s'étaient ainsi réunies. On s'interrogeait, on se plaignait, on s'étonnait, on grondait et l'on raisonnait. On ne pouvait pardonner au général d'avoir troublé le dîner. Un joyeux convive souhaita une saucisse et du pain ; un autre éleva ses désirs jusqu'au rôti de chevreuil et à la salade d'anchois; et, comme tout cela ne coûtait rien, on ne se fit pas faute de pâtés, de friandises, de vins délicats, et l'on finit par composer un festin si complet, qu'un des assistants, dont l'appétit s'était réveillé outre mesure, maudit toute la société, déclarant insupportable le supplice d'une imagination excitée en face de la plus extrême disette. Les convives se dispersèrent et ne s'en trouvèrent pas mieux.

Nous marchâmes de la sorte jusqu'à Somme-Tourbe, où l'on fit halte. Le Roi était descendu dans une auberge devant la porte de laquelle le duc de Brunswick établit le quartier général et les bureaux sous une sorte de berceau. La place était grande; on y alluma beaucoup de feux, vivement entretenus avec de grandes brassées d'échalas. Le prince feld-maréchal trouva mauvais qu'on attisât trop la flamme; mais ses craintes nous semblèrent hors de saison, car personne ne voulait croire que notre approche fût demeurée un secret pour les Français.

J'étais arrivé trop tard, et j'eus beau chercher de tous côtés dans le voisinage, tout était consommé ou du moins dans les mains de quelqu'un. Pendant que je cherchais ainsi, les émigrés me donnèrent l'exemple d'une bonne précaution culinaire. Ils étaient assis autour d'un grand monceau de cendres chaudes, dans lequel plus d'un échalas s'était consumé en pétillant. Ils avaient eu l'adresse de recueillir promptement tous les œufs du village, et c'était un objet fort appétissant que ces œufs dressés les uns à côté des autres dans le monceau de cendres, et qu'on en retirait à mesure qu'ils étaient cuits à point. Je ne connaissais aucun de ces nobles cuisiniers; je ne pouvais donc leur adresser la parole, mais, ayant rencontré à ce moment un de mes amis, qui était, comme moi, mourant de faim et de soif, je m'avisai d'une ruse de guerre, fondée sur une observation que j'avais eu occasion de recueillir dans ma courte carrière militaire. J'avais observé qu'en fourrageant dans les villages et alentour, on procédait d'une manière stupide. Les premiers arrivants se précipitent, enlèvent, gâtent, détruisent; ceux qui les suivent trouvent toujours moins et ce qui est perdu ne profite à personne. J'avais déjà réfléchi qu'en pareille occasion, il fallait user de stratégie, et, tandis que la foule faisait irruption d'un côté, chercher du côté opposé quelques ressources. Ici la chose n'était guère praticable, parce que tout était envahi; mais le village s'étendait fort loin et en s'écartant du chemin par lequel nous étions arrivés. Je proposai à mon ami de descendre avec moi la longue rue. Nous vîmes sortir de l'avant-dernière maison un soldat maugréant de ce qu'on avait déjà tout dévoré et qu'on ne trouvait plus rien nulle part. Nous regardâmes par les fenêtres, et nous vîmes deux chasseurs assis fort tranquillement; nous entrâmes, pour nous asseoir du moins à couvert. Nous les saluons comme des camarades, et nous nous plaignons de la disette générale. Après avoir échangé quelques propos, ils nous demandent le secret : nous leur tendons la main. Alors ils nous découvrent qu'ils ont trouvé dans la maison une belle cave bien meublée; qu'ils en ont masqué l'entrée eux-mêmes, mais qu'ils ne veulent pas nous refuser une part de la provision. L'un d'eux tire une clef de sa poche, et, en écartant divers obstacles, démasque la porte et l'ouvre. Nous descendons, nous trouvons plusieurs tonneaux, dont chacun pouvait contenir deux muids; mais, ce qui nous intéressa davantage, ce furent divers compartiments de bouteilles casées dans le sable, où le bon camarade, qui les avait déjà mises à l'épreuve, nous indiqua la meilleure espèce. Je pris deux bouteilles de chaque main; je les cachai sous mon manteau, mon ami en fit autant, et nous remontâmes la rue, dans l'espérance de pouvoir bientôt nous rafraîchir.

Tout près du grand feu de garde, je remarquai une pesante et forte herse; je m'assis dessus, et je glissai, par-dessous mon manteau, mes bouteilles entre les dents de la herse. Au bout de quelque temps j'en sortis une bouteille, qui fit pousser des exclamations à mes voisins. Je leur offris aussitôt de la partager avec eux. Ils en prirent à longs traits, mais le dernier modérément, parce qu'il s'apercevait bien qu'il me laissait peu de chose. Je cachai la bouteille à côté de moi, et je produisis bientôt après la seconde; je bus à la santé des amis, qui s'en régalèrent encore une fois, sans prendre garde d'abord au miracle; mais, à la troisième, ils crièrent au sorcier, et ce fut, dans cette triste situation, un badinage de toute façon bienvenu.

Parmi toutes les personnes dont le feu éclairait dans ce cercle la taille et le visage, j'aperçus un homme âgé que je crus reconnaître. Quand je m'en fus assuré, je m'approchai de lui, et il ne fut pas peu étonné de me voir là. C'était le marquis de Bombelles, que j'avais vu à Venise deux années auparavant, quand j'accompagnais la duchesse Amélie. Il y résidait alors comme ambassadeur de France, et il avait pris à cœur de rendre à cette excellente princesse le séjour de Venise aussi agréable que possible. Nos cris de surprise, la joie du revoir et nos souvenirs égayèrent ce moment sérieux. Nous parlâmes de sa magnifique demeure sur le Grand-Canal; je lui rappelai comme, arrivés chez lui en gondole, nous y avions trouvé un accueil honorable et une gracieuse hospitalité; comment, par de petites fêtes, dans le caractère et l'esprit de cette princesse, qui aimait la nature et les arts, la gaieté et le bon goût, il l'avait amusée de mille manières, elle et son entourage, et, par l'influence qu'il exerçait, lui avait procuré bien des jouissances refusées aux étrangers.

Mais quelle fut ma surprise, à moi qui avais cru le réjouir par un éloge sincère, de l'entendre s'écrier avec mélancolie: « Ne parlons pas de ces choses! Ce temps est trop loin de moi; et, dès ce temps même, quand j'amusais mes nobles hôtes avec une apparente sérénité, le souci me rongeait le cœur; je pressentais les suites de ce qui se passait dans ma patrie; j'admirais votre sécurité, de ne pas prévoir le danger qui vous menaçait vous-mêmes; je me préparais en silence au changement de mon sort. Bientôt après, je dus quitter mon poste honorable et ma chère Venise, et commencer les courses vagabondes qui ont fini par m'amener ici. »

Le caractère mystérieux qu'on avait voulu de temps en temps donner à cette marche nous faisait soupçonner qu'on irait en avant cette nuit même; mais le jour commençait à paraître et avec lui nous arrivait une pluie fine. Il faisait grand jour quand on se mit en mouvement. Comme le régiment de Weimar avait le pas, on donna à l'escadron des gardes du corps, comme étant à la tête de toute la colonne, les hussards, qui devaient connaître le chemin de notre destination. Alors nous avançâmes, parfois au grand trot, à travers des champs et des collines sans arbres ni buissons; seulement, on voyait à gauche, dans le lointain, la forêt de l'Argonne. La pluie nous fouettait le visage. Bientôt nous vîmes une allée de peupliers, d'une belle venue et bien entretenus, qui s'étendait en travers de notre marche

C'était la chaussée de Châlons à Sainte-Menehould, la route de Paris en Allemagne : on nous mena au delà et puis à l'aventure.

Nous avions déjà observé les mouvements de l'ennemi campé devant les bois; nous avions pu également remarquer que de nouvelles troupes arrivaient : c'était Kellermann, qui faisait sa jonction avec Dumouriez pour former son aile gauche. Les nôtres brûlaient d'impatience de marcher aux Français; officiers et soldats souhaitaient avec ardeur que le général voulût attaquer dans ce moment; notre marche impétueuse semblait annoncer ce dessein : mais Kellermann avait pris une position trop avantageuse. Alors commença cette canonnade sur laquelle on a fait tant de récits, et dont on ne peut toutefois décrire la violence soudaine, ni même faire revivre l'idée dans son imagination.

La chaussée était déjà bien loin derrière nous, et nous poursuivions vers l'ouest notre course impétueuse, quant tout à coup un adjudant arrive au galop et nous commande de repasser la chaussée et de nous poster auprès, du côté gauche, pour appuyer l'aile droite. Nous obéissons et, comme cela, nous nous trouvons en face de l'ouvrage avancé désigné sous le nom de la Lune, qu'on pouvait voir joignant la chaussée, sur la colline, à la distance d'un quart de lieue. Notre commandant vint au-devant de nous; il venait de mener sur la hauteur une demi-batterie d'artillerie volante. Nous reçûmes l'ordre d'avancer sous sa protection, et, en chemin, nous vîmes, gisant sur la terre, un vieux maître d'équipages, première victime de cette journée. Nous allions pleins de confiance; nous voyions de plus près l'ouvrage avancé, dont la batterie faisait un feu bien nourri.

Mais bientôt nous nous trouvâmes dans une étrange position : les boulets pleuvaient sur nous, et nous ne pouvions comprendre d'où ils venaient; nous avancions sous la protection d'une batterie des nôtres, et l'artillerie des ennemis, postée sur les collines en face de nous, était beaucoup trop éloignée pour nous atteindre. Arrêté à l'écart devant le front, j'avais sous les yeux le plus singulier spectacle : les boulets tombaient par douzaines devant notre escadron, heureusement sans ricocher, parce qu'ils enfonçaient dans le sol humide; mais la boue aspergeait les hommes et les chevaux, qui, tenus en bride par de bons cavaliers, ronflaient et mugissaient ; toute la masse, sans se rompre ou se confondre, paraissait flottante. Un objet particulier me rappela d'autres temps. Au premier rang de l'escadron, l'étendard se balançait dans les mains d'un bel adolescent, qui le tenait ferme, mais qui était rudement secoué par le cheval impatient ; dans ce terrible moment, son agréable visage me rappela d'une manière étrange et pourtant naturelle le visage plus agréable encore de sa mère, et les paisibles moments que j'avais passés auprès d'elle.

Enfin arriva l'ordre de rétrograder et de descendre : tous les régiments de cavalerie l'exécutèrent avec beaucoup d'ordre et de tranquillité ; nous n'avions perdu qu'un cheval, tandis que nous aurions pu, et surtout à l'extrême droite, être tués tous. Quand nous fûmes dégagés de ce feu incompréhensible, et remis de notre surprise, l'énigme s'expliqua : nous trouvâmes la demi-batterie, sous la protection de laquelle nous avions cru nous avancer, tout au bas de la colline dans un enfoncement, comme le terrain en présentait plusieurs çà et là dans cette localité. Repoussée de la hauteur, elle s'était précipitée dans cette fondrière de l'autre côté de la chaussée, en sorte que nous n'avions pu remarquer sa retraite. L'artillerie ennemie avait pris sa place, et ce qui aurait dû nous protéger avait failli nous être fatal. A nos reproches, les compagnons répondirent en riant et nous assurèrent, d'un ton goguenard, qu'on était mieux là-bas à l'abri.

Mais, lorsque ensuite on voyait de ses yeux quels efforts inouïs il fallait faire pour traîner ces batteries volantes à travers ces effroyables collines fangeuses, on avait un nouveau sujet de réfléchir sur la situation critique dans laquelle nous nous étions engagés.

Cependant la canonnade continuait. Kellermann occupait près du moulin de Valmy un poste dangereux, contre lequel notre feu était surtout dirigé. Là un chariot de poudre sauta en l'air, et l'on se réjouit du mal que cela pouvait avoir causé chez les ennemis. Chacun était donc réduit à regarder et à écouter, qu'il fût au feu ou qu'il n'y fût pas. Nous nous arrêtâmes sur la chaussée de Châlons auprès d'un poteau qui indiquait le chemin de Paris. Ainsi nous avions à dos cette capitale, et l'armée française se trouvait entre nous et la patrie. Jamais peut-être plus forts verrous n'avaient été poussés. Situation bien alarmante pour un homme qui depuis quatre semaines étudiait incessamment une bonne carte du théâtre de la guerre.

Toutefois le besoin du moment maintient son droit, même en présence de la nécessité la plus prochaine. Nos hussards avaient heureusement surpris plusieurs chariots de pain qui devaient se rendre de Châlons à l'armée, et ils les amenaient par la chaussée. Comme nous devions trouver étrange d'être postés entre Paris et Sainte-Menehould, les Châlonnais ne pouvaient supposer que l'armée ennemie se trouvât entre eux et les leurs. Les hussards me laissèrent pour quelque argent un peu de ce pain. C'était le plus beau pain blanc. Les Français ont horreur du pain noir. J'en distribuai plus d'une miche à mes amis, à condition de m'en garder une portion pour les jours suivants. Je trouvai aussi l'occasion de faire un nouvel acte de prévoyance : un chasseur de l'escorte avait acheté de ces mêmes hussards une bonne couverture de laine; je lui proposai de me l'abandonner pour trois nuits, à raison de huit gros pour chaque nuit, à charge par lui de la garder pendant le jour. Il jugea ce marché très-avantageux : la couverture lui avait coûté un florin : au bout de peu de temps, elle lui revenait avec profit. De mon côté, je devais aussi être satisfait : mes précieuses couvertures de laine de Longwy étaient restées avec le bagage, et, dans un moment où je n'avais ni feu ni lieu, je m'assurais un supplément à mon manteau.

Tout cela se passait au milieu du tonnerre incessant de l'artillerie. On tira ce jour-là dix mille coups de chaque côté. Nous ne perdîmes cependant que douze cents hommes, qui même tombèrent sans aucune utilité. Cet immense ébranlement éclaircit le ciel; la canonnade était si vive, qu'on eût dit des feux de peloton, mais inégaux, tantôt plus faibles, tantôt plus nourris. A une heure après midi, après une courte pause, les feux redoublèrent de violence; la terre tremblait véritablement, et cependant on ne voyait pas dans les positions le moindre changement. Personne ne savait où cela aboutirait.

J'avais beaucoup entendu parler de la fièvre de canon, et je désirais m'en rendre compte. L'ennui et un tempérament que tout danger porte à l'audace, et même à la témérité, m'engagèrent tout tranquillement à pousser mon cheval vers le bastion la Lune. Les nôtres l'avaient repris, mais il présentait un affreux aspect. Les toits percés, les gerbes de blé répandues alentour, les soldats mortellement blessés étendus çà et là, et quelquefois encore un boulet de canon qui, s'égarant de ce côté, fracassait les restes des tuiles. Seul et abandonné à moi-même, je chevauchais à gauche sur les hauteurs, et je pouvais d'un coup d'œil voir distinctement l'heureuse position des Français. Ils étaient rangés en amphithéâtre, dans un repos et une tranquillité imperturbables : toutefois Kellermann, placé à l'aile gauche, était plus accessible.

Je rencontrai bonne société, des officiers de l'état-major et du régiment qui étaient de ma connaissance. Ils furent extrêmement surpris de me trouver là et ils voulurent me ramener avec eux, mais je leur fis entendre que j'avais des vues particulières, et, sans insister davantage, ils me laissèrent à mes fantaisies bien connues.

J'étais en plein dans la région où jouaient les boulets envoyés par l'ennemi. Le bruit est assez étrange, on le dirait composé du bourdonnement de la toupie, du clapotage de l'eau et du sifflement de l'oiseau. Ils étaient moins dangereux à cause du sol humide. Où ils tombaient, ils s'enfonçaient : ma folle expérience était du moins à l'abri du péril des ricochets.

Cependant je pus observer qu'il se passait en moi quelque chose d'extraordinaire. Je m'en rendais un compte exact, et toutefois on ne pourrait donner l'idée de cette sensation que par des images. Il semble qu'on soit dans un lieu très-chaud et qu'on se sente pénétré de la même chaleur, et, par conséquent, en parfaite harmonie avec l'élément dans lequel on se trouve. Les yeux ne perdent rien de leur force et de leur clairvoyance, mais il semble que le monde ait pris une teinte rougeâtre, qui rend la situation, comme les objets, encore plus appréhensibles. Je n'ai rien pu observer quant au mouvement du sang. Tout me semblait plongé dans cette fournaise : et voilà dans quel sens on a pu nommer cet état une fièvre. Cependant il est remarquable que cette horrible angoisse nous est communiquée par les oreilles seulement, car le tonnerre du canon, les hurlements, les sifflements, le fracas des boulets dans l'air, sont la véritable cause de ces sensations.

Quand je fus revenu sur mes pas et en parfaite sûreté, je m'étonnai que tout cet embrasement s'éteignît tout à coup, et qu'il ne restât pas le moindre vestige d'un mouvement fiévreux. Au reste, cet état est un des moins souhaitables où l'on se puisse trouver, et, parmi mes nobles et chers compagnons de guerre, je n'en ai pas rencontré un seul qui parût en avoir le goût passionné.

Ainsi s'était écoulé le jour; les Français restaient immobiles; Kellermann avait pris à son tour une meilleure position; on rappela nos gens du feu, et ce fut comme s'il ne s'était rien passé. La plus grande consternation se répandit dans l'armée. Le matin encore, on ne parlait que d'embrocher et de manger tous les Français. Ma confiance absolue dans une telle armée et dans le duc de Brunswick m'avait moi-même entraîné dans cette périlleuse expédition : maintenant chacun paraissait rêveur; on ne se regardait pas, ou, si cela arrivait, c'était pour détester ou maudire. A la nuit tombante, nous avions par hasard formé un cercle, au milieu duquel un feu ne put même être allumé comme d'ordinaire. La plupart se taisaient, quelques-uns discouraient, et pourtant, à proprement parler, chacun manquait de réflexion et de jugement. Enfin on m'interpella, pour me demander ce que je pensais de tout cela (car j'avais assez souvent égayé et réjoui la compagnie par de courtes réflexions). Je répondis cette fois : « De ce lieu et de ce jour date une nouvelle époque dans l'histoire du monde, et vous pourrez dire : *J'y étais.* »

A ce moment, où personne n'avait rien à manger, je réclamai un morceau du pain que j'avais acheté le matin. Du vin que j'avais largement distribué, il me restait le contenu d'un petit flacon d'eau-de-vie, et je dus renoncer complétement au rôle de bienveillant thaumaturge que j'avais joué si hardiment la veille.

La canonnade avait à peine cessé que la pluie et l'orage recommencèrent, et rendirent extrêmement fâcheuse notre position en plein air sur un sol argileux. Cependant après une si longue veille, après une si grande agitation de corps et d'esprit, le sommeil annonça son approche quand la nuit se fit plus sombre. Nous nous étions établis tristement derrière une éminence qui arrêtait le vent rigoureux, quand l'idée vint à quelqu'un qu'il fallait nous ensevelir pour cette nuit et nous couvrir de nos manteaux. On fit les préparatifs nécessaires ; plusieurs fossés furent creusés ; l'artillerie volante fournit les outils. Le duc de Weimar lui-même ne dédaigna pas cette sépulture anticipée. Alors je réclamai, contre les huit gros, la couverture de laine : je m'enveloppai dedans et j'étendis mon manteau par-dessus, sans en trop sentir l'humidité. Ulysse ne dormit pas avec plus de douceur et de satisfaction sous le manteau qu'il s'était procuré à peu près de la même façon [1].

Tout cela s'était fait contre la volonté du commandant, qui nous faisait observer que, sur une colline vis-à-vis, derrière des buissons, les Français avaient établi une batterie, avec laquelle ils pouvaient nous ensevelir tout de bon et nous anéantir à leur gré. Mais nous ne pûmes renoncer à notre asile abrité, commode et sagement imaginé, et, depuis, j'ai remarqué plus d'une fois que, pour échapper au malaise, on ne craint pas de s'exposer au danger.

Le 21 septembre, nos salutations réciproques, au moment du réveil, ne furent nullement sereines et joyeuses : on se sentait dans une situation humiliante et désespérée. Nous nous trouvions placés sur le bord d'un immense amphithéâtre, et, de l'autre côté, sur des hauteurs dont le pied était couvert par des rivières, des étangs, des ruisseaux, des marais, l'armée ennemie formait un demi-cercle immense. Nous étions en deçà absolument comme la veille, allégés de dix mille boulets, mais aussi mal placés pour l'attaque. Nos regards se portaient en bas sur une vaste arène, où les hussards des deux armées couraient entre les cabanes et les jardins, et, tantôt avançant, tantôt reculant, fixaient d'heure en heure l'attention des spectateurs par leurs simulacres de combats. Mais toutes ces courses, ces coups portés et rendus, n'eurent aucun résultat, si ce n'est qu'un des nôtres, qui s'était risqué trop hardiment entre les haies, fut enveloppé, et, ne voulant pas se rendre, fut tué d'un coup de feu.

Ce fut la seule victime des armes ce jour-là ; mais l'épidémie

---

1. Odyssée, XIV, 464.

qui nous avait envahis rendait plus triste et plus terrible notre situation incommode, pénible, misérable. Si belliqueux et résolu qu'on eût été la veille, on avouait qu'un armistice était désirable, car les plus courageux, les plus ardents, étaient forcés de reconnaître, après quelque réflexion, qu'une attaque serait l'entreprise la plus téméraire du monde. Les opinions flottèrent encore pendant le jour, où l'on garda, pour sauver les apparences, la même position que pendant la canonnade; mais, vers le soir, on changea un peu; enfin le quartier général fut porté à Hans, et nous fûmes rejoints par les bagages : c'est alors que nous apprîmes les alarmes, les dangers de nos domestiques, qui avaient failli tomber, avec tous nos effets, dans les mains de l'ennemi.

La forêt de l'Argonne, de Sainte-Menehould à Grandpré, était occupée par les Français; de là leurs hussards nous faisaient une audacieuse et sournoise petite guerre. Nous avions appris la veille qu'un secrétaire et quelques autres serviteurs du duc de Brunswick avaient été pris entre l'armée et la barricade des chariots, laquelle ne méritait nullement ce nom, car elle était mal établie, elle n'était point fermée ni suffisamment défendue. Les aveugles rumeurs se succédaient pour y jeter l'alarme, sans parler de la canonnade à une faible distance. Plus tard, le bruit, faux ou vrai, se répandit que les troupes françaises étaient déjà descendues des bois, et sur le point de s'emparer de tous les équipages. Un coureur du général Kalkreuth, qu'ils avaient pris et relâché, se donna une grande importance en assurant que, par d'heureux mensonges, en parlant d'une nombreuse escorte, de batteries volantes et d'autres moyens de défense, il les avait préservés d'une attaque. C'est possible! Qui n'a pas eu à faire, qui n'a pas fait beaucoup, dans ces moments critiques?

Nous avions les tentes, les voitures, les chevaux, mais pas la moindre nourriture. Au milieu de la pluie on manquait d'eau; quelques étangs étaient déjà corrompus par les cadavres des chevaux. Tout cela réuni faisait une situation affreuse. Je ne comprenais pas pourquoi Paul Goetze, mon élève, mon serviteur et mon compagnon fidèle, recueillait très-soigneusement l'eau qui s'écoulait du cuir de ma voiture; il m'apprit qu'il la réservait pour mon chocolat, dont il avait, par bonheur, apporté une provision. Je vis même des gens qui, pour apaiser une soif insupportable, puisaient l'eau dans les traces laissées par les pieds des chevaux. On achetait le pain des vieux soldats, qui, accoutumés aux privations, faisaient quelques épargnes pour se régaler d'eau-de-vie quand ils en pourraient trouver.

Le 22 septembre, on apprit que les généraux Manstein et Heymann s'étaient rendus à Dampierre, au quartier général de Kellermann, où Dumouriez devait aussi se rencontrer. C'était, en apparence, pour traiter de l'échange des prisonniers, du soin des malades et des blessés; mais on espérait, au milieu de nos revers, amener un nouvel état de choses. Depuis le 10 août, le roi de France était prisonnier; d'effroyables massacres avaient eu lieu pendant le mois de septembre; on savait que Dumouriez était pour le Roi et la constitution : il devait donc, pour sa propre sûreté, lutter contre la situation présente, et c'eût été un grand événement, s'il s'était joint aux alliés pour marcher sur Paris.

Cependant je courus de côté et d'autre pour faire un peu connaissance avec le pays. Je ne vis rien d'intéressant. Ces collines basses n'avaient aucun caractère; aucun objet ne se distinguait des autres. Pour m'orienter, je cherchai la longue et haute allée de peupliers qui m'avait frappé la veille. Ne pouvant la découvrir, je crus m'être égaré bien loin; mais, avec plus d'attention, je reconnus qu'elle avait été abattue, emportée et peut-être déjà brûlée.

Aux endroits où les boulets avaient porté, on voyait de grands désastres. Les corps humains gisaient sans sépulture et les bêtes grièvement blessées ne pouvaient mourir. Je vis un cheval dont les pieds de devant s'étaient pris dans ses propres entrailles, sorties de son corps blessé, et qui se traînait ainsi misérablement.

En revenant au quartier, je rencontrai en rase campagne le prince Louis-Ferdinand, assis sur une chaise de bois qu'on lui avait apportée d'un village voisin. En même temps, quelquesuns de ses domestiques traînaient une pesante armoire de cuisine fermée à clef. Quelque chose ballottait dedans, disaient-ils :

ils croyaient avoir fait une bonne capture. On se hâta de briser l'armoire, et l'on y trouva un gros livre de cuisine, et, tandis que le meuble, mis en pièces, flambait au feu, on lisait les excellentes recettes, et, cette fois encore, la faim et la convoitise étaient portées jusqu'au désespoir par l'imagination excitée.

---

24 septembre 1792.

Le plus horrible temps du monde fut en quelque façon éclairci par la nouvelle qu'un armistice était conclu, et qu'on avait du moins la perspective de pouvoir souffrir et jeûner avec quelque tranquillité d'esprit. Toutefois ce ne fut encore qu'une demi-consolation, car on apprit bientôt qu'on était seulement convenu que les avant-postes cesseraient leurs hostilités, mais qu'on était libre d'ailleurs de continuer les opérations de guerre. Cela était proprement stipulé à l'avantage des Français, qui pouvaient tout autour de nous changer leur position et nous envelopper mieux encore : nous, au contraire, nous ne pouvions que rester immobiles au centre et demeurer dans notre inertie. Les avant-postes profitèrent de la permission avec joie. Ils convinrent d'abord que ceux de l'un ou l'autre parti qui recevraient le vent et la pluie au visage auraient le droit de se retourner, et de s'envelopper de leurs manteaux, sans avoir rien à craindre du parti contraire. Bien plus, les Français avaient encore quelques vivres; les Allemands étaient dépourvus de tout : leurs ennemis partagèrent avec eux, et l'on devint toujours meilleurs camarades; enfin les Français répandirent amicalement des feuilles imprimées, qui annonçaient, dans les deux langues, aux bons Allemands les avantages de la liberté et de l'égalité. Les Français imitaient en sens contraire le manifeste du duc de Brunswick; ils offraient amitié et hospitalité, et quoiqu'ils eussent déjà sur pied plus de troupes qu'ils n'en pouvaient gouverner, cet appel, du moins dans ce moment, avait pour objet d'affaiblir le parti contraire plutôt que de les fortifier eux-mêmes.

Parmi mes compagnons d'infortune, je plaignais aussi dans ce moment deux jolis garçons de quatorze ou quinze ans. Ils avaient été mis en réquisition; avec quatre faibles chevaux, ils avaient à grand'peine traîné jusque-là ma légère calèche et ils souffraient en silence, pour leurs chevaux plus que pour eux ; mais il était aussi impossible de leur porter secours qu'à nous tous.

Comme c'était pour moi qu'ils avaient enduré toutes ces souffrances, je me sentais ému de compassion, et je voulus partager avec eux loyalement le pain de munition que j'avais acheté des hussards. Mais ils le refusèrent, assurant qu'ils ne pouvaient pas manger cela, et, comme je leur demandai ce qu'ils mangeaient donc à l'ordinaire, ils me répondirent : « De bon pain, de bonne soupe, de bonne viande, de bonne bière. » Or, tout étant bon chez eux et tout mauvais chez nous ; je leur pardonnai volontiers de s'être échappés bientôt après en abandonnant leurs chevaux. Ils avaient d'ailleurs enduré bien des maux, mais, si je ne me trompe, le pain de munition que je leur avais offert, fut un effroyable fantôme qui les poussa à ce pas décisif. *Pain blanc, pain noir*, est le véritable schibboleth, le cri de guerre, entre les Allemands et les Français.

Je ne dois pas négliger de faire ici une observation. Nous étions arrivés par le plus mauvais temps dans un pays qui n'est pas favorisé de la nature, mais qui nourrit pourtant sa population clair-semée, laborieuse, amie de l'ordre et contente de peu. Des contrées plus riches et plus illustres peuvent dédaigner celle-ci ; pour moi, je n'y ai trouvé ni vermine ni pouillis. Les maisons sont construites en maçonnerie et couvertes en tuiles, et partout règne une assez grande activité. D'ailleurs le mauvais territoire est large tout au plus de quatre à six lieues, et, près de l'Argonne, comme vers Reims et Châlons, la situation est déjà plus favorable. Des enfants, qu'on avait surpris dans le premier village venu, parlaient avec satisfaction de leur nourriture, et il me suffisait de me rappeler la cave de Somme-Tourbe et le pain blanc qui était arrivé de Châlons tout frais dans nos mains, pour être persuadé qu'en temps de paix la vermine et la faim n'ont pas précisément élu domicile dans ce pays.

---

25 septembre 1792.

On pouvait prévoir que pendant l'armistice les Français agiraient de leur côté, et c'est ce qui arriva. Ils cherchèrent à rétablir avec Châlons leurs communications perdues, et à repousser sur nos derrières ou plutôt à rejeter sur nous les émigrés; mais, ce qui était d'abord le plus fâcheux pour nous, c'est qu'ils pouvaient gêner, sinon arrêter complètement les convois qui arrivaient soit de l'Argonne, soit de Sédan et de Montmédy.

---

26 septembre 1729.

Comme on savait que je fixais mon attention sur toute sorte d'objets, on m'apportait tout ce qui pouvait paraître singulier. On me présenta entre autres un boulet de quatre, qui avait ceci de particulier, que toute sa surface semblait se terminer en pyramides cristallisées. Tant de boulets s'étaient fourvoyés le jour de la canonnade, qu'il pouvait bien s'en être perdu un de ce côté. J'imaginai toute espèce d'hypothèses pour m'expliquer comment le métal avait pu prendre cette forme, soit dans la fonte soit plus tard. Après une courte absence, je rentrai dans ma tente et je demandai le boulet. On ne le trouvait pas. Comme j'insistais, on m'avoua qu'on l'avait soumis à diverses expériences, et qu'il s'était brisé. Je demandai les morceaux et je vis, à ma grande surprise, une cristallisation qui, partant du centre, s'élargissait en rayonnant vers la surface. C'était une pyrite sulfureuse, qui, se trouvant dans une situation libre, avait dû prendre la forme globuleuse. Cette découverte me mena plus loin; je trouvai en nombre de ces pyrites sulfureuses, quoique plus petites, en forme de boules et de rognons ou d'autres figures moins régulières, mais parfaitement semblables en ceci qu'elles ne s'étaient fixées nulle part et que leur cristallisation tendait toujours vers un centre; aussi n'étaient-elles pas arrondies mais terminées par des arêtes vives et des formes évidemment cristallines. S'étaient-elles formées dans le sol même, et en trouve-t-on de pareilles dans les champs labourés?

Mais ce n'était pas moi seul qui fixais mon attention sur les minéraux de la contrée. La belle craie qui se rencontrait partout n'était pas sans quelque valeur. Le soldat creusait-il seulement un trou en terre pour sa cuisine, il arrivait à la craie blanche la plus pure, qui lui était d'ailleurs si nécessaire pour la propreté de son équipement. Aussi un ordre du jour prescrivit-il au soldat de faire une ample provision de cette substance nécessaire, qu'il trouvait là sans frais. Cet ordre donna lieu à quelques railleries : plongé dans une boue effroyable, on devait se charger de moyens de toilette et de propreté ; on soupirait après le pain, et il fallait se contenter de poussière. Les officiers, de leur côté, trouvaient assez étrange de se voir mal reçus au quartier général, parce qu'ils ne se présentaient pas en tenue aussi propre, aussi soignée, que les jours de parade à Berlin ou à Potsdam. Les chefs n'y pouvant rien, on trouvait qu'ils ne devaient pas non plus gronder.

***

27 septembre 1792.

Une mesure de précaution un peu singulière, pour combattre la famine, fut aussi mise à l'ordre : on devait battre aussi bien que possible les gerbes d'orge qu'on trouverait, faire bouillir le grain dans l'eau jusqu'à ce qu'il crevât, puis essayer d'apaiser sa faim avec cette nourriture.

Il vint à la troupe dont je faisais partie un meilleur secours. On voyait dans le lointain deux chariots embourbés, et, comme ils étaient chargés de provisions et d'autres choses nécessaires, on s'empressa d'aller à leur secours. L'écuyer de Séebach envoya tout de suite des chevaux ; on délivra les voitures, mais on les amena sur-le-champ au régiment de Weimar ; les charretiers protestèrent ; les vivres étaient destinés à l'armée autrichienne, et leurs passe-ports l'attestaient. Mais on les avait secourus ; pour les protéger contre la presse et en même temps pour les retenir, on leur donna des gardes, et, comme nous leur payâmes ce qu'ils demandaient, ils durent trouver aussi chez nous leur véritable destination.

Le maître d'hôtel, les cuisiniers et leurs aides accoururent les premiers et prirent possession du beurre en tonneaux, des jambons et d'autres bonnes choses. Le concours augmentait ; le plus grand nombre demandait à grands cris du tabac, qui se vendait fort cher. Mais les chariots étaient enveloppés, en sorte qu'à la fin personne n'en pouvait plus approcher. Nos gens et nos cavaliers m'appelèrent à leur aide, me priant avec instance de leur procurer cet objet, de tous le plus nécessaire. Les soldats me font place, je monte sur le premier chariot pour me tirer de la presse ; je me fournis de tabac, autant que mes poches en peuvent contenir, et, quand je suis redescendu et me suis dégagé de la foule en faisant mes largesses, on me célèbre comme le plus grand bienfaiteur qui ait jamais eu pitié de l'humanité souffrante. Il était aussi arrivé de l'eau-de-vie : on s'en pourvut également, et on la payait volontiers un écu la bouteille.

Si l'on se trouvait au quartier général, où l'on arrivait quelquefois, ou si l'on voyait des personnes qui en venaient, on s'informait de l'état des choses. Il ne pouvait être plus critique. Le bruit des horreurs qui s'étaient passées à Paris se répandait de plus en plus, et ce qu'on avait d'abord tenu pour fable apparut enfin comme une épouvantable vérité. Le Roi et sa famille avaient été mis en prison ; on parlait déjà de le déposer ; la haine de la royauté se répandait de plus en plus, et l'on pouvait déjà prévoir qu'un procès serait instruit contre l'infortuné monarque. L'armée ennemie avait rétabli ses communications avec Châlons, où se trouvait Luckner, chargé d'enrégimenter les volontaires qui affluaient de Paris; mais ces gens, sortis de la capitale dans ces affreux premiers jours de septembre, à travers des flots de sang, apportaient le goût du meurtre et du pillage plutôt que d'une guerre régulière. A l'exemple de l'horrible populace parisienne, ils choisissaient arbitrairement des victimes pour leur ôter, selon le cas, le pouvoir, la fortune ou la vie. Il suffisait de lâcher ces bandes indisciplinées : elles nous donnaient le coup de grâce.

Les émigrés étaient refoulés sur nous, et l'on parlait de mille dangers qui nous menaçaient sur nos derrières et sur nos flancs. Dans le pays de Reims, il s'était formé, disait-on, une troupe de vingt mille paysans, armés de leurs outils et d'autres instruments de mort. L'inquiétude était grande : eux aussi, ils pouvaient fondre sur nous.

Les officiers supérieurs, assemblés le soir dans la tente du duc de Weimar, discouraient sur ces événements. Chacun apportait sa nouvelle, sa supposition, son inquiétude, dans ce conseil perplexe, car il semblait qu'un miracle pût seul nous sauver. Je réfléchis dans ce moment qu'au milieu des situations fâcheuses, nous aimons à nous comparer avec les grands personnages, surtout avec ceux qui se sont trouvés dans une situation plus fâcheuse encore : cela me conduisit à raconter, sinon pour amuser la compagnie, du moins pour la distraire, les plus terribles événements de la vie de saint Louis. Le Roi, dans sa croisade, veut d'abord abaisser le sultan d'Égypte, sous la dépendance duquel se trouve actuellement la Terre-Sainte. Damiette tombe sans siége dans les mains des chrétiens. Enflammé par son frère, le comte d'Artois, le Roi remonte la rive droite du Nil, et marche sur Babylone (le Caire). On réussit à combler un canal alimenté par l'eau du Nil. L'armée passe ; mais elle se trouve resserrée entre le Nil et ses canaux ; les Sarrasins, au contraire, sont avantageusement postés sur les deux rives du fleuve. Passer les grands canaux devient difficile. On élève des bastilles contre les bastilles des ennemis ; mais ils ont l'avantage du feu grégeois, qui fait beaucoup de mal aux machines et aux hommes. Que sert aux chrétiens leur ordre de bataille imperturbable? Ils sont incessamment harcelés par les Sarrasins, provoqués, assaillis, engagés par corps séparés dans des escarmouches. Quelques exploits isolés, quelques combats corps à corps, attirent l'attention, élèvent le courage; mais les héros et le Roi lui-même sont enveloppés. C'est en vain que les plus vaillants se frayent un passage; le désordre s'accroît. Le comte d'Artois est en danger; le Roi hasarde tout pour le sauver. Son frère est déjà mort; le mal s'élève au plus haut point. Dans cette chaude journée, il s'agit de défendre un pont jeté sur un canal latéral, pour empêcher les Sarrasins de prendre l'armée à dos. Un petit nombre de guerriers, qui occupent ce poste, est assailli de toutes façons : les soldats ennemis lancent des flèches, les goujats des pierres et de la boue. Au milieu de ce danger, le comte de Soissons dit au sire de Joinville : « Sénéchal, laissons aboyer et hurler ces chiens. Par le trône de Dieu! (c'est ainsi qu'il avait coutume de jurer) nous parlerons encore de ce jour en chambre devant les dames. »

On sourit, on accepta l'augure, on discourut sur les incidents possibles; on insista sur les raisons qu'avaient les Français de nous ménager plutôt que de nous perdre ; l'armistice longtemps observé, la conduite de l'ennemi jusqu'alors modérée, donnaient quelque espérance. Pour l'entretenir, je revins encore à l'histoire, et je rappelai, en produisant la carte spéciale, qu'à deux milles de là, vers l'ouest, s'étendait le fameux Champ du Diable[1], jusqu'où Attila s'avança en 451 avec ses bandes innombrables, et où il fut battu par les princes bourguignons avec l'aide du général romain Aétius. S'ils avaient poursuivi leur victoire, Attila aurait péri avec toute son armée; mais Aétius, qui ne voulait pas ôter aux princes bourguignons toute crainte de ce puissant ennemi, parce qu'il les aurait vus d'abord se tourner contre les Romains, les persuada l'un après l'autre de retourner chez eux, et le roi des Huns échappa avec les restes de son immense armée.

A ce moment on annonça l'arrivée du convoi de pain qu'on attendait de Grandpré. Cela ranima les courages; on se sépara plus tranquilles, et je pus lire au duc jusqu'au matin un livre français amusant, qui était tombé dans mes mains par un singulier hasard. Ces plaisanteries audacieuses, téméraires, qui, dans la situation la plus grave, provoquaient chez nous le rire, me rappelaient ces joyeux chasseurs de Verdun, qui entonnaient des chansons gaillardes en allant à la mort. Et certes, si l'on en veut éloigner l'amertume, il ne faut pas être trop délicat sur le choix des moyens.

28 septembre 1792.

Le pain était arrivé, non sans peine et sans perte: en venant à nous de Grandpré, où se trouvait la boulangerie, plusieurs chariots étaient restés embourbés, d'autres étaient tombés dans les mains de l'ennemi; d'ailleurs une partie du transport était immangeable. Dans ce pain aqueux et qu'on avait cuit précipitamment, la mie se séparait de la croûte, et, dans l'entre-deux, se développait la moisissure. On craignait encore le poison, et l'on m'apporta de ce pain, dont les trous présentaient cette fois une couleur d'orange foncée, qui faisait soupçonner l'arsenic et le soufre, comme le pain de Verdun le vert-de-gris. Mais, sans être empoisonné, il provoquait le dégoût; le besoin trompé ai-

---

1. Les Champs Catalauniques.

guisait la faim ; les maladies, la misère, le découragement, pesaient durement sur cette grande masse de braves gens. Dans ces angoisses, nous fûmes encore surpris et troublés par une incroyable nouvelle : on disait que le duc de Brunswick avait envoyé son manifeste à Dumouriez, qui, dans sa surprise et son indignation, avait aussitôt dénoncé l'armistice et ordonné la reprise des hostilités.

Si grande que fût la calamité présente, et quoiqu'on en prévît de plus grandes encore, nous ne pûmes nous empêcher de railler et de rire. On voit bien, disions-nous, les maux qu'entraîne après elle la qualité d'auteur. Tout poëte, tout écrivain, présente volontiers ses ouvrages à chacun, sans demander si le moment est propice : il en est de même du duc de Brunswick ; pour savourer les joies de la paternité, il produit encore, on ne peut plus mal à propos, son malheureux manifeste. »

Nous nous préparions à entendre les avant-postes commencer leurs feux ; nous observions toutes les collines d'alentour pour voir s'il ne paraissait point d'ennemi, mais tout était aussi tranquille et aussi silencieux que s'il ne fût rien arrivé. Cependant on vivait dans la plus pénible incertitude ; car chacun voyait bien que, selon la stratégie, nous étions perdus, si l'ennemi avait la moindre envie de nous inquiéter et de nous presser. Mais, dans cette perplexité, on apercevait déjà quelques signes d'entente et d'accommodement : on avait, par exemple, échangé le maître de poste de Sainte-Menehould contre les personnes de la suite du Roi, prises le 20 septembre entre les chariots et l'armée.

29 septembre 1792.

Vers le soir, conformément aux ordres donnés, les bagages se mirent en mouvement. Ils prirent les devants sous l'escorte du régiment de Brunswick ; l'armée devait suivre à minuit. Tout s'ébranla, mais tristement et lentement. Avec la meilleure volonté, on glissait sur cette terre détrempée et l'on tombait tout à coup. Cependant ces heures aussi passèrent : le temps et les heures franchissent à la course les plus mauvais jours.

La nuit était venue, et nous devions encore la passer sans sommeil. Le ciel n'était pas défavorable ; la pleine lune éclairait; mais elle n'avait rien à éclairer. Les tentes avaient disparu; les bagages, les voitures et les chevaux, tout était bien loin, et notre petite société se trouvait surtout dans une étrange position. Nos chevaux devaient nous prendre à la place où nous étions, et ils étaient restés en arrière. Aussi loin que nous portions la vue, à la faveur de cette pâle lumière, tout semblait désert et vide. En vain prêtions-nous l'oreille : on n'entendait aucun bruit, comme on ne voyait aucune figure. Incertains et flottants, nous préférâmes ne pas quitter la place désignée, de peur de mettre nos gens dans le même embarras et de les manquer tout à fait. Mais c'était quelque chose d'affreux, en pays ennemi, après de tels événements, d'être ou du moins de paraître pour le moment, isolé, abandonné. Nous observions si peut-être l'ennemi ne ferait pas une démonstration, mais on n'apercevait pas le moindre mouvement favorable ou défavorable.

Nous amassons peu à peu toute la paille restée des tentes voisines, et nous la brûlons, non sans inquiétude. Attirée par la flamme, une vieille vivandière s'approche de nous. Pendant la retraite, elle s'était peut-être attardée dans quelques villages éloignés et n'était pas restée oisive, car elle portait sous les bras des paquets assez volumineux. Après qu'elle nous eut salués et qu'elle se fut réchauffée, elle commença par élever jusqu'au ciel le grand Frédéric, et la guerre de Sept Ans, qu'elle prétendait avoir suivie encore enfant, puis elle se répandit en invectives contre les princes et les chefs d'aujourd'hui, qui menaient une si grande troupe dans un pays où la vivandière ne pouvait faire son métier, à quoi on aurait dû penser d'abord. Sa manière de considérer les choses pouvait amuser et distraire un moment. Enfin nos chevaux arrivèrent, à notre grande joie, et nous commençâmes avec le régiment de Weimar cette périlleuse retraite.

Les mesures de prévoyance, les ordres significatifs, faisaient craindre que les ennemis ne restassent pas spectateurs oisifs de notre marche rétrograde. On avait vu avec anxiété pendant le jour les bagages, et surtout l'artillerie, labourant le sol détrempé, s'avancer d'une marche cahotante : comment tout se passerait-il pendant la nuit? On voyait avec regret des chariots de bagage précipités, brisés, couchés dans les ruisseaux; on laissait en gémissant des malades sans secours. De quelque côté qu'on portât la vue dans cette contrée, dont on avait quelque connaissance, on avouait qu'il n'y avait point de salut à espérer, aussitôt que l'ennemi, que nous avions à dos, à droite et à gauche, jugerait à propos de nous attaquer. Mais la chose n'ayant pas eu lieu dans les premières heures, les cœurs, qui avaient besoin d'espérance, se rassurèrent bientôt, et, comme l'esprit humain voudrait attribuer un sens et une raison à tout ce qui arrive, on se disait avec confiance que les négociations entre les quartiers généraux de Hans et de Sainte-Menehould s'étaient terminées heureusement et à notre avantage. Cette persuasion augmenta d'heure en heure, et, quand je vis faire halte et toutes les voitures se parquer, conformément à l'ordre, au delà du village de Saint-Jean, je fus convaincu que nous arriverions dans nos foyers et que nous pourrions raconter nos souffrances et en parler en bonne compagnie, « devant les dames. » Cette fois encore, je communiquai ma persuasion à mes amis, et déjà nous supportions gaiement la calamité présente.

On n'avait pas établi de camp ; mais nos gens dressèrent une grande tente, et ils étendirent dedans et dehors les plus belles gerbes de blé. La lune brillait dans l'atmosphère apaisée ; on n'apercevait qu'une traînée de légers nuages ; tous les environs étaient visibles et distincts à peu près comme de jour. La lune éclairait les hommes dormants, les chevaux, tenus éveillés par le besoin de repaître ; dans le nombre, beaucoup de blancs, qui reflétaient fortement la lumière ; tout, jusqu'aux gerbes blanches, sur lesquelles nous devions goûter le repos, répandait la clarté et la sérénité sur cette scène émouvante. Certes le plus grand peintre se serait estimé heureux d'être en état de reproduire un pareil tableau.

Je me retirai fort tard dans la tente, et j'espérais dormir d'un profond sommeil ; mais la nature a mêlé à ses dons les plus beaux certains désagréments : c'est, par exemple, un des défauts les plus insociables de l'homme, que, tandis qu'il dort, et justement quand il goûte lui-même le plus profond repos, il tient souvent son compagnon éveillé par un ronflement effréné. Tête contre tête, moi au dedans, lui hors de la tente, j'étais couché auprès d'un homme qui troublait absolument par d'effroyables soupirs le repos qui m'était si nécessaire. Je détachai la corde du piquet de la tente, pour apprendre à connaître mon ennemi : c'était un de nos bons serviteurs. Il était enseveli dans un profond sommeil, à la clarté de la lune, comme un autre Endymion. L'impossibilité de goûter le repos dans un pareil voisinage, éveilla chez moi l'humeur maligne. Je pris un épi de blé, et je promenai la paille vacillante sur le front et le nez du dormeur. Troublé dans son repos, il se passa plusieurs fois la main sur le visage, et, dès qu'il était replongé dans le sommeil, je répétais mon jeu, sans qu'il pût comprendre d'où un taon pouvait venir dans cette saison. Enfin j'amenai les choses au point que, s'étant tout à fait réveillé, il se décida à se lever. Cependant j'avais perdu moi-même toute envie de dormir. Je sortis de la tente, et j'admirai, dans le tableau, qui avait peu changé, ce repos immense à côté du péril le plus grand et toujours imaginable; et comme, dans ces moments, nous flottons tour à tour entre l'angoisse et l'espérance, l'inquiétude et la tranquillité, je fus de nouveau saisi d'horreur à la pensée que, si l'ennemi s'avisait alors de nous surprendre, pas un rayon de roue, pas un ossement humain n'échapperait.

Le jour naissant ramena les distractions. Plus d'un objet bizarre se présentait. Deux vieilles cantinières s'étaient affublées de plusieurs robes de soie de diverses couleurs. Elles en portaient même en châles et par-dessus encore en mantelets. Elles se pavanaient plaisamment dans ce bel équipage, et prétendaient avoir acquis par achat et par échange cette toilette de carnaval.

30 septembre 1792.

Toutes les voitures se mirent en marche de grand matin : cependant nous ne fîmes qu'une traite fort courte, car nous nous arrêtâmes à neuf heures entre Laval et Varge-Moulin. Gens et bêtes cherchaient le repos; on n'avait pas établi de camp. L'armée survint et se posta sur une hauteur. Partout régnaient l'ordre et le silence. On pouvait très-bien remarquer, à diverses mesures de précaution, que tout danger n'était pas encore passé; on faisait des reconnaissances; on s'entretenait en secret avec des personnes inconnues; on faisait ses préparatifs pour un nouveau départ.

1ᵉʳ octobre 1792.

Le duc de Weimar conduisait l'avant-garde et couvrait en même temps la retraite des bagages. L'ordre et le silence régnèrent cette nuit, et l'on se berçait dans ce repos, lorsqu'à minuit, l'ordre vint de partir. Tout annonçait que cette marche n'était pas sûre, à cause des coureurs qui pouvaient nous menacer de la forêt de l'Argonne. Eût-on même fait un accord avec Dumouriez et l'autorité supérieure, ce qui ne pouvait être envisagé comme certain, l'obéissance n'était pas à l'ordre du jour, et la troupe postée dans la forêt pouvait fort bien se déclarer indépendante et faire une tentative pour nous perdre, ce que personne n'aurait désapprouvé.

Ce jour-là encore nous fîmes peu de chemin. La pensée était de tenir ensemble les équipages et l'armée, et de marcher du même pas que les Autrichiens et les émigrés, qui faisaient leur retraite parallèlement, sur notre flanc gauche. Nous fîmes halte vers huit heures, aussitôt que nous eûmes dépassé Rouvray. On dressa quelques tentes. La journée était belle, et le repos ne fut pas troublé.

Je trouve à propos de rapporter ici un vœu plaisant que je fis dans ces jours de détresse : je promis, si je voyais une fois l'armée hors d'affaire et si je rentrais dans mes foyers, de ne jamais faire entendre une plainte sur le pignon de mon voisin, qui masque la vue de ma chambre, ce pignon que mon plus ardent désir était bien plutôt de revoir à cette heure; en outre, je ne me plaindrais plus à l'avenir de malaise et d'ennui dans un théâtre allemand, où l'on peut du moins rendre toujours grâce à Dieu d'être sous le toit, quelque chose qui se passe sur la scène. Je fis encore un troisième vœu, mais il est sorti de ma mémoire.

C'était déjà quelque chose que chacun sût si bien se tirer d'affaire par lui-même; les bêtes de somme et les voitures, les hommes et les chevaux, restaient ensemble, chacun dans sa division. Pour nous, à chaque halte, à chaque campement, nous trouvions la table dressée, des chaises et des bancs; la chère aurait pu nous sembler par trop maigre, mais on connaissait la disette générale et l'on se résignait modestement.

Cependant la bonne fortune me réservait un meilleur festin. La nuit était tombée de bonne heure; chacun s'était couché sur la paille préparée. Je m'étais endormi comme les autres, mais un vif et agréable songe me réveilla. Il me sembla que je flairais, que je savourais des morceaux délicieux. Là-dessus, m'étant réveillé tout à fait, je levai la tête : ma tente se trouvait remplie d'une excellente odeur de graisse de porc rôtie et braisée, qui excita fort ma convoitise. Revenus à l'état de nature, nous étions excusables de tenir pour un dieu le gardien des pourceaux et un rôti de porc pour un mets inestimable. Je me levai et j'aperçus à quelque distance un feu qui se trouvait, par un heureux hasard, au-dessus du vent. De là me venaient à flots ces bonnes fumées. Je m'avançai sans balancer vers la clarté, et je trouvai tous nos domestiques occupés autour d'un grand feu, qui allait se réduire en braises, le dos d'un porc déjà presque à point, le reste mis en morceaux, prêt à être empaqueté, et chacun prêtant la main pour faire des saucisses. Je contemplai avec plaisir cette scène d'activité. Ces bonnes gens m'étaient affectionnés; aussi, quand ils en vinrent à la distribution, me firent-ils accepter un excellent morceau. Le pain ne fit pas défaut, non plus qu'un coup d'eau-de-vie. Le régal fut complet. Et voilà comme la faveur du vent de nuit me valut un bon souper.

2 octobre 1792.

Mais le corps avait-il recouvré quelques forces en prenant un peu de nourriture, et l'âme avait-elle trouvé de l'apaisement dans des consolations morales, elle n'en flottait pas moins entre l'espérance et la crainte, la colère et la honte; on se réjouissait de vivre encore : on maudissait la vie dans de telles conditions. A deux heures après minuit, nous levâmes le camp, nous longeâmes un bois avec précaution; nous arrivâmes près de Vaux, à travers l'emplacement du camp que nous avions quitté naguère, et bientôt nous fûmes au bord de l'Aisne. Nous y trouvâmes deux ponts, qu'on y avait jetés, et qui nous mirent sur la rive droite. Nous fîmes halte entre les ponts, et en vue de tous deux, dans une alluvion de sable, ombragée de saules; on alluma un bon feu de cuisine et l'on nous eut bientôt préparé les meilleures lentilles que j'aie jamais mangées et de longues, rouges, exquises pommes de terre; et lorsque enfin les jambons qui nous venaient des voituriers autrichiens, et qu'on avait soigneusement cachés jusqu'alors, se trouvèrent cuits à point, on eut de quoi réparer ses forces.

Les équipages étaient déjà passés. Alors s'ouvrit une scène aussi triste qu'imposante. L'armée franchit les ponts, infanterie et artillerie; la cavalerie passa par un gué; toutes les figures étaient sombres, les bouches muettes : cela faisait une affreuse impression. Arrivait-il un régiment dans lequel on retrouvait des connaissances, des amis, on accourait, on s'embrassait, on s'entretenait. Et que de questions échangées! quels gémissements! quelle humiliation! Les larmes aussi coulèrent.

Cependant nous nous félicitâmes d'être établis en véritables vivandiers, afin de pouvoir soulager les grands et les petits. Une caisse de tambour d'un piquet posté là servit de table; puis on apporta des villages voisins des tables et des chaises. Nous fîmes de notre mieux pour nos hôtes de tout genre. Le prince héréditaire et le prince Louis se régalèrent de nos lentilles; plus d'un général, qui voyait de loin la fumée, s'en approcha. Mais, quelles que fussent nos provisions, qu'était-ce pour tant de monde? Il fallut doubler, tripler la dose, et notre réserve diminua. Notre prince aimait à faire part de tout ce qu'il avait, et ses gens suivaient son exemple. Il serait difficile d'énumérer tous les malheureux malades qui furent secourus au passage par le camérier et le cuisinier.

Ainsi se passa tout le jour, et la retraite se développa devant moi, non par échantillon et par figure, mais dans sa complète réalité; chaque nouvel uniforme renouvelait et multipliait la douleur. Un si affreux spectacle devait avoir un dénoûment digne de lui. On vit s'avancer de loin le Roi, suivi de son état-major. Il s'arrêta quelque temps devant le pont, comme s'il avait voulu se recueillir et se consulter encore une fois; mais il finit par suivre les siens. Le duc de Brunswick parut aussi à l'autre pont; il hésita, et il passa.

La nuit vint, orageuse, mais sans pluie, et nous la passâmes presque sans sommeil dans notre graveleuse et triste saulaie.

---

3 octobre 1792.

Le lendemain, à six heures, nous quittâmes cette place et, franchissant une colline, nous arrivâmes à Grandpré, où nous trouvâmes les troupes campées. Là, nouvelle douleur et nouveaux soucis : le château avait été transformé en hôpital, et il renfermait déjà plusieurs centaines de malheureux, qu'on ne pouvait ni secourir ni soulager. Nous passâmes avec horreur, et nous dûmes les abandonner à l'humanité de l'ennemi.

Là nous fûmes de nouveau surpris par une furieuse pluie, qui paralysa tous les mouvements.

---

4 octobre 1792.

La difficulté d'avancer devenait toujours plus grande, et, pour éviter la route, qui était impraticable, on essaya de prendre à travers champs.

Le sol, de couleur rougeâtre, plus tenace encore que la terre crayeuse, empêchait toute marche. Les quatre petits chevaux pouvaient à peine traîner mon coupé. Je voulus du moins les soulager du poids de ma personne. Je ne voyais point de cheval de selle à ma portée : le grand fourgon de cuisine, attelé de six forts chevaux, vint à passer. J'y montai. Il n'était pas tout à fait dégarni, mais la fille de cuisine était blottie dans le coin et paraissait fort triste. Je me livrai à mes études. J'avais tiré du coffre le troisième volume du dictionnaire de physique de Gehler. Un dictionnaire est une fort bonne compagnie dans de pareilles circonstances, où chaque moment amène une interruption, et il procure d'ailleurs la meilleure distraction en nous faisant passer d'un sujet à un autre.

On s'était engagé imprudemment dans ces champs d'argile rouge, tenaces, çà et là ruisselants : dans ces terres labourées, le robuste attelage du fourgon de cuisine finit par manquer de force. J'étais, dans cet équipage, comme la parodie de Pharaon dans la Mer Rouge; car, autour de moi, cavaliers et fantassins étaient sur le point de s'abîmer dans la même couleur. Je portais avec impatience mes regards sur toutes les hauteurs voisines; enfin j'aperçus les chevaux de selle, et, dans le nombre, mon cheval blanc. Je fis des signes pressants pour qu'on me l'amenât, et, après avoir confié mon dictionnaire de physique à la pauvre servante malade, et l'avoir recommandé à ses soins, je m'élançai sur mon cheval, bien résolu à ne pas remonter de sitôt en voiture. Mon allure était désormais plus indépendante, mais non plus facile et plus prompte.

On nous avait représenté Grandpré comme un théâtre de peste et de mort, et nous le laissâmes volontiers derrière nous. Plusieurs amis se rencontrèrent et se rangèrent en cercle autour d'un feu, en tenant derrière eux leurs chevaux par la bride. C'était, dirent-ils, la seule fois que j'avais eu l'air chagrin, et que je ne les avais pas fortifiés par ma gravité ou réjouis par mes badinages.

---

4 et 5 octobre 1792.

Le chemin que l'armée avait pris menait à Buzancy, car on voulait passer la Meuse au-dessus de Dun. Nous campâmes tout près de Sivry, parce que nous n'avions pas encore tout dévoré dans ses environs. Le soldat se jeta dans les premiers jardins, et gâta ce qui aurait pu profiter à d'autres. J'engageai notre cuisinier et ses gens à fourrager avec méthode; nous fîmes le tour du village entier, et nous trouvâmes des jardins encore intacts et une riche moisson, qui ne nous fut pas disputée. Il y avait là des choux et des oignons, des carottes et d'autres plantes potagères en abondance : nous n'en prîmes que dans la mesure de nos besoins, avec modération et ménagement. Le jardin n'était pas grand, mais proprement tenu. Avant que nous en fussions sortis à travers la haie, je me demandai comment il se pouvait faire que, dans un jardin attenant à la maison, on ne pût découvrir aucune trace d'une porte de communication avec le bâtiment voisin. Quand nous revînmes avec notre butin, nous entendîmes un grand bruit devant le régiment. Un cheval, qui avait été mis en réquisition dans le voisinage vingt jours auparavant, avait échappé à son cavalier. Il avait emporté le pieu auquel il était lié; le cavalier fut très-malmené, menacé, et on lui ordonna de courir après son cheval.

Comme on avait résolu de se reposer le 5 dans le pays, nous fûmes logés à Sivry. Après tant de souffrances, nous trouvâmes délicieuse la vie domestique, et nous pûmes encore observer, pour nous amuser et nous distraire, le caractère homérique et pastoral des maisons champêtres de France. On n'entrait pas immédiatement de la rue dans la maison : on se trouvait d'abord dans un petit espace ouvert, carré, tel que la porte elle-même le donnait; de là on arrivait par la véritable porte de la maison dans une chambre spacieuse, haute, destinée à la famille; elle était carrelée de briques; à gauche, contre la longue muraille, un foyer adossé au mur et reposant sur la terre; le conduit qui absorbait la fumée se déployait au-dessus. Après avoir salué les hôtes, on s'avançait avec plaisir dans ce lieu où l'on voyait que la place de chacun était réglée fixement. A droite, près du feu, un haut coffret à couvercle, qui servait aussi de siége. Il renfermait le sel, dont la provision devait être gardée dans un lieu sec. C'était la place d'honneur, qu'on offrait d'abord à l'étranger le plus marquant; les autres arrivants s'asseyaient sur des siéges de bois avec les gens de la maison. Pour la première fois je pus observer là exactement le *pot-au-feu* national. Une grande marmite de fer était suspendue à un crochet, qu'on pouvait élever et abaisser au moyen d'une endenture; dans la marmite se trouvait déjà une bonne pièce de bœuf avec l'eau et le sel. On y ajouta des carottes, des navets, des poireaux, des choux et d'autres légumes.

Tandis que nous nous entretenions amicalement avec ces bonnes gens, j'observais l'heureuse disposition du dressoir, de l'évier, des tablettes, où étaient rangés les pots et les assiettes. Tout cela occupait l'espace allongé que le carré de l'avant-cour ouverte laissait de côté intérieurement. Tous les ustensiles étaient brillants de propreté et rangés en bon ordre; une servante ou une sœur de la maison soignait tout parfaitement. La mère de famille était assise près du feu, tenant un petit garçon sur ses genoux ; deux petites filles se pressaient contre elle. On mit la table, on posa dessus une grande écuelle de terre, dans laquelle on jeta du pain blanc coupé en petites tranches; le bouillon chaud fut versé dessus, et l'on nous souhaita un bon appétit. Les jeunes garçons qui dédaignaient mon pain de munition auraient pu m'adresser à ce modèle « de bon pain et de bonne soupe. » Après quoi, on nous servit la viande et les légumes, qui s'étaient trouvés cuits en même temps, et toute personne aurait pu se contenter de cette simple cuisine.

Nous questionnâmes ces gens avec intérêt sur leur situation. Ils avaient déjà beaucoup souffert à notre premier passage, quand nous étions demeurés si longtemps près de Landres; à peine rétablis, ils craignaient d'être complétement ruinés par le retour de l'armée ennemie. Nous leur témoignâmes de la sympathie et de l'affection; nous leur donnâmes l'assurance consolante que cela ne durerait pas longtemps, puisqu'il n'y avait plus après nous que l'arrière-garde; nous leur adressâmes des conseils et des directions sur la manière dont ils devaient se conduire avec les traîneurs. L'orage et la pluie redoublant de violence, nous passâmes la plus grande partie du jour à couvert, au coin du feu, méditant sur le passé, et songeant, non sans inquiétude, à ce qui allait arriver. Depuis Grandpré, je n'avais revu ni ma voiture, ni mes effets, ni mon domestique, et je passais en un moment de l'espérance à la crainte. La nuit était venue, les enfants allaient se coucher; ils s'approchèrent avec respect du père et de la mère, firent la révérence, leur baisèrent la main et dirent : « Bonsoir, papa! bonsoir, maman! » avec une grâce charmante. Bientôt après, on vint nous dire que le prince de Brunswick était dangereusement malade dans notre voisinage, et nous allâmes demander de ses nouvelles. On refusa notre visite, et l'on nous assura que le prince était beaucoup mieux, et qu'il se proposait de partir le lendemain matin.

A peine étions-nous revenus au coin du feu, chercher un asile contre l'effroyable pluie, qu'un jeune homme entra, qu'à sa ressemblance frappante avec notre hôte nous prîmes pour son frère, et il se trouva que nous avions bien deviné. Sous le costume des campagnards français, un fort bâton à la main, il entra dans la chambre. C'était un beau jeune homme. Très-sérieux, même chagrin, il prit place avec nous auprès du feu sans mot dire; mais, à peine se fut-il réchauffé, qu'il se promena de long en large avec son frère, puis ils passèrent dans la chambre voisine. Ils eurent à part une conversation très-vive. Après quoi le frère sortit, malgré cette pluie effroyable, sans que nos hôtes cherchassent à le retenir.

Mais nous aussi, nous fûmes appelés dehors dans cette nuit orageuse par des cris d'angoisse et de détresse. Nos soldats, sous prétexte de chercher du fourrage au grenier, s'étaient mis à piller, et fort maladroitement, ayant enlevé à un tisserand ses outils, qui leur étaient absolument inutiles. Avec une remontrance sévère et quelques bonnes paroles, nous arrangeâmes la chose : peu des nôtres se permettaient de tels actes, mais combien cela ne pouvait-il pas devenir contagieux et tout mettre sens dessus dessous !

Plusieurs personnes s'étant rassemblées, un hussard de Weimar, boucher de son état, vint me confier qu'il avait découvert dans la maison voisine un cochon gras ; il le marchandait, mais le propriétaire ne voulait pas le lui céder. Il nous priait de venir à son secours, car, les jours suivants, on allait manquer de tout. Il était assez bizarre que nous, qui avions tout à l'heure empêché le pillage, nous fussions sollicités à une pareille entreprise. Cependant, comme la faim ne connaît point de loi, nous suivîmes le hussard dans la maison désignée. Nous trouvons également un grand feu de cuisine ; nous saluons les gens et nous prenons place auprès d'eux. Un autre hussard de Weimar, nommé Liseur, s'était joint à nous, et nous avions remis l'affaire à son habileté. Il parlait le français couramment. Il commença par discourir sur les vertus des troupes régulières, faisant l'éloge des personnes qui ne veulent se procurer que contre argent comptant les vivres les plus nécessaires ; en revanche, il invectiva contre les traîneurs, les goujats et les vivandiers, qui ont coutume de tout s'approprier violemment jusqu'au dernier *ongle*. Il voulait donc conseiller en ami à chacun de songer à vendre, parce que l'argent est toujours plus facile à cacher que les animaux, qu'on peut aisément découvrir. Toutefois ses arguments semblaient avoir fait peu d'impression, quand sa négociation fut interrompue d'une manière assez étrange.

Quelqu'un heurta violemment à la porte, solidement fermée. On ne répondit pas, parce qu'on n'avait aucune envie de laisser entrer de nouveaux convives. Le bruit continua, entremêlé de cris lamentables. C'était une voix de femme, qui priait et suppliait en bon allemand qu'on ouvrît la porte. Enfin on s'attendrit et on ouvre. Une vieille cantinière s'élance dans la maison, portant sur le bras quelque chose enveloppé dans un linge; derrière elle, une jeune personne, qui n'était point laide, mais pâle, exténuée, et se soutenant à peine. La vieille expose sa situation en quelques mots énergiques, en même temps qu'elle nous montre un enfant, dont cette femme est accouchée dans la fuite. Retardées par cet accident, maltraitées par les paysans, elles étaient enfin arrivées à notre porte. La mère, dont le lait avait tari, n'avait pu donner encore à l'enfant aucune nourriture, et la vieille demandait avec emportement de la farine, du lait, une marmite, enfin du linge pour envelopper l'enfant. Comme elle ne savait pas le français, il nous fallait demander en son nom; mais son air impérieux, sa vive pantomime, donnaient à nos paroles assez de poids. On ne pouvait apporter assez vite ce qu'elle demandait, et ce qu'on apportait ne lui paraissait jamais assez bon. La rapidité de son action n'était pas moins étonnante. Elle nous eut bientôt écartés du feu, pour établir l'accouchée à la meilleure place, tandis qu'elle se mettait à son aise sur son escabeau, comme si elle eût été seule dans la maison. En un clin d'œil l'enfant fut lavé, enveloppé, la bouillie cuite; la vieille donna à manger à l'enfant, puis à la mère : elle pensait à peine à elle-même. Ensuite elle demanda des habits pour l'accouchée pendant que les siens séchaient. Nous admirions cette femme. Elle s'entendait en réquisitions!

La pluie avait diminué, nous regagnâmes notre premier logement, et, bientôt après, les hussards amenèrent leur butin. Nous payâmes un prix raisonnable. Il s'agissait d'immoler la victime, et nous fûmes surpris de trouver nos hôtes disposés à seconder nos hussards, car ils avaient eu sujet de trouver leur conduite violente. Dans la chambre où se fit l'opération, les enfants dormaient dans des lits bien propres. Éveillés par le vacarme, ils regardaient avec une frayeur ingénue de dessous leurs couvertures. Près d'un grand lit à deux places, entouré soigneusement de serge verte, était suspendue la proie, de sorte que les rideaux formaient un fond pittoresque au corps éclairé. C'était un effet de nuit incomparable. Mais les habitants n'avaient garde de se livrer à des observations pareilles. Nous remarquâmes seulement qu'ils n'étaient pas fort bien disposés pour le voisin, et que l'affaire leur causait une maligne joie. On leur avait d'ailleurs promis une part du gâteau. Tout cela rendit l'opération plus facile, et il fallait qu'elle fût achevée en quelques heures. Notre hussard se montra aussi expéditif dans sa besogne que la bohémienne l'avait été dans la sienne. En attendant le résultat, nous nous étendîmes dans la forge de notre hôte sur de belles gerbes, et nous dormîmes doucement jusqu'au jour. Cependant notre hussard était venu à bout de son affaire; un déjeuner se trouva prêt, et, le reste, on l'avait déjà empaqueté, après avoir fait aux hôtes leur part, au vif chagrin de notre monde, qui soutenait qu'avec ces gens la bonté était mal placée, et qu'ils avaient encore bien des provisions cachées, que nous n'avions pas su éventer.

En observant l'intérieur de la chambre, je trouvai à la fin une porte verrouillée, qui, d'après sa position, devait donner sur un jardin. Je pus voir, par une petite fenêtre à côté, que je ne me trompais pas. Le jardin était un peu plus élevé que la maison, et je le reconnus pour celui où nous nous étions pourvus de légumes le matin. La porte était barricadée, et si bien masquée par dehors, que je compris pourquoi je l'avais inutilement cherchée le matin. Il était donc écrit que, contre toute apparence, nous visiterions aussi la maison.

6 octobre 1792.

Dans de pareilles circonstances, on ne peut espérer un moment de repos, ni la moindre durée d'une situation quelconque. Au point du jour, tout le village fut soudain dans une grande agitation. C'était encore l'histoire du cheval échappé. Le cavalier, qui avait ordre de le recouvrer ou de subir sa peine et de suivre à pied, avait couru les villages voisins, où, pour se débarrasser de ses importunités, on avait fini par lui assurer que le cheval devait être caché à Sivry; qu'on y avait enlevé, quelques semaines auparavant un cheval noir, tel qu'il le décrivait; or, le cheval s'était échappé immédiatement avant Sivry, et l'on ajoutait encore d'autres indices. Il y vint, accompagné d'un sous-officier sévère, qui, en menaçant le village tout entier, trouva enfin le mot de l'énigme. Le cheval avait en effet couru à Sivry chez ses anciens maîtres; la famille avait été, disait-on, au comble de la joie de revoir cet ancien serviteur; tous les voisins y avaient pris part. On avait monté avec assez d'adresse le cheval dans un grenier, et on l'avait caché derrière du foin. Chacun gardait le secret. Cependant le cheval fut retiré de sa cachette au milieu des plaintes et des gémissements, et tout le village fut dans l'affliction, quand le cavalier se jeta dessus et suivit le brigadier. Nul ne songeait à ses propres souffrances ni à l'incertitude de la situation générale; le cheval et son propriétaire, trompé pour la seconde fois, étaient le sujet de ce rassemblement. On eut un moment d'espérance. Le prince royal de Prusse vint à passer, et, comme il voulut demander le sujet de cet attroupement, les bonnes gens le supplièrent de leur faire rendre le cheval. Il n'en avait pas le pouvoir, car les nécessités de la guerre sont plus fortes que les rois. Il laissa ces gens inconsolables en s'éloignant sans rien dire.

Alors nous entretînmes encore une fois nos hôtes sur la tactique qu'ils devaient suivre avec les traîneurs, car cette canaille commençait à se montrer. A notre avis, le mari et la femme, avec les servantes et les valets, devaient se tenir à la porte, en arrière du petit vestibule, et donner, hors de la maison, un morceau de pain, un coup de vin, si on le demandait, mais s'opposer résolûment à ce qu'on entrât de force. Ces gens n'attaquent guère une maison; mais, une fois qu'ils y ont pénétré, on n'est plus maître de les contenir. Ces bonnes gens nous priaient de rester encore, mais nous devions penser à nous-mêmes; le régiment du duc était en avant et le prince royal était parti: nous ne pouvions plus différer.

Nous reconnûmes combien nous avions agi prudemment, lorsque, ayant rejoint la colonne, nous apprîmes que l'avant-garde des princes français avait été assaillie la veille par les paysans entre les Grandes et les Petites-Armoires, aussitôt qu'elle eut laissé derrière elle le Chêne-Populeux et l'Aisne. Un officier avait eu un cheval tué sous lui. Alors je me rappelai que, la nuit dernière, quand le malgracieux beau-frère était entré dans la maison, je n'avais pu me défendre d'un funeste pressentiment.

Nous étions sortis des dangers les plus pressants, mais notre retraite était toujours pénible et hasardeuse, le transport de nos effets de jour en jour plus difficile; car nous menions avec nous un mobilier complet, outre les ustensiles de cuisine, des tables, des bancs, des coffres, des caisses, des chaises, et même deux fourneaux de tôle. Comment ramener toutes ces voitures, quand le nombre des chevaux diminuait tous les jours? Les uns tombaient, les autres n'avaient plus de forces. Il ne restait qu'à abandonner une voiture pour emmener les autres. On choisit le plus indispensable. Une voiture fut abandonnée avec tout ce qu'elle contenait. Cette opération fut répétée plusieurs fois. Notre équipage en devint beaucoup plus léger, et pourtant nous dûmes faire des réductions nouvelles, quand nous nous traînâmes, avec les plus grandes difficultés, le long des basses rives de la Meuse.

Cependant j'avais un sujet particulier de vives inquiétudes: c'est que depuis quelques jours je ne voyais plus ma voiture. Je devais supposer que mon domestique, toujours si résolu, s'était trouvé dans l'embarras, qu'il avait perdu ses chevaux et n'avait pu s'en procurer d'autres. Mon imagination se faisait les plus tristes peintures. Mon cher coupé de Bohême, qui était un cadeau de mon prince, et qui m'avait mené si loin, je le voyais enfoncé dans la boue ou versé et renversé, et, tel que j'étais à cheval, je portais donc sur moi tout mon avoir. Mes habits, mes manuscrits de toute sorte, et maints objets que l'habitude m'avait rendus chers, tout me semblait perdu et déjà dispersé dans le monde.

7 et 8 octobre 1792.

Nous remontions la rive gauche de la Meuse, pour arriver à l'endroit où nous devions la passer, et atteindre, de l'autre côté, la grande route; nous étions justement dans les prairies les plus marécageuses, lorsqu'on nous annonça que le duc de Brunswick était sur nos pas. Nous fîmes halte et nous le saluâmes respectueusement. Il s'arrêta aussi tout près devant nous et il me dit : « Je suis fâché de vous voir dans cette désagréable position; cependant je dois me féliciter de ce qu'un témoin de plus, un témoin éclairé, digne de foi, pourra déclarer que nous avons été vaincus non par les ennemis, mais par les éléments. »

Il m'avait vu en passant au quartier général de Hans, et savait que j'avais suivi toute cette malheureuse expédition. Je lui fis une réponse convenable, et je lui exprimai mon chagrin de ce qu'après tant de souffrances et de fatigues, il avait eu un grand sujet d'inquiétude dans la maladie du prince son fils, à quoi nous avions pris une grande part à Sivry la nuit dernière. Il fut touché de ces paroles, car le prince était son enfant chéri, puis il nous le fit remarquer à quelque distance. Nous saluâmes aussi le prince. Le duc nous souhaita à tous patience et persévérance, et moi je lui souhaitai une santé inaltérable, parce qu'alors il ne lui manquerait rien pour nous sauver et sauver aussi la bonne cause. Il ne m'avait, à vrai dire, jamais aimé : j'avais dû en prendre mon parti; il l'avait fait connaître : je pouvais le lui pardonner. Maintenant le malheur était devenu un doux médiateur, qui éveillait entre nous la sympathie.

Nous avions franchi la Meuse et pris la route qui mène des Pays-Bas à Verdun. Le temps était plus horrible que jamais. Nous campâmes près de Consenvoy. Le malaise, la souffrance, étaient au comble; les tentes étaient trempées; d'ailleurs point de toit, point d'abri. On ne savait où se mettre; ma voiture ne reparaissait point, et je manquais des choses les plus nécessaires. Si l'on parvenait à se cacher sous une tente, il ne fallait pas espérer d'y trouver une couche. Comme on soupirait après la paille! après un simple bois de lit! et puis, au bout du compte, il ne restait qu'à s'étendre sur la terre humide et froide.

Mais j'avais déjà imaginé autrefois, en des cas pareils, un moyen pratique de supporter ces extrémités. Je restais sur mes pieds jusqu'à ce que mes genoux fussent brisés de fatigue; ensuite je m'asseyais sur un pliant, et je persistais, jusqu'à ce qu'il me semblât que j'allais tomber : alors je me trouvais à merveille de toute place où l'on pouvait s'étendre de son long. Comme la faim sera toujours le meilleur assaisonnement, la fatigue est le plus excellent soporifique.

Nous avions ainsi passé deux jours et deux nuits, quand le triste état de quelques malades profita aussi aux bien portants. Le valet de chambre du duc était atteint de la contagion; le prince avait sauvé du lazaret de Grandpré un jeune gentilhomme du régiment : il résolut de les envoyer tous deux à Verdun, qui était à deux milles de là. Le camérier Wagner fut chargé de les soigner, et, sur la gracieuse exhortation du prince, je n'hésitai pas à prendre la quatrième place. Nous partîmes avec une lettre pour le commandant, et, au moment de prendre nos places, le caniche ne pouvant rester en arrière, la dormeuse, naguère si chérie, parut être un demi-hôpital, et quelque chose comme une ménagerie.

Nous eûmes pour escorte et pour quartier-maître ce hussard nommé Liseur, originaire de Luxembourg, qui connaissait la contrée, et qui réunissait le savoir-faire, l'adresse et l'audace d'un partisan ; il chevauchait devant nous d'un air satisfait, et donnait une bonne apparence à notre voiture attelée de six forts chevaux blancs. Emballé avec des gens atteints d'une maladie contagieuse, je n'éprouvais aucune appréhension. L'homme qui reste fidèle à lui-même trouve pour toute situation une maxime secourable. Dès que le péril était grand, j'avais à mon service le plus aveugle fatalisme, et j'ai remarqué que les hommes qui exercent un métier dangereux se sentent fortifiés et trempés par cette croyance. La religion mahométane en est la meilleure preuve.

---

9 octobre 1792.

Le triste hôpital ambulant avançait d'une marche lente et faisait naître de sérieuses réflexions, car nous suivions la même route militaire par laquelle nous étions entrés dans le pays avec tant de courage et d'espérance. Nous arrivâmes à la place où le premier coup avait été tiré des vignes, au chemin creux où la jolie femme était tombée dans nos mains et avait été reconduite chez elle, au petit mur d'où elle nous avait salués avec les siens et disposés à l'espérance. Que tout cela paraissait changé ! Et comme les suites d'une campagne inutile paraissaient plus tristes encore à travers le voile nébuleux d'une pluie continuelle !

Cependant, au milieu de ces lugubres impressions, m'attendait la plus agréable surprise. Nous devançâmes une voiture, qui cheminait devant nous, traînée par quatre petits chevaux sans apparence. Ce fut une scène amusante et une joyeuse reconnaissance : car c'était ma voiture, mon domestique. « Paul, m'écriai je, bon diable, est-ce toi? Comment te trouves-tu ici? » Le coffre reposait tranquillement à sa place accoutumée : quel objet réjouissant! Et comme je demandais à la hâte des nouvelles du portefeuille et du reste, deux amis s'élancèrent de la voiture, le secrétaire intime Weyland et le capitaine Vent. Quel plaisir de se retrouver! J'appris alors ce qui s'était passé.

Depuis la fuite des deux jeunes paysans, mon domestique avait dû poursuivre sa route avec les quatre chevaux, et il s'était traîné non-seulement de Hans jusqu'à Grandpré, mais aussi de l'endroit où je l'avais perdu de vue jusqu'à l'Aisne, qu'il avait traversée, et toujours exigeant, demandant, fourrageant, réquisitionnant, jusqu'au moment de notre heureuse rencontre. Et maintenant, tous réunis et fort joyeux, nous continuâmes de nous acheminer à Verdun, où nous espérions trouver à suffisance repos et rafraîchissement. Le hussard avait usé à cet effet des meilleures précautions. Il avait pris les devants, et, trouvant la presse fort grande dans la ville, il s'était bientôt convaincu qu'il n'y avait rien à espérer, selon les voies ordinaires, de l'activité et des bonnes dispositions du comité des logements. Heureusement il vit dans la cour d'une belle maison les préparatifs d'un prochain départ; il revint à nous au galop, nous expliqua ce que nous avions à faire, et courut, aussitôt que les premiers hôtes furent partis, occuper la porte de la cour, empêcher qu'on ne la fermât et nous recevoir bien à souhait. Nous entrons, nous descendons de voiture, malgré les protestations d'une vieille gouvernante, qui, à peine délivrée d'un logement, ne se sentait aucune envie d'en recevoir un nouveau, surtout sans billet. Cependant les chevaux étaient déjà dételés et dans l'écurie; nous nous étions partagé les chambres de l'étage; le maître, vieux gentilhomme et chevalier de Saint-Louis, souffrit la chose; ni lui ni la famille ne voulurent entendre parler de leurs hôtes, surtout de Prussiens en retraite.

10 octobre 1792.

Un jeune garçon, qui nous promenait dans la ville dévastée, nous demanda d'un air significatif si nous n'avions pas goûté des incomparables petits pâtés de Verdun, et là-dessus il nous mena chez le plus célèbre faiseur. Nous entrâmes dans une grande cour, autour de laquelle étaient des fours grands et petits, et, au milieu, une table et des bancs, pour qu'on pût manger la pâtisserie sortant du four. L'artiste survint, mais il nous exprima, dans les termes les plus vifs, son désespoir d'être hors d'état de nous servir, attendu qu'il manquait absolument de beurre. Il nous montra les plus belles provisions de la plus belle farine de froment; mais à quoi lui servaient-elles sans beurre et sans lait? Il vanta son talent, l'approbation des habitants, des voyageurs, et se lamenta de manquer des choses les plus nécessaires, juste au moment où il trouvait l'occasion de se montrer à des étrangers si qualifiés et d'étendre sa renommée. Il nous conjura donc de lui procurer du beurre, et nous fit entendre que, si nous voulions montrer quelque sévérité, il s'en trouverait bien quelque part. Cependant il se tranquillisa pour le moment, sur notre promesse de lui faire venir plus tard du beurre de Jardin-Fontaine.

Notre jeune guide, qui continuait à courir la ville avec nous, paraissait se connaître aussi bien en jolis minois qu'en petits pâtés, et, comme nous lui demandâmes qui était une jeune personne admirablement belle, qui s'était avancée à la fenêtre d'une maison bien bâtie : « Ah! s'écria-t-il, après nous l'avoir nommée, que cette jolie tête se tienne bien sur ses épaules! C'est une de ces personnes qui ont offert des fleurs et des fruits au roi de Prusse. Sa famille croyait déjà remonter au pinacle; mais la chance a tourné : à présent je ne changerais pas avec elle. » Il parlait de cela avec une singulière tranquillité, comme d'une chose toute naturelle, qui ne pouvait être et qui ne serait pas autrement.

Mon domestique revint de Jardin-Fontaine, où il était allé saluer notre hôte et lui rendre sa lettre pour sa sœur de Paris. Le malin personnage avait reçu la lettre d'un air assez débonnaire, et il avait régalé mon serviteur, en le chargeant d'inviter son maître, qu'il promettait de traiter aussi bien.

Mais nous ne devions pas avoir si bonne chance. A peine avions-nous pendu la marmite sur le feu, qu'une ordonnance arriva, qui nous signifiait gracieusement, au nom du commandant, M. de Corbière, que nous devions faire nos préparatifs pour quitter Verdun le lendemain à huit heures. Extrêmement surpris de devoir quitter précipitamment notre asile, sans pouvoir seulement nous remettre un peu, et de nous voir rejetés dans le monde horrible et fangeux, nous alléguâmes la maladie du jeune gentilhomme et du valet de chambre, sur quoi on nous conseilla de chercher à les transporter plus loin aussitôt que possible, parce que les hôpitaux devaient être évacués pendant la nuit, et qu'on ne laisserait que les malades absolument hors d'état d'être transportés. Nous fûmes saisis d'horreur, car jusqu'alors personne n'avait douté que les alliés ne gardassent Verdun et Longwy, si même on ne prenait pas encore quelques places fortes, pour se ménager de sûrs quartiers d'hiver. Nous ne pouvions renoncer tout d'un coup à ces espérances : aussi nous parut-il probable qu'on voulait seulement délivrer les places fortes des malades sans nombre et de l'incroyable cohue qui les encombrait, afin de pouvoir y loger ensuite les garnisons nécessaires. Toutefois le camérier Wagner, qui avait remis au commandant la lettre du duc, croyait voir dans ces mesures les plus fâcheux indices. Mais, quelle que fût en somme l'issue de tout cela, nous devions cette fois nous résigner à notre sort, et nous mangions tranquillement notre simple pot-au-feu, quand une nouvelle ordonnance arriva, qui nous invitait à faire notre possible pour quitter Verdun à trois heures du matin, sans délai ni demeure. Le camérier Wagner, qui croyait savoir le contenu de la lettre adressée au commandant, y voyait un aveu formel que la place serait aussitôt rendue aux Français. Là-dessus nous pensâmes à la menace du jeune garçon ; nous pensâmes à la jolie demoiselle si bien parée, aux fruits et aux fleurs, et nous déplorâmes pour la première fois avec une douleur vive et profonde la fin désastreuse d'une grande entreprise.

Quoique j'eusse trouvé dans le corps diplomatique de vrais et honorables amis, aussi souvent que je les rencontrais au milieu de ces grands mouvements, je ne pouvais réprimer certaines saillies moqueuses : ils me faisaient l'effet de directeurs de théâtre, qui choisissent les pièces, distribuent les rôles, et se promènent sans attirer l'attention de personne, tandis que la troupe, en bel équipage, doit livrer le résultat de leurs efforts aux chances du hasard et aux caprices du public.

Le baron de Breteuil demeurait vis-à-vis de chez nous. Depuis l'histoire du collier, il n'était pas sorti de ma pensée. Sa haine pour le cardinal de Rohan l'entraîna à la plus affreuse précipitation. La secousse produite par ce procès ébranla les fondements de l'État, anéantit le respect pour la reine et pour les classes supérieures, car malheureusement tout ce qui fut dit ne fit que révéler l'horrible corruption de la cour et des grands.

On crut cette fois qu'il avait provoqué l'étrange convention qui nous obligeait à la retraite, et qu'on excusait en supposant les conditions les plus favorables : on assurait que le roi, la reine et la famille royale seraient délivrés, et qu'on obtiendrait encore plusieurs autres concessions désirables. Mais la question de savoir comment ces grands avantages diplomatiques s'accorderaient avec tout ce que nous savions d'ailleurs faisait germer plus d'un doute.

Les chambres que nous habitions étaient décemment meublées. Je remarquai une armoire dont les portes vitrées me laissaient voir un grand nombre de cahiers in-quarto, pareils et régulièrement coupés. Je reconnus ainsi, à ma grande surprise, que notre hôte avait été un des notables appelés à Paris en 1787. Dans ces cahiers étaient imprimées ses instructions. La modération des demandes qu'on faisait alors, la modestie avec laquelle on les présentait, formaient un parfait contraste avec la violence, l'orgueil et le désespoir du temps présent. Je lus cette brochure avec une véritable émotion, et j'en emportai quelques exemplaires.

11 octobre 1792.

Après une nuit sans sommeil, nous étions sur le point de monter dans notre voiture, déjà tournée vers la porte cochère, quand nous trouvâmes un obstacle insurmontable : des voitures de malades, formant une colonne serrée, traversaient, entre les pavés amoncelés de part et d'autre, la ville, devenue un marais fangeux. Comme nous attendions ainsi un moyen de sortir d'embarras, notre hôte, le chevalier de Saint-Louis, passa près de nous sans nous saluer. La surprise que nous causa son apparition matinale et malgracieuse se changea bientôt en pitié : son domestique, qui marchait sur ses pas, portait un paquet attaché à un bâton, et nous comprîmes trop bien qu'après avoir revu ses foyers quatre semaines auparavant, il devait les abandonner, comme nous, nos conquêtes.

Je remarquai ensuite que ma chaise était menée par de meilleurs chevaux, et mon cher Paul m'avoua qu'il avait échangé contre du sucre et du café les premiers, qui étaient faibles et hors de service, mais qu'aussitôt après il avait réussi à s'en procurer d'autres par réquisition. C'était sans doute grâce à l'activité de l'adroit Liseur. Il réussit également à nous faire avancer. Il lança son cheval dans un intervalle et il arrêta la voiture qui suivait, jusqu'à ce que nos équipages à quatre et à six chevaux se fussent logés dans la file. Alors je pus respirer de nouveau le grand air dans ma légère calèche.

Nous allions d'un pas d'enterrement, mais enfin nous allions. Le jour parut, nous nous trouvâmes devant la ville dans la plus grande confusion du monde. Toutes les espèces de voitures, de rares cavaliers, d'innombrables piétons, se croisaient dans la grande place devant la porte. Nous prîmes à droite, du côté d'Étain, avec notre colonne; nous suivions un chemin bordé de fossés de part et d'autre.

Dans cette presse effroyable, l'instinct de la conservation personnelle ne connaissait plus de pitié, plus de ménagements; non loin de nous, un cheval tomba devant un chariot de bagages : on coupa les traits et on laissa le cheval gisant; mais, les trois autres ne pouvant plus traîner la voiture, on coupa aussi leurs traits, on jeta dans le fossé la voiture pesamment chargée, et, après une très-courte halte, nous passâmes outre et par-dessus le cheval, qui essayait de se relever. Je vis distinctement ses jambes broyées sous les roues.

Cavaliers et piétons cherchaient à se sauver par les prés de cette route étroite et impraticable; mais les prés étaient aussi trempés à fond, inondés par les fossés débordés; la suite des sentiers était partout interrompue. Quatre soldats français, d'une beauté remarquable, proprement vêtus, pataugèrent quelque temps à côté de nos voitures, en se maintenant toujours propres et nets. Ils savaient si bien choisir leurs pas dans cette boue, qu'ils n'en avaient pas plus haut que la cheville.

Que, dans ces circonstances, on vît les fossés, les prés et les champs couverts de chevaux morts, c'était la suite naturelle de la situation; mais bientôt on les vit aussi écorchés et dépecés : triste preuve de la disette générale.

Nous avancions, menacés à chaque instant de verser au moindre cahot. Dans cette conjoncture, nous ne pouvions assez nous louer des attentions de notre guide. Elles parurent encore à Étain, où nous arrivâmes vers midi. C'était de toutes parts une confusion étourdissante, dans les rues et les places de cette jolie petite ville; la masse flottait çà et là, et, tandis que chacun se poussait en avant, tous s'embarrassaient les uns les autres. Tout à coup notre guide fit arrêter nos voitures devant une belle maison de la place du marché; nous entrâmes; le maître du logis et sa femme nous saluèrent à une distance respectueuse.

On nous conduisit dans une chambre du rez-de-chaussée. La pièce était lambrissée; un bon feu brûlait dans une cheminée de marbre noir. Nous ne fûmes pas fort satisfaits de nous voir dans la grande glace placée au-dessus; je n'avais pas encore pris la résolution de faire couper court mes longs cheveux, qui flottaient alors sur mes épaules comme une quenouille emmêlée; ma barbe inculte ajoutait à l'air sauvage de ma personne.

Nous pouvions, des fenêtres basses, embrasser toute la place d'un coup d'œil, et saisir, pour ainsi dire, avec les mains ce tumulte sans bornes. Des piétons de toute sorte, militaires, infirmes, bourgeois, femmes, enfants, se pressaient et s'écrasaient entre les véhicules de toute forme : voitures de bagages, voitures à ridelles, à un cheval, à plusieurs; des centaines de chevaux reculant, se heurtant, se gênaient à droite et à gauche. On voyait aussi filer des bêtes à cornes, qu'on avait probablement enlevées ou mises en réquisition. Il se présentait peu de cavaliers; mais on remarquait avec étonnement les élégantes voitures des émigrés, vernies de diverses couleurs, dorées, argentées, les mêmes peut-être que j'avais déjà admirées à Grevenmachern. La presse la plus grande était à l'endroit où la foule, qui remplissait la place, devait continuer sa marche par une rue droite, il est vrai, et régulière, mais, relativement parlant, beaucoup trop étroite. Je n'ai vu de ma vie rien de semblable. C'était comme un torrent qui vient de déborder sur des prairies et des champs, et qui doit poursuivre sa course par l'arche étroite d'un pont et dans un lit resserré.

Un flot irrésistible, étrange, suivait la pente de la longue rue qu'on enfilait à perte de vue de nos fenêtres; une haute voiture de voyage à deux places dominait le torrent: elle nous fit penser aux belles Françaises, mais ce n'étaient pas elles; c'était le comte de Haugwitz, que je voyais, avec un malin plaisir, s'éloigner pas à pas en chancelant.

Cependant on nous avait préparé un bon repas; un gigot excellent, de bon vin, de bon pain en abondance, et, à côté du plus grand tumulte, nous étions dans un repos admirable; comme celui qui, étant assis au pied d'un fanal, sur la digue de pierre, devant la mer en tourmente, voit le mouvement des flots orageux, et çà et là un navire en proie à leur caprice; mais, dans cette maison hospitalière, une douloureuse scène de famille nous attendait. Le fils de la maison, beau jeune homme, entraîné par l'exaltation générale, s'était enrôlé depuis quelque temps à Paris dans l'armée nationale, et s'y était distingué. Quand les Prussiens eurent envahi la France, que les émigrés furent arrivés avec l'orgueilleuse espérance d'une victoire certaine, les parents, qui partageaient leur confiance, pressèrent, conjurèrent leur fils d'abandonner sans délai sa position, qu'il devait désormais détester, et de revenir combattre pour la bonne cause. Le fils revient malgré lui, par piété filiale, au moment où les Prussiens, les Autrichiens et les émigrés se retirent; il accourt, désespéré, à travers la presse, dans la maison paternelle. Que doit-il faire? et quelle réception lui feront-ils? Joyeux de le revoir, désolés de le perdre encore dans le même instant, troublés par la crainte de voir leurs biens engloutis dans cet orage!..... Favorable au nouveau système, le jeune homme revient par contrainte à un parti qu'il déteste, et, quand il se livre à cette destinée, il voit ce parti succomber. Échappé de Paris, il sait que son nom est déjà inscrit sur la liste fatale des traîtres, et, dans ce moment, il se voit banni de sa patrie, chassé de la maison paternelle; ses parents, qui voudraient savourer sa présence, sont contraints de le repousser, et lui, dans la joie douloureuse du retour, il ne sait comment s'arracher de leur sein; les embrassements sont des reproches, et la séparation, dont nous sommes témoins, est affreuse.

Tout cela s'était passé devant la porte de notre chambre et dans le vestibule de la maison. A peine le silence fut-il rétabli et les parents se furent-ils éloignés en pleurant, qu'une scène, peut-être plus singulière encore, plus surprenante, dans laquelle nous étions intéressés, et qui nous mit dans l'embarras, finit, quoique fort saisissante, par nous arracher un sourire. Quelques villageois, hommes, femmes et enfants, s'élancent dans notre appartement et se jettent à mes pieds, en poussant des gémissements et des cris. Avec toute l'éloquence de la douleur et du désespoir, ils se plaignent qu'on enlève leur beau bétail. Ils paraissent être les fermiers d'un grand domaine. Je pouvais, dirent-ils, tout voir de la fenêtre : leur bétail passait; les Prussiens s'en étaient emparés. Ils me prient de donner des ordres, de venir à leur secours. Je m'avance vers la fenêtre, pour me donner le temps de réfléchir; mon drôle de hussard se place derrière moi et me dit : « Pardonnez-moi ! Je vous ai fait passer pour le beau-frère du roi de Prusse, afin de trouver ici bon accueil et bon gîte; il est fâcheux que les paysans soient venus, mais adressez-moi ces gens avec quelques bonnes paroles, et paraissez convaincu que je saurai mener l'affaire à bien. »

Que devais-je faire? Surpris et mécontent, je me recueillis et je parus réfléchir à la chose. « On vante à la guerre, me disais-je, la ruse et la finesse! Qui se laisse servir par des fripons court le risque d'en être la dupe. Il faut éviter ici un scandale inutile et honteux. » Et comme le médecin, dans les cas désespérés, prescrit encore une recette qui soutient l'espérance, je congédiai ces bonnes gens, en leur répondant avec plus de gestes que de paroles, et je me dis, pour me tranquilliser, que, si le véritable héritier présomptif n'avait pu, à Sivry, faire rendre aux malheureux leur cheval, le prétendu beau-frère du Roi était excusable d'écarter de pauvres diables en les payant d'une défaite.

La nuit était profonde quand nous arrivâmes à Sébincourt; toutes les fenêtres étaient éclairées, preuve que toutes les chambres étaient occupées. A chaque porte, les habitants protestaient qu'ils ne pouvaient recevoir de nouveaux hôtes, les hôtes, qu'ils ne pouvaient admettre de compagnons. Mais notre hussard entra sans façon, et, trouvant dans la salle quelques soldats français autour de la cheminée, il les pressa de faire à des seigneurs, qu'il conduisait, une place au coin du feu. Nous entrâmes en même temps. Les soldats furent polis et se rangèrent, mais, reprenant bientôt leur singulière posture, ils étendirent vers le feu leurs pieds levés en l'air. Ils faisaient par moments un tour de salle en courant et revenaient à leur première attitude. Alors je pus observer que leur affaire essentielle était de sécher le bas de leurs guêtres. Bientôt je les reconnus : c'étaient ces mêmes soldats que j'avais vus le matin marcher si joliment dans la boue, à côté de notre voiture. Arrivés plus tôt que nous, ils avaient déjà lavé et brossé à la fontaine le bas de leur chaussure, et maintenant ils la séchaient, pour affronter galamment le lendemain une boue nouvelle. Conduite exemplaire, qu'on aurait lieu souvent de se rappeler dans la vie! Je me souvins à ce sujet de mes chers camarades, qui avaient reçu en murmurant l'ordre de veiller à leur propreté.

Mais il ne suffit pas à l'habile et officieux Liseur de nous avoir procuré un abri; il renouvela audacieusement la fiction de midi; le noble général, le beau-frère du Roi, opéra puissamment et chassa d'une chambre à deux lits toute une troupe d'honnêtes émigrés. En revanche, nous accueillîmes dans la même chambre deux officiers allemands. Moi, je me retirai, devant la porte, dans la dormeuse, dont le timon, tourné cette fois vers l'Allemagne, réveilla chez moi d'étranges pensées, qui furent toutefois bien vite interrompues par le sommeil.

12 octobre 1792.

Ce jour parut encore plus triste que la veille; les chevaux, accablés de fatigue, étaient tombés plus souvent, et gisaient en plus grand nombre, avec les voitures versées, dans les prés au bord de la route. Par les ouvertures des fourgons fracassés tombaient des portemanteaux élégants, qui appartenaient à un corps d'émigrés. La brillante apparence de ces objets abandonnés et sans maîtres excitait la convoitise des passants, et plusieurs se chargeaient de fardeaux qu'ils devaient bientôt rejeter à leur tour. De là est venu peut-être le bruit que, dans la retraite, les Prussiens avaient pillé les émigrés.

On faisait encore sur ces aventures plus d'un récit plaisant. Une voiture d'émigrés, pesamment chargée, avait été abandonnée au pied d'une colline. Des soldats arrivés ensuite, la fouillant et trouvant des coffrets de moyenne grandeur, singulièrement pesants, les portent avec une peine infinie sur la hauteur voisine. Là, ils veulent partager le butin. Quelle surprise! De chaque coffre brisé tombe une masse de cartes à jouer, et les chercheurs d'or se dédommagent en se moquant les uns des autres.

Nous nous rendîmes par Longuion à Longwy, et, puisque les images des scènes de plaisir qui ont marqué dans notre vie s'effacent de la mémoire, il faut s'estimer heureux que les tristes images des scènes d'horreur cessent de faire sur l'imagination une impression aussi vive. Pourquoi répéterais-je que les chemins n'étaient pas meilleurs, qu'à chaque pas, comme auparavant, on voyait avec horreur entre les voitures versées des chevaux écorchés et fraîchement dépecés? On pouvait remarquer assez souvent sous les buissons, qui les couvraient mal, des cadavres humains pillés et dépouillés; d'autres étaient gisants à découvert au bord de la route.

Cependant nous devions, cette fois encore, trouver quelque rafraîchissement dans un chemin détourné, non sans faire en même temps de tristes réflexions sur la position du bourgeois riche et bienveillant, au milieu des maux affreux de la guerre, cette fois tout à fait inattendus.

———

13 octobre 1792.

Notre guide ne voulut pas avoir vanté témérairement les riches et bons parents qu'il avait dans la contrée. Il nous fit faire un détour par Arlon, jolie petite ville, où nous fûmes annoncés par lui à une famille honnête et considérée, qui nous reçut d'une manière très-amicale, dans une maison bien bâtie et bien tenue. Ces bonnes âmes furent charmées de voir leur cousin, et crurent qu'il se trouvait en meilleure posture, puisqu'il avait reçu la charge de nous sortir de la plus dangereuse bagarre avec deux voitures, avec tant de chevaux, et, comme il le leur avait fait accroire, avec tant d'or et d'effets précieux. Nous pûmes d'ailleurs lui rendre le meilleur témoignage pour la manière dont il nous avait conduits jusqu'alors, et, sans croire bien fermement à la conversion de cet enfant prodigue, nous lui étions si redevables cette fois que nous ne pûmes refuser de prendre quelque confiance en sa conduite future. Le drôle ne manqua pas de jouer son rôle avec des cajoleries, et ses bons parents lui glissèrent effectivement dans la main une jolie somme en or. Ils nous servirent un déjeuner froid et d'excellent vin, et nous répondîmes avec tous les ménagements possibles aux questions que ces braves gens, aussi très-étonnés, nous firent sur les événements qui se préparaient.

Nous avions remarqué devant la maison une couple de voitures singulières, plus longues et, en partie, plus hautes que les fourgons ordinaires. Je demandai curieusement ce que c'était. On me répondit en confidence, mais avec précaution, que là dedans était la fabrique d'assignats des émigrés, et l'on me fit observer en même temps quels maux infinis elle avait causés à toute la contrée. Depuis quelque temps, à peine avait-on pu se défendre des véritables assignats, et maintenant, depuis l'invasion des alliés, on avait donné cours forcé aux faux. Des commerçants attentifs n'avaient pas manqué, pour leur sûreté personnelle, d'envoyer cette monnaie suspecte à Paris, d'où on leur avait expédié la déclaration officielle de sa fausseté. Cela jetait dans le commerce et les affaires une perturbation sans bornes ; personne ne savait plus ce qu'il devait donner et recevoir. Cela répandait déjà depuis Luxembourg jusqu'à Trèves tant d'incertitude, de défiance et d'anxiété, que la misère était partout arrivée au plus haut point.

Au milieu de tous les maux qu'elles avaient soufferts, qu'elles avaient à craindre encore, ces personnes montraient, dans leur condition bourgeoise, de la dignité, de l'affabilité et de bonnes manières, qui faisaient notre admiration, et dont un reflet nous est venu dans les drames sérieux de l'ancien et du nouveau répertoire. Nous ne pouvons nous faire aucune idée d'un pareil état dans notre propre vie nationale et dans sa peinture. La « Petite ville »[1] peut être ridicule, les habitants des petites villes allemandes sont absurdes.

---

14 octobre 1792.

Très-agréablement surpris, nous allâmes d'Arlon à Luxembourg par une excellente chaussée, et nous fûmes admis dans cette place forte, d'ailleurs si importante et si bien gardée, comme dans un bourg, dans un village. Sans être arrêtés ni questionnés, nous nous vîmes par degrés derrière l'enceinte extérieure, les remparts, les fossés, les ponts-levis, les murs et les portes, nous remettant pour le reste à notre guide, qui prétendait trouver là son père et sa mère. La ville était encombrée de blessés et de malades, de gens empressés, qui tâchaient de se refaire eux, leurs chevaux et leurs équipages.

Notre société, jusqu'à ce moment réunie, dut se séparer. Mon habile quartier-maître me procura une jolie chambre, qui tirait, par de très-hautes fenêtres, assez de jour d'une cour très-étroite, comme d'une cheminée. Il sut m'y établir avec mon bagage et veiller à tous mes besoins. Il me donna l'idée des maîtres et des locataires, et m'assura que, moyennant une petite rétribution, je ne serais pas de sitôt dépossédé, et qu'on

je mettais le pied hors de la maison, je me trouvais en plein tumulte de guerre et je pouvais parcourir à mon gré le lieu le plus étrange peut-être qui soit sous le ciel.

15 octobre 1792.

Quiconque n'a pas vu Luxembourg ne pourra se faire une idée de toutes ces constructions militaires rangées à la file ou étagées. L'imagination s'égare, quand on veut se rappeler cette diversité étonnante avec laquelle l'œil du promeneur peut à peine se familiariser. Il sera nécessaire d'avoir un plan sous les yeux pour trouver un peu intelligible ce que je vais dire.

Un ruisseau, le Pétrus, d'abord seul, puis réuni avec l'Alzette, promène ses méandres entre des rochers, les sépare, les entoure, en suivant tantôt sa course naturelle, tantôt celle que l'art lui a donnée. Sur la rive gauche s'étale et s'élève la vieille ville; avec ses ouvrages du côté de la campagne ouverte, elle ressemble aux autres villes fortes. Mais, quand on songea à sa sûreté du côté de l'ouest, on vit bien qu'il fallait se protéger aussi en face de la profondeur où coule la rivière ; l'art de la guerre ayant fait des progrès, cela même ne fut pas suffisant : on dut pousser de nouveaux bastions sur la rive droite, vers le sud, l'est et le nord, sur les enfoncements et les saillies des parties irrégulières du rocher. Il en résulta une chaîne infinie de bastions, de redoutes, de demi-lunes, de tenaillons, tels que le génie militaire en pouvait produire dans les cas les plus rares. Aussi rien de plus singulier que l'aspect de l'étroite vallée qui s'abaisse vers la rivière à travers tous ces ouvrages, avec ses rares esplanades, ses pentes douces ou abruptes, disposées en jardins, coupées en terrasses et animées par des maisons de plaisance! Ce tableau unit tant de grandeur et de grâce, tant de sévérité et d'agrément, qu'il serait à désirer que le Poussin eût exercé dans ces lieux son magnifique talent.

Les parents de notre joyeux guide possédaient dans le Pfaffenthal (vallée des prêtres) un joli jardin en pente, dont ils me permirent volontiers la jouissance. Des églises et des couvents peu éloignés justifiaient le nom de cet Élysée, et semblaient assurer aussi, dans ce voisinage clérical, repos et tranquillité aux habitants séculiers; et pourtant ils ne pouvaient porter les yeux vers les hauteurs sans songer à la guerre, à la violence et à la destruction.

Mais alors, se dérober à la ville, où la guerre nous offrait pour dernières et lamentables scènes, des hôpitaux, des soldats déguenillés, des armes brisées, des essieux, des roues, des affûts à réparer, des ruines de tout genre; fuir dans cette paisible retraite, était un immense soulagement; s'échapper des rues, où les charrons, les forgerons et d'autres artisans exerçaient sans relâche leurs bruyantes industries, et se cacher dans le petit jardin de la vallée des Prêtres, était une délicieuse jouissance. Affamé de repos et de recueillement, j'y trouvais le plus souhaitable asile.

16 octobre 1792.

La diversité inimaginable des ouvrages entassés, groupés, qui, à chaque pas qu'on faisait en avançant ou en reculant, en montant ou en descendant, présentaient un aspect différent, provoquaient le désir d'en esquisser du moins quelque partie. Il était d'ailleurs naturel que ce désir se réveillât chez moi, après tant de semaines pendant lesquelles il s'était à peine offert à mes yeux un objet qui fît naître cette envie. Je m'étonnais surtout de voir tant de rochers, de murailles et d'ouvrages de défense unis dans le haut par des ponts-levis, des galeries et certains mécanismes étranges. Un homme du métier aurait vu tout cela avec des yeux exercés, et il aurait admiré avec le coup d'œil du soldat la force de ces ouvrages : pour moi, je n'en pouvais apprécier que l'effet pittoresque, et j'aurais volontiers mis en œuvre mon faible talent, si toute espèce de dessin à l'intérieur des forteresses et alentour n'avait pas été sévèrement défendu.

19 octobre 1792.

Ainsi donc, après avoir tourné pendant plusieurs jours, solitaire et rêveur, dans ces labyrinthes, où les rochers naturels et les ouvrages de guerre avaient entassé à l'envi, en face les uns des autres, des masses escarpées, sans exclure les plantations, les vergers et les bosquets de plaisance : revenu à la maison, je me mettais à crayonner de mémoire ces objets, tels qu'ils s'étaient peu à peu gravés dans mon imagination ; esquisse imparfaite sans doute, mais suffisante pour fixer jusqu'à un certain point le souvenir d'une situation extraordinaire.

20 octobre 1792.

J'avais gagné du temps pour réfléchir aux derniers événements ; mais, à mesure que je les considérais, tout me paraissait plus confus et plus incertain. Je voyais que le plus nécessaire était peut-être de se préparer aux événements immédiats. Il me fallait franchir les quelques milles qui me séparaient de Trèves ; et pourtant qu'allais-je y trouver, puisque les chefs eux-mêmes précipitaient leur retraite avec les fugitifs ? Mais ce qui était le plus douloureux, ce qui jeta même les plus résignés dans une sorte de fureur, ce fut la nouvelle, qui ne pouvait plus se taire, que nos généraux augustes avaient dû traiter avec ces chefs maudits, voués à la mort par le manifeste, représentés comme abominables pour les plus horribles actions ; ils avaient dû leur abandonner les places fortes, sans autre avantage que de s'assurer une retraite à eux et à leurs troupes. J'en ai vu des nôtres qui faillirent en perdre la raison.

22 octobre 1792.

Sur le chemin de Trèves ne se trouvait plus à Grevenmachern la brillante barricade de voitures ; les champs étaient déserts, défoncés, ravagés ; on voyait au long et au large les traces de notre présence fugitive. Je passai cette fois tranquillement devant la poste avec des chevaux de réquisition ; la boîte aux lettres était toujours à sa place, mais point de presse alentour. On ne pouvait se défendre des plus étranges pensées.

Cependant un magnifique rayon de soleil éclaira le paysage, quand le monument d'Igel brilla devant moi comme un phare aux yeux du navigateur nocturne. La puissance de l'antiquité ne fut peut-être jamais sentie comme dans ce contraste : c'était aussi, il est vrai, un monument de temps de guerre, mais de jours heureux, victorieux, et d'un bien-être durable d'hommes actifs dans cette contrée. Quoique d'une époque tardive, du siècle des Antonins, l'obélisque d'Igel conserve encore tant de qualités d'un art excellent, qu'il produit sur nous dans l'ensemble une impression gracieuse et sévère, et nous communique, de toutes ses parties, quoique très-altérées, le sentiment d'une joyeuse activité. Il m'a captivé longtemps; j'ai noté plusieurs observations, en le quittant à regret, car je m'en sentais plus mal encore dans ma misérable situation.

Mais je ne tardai pas à voir briller devant moi une joyeuse perspective, qui devint bientôt après une réalité.

---

23 octobre 1792.

Nous apportions à notre ami, le lieutenant de Fritsch, que nous avions laissé fort mécontent à son poste, l'heureuse nouvelle qu'il était nommé chevalier de l'ordre du Mérite militaire, avec justice, car c'était pour une belle action, et avec bonheur, car il n'avait eu aucune part à notre infortune. Voici ce qui s'était passé.

Les Français, sachant que nous avions pénétré assez avant dans le pays, que nous étions à une distance considérable, dans une situation fort pénible, tentèrent sur nos derrières une expédition soudaine. Ils s'approchèrent de Trèves avec des forces imposantes et même avec du canon. Le lieutenant de Fritsch en est informé, et, avec peu de monde, il court à l'ennemi qui, surpris de sa vigilance, craignant l'arrivée de renforts, se retire à Merzig après une courte résistance et ne reparaît plus. Notre ami avait eu son cheval blessé sous lui, la même balle avait effleuré sa botte. Mais aussi le vainqueur se voit accueilli à son retour de la manière la plus honorable. Les magistrats, la bourgeoisie, lui montrent toutes les attentions possibles, et les dames aussi, qui voyaient en lui auparavant un joli jeune homme, et qui sont charmées maintenant de le trouver un héros.

Il mande aussitôt à son chef l'événement, qui est, comme de raison, communiqué au Roi; sur quoi l'étoile bleue est arrivée. J'ai goûté une jouissance non commune à partager le bonheur, la vive joie de ce brave jeune homme. La bonne fortune, qui nous fuyait, l'a visité sur nos derrières, et il s'est vu récompensé de son obéissance militaire, qui semblait l'enchaîner dans une situation oisive.

———

24 octobre 1792.

Par les soins de mon ami, je fus de nouveau logé chez le chanoine. Je n'avais pas échappé entièrement à l'épidémie générale, et j'avais besoin de quelques ménagements. Pendant ces heures tranquilles, je revis les courtes observations que j'avais faites en présence du monument d'Igel.

Pour exprimer l'impression la plus générale, on y voit la mort opposée à la vie, le présent à l'avenir, et tous deux confondus ensemble dans le sens esthétique. C'était l'excellente manière des anciens, qui s'est conservée assez longtemps dans le monde des arts.

La hauteur du monument est d'environ soixante et dix pieds. Il s'élève en forme d'obélisque, à plusieurs divisions architecturales : d'abord la base, puis un socle, puis la masse principale, couronnée d'un attique, ensuite un fronton, enfin une pointe bizarrement contournée, où se montrent les restes d'un globe et d'un aigle. Chacune de ces divisions, avec les membres dont elle se compose, est toute décorée de figures et d'ornements. Ce caractère annonce sans doute une époque tardive, car il se manifeste aussitôt que se perdent les pures proportions de l'ensemble ; or, il y aurait aussi, sous ce rapport, quelque chose à critiquer dans cet ouvrage.

Néanmoins il faut reconnaître qu'on y retrouve l'influence d'une époque, voisine encore, où l'art avait un caractère élevé. Sur tout l'ensemble règne l'esprit de l'antiquité, qui représente la vie réelle, que l'allégorie assaisonne d'allusions mythologiques. Dans le champ principal, un mari et une femme, de taille colossale, se tendant la main, sont unis par une troisième figure, fruste, qui paraît les bénir ; ils sont entre deux pilastres richement ouvragés, ornés d'enfants dansants, placés les uns au-dessus des autres. Tous les panneaux rappellent les plus heureuses relations de famille, des parents unis par l'action et la pensée, enfin le tableau d'une vie commune, vertueuse et féconde en plaisirs.

Mais, à proprement parler, c'est l'activité qui règne partout.

Je ne me flatte pas de tout expliquer. Dans un champ semblent être réunis des marchands qui parlent d'affaires : on voit des vaisseaux chargés, des dauphins, comme ornements, des bêtes de somme transportant des marchandises, l'arrivée des marchandises et leur inspection, enfin tout ce qui peut se passer encore d'humain et de naturel. Puis un cheval courant dans le zodiaque, après avoir peut-être tiré auparavant derrière lui charrettes et cochers; dans les frises, les autres espaces et les tympans, Bacchus, les Faunes, le Soleil, la Lune, et toutes les merveilles qui décorent ou qui peuvent avoir décoré le globe et le faîte.

Tout l'ensemble est du plus heureux effet. Au point où sont arrivées aujourd'hui la sculpture et l'architecture, on pourrait élever, dans cet esprit, un magnifique monument aux hommes les plus dignes, à leurs jouissances et à leurs mérites. Livré à ces méditations, j'aimais à célébrer en secret le jour natal de notre honorée duchesse Amélie, à me rappeler en détail sa vie, sa noble et bienfaisante influence; ce qui m'inspirait naturellement le désir de lui vouer par la pensée un pareil obélisque et de donner pour ornements caractéristiques à tous les panneaux l'histoire de sa vie et de ses vertus.

Trèves, 25 octobre 1792.

Je profitai du repos et du loisir dont je jouissais alors pour mettre en ordre et recueillir ce que j'avais élaboré pendant ces jours orageux. Je songeai aussi à rattraper mon troisième volume du Dictionnaire de physique. Après des informations et des recherches, je trouvai enfin la cuisinière à l'hôpital, qu'on avait établi avec assez de soin dans un couvent. Elle était atteinte de l'épidémie. Du moins les salles étaient aérées et propres. Elle me reconnut, mais sans pouvoir parler. Elle tira le volume de dessous sa tête, et me le rendit, aussi propre et aussi bien conservé que je le lui avais remis. J'espère que les soins auxquels je l'ai recommandée lui auront été salutaires.

Un jeune professeur vint me voir; il me prêta plusieurs des plus récents journaux, et j'eus avec lui d'agréables entretiens. Il s'étonna, comme tant d'autres, que je ne voulusse plus entendre parler de poésie, et que je parusse me livrer de toutes mes forces à l'étude de la nature. Il était versé dans la philosophie de Kant, et je pus donc lui indiquer la voie où j'étais entré. Si, dans sa *Critique du jugement*, Kant place le jugement téléologique à côté du jugement esthétique, c'est qu'il veut faire entendre qu'il faut traiter un ouvrage d'art comme un ouvrage de la nature, un ouvrage de la nature comme un ouvrage d'art, tirer toujours de l'ouvrage même le développement de son mérite, considérer cet ouvrage en lui-même. Sur de pareils sujets, je pus être fort éloquent et je crois avoir rendu quelques services à ce bon jeune homme. C'est une chose étrange de voir comme chaque époque porte et traîne avec elle, d'un passé récent ou même éloigné, la vérité et l'erreur; des esprits vifs se meuvent toutefois dans une nouvelle carrière, où ils se résignent le plus souvent à marcher seuls ou bien à mener avec eux, pour une courte traite, un compagnon de marche.

Trèves, 26 octobre 1792.

On ne pouvait sortir de ces paisibles entourages sans se trouver comme dans le moyen âge, où les murs des couvents et l'état de guerre le plus furieux et le plus déréglé contrastaient ensemble sans cesse. Les habitants, comme les émigrés revenus, se lamentaient surtout du tort affreux que les faux assignats faisaient à la ville et au pays. Ce mal, ajouté aux autres, paraissait sans bornes aux imaginations frappées : c'était une situation désespérée, comme si l'on avait vu devant soi une ville dévorée par l'incendie.

Trèves, 27 octobre 1792.

La table d'hôte, où l'on était d'ailleurs fort bien traité, offrait aussi un spectacle étourdissant : militaires et employés, uniformes, couleurs et costumes de toute sorte; un mécontentement silencieux ou des discours violents; mais tout le monde plongé dans un enfer commun. A cette table, il m'arriva une chose faite pour me toucher. Un vieil officier de hussards, à la barbe et aux cheveux gris, aux yeux étincelants, s'approcha de moi en sortant de table, me prit par la main, et me demanda si j'avais donc affronté tout cela avec eux. Je pus lui faire quelques récits sur Valmy et sur Hans, d'où il pouvait fort bien se faire l'idée du reste. Là-dessus il fit entendre avec enthousiasme et avec une chaleureuse sympathie des paroles que j'ose à peine reproduire et qui reviennent à ceci : C'était déjà une chose impardonnable de les avoir entraînés dans des calamités peut-être inouïes, eux dont le métier et le devoir étaient de les affronter; mais que j'eusse dû les endurer aussi, moi (l'officier exprimait l'opinion favorable qu'il avait de ma personne et de mes ouvrages), c'était ce qu'il ne pouvait nullement approuver. Je lui présentai la chose du beau côté. Pour m'éprouver moi-même, j'avais enduré quelques semaines de fatigues avec mon prince (à qui je n'avais pas été tout à fait inutile) et avec tous nos vaillants guerriers; mais il s'en tint à son dire, quoiqu'un bourgeois, qui s'était approché de nous, eût répliqué que je m'étais acquis des droits à la reconnaissance, en voulant tout voir par mes yeux. On pouvait désormais attendre de ma plume exercée un clair exposé des événements. Le vieux soldat n'admit pas davantage ce raisonnement et il s'écria : « N'en croyez rien, il est trop sage. Ce qu'il pourrait écrire, il ne le voudra pas, et ce qu'il voudrait écrire, il ne l'écrira pas. »

Au reste on n'avait guère envie de prêter l'oreille autour de soi; l'affliction était sans bornes; et, si nous éprouvons déjà un sentiment désagréable quand les gens heureux ne cessent pas de nous détailler leurs plaisirs, c'est une chose bien plus insupportable encore d'entendre continuellement ressasser un malheur que nous voudrions nous-mêmes bannir de notre pensée. Être chassé du pays par des ennemis qu'on haïssait, se voir contraint de traiter avec eux, de s'accommoder avec les hommes du Dix Août, tout cela était aussi dur pour l'esprit et pour le cœur que l'avaient été jusqu'alors les souffrances corporelles. On n'épargnait pas le général en chef, et la confiance qu'on avait si longtemps vouée à ce guerrier célèbre était perdue pour jamais.

———

Trèves, 28 octobre 1792.

Au moment où l'on se retrouvait sur la terre allemande et où l'on espérait sortir de la plus épouvantable confusion, on eut la nouvelle des entreprises hardies et heureuses de Custine. Le grand magasin de Spire était tombé entre ses mains; il avait su amener la reddition de Mayence. Ces progrès semblaient entraîner des malheurs sans terme; ils annonçaient un esprit extraordinaire, à la fois conséquent et hardi, et tout devait être déjà perdu. Rien ne paraissait plus naturel et plus vraisemblable que de croire Coblenz aussi occupé par les Français. Et comment se ferait notre retour? On regardait également Francfort comme perdu; on voyait menacés, d'un côté, Hanau et Aschaffenbourg, de l'autre, Cassel, et que ne craignait-on pas encore? Les princes voisins étaient paralysés par le malheureux système de neutralité; la masse, possédée de l'esprit révolutionnaire, n'en était que plus agissante. Ne fallait-il pas, comme on avait travaillé Mayence, disposer aussi la contrée et les provinces limitrophes aux mêmes sentiments, et se hâter de mettre à profit ceux qui étaient déjà développés? Tout cela, il fallait y penser et en discourir.

J'entendais souvent répéter : « Les Français auraient-ils fait des pas si décisifs sans de sérieuses réflexions, sans de grandes forces militaires? » Les opérations de Custine paraissaient aussi hardies que prudentes; on se représentait ce général, ses lieutenants, ses supérieurs, comme des hommes habiles, énergiques, conséquents. La détresse était extrême; elle égarait les esprits : de toutes les souffrances, de toutes les inquiétudes qu'on avait senties jusqu'alors, c'était sans contredit la plus grande.

Au milieu de ces maux et de ce tumulte, je reçus de ma mère une lettre attardée, qui me rappela vivement ma paisible jeunesse, ma ville natale et la maison paternelle. Nous avions perdu mon oncle Textor, l'échevin, dont la proche parenté m'avait exclu pendant sa vie de l'importante et honorable dignité de sénateur. Là-dessus, selon la louable coutume traditionnelle, on avait aussitôt pensé à moi, qui étais assez avancé parmi les gradués de Francfort.

Ma mère avait été chargée de me demander si j'accepterais une place de sénateur dans le cas où, ayant été mis au rang des candidats, la boucle d'or me serait échue. Cette proposition ne pouvait guère m'arriver dans un moment plus extraordinaire.

J'étais troublé, refoulé en moi-même; des images sans nombre se levaient devant moi et m'ôtaient la faculté de réfléchir. Comme un malade ou un prisonnier se laisse distraire par un conte, je fus transporté dans une autre sphère et un autre temps. Je me voyais dans le jardin de mon grand-père, où les espaliers couverts de pêches excitaient la convoitise du petit-fils, si bien que la menace d'être chassé de ce paradis, l'espérance de recevoir de mon bienveillant aïeul le fruit le plus mûr, le plus vermeil, pouvait seule calmer un peu le désir jusqu'au terme final. Je voyais ensuite le vénérable vieillard occupé autour de ses rosiers, se garantissant prudemment des épines avec les gants de forme antique, tribut des villes affranchies du péage; pareil au divin Laërtes, mais non comme lui accablé de langueur et de tristesse. Ensuite je le voyais dans son costume de maire, avec la chaîne d'or, trônant sur son siége, sous le portrait de l'empereur; plus tard hélas! ne se connaissant plus qu'à demi, couché quelques années dans son fauteuil de malade, et enfin dans le cercueil.

Dans mon dernier passage à Francfort, j'avais trouvé mon oncle en possession de la maison et du jardin; en sage fils, semblable à son père, il s'éleva aux plus hautes dignités de la république. Dans le cercle intime de la famille, dans cette maison, toujours la même et dès longtemps connue, ces souvenirs d'enfance se réveillèrent vivement, et se présentèrent à moi avec une force nouvelle. Il s'y joignit d'autres idées de jeunesse, que je ne dois pas taire. Quel bourgeois d'une ville impériale pourra nier d'avoir eu, tôt ou tard, devant les yeux les charges de sénateur, d'échevin, de bourgmestre, et, selon ses talents, d'avoir visé avec ardeur et prudence à ces dignités, peut-être aussi à des emplois moins considérables? Car la douce pensée de prendre part à un gouvernement quelconque s'éveille bien vite dans le cœur de tout républicain, et déjà avec plus de vivacité et d'orgueil dans l'âme du jeune garçon.

Je ne pus toutefois me livrer longtemps à ces doux rêves d'enfance; trop tôt réveillé avec effroi, je considérai les lieux qui m'entouraient, ces lieux pleins de pressentiments, ces tristes environs, où je me sentais resserré; ma ville natale aussi m'apparaissait attristée, assombrie; Mayence dans les mains des Français, Francfort menacé, sinon déjà pris; le chemin pour m'y rendre, fermé, et, dans ces murs, ces rues et ces places, des amis de jeunesse, des parents, déjà peut-être en proie au même malheur dont j'avais vu Longwy et Verdun souffrir si cruellement. Qui aurait hasardé de se précipiter dans une situation pareille?

Mais même dans les plus heureux temps de cet honorable corps politique, il m'eût été impossible d'accepter cette proposition. Il n'était pas difficile d'en exposer les motifs. Je jouissais depuis dix-sept ans d'un rare bonheur : le duc de Weimar m'honorait de sa confiance et de ses bontés. Ce prince, hautement favorisé par la nature, heureusement cultivé, était satisfait de mes services dévoués, souvent insuffisants; il me fournissait l'occasion de me développer comme je n'aurais pu le faire dans toute autre position que m'aurait offerte ma patrie; ma reconnaissance était sans bornes, tout comme mon attachement aux nobles dames, mère et épouse de mon prince, à sa famille florissante, à un pays auquel j'avais bien rendu quelques services. Et ne devais-je pas aussi penser à ce cercle d'amis que je m'y étais faits, hommes d'une culture éminente, à tant d'affections et de jouissances paisibles, qui s'étaient développées de la situation à laquelle je m'étais voué avec une inébranlable constance? Ces images et ces sentiments, qui se réveillèrent dans cette occasion, me rendirent tout à coup la sérénité dans ce moment d'angoisse, car on est déjà sauvé à demi, lorsque, de la position la plus triste, en pays étranger, on se sent le courage de porter un regard d'espérance dans la patrie qui nous est assurée : c'est ainsi que nous jouissons en deçà, sur la terre, de ce qui nous est promis au delà des sphères.

C'est dans ces sentiments que je pris la plume pour écrire à ma mère, et, quoique ces motifs parussent se rapporter à mes sentiments, à mes convenances personnelles, à mes avantages particuliers, j'en avais d'autres encore, qui avaient trait au bien de ma ville natale, et qui pouvaient convaincre mes amis. Comment, en effet, aurais-je pu déployer de l'activité dans cette sphère toute particulière pour laquelle, peut-être plus que pour toute autre, il faut avoir été fidèlement préparé? Depuis nombre d'années, je m'étais accoutumé à des affaires proportionnées à mes facultés, mais qui ne répondaient guère aux besoins et au but d'une administration municipale. Je dirai plus encore : si l'on ne devait proprement recevoir dans le sénat que des citoyens, je m'étais assez éloigné de cette condition pour me regarder désormais comme un étranger. J'exposai toutes ces raisons à ma mère avec reconnaissance. Elle ne s'était pas attendue à une autre réponse, mais cette lettre dut lui parvenir assez tard.

———

Trèves, 29 octobre 1792.

Le jeune ami avec lequel j'avais eu plusieurs agréables conversations scientifiques et littéraires était en même temps très-versé dans l'histoire de la ville et de la contrée : aussi les promenades que nous fîmes, par un temps passable, furent-elles toujours instructives, et je pus me faire une idée générale du pays. La ville a un caractère singulier. Elle prétend posséder plus d'édifices ecclésiastiques que toute autre ville de même étendue, et cette gloire ne lui peut guère être contestée, car, au dedans des murs, elle est remplie, obstruée, d'églises, de chapelles, de cloîtres, de couvents, de colléges, de maisons de chevaliers et de moines ; au dehors, elle est bloquée, assiégée, d'abbayes, de monastères, de chartreuses. C'est le signe d'une vaste juridiction ecclésiastique, exercée d'ici autrefois par l'archevêque, car son diocèse s'étendait sur Metz, Toul et Verdun. Le gouvernement civil n'est pas non plus dépourvu de belles possessions : car, à l'électeur de Trèves appartient, sur les deux rives de la Moselle, un magnifique territoire, et Trèves ne manque pas de palais, qui attestent qu'en divers temps, cette ville fut le centre d'une souveraineté étendue.

L'origine de Trèves se perd dans les temps fabuleux. Son heureuse situation doit avoir attiré de bonne heure des cultivateurs. Les *Treviri* furent compris dans les limites de l'empire romain, d'abord païens, puis chrétiens, soumis par les Francs, les Normands, et ce beau pays finit par être incorporé dans l'empire romano-germanique.

J'aurais voulu visiter cette ville dans une belle saison, dans des jours paisibles, apprendre à connaître ses habitants, qui eurent de tout temps la réputation d'être affables et joyeux. Il se trouvait encore dans ce moment quelques traces de la première qualité, mais bien peu de la seconde. Et comment la joie se serait-elle maintenue dans une position si fâcheuse ?

Assurément, si l'on parcourt les annales de la ville, on trouve qu'elles parlent souvent des maux que la guerre a fait souffrir au pays ; la vallée de la Moselle, la rivière même, favorisèrent les expéditions militaires. Arrivé de l'extrême Orient, Attila s'était avancé et retiré comme nous, avec son armée innombrable, par cette région fluviatile. Que ne souffrit pas la population de Trèves dans la guerre de Trente Ans jusqu'à la fin du dix-septième siècle, où le prince, s'étant attaché à la France comme à son alliée la plus voisine, dut languir longtemps dans les prisons de l'Autriche? La ville souffrit aussi plus d'une fois de guerres intérieures, comme cela dut arriver partout dans les villes épiscopales, où le bourgeois ne pouvait toujours s'accorder avec le souverain temporel et spirituel.

Mon guide, en me donnant ces éclaircissements historiques, me faisait remarquer les édifices des différentes époques, la plupart curieux et remarquables, mais bien peu de nature à satisfaire le goût, comme on a pu le dire du monument d'Igel. Je trouvai respectables les restes de l'amphithéâtre romain ; mais, comme l'édifice s'est écroulé sur lui-même, et que pendant plusieurs siècles il fut vraisemblablement traité comme une carrière, on n'y peut rien démêler. Cependant j'admirai encore comme les anciens savaient produire de grands résultats avec des moyens bornés, en mettant à profit la situation d'une vallée entre deux collines, où la forme du terrain épargnait à l'architecte beaucoup d'excavations et de substructions. Si, des premières pentes de la colline de Mars, où se trouvent ces ruines, on monte un peu plus haut, la vue plane sur toutes les reliques des saints, sur les dômes et les toits, jusqu'à la colline d'Apollon : ainsi ces deux divinités, ayant à leur côté Mercure, maintiennent le souvenir de leur nom : on a pu écarter les images, mais non le génie.

Trèves offre des monuments remarquables pour l'étude de l'architecture des premiers temps du moyen âge. Je connais peu ces choses, qui ne disent rien à un goût cultivé. Un certain intérêt, que leur vue m'inspirait, aurait pu m'égarer ; mais plusieurs de ces édifices sont encombrés, dégradés, consacrés à d'autres usages.

On me fit traverser par un beau soleil le grand pont, qui est aussi de fondation romaine. C'est de là qu'on voit clairement comme la ville est bâtie dans une plaine qui fait sur la rivière un angle saillant, et la repousse contre la rive gauche. On embrasse, du pied de la colline d'Apollon, la rivière, le pont, les moulins, la ville et le pays. Les vignes, qui, n'étant pas encore entièrement défeuillées, produisaient un effet charmant, soit à nos pieds, soit vis-à-vis, sur les premières pentes de la colline de Mars, annonçaient dans quelle heureuse contrée on se trouvait, et réveillaient ce sentiment de prospérité et de bien-être qui semble planer dans l'air sur les pays de vignobles.

Les meilleurs sortes de vin de la Moselle, qui nous furent servies, nous semblèrent d'un goût plus agréable encore après cette revue.

Notre prince arriva et se logea dans le couvent de Saint-Maximin. Ces hommes riches, et ci-devant trop heureux, avaient été depuis assez longtemps fort troublés; les frères du Roi avaient pris chez eux leur logement, et, depuis, la maison ne s'était pas désemplie. Une institution pareille, née du repos et de la paix, ayant pour base le repos et la paix, prenait dans ces circonstances un singulier aspect : on avait beau user de ménagements, il se produisait un violent contraste entre la vie chevaleresque et la vie monastique. Là cependant, comme partout, même en qualité d'hôte non convié, le duc sut se rendre agréable, lui et les siens, par sa libéralité et ses manières affables.

Pour moi, je devais être poursuivi jusque dans ce lieu par le méchant démon de la guerre. Notre bon colonel de Gotsch était aussi logé dans le couvent. Je le trouvai de nuit, qui veillait et soignait son fils atteint gravement de l'épidémie. Il me fallut encore entendre de la bouche d'un vieux soldat et d'un père la même litanie, entendre maudire notre campagne. Le colonel était fondé à critiquer avec passion toutes les fautes qu'il avait vues comme soldat et qu'il maudissait comme père. Les Islettes revinrent sur le tapis, et il y avait en effet de quoi désespérer quiconque se faisait des idées claires sur ce point.

Je saisis avec empressement l'occasion de voir l'abbaye. Je trouvai un édifice vaste et vraiment princier; les chambres hautes et grandes, élégamment parquetées; le velours et les tapis de damas, les ouvrages en stuc, les dorures et les ciselures n'étaient pas épargnées, ni aucune des choses qu'on est accoutumé à voir dans ces palais, et tout se répétait deux fois et trois fois dans de grandes glaces.

Aussi se trouvait-on fort bien logé dans ce couvent; mais on ne put mettre tous les chevaux à couvert; ils restèrent exposés au grand air, sans litière, sans crèches, sans râteliers. Par malheur, les sacs à fourrage étaient pourris; il fallait que les chevaux mangeassent l'avoine à terre. Au reste, si les écuries étaient insignifiantes, on trouva les caves spacieuses : outre qu'il avait des vignes à lui, le couvent percevait de nombreuses dîmes. Il est vrai que bien des tonneaux avaient dû se vider dans les derniers mois. Il s'en trouvait un grand nombre dans la cour.

30 octobre.

Notre prince donna un grand repas; trois des plus hauts seigneurs ecclésiastiques étaient conviés. Ils avaient fourni du linge de table magnifique, et un très-beau service de porcelaine. On voyait peu d'argenterie : les trésors et les objets précieux étaient à Ehrenbreitstein. La cuisine du prince fit merveilles; le vin qui avait dû nous suivre en France, ramené de Luxembourg, fut consommé à Trèves. Mais ce qui méritait le plus d'éloges, ce fut le délicieux pain blanc, qui faisait songer, par contraste, au pain de munition de Hans.

Comme je m'étais occupé pendant ces jours de l'histoire de Trèves, l'abbaye Saint-Maximin avait dû nécessairement fixer aussi mon attention, et je fus en état de soutenir sur ces matières avec mon voisin ecclésiastique une conversation assez approfondie. La haute antiquité du couvent fut admise; on parla ensuite de ses diverses destinées, du voisinage de la ville : circonstance également dangereuse pour elle et pour lui; en 1674 il avait été dévoré par le feu. Je me fis aussi raconter sa reconstruction et son rétablissement graduel dans l'état où il se trouvait alors. Là-dessus on pouvait dire beaucoup de bien et faire l'éloge des établissements, ce que le religieux écoutait très-volontiers. Mais il ne voyait rien de glorieux à dire sur les derniers temps. Les princes français avaient logé longtemps dans le couvent de Saint-Maximin, et l'on avait parlé de désordres, d'excès et de prodigalités.

De propos en propos, je revins encore à l'histoire; mais, quand je parlai des anciens temps, où le couvent avait rivalisé avec l'archevêque, où l'abbé avait été prince de l'Empire, le frère esquiva en souriant, comme si, de nos jours, un pareil souvenir lui avait paru insidieux.

Ici parurent les soins attentifs que notre duc prenait de son régiment. Comme il était impossible de mener plus loin les malades en voiture, le prince fit louer un bateau pour les transporter commodément à Coblenz. Mais bientôt survinrent d'autres soldats, qui souffraient d'une gêne particulière. Dans la retraite, on s'était bientôt vu hors d'état de voiturer les canons; les chevaux d'artillerie succombaient l'un après l'autre, et on trouvait peu de relais; les chevaux, mis en réquisition quand nous allions en avant, mis à l'écart dans notre retraite, manquaient partout. On recourut au dernier moyen : un bon nombre de cavaliers de chaque régiment durent mettre pied à terre afin que l'artillerie fût sauvée. Avec leurs bottes fortes dans lesquelles à la fin ils ne pouvaient plus tenir, ces braves gens souffraient infiniment dans ces chemins détestables; heureusement, le temps s'éclaircit aussi pour eux : on prit les mesures nécessaires pour qu'ils fussent transportés par eau à Coblenz.

Novembre 1792.

Mon prince m'avait chargé de rendre visite au marquis Lucchesini[1]. Je devais prendre congé de lui et lui demander quelques informations. A une heure de nuit assez avancée, je fus introduit, non sans difficultés, chez cet homme marquant, qui m'avait témoigné autrefois quelque bienveillance. Il me reçut avec une grâce et une amabilité charmante, mais je fus moins satisfait de ses réponses à mes questions. Il ne remplit point

---

[1]. Ministre du roi de Prusse.

mon attente. Il me laissa partir comme il m'avait reçu, sans me donner le moindre encouragement, et l'on voudra bien croire que j'y étais préparé.

En voyant faire avec empressement les préparatifs nécessaires pour descendre par eau les malades et les cavaliers fatigués, l'idée me vint que ce serait pour moi le meilleur parti de prendre la même voie. Je laissai à regret ma chaise en arrière, mais on promit de me l'envoyer à Coblenz, et je louai un bateau mené par un seul homme, où tous mes effets, comptés, je puis dire, devant moi, à l'embarquement, me firent une impression très-agréable, parce que plus d'une fois je les avais crus perdus ou j'avais craint de les perdre. J'acceptai pour compagnon de voyage, comme ancienne connaissance, un officier prussien, que je me rappelais fort bien d'avoir vu page, et qui conservait un vif souvenir de sa vie à la cour, où il prétendait m'avoir souvent présenté le café.

Le temps était passable, la navigation paisible, et l'on sentait d'autant plus le charme de cette situation, qu'on voyait les colonnes s'avancer péniblement, avec des haltes fréquentes, sur la grand'route, qui s'approchait çà et là de la rivière. A Trèves, on s'était déjà plaint que, dans une retraite si précipitée, la plus grande difficulté était de trouver des cantonnements : car très-souvent les localités assignées à un régiment se trouvaient déjà occupées, et il en résultait beaucoup de confusion et de souffrances.

Les rives de la Moselle présentent des aspects très-variés. L'eau dirige, il est vrai, obstinément sa course principale du sud-ouest au nord-est; mais, comme elle traverse un pays rebelle et montueux, elle est refoulée tantôt à droite tantôt à gauche par des angles saillants, en sorte qu'elle ne peut cheminer qu'en faisant de longues sinuosités. C'est pourquoi un vigoureux batelier est bien nécessaire. Le nôtre faisait preuve de force et d'habileté, car il savait tour à tour éviter une roche proéminente, et mettre à profit hardiment, pour avancer plus vite, le courant, qui se pressait le long des rochers escarpés. Les nombreux villages bâtis sur les deux rives offraient le plus riant coup d'œil; les vignes, partout soigneusement cultivées, annoncent un peuple joyeux, qui n'épargne aucune peine pour produire la précieuse liqueur. Toute colline bien exposée était mise à profit; mais bientôt nous admirâmes au bord de la rivière des rochers abrupts, dont les arêtes étroites, saillantes, faisant l'office de terrasses naturelles, portaient de la vigne, qui y réussissait parfaitement.

Nous abordâmes à une jolie auberge, où nous fûmes bien reçus par une vieille hôtesse, qui se plaignit des incommodités qu'elle avait eu à souffrir, et faisait surtout des imprécations contre les émigrés. Elle avait vu bien souvent avec horreur, à sa table d'hôte, ces ennemis de Dieu se jeter le pain à la tête en boulettes et en petits morceaux, en sorte qu'elle et ses servantes l'avaient ensuite balayé en pleurant.

Nous descendîmes ainsi heureusement la rivière jusqu'à l'heure du crépuscule, où nous nous vîmes engagés dans les méandres qu'elle forme en avançant vers les hauteurs de Montréal. Nous fûmes surpris par la nuit avant de pouvoir aborder à Trarbach ou seulement de l'apercevoir. L'obscurité était profonde. Nous nous savions resserrés entre des rives plus ou moins escarpées, quand un orage, qui s'était déjà annoncé derrière nous, éclata avec une violence soutenue. La rivière s'enfla par le vent contraire, dont les mugissements furieux alternaient avec des bourrasques *rebondissantes*; flots après flots jaillissaient par-dessus la nacelle; nous étions trempés. Le batelier ne cachait point son embarras; le danger semblait toujours grandir, et la situation était critique au plus haut point, quand le brave homme nous assura qu'il ne savait où il était, ni de quel côté il devait gouverner. Notre compagnon de voyage ne disait mot; j'étais recueilli en moi-même; notre barque flottait dans une obscurité profonde; seulement il me semblait quelquefois que des masses encore plus noires que le ciel sombre se laissaient voir sur nos têtes. Cela donnait peu d'espoir et d'assurance; à se sentir enfermé entre la terre et les rochers, on éprouvait toujours plus d'angoisse. Nous fûmes ainsi ballottés longtemps dans les ténèbres : enfin une lumière se montra dans le lointain et nous rendit l'espérance. On gouverne, on rame de ce côté; Paul y déploie toute ses forces, et nous abordons heureusement à Trarbach, où l'on nous offre aussitôt dans une auberge passable une poule au riz. Mais un honorable marchand, ayant appris que des étrangers abordaient pendant cette nuit orageuse, nous obligea d'entrer dans sa maison, où, à la clarté des bougies, dans des chambres bien décorées, nous saluâmes avec joie, et même avec émotion, après les dangers que nous venions de courir dans les ténèbres, de belles gravures anglaises, suspendues aux murs, encadrées et mises sous verre proprement. Le mari et la femme, encore jeunes, rivalisèrent de prévenances; nous bûmes le meilleur vin de la Moselle, grand réconfort pour mon compagnon de voyage, qui paraissait en avoir surtout besoin.

Paul avoua qu'il avait déjà quitté son habit et ses bottes pour nous sauver à la nage, si nous avions échoué : mais sans doute lui seul il aurait pu s'en tirer.

A peine étions-nous séchés et restaurés, que je sentis mon impatience se réveiller, et je demandai de poursuivre en hâte notre chemin. Notre hôte obligeant ne voulait pas nous laisser partir; il nous pressait de lui donner encore le lendemain; il nous promettait, d'une hauteur voisine, une vue admirable sur une vaste et belle contrée, et d'autres choses encore qui auraient pu nous délasser et nous distraire : mais, tout comme on s'accoutume à une position stable et qu'on veut y demeurer, on peut s'accoutumer aussi à l'instabilité : je sentais en moi un besoin de rouler et de courir, auquel je ne pouvais résister.

Comme nous étions sur le point de nous embarquer, le brave homme nous obligea de prendre deux matelas, afin que nous fussions du moins dans le bateau un peu commodément. La femme ne les donnait pas volontiers, et, certes, on ne pouvait lui en savoir mauvais gré, car l'étoffe était neuve et belle. C'est ainsi qu'il arrive souvent dans les logements, que tantôt l'un des époux, tantôt l'autre, témoigne plus ou moins de bienveillance à l'hôte qui leur est imposé.

Nous voyageâmes doucement jusqu'à Coblenz, et le seul souvenir distinct qui me reste, c'est qu'à la fin de notre course je vis le plus beau spectacle qui se soit peut-être jamais offert à mes yeux. Comme nous avancions vers le pont de la Moselle, cette noire et puissante construction dressait devant nous sa masse imposante; par les ouvertures des arches, nous voyions les beaux édifices de la vallée, par-dessus la ligne du pont, la forteresse d'Ehrenbreitstein dans la vapeur bleue ; à droite, la ville, s'appuyant au pont, formait un beau premier plan. Ce tableau nous procura une vive jouissance, mais ce ne fut qu'un moment, car nous abordâmes. Nous eûmes soin d'envoyer aussitôt les matelas, bien ménagés, chez un marchand que nous avaient indiqué nos amis de Trarbach.

On avait assigné au duc de Weimar un beau logement, où je trouvai aussi un bon refuge. L'armée avançait peu à peu ; les domestiques du prince général arrivèrent et ne pouvaient assez dire quelles souffrances ils avaient endurées. Le prince lui-même était arrivé. Autour du Roi se rassemblèrent beaucoup de généraux. Pour moi, dans mes promenades solitaires le long du Rhin, je repassais dans ma mémoire les étranges événements des dernières semaines.

Un général français, la Fayette, chef d'un grand parti et naguère l'idole de la nation, jouissant de toute la confiance des soldats, s'élève contre l'autorité qui, après l'emprisonnement du Roi, représente seule le pays. Il prend la fuite ; son armée, qui ne compte pas plus de vingt-trois mille hommes, reste désorganisée, consternée, sans général et sans officiers supérieurs. Dans le même temps, un puissant roi envahit la France à la tête d'une armée coalisée, forte de quatre-vingt mille hommes ; deux places se rendent après une faible résistance. Alors paraît un général peu connu, Dumouriez, qui n'a jamais commandé en chef ; il sait prendre une excellente position : elle est forcée ; il réussit à en prendre une seconde : il y est encore enfermé, et de telle sorte que l'ennemi se place entre lui et Paris. Mais des pluies continuelles amènent une situation extraordinairement compliquée ; la redoutable armée des alliés, à six lieues de Châlons, à dix lieues de Reims, se voit empêchée d'occuper ces deux villes, se résout à la retraite, évacue les deux places conquises, perd plus du tiers de son effectif, et, dans le nombre, deux mille hommes tout au plus par les armes, et se voit de nouveau sur le Rhin. Tous ces événements, qui touchent au prodige, se passent en moins de six semaines, et la France est délivrée du plus grand péril dont ses annales aient jamais parlé.

Qu'on se figure maintenant tous les milliers d'hommes qui avaient pris part à cette désastreuse expédition, auxquels de cruelles souffrances de corps et d'âme semblaient donner quelque droit de se plaindre : on se représentera aisément que tout ne finit pas en silence, et, quelque soin qu'on prît de s'observer, de l'abondance du cœur la bouche parlait quelquefois. C'est aussi ce qui m'arriva. Assis à une table nombreuse, à côté d'un vieux et habile général, je ne m'abstins pas entièrement de parler du passé, sur quoi il me répondit d'un ton amical, mais avec une certaine décision : « Faites-moi l'honneur de venir me voir demain matin, et nous parlerons de ces choses cordialement et franchement. » J'eus l'air d'accepter, mais je n'y allai pas, et je fis en moi-même le vœu de ne plus rompre de sitôt mon silence accoutumé.

Pendant notre navigation, tout comme à Coblenz, j'avais fait quelques observations intéressantes pour mes études sur les couleurs; il m'était venu particulièrement de nouvelles lumières sur les couleurs époptiques, et j'espérais de plus en plus parvenir à enchaîner entre eux les phénomènes physiques et à les séparer d'autres phénomènes, avec lesquels ils semblaient avoir une affinité éloignée. Le journal du fidèle camérier Wagner me fut très-utile pour compléter le mien, que j'avais complétement négligé dans les derniers jours.

Le régiment du duc était arrivé; on l'avait cantonné dans les villages vis-à-vis de Neuwied. Là le prince montra les soins les plus paternels pour ses subordonnés; chacun put faire connaître ses souffrances et fut soulagé et secouru autant que la chose était possible. Le lieutenant de Flotow, qui commandait un détachement dans la ville, et qui était le plus près du bienfaiteur, se montra secourable et plein d'activité. On manquait surtout de chaussures : on y pourvut en achetant du cuir, qu'on fit travailler, sous la direction des maîtres de la ville, par les cordonniers qui se trouvaient dans le régiment. On veilla aussi à la propreté et à la bonne façon : on se procura de la craie jaune; les collets furent nettoyés et passés en couleur, et nos cavaliers recommencèrent à trotter en belle tenue.

Cependant mes études, comme aussi mes joyeux entretiens avec les officiers de la chancellerie et de la maison, furent très-animés par le vin d'honneur que le conseil de la ville offrit au prince. C'était des meilleurs crus de la Moselle. Notre prince dînait le plus souvent en ville, et nous avions la permission d'en user. Quand nous trouvâmes l'occasion d'en faire nos compliments à l'un des donateurs, il nous répliqua qu'ils étaient heureux de nous faire ce plaisir, mais qu'ils regrettaient les tonneaux qu'ils avaient dû octroyer aux émigrés, qui avaient apporté, il est vrai, beaucoup d'argent dans la ville, mais aussi beaucoup de maux, qui l'avaient même entièrement bouleversée. On blâmait surtout leur conduite envers le prince, à la place duquel ils s'étaient en quelque sorte substitués, se permettant avec audace et contre sa volonté des choses impardonnables.

Dans le temps où l'on était menacé des derniers malheurs, il était parti pour Ratisbonne. Par un jour brillant et serein, à l'heure de midi, je me glissai le long de son magnifique château, situé sur la rive gauche du Rhin, un peu au-dessus de la ville, et qui était sorti de terre depuis le temps où j'avais vu cette contrée pour la dernière fois. Il était là solitaire, comme une ruine toute nouvelle, une ruine, non pas architecturale, mais politique, et je n'eus pas le courage d'en demander l'entrée au châtelain, qui se promenait alentour. Que les environs étaient beaux auprès et au loin! Quelles cultures, quels jardins, dans l'espace entre le château et la ville! Que le Rhin offrait en amont une perspective douce et tranquille, mais magnifique et vivante, du côté de la ville et de la forteresse!

Dans le dessein de me faire passer, je me rendis au pont volant, mais je fus arrêté, ou plutôt je m'arrêtai de moi-même, à la vue d'un transport de chariots autrichiens qu'il s'agissait de passer les uns après les autres. Là s'éleva entre deux sous-officiers, l'un Autrichien, l'autre Prussien, une dispute qui mit en lumière le caractère des deux nations. L'Autrichien était posté là pour accélérer le plus possible le passage de la file des voitures, prévenir tout désordre, et ne laisser par conséquent aucun autre équipage s'interposer. Le Prussien demanda vivement une exception pour sa petite voiture, où se trouvaient sa femme et son enfant avec quelques effets. L'Autrichien refusa avec une grande tranquillité, en invoquant sa consigne, qui le lui défendait expressément. Le Prussien s'échauffa, l'Autrichien parut, s'il est possible, plus tranquille encore ; il ne souffrit aucun intervalle dans la colonne qui lui était recommandée, et l'autre ne trouva pas moyen de s'y faufiler. Enfin l'importun met la main sur son sabre et provoque l'obstiné Autrichien; par ses menaces et ses injures, il veut entraîner son adversaire dans la prochaine ruelle, pour y vider l'affaire; mais l'homme tranquille et sage, qui connaissait parfaitement les droits de son office, ne branle pas et maintient l'ordre comme auparavant. Je voudrais voir cette scène traitée par un peintre de caractères, car ces deux hommes étaient aussi différents de figure que de conduite : le tranquille était ramassé et robuste; le furieux (car il finit par l'être) était long, maigre, fluet et remuant.

Le temps que je pouvais consacrer à cette promenade était en partie écoulé, et la crainte de retards semblables m'ôta au retour toute envie de visiter cette vallée autrefois si chère, et qui d'ailleurs n'aurait éveillé chez moi que le sentiment de regrets douloureux et la stérile méditation de mes jeunes années. Cependant je restai longtemps immobile en contemplation, livré au fidèle souvenir de jours paisibles, parmi les vicissitudes confuses des événements terrestres.

Il arriva par hasard que je fus informé en détail des mesures prises pour la prochaine campagne sur la rive droite. Le régiment du duc se disposait à passer le Rhin; le prince lui-même devait suivre avec toute sa maison. L'idée de continuer la vie de soldat m'était insupportable, et la pensée de la fuite me saisit une seconde fois. Je pourrais la nommer un mal du pays en sens inverse, un désir de prendre le large au lieu de rentrer au port. Le beau fleuve était là devant moi; il coulait, il descendait si doucement dans une large et vaste contrée! Il coulait chez des amis, auxquels j'étais resté fidèlement uni, en dépit de maintes vicissitudes. Je me sentais appelé loin d'un monde étranger, violent, dans les bras de l'amitié. Aussi, après avoir obtenu mon congé, je me hâtai de louer un bateau jusqu'à Dusseldorf, recommandant à mes amis de Coblenz, avec prière de me l'expédier, ma chaise, que je devais encore laisser derrière moi.

Quand je me fus embarqué avec mes effets, et que je me vis emporté par le courant, accompagné du fidèle Paul et d'un passager aveugle, qui s'était engagé à ramer au besoin, je me crus heureux et délivré de tous les maux. Cependant quelques aventures m'étaient réservées. Nous n'avions pas fait beaucoup de chemin, quand je pus observer que le bateau devait avoir une forte avarie, car de temps en temps le batelier puisait l'eau diligemment. Dans notre précipitation, nous n'avions pas réfléchi que, pour faire le long trajet de Coblenz à Dusseldorf, le batelier ne prend d'ordinaire qu'un vieux bateau, afin de le vendre là-bas comme bois à brûler et de revenir, d'un pied léger, à la maison avec le prix du trajet dans sa poche.

Cependant nous poursuivions hardiment notre course; une nuit étoilée, mais très-froide, favorisait notre navigation, quand tout à coup le rameur étranger demanda d'être mis à terre et entra en dispute avec le batelier sur la place où il était le plus avantageux pour le passager d'être déposé; sur quoi ils ne pouvaient parvenir à s'entendre. Pendant ce débat, qui fut très-vif, notre batelier tomba dans l'eau et nous eûmes de la peine à l'en tirer. Alors, n'y pouvant plus tenir par cette nuit sereine, il me demanda instamment la permission d'aborder à Bonn pour se sécher et se réchauffer. Mon domestique le suivit dans une taverne, mais je résolus de rester à la belle étoile, et me fis arranger un lit sur mon portemanteau et mon portefeuille. Telle est la force de l'habitude, qu'après six semaines passées presque toujours en plein air, j'avais en horreur les toits et les chambres. Cette fois, il en résulta pour moi un nouveau désagrément, qu'on aurait dû prévoir. On avait tiré le bateau sur le bord autant qu'on avait pu, mais pas assez pour que l'eau ne trouvât pas sa voie. Après avoir fait un profond sommeil, je me sentis plus que rafraîchi : l'eau avait pénétré jusqu'à mon lit et m'avait trempé ainsi que mes effets. Je fus contraint de me lever, de chercher le cabaret, et de me sécher comme je pus au milieu d'une société qui s'enfumait de tabac et se régalait de vin chaud. Le matin arriva tout doucement, et on rama vigoureusement pour réparer le temps perdu.

Digression.

Quand je me vois, en souvenir, ainsi descendre le Rhin, je ne saurais dire exactement ce qui se passait en moi. L'aspect de cette nappe d'eau paisible, le sentiment d'une course facile sur le fleuve, me permettaient de reporter mes regards sur les jours qui venaient de s'écouler, comme sur un mauvais rêve dont je me réveillerais à l'instant même. Je m'abandonnais aux plus riantes espérances d'une prochaine et douce réunion.

Mais si je dois continuer ces confidences, il me faut choisir une autre forme que celle qui pouvait convenir jusqu'à présent à mon récit. En effet, quand il se passe jour par jour devant nos yeux des choses si remarquables, quand nous souffrons, que nous craignons et n'espérons que timidement avec des milliers d'hommes, le présent a sa valeur décidée, et, exposé pas à pas, il renouvelle le passé en même temps qu'il annonce l'avenir. Mais ce qui se passe dans un cercle d'amis n'est intelligible que par une suite de développements des sentiments intimes; la réflexion est ici à sa place; le moment ne parle pas par lui-même; les souvenirs du passé, les méditations subséquentes, doivent lui servir d'interprète.

Comme je vivais en général d'une manière assez inconsciente, et que je me laissais conduire au jour le jour, ce dont je ne m'étais pas mal trouvé, surtout dans ces dernières années, j'avais ceci de particulier, de ne réfléchir jamais d'avance à une personne que j'attendais, non plus qu'à un lieu que je devais visiter, je laissais cette situation agir sur moi à l'improviste. L'avantage qui en résulte est grand : on n'est pas forcé de revenir d'une idée préconçue, d'effacer une image qu'on s'est tracée selon sa fantaisie, et de recevoir à sa place, avec chagrin, la réalité. En revanche, il en peut résulter cet inconvénient qu'en des moments décisifs nous sommes réduits à tâtonner au hasard, sans pouvoir nous accommoder incontinent à chaque situation entièrement imprévue.

Par une suite de la même disposition d'esprit, je n'étais jamais attentif à l'effet que faisaient sur les gens ma présence et ma disposition morale. Aussi étais-je souvent surpris de voir que j'éveillais la sympathie ou l'antipathie, et souvent même l'une et l'autre à la fois.

Lors même qu'on ne voudrait peut-être ni louer ni blâmer cette conduite comme trait de caractère individuel, on devra remarquer que, dans la circonstance présente, elle produisit de singuliers effets, qui ne furent pas toujours des plus satisfaisants. Je ne m'étais pas rencontré depuis nombre d'années avec les amis que j'allais voir; ils étaient demeurés fidèles à leur façon de vivre, et moi, au contraire, une bizarre destinée m'avait fait passer par divers degrés d'épreuves, d'activité et de souffrance, tellement que, resté toujours la même personne, j'étais devenu un tout autre homme, et que je parus presque méconnaissable à mes anciens amis.

Il serait difficile, même dans l'âge avancé, où l'on est arrivé à jeter sur la vie un plus libre regard, de se rendre un compte exact de ces transitions, qui paraissent tantôt comme un progrès, tantôt comme un recul, et qui doivent toutefois profiter à l'homme que Dieu mène. Malgré ces difficultés, je veux, en faveur de mes amis, essayer quelques indications.

L'homme moral n'éveille l'affection et l'amour qu'autant qu'on observe chez lui une ardeur secrète. Cette ardeur manifeste à la fois la possession et le désir: la possession d'un cœur tendre et le désir d'en trouver un pareil; par la tendresse, nous attirons à nous; par le désir, on se donne soi-même. L'ardeur secrète qui était en moi, et que j'ai trop nourrie peut-être dans mes jeunes années; qu'en avançant dans la vie, j'ai fortement combattue, ne pouvait plus convenir à l'homme fait, ne pouvait plus lui suffire, et il chercha la satisfaction pleine et définitive. Le but de mon ardeur la plus intime, qui me tourmentait jusqu'au fond de l'âme, c'était l'Italie, dont l'image avait inutilement plané devant moi durant beaucoup d'années, jusqu'à ce qu'enfin, par une résolution hardie, j'osai me mettre en possession de la réalité. Mes amis me suivirent aussi volontiers par la pensée dans ce pays magnifique; ils m'accompagnèrent à l'aller et au retour: puissent-ils s'associer encore par le cœur à un plus long séjour que j'y ferai bientôt, et m'accompagner derechef au retour, car alors bien des problèmes se trouveront plus clairement résolus!

En Italie, je me sentis peu à peu détaché des petites idées, délivré des faux désirs, et l'ardeur qui m'avait poussé vers le pays des arts fit place à l'ardeur pour les arts eux-mêmes: je les avais connus et je désirai de les pénétrer.

L'étude de l'art, comme celle des anciens écrivains, nous donne une certaine solidité et le contentement de nous-mêmes; en remplissant notre âme de grands objets et de grands sentiments, elle s'empare de tous les désirs qui aspiraient à des biens étrangers, mais elle nourrit dans le cœur paisible toute digne aspiration ; le besoin de communiquer devient toujours plus faible, et il en va pour l'amateur comme pour les peintres, les sculpteurs, les architectes : il travaille dans la solitude pour des jouissances qu'il trouve à peine l'occasion de partager avec d'autres.

Une autre diversion devait encore m'éloigner du monde : c'était la direction prononcée qui m'entraînait vers la nature par une impulsion propre et de la manière la plus individuelle. Là, je ne trouvais ni maîtres ni compagnons, et je dus suffire à tout. Dans la solitude des bois et des jardins, dans les ténèbres des chambres obscures, je me serais vu tout à fait seul, si, dans cette singulière époque, une heureuse liaison domestique[1] n'avait su m'offrir d'aimables délassements. Les *Élégies romaines*, les *Épigrammes vénitiennes*, sont de ce temps-là.

Je devais avoir aussi un avant-goût des entreprises guerrières ; car, ayant reçu l'ordre d'assister à la campagne de Silésie, qui fut close par le congrès de Reichenbach, je m'étais vu éclairé, mon esprit s'était élevé par diverses expériences dans une contrée remarquable, et, en même temps, des distractions agréables m'avaient bercé doucement, tandis que le fléau de la révolution française, se répandant toujours plus au loin, rappelait à la surface du monde européen tous les esprits, quelle que fût d'ailleurs la direction de leurs pensées et de leurs sentiments, et les ramenait de force aux plus cruelles réalités. Et le devoir m'ayant obligé de suivre encore mon prince au milieu des événements du jour, d'abord si graves et bientôt si tristes, par l'effet des souffrances, courageusement supportées, dont j'ai hasardé de faire à mes lecteurs une peinture adoucie, tout ce qui s'était replié encore de tendre et d'affectueux dans le fond de mon âme, avait dû s'éteindre et disparaître.

Toutes ces considérations réunies nous feront trouver moins énigmatique la situation, telle que je l'ai esquissée dans les pages suivantes, et je dois d'autant plus le désirer que je résiste malgré moi à la tentation de revoir ces pages écrites à la hâte

---

1. Allusion à Christiane Vulpius, qui fut la femme de Goethe.

il y a bien longtemps, et de les remanier d'après mes vues et mes convictions d'aujourd'hui.

Pempelfort, novembre 1792.

Il faisait déjà nuit quand j'abordai à Dusseldorf, et je me fis conduire à Pempelfort à la clarté des lanternes. La surprise fut vive et la réception des plus amicales. Les propos de tout genre que le revoir éveille se prolongèrent fort avant dans la nuit. Le lendemain, grâce aux questions, aux réponses et aux récits, je fus bientôt habitué. La malheureuse campagne ne fournissait que trop de sujets d'entretien. Personne n'avait imaginé une issue si triste ; mais aussi personne ne pouvait rendre l'impression profonde d'un affreux silence de près de quatre semaines, et l'incertitude toujours croissante par le défaut absolu de nouvelles. Il semblait que l'armée des alliés fût engloutie sous terre, tant on entendait peu parler d'elle. Chacun, plongeant ses regards dans un vide affreux, était tourmenté de frayeur et d'angoisse, et l'on s'attendait avec horreur à revoir la guerre dans les Pays-Bas ; on voyait la rive gauche du Rhin, et en même temps la droite, menacées.

Nous trouvâmes une diversion à ces tristes pensées dans les discussions morales et littéraires. Là mon réalisme, qui se fit jour, ne fut guère pour mes amis un sujet d'édification.

Depuis que la révolution avait éclaté, pour me distraire un peu de ses excès, j'avais entrepris un ouvrage singulier, un *Voyage de sept frères*, de caractères différents, servant l'alliance chacun à sa manière, œuvre tout aventureuse et fantastique, confuse, dissimulant ses vues et ses desseins, enfin un emblème de notre situation. On m'en demanda la lecture. Je ne me fis pas beaucoup prier, et je produisis mes cahiers, mais je ne tardai guère à m'apercevoir que personne n'en était satisfait. Je laissai donc dans le premier port ma famille errante, et le reste de mon manuscrit dans le portefeuille.

Cependant mes amis, qui ne pouvaient se résigner à voir mes sentiments si changés, firent diverses tentatives pour me ramener à ceux d'autrefois par mes anciens ouvrages. Ils me mirent un soir *Iphigénie* dans les mains et m'en demandèrent la lecture. Mais cette poésie ne m'allait pas du tout; je me sentais étranger à ces tendres sentiments. Même dans la bouche d'autrui, ces accents m'étaient importuns. Cependant la pièce fut bientôt lue, et, comme si l'on avait voulu, pour m'éprouver, redoubler la torture, on apporta *Œdipe à Colone*, dont la sainteté sublime parut tout à fait insupportable à mon esprit tourné vers l'art, la nature et le monde, et endurci par une affreuse campagne. Je ne pus en écouter cent vers. Mes amis se résignèrent à me voir d'autres sentiments. Après tout, les sujets de conversation ne manquaient pas.

On revint avec plaisir sur plusieurs points de détail de l'ancienne littérature allemande : toutefois la conversation ne fut jamais très-liée et très-approfondie, parce qu'on voulait éviter ce qui manifestait l'opposition des sentiments. Pour faire ici une observation générale, je dirai que depuis vingt ans on était dans une époque vraiment remarquable. Des hommes supérieurs s'étaient rencontrés, qui s'unissaient ensemble par un côté, quoiqu'ils fussent très-différents par l'autre. Chacun apportait dans la société une haute idée de lui-même, et l'on savait se plier aux égards et aux ménagements mutuels.

Le talent consolidait sa possession acquise d'une estime universelle ; on savait se maintenir et s'avancer par des coteries; les avantages qu'on obtenait n'étaient plus maintenus par des voix isolées, mais par une majorité bien d'accord. Qu'il dût régner là une sorte de dessein prémédité, cela était dans la nature de la chose. Aussi bien que les gens du monde, ces hommes savaient mettre dans leurs relations un certain art; on se pardonnait ses originalités; une susceptibilité faisait équilibre à l'autre, et les mésintelligences restaient longtemps secrètes.

Au milieu d'un monde pareil, j'étais dans une position singulière : mon talent me donnait une place honorable dans la société, mais ma passion ardente pour ce que je reconnaissais comme naturel et vrai se permettait de choquantes impertinences contre tout ce qui avait l'air d'une fausse tendance; aussi me brouillais-je parfois avec les membres de cette coterie, puis venait une réconciliation entière ou une demi-réconciliation, néanmoins, toujours persuadé de mon bon droit, je poursuivais mon chemin. Avec cela, j'ai conservé jusque dans mon âge avancé quelque chose de l'ingénuité du Huron de Voltaire, en sorte que je pouvais être à la fois insupportable et charmant.

Un champ dans lequel on pouvait toutefois se mouvoir avec plus d'accord et de liberté était la littérature occidentale, et particulièrement la littérature française. Jacobi, tout en suivant sa propre voie, prenait connaissance de tout ce qui se passait d'important, et le voisinage des Pays-Bas contribuait beaucoup à le mettre en relation soit avec les livres, soit avec les personnes. C'était un homme d'une belle tournure, d'une figure très-heureuse, aux manières, mesurées il est vrai, mais pourtant très-affable, en un mot, fait pour briller dans toute société polie.

C'était une époque remarquable, et qu'il serait difficile de se représenter aujourd'hui. Voltaire avait rompu les anciennes chaînes de l'humanité : de là s'était développée dans les bons esprits une tendance à douter de ce qu'on avait tenu autrefois pour respectable. Tandis que le philosophe de Ferney travaillait de toutes ses forces à diminuer, à affaiblir l'influence du clergé, et avait surtout les yeux fixés sur l'Europe, de Pauw étendait son esprit de conquêtes sur les pays lointains. Il ne voulait accorder ni aux Chinois ni aux Égyptiens la gloire dont un préjugé séculaire les avait comblés. Chanoine à Xanten, voisin de Dusseldorf, il entretenait des relations amicales avec Jacobi. Et combien d'autres hommes n'aurais-je pas à nommer ici?

Nous mentionnerons du moins Hemsterhuis, qui, dévoué à la princesse Gallitzin, faisait de longs séjours à Munster, situé dans le voisinage. Il cherchait, de son côté, avec ces esprits parents du sien, un repos plus délicat, une satisfaction idéale, et, avec des sentiments platoniques, il inclinait vers la religion.

Dans ces souvenirs fragmentaires, je dois aussi mentionner Diderot, qui fit un séjour à Pempelfort, où il se plut beaucoup, et soutint ses paradoxes avec une grande franchise.

Les vues de Rousseau sur l'état de nature ne furent pas non plus étrangères à ce cercle, qui n'excluait rien et qui, par conséquent, ne m'excluait pas non plus, mais qui se bornait à me souffrir.

Car j'ai déjà indiqué plus d'une fois comment les littératures des autres nations agirent sur moi dans mes jeunes années. Je pouvais bien employer à mon usage les éléments étrangers, mais non me les assimiler : c'est pourquoi je pouvais tout aussi peu m'entendre avec les autres sur ce qui était étranger. Pour la production, j'offrais un phénomène aussi singulier : elle cheminait du même pas que ma vie, et, comme la marche de ma vie demeurait le plus souvent un mystère pour mes plus proches amis, on savait rarement se familiariser avec mes nouvelles productions, parce qu'on attendait quelque chose de pareil aux œuvres déjà connues.

Si j'avais échoué avec mes *Sept frères*, parce qu'ils n'avaient pas la moindre ressemblance avec leur sœur *Iphigénie*, je pus remarquer qu'avec le *Grand Cophte*, depuis longtemps imprimé, j'avais même blessé mes amis. On n'en fit pas mention, et je me gardai bien d'en parler. Cependant on m'avouera qu'un auteur qui est dans le cas de n'oser ni produire ses plus récents ouvrages ni en parler, doit se sentir aussi mal à son aise qu'un compositeur qui se verrait empêché de répéter ses plus nouvelles mélodies.

Je ne fus guère plus heureux avec mes méditations sur la nature. Personne ne pouvait comprendre la passion sérieuse avec laquelle je m'attachais à ces objets ; personne ne voyait comme cette passion naissait des entrailles de mon être ; on regardait ces louables efforts comme une erreur fantasque ; on estimait que je pouvais faire quelque chose de mieux, laisser mon talent suivre son ancienne direction. En cela mes amis se croyaient d'autant plus fondés, que ma manière de penser ne s'accordait pas avec la leur, qu'elle était même en général tout l'opposé. On ne peut se figurer un homme plus isolé que je l'étais alors et que je le demeurai longtemps. L'hylozoïsme (vie dans les bois), ou comme on voudra l'appeler, auquel je m'attachais, et dont je laissais intacte, dans sa dignité et sa sainteté, la base profonde, me rendait inabordable et même rebelle à cette manière de penser, qui présentait comme article de foi une matière morte, laquelle était, d'une manière ou d'une autre, animée et stimulée. L'histoire naturelle de Kant m'avait appris, et je n'avais pas oublié, que les forces d'attraction et de répulsion sont essentielles à la matière, et que l'une ne peut être séparée de l'autre dans l'idée de matière : de là ressortait pour moi la polarité primitive de tous les êtres, laquelle pénètre et vivifie l'infinie variété des phénomènes. Dans la visite que la princesse Gallitzin nous avait faite à Weimar avec Furstenberg et Hemsterhuis, j'avais déjà exposé ces idées; mais on m'avait invité à finir ces discours, qu'on regardait comme blasphématoires.

On ne peut trouver mauvais qu'une société intime se renferme en elle-même, et c'était ce que faisaient loyalement mes amis de Pempelfort. Ils s'étaient peu occupés de ma *Métamorphose des plantes*, qui avait paru depuis une année, et, quand j'exposai mes idées morphologiques, si familières qu'elles me fussent, dans le meilleur ordre, et, à ce qu'il me semblait, avec la force de l'évidence, je vis avec chagrin tous les esprits déjà possédés de l'idée fixe que rien ne peut naître que ce qui est déjà. En conséquence, je dus m'entendre dire encore que tout être vivant était sorti d'un œuf, sur quoi je reproduisis, avec un badinage amer, l'ancienne question : « Lequel a existé le premier, de la poule ou de l'œuf? » La doctrine de l'emboîtement paraissait fort plausible, et l'on trouvait très-édifiant de contempler la nature avec Bonnet.

On avait su quelque chose de mes essais sur l'optique, et je ne me fis pas longtemps prier pour entretenir la compagnie de quelques phénomènes et de quelques expériences, où il ne me fut pas difficile d'avancer des choses toutes nouvelles, car tous les auditeurs, si éclairés qu'ils fussent, s'étaient inculqué la doctrine de la lumière décomposée, et voulaient malheureusement que l'idée vivante à laquelle ils prenaient plaisir fût ramenée à cette hypothèse morte. Cependant je me plus quelque temps à traiter ce sujet, car je n'exposais jamais une matière sans y gagner quelque chose; d'ordinaire, il me venait en parlant des lumières nouvelles, et, chez moi, le flot du discours était particulièrement favorable à l'invention.

Mais je ne savais procéder que d'une manière didactique et dogmatique; je n'avais pas le don de la dialectique et de la controverse. Souvent aussi se faisait jour une mauvaise habitude, dont je dois m'accuser : la conversation, dans sa forme ordinaire, m'était souverainement ennuyeuse, car elle ne produisait que des conceptions bornées, individuelles, et j'avais coutume d'animer et de pousser à l'extrême par de violents paradoxes la discussion, ordinairement resserrée en d'étroites limites. La compagnie en était le plus souvent blessée et choquée en plus d'un sens, car souvent, pour atteindre mon but, je devais jouer le rôle du mauvais principe, et les gens, voulant être bons et me trouver bon, ne laissaient pas la chose passer : on ne pouvait l'admettre comme sérieuse, parce qu'elle n'était pas solide, ni comme plaisante, parce qu'elle était trop dure. Ils finissaient par m'appeler un hypocrite retourné, et faisaient bientôt leur paix avec moi. Cependant je dois avouer que, par cette mauvaise habitude, j'ai éloigné plus d'un ami, et me suis fait plus d'un ennemi.

Au reste j'avais bientôt chassé tous les mauvais esprits, comme avec la baguette magique, quand j'en venais à parler de l'Italie. Là aussi j'étais allé sans préparatifs, sans prévoyance. Les aventures ne manquaient pas ; le pays même, sa beauté, sa grâce, je m'en étais profondément pénétré ; la figure, la couleur, l'ensemble de cette contrée éclairée par le ciel le plus favorable, tout m'était encore présent. Les faibles dessins que j'avais essayé d'en faire avaient aiguisé ma mémoire ; je pouvais décrire les choses comme si je les avais eues devant moi ; mes tableaux se peuplaient, se remplissaient de vie, et chacun était satisfait, quelquefois enchanté, de ces vives peintures.

Il faudrait, pour exprimer parfaitement la grâce du séjour de Pempelfort, donner une idée claire de la résidence où se passaient toutes ces choses. Une maison isolée, spacieuse, dans le voisinage de grands jardins bien cultivés, un paradis en été, un séjour charmant même en hiver. On jouissait de chaque rayon de soleil dans les alentours libres et dégagés. Le soir, et, quand le temps était mauvais, on se retirait volontiers dans les chambres grandes et belles, qui, meublées commodément et sans luxe, offraient une digne scène aux spirituels entretiens. Une grande salle à manger, gaie et commode, suffisante pour une famille nombreuse et des convives qui ne faisaient jamais défaut, invitait à une longue table, toujours bien servie. Là, on trouvait réunis, le maître de la maison, toujours gai et animé, les sœurs, bienveillantes et instruites, le fils, sérieux et de belle espérance, les filles, bien faites, instruites, sincères, aimables, faisant souvenir de leur mère, hélas! déjà disparue, et des jours qu'on avait passés avec elle à Francfort vingt années auparavant. Heinse, qui faisait partie de la famille, avait la réplique pour les plaisanteries de tout genre; il y avait des soirs où les rires ne cessaient pas.

Le petit nombre d'heures solitaires qui me restaient dans cette maison, la plus hospitalière du monde, je les consacrais en silence à un singulier travail. Pendant la campagne j'avais écrit, outre le journal, de poétiques ordres du jour, des commandements satiriques. Je voulus les revoir et les corriger; mais je reconnus bientôt qu'avec une vanité à courte vue j'avais mal observé et jugé injustement bien des choses, et, comme on n'est jamais plus sévère que pour les erreurs dont on vient de se défaire, qu'il me parut dangereux d'exposer ces feuilles aux chances du hasard, je brûlai tout le cahier dans un beau feu de houille. Je le regrette maintenant, parce qu'il m'aurait fourni des lumières sur la marche des choses et sur l'enchaînement de mes pensées.

Dusseldorf n'était pas éloigné, et nous faisions de fréquentes visites à des amis qui appartenaient à la société de Pempelfort. On se réunissait d'ordinaire dans la galerie de tableaux. On laissait paraître un goût décidé pour l'école italienne; on se montrait fort injuste envers l'école néerlandaise. A vrai dire, le sentiment élevé de la première était attrayant, entraînant, pour de nobles esprits. Un jour, nous étions restés longtemps dans la salle de Rubens et des meilleurs Néerlandais : quand nous sortîmes, l'Assomption du Guide se trouva en face de nous, et quelqu'un s'écria avec enthousiasme : « Ne semble-t-il pas qu'on sorte d'un cabaret pour entrer dans un salon de bonne compagnie? » Je pouvais me résigner à voir les maîtres qui m'avaient ravi naguère au delà des Alpes se montrer d'une manière triomphante et exciter une admiration passionnée; cependant je m'appliquai à l'étude des Néerlandais, dont les qualités et les avantages se montraient là au plus haut degré. J'y profitai pour toute ma vie.

Mais ce qui me surprit plus encore, c'est qu'un certain esprit de liberté, une tendance à la démocratie se fût répandue dans les classes supérieures. On paraissait ne pas sentir tout ce qu'on aurait d'abord à perdre pour arriver à quelque avantage douteux. Je voyais honorés d'un culte enthousiaste les bustes de la Fayette et de Mirabeau, que Houdon avait rendus avec beaucoup de naturel et de fidélité : l'un, honoré pour ses vertus chevaleresques et civiles, l'autre, pour sa force d'esprit et la puissance de sa parole. C'est ainsi que flottaient déjà les sentiments de nos compatriotes; quelques-uns avaient même été à Paris, avaient entendu parler les hommes marquants, les avaient vus agir, et, par malheur, selon la coutume allemande, avaient pris goût à l'imitation, et cela, dans un moment où l'inquiétude pour la rive gauche du Rhin se changeait en frayeur.

Le danger paraissait pressant : les émigrés remplissaient Dusseldorf; les frères du Roi arrivèrent. On courait les voir. Je les rencontrai dans la galerie, et, à cette occasion, je me rappelai comme on les avait vus trempés de pluie au départ de Glorieux. M. de Grimm et Mme de Beuil parurent également. La ville étant comble, un pharmacien les avait hébergés. Le cabinet d'histoire naturelle servit de chambre à coucher; les singes, les perroquets et d'autres bêtes guettaient le sommeil matinal de la très-aimable dame; les coquillages, les coraux, gênaient l'appareil de sa toilette. Voilà comme le fléau des logements, que nous avions d'abord porté en France, était ramené chez nous.

Mme de Coudenhoven, femme remarquable par son esprit et sa beauté, l'ornement de la cour de Mayence, s'était aussi réfugiée à Dusseldorf. M. et Mme de Dohm arrivèrent du côté de l'Allemagne, pour avoir des nouvelles plus précises de la situation.

Francfort était encore occupé par les Français; le mouvement de la guerre s'était porté entre la Lahn et la chaîne du Taunus; les nouvelles, chaque jour diverses, tantôt sûres, tantôt douteuses, animaient la conversation et provoquaient les saillies; mais les intérêts et les opinions en lutte ne permettaient pas toujours la gaieté. Je ne pouvais trouver un côté sérieux dans une chose si problématique, absolument incertaine, sujette au hasard, et, avec mes plaisanteries paradoxales, j'étais parfois amusant, parfois importun. Je me souviens qu'un soir, à souper, on parlait avec honneur des bourgeois de Francfort; ils s'étaient montrés, disait-on, comme de braves gens avec Custine; leurs actes et leurs sentiments formaient un parfait contraste avec la manière inouïe dont les Mayençais s'étaient conduits et se conduisaient encore. Mme de Coudenhoven, avec l'enthousiasme qui lui allait fort bien, s'écria qu'elle donnerait beaucoup pour être bourgeoise de Francfort. Je répliquai que la chose était facile; je savais un moyen, mais je voulais en garder le secret. On me pressa si vivement que je finis par m'expliquer. L'aimable dame n'avait qu'à m'épouser: elle serait transformée à l'instant même en bourgeoise de Francfort. Cette boutade fit rire tout le monde.

Et que ne disait-on pas? La conversation était un jour sur la malheureuse campagne, particulièrement sur la canonnade de Valmy. M. de Grimm assura qu'on avait parlé à la table du Roi de ma singulière promenade dans le feu de l'artillerie. On l'avait connue, selon toute vraisemblance, par les officiers que j'avais rencontrés. La conclusion fut qu'il ne fallait pas s'en étonner; qu'on pouvait tout attendre d'un homme singulier.

Un habile médecin, homme d'esprit, vint prendre part à nos demi-saturnales, et je ne pensais pas, dans mon outrecuidance, avoir sitôt besoin de lui. Aussi se prit-il à rire aux éclats et à se moquer de moi, quand il me trouva au lit, où me tenait presque immobile un violent rhumatisme. Il employa le camphre, qui était alors comme un remède universel. Je ne sais ce qu'il en faut penser, mais je fus guéri en quelques jours.

Cependant l'ennui causé par la souffrance me suggéra bien des réflexions: la faiblesse que l'on contracte à garder le lit, me fit juger ma position dangereuse. Les progrès des Français dans les Pays-Bas étaient considérables et grossis par la renommée; chaque jour et à chaque heure, on annonçait l'arrivée de nouveaux émigrés. Je m'étais arrêté assez longtemps à Pempelfort et, si la famille ne s'était montrée cordialement hospitalière, chacun aurait dû se croire importun. Mon séjour ne s'était d'ailleurs prolongé que par une circonstance accidentelle: j'attendais d'heure en heure ma chaise, que j'aurais voulu ne pas laisser en arrière. Elle était arrivée de Trèves à Coblenz, elle devait m'être bientôt expédiée de cette ville, mais, comme elle n'arrivait pas, je sentis s'augmenter l'impatience qui m'avait pris dans les derniers jours. Jacobi m'abandonna une voiture de voyage, commode mais assez pesante. Tout le monde se retirait, disait-on, en Westphalie, et les frères du Roi voulaient y établir leur demeure.

Je partis donc, en proie aux plus étranges combats. L'affection me retenait dans un cercle d'amis excellents, livrés en ce moment à la plus grande inquiétude, et je devais laisser dans le souci et les alarmes les plus nobles cœurs; par des chemins et un temps épouvantables, me hasarder encore dans le monde troublé, entraîné par le torrent des fugitifs, dont rien ne pouvait arrêter la course, éprouvant moi-même les sentiments du fugitif. Et pourtant j'avais en chemin la perspective du plus agréable gîte, puisque, étant si près de Munster, je ne pouvais manquer de rendre visite à la princesse Gallitzin.

Douisbourg, fin de novembre 1792.

Ainsi donc, au bout de quatre semaines, mais, il est vrai, à bien des milles du théâtre de nos premières souffrances, je me trouvais encore dans la même société, dans la même foule d'émigrés, qui, cette fois, repoussés décidément de l'autre rive, affluaient en Allemagne, sans ressource et sans conseil. A midi, arrivé un peu tard à l'auberge, je pris place au bout d'une longue table. L'hôte et l'hôtesse, qui m'avaient déjà fait connaître, comme à un Allemand, leur antipathie pour les Français, s'excusèrent de ce que toutes les bonnes places étaient occupées par ces hôtes malvenus. Là j'observai que, en dépit de leur abaissement, de leur détresse et de l'indigence qui les menaçait, ils montraient toujours le même esprit d'étiquette et la même suffisance. En levant les yeux, j'aperçus au haut de la table, à la première place, un vieux petit monsieur, bien fait, tranquille, presque immobile. Ce devait être un personnage de distinction, car ses deux voisins lui témoignaient les plus grandes attentions, choisissaient les premiers et les meilleurs morceaux pour les lui présenter, et l'on aurait pu dire qu'ils les lui mettaient à la bouche. Je sus bientôt qu'ayant perdu avec l'âge presque toute connaissance de lui-même, misérable automate, il traînait tristement par le monde l'ombre d'une vie autrefois opulente et honorée, tandis que deux personnes dévouées s'efforçaient de faire miroiter devant lui le songe de son premier état.

J'observai les autres convives : on pouvait lire sur tous les fronts les plus fâcheuses destinées; ces personnes paraissaient être des soldats, des commissaires, des aventuriers. Tous étaient silencieux, car chacun avait à porter sa propre infortune; ils voyaient devant eux une détresse sans bornes. On était à peu près au milieu du repas, quand un joli jeune homme entra. Il n'avait ni une tournure distinguée ni aucun insigne. On ne pouvait méconnaître en lui le piéton. Il prit place, sans mot dire, vis-à-vis de moi, après avoir demandé à l'hôte un couvert par un signe de tête, et il mangea tranquillement ce qui lui fut servi. En sortant de table je m'approchai de l'hôte, qui me dit à l'oreille : « Votre voisin ne payera pas cher son écot. » Je ne comprenais rien à ces paroles; mais, quand le jeune homme se fut approché et qu'il eut demandé ce qu'il devait, l'hôte lui répondit, après avoir jeté un rapide coup d'œil autour de la table : « L'écot est d'un kopfstuck[1]. » L'étranger parut embarrassé et dit que c'était sans doute une erreur, car il avait eu non-seulement un bon dîner, mais encore une chopine de vin. Cela devait faire davantage. L'hôte répondit, du ton le plus sérieux, qu'il était accoutumé à faire ses comptes lui-même, et que les voyageurs payaient volontiers ce qu'il demandait. Le jeune homme paya et s'éloigna modestement avec un air de surprise. Aussitôt l'aubergiste me dit le mot de l'énigme : « C'est le premier de ces maudites gens qui ait mangé du pain noir! Cela devait lui profiter. »

Je n'avais à Douisbourg qu'une ancienne connaissance, et je ne manquai pas de lui rendre visite. C'était le professeur Plessing, avec qui j'avais eu, bien des années auparavant, des relations romanesques et sentimentales, que je veux consigner ici en détail : car, dans la conversation que nous eûmes le soir, elles nous reportèrent d'un temps orageux dans des jours paisibles.

---

[1]. A peu près 1 franc.

Quand il fit son apparition en Allemagne, *Werther* n'éveilla nullement, comme on le lui a reproché, mais seulement il révéla une maladie, une fièvre, qui était cachée dans les jeunes cœurs. Pendant une longue et heureuse paix, une culture esthétique et littéraire s'était admirablement développée sur la terre allemande et dans les limites de la langue nationale; mais, cette culture ne se rapportant qu'à l'homme intérieur, il s'y joignit bientôt une certaine sentimentalité, dans l'origine et le progrès de laquelle on ne peut méconnaître l'influence d'Yorick Sterne. Lors même que son esprit ne planait pas sur l'Allemagne, il nous communiqua d'une manière d'autant plus vive sa sensibilité. On vit naître une sorte d'ascétisme tendre et passionné, qui devait (l'ironie humoristique de l'Anglais ne nous étant pas donnée) dégénérer en une fâcheuse mélancolie. J'avais cherché à me délivrer de ce mal, et je tâchai d'être, selon ma conviction, secourable aux autres; mais la chose était plus difficile qu'on ne pouvait le penser, car il s'agissait proprement de soutenir chacun contre lui-même, et là il ne pouvait être question de tous les secours que nous offre le monde, connaissances, instruction, occupations ou faveur.

Ici nous devons passer sous silence bien des forces actives qui concoururent à l'effet, mais, pour notre but, il est nécessaire de mentionner avec détail une autre tendance considérable, qui agissait d'une manière indépendante. La *Physiognomonie* de Lavater avait donné à l'activité morale et sociale une tout autre direction. Il se sentait en possession de la faculté éminemment spirituelle de signaler l'ensemble des impressions que la physionomie et la figure de l'homme produisent sur chacun, sans qu'on sache s'en rendre compte; mais comme Lavater n'avait pas le don d'étudier avec méthode une abstraction, il s'en tenait aux cas particuliers, à l'individu.

Henri Lips, jeune artiste plein de talent, qui réussissait particulièrement dans le portrait, se joignit à Lavater, et, soit à Zurich, soit dans le voyage du Rhin[1], il ne quitta pas son patron. Toujours affamé d'expériences nouvelles, et voulant accoutumer, associer à ses ouvrages futurs autant d'hommes

---

1. Voyez tome VIII, page 527.

marquants qu'il pourrait, il faisait faire le portrait de toutes les personnes qui lui avaient paru quelque peu distinguées par leur position, leurs talents, leur caractère ou leurs actions. Par là des individualités furent mises en évidence; on eut quelque valeur de plus, quand on fut admis dans une si noble société; les qualités étaient mises en relief par les révélations du maître; on croyait se mieux connaître les uns les autres, et il arriva, chose étrange, qu'on vit ressortir d'une manière décidée, avec leur valeur individuelle, bien des personnes jusqu'alors classées et confondues, comme insignifiantes, dans les rangs de la vie civile et politique.

Cette influence fut plus forte et plus grande qu'on ne peut l'imaginer. Chacun se sentait autorisé à concevoir de soi-même l'idée la plus favorable, comme d'un être complet et achevé; et, confirmé absolument dans son individualité, chacun se croyait aussi autorisé à admettre ses particularités, ses folies et ses défauts dans l'ensemble de sa noble existence. Ce résultat put se développer d'autant plus aisément que, dans toute l'affaire, il n'était question que de la nature particulière, individuelle, sans égard à la raison universelle, qui doit cependant dominer toute nature. L'élément religieux, dans lequel vivait Lavater, ne suffisait pas pour tempérer un amour-propre toujours plus décidé; il en résultait même chez les gens pieux un orgueil spirituel encore plus exalté que l'orgueil naturel.

Une conséquence surprenante, qui se fit jour après cette époque, fut l'estime des individus les uns pour les autres. On rendait un culte sinon à la personne, du moins à l'image des vieillards célèbres. Il suffisait qu'un jeune homme se fût rendu un peu remarquable, pour qu'on sentît le désir de faire sa connaissance personnelle, à défaut de quoi l'on se contentait de son portrait, et l'on trouvait à cet égard de quoi se satisfaire dans les silhouettes que des mains habiles et soigneuses exécutaient avec beaucoup de précision. Chacun y était exercé, et il ne passait aucun étranger qu'on ne l'inscrivît, le soir, contre la muraille. Les pantographes n'avaient point de repos.

On nous promettait sur cette voie la connaissance et l'amour de l'humanité; la sympathie mutuelle s'était développée: on faisait moins de progrès dans la connaissance mutuelle. Cependant, pour l'un et l'autre objet, l'activité était très-grande, et l'on ferait un beau récit de ce qu'un jeune prince, admirablement doué, et son entourage bien intentionné, spirituel et vif, prodiguèrent auprès et au loin d'encouragements et de secours, s'il ne semblait pas louable de laisser dans une vénérable obscurité les commencements des situations qui marquent. Peut-être les cotylédons de cette plante avaient-ils un singulier aspect; mais la moisson, dont la patrie et le monde étranger prirent joyeusement leur part, ne manquera pas d'éveiller dans les temps les plus reculés un reconnaissant souvenir.

Si le lecteur fixe dans sa pensée ce qu'on vient d'exposer et s'en pénètre, il ne trouvera ni invraisemblable ni extravagante l'aventure que je vais rapporter, et dont les deux acteurs ravivèrent gaiement le souvenir pendant leur souper.

Dans le milieu de l'année 1777, parmi les lettres et les visites dont j'étais accablé, il m'arriva de Wernigerode une lettre, ou plutôt un cahier, signé Plessing, la chose la plus étrange peut-être qui se fût produite à moi dans ce genre mélancolique. On y reconnaissait un jeune homme formé par les écoles et par l'université, à qui toute sa science ne procurait aucune paix intérieure. Une écriture exercée, facile à lire, un style souple et coulant, où l'on découvrait une vocation pour l'éloquence de la chaire, mais où tout était vif, honnête, et partait du cœur, en sorte qu'on ne pouvait lui refuser à son tour la sympathie. Cependant cette sympathie voulait-elle devenir vivante, cherchait-on à s'expliquer mieux l'état de cet homme souffrant, on croyait remarquer, au lieu de la résignation, l'entêtement; au lieu de la patience, l'obstination; au lieu d'une ardente recherche, un repoussant dédain. Aussitôt, selon l'esprit du temps, je sentis le vif désir de voir de mes yeux ce jeune homme, mais je ne jugeai pas à propos de le faire venir. Je m'étais déjà chargé, dans des circonstances connues, d'un certain nombre de jeunes hommes, qui, au lieu de chercher avec moi, en suivant ma voie, une culture plus élevée et plus pure, restant dans leur sentier, ne se trouvaient pas mieux et gênaient mes progrès. Cependant je laissais en suspens l'affaire, et j'attendais que le temps me fournît quelque moyen.

Je reçus une seconde lettre, plus courte, mais plus vive, plus pressante, dans laquelle on sollicitait une réponse et une explication, et on me conjurait solennellement de ne pas la refuser. Ce nouvel assaut me laissa tout aussi maître de moi; la seconde lettre ne m'alla pas au cœur plus que la première, mais l'habitude m'avait fait un besoin d'assister les jeunes gens de mon âge dans leurs peines d'esprit et de cœur : elle ne me laissa pas oublier celui-ci.

La société de Weimar, groupée autour d'un excellent jeune prince, se dispersait rarement; occupations, entreprises, badinages, plaisirs et peines, elle mettait tout en commun. Vers la fin de novembre, on avait résolu, pour satisfaire aux plaintes fréquentes des paysans, une partie de chasse au sanglier. Je devais y assister, mais je demandai la permission de faire un détour avant de rejoindre la chasse.

Je m'étais tracé un plan secret de voyage. J'avais entendu des gens d'affaires et des habitants de Weimar, amis du bien public, exprimer vivement le vœu qu'on rouvrît les mines d'Ilmenau. Je n'avais sur ce genre de travaux que des idées tout à fait générales; aussi ne me demandait-on pas mon avis et mon opinion, mais un témoignage d'intérêt. Or je ne savais m'intéresser à un objet que par l'observation immédiate, et je crus avant tout indispensable de voir de mes yeux, ne fût-ce qu'en passant, tout l'ensemble du travail des mines, et de m'en faire une idée. J'avais à cet effet projeté dès longtemps un voyage dans le Harz, et, dans cette saison, qui, étant d'ailleurs celle de la chasse, nous appelait à vivre en plein air, je me sentis entraîné à exécuter mon projet. Au reste, le désir de voir mon bizarre correspondant contribua beaucoup à me déterminer.

Tandis que les amis de la chasse prenaient d'un autre côté, je me rendis tout seul à Ettersberg, et je commençai en chemin l'ode intitulée *Voyage dans le Harz en hiver*[1], qui a paru si longtemps comme une énigme parmi mes poésies. Au milieu des nuages sombres que roulait de mon côté le vent du nord, un vautour planait sur ma tête. Je passai la nuit à Sondershausen, et, le lendemain, j'arrivai très-tard à Ilfeld. Après une bonne

---

1. Tome I, page 192.

nuit, je me fis conduire à la grotte de Baumann, que je parcourus tout entière, observant le travail incessant de la nature. Et j'emportai de cet examen de précieuses connaissances.

Revenu à la lumière du jour, je notai les observations les plus nécessaires, en même temps que les premières strophes de l'ode du Harz. Celles qui ont rapport à l'homme singulier que j'allais bientôt voir peuvent trouver ici leur place, parce qu'elles exprimeront mieux que beaucoup de paroles les dispositions affectueuses où je me trouvais alors.

« Mais qui vois-je à l'écart? Sa trace se perd dans le fourré; derrière lui les buissons battent leurs branches, le gazon se relève, la solitude l'engloutit.

« Ah! comment guérir les douleurs de celui pour qui le baume est devenu un poison, qui dans les flots de l'amour s'est abreuvé de misanthropie! Méprisé des hommes, qu'il méprise à son tour, il dévore secrètement son mérite propre dans un égoïsme insatiable.

« S'il est sur ta lyre, ô père de l'amour, des sons accessibles à son oreille, apaise son cœur! Découvre à son regard enveloppé de nuages les mille sources qui jaillissent auprès de l'homme altéré. »

Arrivé à l'auberge de Wernigerode, j'entrai en propos avec le garçon; je trouvai un homme intelligent, qui paraissait connaître assez bien les gens de la ville. Je lui dis que j'avais coutume, quand j'arrivais dans quelque endroit sans recommandations particulières, de m'enquérir de jeunes hommes distingués par leur science; qu'il me ferait plaisir de m'en nommer quelqu'un, avec lequel je pourrais passer une agréable soirée. Il me répondit sans hésiter que la société de M. Plessing, fils du surintendant, était justement mon fait. Il s'était distingué dès son enfance dans les colléges, et il avait toujours la réputation d'un homme habile et appliqué; on blâmait seulement son humeur sombre, et l'on trouvait mauvais qu'avec des manières malgracieuses, il s'éloignât de la société. Avec les étrangers il était prévenant, comme il l'avait montré plus d'une fois. Si je voulais être annoncé, la chose pouvait se faire à l'instant.

J'acceptai. Le garçon m'apporta une réponse affirmative et me conduisit chez Plessing. C'était le soir. Je fus introduit dans une grande chambre du rez-de-chaussée, comme on en trouve dans les presbytères. Je vis encore assez distinctement le jeune homme dans le crépuscule, et je m'aperçus que les parents avaient quitté la chambre pour faire place au visiteur inattendu.

On apporta la lumière, et je pus reconnaître alors que le personnage ressemblait parfaitement à sa lettre. Comme elle, il éveillait l'intérêt, sans attirer à lui. Afin d'engager la conversation, je me donnai pour un peintre de Gotha, que des affaires de famille appelaient, dans cette mauvaise saison, chez sa sœur et son beau-frère dans le Brunswick. Il me laissa à peine le temps d'achever et s'écria : « Puisque vous demeurez si près de Weimar, vous aurez sans doute visité souvent cette ville, qui devient si célèbre ? » Je répondis affirmativement du ton le plus simple, et je commençai à parler du conseiller Kraus, de l'école de dessin, de Bertouch, le conseiller de légation, et de son activité infatigable ; je n'oubliai ni Musaeus, ni Jagemann. ni Wolf, le maître de chapelle ; je nommai quelques dames. et je fis le tableau de la société que formaient ces personnes de mérite, et dans laquelle les étrangers étaient reçus avec bienveillance.

Enfin il me dit avec quelque impatience : « Pourquoi ne parlez-vous pas de Goethe ? » Je répondis que je l'avais vu aussi très-bien accueilli dans ce cercle, et qu'en ma qualité d'artiste étranger, j'avais moi-même reçu de lui un bon accueil et des encouragements. Tout ce que je pouvais ajouter, c'est qu'il vivait soit dans la retraite, soit avec d'autres amis. Le jeune homme, qui m'avait écouté avec une attention inquiète, me demanda alors avec quelque impatience de lui peindre ce singulier personnage, qui faisait tant parler de lui. Je lui fis très-ingénument une peinture qui ne me coûtait guère, puisque le singulier personnage était là présent dans une position fort singulière, et, si la nature eût donné à mon interlocuteur un peu plus de pénétration, il n'aurait pu méconnaître que son hôte se décrivait lui-même.

Il avait fait quelques tours de chambre, tandis qu'une servante apportait une bouteille de vin et un souper froid proprement servi. Il remplit nos verres, et, après avoir trinqué, il vida le sien lestement. A peine avais-je achevé le mien à traits plus modérés, qu'il me prit vivement par le bras, et s'écria : « Oh! pardonnez ma singulière conduite! Vous m'avez inspiré tant de confiance que je dois tout vous découvrir. Cet homme, tel que vous me le décrivez, aurait dû me répondre. Je lui ai adressé une lettre détaillée, cordiale; je lui ai peint ma situation, mes souffrances; je l'ai prié de s'intéresser à moi, de me conseiller, de m'aider, et voilà des mois écoulés sans que j'aie de ses nouvelles! Une confiance si illimitée aurait mérité du moins un mot de refus. »

Je répondis que je ne pouvais ni expliquer ni justifier une pareille conduite. Je savais seulement par ma propre expérience qu'une ardeur impétueuse de l'esprit et du tempérament mettait souvent ce jeune homme, d'ailleurs bien intentionné, bienveillant et secourable, hors d'état d'agir et même de se mouvoir.

« Puisque le hasard nous a menés si loin, reprit-il avec quelque fermeté, il faut que je vous lise la lettre, et vous jugerez si elle méritait une réponse. » Puis il s'assit devant moi, et commença la lecture de ces feuilles, que je savais par cœur. Le lecteur cadrait parfaitement avec la lettre. Je ne m'étais senti pour lui aucun attrait avant de l'avoir vu, et sa présence ne changea pas mes dispositions. Je ne pouvais lui refuser l'estime, l'intérêt, qui m'avaient décidé à faire cette course aventureuse, car il montrait une sérieuse volonté, de nobles intentions; mais, quoiqu'il fût question des sentiments les plus tendres, l'exposition restait sans grâce, et laissait fortement paraître un étroit égoïsme. Quand il eut achevé, il me demanda avec impatience ce que j'en pensais, et si une lettre pareille n'aurait pas mérité, exigé une réponse.

L'état déplorable du pauvre Plessing m'était toujours plus manifeste; il n'avait jamais porté son attention sur le monde extérieur; redevable à la lecture d'une instruction variée, il avait tourné en dedans toutes ses forces, toutes ses inclinations, et, comme il ne trouvait en lui-même aucun génie producteur, il s'était, on peut le dire, plongé dans l'abîme.

« Je crois deviner, lui répondis-je, pourquoi le jeune homme qui vous avait inspiré tant confiance est resté muet à votre égard : ses idées actuelles s'éloignent trop des vôtres pour qu'il puisse espérer de s'accorder avec vous. Je l'ai entendu affirmer que le seul remède à cette douloureuse et sombre mélancolie est la contemplation de la nature, et un intérêt sincère que l'on prend au monde extérieur. La connaissance, même la plus générale, de la nature, sous quelque face qu'on l'étudie ; une vie active, comme jardinier ou campagnard, comme chasseur ou mineur, nous arrache à nous-mêmes ; en dirigeant nos forces intellectuelles sur des phénomènes réels et véritables, nous acquérons peu à peu la satisfaction, la clarté, l'instruction la plus grande ; tout comme l'artiste qui s'attache fidèlement à la nature, et cherche en même temps à cultiver son âme, aura certainement les meilleurs succès. »

A ces mots, le jeune ami parut très-inquiet et très-impatient, comme nous irrite un langage étranger ou confus que nous ne pouvons comprendre. Sans trop espérer une heureuse réussite, et plutôt pour ne pas rester bouche close, je continuai ces discours. « Comme peintre de paysage, lui dis-je, j'ai dû être frappé tout premièrement de cette vérité, mon art ayant pour objet direct la nature : mais depuis lors, non-seulement j'ai observé avec plus d'assiduité et d'ardeur qu'auparavant les objets et les phénomènes extraordinaires et surprenants, mais encore j'ai pris intérêt à tout ce qui se présente. » Pour ne pas m'égarer dans les généralités, je lui contai comme quoi ce voyage forcé pendant l'hiver, au lieu de m'être désagréable, m'avait procuré des jouissances continuelles ; je lui en fis une description poétique, et pourtant aussi directe et aussi naturelle que je pus, et j'arrivai enfin à la grotte de Baumann. Là il m'interrompit vivement, et m'assura qu'il l'avait vue et qu'il regrettait fort ce court voyage. La grotte n'avait nullement répondu à l'image qu'il s'en était faite, et, quand je lui demandai comment donc il se l'était représentée, il me fit une description que le plus hardi décorateur n'aurait pas risquée pour représenter le vestibule du royaume de Pluton.

J'essayai là-dessus quelques autres moyens curatifs ; mais, comme il les écarta d'une manière absolue, assurant que rien dans ce monde ne pouvait lui suffire, mon cœur se ferma, et, après le pénible voyage que j'avais entrepris avec la meilleure intention, je crus ma conscience déchargée; je me crus dégagé de toute obligation envers mon correspondant.

Il était déjà tard, je refusai d'entendre la seconde lettre; et, comme il m'invitait au nom de ses parents à dîner le lendemain, je dis que je lui rendrais réponse le matin. Notre séparation fut amicale et paisible. Sorti de la maison, je trouvai le ciel étincelant d'étoiles, les rues et les places couvertes de neige; je m'arrêtai sur un petit pont pour contempler cette nuit d'hiver. Je réfléchis en même temps à mon aventure, et je me sentis fermement résolu à ne pas revoir ce jeune homme. J'ordonnai que mon cheval fût prêt au point du jour, et je remis au garçon d'auberge un petit billet d'excuse écrit au crayon, en lui disant beaucoup de choses bonnes et vraies sur le compte du jeune homme qu'il m'avait fait connaître; et sans doute mon adroit commissionnaire se sera fait un plaisir d'en tirer parti.

Je poursuivis ensuite ma course sur le versant nord-est du Harz, par un temps affreux de neige, et, après avoir visité et soigneusement observé le Rammelsberg, les forges de laiton, ainsi que les autres établissements de ce genre, je me rendis à Goslar[1].

Je ne saurais dire combien il s'était passé de temps sans qu'il me fût venu d'autres nouvelles de ce jeune homme, lorsque je reçus à l'improviste, dans mon Gartenhaus à Weimar, un billet par lequel il m'annonçait sa visite. Je lui répondis en quelques mots qu'il serait le bienvenu. Je m'attendais à une scène de reconnaissance, mais il se présenta fort tranquillement et me dit : « Je ne suis pas surpris de vous trouver ici, car l'écriture de votre billet m'a rappelé parfaitement les lignes que vous me laissâtes en partant de Wernigerode, en sorte que je n'ai pas douté un moment de retrouver ici le mystérieux voyageur. »

Ce début était de bon augure, et il s'établit entre nous une conversation familière, où il s'efforça de me développer sa situation. De mon côté, je ne lui cachai pas ma manière de penser. Je ne saurais plus dire à quel point son état moral s'était amélioré, mais il devait être passable, puisque, après plusieurs entretiens, nous nous séparâmes en très-bons termes :

---

1 Ville du Hanovre, siége de l'administration des mines du Harz.

seulement, je ne pus répondre au désir qu'il m'exprima vivement de former avec moi une étroite liaison d'amitié.

Nous restâmes encore quelque temps en correspondance, et j'eus l'occasion de lui rendre quelques services, ce qu'il me rappela avec reconnaissance dans notre nouvelle rencontre. Nous passâmes d'ailleurs quelques heures agréables à revenir sur ces jours écoulés. Toujours occupé de lui uniquement, il eut beaucoup de récits, de confidences à me faire. Avec le temps, il avait réussi à se faire la réputation d'un écrivain estimé, en se livrant à des travaux sérieux sur l'histoire de la philosophie ancienne, surtout de celle qui incline au mystère, s'efforçant d'en déduire les origines et l'état primitif de l'humanité. Il m'avait envoyé ses ouvrages à mesure qu'ils paraissaient, mais je dois avouer que je ne les avais pas lus. Ces recherches étaient trop éloignées de celles qui m'intéressaient.

Je ne trouvai d'ailleurs nullement heureuse sa situation présente. Il avait enfin conquis avec des efforts opiniâtres la connaissance des langues et de l'histoire, qu'il avait longtemps négligées, mais ces excès de fatigue intellectuelle avaient altéré sa santé. Sa position financière n'était pas non plus des meilleures; son traitement modique ne lui permettait pas de se soigner et de se ménager; la sombre agitation de sa jeunesse ne s'était pas entièrement apaisée; il paraissait toujours aspirer à l'inaccessible, et lorsque enfin nous eûmes épuisé les souvenirs de nos anciennes relations, nous ne trouvâmes plus rien d'agréable à nous dire. Ma manière d'être pouvait sembler encore plus éloignée de la sienne qu'autrefois. Cependant nous nous quittâmes dans les meilleures dispositions, mais je le laissai, comme les autres, soucieux et alarmé des calamités présentes.

J'allai aussi rendre visite au docte Merrem, dont les belles connaissances en histoire naturelle nous fournirent d'abord une conversation intéressante. Il me montra plusieurs objets remarquables, et me donna son ouvrage sur les serpents. J'en devins attentif à ce qu'il me conta encore de ses aventures et j'en profitai, car c'est là un fruit excellent des voyages, que nous nous intéressons pour toute notre vie aux lieux et aux personnes que nous avons une fois connus.

Munster, décembre 1792.

Annoncé à la princesse Gallitzin, j'espérais trouver d'abord un gîte commode, mais je fus arrêté en chemin par divers obstacles, et la nuit était déjà fort avancée quand j'arrivai à la ville. Je ne jugeai pas à propos de mettre dès l'entrée l'hospitalité à l'épreuve par une telle surprise, et je m'arrêtai devant une auberge, où l'on me refusa une chambre et un lit : les émigrés n'avaient pas laissé la moindre place. J'eus bientôt pris mon parti, et je passai la nuit sur une chaise dans la chambre commune, toujours plus commodément que naguère, quand, par une pluie battante, nous ne trouvions ni feu ni lieu.

Après cette légère privation, je me vis, le lendemain, l'objet des meilleurs traitements. La princesse vint à ma rencontre, et je trouvai tout préparé dans sa maison pour me recevoir. Je savais fort bien de mon côté comment je devais me comporter. Je connaissais d'autrefois les membres de la société ; je savais que j'entrais dans une maison pieuse, et je me conduisis en conséquence. Mes hôtes, de leur côté, se montrèrent affables, sages et nullement étroits.

La princesse nous avait fait visite à Weimar, plusieurs années auparavant, avec Furstenberg et Hemsterhuis ; ses enfants l'accompagnaient aussi. Dès lors on s'était déjà mis d'accord sur certains points, et, passant une chose, en souffrant une autre, on s'était séparé en parfaite intelligence. La princesse était une de ces personnes dont on ne peut se faire aucune idée quand on ne les a pas vues, et qu'on ne juge pas bien quand on ne les a pas observées en rapport, comme en conflit, avec les circonstances. Furstenberg et Hemsterhuis, hommes excellents, lui tenaient fidèle compagnie, et, dans une pareille société, le bien comme le beau agissaient, intéressaient sans cesse. Depuis, Hemsterhuis était mort ; de Furstenberg, après tant d'années, était toujours l'homme sage, noble et paisible. Et quelle position singulière parmi ses contemporains ! Ecclésiastique, homme d'État, si près de monter sur un trône de prince !

Après avoir épuisé le chapitre des souvenirs, nous en vînmes à parler de Hamann, dont j'aperçus bientôt la tombe dans un coin du jardin défeuillé. Ses incomparables qualités provoquèrent les réflexions les plus honorables, mais on ne parla pas de ses derniers jours. L'homme qui avait été si précieux, si intéressant, pour cette société, qu'il avait enfin choisie, devint, dans sa mort, incommode à ses amis : quelque décision que l'on prît pour sa sépulture, elle était hors de la règle.

La situation de la princesse, observée de près, ne pouvait paraître qu'aimable. Cette noble femme sentit de bonne heure que le monde ne nous donne rien, qu'il faut se recueillir en soi-même, qu'il faut s'occuper des intérêts du temps et de l'éternité dans un cercle intime et borné. Elle avait embrassé les uns et les autres. Elle trouvait le suprême bien temporel dans ce qui est conforme à la nature. Il faut se rappeler ici les maximes de Rousseau sur la vie civile et sur l'éducation des enfants. On voulait revenir en tout à la simple vérité : les corsets et les souliers à talons avaient disparu ; la poudre s'était dissipée ; les cheveux tombaient en boucles naturelles ; les enfants de la princesse apprenaient à nager et à courir, peut-être même à se battre et à lutter. Je n'aurais pas reconnu sa fille : elle était devenue grande et forte ; je la trouvai intelligente, aimable, bonne ménagère, vouée et façonnée à cette vie demi-monastique. Voilà comme on avait réglé la vie temporelle et présente. Les biens futurs, éternels, on les avait trouvés dans une religion qui donne la sainte assurance de ce que les autres font espérer par leurs enseignements.

Mais, comme un aimable intermédiaire entre les deux mondes, s'épanouissait la bienfaisance, effet le plus doux d'un sévère ascétisme. La vie était remplie par les exercices de la piété, et la charité, la modération, la tempérance, paraissaient dans toute la tenue de la maison. Les besoins de chaque jour étaient largement et simplement satisfaits ; mais la demeure, l'ameublement et tous les objets d'usage n'étaient ni élégants ni précieux. Tout avait l'apparence d'une décente maison garnie. Il en était de même chez Furstenberg. Il habitait un palais, mais un palais étranger, qu'il ne devait pas laisser à ses enfants. Il se montrait de même en toutes choses simple, modéré, content de peu, se reposant sur sa dignité morale, dédaignant tout appareil, comme faisait aussi la princesse.

C'est dans ce milieu que s'éveillèrent des entretiens où l'esprit et le cœur abondaient, graves, nourris par la philosophie, égayés par les arts : si, dans la philosophie, on partait rarement des mêmes principes, on était heureux de se trouver mieux d'accord dans les arts.

Hemsterhuis, Néerlandais d'un goût délicat, familiarisé avec les anciens dès ses jeunes années, avait consacré à la princesse sa vie comme ses écrits, qui sont les témoins impérissables d'une mutuelle confiance et d'une culture pareille. Avec une ingénieuse délicatesse, qui lui était particulière, cet homme estimable fut conduit à la recherche infatigable du bon intellectuel et du beau sensible. Pour se pénétrer du premier, il faut être sans cesse environné du second. Aussi, un particulier qui n'a pas à sa disposition de grandes galeries, et qui veut, même en voyage, ne pas être privé des jouissances que lui donnent les arts, ne peut rien désirer de mieux qu'une collection de pierres gravées : cet objet ravissant l'accompagne partout, trésor instructif qui ne pèse point, noble possession qui donne des jouissances continuelles. Mais, pour le recueillir, il ne suffit pas de vouloir ; l'argent ne suffit pas : il faut avant tout l'occasion. Elle ne manqua pas à notre ami : demeurant aux limites de la Hollande et de l'Angleterre, observant le mouvement continuel du commerce et les objets d'art qu'il transportait dans un sens ou dans l'autre, il arriva peu à peu, par des achats et des échanges, à former une belle collection d'environ soixante et dix pièces, avec les conseils de Natter, l'excellent lapidaire. La princesse avait vu naître cette collection, qui avait éclairé son esprit, formé son goût et gagné son affection, et elle la possédait maintenant comme l'héritage d'un ami disparu, qui lui semblait toujours présent dans ces trésors.

On pouvait trouver étrange que la fleur du paganisme fût conservée et hautement appréciée dans une maison chrétienne. Je ne manquai pas de relever les idées charmantes dont l'œil était frappé dans ces admirables petites figures. On ne pouvait y méconnaître l'imitation de grands et nobles ouvrages plus anciens, à jamais perdus pour nous.

De ces entretiens, qui, tout élevés et profonds qu'ils étaient, ne risquaient pas de tomber dans l'abstrus, sembla naître un rapprochement des esprits : car toute vénération d'un objet digne de nos hommages est constamment accompagnée d'un sentiment religieux. Toutefois on ne pouvait se dissimuler que la pure religion chrétienne est toujours hostile à la véritable plastique, parce que cette religion tend à s'éloigner du sensuel, tandis que l'art plastique le reconnaît comme son véritable domaine et qu'il doit y persister. Dans cette pensée, j'improvisai le petit poëme que voici :

« Amour, non pas l'enfant, mais le jeune homme, qui séduisit Psyché, promenait dans l'Olympe ses regards audacieux, accoutumés à la victoire. Il vit une déesse plus belle que toutes les autres : c'était Vénus-Uranie, et il brûla pour elle. Hélas! la sainte elle-même ne résista pas à sa poursuite, et le téméraire la pressa dans ses bras. Ainsi prit naissance un nouvel, un charmant Amour, qui a l'ardeur de son père et la pudeur de sa mère. Vous le trouvez toujours dans la société des douces Muses, et sa flèche stimulante communique l'amour des arts[1]. »

On ne parut pas trop mécontent de cette profession de foi allégorique, mais on ne pressa pas la chose davantage, et de part et d'autre on se faisait un devoir de ne produire ses sentiments et ses convictions que dans la mesure où ils étaient partagés et pouvaient servir, sans controverse, à l'instruction et à la jouissance mutuelles.

J'avais exprimé le regret que le temps, trop court, ne me permît pas d'étudier à fond la collection de pierres gravées; la princesse me dit, à cette occasion, avec grâce et simplicité, qu'elle était disposée à me la remettre, pour l'étudier chez moi avec des amis et des connaisseurs. Cette offre, que je ne pouvais prendre pour un vain compliment, et qui était bien faite pour me séduire, je la refusai cependant avec reconnaissance : la manière dont les pièces étaient classées me donnait à réfléchir. La princesse avouait elle-même qu'un jour, dans la meilleure société, un Hercule avait disparu, et qu'on ne s'était aperçu que plus tard de son absence. Je trouvais d'ailleurs assez dangereux de me charger d'une telle valeur dans les circonstances où l'on était alors, et d'assumer sur moi une inquié-

---

1. Tome I, page 89.

tante responsabilité. La princesse parut prendre mes scrupules en considération.

On m'obligea aussi à rendre quelque compte de mes études d'histoire naturelle; mais je réussis mieux à divertir la société, où se trouvaient des ecclésiastiques de sens et d'esprit, des jeunes gens de bonne mine et bien élevés, pleins d'ardeur, et qui promettaient beaucoup pour l'esprit et pour le cœur. Sans que j'en fusse prié, je choisis pour sujets de mes récits les fêtes de l'Église romaine, la semaine sainte, Pâques, la Fête-Dieu, Saint-Pierre et Saint-Paul, puis, comme délassement, la bénédiction des chevaux[1], à laquelle d'autres animaux domestiques prennent part. Ces fêtes m'étaient alors parfaitement présentes avec tous leurs détails caractéristiques, car j'avais formé le projet d'écrire une année romaine, la suite des solennités ecclésiastiques et civiles. Et comme j'étais en état de décrire ces fêtes d'après une impression directe et sans mélange, je vis mon pieux auditoire catholique aussi satisfait de mes tableaux que les mondains l'étaient du carnaval. Un des assistants, qui connaissait peu la société, demanda même tout bas si réellement je n'étais pas catholique. En me contant la chose, la princesse me fit encore un autre aveu. On lui avait écrit avant mon arrivée qu'elle ferait bien de se tenir sur ses gardes; que je savais si bien prendre un air dévot, qu'on pouvait me croire religieux et même catholique. « Accordez-moi, noble amie, m'écriai-je, que je ne prends pas l'air dévot, que je le suis quand je dois l'être. Il ne m'est point difficile d'observer tous les états d'un regard innocent et pur, et d'en faire ensuite une peinture fidèle. Toute grimace par laquelle des personnes vaines offensent à leur façon l'objet du culte me fut toujours odieuse. Ce qui me répugne, j'en détourne les yeux; mais j'aime à observer dans leur caractère propre bien des choses que je n'approuve pas précisément, et il se découvre le plus souvent que les autres ont aussi bien le droit d'exister dans leur manière d'être que moi dans la mienne. » Grâce à mes explications, ce point fut encore éclairci, et en s'ingérant dans nos relations d'une manière clandestine, qui n'était rien moins que louable,

---

1. Tome IX, page 213.

au lieu de la défiance qu'on voulait éveiller, on avait augmenté la confiance.

Dans une société si délicate, il n'eût pas été possible de se montrer dur et désobligeant. Je me sentais, au contraire, plus doux que je ne l'avais été depuis longtemps, et, après l'affreux désordre de la guerre et de la fuite, il ne pouvait rien m'arriver de plus heureux que d'éprouver de nouveau l'influence de mœurs humaines et pieuses.

Cependant je manquai une fois de prévenance envers ces nobles amis, si gracieux et si bons : on trouvait que j'avais une manière de lire heureuse, naturelle, expressive; on désirait de m'entendre, et, comme on savait que j'admirais passionnément la *Louise* de Voss, qui avait paru dans le *Mercure* (novembre 1784), et que j'aimais à lire ce poëme, on y fit allusion sans importunité; on plaça le numéro du *Mercure* sous la glace et l'on m'attendit. Je ne saurais dire ce qui me retint; ma pensée et mes lèvres étaient comme scellées; je ne sus pas prendre le cahier; je ne sus pas me résoudre à profiter, pour le plaisir de mes amis et pour le mien, d'une pause de la conversation. Le temps se passa, et je m'étonne encore de cette inconcevable apathie.

Le jour du départ approchait : il fallait bien finir par se séparer. « Maintenant, me dit la princesse, toute opposition sera inutile. Je veux que vous emportiez les pierres gravées : je le demande. » Et comme je persistais à les refuser, dans les termes de la plus affectueuse politesse, elle finit par me dire : « Je vous découvrirai pourquoi je l'exige. On m'a déconseillé de vous confier ce trésor, et, pour cela même, je veux, je dois le faire. On m'a représenté que je ne vous connais pas assez pour être tout à fait sûre de vous dans une affaire pareille. A quoi j'ai répondu : « Ne croyez-vous donc pas que l'idée que j'ai de lui « me soit plus précieuse que ces pierres? S'il me fallait perdre « l'opinion que j'ai de lui, j'aimerais autant perdre aussi ce « trésor. » Je ne pus rien répliquer, car, en s'exprimant ainsi, elle avait su m'engager autant que me faire honneur. Elle écarta tous les autres obstacles. Les empreintes en soufre cataloguées furent empaquetées avec les originaux dans une jolie cassette, pour le contrôle, qui pouvait être jugé nécessaire, et un très-petit espace suffit à ces trésors aisément transportables.

On se fit des adieux pleins d'amitié, mais sans se quitter encore : la princesse m'annonça qu'elle voulait m'accompagner jusqu'à la première station; elle prit place à côté de moi dans ma voiture; la sienne suivait. La conversation se reporta sur les points essentiels de la vie et de la doctrine; je répétai doucement et paisiblement mon credo ordinaire; elle persista dans le sien; puis chacun s'en alla chez soi, et elle m'exprima le vœu de me revoir ici-bas ou là-haut.

Cette formule d'adieux de pieux et bienveillants catholiques ne m'était ni étrangère ni désagréable; elle m'avait été souvent adressée aux eaux par des connaissances passagères, et souvent aussi par des prêtres, mes amis, et je ne vois pas pourquoi je saurais mauvais gré à toute personne qui souhaite de m'attirer dans sa sphère, la seule où, selon sa conviction, on peut vivre et mourir tranquille, dans l'espérance d'une éternelle félicité.

Weimar, depuis décembre 1792 jusqu'en avril 1793.

Les soins et les recommandations de ma noble amie avaient disposé le maître de poste à me servir promptement, et, de plus, je fus annoncé et recommandé par circulaire, ce qui était agréable et nécessaire au plus haut point; car j'avais oublié dans les charmants et paisibles entretiens de l'amitié que des flots de fuyards se précipitaient derrière moi, et, par malheur, je trouvai en chemin la troupe des émigrés, qui s'enfonçaient toujours plus dans l'Allemagne, et pour lesquels les postillons n'étaient pas mieux disposés qu'aux bords du Rhin. Bien souvent, point de chemin battu : on courait deçà et delà, on se rencontrait, on se croisait. Bruyères et broussailles, tronçons de racines, sables, joncs et marécages : l'un aussi incommode, aussi triste que l'autre. On n'en sortait pas sans mauvaise humeur.

Une voiture se trouve arrêtée : Paul s'élance à terre et court à l'aide. Il imagine que les belles Françaises, qu'il a retrouvées à Dusseldorf dans la position la plus triste, ont de nouveau besoin de son assistance. La dame n'avait pas retrouvé son mari, et, dans son angoisse, entraînée par le désastreux tourbillon, elle s'était vue enfin jetée de l'autre côté du Rhin. Cependant ce ne fut pas elle qui nous apparut dans ce désert : quelques vieilles et respectables dames réclamaient notre secours. Mais, quand nous voulûmes obliger le postillon de s'arrêter et de venir avec ses chevaux au secours de cette voiture, il s'y refusa arrogamment, et nous dit de songer sérieusement à la nôtre, assez chargée d'or et d'argent, et qui pourrait bien rester en chemin ou verser. Il avait pour nous les meilleures intentions, mais il ne resterait à aucun prix dans ce désert. Heureusement, pour tranquilliser notre conscience, une troupe de paysans westphaliens s'était rassemblée autour de la voiture, et un pourboire les décida à la remettre au bon chemin.

Pour notre voiture, c'était le fer seulement qui la rendait si pesante, et le précieux trésor que nous emportions était assez léger pour n'être pas remarqué dans la chaise la plus légère. Que je regrettais la mienne! La supposition que celle-ci renfermait de grandes richesses me donnait une certaine inquiétude. Nous avions observé qu'un postillon ne manquait jamais de signaler à l'autre l'excessive pesanteur de notre équipage et ses soupçons d'argent et d'effets précieux. Annoncés d'avance par la circulaire, et n'arrivant pas juste à l'heure, à cause des mauvais chemins, nous étions poussés en avant à chaque station et jetés véritablement dans la nuit, tant qu'à la fin la circonstance inquiétante se présenta, où le postillon, dans les ténèbres, jura qu'il ne pouvait mener la barque plus loin et s'arrêta devant une maison forestière, isolée, dont la situation, l'architecture et les habitants auraient fait frissonner, même à la clarté d'un soleil magnifique. Les jours les plus nébuleux avaient au contraire leur charme : on évoquait le souvenir de ses amis, chez qui l'on avait trouvé l'intimité si douce; on les passait en revue avec amour et respect; on s'instruisait à leurs particularités; on s'édifiait à leurs vertus. Mais, quand la nuit était revenue, on se sentait de nouveau assiégé de mille inquiétudes. Cependant, si sombres que fussent nos pensées dans la dernière et la plus ténébreuse des nuits, elles devinrent tout à coup sereines, quand j'entrai dans la ville de Cassel, éclairée par des centaines de réverbères. A cet aspect, se développèrent dans ma pensée tous les avantages de la vie sociale au sein d'une cité, le bien-être de chaque individu dans sa demeure éclairée à l'intérieur, et les commodes établissements pour la réception des étrangers. Ma joie fut cependant troublée pour quelques moments, quand j'arrivai devant l'auberge bien connue, sur la magnifique place royale, aussi claire que le jour : le domestique, qui était allé m'annoncer, revint avec la nouvelle qu'il n'y avait point de place. Comme je ne voulais pas me retirer, un garçon de l'hôtel s'avança vers ma portière et me fit des excuses en belles phrases françaises. Je lui réplique en bon allemand que je suis fort surpris qu'on refuse pendant la nuit l'hospitalité à un voyageur dans un si grand hôtel, dont je connais fort bien l'étendue. « Vous êtes Allemand, s'écrie-t-il. C'est autre chose ! » Et sur-le-champ il fait entrer la voiture dans la cour. Après m'avoir conduit dans une chambre convenable, il me dit qu'il était bien résolu à ne plus recevoir aucun émigré. Leur conduite était arrogante au plus haut point; ils payaient chichement; au milieu de leur détresse, et quand ils ne savaient de quel côté se tourner, ils se comportaient toujours comme s'ils prenaient possession d'un pays conquis.

Mon voyage s'acheva paisiblement; je trouvai moins de presse sur le chemin d'Eisenach. J'arrivai à Weimar après minuit, et ce fut l'occasion d'une scène de famille, qui aurait pu égayer le roman le plus sombre.

Je trouvai déjà en grande partie habitable, réparée et meublée, la maison que le duc me destinait, et j'eus pourtant le plaisir de prendre part à l'achèvement. Les miens vinrent à moi sains et joyeux, et, quand on en vint aux récits, il parut un grand contraste entre la situation gaie et tranquille dans laquelle on s'était régalé des friandises envoyées de Verdun et les souffrances de tout genre que nous avions endurées, nous que l'on avait crus dans les joies du paradis. Notre intérieur paisible s'était égayé et enrichi : nous possédions Henri Meyer[1], en qualité de commensal, d'artiste, d'amateur et de collaborateur; il venait prendre une part active à nos études et à nos travaux.

Le théâtre de Weimar subsistait depuis le mois de mai 1791;

---

1. Voyez tome IX, page 181 et passim.

la troupe avait passé l'été de cette année-là et celui de l'année précédente à Lauchstædt; elle avait pris de l'ensemble en répétant des pièces alors en vogue et qui pour la plupart avaient du mérite. Un reste de la troupe de Bellomo en faisait le fonds; c'étaient par conséquent des personnes accoutumées les unes aux autres; des artistes déjà formés, ou qui promettaient beaucoup, comblaient heureusement les vides.

On peut dire que dans ce temps-là il y avait encore un métier de comédien, ce qui permettait aux artistes de théâtres éloignés de se mettre bientôt à l'unisson, surtout si l'on réussissait à enrôler des Bas-Allemands pour la récitation et des Hauts-Allemands pour le chant. Pour un début, le public pouvait donc être fort satisfait. Comme j'avais pris part à la direction, ce fut pour moi une occupation récréative de chercher doucement par quels moyens l'entreprise pourrait être menée plus loin. Je vis bientôt qu'une certaine technique pouvait naître de l'imitation, de la comparaison et de la routine; mais on manquait complétement de ce que j'oserais appeler grammaire, base indispensable toutefois, avant qu'on puisse arriver à la rhétorique et la poétique. Je me bornerai à dire ici que cette technique, qui s'approprie tout par la tradition, je m'efforçai de l'étudier et de la ramener à ses éléments, et, ce que j'en avais bien saisi, je le faisais observer en détail sans invoquer des idées générales.

Ce qui favorisa surtout mon entreprise, c'est qu'on voyait alors régner sur la scène le ton de la nature ou de la conversation, qui est tout à fait convenable et digne d'éloges quand il se produit comme l'art accompli, comme une seconde nature, mais non si chacun s'imagine que, pour mériter les applaudissements, il lui suffit de produire sa propre individualité toute nue. Cependant je profitai pour mon objet de cette tendance, car je pouvais être bien content, si le naturel primitif se produisait avec liberté, pour se laisser conduire peu à peu à une culture plus élevée par certaines règles et certaines dispositions. Mais je ne puis en dire davantage, attendu que ce qui fut fait et exécuté se développa peu à peu de soi-même, et exigerait par conséquent un exposé historique.

Je dois cependant indiquer en peu de mots les circonstances qui favorisèrent le nouveau théâtre. Iffland et Kotzeboue étaient arrivés à leur époque florissante; Schrœder, Babo, Ziegler, talents énergiques, fournirent un précieux contingent. Bretzner et Junger donnèrent carrière, sans prétention, à une gaieté facile; Hagemann et Hagemeister, talents incapables d'une longue application, travaillaient aussi pour le moment, et, s'ils n'étaient pas admirés, ils étaient du moins bienvenus. Cette masse vivante, qui tournait en cercle, on s'efforça de lui imprimer un essor plus élevé à l'aide de Shakspeare, de Gozzi et de Schiller. On ne se borna plus à n'étudier que le nouveau pour l'oublier d'abord; on fut soigneux dans le choix, et l'on commença à préparer un répertoire, qui se maintint pendant nombre d'années.

Nous profitâmes pour l'opéra des travaux de Dittersdorf. Les amis qui nous revinrent d'Italie nous firent goûter Paesiello, Cimarosa, Guglielmi; et Mozart enfin nous fit sentir l'influence de son génie. Si l'on réfléchit que, de tout cela, bien peu de chose était connu, que rien n'avait été mis en œuvre, on reconnaîtra que les débuts du théâtre de Weimar coïncidèrent avec l'époque de la rénovation du théâtre allemand, et qu'ils jouirent d'avantages qui durent manifestement donner une impulsion féconde au développement naturel et génétique de l'art dramatique en Allemagne.

La collection de pierres gravées que m'avait confiée la princesse ne doit pas être mise en oubli. Les amateurs des arts à Weimar en tirèrent tous les avantages possibles aussi longtemps qu'elle fut dans nos mains. Elle devint dès le même hiver un noble amusement pour la société éclairée qui se réunissait autour de la duchesse Amélie. On chercha à faire de solides progrès dans l'étude des pierres gravées, et ce désir fut favorisé par la bienveillance de l'excellente princesse qui les avait remises dans mes mains, car elle nous en permit la jouissance pendant plusieurs années. Toutefois, peu de temps avant sa mort, elle eut le plaisir de voir d'un coup d'œil toutes les pièces comme elle ne les avait jamais vues, rangées au complet, en belle ordonnance, dans deux cassettes où je les avais placées; et son noble cœur put s'applaudir de la grande confiance qu'elle m'avait témoignée.

Je me sens pressé de quitter ces études plastiques, pour présenter encore quelques considérations sur mes rapports avec le théâtre ; ce que je désirais d'abord éviter. On devait croire que je verrais dans les circonstances nouvelles une occasion excellente de travailler aussi pour notre nouveau théâtre, et en général pour la scène allemande ; mais, pour m'expliquer sans réserve, mes premiers travaux dramatiques, appartenant à l'histoire universelle, étaient trop vastes pour convenir à la scène, et les derniers, consacrés aux sentiments les plus profonds, les plus intimes, furent d'abord assez froidement accueillis, à cause de leur forme trop sévère. Cependant je m'étais fait une certaine technique mitoyenne, qui aurait pu fournir au théâtre des ouvrages d'une gaieté mesurée ; mais je me mépris sur le sujet, ou plutôt je fus subjugué et entraîné par le sujet le plus rebelle à la forme dramatique.

Dès l'année 1785, l'histoire du collier m'effraya comme aurait fait la tête de Méduse. Par cette entreprise téméraire, inouïe, je voyais la majesté royale menacée et bientôt anéantie, et tous les événements qui suivirent ne confirmèrent que trop ces affreux pressentiments. Je les emportai en Italie et les rapportai plus sombres encore. Heureusement, je pus encore achever mon *Tasse* ; mais dès lors les événements contemporains s'emparèrent absolument de mon esprit. J'avais eu occasion pendant nombre d'années de maudire avec douleur les friponneries d'audacieux fantasques et d'hypocrites enthousiastes ; j'avais vu avec surprise et dégoût l'aveuglement inconcevable d'hommes excellents en présence de ces téméraires importunités. Maintenant, les conséquences directes et indirectes de ces folies, je les voyais, avec un caractère criminel ou voisin du crime, aux prises avec la majesté royale, et toutes ensemble assez influentes pour ébranler le plus beau trône du monde.

Pour me procurer quelque consolation et quelque divertissement, je cherchai dans ces horreurs un côté plaisant. La forme de l'opéra-comique, que je considérais depuis longtemps comme une des plus heureuses pour l'exposition théâtrale, ne semblait pas non plus répugner aux sujets sérieux, comme on avait pu le voir par le *Roi Théodore*. Je commençai donc à traiter ce sujet en vers ; Reichardt devait composer la musique ; mais, comme l'ensemble n'était pas animé par un souffle de joie, l'entreprise avorta, et, pour ne pas perdre ma peine, j'écrivis une pièce en prose[1], dont les principaux rôles trouvaient leurs analogues dans le personnel du nouveau théâtre, et ces artistes s'acquittèrent de leur tâche dans une représentation très-soignée. Mais la pièce choqua d'autant plus qu'elle fut mieux jouée. Un sujet horrible et absurde à la fois, traité avec audace et sans ménagement, effraya tout le monde; les cœurs ne répondirent pas; le modèle, presque contemporain, rendit l'impression encore plus dure, et, certaines liaisons secrètes se croyant trop peu ménagées, une grande et respectable partie du public fut mécontente : ajoutons que la délicatesse des femmes fut choquée d'une audacieuse aventure d'amour.

J'avais toujours été indifférent à l'effet immédiat de mes ouvrages, et, cette fois encore, je vis sans m'émouvoir que celui-ci, auquel j'avais consacré tant d'années, n'obtenait aucune approbation. J'éprouvais au contraire à part moi une maligne joie, quand certains hommes, que j'avais vus assez souvent trompés, assuraient hardiment que nul ne pouvait être la dupe d'une si grossière tromperie. Cependant je ne tirai de l'événement aucune leçon. Ce qui occupait mon esprit m'apparaissait toujours sous forme dramatique, et, de même que l'histoire du collier m'avait saisi comme un sombre pressentiment, la Révolution me parut l'accomplissement le plus terrible; je voyais le trône renversé et brisé, une grande nation jetée hors de ses voies, et, après notre malheureuse campagne, le monde entier bouleversé à son tour. Oppressé de ces tristes pensées, j'avais la douleur d'observer que, dans notre patrie, on jouait avec des sentiments qui nous préparaient le même sort. Je connaissais assez de nobles cœurs qui se livraient dans leurs rêveries à certaines espérances et certaines perspectives, sans comprendre ni ces choses ni eux-mêmes, tandis que des hommes pervers s'efforçaient d'exciter, d'augmenter et de mettre à profit des mécontentements amers.

Comme témoignage de ma gaieté chagrine, je fis jouer le *Citoyen général*[2], et j'y fus entraîné par un acteur nommé Beck, qui représentait avec un talent particulier le rôle de Schnaps dans les

---

1. *Le Grand Cophte*, tome III, page 26. — 2. Tome III. page 129.

Deux Billets, imités de Florian, car, dans ce rôle, ses défauts mêmes lui allaient bien. Il me prit fantaisie de le produire de nouveau. Le portemanteau qui renfermait tant de choses était réellement français. Paul l'avait attrapé et emporté dans notre fuite. Dans la scène principale, Malkolmi jouait d'une manière inimitable le rôle du vieux paysan, riche et bien intentionné; il rivalisa avec Beck de vérité, de justesse et de naturel. Mais tout fut inutile; la pièce produisit la plus fâcheuse impression, même chez mes amis et mes partisans, qui se crurent obligés, pour eux et pour moi, de soutenir obstinément que je n'en étais pas l'auteur; que seulement, par fantaisie, j'avais prêté mon nom et ajouté quelques traits de plume à cette production subalterne.

Mais, comme un fait extérieur ne put jamais me détourner de moi-même et me refoulait au contraire toujours plus en moi, ces peintures de l'esprit du temps continuèrent d'être pour moi une occupation consolante. Les *Entretiens d'émigrés allemands*[1], essai fragmentaire; les *Révoltés*[2], pièce inachevée, sont autant de témoignages des sentiments dont j'étais alors animé; et, plus tard, *Hermann et Dorothée*[3] coula aussi de la même source, qui finit naturellement par s'arrêter. Le poëte ne put suivre à la course les révolutions de l'histoire du monde, et, pour lui comme pour son public, il dut s'abstenir de conclure, quand il vit l'énigme se résoudre d'une manière aussi prononcée qu'inattendue.

Sous de telles influences, je souffrais plus vivement que personne, à une si grande distance du véritable théâtre des calamités; le monde me paraissait plus sanglant, plus altéré de sang que jamais. Si la vie d'un roi doit plus compter dans une bataille que celle de milliers d'hommes, elle est bien plus considérable encore dans une lutte juridique. Un roi subit une accusation capitale, et cela fait circuler des idées et traiter des questions pour l'assoupissement desquelles la royauté s'était hardiment mise en jeu bien des siècles auparavant. Ne voyant plus dans le monde qu'indignités, je cherchais un nouveau refuge contre ces abominations, quand la bonne fortune fit tomber dans mes mains le *Roman du Renard*. Rassasié jusqu'à l'horreur des scènes de rues, de carrefours et de populace, je

---

1. Tome VII, page 421. — 2. Tome III, page 189. — 3. Tome V, page 3.

trouvai un véritable divertissement à regarder dans le miroir de la cour et des princes : car, si le genre humain s'y montre encore, tout naturellement, dans sa naïve brutalité, tout se passe, sinon d'une manière exemplaire, du moins joyeusement, et nulle part la bonne humeur n'est troublée. Pour jouir intimement de ce précieux ouvrage, j'en commençai aussitôt une fidèle imitation[1]. Voici comment je fus engagé à l'écrire en hexamètres.

Depuis longtemps, à l'imitation de Klopstock, on écrivait en Allemagne des hexamètres fort négligés. Voss, en se servant de cette forme, fit remarquer çà et là qu'on pouvait y mettre plus de soin; il ne ménageait pas même ses propres travaux et ses traductions, qui étaient pourtant bien reçus du public. J'aurais voulu apprendre aussi le procédé, mais je ne pouvais y réussir. Sur ce point, Herder et Wieland se donnaient plus de latitude; on osait à peine faire mention des travaux de Voss, qui paraissaient de jour en jour plus rigoureux et, pour le moment, sans souplesse. Le public lui-même préféra longtemps les premiers ouvrages de Voss, comme plus coulants. Pour moi, j'avais toujours une secrète confiance dans ce poëte, dont on ne pouvait méconnaître le talent sérieux, et, si j'avais été plus jeune ou dans une autre position, j'aurais fait volontiers le voyage d'Eutin pour apprendre son secret : car, par une louable piété envers Klopstock, il ne voulut jamais dire en face à l'illustre et vénérable poëte qu'il fallait introduire dans la rhythmique allemande une plus sévère discipline, si l'on voulait qu'elle eût une base solide. Cependant les indications qu'il donnait étaient pour moi des oracles sibyllins. Je me souviens encore à quel point je me suis autrefois torturé l'esprit sur la préface des *Géorgiques*, et je m'en souviens avec plaisir à cause de mes bonnes intentions, mais non du profit que j'en ai pu tirer.

Or, comme je savais fort bien que, chez moi, toute culture ne pouvait être que pratique, je saisis l'occasion d'écrire de suite une couple de mille hexamètres, auxquels le mérite du fond assurerait un favorable accueil, la forme dût-elle être imparfaite. Ce qui donnerait prise à la critique finirait toujours par s'arranger. Je consacrai donc toutes mes heures de loisir à un travail

---

[1] Tome V, page 85.

qui portait déjà en lui sa récompense; et cependant je continuais de bâtir, de meubler, sans songer à ce que je deviendrais, bien qu'il me fût très-facile de le prévoir.

Nous étions fort éloignés du théâtre des grands événements; cependant nous vîmes paraître dès cet hiver des fugitifs, avant-coureurs de nos voisins de l'Ouest, chassés de leur patrie. Ils semblaient être à la recherche d'un séjour policé, où ils trouveraient bon accueil et protection. Ils ne firent que passer, mais ils surent tellement nous intéresser à leur sort par leur noble conduite, leur patiente sérénité, leur résignation, leur activité pour subvenir à leurs besoins, que ce petit nombre nous fit oublier les défauts de la masse et changea la répugnance en faveur décidée. Cela tourna à l'avantage de ceux qui les suivirent et qui s'établirent plus tard en Thuringe. Il me suffira de citer dans le nombre Mounier et Camille Jordan, pour justifier l'idée favorable qu'on s'était faite de toute la colonie, qui, sans égaler ces hommes éminents, du moins ne s'en montra pas indigne.

Au reste, on peut remarquer ici que, dans toutes les grandes crises politiques, les spectateurs dont la situation est la meilleure sont ceux qui prennent parti : ce qui leur est véritablement favorable, ils s'en emparent avec joie; ce qui leur est défavorable, ils l'ignorent ou l'expliquent même à leur avantage. Mais le poëte, qui, par sa nature, doit être impartial, s'efforce d'échapper au régime de l'un et l'autre parti, et, si la médiation devient impossible, il doit se résoudre à faire une fin tragique. Et de quel cycle de tragédies n'étions-nous pas menacés par le furieux ébranlement du monde!

Qui n'avait songé avec horreur dès ses jeunes années à l'histoire de 1649? Qui n'avait frémi du supplice de Charles Ier, et n'avait trouvé quelque consolation dans l'espérance que de pareilles scènes de la fureur des partis ne pourraient plus se renouveler? Et tout cela se répétait maintenant, avec de nouvelles horreurs, chez nos voisins, chez la nation la plus polie, et comme sous nos yeux, jour par jour, pas à pas! Qu'on imagine quels mois de décembre et de janvier passèrent ceux qui s'étaient mis en campagne pour sauver le roi, et qui ne pouvaient maintenant intervenir dans son procès, empêcher l'exécution de la condamnation à mort!

Francfort était retombé dans les mains des Allemands. On faisait à la hâte tous les préparatifs possibles pour reconquérir Mayence. On s'était approché de la ville et l'on avait occupé Hochheim; Kœnigstein avait dû se rendre. Il était nécessaire avant tout de délivrer nos derrières par une expédition sur la rive gauche. On s'avança donc en longeant le Taunus sur Idstein, et, par le couvent de Schœnau, sur Caub, puis, par un solide pont de bateaux, sur Bacharach. De là, une suite d'affaires d'avant-postes forcèrent l'ennemi à la retraite. On laissa à droite le Houndsruck proprement dit, on marcha sur Stromberg, où le général Neuwinger fut fait prisonnier. On gagna Kreuznach et l'on nettoya le coin de pays entre la Nahe et le Rhin; après quoi, on s'avança avec sûreté vers le fleuve. Les Impériaux avaient passé le Rhin près de Spire et, dès le 14 avril, on put investir Mayence et faire sentir aux habitants la disette, comme précurseur de plus grands maux.

Je reçus cette nouvelle en même temps que l'invitation de rejoindre, pour prendre part à une souffrance stationnaire, comme j'avais fait à une souffrance mobile. L'investissement était achevé; le siége ne pouvait tarder à s'ouvrir. Ce ne fut pas sans une grande répugnance que je m'approchai une seconde fois du théâtre de la guerre, comme peuvent s'en convaincre ceux qui jetteront les yeux sur la deuxième estampe gravée d'après mes esquisses. Elle reproduit un dessin à la plume, que j'avais fait soigneusement peu de jours avant mon départ : dans quels sentiments, c'est ce que feront connaître les rimes que ce dessin m'avait inspirées :

> Nous voilà donc au logis sans alarmes !
> De porte à porte, oh! coup d'œil plein de charmes !
> L'artiste heureux jette les yeux là-bas,
> Où de la vie il voit le doux tracas.
> S'il faut courir à la rive lointaine,
> Ici toujours le désir nous ramène :
> Le monde est beau, mais nous rêvons toujours
> Au petit coin, nos uniques amours.

SIÉGE DE MAYENCE

(1793)

SIÉGE DE MAYENCE.

(1793.)

Le lundi 26 mai 1793, je me rendis de Francfort à Hoeschst et à Floersheim, où je vis beaucoup d'artillerie. La route ordinaire était fermée, et je dus passer sur le pont de bateaux près de Russelsheim. On se rafraîchit à Giesheim. Ce lieu est dévasté. Puis nous passâmes par le pont de bateaux dans la Nonnenaue, où se voyaient beaucoup d'arbres abattus; enfin, par la seconde partie du pont, je franchis le grand bras du Rhin. De là je gagnai Bodenheim et Oberolm, où je me logeai militairement, et aussitôt je me rendis avec le capitaine Vent à l'aile droite, en traversant Hechstheim. J'observai la position de Mayence, Castel, Kostheim, Hochheim, Weissenau, la pointe du Mein et les îles du Rhin. Les Français en avaient occupé une et s'y étaient retranchés. Je passai la nuit à Oberolm.

Le lendemain, j'allai rendre mes devoirs au duc dans le camp de Marienborn, et j'échangeai aussitôt mon modeste logement contre une grande tente sur le front du régiment. Je passai la soirée chez le général Kalkreuth à Marienborn. On y parla beaucoup d'une alarme qu'on avait eue la nuit passée dans l'autre camp, où le bruit avait couru qu'un général allemand avait passé aux Français, ensuite de quoi on avait changé le mot d'ordre et mis sous les armes quelques bataillons.

Le mercredi 28 mai, je vis le colonel de Stein dans la maison de chasse, dont la situation est admirable. C'est une demeure charmante. On sentait quelle charge agréable avait été celle de grand veneur d'un électeur de Mayence. Je dînai au quartier général; la retraite de Champagne défraya la conversation. Le comte de Kalkreuth donna libre cours à sa bonne humeur contre les théoriciens. Le soir, quelques officiers du régiment se trouvèrent chez le cantinier, où l'on était un peu plus en train que l'année précédente dans la Champagne; nous bûmes cette fois son vin mousseux en lieu sec et par le plus beau temps. On rappela ma prédiction, on répéta mes propres paroles : « De ce lieu et de ce jour date une nouvelle époque pour l'histoire du monde et vous pourrez dire : *J'y étais.* » On s'étonnait de voir cette prédiction accomplie non-seulement dans son sens général, mais encore à la lettre, les Français ayant pris ces jours-là pour point de départ de leur calendrier.

Mais, l'homme sachant en général, et surtout en guerre, se plier à l'inévitable, et cherchant à remplir avec le plaisir et la gaieté les intervalles du danger, de la souffrance et du chagrin, les hautbois d'un régiment se mirent à jouer le *Ça ira* et la *Marseillaise*, tandis qu'on vidait les bouteilles de champagne.

Le lendemain, jeudi 29 mai, canonnade générale de réjouissance, en l'honneur de la victoire des Autrichiens à Famars. Cela me servit à reconnaître la position des batteries et des troupes. J'accompagnai le duc à l'aile gauche, et je rendis mes devoirs au landgrave de Darmstadt, dont le camp était orné avec goût de branches de pin; la tente du landgrave surpassait d'ailleurs tout ce que j'avais jamais vu, pour l'heureux arrangement, l'excellence du travail, le confort et la magnificence.

Vers le soir nous eûmes un spectacle charmant : les princesses de Mecklenbourg avaient dîné chez Sa Majesté, à son quartier général de Bodenheim, et, en sortant de table, elles étaient venues visiter le camp. Je m'enfermai dans ma tente et je pus observer à loisir Leurs Altesses, qui se promenaient devant sans aucune gêne. Et véritablement ces deux jeunes dames pouvaient sembler au milieu du tumulte de la guerre une apparition céleste.

Dans la nuit du 30 au 31, je dormais tranquillement dans ma tente, tout habillé, comme à l'ordinaire, quand je fus éveillé par le bruit de la fusillade, qui ne paraissait pas fort éloignée. Je fus bientôt sur pied et hors de la tente. Je trouvai déjà tout en mouvement. Marienborn était manifestement surpris. Bientôt les canons de notre batterie devant la maison sur la chaussée tonnèrent à leur tour. L'ennemi avançait donc. Le régiment du duc, dont un escadron était posté derrière la maison de la chaussée, marcha en avant. La situation était à peine explicable. La fusillade dans Marienborn, sur les derrières de nos batteries, durait toujours, et nos batteries continuaient leur feu. Je montai à cheval et me portai en avant, et, comme j'avais déjà reconnu les lieux, je pus, malgré la nuit, juger la situation. Je m'attendais à chaque instant à voir Marienborn en flammes, et je retournai à nos tentes, où je trouvai les gens du duc qui pliaient bagage à tout événement. Je leur recommandai ma malle et mon portefeuille, et je me concertai avec eux pour la retraite. Ils voulaient gagner Oppenheim. Je pouvais les y joindre aisément, parce que je connaissais le sentier à travers champs. Toutefois je voulus attendre l'événement et ne pas m'éloigner avant d'avoir vu le village en flammes et le combat s'étendre derrière.

Dans cette incertitude, je restais en observation, mais bientôt la fusillade cessa, les canons se turent ; le jour commençait à poindre, et je vis devant moi le village tranquille. Je m'avançai sur le champ de bataille ; le soleil se leva, répandant une triste lumière, et l'on vit les victimes de la nuit couchées pêle-mêle. Nos cuirassiers gigantesques, bien vêtus, faisaient un étrange contraste avec les sans-culottes petits, chétifs, déguenillés. La mort les avaient moissonnés sans distinction. Notre excellent capitaine la Vière était tombé des premiers. Le capitaine de Vos, adjudant du comte Kalkreuth, avait un coup de feu à la poitrine : on attendait sa mort. J'écrivis une courte relation de ce singulier et regrettable incident.

On se disposait enfin à commencer le siége, toujours annoncé, et dont on faisait mystère aux ennemis. Le 16 juin, on se dit à l'oreille que la tranchée serait ouverte cette nuit. L'obscurité était profonde ; nous nous dirigeâmes par le chemin connu vers la redoute de Weissenau. On ne voyait, on n'entendait rien. Tout à coup nos chevaux s'étonnèrent, et nous aperçûmes devant nous une troupe qu'on distinguait à peine. Des soldats autrichiens, habillés de gris, portant sur le dos des fascines grises, passaient en silence ; à peine le cliquetis des pelles et des pioches, se heurtant les unes contre les autres, faisait-il de temps en temps deviner un mouvement voisin. Il est difficile d'imaginer une apparition plus étrange et plus fantastique : à peine aperçue, elle se répétait toujours, sans être jamais vue plus distinctement. Nous restâmes en place jusqu'à ce qu'ils fussent passés, car, du lieu où nous étions, nous pouvions du moins apercevoir l'endroit où ils devaient opérer et travailler dans l'ombre. Comme ces entreprises risquent toujours d'être dénoncées à l'ennemi, nous pouvions présumer qu'on tirerait des remparts vers ce côté-là, fût-ce à l'aventure. Mais nous ne restâmes pas longtemps dans l'attente, car, à la place même où la tranchée devait être ouverte, éclata tout à coup une fusillade, inconcevable pour nous tous. Les Français s'étaient-ils glissés hors de la ville et avancés jusqu'à nos avant-postes ou même au delà? Nous ne pouvions le comprendre. Le feu cessa, et tout retomba dans le plus profond silence. La chose ne nous fut éclaircie que le lendemain. Nos avant-postes eux-mêmes avaient fait feu contre la colonne qui s'avançait sans bruit, la prenant pour une troupe ennemie. Les autres furent surpris, ils se troublèrent, chacun jeta loin sa fascine; on ne sauva que les pelles et les pioches. Les Français, rendus attentifs sur les remparts, se tinrent sur leurs gardes; on revint sans avoir rien fait, et toute l'armée des assiégeants fut consternée.

Cette malheureuse tentative ayant amené une discussion entre les hommes compétents, ils reconnurent qu'on ne s'était pas encore assez approché de la forteresse. On résolut de porter plus avant la troisième parallèle, et de tirer par là de cet échec un avantage décidé. On se mit à l'œuvre et l'on réussit à souhait.

Le 24 juin, les Français et les clubistes, voyant leur position critique, et voulant arrêter le progrès de la disette, firent impitoyablement sortir de la ville, et acheminèrent vers Castel, les vieillards, les malades, les femmes et les enfants, qu'avec la même cruauté nous repoussâmes vers la ville. La détresse de ces personnes sans armes et sans appui, foulées entre les assiégeants et les assiégés, surpassait toute imagination.

Le bombardement commença le 27 juin, et le doyenné fut d'abord embrasé. Dans la nuit du 28, le bombardement continua. La tour et le toit de la cathédrale devinrent la proie des flammes avec beaucoup de maisons du voisinage ; après minuit, l'église des jésuites. Nous observions cet affreux spectacle de la redoute devant Marienborn. Le ciel était brillant d'étoiles, les bombes semblaient rivaliser avec les flambeaux célestes, et il y avait des moments où l'on ne pouvait réellement les distinguer. Qu'un pareil spectacle faisait bien paraître tout le malheur de notre situation, puisque, pour nous sauver, pour nous rétablir en quelque mesure, il nous fallait recourir à de pareils moyens !

On parlait depuis longtemps d'une batterie flottante, construite à Ginsheim, et qui devait opérer contre la tête du Mein, les îles, les prairies voisines et les occuper. On en parla tant qu'à la fin on n'y songea plus. Comme je faisais à midi ma promenade accoutumée vers notre redoute au delà de Weissenau, j'y fus à peine arrivé, que je remarquai sur le fleuve un grand mouvement ; des bateaux français faisaient force de rames pour atteindre les îles, et la batterie autrichienne, dressée pour balayer le Rhin jusque-là, faisait sans relâche un feu à ricochets, spectacle tout nouveau pour moi. Au premier choc du boulet sur l'élément liquide se produisait un rejaillissement d'une hauteur considérable ; l'eau n'était pas retombée, qu'il s'en formait un second, considérable encore, mais moins que le premier, et ainsi de suite pour le troisième, le quatrième, qui diminuaient toujours, jusqu'à ce que, s'approchant des bateaux, il agissait plus uniment et leur faisait courir de sérieux dangers. Je ne pouvais me rassasier de ce spectacle, car les coups se suivaient sans relâche, et de nouvelles colonnes d'eau s'élevaient toujours avant que les premières fussent tout à fait écoulées.

Tout à coup, sur la rive droite, en amont, se démarre entre des buissons et des arbres une singulière machine : une grande plate-forme quadrangulaire, de poutres assemblées, flotte et s'avance, à ma grande admiration, à ma grande joie, en même temps, de me voir témoin oculaire de cette importante expédition, dont on avait tant parlé. Toutefois mes vœux en sa faveur parurent sans influence ; mon espoir ne dura pas longtemps, car bientôt la masse tourna sur elle-même ; on vit qu'elle n'obéissait pas à un gouvernail ; le courant l'emportait toujours tournante. Dans la redoute du Rhin au-dessus de Castel, et devant cette redoute, tout était en mouvement; des centaines de Français remontaient la rive en courant, et ils poussèrent un immense cri d'allégresse, quand cet aquatique cheval de Troie, entraîné par les flots du Mein loin du but assigné (la pointe de terre), s'avança doucement, irrésistiblement, entre le Mein et le Rhin. Enfin le courant entraîne vers Castel cette lourde machine. Là elle aborde, non loin du pont de bateaux, sur une plaine encore inondée par le fleuve. Les troupes françaises s'y rassemblent, et, comme j'avais observé jusque-là toute l'affaire avec une très-bonne lunette, je vois encore, hélas ! s'abaisser la trappe qui fermait cet espace, et ceux qui s'y trouvaient pris en sortir pour entrer en captivité. C'était un douloureux spectacle. Le pont-levis n'arrivait pas jusqu'à terre : la petite garnison dut marcher d'abord dans l'eau avant d'atteindre le cercle de ses ennemis. Il y avait soixante-quatre soldats, deux officiers et deux canons. Les prisonniers furent bien reçus; on les conduisit à Mayence, et, de là, dans le camp prussien pour être échangés. A mon retour, je ne manquai pas d'annoncer cet événement inattendu. Personne ne voulait le croire, comme je n'avais pas voulu moi-même en croire mes yeux. Le prince de Prusse se trouvait par hasard chez le duc : je fus appelé, et l'on me demanda de rapporter ce que j'avais vu. Je le fis exactement, mais à regret, sachant bien qu'on impute toujours au messager une partie du malheur qu'il annonce.

Peu à peu l'affreuse calamité de Mayence était devenue pour le voisinage l'occasion d'une partie de plaisir. La redoute au delà de Weissenau, d'où l'on avait la vue la plus magnifique, était journellement visitée par des curieux, qui voulaient se faire une idée de la situation et observer ce qui se passait dans ce vaste cercle, étendu à perte de vue. Les dimanches et les jours de fête, cette redoute devenait le rendez-vous d'innombrables paysans accourus du voisinage. Elle était la moins exposée au feu des Français; les coups tirés en l'air étaient très-incertains, et la plupart passaient par-dessus. Quand la sentinelle, qui allait et venait sur le parapet, voyait les Français mettre le feu aux pièces dirigées de ce côté, elle criait : « Baissez-vous ! » et soudain toutes les personnes qui se trouvaient dans la batterie se jetaient à genoux ou la face contre terre, pour être protégées par le parapet contre un boulet qui aurait porté bas.

C'était un amusant spectacle de voir ces jours-là la foule des paysans en toilette, arrivés souvent de l'église avec leurs paroissiens et leurs chapelets, remplir la redoute, regarder tout, jaser et folâtrer et, au cri de la sentinelle, se prosterner tous incontinent devant cette redoutable apparition, puis, le péril évanoui, se relever, se railler à l'envi, pour se prosterner encore aussitôt qu'il plaisait aux assiégés. On pouvait très-commodément se procurer ce spectacle si l'on se plaçait sur la hauteur voisine, un peu en dehors de la direction du feu, ayant sous ses yeux cette singulière cohue, et à ses oreilles le sifflement des boulets.

Mais les projectiles qui franchissaient la redoute n'étaient pas perdus. Sur la croupe de ces collines passait la route de Francfort, en sorte qu'on pouvait très-bien observer de Mayence la procession des carrosses et des chaises, des cavaliers et des piétons, et tenir à la fois en alarme la redoute et les promeneurs. Aussi, les chefs y ayant pris garde, l'entrée de cette multitude fut-elle bientôt défendue; et les curieux de Francfort firent un détour afin d'arriver hors de vue et hors d'atteinte au quartier général.

S'il se trouve quelques lacunes dans mon récit, ce n'est pas une chose étonnante : chaque heure était féconde en malheurs; à chaque moment on s'inquiétait pour son prince, pour ses amis; on oubliait le soin de sa propre sûreté. Attiré par le péril affreux, sauvage, comme par le regard du crotale, on se précipitait sans mission dans les endroits dangereux; on chevauchait dans les tranchées; on laissait les obus éclater sur sa tête et les fragments fondre sur le sol autour de soi; on souhaitait aux malheureux blessés une prompte délivrance, et l'on n'aurait pas voulu ressusciter les morts.

Si l'on réfléchit qu'un pareil état, où l'on s'exposait à mille morts pour étourdir son angoisse, dura près de trois semaines, on nous pardonnera de passer rapidement sur ces jours affreux comme sur une terre brûlante.

Le 1er juillet, la troisième parallèle fut en activité, et la batterie de Bock fut aussitôt bombardée. Le 2 juillet, bombardement de la citadelle et de la redoute de Charles. Le 3, nouvel incendie dans la chapelle de Saint-Sébastien; les hôtels et les palais voisins sont la proie des flammes.

Dans la nuit du 13, l'hôtel de ville et plusieurs édifices publics sont consumés.

Le 14, armistice de part et d'autre : les Français célèbrent la fête de la Fédération, les Allemands la conquête de Condé. Chez nous, canonnade et fusillade; chez les assiégés, fête théâtrale de la liberté.

Le 16 fut pour moi un jour d'alarmes : j'avais en perspective une nuit dangereuse pour mes meilleurs amis. Un des petits ouvrages avancés des ennemis, devant la redoute Welche, faisait parfaitement son office. C'était le plus grand obstacle à notre troisième parallèle, et il fallait l'enlever à tout prix. Avertis ou soupçonnant que les Français faisaient camper de la cavalerie derrière cet ouvrage et sous le canon de la place, on voulut prendre aussi des cavaliers pour cette sortie et cette surprise. Quelle grave entreprise c'était de lancer de la cavalerie hors de la tranchée, de la déployer devant le canon de la redoute et de la place, et de la faire caracoler dans la nuit sombre sur le glacis occupé par les ennemis, chacun pourra le comprendre. Pour moi, c'était un sujet de mortelles inquiétudes, de savoir que M. de Oppen, le meilleur ami que j'eusse dans le régiment, était commandé pour cette affaire. Il fallut se séparer à l'entrée de la nuit, et je courus à la redoute n° 4, d'où l'on découvrait assez bien les lieux. On put fort bien observer de loin que l'affaire était engagée et qu'elle était chaude, et il fallait prévoir que plus d'un brave n'en reviendrait pas. Cependant le matin nous apprit l'heureux succès de l'attaque : on avait enlevé la redoute, on l'avait rasée, et l'on avait pris vis-à-vis une position si forte, que l'ennemi ne pouvait songer à rétablir l'ouvrage. Mon ami Oppen revint heureusement; ceux qu'on eut à regretter ne me touchaient pas de près, mais nous plaignîmes le prince Louis, qui, combattant vaillamment à la tête des troupes, avait reçu une blessure grave, sinon dangereuse, et s'était vu forcé de quitter dans un pareil moment le champ de bataille.

Le 18 juillet, le commandant de la place fait des propositions d'accommodement qui sont rejetées. Le 19, le bombardement continue; les moulins du Rhin sont endommagés et mis hors de service. Le 20, le général commandant d'Oyre envoie un projet de capitulation sur lequel on traite. Nuits du 21 et du 22, bombardement furieux. L'église des dominicains est réduite en cendres. De notre côté, un atelier prussien saute en l'air.

Quand on sut, le 22 juillet, que l'armistice était conclu, on courut au quartier général pour attendre l'arrivée du général d'Oyre, le commandant de la place. Il vint. C'était un homme grand et bien fait, d'une taille élancée, de moyen âge, très-naturel dans sa tenue et ses manières. Tandis que les négociations se suivaient dans le conseil, notre attention et nos espérances furent vivement excitées; mais, quand nous sûmes qu'on était d'accord, et que la ville serait rendue le lendemain, plusieurs se sentirent, comme par enchantement, délivrés soudain des fatigues, des soucis et de l'angoisse, et quelques amis ne résistèrent pas à la tentation de monter à cheval et de courir à Mayence. En chemin, nous atteignîmes Soemmering qui gagnait aussi Mayence à la hâte, sans doute pour des raisons plus fortes, mais sans considérer non plus le danger de l'entreprise. Nous voyions de loin la barrière de la première porte et, derrière, une foule de gens amassés. Nous remarquâmes devant nous des piéges à loup, mais nos chevaux y étaient accoutumés et nous les passâmes heureusement.

Comme nous arrivions à la barrière, on nous cria : « Qu'apportez-vous ? » Il y avait dans cette foule peu de soldats : ce n'étaient que bourgeois, hommes et femmes. Sur notre réponse, que nous apportions l'armistice et vraisemblablement, pour demain, la liberté et la délivrance, nous fûmes accueillis avec de bruyants applaudissements. Nous nous donnâmes les uns aux autres autant d'éclaircissements qu'il plut à chacun, et, comme nous allions tourner bride, accompagnés de mille bénédictions, Soemmering arriva, entra dans la conversation, trouva des visages connus, lia une conversation plus intime, et disparut enfin avant que nous l'eussions remarqué. Pour nous, nous jugeâmes qu'il était temps de retourner.

Les mêmes désirs, la même ardeur, entraînèrent un certain

nombre de Mayençais émigrés, qui, pourvus de vivres, surent pénétrer d'abord dans les ouvrages extérieurs, puis dans la place, pour embrasser et restaurer leurs amis. Nous rencontrâmes beaucoup de ces ardents visiteurs, et la presse devint si grande, qu'enfin, après avoir doublé les postes, on défendit sérieusement d'approcher des remparts ; les communications furent tout à coup interrompues.

Le 23 juillet se passa à prendre possession des ouvrages extérieurs de Mayence et de Castel. Monté dans une légère voiture, je fis une promenade, en serrant la ville d'aussi près que les gardes me le permirent. On visitait les tranchées, et l'on observait les travaux de terrassement, inutiles et abandonnés depuis qu'on avait atteint le but.

Comme je revenais, un homme de moyen âge m'appela pour me prier de prendre dans ma voiture son petit garçon, enfant de huit à neuf ans, qu'il traînait par la main. C'était un émigré de Mayence, qui accourait, joyeux et empressé, de son dernier asile, pour assister en triomphe à la sortie des ennemis, et qui jurait mort aux clubistes. J'essayai de le modérer, et lui représentai que le retour à un état paisible ne devait pas être souillé par la guerre civile, la haine et la vengeance ; que ce serait éterniser le malheur. La punition des coupables devait être abandonnée aux augustes alliés et au légitime seigneur du pays après son retour. Enfin je lui présentai encore d'autres réflexions sérieuses et conciliantes, et j'en avais le droit, puisque je prenais l'enfant dans ma voiture, et que je les régalai tous deux d'un coup de vin et de petites pâtisseries. Je déposai l'enfant à une place convenue, tandis que le père était déjà loin et me faisait avec son chapeau mille signes de remerciments.

La matinée du 24 se passa assez paisiblement. La garnison tardait à sortir. Cela tenait, disait-on, aux affaires pécuniaires, qui ne pouvaient être sitôt résolues. Enfin, à midi, comme tout le monde était à dîner, et qu'un grand silence régnait dans le camp et sur la chaussée, plusieurs voitures à trois chevaux passèrent très-vite à quelque distance l'une de l'autre, sans qu'on y prit garde et qu'on fît là-dessus aucune réflexion : cependant le bruit se répandit bientôt que plusieurs clubistes s'étaient échappés de cette manière subtile et hardie. Des gens passionnés s'écrièrent qu'il fallait leur donner la chasse ; d'autres se contentèrent d'exhaler leur dépit ; d'autres enfin s'étonnèrent de ne voir sur toute la route aucune trace de gardes ni de surveillants : preuve évidente, disaient-ils, que l'autorité supérieure voulait fermer les yeux, et abandonner aux chances du hasard tout ce qui pouvait arriver.

La véritable sortie des troupes interrompit ces réflexions et changea le cours des idées. Les fenêtres de la maison sur la chaussée, que nous occupions alors, nous furent très-commodes dans ce moment à mes amis et à moi. Nous vîmes le défilé venir à nous dans toute sa solennité. Des cavaliers prussiens ouvraient la marche ; la garnison française suivait. Rien de plus singulier que la manière dont cette marche s'annonçait : une colonne de Marseillais, petits, noirs, bariolés, déguenillés, s'avançait à petits pas ; on eût dit que le roi Edwin avait ouvert sa montagne, et lâché sa joyeuse armée de nains. Ensuite venaient des troupes plus régulières, sérieuses et mécontentes, mais non abattues ni humiliées. Cependant l'apparition la plus remarquable, et qui frappa tout le monde, fut celle des chasseurs à cheval. Ils s'étaient avancés jusqu'à nous dans un complet silence : tout à coup leur musique fit entendre la *Marseillaise*. Ce *Te Deum* révolutionnaire a quelque chose de triste et de menaçant, même lorsqu'il est vivement exécuté ; mais, cette fois, les musiciens le jouaient très-lentement, réglant la mesure sur leur marche traînante. L'effet fut saisissant et terrible, et le coup d'œil imposant, quand ces cavaliers, qui étaient tous de grande taille, maigres et d'un certain âge, et dont la mine s'accordait avec ces accents, passèrent devant nous. Isolément, ils tenaient du Don Quichotte ; en masse, ils paraissaient très-respectables.

Une troupe particulière, qui attirait vivement l'attention, fut celle des commissaires. Merlin de Thionville, en habit de hussard, remarquable par sa barbe et son regard sauvage, avait auprès de lui un autre personnage habillé comme lui. Le peuple vociféra avec fureur le nom d'un clubiste, et s'ébranlait pour se jeter sur lui. Merlin s'arrêta, fit valoir sa dignité de représentant du peuple français, la vengeance qui suivrait toute insulte ; il conseillait la modération : « Car, ajouta-t-il, ce n'est pas la dernière fois que vous me voyez ici. » La foule resta interdite; pas un ne branla. Merlin avait apostrophé quelques-uns de nos officiers qui se trouvaient là, et invoqué la parole du Roi : personne ne bougea, ni pour l'attaque ni pour la défense. La troupe passa sans être inquiétée.

Le lendemain, je remarquai avec regret qu'on n'avait pris aucune précaution ni sur la chaussée ni dans le voisinage pour prévenir les désordres. Ces mesures semblaient d'autant plus nécessaires ce jour-là que les pauvres émigrés mayençais, au comble de l'infortune, étaient arrivés d'endroits plus éloignés, et assiégeaient par troupes la chaussée, soulageant par des cris de malédiction et de vengeance leurs cœurs ulcérés. Aussi la ruse de guerre employée la veille par les fugitifs ne réussit-elle plus. Quelques voitures de voyage furent lancées au grand trot; mais les bourgeois de Mayence s'étaient postés partout dans les fossés de la chaussée, et, si les fugitifs échappaient à une embuscade, ils tombaient dans une autre. On arrêtait la voiture : si l'on y trouvait des Français ou des Françaises, on les laissait courir; si c'étaient des clubistes bien connus, on ne les lâchait pas.

Une très-belle voiture à trois chevaux vint à passer. Une jeune et gracieuse dame ne cessait de se montrer à la portière, saluant à droite et à gauche. Mais on saisit les brides dans les mains du postillon; on ouvre la portière, on reconnaît aussitôt à côté de la dame un chef de club. On ne pouvait le méconnaître. Il était de taille courte et ramassée, un large visage, gravé de petite vérole. On le tire dehors par les pieds, on ferme la portière et l'on souhaite bon voyage à la belle; mais lui, on le traîne dans le champ voisin, on le foule aux pieds, on le roue de coups; tous ses membres sont meurtris, son visage méconnaissable. Enfin un garde le prend sous sa protection; on le porte dans une maison de paysan; on le couche sur la paille, à l'abri des voies de fait, mais non des injures, des moqueries et des outrages. Les insultes allèrent même si loin, que l'officier ne laissa plus entrer personne, et moi-même, à qui il n'aurait pas opposé de refus, parce qu'il me connaissait, il me pria instamment de renoncer à cet affreux spectacle.

Le 25, dans notre maison de la chaussée, nous fûmes encore

occupés de la sortie régulière des Français. J'étais à la fenêtre avec M. Gorre. Une grande foule se rassembla au-dessous; mais dans la place, qui était grande, rien ne pouvait échapper à l'observateur.

Nous vîmes approcher l'infanterie : c'étaient des troupes de ligne, des hommes alertes et bien faits. Des jeunes filles de Mayence partaient avec eux, les unes dans les rangs, les autres à côté. Leurs connaissances les saluaient avec des signes de tête et des propos moqueurs. « Hé! Lisette, veux-tu aussi courir le monde? » Et puis : « Tes souliers sont encore neufs; ils s'useront bientôt. » Et après : « As-tu donc aussi appris le français depuis qu'on ne t'a vue? Bon voyage! » Et voilà comme elles passaient par les verges. Elles semblaient toutes joyeuses et rassurées; quelques-unes disaient adieu à leurs voisines; la plupart étaient silencieuses et regardaient leurs amants.

Cependant la foule était très-émue ; on proférait des insultes, accompagnées de menaces. Les femmes blâmaient les hommes de laisser partir ces misérables, qui emportaient sans doute dans leurs nippes le bien de quelque honnête bourgeois de Mayence : la démarche sévère des soldats, les officiers qui bordaient les rangs pour maintenir l'ordre, empêchaient seuls une explosion. L'agitation était effrayante.

Dans le moment le plus dangereux, arriva une troupe qui sans doute aurait voulu être déjà bien loin. Un bel homme, presque seul, s'avançait à cheval; son uniforme n'annonçait pas précisément un militaire; à son côté chevauchait une femme vêtue en homme, très-belle et bien faite; ils étaient suivis de quelques voitures à quatre chevaux, chargées de coffres et de caisses. Le silence était menaçant. Tout à coup des murmures éclatent dans la foule et l'on crie : « Arrêtez-le! tuez-le! C'est le coquin d'architecte qui a pillé le doyenné et puis y a mis le feu! » Il ne fallait qu'un homme résolu, et la chose était faite.

Sans faire d'autre réflexion, sinon qu'il ne fallait pas que la sûreté publique fût compromise devant le logement du duc, et songeant tout à coup à ce que le prince et général dirait, en rentrant chez lui par-dessus les débris de cette vengeance personnelle, je descends à la course, je sors et, d'une voix impérieuse, je crie : « Arrêtez! » Déjà la foule s'était amassée. Nul n'avait osé baisser la barrière, mais la foule barrait le passage. Je crie encore : « Arrêtez! » Il se fait un profond silence. Je poursuis en termes énergiques et vifs. C'était ici le quartier du duc de Weimar, la place était sacrée; s'ils voulaient commettre des désordres et exercer leur vengeance, ils trouveraient assez de place ailleurs. Le Roi avait accordé la libre sortie : s'il y avait mis des conditions, s'il avait excepté certaines personnes, il aurait placé des surveillants, rappelé ou arrêté les coupables. Mais on ne savait rien de pareil; on ne voyait aucune patrouille. Pour eux, quels qu'ils fussent, ils n'avaient, au milieu de l'armée allemande, d'autre rôle à jouer que de rester tranquilles spectateurs; leur infortune et leur haine ne leur donnaient ici aucun droit, et, une fois pour toutes, je ne souffrirais à cette place aucune violence.

La foule, surprise, restait muette; puis l'agitation, les murmures, les insultes recommencèrent. Quelques-uns s'emportent, deux hommes s'avancent pour saisir à la bride les montures des cavaliers. Par un singulier hasard, l'un d'eux était le perruquier que j'avais exhorté la veille, tout en lui rendant service. « Eh quoi! lui criai-je, avez-vous déjà oublié nos discours d'hier? N'avez-vous pas réfléchi qu'on se rend coupable en se faisant justice soi-même? que nous devons laisser à Dieu et à nos supérieurs la punition des criminels, comme on doit leur laisser aussi le soin de mettre fin à cette calamité? » J'ajoutai encore quelques paroles brèves et serrées, mais d'une voix haute et vive. L'homme, qui me reconnut sur-le-champ, recula; l'enfant se pressa contre son père et m'adressa un gracieux regard. La foule s'était retirée et avait laissé la place et le passage libres. Les deux personnes à cheval semblaient embarrassées. Je m'étais assez avancé dans la place : le cavalier vint à moi et me dit qu'il désirait connaître mon nom et savoir à qui il était obligé d'un si grand service. Il ne l'oublierait de sa vie et serait heureux de le reconnaître. La belle dame s'approcha également et me dit les choses les plus obligeantes. « Je n'ai fait que mon devoir, répondis-je, en maintenant la sûreté de cette place, » et puis je leur fis signe de s'éloigner. La foule, déconcertée dans ses projets de vengeance, resta immobile. À trente pas de là, personne ne l'aurait arrêtée. Ainsi va le monde : qui franchit un mauvais pas en franchira mille. *Chi scampa d'un punto scampa di mille.*

Quand je fus revenu de mon expédition auprès de mon ami Gorre, il s'écria, dans son baragouin anglo-français : « Quelle mouche vous pique? Vous vous êtes engagé dans une affaire qui pouvait mal finir. — Je m'en souciais peu, lui répondis-je. Ne trouvez-vous pas vous-même plus agréable que je vous aie maintenu la place nette devant la maison? Quel coup d'œil, si tout cela était maintenant jonché de débris, qui fâcheraient tout le monde et ne profiteraient à personne! Qu'importe après tout que cet homme soit possesseur injuste de tout ce qu'il a pu emmener à son aise? »

Le défilé des Français continuait tranquillement sous notre fenêtre; la multitude, qui n'y prenait plus d'intérêt, s'écoula. Qui le pouvait se frayait un passage pour se glisser dans la ville, retrouver les siens et ce qui pouvait lui rester de son bien, et en jouir; mais ils étaient plus pressés encore par la fureur, bien pardonnable, de punir, d'anéantir (comme ils en proféraient parfois la menace) leurs ennemis mortels les clubistes et les membres des comités.

Cependant mon bon Gorre ne pouvait admettre que j'eusse tant osé à mes risques pour un inconnu, peut-être criminel. Je lui faisais toujours considérer en badinant la place nette, et je finis par lui dire avec impatience : « Je suis ainsi fait, j'aime mieux commettre une injustice que de souffrir le désordre. »

Le 26, nous réussîmes, quelques amis et moi, à pénétrer à cheval dans la ville. Nous la trouvâmes dans un état déplorable. L'œuvre des siècles n'était plus qu'un amas de ruines, dans la plus belle situation du monde, où les richesses des provinces avaient afflué, où la religion s'était attachée à consolider et augmenter les possessions de ses ministres. L'esprit était saisi d'un trouble douloureux, beaucoup plus triste que si l'on fût entré dans une ville réduite en cendres par une cause accidentelle.

La police étant désorganisée, aux décombres qui remplissaient les rues s'étaient ajoutées toute sorte d'immondices; on remarquait les traces du pillage, suite d'hostilités intérieures. De grands murs menaçaient ruine ; les tours étaient mal sûres. Mais que servent les descriptions détaillées, puisque nous avons nommé les uns après les autres les grands édifices que les flammes avaient dévorés?

Une ancienne prédilection me fit courir au doyenné, dont j'avais conservé le souvenir comme d'une petite merveille d'architecture. Le porche à colonnes était encore debout avec ses pignons, mais je ne marchai que trop tôt sur les ruines des belles voûtes écroulées; je vis à mes pieds les grilles, dont les mailles protégeaient naguère les fenêtres hautes ; on voyait encore çà et là un reste de la richesse et de l'élégance disparues. Cette résidence admirable était donc aussi pour jamais anéantie ! Tous les édifices qui entouraient la place avaient eu le même sort. C'était dans la nuit du 27 juin que la destruction de ces magnificences avait illuminé la contrée.

Ensuite je me transportai dans le quartier du château, dont personne n'osait approcher. Des baraques de planches, qu'on y avait adossées, annonçaient la profanation de cette demeure princière; sur la place on voyait pêle-mêle des canons mis hors de service, les uns par le tir de l'ennemi, les autres pour avoir été soumis à de trop grands efforts.

Tout comme l'ennemi extérieur avait détruit avec leur contenu des bâtiments superbes, à l'intérieur, la barbarie, l'insolence et le caprice avaient fait aussi beaucoup de ruines. Le palais Ostheim subsistait encore, mais il était devenu l'auberge des tailleurs, un logement militaire, un corps de garde. Affreux spectacle! Les salles étaient pleines de haillons, de lambeaux: les murs, où le gypse imitait le marbre, étaient brisés, percés de crochets et de clous auxquels on avait suspendu des armes.

Le bâtiment de l'Académie avait encore une belle apparence : seulement, au deuxième étage, un boulet avait brisé un tableau de fenêtre du logement de Sœmmering. J'y retrouvai cet ami, je ne dirai pas établi, car ses belles chambres avaient été affreusement maltraitées par leurs hôtes sauvages. Heureusement on n'avait pas ouvert son laboratoire, et il retrouvait toutes ses préparations saines et sauves. Nous les visitâmes, et elles furent pour nous le sujet d'une conversation instructive.

Dans nos promenades, nous trouvâmes une vieille femme à

la porte d'une maison basse et presque enfouie dans la terre. Nous étions surpris de la voir sitôt revenue, mais nous apprîmes qu'elle n'était point sortie, quoiqu'on l'eût invitée à quitter la ville. « Ces paillasses, nous dit-elle, sont aussi venus chez moi avec leurs écharpes bariolées; ils ont commandé et menacé, mais je leur ai dit la franche vérité : « Dieu me lais-
« sera en vie et en honneur dans ma pauvre maison, longtemps
« après que je vous aurai vus dans la honte et dans l'infamie. »
Je les ai envoyés promener avec leurs momeries. Ils ont craint que le voisinage ne fût troublé de mes cris, et ils m'ont laissée en repos. Et j'ai passé de la sorte tout le temps soit dans ma cave soit au grand jour, me nourrissant de peu, et je vis encore pour la gloire de Dieu, et ces drôles passeront mal leur temps. »

Ensuite elle nous fit remarquer en face la maison du coin, pour nous montrer comme elle s'était trouvée près du danger. Nous pûmes jeter les yeux dans la salle basse qui était à l'angle d'une belle maison. Quel étrange spectacle! Cette salle avait renfermé depuis de longues années une collection de curiosités, figures de porcelaine et de pierre, tasses, assiettes, plats et vases de Chine; les ouvrages d'ivoire et d'ambre n'y avaient pas manqué, non plus que les travaux du ciseleur et du tourneur, les tableaux composés avec la mousse, la paille et autres matières, enfin tout ce qu'on peut imaginer dans une collection pareille; mais on ne pouvait en juger que par les débris, car une bombe, qui avait percé tous les étages, avait éclaté dans cette salle. La violente expansion de l'air, en jetant tout au dedans hors de sa place, avait lancé les fenêtres à la rue avec leurs treillis, qui auparavant garantissaient l'intérieur, et maintenant s'avançaient en saillies bombées entre les barreaux de fer. La bonne femme assurait qu'à cette explosion, elle s'était crue morte.

Nous dînâmes à une table d'hôte qui réunissait de nombreux convives. Au milieu de leur bavardage, nous jugeâmes à propos de nous taire. Mais nous fûmes bien surpris d'entendre demander aux musiciens la *Marseillaise* et le *Ça ira*. Tous les convives en parurent satisfaits et réjouis.

J'accompagnai des amis à la citadelle et j'y retrouvai le monument de Drusus, tel à peu près que je l'avais dessiné dans mon enfance, toujours inébranlé; et pourtant que de boulets l'avaient effleuré, l'avaient frappé peut-être!

On ne pouvait s'arrêter longtemps à gémir sur le triste état de la ville, car l'hôte et l'hôtesse et tous les Mayençais auxquels on adressait la parole semblaient oublier leurs propres souffrances pour se répandre en longs récits sur la détresse sans bornes dans laquelle les bourgeois de Mayence, forcés de quitter la ville, s'étaient vus plongés entre les ennemis du dedans et du dehors. En effet, ce n'était pas seulement la guerre, c'étaient les fureurs de l'anarchie qui avaient préparé et causé ce malheur.

Nos esprits se reposèrent un peu de ces calamités et de ces misères, au récit des actions héroïques de braves Mayençais. Ils jugèrent d'abord, avec effroi, le bombardement un désastre inévitable; la puissance destructive des boulets rouges était si grande, le mal si terrible, que nul ne croyait pouvoir y opposer de résistance; mais enfin, familiarisé avec le danger, on résolut d'y faire tête. Une bombe tombait-elle dans une maison, on l'éteignait avec de l'eau toute prête, et c'était un sujet de gaillardes plaisanteries. On contait merveilles de femmes héroïques, qui s'étaient ainsi sauvées elles et leurs familles. Mais on eut à regretter aussi de braves gens : un pharmacien et son fils furent victimes d'un pareil acte de courage.

Au reste, tout en déplorant ces malheurs, en se félicitant de les voir à leur terme, on s'étonnait que la place n'eût pas tenu plus longtemps. Dans la nef de la cathédrale, dont la voûte avait résisté, se trouvait encore un grand amas de sacs de farine auxquels on n'avait pas touché; on parlait d'autres provisions, de vins en quantités inépuisables. Cela fit soupçonner que la dernière révolution survenue à Paris, qui avait porté au gouvernement le parti auquel appartenaient les commissaires envoyés à Mayence, avait accéléré la reddition de la forteresse. Merlin de Thionville, Rewbel et d'autres désiraient être sur les lieux, n'ayant plus rien à craindre, et ayant au contraire beaucoup à espérer, après la chute de leurs adversaires. Il fallait commencer par se fortifier à l'intérieur, prendre part à ce changement, s'élever à des postes importants, accaparer de grands biens, puis, la guerre extérieure continuant, déployer de nouveau dans ce champ son activité, et, quand les armes de la république auraient obtenu les nouveaux succès qu'on pouvait espérer, passer encore les frontières, répandre dans d'autres pays l'enthousiasme de la nation, tenter de nouveau la conquête de Mayence et bien d'autres encore.

Personne ne tenait plus à demeurer dans ce pays désert et dévasté. Le Roi prit les devants avec les gardes, les régiments suivirent. On ne me demandait plus de prendre part aux fatigues de la guerre : j'obtins la permission de retourner chez moi, mais je voulus auparavant revoir Mannheim[1].

Je fis à l'auberge une rencontre amusante. J'étais assis à un bout de la longue table d'hôte avec de nombreux convives. M. de Rietz, camérier du roi de Prusse, se trouvait à l'autre bout. C'était un homme grand, bien fait, vigoureux, large d'épaules, d'une taille enfin parfaitement convenable pour un serviteur favori de Frédéric-Guillaume. Il s'était fort animé avec ses voisins, et ces messieurs se levèrent de table de joyeuse humeur. Je vis M. de Rietz venir à moi. Il me salua familièrement, se félicitant de faire enfin ma connaissance, ce qu'il avait longtemps désiré. Il ajouta quelques mots flatteurs et me pria d'excuser son empressement. Notre rencontre avait, me dit-il, un intérêt particulier pour lui. On lui avait toujours soutenu jusqu'alors que les beaux esprits et les hommes de génie devaient être petits et maigres, valétudinaires et moroses, comme on lui en avait cité de nombreux exemples. Cela lui avait toujours déplu, car enfin il ne croyait pas être lui-même une pauvre cervelle, et pourtant il était sain et robuste et de bonne corpulence; mais à présent il se réjouissait de trouver en moi un homme d'assez bonne mine, et qui n'en était pas moins reconnu pour un génie. Il s'en félicita et nous souhaita à tous deux la longue durée de notre heureux état. Je répondis sur le même ton, et il me secoua cordialement la main.

A Heidelberg, j'allai voir Mlle Delf, mon ancienne et fidèle amie, et je trouvai chez elle mon beau-frère Schlosser. Nous

---

1. Goethe était attiré par la célèbre galerie dont il parle dans les *Mémoires*, tome VIII, page 432.

parlâmes de mille choses, et il dut aussi entendre un exposé de ma doctrine des couleurs. Je trouvai en lui un auditeur sévère et bienveillant; mais il était prévenu en faveur de la théorie d'Euler; d'ailleurs je ne pus lui présenter assez d'expériences pour me rendre tout à fait intelligible.

Voyant donc la difficulté de l'entreprise, je lui montrai un mémoire que j'avais rédigé pendant le siége, et dans lequel j'exposais comment une société d'hommes de toute sorte pourraient travailler ensemble et, chacun de son côté, concourir au progrès d'une si vaste et si difficile entreprise. Je réclamais le concours du philosophe, du physicien, du mathématicien, du peintre, du mécanicien, du teinturier, et que sais-je encore! Il écouta fort patiemment l'idée générale; mais, quand je voulus lui lire le traité en détail, il refusa de l'entendre et se moqua de moi. Je serais, dit-il, jusque dans mes vieux jours un enfant et un novice, de me figurer que quelqu'un prît intérêt à ce qui m'intéressait moi-même; qu'on voulût approuver une œuvre étrangère et la faire sienne; qu'une action commune, une coopération quelconque, fût possible en Allemagne.

Il s'exprima sur d'autres sujets encore comme sur celui-là; j'en fus douloureusement affecté, et, le vieil homme se réveillant chez moi, je me jetai dans les assertions hasardées, les paradoxes, l'ironie. Schlosser se défendit vivement, et notre amie ne savait plus que faire de nous deux. Sa médiation nous empêcha du moins de précipiter notre départ, mais nous nous séparâmes cependant plus tôt que nous ne l'avions présumé.

Je passerai sous silence mon séjour à Francfort et le reste de mon voyage. La fin de l'année et le commencement de la suivante ne nous annoncèrent que les excès d'une nation égarée et en même temps enivrée de ses victoires. Et moi aussi, j'allais changer de genre de vie. Le duc de Weimar quitta le service de Prusse après la fin de la campagne. L'affliction du régiment fut grande; officiers et simples soldats, tous gémirent : ils perdaient à la fois un chef, un prince, un conseiller, un bienfaiteur, un père. Je dus également me séparer tout à coup d'hommes excellents, avec lesquels j'étais étroitement lié. On ne se quitta pas sans verser des larmes. Nous étions réunis par le respect pour un homme, un chef unique, et l'on crut se-

perdre soi-même, quand il fallut renoncer à marcher sous sa conduite et à jouir d'une société joyeuse et sage.

Arrêtons-nous ici, pour ne pas nous plonger dans la méditation des grands événements qui nous menacèrent douze années encore, avant que les mêmes flots vinssent nous inonder, sinon nous engloutir.

FIN DU SIÉGE DE MAYENCE.

LA
FÊTE DE SAINT ROCH
A BINGEN
(16 AOUT 1814)

LA
FÊTE DE SAINT ROCH
A BINGEN.

(16 AOUT 1814.)

> Sur les longues collines du Rhin,
> Dans ces campagnes bénies,
> Ces prairies qui se mirent dans le fleuve,
> Ces paysages que le pampre décore,
> Puissiez-vous, avec les ailes de la pensée,
> Accompagner l'ami fidèle !

Des amis, réunis en société aux eaux de Wiesbaden depuis quelques semaines, éprouvèrent un jour une certaine inquiétude, qu'ils voulurent apaiser en exécutant un projet formé depuis longtemps. Il était plus de midi ; cependant ils commandèrent sur-le-champ une voiture pour se rendre dans l'agréable Rheingau. De la hauteur au delà de Bieberich, on contempla la magnifique et large vallée du fleuve, avec toutes les habitations semées dans ces fertiles campagnes. La vue n'était pourtant pas aussi belle que je l'avais souvent admirée de bon matin, quand le soleil levant éclairait les faîtes et les pignons d'innombrables édifices, grands et petits, au bord du fleuve et sur les hauteurs. Dans le dernier lointain brillait surtout le cloître de Johannisberg ; quelques points lumineux étaient dispersés en deçà et au delà du fleuve.

Pour nous apprendre d'abord que nous entrions dans une pieuse contrée, un mouleur en plâtre italien s'offrit à nous devant Mosbach, tenant hardiment en équilibre sur sa tête sa planche bien chargée. Les images qu'elle balançait n'étaient point de celles qu'on rencontre dans nos contrées septentrionales, de blanches figures de dieux et de héros, mais, comme il convenait dans une contrée joyeuse et riante, des saints peinturés de couleurs bigarrées. La Mère de Dieu trônait sur tous; là se trouvaient les plus excellents des quatorze libérateurs; saint Roch, en noir costume de pèlerin, était au premier rang, ayant auprès de lui son petit chien, qui portait un morceau de pain.

Nous traversâmes jusqu'à Schierstein de grands champs de blé, ornés çà et là de noyers. Puis le pays fertile s'étend à gauche jusqu'au Rhin, à droite jusqu'aux collines, qui se rapprochent peu à peu de la route. On trouve belle et périlleuse la situation de Wallouf, assis au-dessous d'un golfe du Rhin, comme sur une langue de terre. A travers des arbres fruitiers, chargés d'une abondante récolte et soigneusement soutenus, on voyait les bateaux descendre gaiement, avec le double secours de leurs voiles et du courant.

L'œil est attiré sur l'autre bord; de grands villages, bien bâtis, se montrent entourés de fertiles campagnes; mais l'attention se reporte bientôt sur la rive droite. Près de nous une chapelle en ruine élève, avec une gracieuse simplicité, sur une verte prairie ses murs tapissés de lierre. A droite, les coteaux plantés de vignes arrivent jusqu'au chemin.

Dans la petite ville de Wallouf règne une paix profonde : seulement la craie, qui marquait les logements [1], n'est pas encore effacée des portes des maisons. Plus loin, les deux côtés de la route sont bordés de vignobles. Même dans les terres plates ou légèrement inclinées, les vignes alternent avec les blés; à droite, les collines éloignées sont entièrement couvertes de treilles.

Dans une grande plaine entourée de collines et, au nord, bornée par des montagnes, est situé Elfeld, qui est aussi près du Rhin, vis-à-vis d'une grande plaine cultivée. Les tours d'un vieux château et de l'église annoncent déjà une ville plus considérable, qui se distingue aussi à l'intérieur par des maisons plus anciennes, que l'architecture a décorées.

Ce serait une agréable occupation de démêler les causes qui ont déterminé les premiers habitants de ces localités à s'établir

---

1. Des troupes alliées.

à telle ou telle place. Tantôt c'est un ruisseau qui descend de la hauteur pour se verser dans le Rhin ; tantôt c'est la commodité de l'abord et du débarquement; tantôt quelque autre facilité locale.

On voit de beaux enfants et une belle population. Tous ont un air calme, et nullement agité. Nous rencontrons en grand nombre des promeneurs à pied et en voiture. La chaleur est grande, la sécheresse générale, la poussière extrêmement incommode.

Au-dessous d'Elfeld est située une villa, neuve, magnifique, entourée de jardins d'agrément. On voit encore à gauche des vergers dans la plaine, mais le vignoble prend toujours plus d'accroissement. Les villages se pressent; entre eux s'élèvent des fermes, en sorte que, vus à la file, ils semblent se toucher.

Toutes ces cultures des plaines et des collines prospèrent dans un terrain siliceux, qui, plus ou moins mêlé d'argile, nourrit admirablement les profondes racines de la vigne. Les fossés qu'on creuse pour en répandre le produit sur la grande route ne montrent pas autre chose.

Erbach est, comme les autres lieux, pavé proprement; les rues sont sèches, les rez-de-chaussée, habités et, comme on peut le voir par les fenêtres ouvertes, proprement meublés. On arrive encore à une villa qui a l'apparence d'un palais ; les jardins s'étendent jusqu'au Rhin. L'œil parcourt avec plaisir d'élégantes terrasses et de fraîches avenues de tilleuls.

Le Rhin prend un autre caractère. Ce n'est qu'une branche du fleuve ; l'île qui est en face la limite, et en forme une rivière de moyenne grandeur, mais vive et courante. Puis, sur la droite, les coteaux vineux arrivent jusqu'au chemin, soutenus de fortes murailles, dans lesquelles une niche creusée attire l'attention. La voiture s'arrête : on se rafraîchit à une fontaine abondante. C'est le Marktbrounnen, d'où le vin qui se récolte sur ces collines a tiré son nom.

Les murs disparaissent, les coteaux s'aplanissent ; sur leurs pentes douces et leurs sommets se pressent les ceps de vigne. A gauche, des arbres fruitiers le long du fleuve, des oseraies, qui le cachent.

Le chemin monte à travers Hattenheim. Sur la hauteur où

l'on arrive derrière le village, le sol argileux renferme moins de silice. Des deux côtés, le vignoble : à gauche entouré de murs, à droite couché sur la pente. Reichartshausen, ancien couvent, appartient aujourd'hui à la duchesse de Nassau. Le dernier angle du mur est percé, et laisse voir une place agréablement ombragée.

Riche et douce plaine sur la hauteur, qui se continue, puis la route se rapproche du fleuve, jusqu'alors enfoncé et lointain. Là on consacre la plaine au labour et au jardinage, la moindre éminence à la vigne. Oestreich est très-agréablement situé, à quelque distance de l'eau, sur le penchant d'une colline : car, derrière le village, les collines vineuses s'étendent jusqu'au Rhin et cela dure jusqu'à Mittelheim, où le Rhin se montre d'une largeur magnifique. Langenwinkel suit immédiatement.

Devant Geisenheim une plaine basse s'étend jusqu'au fleuve, qui la couvre encore dans les hautes eaux. L'île dans le fleuve, la petite ville sur le bord, s'étendent gracieusement l'une devant l'autre. La vue sur l'autre bord devient plus ouverte : une large vallée onduleuse s'avance entre deux collines vers le Houndsruck.

A l'approche de Rudesheim, la plaine basse, à gauche, est toujours plus surprenante, et l'on comprend que, dans les temps primitifs, quand la montagne vers Bingen était encore fermée, l'eau, retenue ici et repoussée, nivela cet enfoncement et enfin, s'écoulant et continuant son cours, creusa à côté le lit actuel du Rhin.

Nous arrivâmes ainsi en moins de trois heures et demie à Rudesheim, où nous fûmes d'abord attirés par l'auberge de la Couronne, agréablement placée non loin de la porte. Elle s'appuie contre une ancienne tour, et, par les fenêtres de devant, on suit le cours du fleuve en aval, par celles de derrière, en amont. Mais nous cherchâmes bientôt le grand air. Une terrasse saillante est la place d'où l'on embrasse le mieux la contrée. De là on voit du côté d'en haut les îles boisées dans toute leur beauté perspective ; du côté inférieur, sur la rive opposée, Bingen, et, plus bas, dans le fleuve, le Maeusethourm (la tour des Souris).

De Bingen s'avance, en amont, le long du fleuve, vers la

plaine au-dessus, une colline, qui dut être jadis un promontoire, quand les eaux étaient plus hautes. A son extrémité orientale, on voit une chapelle consacrée à saint Roch, ruinée par la guerre, et qu'on est occupé à reconstruire. Les échafaudages sont encore dressés contre un des côtés, néanmoins on y célébrera demain la fête. On croit que nous sommes venus exprès, et l'on nous promet beaucoup de plaisir.

Nous apprîmes donc qu'à la grande douleur de la contrée, cette maison de Dieu avait été profanée et dévastée pendant la guerre, non pas, à la vérité, par un effet de l'arbitraire et du caprice, mais parce que ce lieu offrait un poste avantageux, d'où l'on pouvait observer toute la contrée et qui en commandait une partie. Ainsi l'église avait été dépouillée de tous les objets nécessaires au culte, même de tous ses ornements, enfumée et salie par les bivouacs, profanée enfin jusqu'à servir d'écurie.

Mais cela n'avait point diminué la foi à saint Roch, qui avait détourné de ses adorateurs la peste et les maladies contagieuses. A la vérité, on n'avait pu songer à y faire des pèlerinages, car l'ennemi, soupçonneux et prudent, défendait toutes les processions comme des réunions dangereuses, qui secondaient l'entente commune et favorisaient les conjurations. Depuis vingt-quatre ans on n'avait donc pu célébrer là-haut aucune fête. Cependant des fidèles du voisinage, convaincus des heureux effets de ce pèlerinage, furent poussés par une grande détresse à tenter les moyens extrêmes. Les habitants de Rudesheim en contaient l'exemple suivant. Au milieu d'une nuit d'hiver, ils aperçurent une procession aux flambeaux, qui monta à l'improviste de Bingen à la colline, et finit par se rassembler autour de la chapelle, où les fidèles, comme on peut le soupçonner, firent leurs dévotions. A quel point les autorités françaises fermèrent les yeux sur le concours de ces fidèles, puisqu'on n'aurait guère pu hasarder une chose pareille sans autorisation, c'est ce qu'on n'a jamais su, mais ce qui s'était fait resta enseveli dans un profond silence.

Au reste tous les habitants de Rudesheim, accourus sur la rive pour être témoins de ce spectacle, assurent qu'ils n'ont vu de leur vie rien de plus terrible et de plus singulier.

Nous descendîmes doucement le long de la grève, et quiconque nous rencontrait se félicitait du rétablissement de ce lieu saint situé dans leur voisinage ; en effet, quoique Bingen dût particulièrement désirer cette restauration, qui le vivifiait, c'était cependant un saint et joyeux événement pour toute la contrée : aussi l'allégresse était-elle générale à la pensée du lendemain.

C'est que les communications gênées, interrompues, souvent même interdites entre les deux rives du Rhin, et que la foi à ce saint avait seule entretenues, allaient être brillamment rétablies. Tout le pays voisin était en mouvement, pour acquitter avec reconnaissance les vœux anciens et nouveaux. On veut aller confesser ses péchés, en obtenir le pardon, revoir, dans cette foule d'étrangers attendus, des amis longtemps regrettés.

Parmi ces pieuses et riantes perspectives, qui ne nous faisaient pas perdre de vue le fleuve et l'autre bord, nous étions arrivés, en descendant la longue rue de Rudesheim, à un vieux *castellum* romain, qui s'élève à l'extrémité et qui s'est conservé, grâce à son excellente maçonnerie. Une heureuse idée du propriétaire, M. le comte Ingelheim, a préparé aux étrangers un coup d'œil intéressant et instructif.

On entre dans une cour qui a l'air d'un puits ; l'espace est étroit ; de hautes et noires murailles dressent leur masse solide, d'un aspect sauvage, car la face extérieure des pierres n'est pas taillée (c'est un rustique sans art). Ces murs escarpés sont accessibles par des escaliers nouvellement construits. Dans l'édifice même on trouve un singulier contraste de chambres bien meublées et de grandes voûtes inhabitées, noircies par les feux de garde et la fumée. On se glisse par degrés, à travers de ténébreuses fentes de murs, et l'on se trouve enfin sur un espace en forme de tour, d'où la vue est magnifique. Nous allons et venons dans l'air, en admirant à nos côtés les jardins établis dans les vieux décombres. Les tours, les crêtes des murs, et les esplanades sont liées par des ponts, parsemées de fleurs et de buissons. Cela avait alors besoin de pluie comme tout le pays.

Rudesheim était devant nous et sous nos pieds, éclairé par un beau soleil couchant. Un manoir du moyen âge n'était pas loin de notre antique château. La perspective est ravissante sur les inestimables vignobles ; les collines siliceuses, plus ou moins douces ou escarpées, les rochers mêmes et les murs, sont plantés de vignes. Mais tous les édifices sacrés ou profanes que l'œil peut rencontrer sont dominés par le Johannisberg.

A la vue de tant de collines plantées de vignes, il fallut parler de l'Eilfer avec honneur. Il en est de ce vin comme du nom d'un grand et bon prince : on le nomme toujours dans le pays, quand on veut parler d'une chose excellente ; c'est encore ainsi qu'une année de bon vin est dans toutes les bouches.

La contrée se plongea peu à peu dans le crépuscule. En s'effaçant, tous ces détails, si remarquables, nous permirent enfin d'apprécier la beauté de l'ensemble, dans lequel nous nous serions perdus volontiers ; mais il fallut nous retirer.

Notre retour fut animé par la canonnade incessante qui partait de la chapelle. Ce bruit guerrier donna lieu de discourir à table d'hôte sur cette haute colline, envisagée comme poste militaire. On enfile de là tout le Rheingau, et l'on distingue la plupart des localités que nous avons nommées dans notre itinéraire. On nous fit remarquer en même temps que nous avions dû voir souvent, de la hauteur au delà de Bieberich, la chapelle de saint Roch, comme un point blanc illuminé par les rayons du matin, et en effet nous nous en souvînmes parfaitement.

Avec tout cela on ne pouvait manquer de rendre à saint Roch un respectueux hommage, puisque, par la chaîne de la confiance, il avait transformé soudain ce poste de discorde et de guerre en un poste de réconciliation et de paix.

Cependant il se trouvait à notre table un étranger, que nous regardions aussi comme un pèlerin : nouveau motif pour nous répandre bonnement en éloges du saint. Mais, à la grande surprise de la compagnie bien intentionnée, cet homme, tout catholique qu'il était, se trouva être un adversaire du saint. Le 16 août, tandis qu'un peuple entier célébrait la fête de saint Roch, la maison de cet homme avait été consumée par le feu. Une autre année, le même jour, son fils avait été blessé. Quant au troisième accident, notre convive ne voulut pas nous en faire confidence. Un homme sage lui répliqua, que, pour chaque cas particulier, l'essentiel est de s'adresser au saint dans le domaine duquel se trouve l'affaire. C'était saint Florian qui avait charge de préserver de l'incendie ; saint Sébastien était le patron des blessés ; pour le troisième cas, on ne savait si peut-être saint Hubert y aurait porté remède. Au reste, les croyants avaient assez de latitude, puisqu'en somme on avait établi quatorze saints libérateurs. On passa en revue leurs vertus, et l'on trouva qu'il n'y aurait jamais assez de libérateurs.

Pour échapper aux réflexions de ce genre, toujours inquiétantes, même quand on est de joyeuse humeur, on sortit, et l'on s'arrêta si longtemps sous le ciel scintillant d'étoiles, que le profond sommeil qui suivit put être considéré comme nul, car il nous quitta avant le lever du soleil. Nous sortons aussitôt pour plonger nos regards dans les sombres gorges du Rhin. Il s'en échappait un vent frais qui nous frappait au visage, et qui était favorable aux passagers des deux rives. Déjà tous les mariniers sont alertes et occupés ; les voiles sont prêtes ; des salves partent d'en haut, pour commencer le jour comme on l'avait annoncé la veille. Déjà des figures isolées et des compagnies se montrent comme des silhouettes sur le ciel clair, autour de la chapelle et sur la crête de la montagne, mais le fleuve et la rive sont encore peu animés.

La passion de l'histoire naturelle nous engage à visiter une collection où les produits métalliques du Westerwald, dans toute son étendue, et les plus remarquables minéraux de Rheinbreitbach se trouvaient, nous dit-on, rassemblés. Mais cet examen scientifique faillit nous jeter dans l'embarras, car, lorsque nous fûmes revenus au bord du Rhin, nous trouvâmes les partants dans la plus vive agitation. Ils se précipitaient par masses dans les bateaux, qui démarraient l'un après l'autre, surchargés de monde.

On voyait sur l'autre bord cheminer la foule, courir les voitures, aborder les bateaux qui venaient des localités supérieures. La pente de la montagne fourmille de gens qui s'efforcent de gravir des sentiers plus ou moins roides. La canonnade, qui continue, annonce sans cesse des populations nouvelles. Il est temps de les joindre. Nous sommes au milieu du fleuve ; nos voiles et nos rames rivalisent avec mille autres. A peine débarqués, nous observons avec un zèle géologique, au pied de la colline, des rochers étranges. Le naturaliste est détourné de la sainte voie. Heureusement un marteau est sous sa main. Là se trouve un conglomérat digne de la plus grande attention. Son extrême dureté ne nous permet d'en détacher que de petites parcelles.

Avec des centaines de pèlerins, nous grimpons lentement le sentier le plus escarpé, qui court en zigzag sur les rochers; on s'arrête et l'on badine souvent. C'était véritablement le tableau de Cébès, animé, vivant; seulement on remarquait ici moins de sentiers détournés.

Arrivés au-dessus, nous trouvons autour de la chapelle la presse et le mouvement. Nous pénétrons dedans avec la foule. L'intérieur forme à peu près un carré parfait, sur trente pieds de côté; le chœur, dans le fond, en a peut-être vingt. Là se trouve le maître autel, non pas moderne, mais dans le riche goût catholique. Il est très-élevé et toute la chapelle a un aspect très-dégagé. Dans les angles les plus voisins du grand carré sont encore deux autels semblables, point endommagés et tout comme autrefois. Comment s'expliquer cela dans une église récemment dévastée?

La foule s'avançait de la porte principale au maître autel, puis tournait à gauche, où elle témoignait une grande vénération pour des reliques enfermées dans un cercueil de verre. On touchait la caisse, on la frottait, on faisait le signe de la croix, et l'on s'arrêtait aussi longtemps qu'on pouvait; mais l'un chassait l'autre, et je fus poussé dans le courant, puis hors de la chapelle par la porte latérale.

Des vieillards de Bingen s'approchent de nous pour saluer l'officier du duc de Nassau, notre honorable guide. Ils le proclament un bon et secourable voisin; c'était lui, dirent-ils, qui les avait mis en état de célébrer décemment la fête de ce jour. Alors nous apprîmes qu'après qu'on eut aboli le couvent d'Eibingen, tous les objets nécessaires au culte, les autels, les chaises, l'orgue, les prie-Dieu et les confessionnaux, avaient été cédés pour un prix raisonnable à la commune de Bingen, afin de meubler la chapelle de saint Roch. Quand le côté protestant se fut montré si secourable, les bourgeois de Bingen s'engagèrent à transporter eux-mêmes tous ces objets. On se rendit à Eibingen; tout fut enlevé soigneusement; une seule personne se chargeait d'un petit objet ; plusieurs se réunissaient pour les plus considérables, et, comme des fourmis, ils portèrent colonnes et corniches, images et ornements, jusqu'au fleuve : là toutes ces choses furent, conformément au vœu, reçues par des bateliers, passées, débarquées sur la rive gauche, et, derechef, portées en haut par divers sentiers sur des épaules pieuses. Et comme tout se fit en même temps, on pouvait voir, en promenant de la chapelle ses regards sur le pays et le fleuve, la plus étrange procession, les sculptures et les peintures, les objets dorés et vernis, se mouvoir en file bigarrée ; et l'on éprouvait un sentiment agréable, à la pensée que chacun se promettait sous son fardeau, au milieu de son travail, joie et bénédiction pour toute sa vie. L'orgue, qui est aussi transporté, mais qui n'est pas encore établi, trouvera plus tard sa place sur une galerie vis-à-vis du maître autel.

Alors l'énigme fut résolue ; on s'expliqua comment il se faisait que tous ces ornements fussent déjà vieillis, mais bien conservés et sans dommage, dans une église récemment restaurée.

L'état actuel de la maison de Dieu est d'autant plus édifiant qu'il nous révèle la bonne volonté, l'assistance mutuelle, une exécution bien calculée et un heureux achèvement. Voici en effet un détail qui prouve encore que tout s'est fait avec réflexion. Il fallait que le maître autel d'une église beaucoup plus grande trouvât place dans celle-ci, et l'on résolut d'en relever les murs de plusieurs pieds, ce qui fit gagner un espace décent et même richement orné. Le vieux croyant peut s'agenouiller, sur la rive gauche du Rhin, au pied du même autel devant lequel il avait prié sur la rive droite dans sa jeunesse.

La vénération des saints ossements était aussi dès longtemps traditionnelle. Les restes de saint Robert, qu'on avait autrefois touchés dévotement à Eibingen et estimés secourables, on les retrouvait ici. Bien des gens sont animés d'un joyeux sentiment, à pouvoir de nouveau s'approcher du protecteur longtemps éprouvé. Et qu'on remarque bien qu'il eût été malséant de comprendre ces saintes reliques dans la vente, ou de les y joindre pour un prix quelconque : non, elles vinrent à saint Roch en simple don, comme un pieux surcroît. Puisse-t-on, en pareil cas, procéder partout avec de pareils ménagements!

Cependant la presse nous envahit; mille et mille figures se disputent notre attention. Ces populations ne sont pas très-diversement vêtues, mais leurs traits sont extrêmement variés. Au reste, le tumulte ne permet aucune comparaison; on chercherait vainement des caractères généraux dans cette confusion d'un moment; on perd le fil de la réflexion; on se laisse entraîner dans la vie.

Une rangée de boutiques, comme les demande une consécration d'église, se voit non loin de la chapelle. On étale sur le devant des cierges blancs, jaunes, bariolés, proportionnés aux divers moyens des consacrants. Voici des livres de prières, l'office en l'honneur du saint fêté. Nous demandâmes inutilement une notice, où nous aurions trouvé avec intérêt sa vie, ses mérites et ses souffrances; en revanche on trouvait assez de chapelets de toute espèce. On n'avait pas oublié non plus les petits pains, les pains d'épices, les pâtisseries de toute sorte, non plus que les joujoux et les bijoux, pour attirer les enfants de tout âge.

Les processions continuaient. Les villages se distinguaient des villages. Le coup d'œil eût offert des résultats à un observateur tranquille. On pourrait dire en général que les enfants étaient beaux, mais non la jeunesse; les figures des personnes âgées étaient fort creuses. On voyait assez de vieillards. Ils s'avançaient en chantant des antiennes; les bannières flottaient, les étendards se balançaient; de grands cierges, et puis de plus grands, se dressaient de procession en procession.

Chaque commune a sa Mère de Dieu, portée par les enfants et les vierges, habillée de neuf, richement parée de rubans roses qui flottaient au vent. Un enfant Jésus, gracieux, unique, portait une grande croix, et regardait en souriant l'instrument de son martyre. « Ah! s'écria un spectateur attendri, n'est-ce pas l'image de tout enfant qui porte sur la vie un joyeux regard? » On l'avait habillé de drap d'or, et il paraissait comme un gracieux et joli prince de la jeunesse.

Un grand mouvement annonce enfin la principale procession, la procession de Bingen. On court à sa rencontre sur le sommet de la colline, et l'on admire la scène nouvelle et magnifique qui a changé tout à coup l'aspect de la contrée. La ville, bien bâtie et bien entretenue, entourée de jardins et de groupes d'arbres, se trouve à l'extrémité d'une importante vallée que parcourt la Nahe. Et puis le Rhin, le Maeusethurm, l'Ehrenfels, dans le fond, les rochers sombres et sévères où pénètre et se cache le grand fleuve.

La procession monte, rangée et ordonnée comme les autres : d'abord les petits enfants, puis les jeunes gens et les hommes. On porte saint Roch, vêtu d'un habit de pèlerin en velours noir; par-dessus, un long manteau royal de même étoffe, bordé de galons d'or; sous le manteau se montre un petit chien, le pain entre les dents. Viennent ensuite de jeunes garçons, en noir et court vêtement de pèlerin, le bourdon à la main, le chapeau et le collet entourés de coquillages. Après eux s'avancent des hommes à l'air grave, qui ne paraissent ni des bourgeois ni des paysans. A leurs figures sillonnées, je les croirais des mariniers, gens qui exercent avec précaution pendant toute leur vie un métier dangereux, difficile, où chaque moment réclame une attention réfléchie.

Un baldaquin de soie rouge montait en balançant, et couvrait le saint sacrement, que portait l'évêque, entouré des principaux ecclésiastiques, accompagné d'officiers autrichiens, suivi des autorités civiles. C'est ainsi qu'on s'avançait pour célébrer cette fête politique et religieuse, qui semblait symboliser la réoccupation de la rive gauche du Rhin, comme la liberté de croire aux signes et aux miracles.

Si je devais exprimer brièvement les impressions les plus générales que toutes ces processions m'ont laissées, je dirais que tous les enfants étaient joyeux et satisfaits, comme pour un événement nouveau, merveilleux et gai; en revanche, les jeunes gens s'avançaient avec indifférence, car ils étaient nés dans les mauvais temps, la fête ne leur pouvait rien rappeler, et qui n'a pas souvenir du bien n'espère pas. Les vieillards, au contraire, étaient tous émus, comme à la pensée d'un heureux âge, qui revenait inutilement pour eux. On voit de là que la vie de l'homme n'a de valeur qu'autant qu'elle offre une suite.

Mais l'observateur qui suivait des yeux ce noble et intéressant cortége fut désagréablement distrait et troublé par un vacarme qui se fit derrière, par des cris étranges et violents. Cette fois encore, nous pûmes reconnaître qu'une situation grave, triste, même terrible, est souvent interrompue par un incident absurde, inattendu, qui se présente comme un risible intermède. Un appel singulier se fait entendre derrière nous du côté de la colline. Ce sont les accents de la dispute, de l'effroi, de la fureur sauvage. Entre les roches et les buissons, une troupe court çà et là criant : « Arrête !... ici !... là !... là-bas !... bon !... ici !... avance !... » En poussant ces cris, des centaines de gens courent, sautent, se précipitent, comme à la chasse et à la poursuite de quelque objet; enfin l'énigme est résolue à l'instant même où l'évêque atteint le haut de la colline avec la vénérable procession. Un vif et robuste compagnon accourt pour montrer d'un air satisfait un blaireau sanglant. La pauvre innocente bête, effrayée par le mouvement de la foule pieuse qui s'avance, coupée de son terrier, est tuée par l'homme, toujours impitoyable, dans le moment le plus béni, au milieu de la fête la plus féconde en miséricordes.

Cependant l'ordre et la gravité furent aussitôt rétablis, et l'attention se porta sur une nouvelle procession, qui s'avançait d'une marche imposante. Tandis que l'évêque se rendait à l'église, la commune de Bindenheim arriva aussi nombreuse que décente. Nous ne réussîmes pas mieux qu'auparavant à démêler dans cette population un caractère particulier. Tant de confusion nous avait nous-mêmes confondus, et nous laissâmes le cortége s'avancer d'un pas tranquille dans ce pêle-mêle toujours croissant.

Chacun se portait vers la chapelle et s'efforçait d'entrer. Poussés de côté par la foule, nous nous arrêtâmes en plein air, pour admirer, de derrière la colline, la verte perspective qui s'ouvre sur la vallée où la Nahe serpente sans être vue. Là on domine la plus diverse et la plus fertile contrée, jusqu'au pied du Donnersberg, dont la croupe puissante termine majestueusement le tableau.

A ce moment, la compagnie s'aperçut qu'elle approchait du quartier des vivres. Des tentes, des boutiques, des bancs, des abris de toute sorte, étaient là rangés à la file. Attirés par les fumées appétissantes, nous trouvâmes une jeune et vive hôtesse occupée autour d'un vaste brasier, où elle faisait rôtir des saucisses. En mettant elle-même la main à l'œuvre, secondée d'ailleurs par de nombreux garçons, alertes, infatigables, elle savait satisfaire la masse des chalands qu'on voyait affluer. Servis à notre tour de viande fumante et de bon pain frais, nous essayons de nous placer à une longue table abritée, déjà garnie de convives. De bonnes gens se serrèrent et nous trouvâmes d'agréables voisins, je dirai même une aimable société, venue des bords de la Nahe pour assister à la fête renouvelée. Les enfants joyeux buvaient du vin comme les autres. De petites cruches brunes, qui portaient le chiffre du saint tracé en blanc, circulaient dans la famille. Nous nous étions pourvus comme nos voisins, et nous plaçâmes devant nous nos cruches pleines.

Alors parut le grand avantage de ces rassemblements populaires, qui, en vue de quelque grand intérêt, font converger de loin à la ronde tant de rayons isolés vers un même centre. Là on entend parler tout d'un coup de plusieurs provinces. Le minéralogiste découvre d'abord des personnes qui connaissent les roches d'Oberstein, leurs agates et la manière de les travailler, et qui peuvent engager là-dessus avec le naturaliste une conversation instructive. On mentionne aussi les mines de mercure de Muschellandsberg. On acquiert des idées nouvelles, et l'on a l'espérance de recevoir le bel amalgame cristallisé que ce lieu produit.

Les plaisirs de la table ne sont nullement interrompus par ces doctes entretiens. Nous envoyons à l'hôte nos cruches vides; il nous fait prier d'avoir patience jusqu'à ce qu'on ait percé le quatrième tonneau. Il était encore de bonne heure et le troisième était déjà débité. Personne ne rougit d'aimer le vin; on fait gloire de savoir en user. De jolies femmes avouent que leurs enfants boivent du vin en même temps que le lait maternel. Nous demandâmes s'il était vrai qu'il se fût trouvé des dignitaires de l'Église, et même des princes électeurs, en état de boire en vingt-quatre heures huit mesures du Rhin, c'est-à-dire seize de nos bouteilles. Un convive à l'air grave fit observer qu'il suffisait pour répondre à cette question de se rappeler le sermon de carême de leur évêque, qui, après avoir représenté à son troupeau, avec les plus fortes couleurs, le vice affreux de l'ivrognerie, conclut de la manière suivante :

« Vous êtes donc convaincus, fidèles auditeurs, déjà admis à la grâce du repentir et de la pénitence, que c'est commettre le plus grand péché d'abuser ainsi des dons excellents du Créateur. Mais l'abus n'exclut pas l'usage, car il est écrit : *Le vin réjouit le cœur de l'homme.* D'où il résulte que nous pouvons très-bien et que nous devons user du vin pour notre plaisir et celui des autres. Or, parmi les hommes qui m'écoutent, il n'y en a peut-être aucun qui ne soit en état de boire deux mesures de vin sans que sa tête en soit troublée ; mais que celui qui, à la troisième ou à la quatrième mesure, commence à s'oublier, au point de méconnaître sa femme et ses enfants, de les injurier, de les frapper de la main ou du pied, et de traiter en ennemies les personnes qui lui sont le plus chères, que celui-là rentre aussitôt en lui-même et s'abstienne d'un pareil excès, qui lui attire la haine de Dieu et des hommes et le mépris de ses frères. Quant à celui qui, après avoir bu quatre mesures et même cinq ou six, se possède toujours parfaitement, au point de pouvoir venir en aide à son frère en Jésus-Christ, veiller à ses affaires, accomplir les ordres de ses supérieurs ecclésiastiques et séculiers, que celui-là prenne modestement sa part et la reçoive avec reconnaissance. Mais qu'il se garde bien d'aller plus loin sans s'être bien éprouvé lui-même, parce que c'est là d'ordinaire le terme assigné à l'homme faible. C'est en effet par une exception extrêmement rare que le Dieu tout bon accorde à quelqu'un la grâce singulière de boire huit mesures sans s'incommoder, comme il a daigné me l'accorder à moi, son serviteur. Et comme on ne peut me reprocher de m'être abandonné contre personne à une injuste colère, d'avoir méconnu mes commensaux et mes parents, ou même d'avoir négligé mes devoirs et mes affaires ecclésiastiques ; qu'au contraire vous m'êtes tous témoins que je suis toujours prêt à m'employer pour la louange et la gloire de Dieu, comme pour le bien et l'avantage de mon prochain, je puis bien, avec gratitude et en bonne conscience, user toujours à l'avenir du don qui m'a été confié.

« Pour vous, mes chers auditeurs, afin de rafraîchir vos corps et de réjouir vos esprits, selon la volonté du Dispensateur, prenez chacun votre modeste part. Et pour qu'il en soit ainsi, et que tout excès soit évité, agissez tous selon le précepte du saint apôtre qui dit : « Éprouvez toutes choses et retenez ce « qui est bon. »

Le vin ne pouvait manquer d'être encore, comme il l'avait été, le principal sujet de la conversation, et il s'éleva aussitôt un débat sur la supériorité des différents crus. Mais nos petites cruches brunes étant revenues pleines, quand on vit le blanc monogramme du saint occupé de toutes parts d'une manière si bienfaisante, on fut presque honteux de ne pas savoir exactement son histoire, quoiqu'on se rappelât fort bien qu'il avait renoncé à tous les biens terrestres, et qu'il n'avait tenu aucun compte de sa vie pour soigner les pestiférés. Alors la société, accédant à notre désir, conta comme à l'envi cette intéressante légende, les enfants et les parents s'entr'aidant les uns les autres.

Nous apprîmes de la sorte à connaître la légende dans sa véritable essence, passant de bouche en bouche et d'oreille en oreille. Point de contradiction, mais des différences infinies, qui peuvent résulter de ce que chaque caractère a pris à la chose et aux incidents particuliers un intérêt différent, d'où vient qu'une circonstance est tantôt laissée dans l'ombre, tantôt mise en lumière, et les divers pèlerinages confondus, ainsi que les séjours du saint en divers lieux.

J'ai essayé, mais sans succès, de tracer cette histoire sous forme de conversation, comme je l'avais entendue, et je vais la donner ici comme elle est ordinairement rapportée.

Saint Roch naquit à Montpellier. Son père s'appelait Jean, sa mère Libéra. Ce Jean avait sous sa puissance Montpellier et d'autres villes encore. C'était un homme pieux. Il fut longtemps sans avoir d'enfants. Enfin il obtint de la vierge Marie un fils, qui vint au monde avec une croix rouge sur la poitrine. Quand ses parents jeûnaient, il devait jeûner aussi, et, dans ces jours-là, sa mère ne lui donnait le sein qu'une fois. Dès sa cinquième année, il commença à manger et boire fort peu ; dans sa douzième, il rejeta toute superfluité, toute vanité ; il donnait aux pauvres l'argent de ses menus plaisirs et leur faisait beaucoup de bien. Il se montra aussi appliqué à l'étude, et se fit bientôt une grande réputation par sa science. Il n'avait pas encore vingt ans lorsqu'il perdit son père et sa mère. Alors il distribua son patrimoine aux pauvres, renonça au gouvernement du pays, partit pour l'Italie, et se présenta dans un hôpital, où se trouvaient beaucoup de gens atteints de maladies contagieuses, qu'il voulut soigner. On ne voulait pas d'abord l'admettre ; on lui représentait le danger, mais il persista, et, lorsqu'il eut la permission d'approcher des malades, il les guérit tous en les touchant de la main droite et en faisant le signe de la croix. Ensuite il se rendit à Rome, où il guérit de la peste un cardinal ainsi que beaucoup d'autres personnes, et il demeura trois ans chez ce cardinal.

Enfin, atteint lui-même de la terrible maladie et transporté dans une maison de pestiférés, où de cruelles douleurs lui faisaient quelquefois pousser des cris affreux, il sortit de l'hôpital et s'assit dehors devant la porte, pour ne pas incommoder les autres malades par ses cris. Les passants, l'ayant vu, supposèrent que la chose était arrivée par la négligence des gardiens ; mais, apprenant qu'il n'en était rien, ils le crurent insensé et le chassèrent de la ville. Sous la conduite de Dieu, aidé de son bâton, il se traîna tout doucement dans la forêt voisine. Alors, la grande douleur ne lui permettant pas d'aller plus loin, il se coucha sous un érable et y prit un peu de repos ; auprès de lui jaillissait une source, où il se désaltéra.

Non loin de là était un domaine, où s'étaient réfugiés beaucoup de nobles citadins, entre autres un gentilhomme nommé Gothard, qui avait beaucoup de valets et de chiens de chasse. Or, il arriva une chose fort singulière. Un chien de chasse, d'ailleurs très-bien dressé, déroba un pain de dessus la table et s'enfuit. Quoique puni, il prend son temps le lendemain et s'enfuit heureusement avec sa proie. Le comte soupçonne quelque mystère et suit le chien avec ses valets. Ils trouvent sous l'arbre le pieux pèlerin mourant. Il les supplie de s'éloigner, de le laisser, afin de ne pas prendre son mal. Mais Gothard résolut de ne pas quitter le malade avant qu'il fût guéri, et il eut de lui les plus grands soins. Saint Roch, ayant repris quelques forces, finit par se rendre à Florence, y guérit beaucoup de pestiférés, et fut guéri lui-même par une voix du ciel. Il décida Gothard à fixer aussi sa demeure avec lui dans la forêt et à servir Dieu sans cesse : Gothard y consentit, à condition que Roch demeurerait avec lui. En effet ils habitèrent longtemps ensemble dans une vieille cabane. Et lorsque enfin saint Roch eut assez initié Gothard à cette vie d'anachorète, il se remit en chemin, et, après un pénible voyage, il arriva heureusement dans sa patrie, dans la ville qui lui avait autrefois appartenu et qu'il avait donnée à son cousin. Là, comme on était en guerre, on le prit pour un espion, et on le mena devant le seigneur, qui ne le reconnut pas, tant il était changé et pauvrement vêtu, et qui le fit jeter en prison. Pour lui, il rendit grâce à Dieu de ce qu'il lui faisait éprouver toute sorte de malheurs, et il passa en prison cinq années entières. Bien plus, quand on lui apportait quelque nourriture cuite, il ne voulait pas l'accepter, crucifiant encore sa chair par les veilles et par le jeûne. Lorsqu'il s'aperçut que sa fin était proche, il pria les serviteurs du geôlier de lui amener un prêtre. Or, il était couché dans une fosse très-sombre ; mais, quand le prêtre vint, elle parut claire, ce qui le surprit au plus haut point, puis, aussitôt qu'il regarda saint Roch, il remarqua en lui quelque chose de divin, et, de frayeur, il tomba demi-mort. Quand il fut remis, il courut chez le seigneur, et lui annonça ce qu'il avait appris, et que Dieu avait été très-offensé qu'on eût retenu si longtemps, dans une prison si dure, le plus pieux des hommes. Quand cette nouvelle se fut répandue dans la ville, on courut en foule à la tour. Alors saint Roch fut pris d'une faiblesse et rendit l'esprit. Mais chacun vit par les fentes de la porte percer une brillante lumière. La porte ouverte, on vit le saint étendu mort sur la terre, et des lampes brûlant auprès de sa tête et à ses pieds. Sur l'ordre du seigneur, on l'inhuma en grande pompe dans l'église. Il fut d'ailleurs reconnu à la croix rouge qui avait paru sur sa poitrine dès sa naissance, et il s'ensuivit de grands gémissements et de grandes lamentations.

Voilà les choses qui se passèrent le 16 août 1327. Dans la suite on bâtit à Venise, où son corps est conservé, une église en son honneur. Lorsqu'en 1414 un concile se réunit à Constance, la peste s'y déclara, et l'on ne trouvait nulle part aucun secours; mais le fléau céda aussitôt qu'on eut invoqué ce saint et ordonné des processions en son honneur.

Nous eûmes assez de peine à recueillir tranquillement cette paisible histoire, car on disputait depuis longtemps à notre longue table sur le nombre des pèlerins et des curieux. Quelques-uns faisaient monter à dix mille, d'autres à bien plus encore, le nombre des personnes qui tourbillonnaient sur la colline. Un officier autrichien, se fiant à son coup d'œil militaire, se déclara pour l'estimation la plus haute.

Cent propos divers se croisaient. Je notai dans mon album différentes maximes villageoises et des prophéties proverbiales sur la température que nous aurions cette année : quand on s'aperçut de l'intérêt que j'y mettais, on m'en trouva bien d'autres, qui méritent d'être citées, parce qu'elles ont trait aux mœurs du pays et aux affaires qui intéressent le plus les habitants.

« Sécheresse d'avril chagrine le paysan. — Si la fauvette chante avant que la vigne pousse, l'année sera bonne. — Plus Noël tombe près de la nouvelle lune, plus l'hiver sera rude, mais, s'il arrive avec la pleine lune ou le décours, l'hiver sera doux. — Quand le foie du brochet, disent les pêcheurs, est trop large vers la poche du fiel, et que la partie antérieure est étroite et pointue, cela présage un long et rigoureux hiver. — La voie lactée paraît-elle déjà blanche et brillante en décembre, l'année sera bonne. — Si le temps est nébuleux et sombre de Noël aux Rois, l'année amènera des maladies. — Quand les vins s'agitent dans les tonneaux et débordent pendant la nuit de Noël, la vendange sera bonne. — Si l'on entend de bonne heure le héron, la moisson sera belle. — Si les fèves croissent outre mesure, et si les chênes donnent beaucoup de glands, on aura peu de blé. — Si les chouettes et les autres oiseaux quittent les bois contre leur coutume, et volent en troupes vers les villes et les villages, l'année sera stérile. — Un frais mois de mai donne de bon vin et beaucoup de foin. — Pas trop de froid, pas trop d'eau, remplit granges et tonneaux. — Les fraises mûres à Pentecôte annoncent de bon vin. — S'il pleut dans la nuit de sainte Vaubourg, on espère une bonne année. — Si une oie de la Saint-Martin a la lunette brune, cela présage du froid; si elle l'a blanche, de la neige. »

Un montagnard avait écouté d'un air jaloux, ou du moins sérieux, tous ces proverbes relatifs à la fertilité de la terre : on lui demanda s'il n'y avait pas aussi chez eux de ces dictons. Il répondit qu'il ne pouvait pas nous en servir un si bel assortiment ; que chez eux on disait tout simplement par forme de bénédiction : « Rondes le matin, pilées à midi, en tranches le soir ; puissions-nous toujours en avoir[1] ! »

On applaudit à cette heureuse tempérance, et l'on assura qu'il y avait des temps où l'on devait être satisfait d'avoir aussi bien.

Tandis que maintes compagnies quittent avec indifférence la table, qui s'étendait presque à perte de vue, d'autres échangent des salutations, et la foule se disperse peu à peu. Les plus proches voisins, un petit nombre d'aimables convives, s'attardent seuls encore. On se quitte à regret, on revient quelquefois sur ses pas, et l'on se rapproche pour savourer la triste douceur d'un pareil adieu ; enfin, pour se calmer un peu, on se promet un revoir impossible.

Le soleil est haut : hors des tentes et des échoppes on souffre, on manque de l'ombre qu'une grande plantation de jeunes noyers promet sur cette colline aux races futures. Puissent tous les pèlerins ménager ces tendres arbrisseaux ! Puisse la louable bourgeoisie de Bingen protéger cet établissement, et, par des plantations complémentaires et des soins attentifs, le faire peu à peu prospérer pour son avantage et pour la joie d'innombrables pèlerins !

Un mouvement nouveau annonce un nouvel événement. On court au sermon. Toute la foule se porte du côté oriental. Là, l'église n'est pas encore achevée ; les échafaudages y sont encore, l'édifice n'est pas terminé qu'on y célèbre déjà le service divin. Il en était de même quand de pieux ermites bâtissaient de leurs mains dans les solitudes des églises et des couvents. Chaque coup de marteau, chaque pose d'une pierre, était service divin. Les amateurs se rappellent les remarquables tableaux de Lesueur, représentant la vie de saint Bruno. Ainsi se répète dans la grande marche du monde tout ce qui est marquant. L'homme attentif l'observe partout.

---

1. Le mot de l'énigme est *pommes de terre*.

Une chaire de pierre, adossée au mur extérieurement, portée sur des consoles de pierre, n'est accessible que de l'intérieur. Le prédicateur paraît : c'est un homme dans la force de l'âge. Un jeune garçon tient un parasol ouvert sur sa tête. Le prédicateur prononce d'une voix sonore et distincte un discours très-clair. Nous croyons en avoir suivi le sens, et nous avons répété quelquefois ce discours à nos amis. Cependant il est possible que dans ces reproductions, nous nous soyons écarté du texte primitif et que nous y ayons mêlé du nôtre. On trouvera du moins dans ce qu'on va lire un esprit doux, qui encourage au travail, si l'on n'y trouve pas toujours les paroles éloquentes et fortes que nous entendîmes ce jour-là.

« Fidèles et chers auditeurs, vous êtes montés aujourd'hui en grand nombre sur cette colline pour célébrer une fête qui était, par la volonté de Dieu, interrompue depuis bien des années. Vous venez pour voir restaurée, décorée et consacrée, la maison de Dieu, naguère encore déshonorée et dévastée; pour la visiter dévotement et vous acquitter avec reconnaissance des vœux que vous avez faits au saint qui est ici particulièrement honoré. Comme le devoir m'oblige à vous adresser dans cette occasion des paroles édifiantes, rien ne me paraît mieux à sa place que d'examiner avec vous comment un pareil homme, né de parents pieux, il est vrai, mais pécheurs, est parvenu à mériter la grâce de demeurer devant le trône de Dieu, et de pouvoir obtenir par son intercession en faveur de ceux qui adressent avec foi leur prière à saint Roch la délivrance de maux affreux, qui emportent des populations entières, de pouvoir les délivrer même de la mort.

« Il est devenu digne de cette grâce, nous le répétons avec confiance, de même que tous ceux que nous honorons comme saints, parce qu'il possédait la vertu la plus excellente, qui renferme en elle tous les autres biens, une soumission absolue à la volonté de Dieu. En effet, quoique nul homme mortel ne puisse se flatter de devenir égal ou seulement semblable à Dieu, une résignation absolue à sa sainte volonté est le premier et le plus sûr degré pour s'approcher de l'Être suprême.

« Voyez, pour exemple, les pères et les mères auxquels la Providence a accordé de nombreux enfants. Ils prennent de tous les plus tendres soins ; mais, si l'un ou l'autre se distingue par sa docilité et son obéissance ; s'il se soumet sans questionner et sans hésiter aux volontés de ses parents ; s'il remplit ponctuellement leurs ordres, et s'il se conduit comme s'il ne vivait que dans ses parents et pour eux, il acquiert de grands priviléges. Les parents écoutent ses prières et son intercession ; adoucis par d'amicales caresses, ils oublient souvent leur colère et leur mécontentement. Qu'on se représente ainsi, d'une manière humaine, la relation de notre saint avec Dieu, relation à laquelle il s'est élevé par une soumission absolue. »

Cependant, nous autres auditeurs, nous levions les yeux vers la pure voûte du ciel ; le plus clair azur était animé par de légers nuages flottants ; nous occupions la plus haute place. La perspective, dans le cours supérieur du fleuve, était brillante, distincte, libre ; nous avions le prédicateur à gauche, au-dessus de nous, les auditeurs du côté d'en bas, devant lui et devant nous.

L'espace où se trouve le nombreux auditoire est une grande terrasse incomplète, qui penche en arrière et d'une manière inégale : avec de bonnes murailles et les arrangements convenables, un architecte ferait de l'ensemble un des plus beaux lieux du monde. Aucun prédicateur, parlant devant des milliers d'auditeurs, ne vit jamais par-dessus leurs têtes un si riche paysage. Mais que l'architecte place la foule dans un espace uni, peut-être un peu élevé par derrière, et tout le monde verra et entendra commodément le prédicateur. Cette fois, la disposition du lieu étant imparfaite, les auditeurs étaient sur la pente, les uns derrière les autres, s'arrangeant du mieux qu'ils pouvaient ; vus d'en haut, ils offraient le singulier aspect d'un flot doucement balancé. La place de l'évêque n'était distinguée que par le baldaquin qui dominait les têtes, mais le prélat était lui-même perdu dans la foule. Un architecte intelligent assignerait aussi à ce haut dignitaire une place convenable, distinguée, qui relèverait l'éclat de la cérémonie. Ce regard jeté autour de nous, ces réflexions, que ne pouvait manquer de faire un goût exercé, ne nous empêchèrent pas d'être attentifs aux paroles du digne prédicateur, qui passa au second point et parla à peu près en ces termes :

« Cette soumission à la volonté de Dieu, si méritoire qu'elle puisse être, serait cependant demeurée stérile, si le pieux jeune homme n'avait pas aimé son prochain comme lui-même et plus que lui-même. En effet, quoique sa confiance dans les dispensations de Dieu l'eût porté à distribuer son bien aux pauvres pour se rendre dans la Terre Sainte en pieux pèlerin, il se laissa pourtant détourner en chemin de cette louable résolution. La grande détresse dans laquelle il trouve ses frères lui fait un devoir absolu d'assister les malades les plus dangereux, sans songer à lui-même. Il suit sa vocation dans plusieurs villes, jusqu'à ce qu'enfin, saisi à son tour par le mal furieux, il se trouve hors d'état de secourir son prochain. Ces dangereux travaux l'ont approché de Dieu une seconde fois : car, de même que Dieu a tant aimé le monde qu'il a donné son fils unique pour le sauver, saint Roch s'est sacrifié lui-même pour ses semblables. »

L'attention à chaque parole était grande ; les auditeurs étaient à perte de vue. Tous les pèlerins venus isolément et toutes les processions des paroisses étaient là rassemblés, après avoir appuyé contre l'église, à la gauche du prédicateur, leurs étendards et leurs bannières, ce qui n'était pas une décoration à dédaigner. Mais on aimait à voir dans une petite cour latérale, entr'ouverte du côté de l'assemblée, toutes les images, dressées sur des supports et maintenant leurs droits, comme étant les auditeurs les plus considérables.

Trois images de la Mère de Dieu, de diverse grandeur, brillaient, toutes neuves, aux rayons du soleil. Les longs rubans roses flottaient gaiement au souffle d'un vif courant d'air. L'enfant Jésus, vêtu de drap d'or, était là, toujours gracieux. Saint Roch, plus d'une fois répété, contemplait paisiblement sa fête, sous ses habits de velours noir.

Le prédicateur passa au troisième point et dit à peu près ces paroles :

« Mais ces importants et pénibles travaux n'auraient pas eu de suites bénies, si saint Roch avait attendu pour de si grands sacrifices une récompense terrestre. Ces actions saintes, Dieu seul peut les récompenser, et cela dans l'éternité. L'espace du temps est trop court pour une rétribution infinie. Aussi l'Eternel a-t-il favorisé notre saint homme pour tous les temps, et lui a-t-il accordé la suprême félicité de pouvoir à jamais secourir des cieux les hommes ainsi qu'il l'avait fait ici-bas de son vivant.

« Nous devons par conséquent le regarder à tous égards comme un modèle sur lequel nous mesurons nos progrès spirituels. Si donc en de tristes jours vous vous êtes tournés vers lui, et si, par la faveur divine, vous avez été heureusement exaucés, éloignez maintenant tout orgueil et toute fierté; demandez-vous humblement et courageusement : « Avons-nous eu ses vertus devant les « yeux? Nous sommes-nous efforcés de marcher sur ses traces? « Dans le temps le plus affreux, sous des fardeaux à peine sup- « portables, nous sommes-nous résignés à la volonté de Dieu? « Avons-nous étouffé un murmure naissant? Avons-nous vécu « dans une ferme espérance, pour mériter qu'elle fût comblée « d'une manière aussi gracieuse qu'inattendue? Dans les jours « les plus horribles de furieuses épidémies, avons-nous fait plus « que de prier et d'implorer le salut? Avons-nous, dans cette « détresse, porté secours aux nôtres, à nos parents plus ou moins « éloignés, à nos connaissances, même aux étrangers et à nos « ennemis? Avons-nous risqué notre vie pour Dieu et pour son « saint? »

« A ces questions, si vous pouvez dans le fond du cœur répondre : « Oui! » comme la plupart d'entre vous le peuvent sans doute sincèrement, emportez dans vos demeures un bon témoignage. Et si vous pouvez, comme je n'en doute pas, ajouter encore : « Dans tout cela nous n'avons eu en vue aucun avantage « terrestre, nous nous sommes contentés de faire ce qui était « agréable à Dieu, » vous avez d'autant plus lieu de vous réjouir de n'avoir fait aucune prière vaine, et d'avoir été plus semblables à l'intercesseur.

« Croissez et avancez dans ces vertus durant les bons jours, afin que dans les mauvais, qui surviennent souvent à l'improviste, vous puissiez adresser à Dieu par son saint vos vœux et vos prières.

« Et considérez aussi à l'avenir les pèlerinages que vous ferez encore en ce lieu comme des avertissements renouvelés que vous ne pouvez offrir au Tout-Puissant un plus grand sacrifice d'actions de grâces qu'un cœur amendé et enrichi de nouveaux dons spirituels. »

Le sermon laissa sans doute dans tous les esprits une impression salutaire, car chacun entendit ces claires paroles et chacun grava dans son cœur ces sages leçons pratiques.

L'évêque rentra ensuite dans l'église. Ce qui s'y passa nous est resté inconnu. Nous entendîmes de dehors le retentissement du *Te Deum*. L'entrée et la sortie des flots de la foule étaient extrêmement animées. La fête touchait à sa fin. Les processions se rangèrent pour se retirer. Ceux de Bidenheim, arrivés les derniers, s'éloignèrent les premiers. Nous désirions sortir de la cohue, et nous descendîmes avec la paisible et grave procession de Bingen. Nous remarquâmes encore sur notre passage les traces des mauvais jours de la guerre. Les stations du chemin de la Croix semblaient avoir été détruites. En les rétablissant, l'esprit religieux et le sentiment artistique devraient associer leurs efforts, afin que tout visiteur, quel qu'il fût, pût parcourir ce chemin avec édification.

Arrivés à Bingen, dont la situation est magnifique, nous désirâmes, après tant d'événements merveilleux, divins et humains, nous livrer sur-le-champ aux fortes impressions de la nature. Un bateau nous mena au-dessous des rapides ; nous glissâmes sur le reste de l'ancienne digue, que le temps et l'art ont vaincue ; nous laissâmes à gauche la tour fabuleuse, bâtie sur la roche indestructible, à droite Ehrenfels ; mais nous revînmes bientôt pour cette fois, emportant l'image de ces gorges effrayantes, barrières à travers lesquelles le Rhin s'est frayé un passage depuis des temps éternels.

Comme pendant toute la matinée, le soleil nous accompagna pendant ce retour ; toutefois des nuages vinrent nous donner l'espoir d'une pluie ardemment désirée, et en effet il survint une averse bienfaisante, qui dura assez longtemps pour nous faire trouver au retour toutes les campagnes rafraîchies. Saint Roch, agissant selon toute apparence auprès d'autres libérateurs, s'était donc montré abondamment secourable, même en dehors de son office.

ANNALES

ou

NOTES POUR SERVIR DE COMPLÉMENT

A MES CONFESSIONS DE 1749 A 1822

ANNALES

ou

NOTES POUR SERVIR DE COMPLÉMENT

A MES CONFESSIONS DE 1749 A 1822.

De 1749 à 1764.

Le talent s'éveilla chez moi de bonne heure, et, me réglant sur les modèles qu'on avait alors en vers et en prose, j'exprimais d'une manière enfantine mes impressions diverses, en imitant le plus souvent avec docilité la manière de chaque modèle. Ma fantaisie s'occupait de riantes images, qui se liaient à plaisir avec ma personne et ma situation particulière. Mon esprit s'approchait de la nature réelle, vraie, par des poésies d'occasion. J'y gagnai une certaine connaissance des relations sociales et des diverses individualités, car il fallait observer et traiter des cas particuliers. Je composais beaucoup en diverses langues, ce qui m'était plus facile, parce que je m'accoutumai de bonne heure à dicter.

De 1765 à 1768.

Séjour à Leipzig. Je sens le besoin d'une forme limitée, pour mieux juger mes productions. J'accepte comme reconnue, même comme légitime, la forme gréco-française, surtout dans le drame. Des sentiments de jeunesse plus sérieux, innocents, mais douloureux, s'emparent de moi : je les observe et les exprime ; cependant le jeune homme remarque divers désordres dans les dehors fardés de la société civile : les travaux du premier genre ont produit le *Caprice de l'Amant* et quelques chansons ; ceux du second, les *Complices*, où un observateur attentif ne pourra méconnaître une sérieuse étude du monde de Molière. De là l'étrangeté de mœurs qui écarta longtemps cette pièce du théâtre.

De 1769 à 1775.

Nouvelles vues sur la vie. Événements, passions, jouissances et peines. On sent la nécessité d'une forme plus libre et l'on se jette du côté des Anglais. Ainsi naissent *Werther*, *Goetz de Berlichingen*, *Egmont*. On revient, avec des sujets plus simples, à la forme plus étroite : *Clavijo*, *Stella*, *Erwin et Elmire*, *Claudine de Villa-Bella*. Dans ces deux derniers ouvrages, j'essaye du mélange de la prose et des chants. Il faut rapporter ici les poésies adressées à Bélinde et à Lili, dont plusieurs sont perdues, ainsi que diverses pièces de circonstance, des épîtres et d'autres amusements de société.

Cependant on plonge plus hardiment dans les profondeurs de la nature humaine. On oppose une existence passionnée à des théories trompeuses, bornées. On s'élève contre la préconisation des faux modèles. Tout cela, avec ses conséquences, était senti profondément et sincèrement, mais souvent exprimé d'une manière injuste et partiale ; *Faust* en est un exemple[1]. Plusieurs productions de ce genre audacieux se sont perdues. *Les Dieux, les Héros et Wieland* se sont conservés.

Les critiques littéraires que j'ai insérées dans la *Gazette savante de Francfort*, en 1772 et 1773, donnent une idée complète de l'esprit qui nous animait alors, mes amis et moi. On y voit une tendance absolue à briser toutes les barrières.

Le premier voyage en Suisse m'ouvrit sur le monde des perspectives variées ; ma visite à Weimar m'engagea dans les rela-

---

1. Ainsi que les fragments du *Juif errant*. Tome I, page 235.

tions les plus belles, et me poussa insensiblement dans une nouvelle et heureuse carrière.

DE 1776 à 1780.

Tous les travaux inachevés que j'avais apportés à Weimar, je ne pouvais les continuer; car, le poëte se créant un monde par anticipation, le monde réel qui s'impose à lui l'importune et le trouble; le monde veut lui donner ce qu'il possède déjà, mais autrement, et qu'il doit s'approprier pour la seconde fois.

Je composai pour le théâtre d'amateurs que nous avions formé et pour les jours de fête *Lila, le Frère et la Sœur, Iphigénie, Proserpine*, qui fut (par sacrilége) intercalée dans le *Triomphe de la Sensibilité*, où elle manqua tout son effet. En général, un fade sentimentalisme, qui prenait le dessus, provoqua plus d'une riposte du réalisme. Nombre de petits poëmes sérieux, badins, railleurs, pour de grandes et de petites fêtes, ayant trait directement aux personnes et aux circonstances particulières, furent composés par mes amis et par moi, souvent en commun. La plupart sont perdus. Quelques-uns sont insérés dans mes œuvres, par exemple, *Hans Sachs*[1], ou bien ils ont reçu un autre emploi. On voit aussi dès cette époque germer *Wilhelm Meister*, mais encore sous forme de cotylédons. Ce développement se prolonge pendant bien des années.

En revanche, je consacre inutilement beaucoup de temps et de peine au projet d'écrire la vie du duc Bernard. Après avoir recueilli beaucoup de documents et tracé plusieurs fois mon plan, je dus reconnaître à la fin que la vie de ce prince héroïque ne forme pas un tableau. Il joue un beau rôle dans la déplorable Iliade de la guerre de Trente ans; mais il ne peut se détacher de l'ensemble. Je crus avoir trouvé un expédient; j'aurais écrit cette vie comme un premier volume, qui en aurait fait attendre un second; partout seraient demeurées des pierres d'attente, pour faire déplorer à chacun qu'une mort prématurée eût empêché l'architecte de terminer son ouvrage. Ces travaux ne me furent pas inutiles : comme mes études pour

---

[1]. Tome I, page 223.

Goetz et pour *Egmont* m'avaient fait pénétrer dans les quinzième et seizième siècles, je me fis de la confusion du dix-septième une idée beaucoup plus complète.

A la fin de 1779, je fis mon second voyage en Suisse. Mon attention portée sur les objets extérieurs, les soins et la direction de notre promenade aventureuse, firent quelque trêve aux productions poétiques. Il n'en reste pas d'autres souvenirs que notre pèlerinage de Genève au Saint-Gothard[1]. Au retour, quand nous fûmes dans les plaines de la Suisse, j'eus le loisir de composer *Jéry et Baetely*[2]. J'écrivis aussitôt ce poëme, et je pus l'apporter tout achevé en Allemagne. Je sens encore l'air des montagnes qui souffle au travers, quand ces figures s'offrent à ma vue sur les planches du théâtre, entre les murailles de toile et les rochers de carton.

De 1781 à 1786.

L'idée de *Wilhelm Meister* avait sommeillé longtemps. Elle partait du sentiment confus d'une grande vérité : c'est que l'homme voudrait souvent essayer une chose pour laquelle la nature lui a refusé les dispositions nécessaires ; il voudrait entreprendre et exercer un art pour lequel il manquera toujours d'aptitude. Un sentiment secret l'avertit de s'en abstenir, mais il ne peut se juger clairement lui-même ; il est poussé par une fausse route vers un but faux, sans savoir comment la chose s'est faite. Ici se rapporte tout ce qui est nommé fausse tendance, dilettantisme, etc. L'homme est-il de temps en temps éclairé là-dessus par une demi-lumière, il éprouve un sentiment voisin du désespoir ; et pourtant, dans l'occasion, il se laisse derechef entraîner par le flot, en n'opposant qu'une demi-résistance. Beaucoup de gens dissipent de la sorte la plus belle part de leur vie et finissent par tomber dans une étrange tristesse. Toutefois il est possible que tous ces faux pas amènent un bien inestimable, pressentiment qui se développe, s'éclaircit, se confirme de plus en plus dans *Wilhelm Meister*, et qui s'exprime enfin dans ces termes clairs : « Il me semble voir en toi Saül, le fils de Cis,

---

1. Deuxième voyage en Suisse, tome IX, page 14. — 2. Tome II, page 99.

qui sortit pour chercher les ânesses de son père et qui trouva un royaume¹. »

L'opérette de *Badinage, ruse et vengeance* fut pour moi une occasion de renouer avec mon compatriote Kayser, qui demeurait alors à Zunich, une amitié de jeunesse, qui se renouvela ensuite à Rome et s'est toujours maintenue.

Je ne ferai que mentionner les *Oiseaux*, et d'autres petites pièces, que j'avais composées pour les fêtes d'Ettersbourg. Les deux actes d'*Elpénor* sont de 1783. Vers la fin de ce temps-là, mûrit ma résolution de publier chez Goeschen mes œuvres complètes. Les quatre premiers volumes étaient prêts à la Saint-Michel de 1786.

De 1787 à 1788.

Les quatre derniers volumes ne devaient guère contenir que des ouvrages esquissés et incomplets. Les exhortations de Herder m'en firent entreprendre l'achèvement. Sur ces travaux on trouvera beaucoup de détails dans mon *Voyage en Italie*². Ce fut peu de temps après mon retour, en 1788, que je terminai le *Tasse*;

1789.

A peine étais-je rentré dans la vie et la société de Weimar, et avais-je repris mes affaires, mes études et mes travaux littéraires, que la révolution française éclata et fixa sur elle l'attention du monde ³....

Aussitôt après mon retour d'Italie, un autre travail me procura beaucoup de plaisir. Depuis que l'inimitable *Voyage sentimental* de Sterne avait donné le ton et provoqué des imitateurs, les descriptions de voyages étaient presque entièrement remplies des sentiments et des vues du voyageur. Moi, j'avais pris pour maxime de me dissimuler soigneusement, de refléter l'objet aussi nettement que possible. Je suivis fidèlement cette règle quand j'assistai au carnaval de Rome. J'écrivis en détail

---
1. Conclusion des *Années d'apprentissage de Wilhelm Meister*, tome VI, page 585.
2. Tome IX, passim.
3. Goethe revient ici sur le *Grand Cophte*. Nous renvoyons pour ces détails à ce qu'il a dit, page 146. Voyez aussi, tome IX, page 297, son récit sur la famille de Cagliostro.

une esquisse de toutes les scènes ; des artistes obligeants dessinèrent des masques caractéristiques : avec ces matériaux je fis ma *Description du Carnaval de Rome*, qui, ayant été bien accueillie, engagea des hommes d'esprit à exposer clairement et purement dans leurs voyages les traits caractéristiques des populations et des mœurs. Je me bornerai à citer pour exemple un homme plein de talent, mort à la fleur de l'âge, Frédéric Schoulz, qui nous a laissé la description d'une diète polonaise.

1790.

Je me hâtai de renouer mes anciennes relations avec l'université d'Iéna, qui avait encouragé et favorisé mes études scientifiques. Arranger, augmenter les musées de cette ville, avec le concours d'hommes spéciaux du plus grand mérite, les mettre et les maintenir en ordre, fut pour moi une occupation aussi agréable qu'instructive, et l'observation de la nature, l'étude d'une vaste science, me dédommagèrent en quelque mesure de l'absence des arts.

Un intérieur agréable m'inspira le goût d'écrire les *Élégies romaines*. Les *Épigrammes vénitiennes* les suivirent de près. Je profitai beaucoup pendant un séjour prolongé que je fis dans cette merveilleuse cité, d'abord en attendant que la duchesse Amélie revint de Rome, ensuite avec cette princesse, qui animait tout son entourage, au dehors comme chez elle. Je passai en revue, d'une manière historique, d'abord seul, puis avec mes amis de Rome, Henri Meyer et Bury, l'inestimable école vénitienne.

A peine de retour à la maison, je fus appelé en Silésie, où deux grandes puissances prirent une position militaire pour appuyer le congrès de Reichenbach. Les cantonnements donnèrent naissance à quelques épigrammes, qui sont éparses dans mes poésies. Mais, à Breslau, où brillait une cour militaire et en même temps la noblesse d'une des premières provinces du royaume, où l'on voyait sans cesse marcher et manœuvrer les plus beaux régiments, je m'occupai sans relâche d'anatomie comparée, en sorte qu'au milieu du monde le plus animé, je vivais comme un ermite, concentré en moi-même.

Une partie de plaisir aux salines de Wieliezka et une intéressante promenade à cheval dans les montagnes et le pays au delà d'Adersdach, de Glatz, etc., furent pour moi une nouvelle source d'instruction.

1791.

Année paisible, passée à Weimar et dans mes foyers. Ma maison isolée, dans laquelle je pus établir une grande chambre obscure; les jardins attenants, où je pouvais faire sous le ciel des expériences de tout genre, me mirent en mesure de faire de sérieuses recherches sur les couleurs.

Cependant, pour que la poésie et l'esthétique ne fussent pas trop négligées, j'entrepris avec plaisir la direction du théâtre de la cour. Il nous fut d'autant plus facile de composer une troupe, que nous pouvions choisir dans tous les théâtres d'Allemagne. Breslau, Hanovre, Prague et Berlin nous envoyèrent d'excellents sujets; mais nous en perdîmes bientôt un estimable dans la personne de Neumann, qui mourut, et nous laissa une fille de quatorze ans, douée du plus naturel et du plus aimable talent, qu'elle me pria instamment de cultiver.

L'opéra étant toujours le plus commode et le plus sûr moyen d'attirer et de charmer le public, nous y pourvûmes par la traduction d'opéras français et italiens, et, tranquilles de ce côté, nous pûmes donner une plus sérieuse attention à la comédie et au drame. Le *Roi Jean* de Shakspeare fut notre plus beau succès. Christiane Neumann, que j'avais formée à jouer le rôle d'Arthur, produisit un effet merveilleux; et toute mon attention dut être de mettre les autres acteurs en harmonie avec elle. C'est ainsi que je procédais d'abord : j'observais dans chaque pièce l'acteur qui excellait, et je tâchais de mettre les autres à l'unisson.

1792.

L'hiver s'était ainsi passé, et le théâtre avait pris quelque consistance. Les meilleures pièces d'Iffland et de Kotzeboue entrèrent dans notre répertoire. L'opéra donna le *Don Juan* de Mozart, et, bientôt après, nous pûmes représenter le *Don Carlos* de Schiller. Je continuai d'ailleurs au printemps mes travaux sur l'optique ; mais, au milieu de l'été, je fus appelé de nouveau à entrer en campagne, et, cette fois, pour assister à des scènes plus sérieuses [1].

1793.

L'aversion que j'éprouvais alors pour le sentimental, le besoin de me livrer, avec une sorte de désespoir, à l'inévitable réalité, me firent trouver dans le *Roman du Renard* la matière que je pouvais souhaiter pour un exercice qui tenait de la traduction et du remaniement. Le travail que je consacrai à cette bible profane me servit d'amusement au dehors et chez moi. Je l'emportai au siége de Mayence.

Je continuais aussi de m'attacher à l'étude de la nature, comme à une planche dans le naufrage : car j'avais pu voir de mes yeux, pendant deux années, l'épouvantable destruction de toutes les relations sociales. Un jour au quartier général de Hans et un jour dans Mayence reconquise [2] étaient des symboles de l'histoire contemporaine, comme ils le sont encore pour l'homme qui cherche à rapprocher dans son souvenir les événements de cette époque.

Un esprit fécond, un homme vraiment patriote et désireux de faire avancer la littérature nationale, sera approuvé d'avoir craint la destruction de tout ce qui existait, sans que le moindre pressentiment lui annonçât quelles destinées meilleures, ou seulement différentes, devaient sortir de ces ruines ; on l'approuvera d'avoir vu avec chagrin de pareilles influences s'étendre en Allemagne, et des personnes égarées, et même indignes, s'emparer du gouvernement.

C'est là ce qui m'inspira le *Citoyen général*, les *Révoltés* et les *Entretiens d'émigrés allemands*, productions qui appartiennent à cette année et à la suivante.

1794.

Je devais espérer qu'après les privations et les souffrances des années précédentes, celle-ci me procurerait les distractions

---

1. Voyez la *Campagne de France.* — 2. Même volume, pages 48 et 169.

du travail et les jouissances de l'amitié, et j'en avais grand besoin : spectateur de révolutions mémorables et qui menaçaient le monde, témoin des plus grandes souffrances que puissent endurer bourgeois, paysans et soldats, associé moi-même à ces épreuves, je devais me trouver dans les dispositions les plus tristes. Mais quel repos pouvions-nous goûter, quand nous étions chaque jour alarmés et troublés par les terribles mouvements de la France? L'année précédente, nous avions déploré la mort du Roi et de la Reine : cette année, la princesse Élisabeth eut le même sort.

Les forfaits de Robespierre avaient effrayé le monde, et le sentiment de la joie était tellement perdu, que personne n'osait se réjouir de la chute du tyran, d'autant moins qu'au dehors les opérations militaires de la nation, agitée chez elle dans ses dernières profondeurs, faisaient des progrès irrésistibles, ébranlaient le monde autour d'elle, et menaçaient de bouleversement, sinon de destruction, tout ce qui subsistait encore.

Cependant le Nord vivait dans une sécurité timide, qui tenait du songe, et l'on calmait les craintes par l'espérance peu sûre de bonnes relations de la Prusse avec la France.

Dans les grands événements, et même dans les situations les plus critiques, l'homme ne peut renoncer à combattre avec la parole et avec la plume. Il parut alors en Allemagne une brochure qui fit une grande sensation; c'était un *Appel à tous les peuples de l'Europe*. Elle exprimait la haine ardente de la France, dans un moment où les ennemis indomptés s'approchaient en force de nos frontières. Et pour exciter au plus haut point la lutte des opinions, les chansons révolutionnaires de la France circulaient en secret. Elles m'arrivèrent par des personnes de qui on ne l'aurait pas attendu.

Les dissensions intérieures des Allemands, en ce qui regardait la défense et la réaction, se manifestèrent dans la marche des arrangements politiques. La Prusse, sans s'expliquer clairement sur ses desseins, demanda la nourriture pour ses troupes. On publia une réquisition, mais personne ne voulait donner ni s'armer et se pourvoir convenablement. A Ratisbonne, il fut question d'une ligue des princes contre la Prusse; projet encouragé par ceux qui soupçonnaient des vues d'agrandissement dans les négociations que cette puissance avait entamées séparément. Le ministre de Hardenberg essaya en revanche de concilier les États à son roi, et l'on penchait aussi de ce côté, dans l'espoir de gagner une puissance à demi décidée pour les Français. Mais quiconque se rendait compte de la situation voyait bien qu'entre la crainte et le souci, on se repaissait de vaines espérances.

Les Autrichiens repassèrent sur la rive droite du Rhin, les Anglais se retirèrent dans les Pays-Bas, l'ennemi se répandit plus au loin et s'assura de plus abondantes ressources. On entendait toujours davantage parler de fugitifs; point de famille, point de cercle d'amis, qui n'eût souffert dans ses membres. On m'envoya du sud et de l'ouest de l'Allemagne des cassettes pleines d'or, des objets précieux de tout genre, qu'on mettait sous ma garde. Ces marques de confiance me faisaient plaisir, mais c'était devant mes yeux de tristes témoignages d'une nation alarmée.

Les inquiétudes devenaient toujours plus vives, en tant que j'avais des propriétés à Francfort. La belle maison bourgeoise dont ma mère jouissait depuis la mort de mon père était devenue un fardeau pour elle dès le commencement des hostilités, sans qu'elle voulût se l'avouer. Dans ma visite de l'année précédente, je l'avais éclairée sur sa situation, et je l'avais exhortée à se délivrer de cet embarras. Mais, dans ce temps même, il était inopportun d'exécuter ce qu'on jugeait nécessaire.

Une maison, rebâtie de notre temps, décente et commode, une cave bien pourvue, des meubles de tout genre et de bon goût pour le temps, une bibliothèque, des tableaux, des gravures et des cartes, des antiquités, de petits ouvrages d'art et des curiosités, bien des choses remarquables, que mon père avait recueillies en amateur et en connaisseur dans les occasions favorables; tout se trouvait encore là réuni, s'enchaînait, par le lieu et la disposition, pour un usage commode, et n'avait que par l'ensemble sa valeur première. Si cela devait être partagé et dispersé, on devait craindre que tout ne fût dissipé ou perdu. On reconnut bientôt, en conférant avec des amis, en traitant avec des courtiers, que, dans le temps actuel, une vente, même désavantageuse, devait être ajournée.

Toutefois la résolution était prise, et la perspective d'une location à vie dans une maison bien située, mais qu'il fallait d'abord remettre à neuf, donnait à l'imagination de ma bonne mère une disposition sereine, qui lui aidait à supporter les désagréments de la situation présente.

Des bruits vagues sur l'approche et l'invasion des ennemis répandirent une effrayante incertitude. Des négociants éloignaient leurs marchandises, beaucoup de gens, leurs effets précieux portatifs, et cela avertissait bien des personnes de penser à elles-mêmes.

L'incommodité d'une émigration et d'un changement de domicile luttait avec la crainte des mauvais traitements. Mon beau-frère Schlosser s'était vu aussi emporté dans ce tourbillon. J'avais offert bien souvent à ma mère une tranquille retraite auprès de moi, mais elle ne sentait aucune inquiétude pour sa personne; elle se renfermait dans sa foi d'Ancien Testament et, par quelques passages des psaumes et des prophètes, qui s'offraient à elle à propos, dans son attachement pour sa ville natale, avec laquelle elle s'était tout particulièrement identifiée, ce qui la détourna même de me faire jamais une visite.

Elle s'était prononcée sur sa ferme résolution de rester à Francfort, quand Mme de La Roche annonça à Wieland sa prochaine arrivée et, par là, le mit dans le plus grand embarras. Nous lui rendîmes un service d'amis. Ma mère, qui savait si bien se conduire en pareille occasion, supportant beaucoup elle-même, calma son amie par son exemple, et nous lui en sûmes très-bon gré.

Si le théâtre ne me charmait pas, il me tenait du moins dans une occupation continuelle. Dès le commencement de l'année, nous donnâmes la *Flûte enchantée*, puis *Richard Cœur de Lion*, et, pour le temps, pour les circonstances, c'était déjà quelque chose. Puis vinrent à la file plusieurs drames d'Iffland, et notre personnel apprenait toujours mieux à les rendre.

L'université d'Iéna, après le départ de Reinhold, osa le remplacer par Fichte, qui s'était prononcé dans ses écrits avec grandeur, mais non peut-être avec une entière convenance, sur les objets les plus importants de la morale et de la politique. Et comment aurait-il consenti à marcher du même pas que le monde, qu'il regardait comme sa création? Comme on avait réduit le nombre des heures qu'il voulait consacrer à ses leçons publiques, il entreprit d'en donner le dimanche, ce qui rencontra d'abord des obstacles. Ses opinions sur Dieu et sur les choses divines, objets sur lesquels il vaut mieux observer un profond silence, nous attirèrent du dehors des désagréments.

Le professeur Gœttling nous initia aux découvertes de la chimie française. Alexandre de Humboldt, longtemps attendu, revint de Bayreuth et nous inculqua des idées générales sur l'histoire naturelle. Son frère aîné, que nous possédions aussi, savait répandre sur tous les sujets la clarté et l'intérêt, et nous communiquait ses travaux, ses recherches et sa science.

La nature, suivant sa coutume, ne fit pas la moindre attention à tous les crimes de cette année : les récoltes furent magnifiques ; tout mûrit un mois plus tôt ; tous les fruits réussirent à la perfection ; les abricots et les pêches, les melons et même les châtaignes, s'offrirent à l'amateur mûrs et savoureux, et 1794 compte dans le nombre des années du plus excellent vin.

Le *Roman du Renard* était imprimé. Un accident me priva d'abord des suffrages de mes nobles amis de Gotha. Le duc Ernest m'avait prêté obligeamment divers instruments de physique. En les lui renvoyant, je joignis aux paquets les exemplaires du poëme badin. L'homme chargé de ces sortes d'affaires était absent, et la boîte resta longtemps fermée. J'attendis vainement pendant plusieurs semaines une réponse obligeante d'amis si chers et d'ordinaire si ponctuels ; enfin la caisse fut ouverte. Alors ce furent des excuses, des plaintes et des regrets répétés. Voss critiqua mes hexamètres, mais nous finîmes par nous entendre, parce que j'eus égard à ses observations et me montrai dans la suite docile et soumis.

L'impression du premier volume de *Wilhelm Meister* était commencée, j'avais enfin résolu de déclarer achevé un travail auquel je trouvais encore tant à dire, et je fus charmé de n'avoir plus devant les yeux ce début, quand la continuation et la perspective d'une conclusion, désormais obligée, me tourmentaient au plus haut point. Mais la nécessité est le meilleur conseiller.

Il parut en Angleterre une traduction d'*Iphigénie*. Unger la reproduisit. Il ne m'est resté aucun exemplaire de l'original non plus que de la contrefaçon.

Mon précédent voyage dans le Bas-Rhin m'avait rapproché de Frédéric Jacobi et de la princesse Gallitzin[1], mais nos relations eurent toujours quelque chose de singulier, qu'on ne peut guère expliquer qu'en faisant connaître ce qu'était alors en Allemagne toute la classe instruite ou plutôt qui commençait à s'instruire. Il s'était levé sur l'élite de la nation une lumière qui promettait de la dégager des liens d'une pédanterie vaine, stérile et dépendante. Beaucoup de personnes étaient animées à la fois du même esprit; elles reconnaissaient leurs mérites respectifs; elles s'estimaient les unes les autres; elles sentaient le besoin de s'unir, se recherchaient, s'aimaient, et cependant aucune véritable union ne pouvait se former. L'intérêt moral que tous avaient en vue était vague, indéterminé, et, dans l'ensemble comme dans le détail, on manquait de direction pour les activités particulières. Aussi le grand cercle invisible fut-il rompu et divisé en sociétés plus petites, le plus souvent locales, qui produisirent des choses dignes d'éloges; mais celles qui marquaient s'isolèrent de plus en plus. C'est là ce qu'on a vu arriver de tout temps aux époques de réveil, et nous trouvons ici dans l'histoire littéraire un exemple de ce qu'on voit si souvent répété dans l'histoire politique et dans celle de l'Église.

J'avais alors pour hôte mon ancien ami de Rome, Henri Meyer. Nos souvenirs et la poursuite de nos études italiennes étaient le sujet ordinaire de nos conversations. Mais tout effort que nous faisons en l'absence de l'objet pour le saisir ne sert qu'à nous égarer et nous faire sentir l'insuffisance du souvenir, et c'est aussi ce qui nous arriva. Qui donc a vécu en Italie, même d'une vie moins sérieuse, sans désirer toujours d'y retourner?

Cependant la lutte intérieure à laquelle j'étais livré depuis que j'avais commencé mes travaux scientifiques n'était pas encore apaisée, parce que la manière dont je procédais dans l'observation de la nature réclamait toutes les forces de mon esprit. Au milieu de ce pénible conflit, tous mes désirs, toutes mes espérances, furent dépassés par mes relations avec Schiller, qui

---

1. Voyez plus haut, pages 114 et 135.

prirent alors naissance, et que je puis regarder comme le plus grand bonheur qui me fût réservé dans mon âge mûr. J'en eus l'obligation à mes travaux sur la métamorphose des plantes, par lesquels furent écartés les malentendus qui m'avaient longtemps éloigné de lui.

Après mon retour de cette Italie, où j'avais cherché à me former sur tout le domaine de l'art des idées plus nettes et plus pures, sans m'occuper de ce qui avait pu se faire dans l'intervalle en Allemagne, je trouvai en grande vogue des poëmes anciens et nouveaux, d'un effet étendu, mais qui me répugnaient au plus haut degré, je ne citerai que l'*Ardinghello*[1] de Heinse et les *Brigands* de Schiller. Le premier de ces ouvrages m'était odieux, parce qu'il entreprenait d'ennoblir et de parer avec le secours de l'art plastique la sensualité et des opinions abstruses; l'autre, parce qu'un talent énergique, mais inculte, avait répandu sur l'Allemagne, à flots déchaînés, les maximes paradoxales et théâtrales dont j'avais cherché à me dégager.

Je ne reprochais pas à ces deux hommes de talent ce qu'ils avaient entrepris et exécuté, car l'homme ne peut se refuser d'agir à sa manière. Il l'essaye d'abord inculte et inconscient, puis avec une conscience toujours plus nette, à mesure qu'il se développe : c'est ainsi qu'il se répand dans le monde tant de choses excellentes et de sottises, et que le désordre engendre le désordre.

Mais le bruit que ces choses faisaient dans ma patrie, l'approbation générale donnée à ces singulières productions par l'étudiant sauvage comme par la noble dame la plus polie, m'effrayèrent, car je crus avoir perdu toutes mes peines; les objets de mes études, la manière dont je m'étais développé, me paraissaient écartés et frappés d'impuissance. Et, ce qui m'était le plus douloureux, tous mes amis, Henri Meyer et Moritz, et les artistes Tischbein et Bury, qui travaillaient dans le même esprit, me semblaient compromis avec moi. J'étais confondu. J'aurais volontiers renoncé tout à fait aux études plastiques, à l'exercice de la poésie, si la chose eût été possible. En effet, quelle apparence de surpasser ces productions d'une valeur

---

1. Roman qui avait paru en 1787.

originale et d'une forme barbare? Qu'on se figure mon état! Je voulais entretenir et communiquer les contemplations les plus pures, et je me trouvais entre Ardinghello et Franz Moor[1].

Moritz, qui était revenu d'Italie, et qui demeura quelque temps chez moi, s'affermit avec moi dans ces sentiments jusqu'à l'exaltation. J'évitai Schiller, qui résidait à Weimar et habitait dans mon voisinage. L'apparition de *Don Carlos* n'était pas faite pour me rapprocher de lui. Je me dérobai à toutes les tentatives de nos amis communs, et nous vécûmes ainsi quelque temps l'un à côté de l'autre.

Son traité sur la *Grâce et la dignité* n'était pas non plus un moyen de me réconcilier avec lui. Il avait adopté avec joie la philosophie de Kant, qui élève si haut le sujet en paraissant le restreindre; elle développa les dons extraordinaires que lui avait départis la nature, et lui, dans le sentiment sublime de la liberté et de la spontanéité, il était ingrat envers la grande mère qui, certes, ne l'avait pas traité en marâtre. Au lieu de la considérer comme indépendante, vivante, produisant tout selon des lois, depuis l'être le plus infime jusqu'au plus élevé, il la concevait d'une manière tout humaine et empirique. Je pouvais même croire que certaines expressions dures étaient dirigées contre moi; elles présentaient ma profession de foi sous un faux jour. Et c'était plus fâcheux encore, si ces choses avaient été dites sans allusion à moi, car l'abîme qui séparait nos façons de penser n'en paraissait que plus profond.

Il ne fallait pas penser à nous réunir. Les doux conseils d'un Dalberg, qui savait honorer Schiller comme il le méritait, restèrent même inutiles. Il était difficile de réfuter les raisons que j'opposais à l'idée d'un rapprochement. Nul ne pouvait nier qu'entre deux antipodes intellectuels, il y avait plus qu'un diamètre terrestre. Mais on va voir qu'il peut exister entre eux une relation.

Schiller se rendit à Iéna, où je ne le vis pas non plus. Dans ce même temps, Batsch avait su, grâce à une incroyable activité, organiser une société des Sciences naturelles, qui avait pour base de belles collections et d'importants appareils. J'assistais

---

1. Personnage des *Brigands*.

d'ordinaire aux séances périodiques. Un jour j'y trouvai Schiller. Par hasard nous sortîmes ensemble. Une conversation s'engagea. Il paraissait s'intéresser à ce qui s'était dit, mais il fit la réflexion judicieuse et sage, et chez moi très-bien venue, que cette manière morcelée de traiter la nature ne pouvait nullement charmer le profane qui s'engagerait volontiers dans ces études. Je répondis que cette manière pourrait bien déplaire même aux initiés, mais qu'il y en avait peut-être une autre, qui, au lieu de prendre la nature isolément, la présentait vivante et agissante, tendant de l'ensemble aux parties. Il demanda des éclaircissements, mais sans dissimuler ses doutes ; il ne pouvait accorder que des assertions telles que les miennes se pussent déduire de la simple expérience.

Nous arrivâmes devant sa porte. La conversation m'entraîna chez lui. J'exposai vivement la métamorphose des plantes, et, en quelques traits de plume caractéristiques, je fis naître sous ses yeux une plante symbolique. Il saisit et considéra tout cela avec un grand intérêt, avec une grande force de conception ; mais, quand j'eus achevé, il secoua la tête et dit : « Ce n'est pas une expérience, c'est une idée ! » Je fus surpris et un peu fâché, car le point qui nous séparait venait d'être signalé de la manière la plus décidée. Les assertions de *Grâce et dignité* me revinrent à la pensée, la vieille colère allait prendre le dessus, cependant je me possédai et je répliquai : « Je puis être fort satisfait d'avoir des idées sans le savoir et de les voir même de mes yeux. »

Schiller, qui avait plus de mesure et de savoir-vivre que moi, et qui, en considération des *Heures*, qu'il était sur le point de publier, songeait plutôt à m'attirer qu'à me repousser, répondit en habile kantien, et, mon réalisme obstiné ayant fourni ample matière à une vive controverse, nous disputâmes longtemps et puis une trêve fut conclue : aucun des adversaires ne pouvait se croire vainqueur ; l'un et l'autre s'estimaient invincibles. Des propositions comme celle-ci me désespéraient : « Quelle expérience peut jamais être équivalente à une idée, le propre de celle-ci étant que jamais une expérience ne peut y correspondre ? » Puisqu'il appelait idée ce que j'appelais expérience, il y avait donc entre l'un et l'autre quelque accommodement, quelque relation! Cependant le premier pas était fait. La force attractive de Schiller était grande ; il s'attachait tous ceux qui s'approchaient de lui. Je m'intéressai à ses projets ; je promis pour les *Heures* quelques productions inédites. Sa femme, que j'avais aimée et estimée dès son enfance, contribua à consolider notre liaison ; tous les amis communs en furent réjouis ; et c'est ainsi que, par la grande lutte entre le sujet et l'objet, cette lutte qui ne sera peut-être jamais terminée, nous scellâmes une alliance qui ne fut jamais rompue, et qui fut suivie d'heureux résultats pour nous et pour d'autres.

Pour moi en particulier ce fut un nouveau printemps, dans lequel on vit tout germer, tout éclore, des semences et des rameaux épanouis. Nos lettres en offrent le plus direct, le plus pur et le plus complet témoignage.

1795.

Les *Heures* furent publiées, et, pour ma part, je donnai des épîtres, des élégies, et les *Entretiens d'émigrés allemands*. D'ailleurs les deux amis délibéraient et consultaient ensemble sur tout le contenu de ce nouveau journal, sur nos rapports avec les collaborateurs et sur tout ce qui peut se présenter dans de pareilles entreprises. Par là j'appris à connaître des contemporains, des auteurs et des productions, qui, sans cela, n'auraient jamais eu de moi un moment d'attention. En général Schiller était moins exclusif que moi, et, comme éditeur, il devait être indulgent.

Cependant je ne pus résister au désir de me rendre à Carlsbad au commencement de juillet. Carlsbad m'avait été souvent salutaire. J'avais emporté avec moi divers travaux : précaution inutile ; les rapports de tout genre que j'eus avec une foule de personnes me dissipèrent, mais j'y gagnai pour la connaissance du monde et des individus.

J'étais à peine de retour, quand la nouvelle arriva d'Ilmenau qu'un éboulement considérable avait anéanti les travaux de la mine. J'y courus et ce me fut un sujet de réflexions douloureuses, de voir enseveli et écroulé sur lui-même cet ouvrage, qui avait coûté tant d'efforts, de temps et d'argent. Je trouvai une agréable diversion dans la compagnie de mon fils, âgé de cinq ans, qui voyait avec les vives impressions d'un enfant cette contrée, que j'avais vue, qui m'avait occupé à satiété, depuis vingt ans; les choses, leurs rapports, les travaux, tout le saisissait, et ses actions disaient, beaucoup plus vivement que des paroles n'auraient pu le faire, que la vie succède toujours à la mort, et que les hommes ne cesseront jamais de s'intéresser à la terre qu'ils habitent.

De là je fus appelé à Eisenach, où la cour était alors. On y voyait beaucoup d'étrangers, surtout des émigrés. De grands mouvements de troupes attiraient l'attention de chacun. Soixante mille Autrichiens avaient passé le Mein, et de graves événements semblaient se préparer dans ces contrées. Je dus refuser une commission qui m'aurait approché du théâtre des hostilités : je connaissais trop les maux de la guerre pour les rechercher.

Dans ce même temps, mon ami Meyer retourna en Italie. La guerre embrasait la Lombardie; mais toutes les autres provinces étaient encore à l'abri du fléau, et nous caressions l'idée de renouveler 1787 et 1788. L'absence de Meyer me priva de toute conversation sur les arts plastiques, et même les préparatifs que je faisais pour le suivre me conduisirent sur une autre voie.

Je fus occupé quelque temps à expédier mes exemplaires de la première partie de *Wilhelm Meister*. Les réponses ne furent qu'à demi satisfaisantes, et, en somme, elles n'étaient pas encourageantes. Le duc et le prince de Gotha, Mme de Frankenberg, de Thumnel, ma mère, Sœmmering, Schlosser, de Humboldt, de Dalberg, à Mannheim, Voss, la plupart, se mettaient sur la défensive contre la secrète puissance de l'ouvrage. Une spirituelle et chère amie me mit presque au désespoir par ses explications de divers secrets, ses efforts pour lever les voiles et ses anxieuses interprétations, tandis que j'aurais désiré qu'on prît la chose comme elle se présentait et qu'on s'en tînt au sens intelligible.

Tandis que Unger me pressait de lui livrer la suite, nous eûmes de fâcheux démêlés avec Reichardt, le maître de chapelle. Malgré son humeur indiscrète et importune, nous étions restés en bons termes avec lui, en considération de son remarquable talent. Il était le premier qui eût fait valoir dans le public mes poésies lyriques avec zèle et persévérance. Il était d'ailleurs dans ma nature de supporter, par une reconnaissance coutumière, les hommes fâcheux, s'ils ne se conduisaient pas trop mal avec moi, mais, si les choses en venaient là, de rompre avec eux brusquement. Or, Reichardt s'était jeté avec fureur dans la révolution, et moi, qui voyais de mes yeux les suites affreuses, inévitables, de ces dissolutions violentes de la société, et qui observais les progrès que faisait peu à peu dans la patrie cette même tendance secrète, je m'attachai tout de bon à l'état de choses subsistant, que, durant toute ma vie, avec ou sans conscience de mon œuvre, j'avais contribué à perfectionner, à animer, à diriger vers la raison et la sagesse; et je ne pouvais ni ne voulais dissimuler ces sentiments.

Reichardt avait aussi commencé à composer avec succès les chants de *Wilhelm Meister*. Sa mélodie pour les strophes sur l'Italie est encore admirée. Unger lui remit les chants du second volume. Reichardt était donc notre ami du côté musical et notre ennemi politique, et cet état de choses préparait une rupture qui finit par éclater.

Jacobi s'était réfugié dans le Holstein, et il avait trouvé le plus aimable accueil à Emkendorf dans la famille du comte de Reventlow. On m'invitait dans ce cercle, mais je fus retenu surtout par la crainte d'y trouver gênée ma liberté d'homme et de poëte. Les lettres de Jacobi sur *Wilhelm Meister* n'étaient d'ailleurs pas engageantes. Mon ami, non plus que son noble entourage, n'en trouvait pas la réalité édifiante, surtout dans une société inférieure; les dames avaient plus d'un reproche à faire à la moralité; le comte de Bernstorff, lui seul, homme à grandes vues, homme du monde, prit le parti du livre critiqué. L'auteur se souciait donc fort peu de recevoir en personne des semonces pareilles et de se voir à la gêne entre la table à thé et une aimable et bienveillante pédanterie.

Je ne me souviens pas que la princesse Gallitzin m'ait dit un mot de *Wilhelm Meister*. Elle avait fui Munster devant les Français; son grand caractère, soutenu par la religion, ne se démentit pas, et, comme une activité paisible l'accompagnait partout, elle me garda sa bienveillance, et, dans ces temps d'orages, je fus heureux de faire quelque bien à sa recommandation.

Le suffrage de Guillaume de Humboldt porta plus de fruits; ses lettres attestent une claire intelligence du dessein et de l'exécution, et devaient être pour moi un encouragement véritable. Je nomme Schiller en dernier lieu : son approbation fut la plus élevée et la plus profondément sentie; mais, comme ses lettres à ce sujet existent encore, je n'en dirai rien de plus, sinon que leur publication serait un des plus beaux présents qu'on pût faire au public.

Le théâtre était complétement remis à mes soins. Sous ma direction générale, Kirms était chargé de l'exécution; Vulpius, qui ne manquait pas de talent pour la chose, s'en occupait avec une activité intelligente. On jouait de temps en temps les ouvrages de Lessing, mais ceux de Schrœder, d'Iffland et de Kotzeboue étaient à l'ordre du jour. Nos comédiens étaient accueillis avec joie par le public le plus varié à Lauchstaedt, à Erfourt, à Roudolstadt, animés par l'enthousiasme, portés par de bons traitements à l'estime d'eux-mêmes; et ce fut pour notre théâtre un assez grand avantage, la source d'une activité plus vive, car on se relâche bientôt, quand on est toujours en face du même public, dont on connaît le caractère et les dispositions.

Quand je détourne les yeux de ces petites affaires, si insignifiantes auprès de celles du monde, je me rappelle d'abord ce paysan que je voyais, pendant le siége de Mayence, poursuivre son labeur à portée des boulets, derrière un gabion, qu'il poussait devant lui sur des roues. L'homme isolé, borné, ne renonce pas aux affaires qui le touchent de près, quel que soit l'état du monde.

Les préliminaires du traité de Bâle firent briller pour l'Allemagne du Nord un rayon d'espérance. La Prusse fit la paix, l'Autriche continua la guerre, et nos inquiétudes se réveillèrent, car la Saxe électorale refusa d'accéder à une paix particulière. Nos hommes d'État et nos diplomates se transportèrent à Dresde, et notre prince, animant tous les autres et déployant une activité sans égale, se rendit à Dessau. On parlait de mouvements parmi les paysans suisses, surtout au bord du lac de Zurich;

un procès, que ces mouvements occasionnèrent, ne fit qu'exciter davantage la lutte des sentiments. Mais nous eûmes bientôt à nous occuper d'événements plus rapprochés. La rive droite du Mein paraissait de nouveau menacée; on craignait même pour nos contrées. Clerfayt entre en campagne. Nous nous attachons à la Saxe électorale. On nous invite à faire des préparatifs, et, comme il s'agit de frapper des contributions de guerre, on en vient à l'heureuse idée de rendre aussi l'esprit contribuable, à quoi l'on n'avait pas songé jusqu'alors. Toutefois on se réduisit à lui demander un don gratuit.

Pendant le cours de ces années, ma mère avait vendu notre cave bien fournie, notre bibliothèque, assez riche en quelques parties, une collection de tableaux, renfermant ce que nos artistes d'alors avaient produit de meilleur ; enfin que sais-je encore? Et tandis qu'elle ne sentait que la joie de se voir soulagée d'un fardeau, moi, je voyais morcelé et dissipé le sérieux entourage de mon père. Cela s'était fait par mon inspiration. Le temps en faisait une nécessité. La maison restait encore : elle finit aussi par se vendre, et, pour conclure, les meubles dont ma mère ne voulut pas, furent vendus à l'encan. L'espérance qu'elle avait d'une nouvelle habitation, agréablement située près de la grand'garde, se réalisa, et ce changement de domicile vint l'occuper et la distraire dans le temps qu'après une passagère espérance de paix, on ressentit de nouvelles inquiétudes.

J'ai à marquer ici un événement de famille intéressant et qui eut d'heureuses conséquences. Nicolovius, domicilié à Eutin, épousa ma nièce, fille de Schlosser et de ma sœur.

La tentative d'accorder les idéalistes prononcés avec les tendances hautement réalistes de l'université d'Iéna amena de nouveaux ennuis. Le dessein de Fichte de professer le dimanche et d'affranchir son activité, gênée de plusieurs côtés, lui fit éprouver d'une manière extrêmement désagréable la résistance de ses confrères, et les choses allèrent au point qu'un jour une troupe d'étudiants s'ameuta devant sa maison et brisa ses fenêtres : manière fort désagréable d'être convaincu de l'existence d'un non-moi.

Et ce ne fut pas lui seulement qui donna beaucoup à faire à l'autorité. Il avait fait appeler à Iéna un jeune penseur nommé

Weisshouhn, espérant trouver en lui un aide et un collaborateur. Mais le nouveau venu s'écarta bientôt de Fichte en quelques points, et, pour un philosophe, c'est dire en tous. La concorde fut bientôt troublée, et, pour l'apaiser, il fallut faire intervenir d'en haut la véritable sagesse.

Tandis que les philosophes renouvelaient de temps en temps des querelles que nous avions de la peine à apaiser, nous saisissions toutes les occasions favorables pour seconder les naturalistes. Batsch, toujours plein d'ardeur et de zèle, sentait sa position, connaissait nos moyens, et se contentait de ce qui pouvait se faire. Nous eûmes le plaisir de l'établir plus solidement dans le jardin des princes ; une serre fut construite sous sa direction, et cela promettait des faveurs nouvelles.

De jeunes hommes, que j'avais vus, durant près de vingt années, se développer auprès de moi dès leur enfance, entraient maintenant dans la vie, et leurs lettres me donnaient de la joie, parce que je les voyais poursuivre leur carrière avec énergie et sagesse. Frédéric de Stein était en Angleterre, et son esprit pratique y trouvait beaucoup d'avantages ; Auguste de Herder m'écrivait de Neuchâtel, où il se préparait à remplir sa destination.

Schlosser quitte le pays et, comme on ne pouvait désespérer de trouver un asile, il se rend à Anspach, dans l'intention de s'y établir.

Herder s'éloigne un peu de moi. Sa répugnance pour la philosophie de Kant et, par conséquent, pour l'université d'Iéna n'avait fait que s'accroître ; moi, au contraire, je m'en rapprochais toujours plus par l'entremise de Schiller. Toute tentative pour rétablir l'ancienne intimité fut donc sans effet, d'autant plus que Wieland maudissait la nouvelle doctrine dans la personne de son gendre, et, comme latitudinaire, trouvait très-mauvais qu'on prétendît fixer par la raison le droit et le devoir, et qu'on menaçât de mettre fin aux mobiles caprices de l'humour et de la poésie. Herder était naturellement délicat et tendre ; son ardeur, puissante et grande ; aussi, soit qu'il voulût agir ou réagir, c'était toujours avec une certaine précipitation et une certaine impatience. Son esprit était plus fait pour discuter que pour construire. De là l'éternel *hétéros logos* contre tout ce qu'on avançait. Il pouvait vous railler amèrement, quand vous répétiez avec conviction ce qu'il avait enseigné et présenté peu auparavant comme sa propre opinion.

1796.

Iffland nous donna aux mois de mars et d'avril quatorze représentations, qui furent très-utiles à notre théâtre. Outre l'effet inestimable de son exemple instructif, entraînant, ces représentations d'ouvrages importants devinrent le fonds d'un répertoire durable; Schiller, qui s'attachait toujours à ce qu'on avait sous la main, arrangea *Egmont* dans ce but, et ce drame fut donné pour la clôture des représentations d'Iffland, à peu près comme on le donne aujourd'hui sur la scène allemande.

Elle nous offre ici, en général, les plus remarquables commencements. Schiller, qui avait déjà visé dans *Don Carlos* à une certaine modération, et qui s'était accoutumé, en écrivant cette pièce pour le théâtre, à une forme plus limitée, s'était emparé du sujet de Wallenstein. Il avait traité de telle sorte une si riche matière dans l'histoire de la guerre de Trente ans, qu'il pouvait bien se sentir maître de ce vaste ensemble. Mais cette abondance même lui rendait difficile une mise en œuvre plus restreinte, et j'en pus être témoin, parce qu'il aimait à parler de ses conceptions poétiques, et à débattre ce qu'il convenait de faire.

Nos conférences et notre activité commune, qui ne cessaient pas, et le désir d'animer le théâtre, me portèrent à reprendre *Faust :* ce fut en vain; avec tous mes efforts, je ne faisais que l'éloigner toujours plus de la scène.

Les *Heures* poursuivaient leur cours, et je continuais de travailler pour ce recueil. Cependant l'infatigable activité de Schiller lui fit concevoir l'idée d'un *Almanach des Muses*, recueil poétique, qui pourrait exister avec avantage à côté de l'autre, destiné surtout à la prose. Cette fois encore, il trouva un appui favorable dans la confiance de ses compatriotes. D'ailleurs il était fait pour les fonctions de rédacteur : un coup d'œil lui suffisait pour juger de la valeur d'un poëme, et, si l'auteur avait été prolixe, ou n'avait pas su finir, Schiller, d'un trait de plume, retranchait le superflu. Je l'ai vu réduire au tiers une ode, qui en devint *très-admissible et même remarquable*.

Je dus beaucoup moi-même à son impulsion ; les *Heures* et l'*Almanach* en rendent assez témoignage. *Alexis et Dora*, la *Fiancée de Corinthe*, le *Dieu et la Bayadère*[1] parurent dans ces recueils. Les *Xénies*, qui, après un début innocent et même indifférent, devinrent peu à peu amères et incisives au plus haut point, nous occupèrent pendant bien des mois, et, quand l'*Almanach* parut, elles produisirent dès la même année la plus grande émotion dans la littérature allemande. Le public les condamna comme un abus extrême de la liberté de la presse. Cependant l'effet en fut immense[2].

Je me délivrai vers la fin d'août d'un fardeau précieux et cher, mais qui me pesait fort : je remis à l'éditeur le dernier livre de *Wilhelm Meister*. Depuis six ans, je m'étais appliqué à polir cette ancienne conception, à la développer, en la livrant peu à peu à l'impression. Aussi, qu'on la considère dans l'ensemble ou dans ses parties, c'est une des productions les plus « incalculables » : moi-même je manque, peu s'en faut, de mesure pour la juger.

Cependant je ne tardai pas à m'imposer un nouveau fardeau, mais plus facile à porter, ou, pour mieux dire, ce n'était pas un fardeau, parce qu'il me fournit l'occasion d'exprimer certaines vues, certains sentiments, certaines idées de l'époque. Le plan d'*Hermann et Dorothée* fut conçu et développé en même temps que les événements se succédaient ; l'exécution fut commencée et achevée pendant le mois de septembre, et je pus aussitôt faire part de l'ouvrage à mes amis. J'écrivis ce poëme avec plaisir et facilité, et il communiqua les mêmes impressions. Le sujet et l'exécution m'avaient tellement pénétré moi-même, que je n'ai jamais pu lire ce poëme à personne sans émotion, et, après tant d'années, l'effet subsiste encore.

Mon ami Meyer m'écrivait souvent d'Italie des lettres d'un grand intérêt. Pour me préparer à le suivre, je devais me livrer à diverses études dont les notes me sont encore très-uti-

---

1. Tome I, pages 115, 82, 85.
2. Ce que Goethe en a conservé se trouve entre autres tome I, pages 355 et suivantes et passim.

les aujourd'hui. Comme j'étudiais l'histoire des arts de Florence, Cellini dut fixer mon attention, et je pris volontiers la résolution de traduire son autobiographie, d'autant qu'il pouvait convenir à Schiller de l'insérer dans les *Heures*.

Je ne négligeai pas non plus les sciences naturelles. Je trouvai pendant l'été la plus belle occasion d'élever des plantes sous des verres colorés et dans l'obscurité complète, et de poursuivre dans leurs particularités les métamorphoses des insectes. Le galvanisme et le chimisme réclamaient mon attention. Au milieu de tout cela, je m'occupai aussi de la chromatique, et, pour m'assurer le grand avantage de me rendre les choses présentes, il se trouva une noble société qui se plaisait à m'entendre exposer ces matières.

Au dehors, la Saxe électorale persiste dans son attachement à l'Empereur et à l'Empire; elle veut, dans cette pensée, faire marcher son contingent. Le nôtre aussi se prépare. Les dépenses sont un sujet de souci. La princesse Marie-Thérèse-Charlotte, fille de Louis XVI, restée jusqu'alors dans les mains des républicains, est échangée contre des généraux français prisonniers, en même temps que le pape achète bien cher un armistice. Les Autrichiens reculent et repassent la Lahn, et, à l'approche des Français, ils se maintiennent en possession de Francfort. La ville fut bombardée, la rue des Juifs en partie brûlée, mais il y eut d'ailleurs peu de mal. La place fut aussitôt rendue. Ma bonne mère, dans son beau logement neuf, près de la grand'-garde, avait justement devant les yeux la partie menacée et endommagée. Elle met ses meubles à l'abri dans une cave à l'épreuve du feu; elle se retire à Offenbach par le pont du Mein, demeuré libre. Sa lettre à ce sujet mériterait d'être citée. L'électeur de Mayence se réfugie à Heilingenstadt. La retraite du landgrave de Darmstadt reste quelque temps inconnue. Plusieurs habitants de Francfort prennent la fuite, ma mère demeure. Nous vivons dans une stupeur inquiète. Les alarmes et la fuite continuent sur les rives du Rhin et du Mein : cependant l'espérance se confirme peu à peu qu'on n'a rien à craindre pour le moment.

Entraînée par la Prusse, la Saxe adhère à la neutralité; mais à peine semblons-nous tranquillisés par cette précaution, que les Autrichiens reprennent l'avantage, Moreau se retire, tous les royalistes regrettent la démarche précipitée à laquelle on s'est laissé entraîner; les nouvelles sont toujours plus défavorables aux Français; Moreau est poursuivi et observé; déjà on le dit cerné; Jourdan aussi se retire, et l'on est au désespoir de s'être mis à couvert beaucoup trop tôt.

Une société d'hommes d'une culture éminente, qui se rassemblaient chez moi tous les vendredis, se consolida de plus en plus. Je lus un chant de l'*Iliade* de Vos; je fis plaisir, le poëme fut admiré et l'on applaudit au talent du traducteur. Chaque membre faisait part, comme il lui plaisait, de ses travaux, de ses occupations, de ses goûts, et ces communications étaient accueillies avec une franche sympathie. Pour montrer combien cette société fut utile, même à l'université, il suffit de dire que le duc, qui assistait à une de ces séances, ayant entendu une lecture du docteur Christian Wilhelm Houfeland, résolut sur-le-champ de lui donner une chaire à l'université d'Iéna, où il sut exercer par une activité sérieuse une influence toujours plus étendue.

Cette société s'était si bien réglée, que mon absence ne dérangeait rien; le conseiller intime de Voigt présidait à ma place, et nous goûtâmes régulièrement, pendant plusieurs années, les heureux fruits d'une activité commune.

1797.

A la fin de l'année précédente, j'accompagnai le duc à Leipzig. J'assistai à un grand bal, où MM. Dyk et compagnie, et toutes les personnes qui se trouvaient blessées ou effrayées par les *Xénies*, m'observèrent avec appréhension comme le génie du mal. A Dessau, je passai d'heureux moments à revenir sur les temps d'autrefois; la famille de Loen se montra comme une agréable et confiante parenté, et l'on put se rappeler ensemble les jours et les heures de Francfort.

Le théâtre de Weimar acquiert de nouveaux acteurs. Schiller, ayant une scène à sa portée et sous ses yeux, songe sérieusement à rendre ses pièces plus « jouables, » et l'étendue du sujet de *Wallenstein*, tel qu'il l'avait conçu, lui faisant obstacle, il se décide à le traiter en plusieurs parties.

Hermann et Dorothée avait paru en petit format, et déjà l'idée d'une nouvelle épopée-roman était conçue. Le plan était tout tracé : malheureusement je n'en fis pas mystère à mes amis. Ils me détournèrent de l'entreprise, et je regrette encore d'avoir suivi leur conseil : le poëte lui seul peut savoir ce qu'il y a dans un sujet, et tout l'agrément et le charme que son art y pourra répandre. J'écrivis en vers élégiaques le *Nouveau Pausias* et la *Métamorphose des plantes*; Schiller, de son côté, riposta par *le Plongeur*. A vrai dire, nous n'avions de repos ni jour ni nuit; le sommeil ne visitait Schiller que vers le matin. Des passions de tout genre étaient en mouvement; nos *Xénies* avaient remué toute l'Allemagne; chacun blâmait et riait en même temps. Les blessés cherchaient à nous rendre la pareille : toute notre réplique était de persévérer dans une activité infatigable.

Je continuai de traduire Cellini pour Schiller; et, comme j'étais revenu aux études bibliques pour y chercher des sujets de poésie, je me laissai entraîner à traiter d'une manière critique la marche des enfants d'Israël dans le désert. Ce traité, accompagné d'une carte, devait faire de cette singulière promenade de quarante années une entreprise, sinon raisonnable, du moins intelligible.

Un amour irrésistible de la campagne et des jardins s'était emparé de tout le monde. Schiller acheta un jardin près d'Iéna et s'y retira; Wieland s'établit à Ossmanstaedt. A une lieue de là, sur la rive droite de l'Ilm, un petit bien était à vendre à Oberrossla; j'avais des vues sur ce domaine.

Nous eûmes la bonne visite de Lerse et de Hirt. Lord Bristol, le singulier voyageur, me dispose à faire une expérience aventureuse. Je me prépare à retourner en Suisse au-devant de mon ami Henri Meyer, qui revenait d'Italie. Avant mon départ, je brûle toutes les lettres que j'ai reçues depuis 1772, par mon éloignement décidé pour la publication des épanchements de l'amitié. Schiller vient encore me voir à Weimar et je pars le 30 juillet. Je vis à Francfort Sœmmering, à Stuttgart Scheffauer, Dannecker et le professeur Thouret.

Au commencement de septembre, je composai le *Jeune garçon et le ruisseau du moulin* que Zumsteeg mit aussitôt en musique, puis le *Repentir de la meunière*[1]. Le 21 septembre j'étais à Stœfa, où je trouvai Meyer. Le 28, je me rendis avec lui à Einsiedlen, et je visitai les Petits Cantons pour la troisième fois. La forme épique avait pris chez moi le dessus, et, en présence de ces lieux classiques, je conçus l'idée d'un Guillaume Tell. J'avais besoin de cette diversion, car je reçus au milieu de ces montagnes une triste nouvelle : Christiane Neumann, qui avait épousé Becker, était morte. Je consacrai à sa mémoire l'élégie d'*Euphrosyne*. Un tendre et honorable souvenir est tout ce que nous pouvons donner aux morts.

Je trouvai sur le Gothard de beaux minéraux, mais le fruit principal de mon voyage furent mes entretiens avec Meyer; il me rendit l'Italie, que la guerre nous avait fermée. Pour nous consoler, nous préparions les *Propylées*. Nous fûmes de retour à Weimar le 15 novembre. L'arrivée de plusieurs émigrés, personnages remarquables, avait agrandi la société, qui en était devenue agréable et instructive.

Au théâtre, je trouvai un grand vide. Christiane Neumann y manquait, et je voyais encore la place où elle m'avait inspiré tant d'intérêt. Par elle, je m'étais accoutumé aux planches, et je vouai à l'ensemble les sentiments que je lui avais voués d'une manière presque exclusive. Elle fut cependant remplacée par une agréable comédienne. Le théâtre était mieux monté. Schiller vint surtout à notre aide. Il était en voie de se restreindre, de renoncer à la rudesse, à l'exagération, au gigantesque; il réussissait à trouver la vraie grandeur et son expression naturelle. Étions-nous l'un près de l'autre, nous ne passions pas un jour sans nous voir; étions-nous seulement dans le voisinage, nous nous écrivions sans faute chaque semaine.

1799.

C'est ainsi que nous travaillions sans relâche, en attendant la visite d'Iffland, qui devait nous donner en avril huit représentations. L'effet de sa présence fut considérable, parce que tous les autres acteurs durent s'éprouver sur lui en luttant

---

[1] Tome I, pages 71 et 73.

avec lui. La conséquence immédiate fut que, cette fois encore, notre troupe put se rendre à Lauchstaedt très-convenablement préparée.

A peine fut-elle partie que s'éveilla l'ancien désir de Weimar d'avoir pour le théâtre un local plus satisfaisant. Les acteurs et le public se sentaient dignes d'une salle plus décente. Chacun reconnaissait la nécessité de ce changement, et il ne fallait qu'une impulsion intelligente pour déterminer et hâter l'exécution. On avait appelé de Stuttgart l'architecte Thouret pour avancer la reconstruction du château. Il proposa accessoirement un plan ingénieux, qu'on accueillit d'abord avec faveur, pour donner au local du théâtre une disposition nouvelle. L'ouvrage fut poussé rapidement, et, le 12 octobre, nous pûmes inviter la cour et le public pour l'ouverture de la salle. Un prologue de Schiller et le *Camp de Wallenstein* donnèrent à la fête de l'importance et de la dignité. Les préparatifs n'avaient pas laissé de nous occuper beaucoup pendant tout l'été, car le grand cycle de *Wallenstein*, d'abord annoncé seulement, était l'objet d'un sérieux travail, et ce n'était pas notre seule affaire.

Pour moi, les *Prophéties de Bacis*[1] m'avaient amusé quelque temps; j'avais dans la pensée tout le plan de l'*Achilléide*[2], et je le développai un soir à Schiller avec détail. Mon ami me gronda de porter dans mon esprit une conception si nette sans lui donner la forme et la mettre en vers. Ainsi encouragé et sollicité, j'écrivis le premier chant et le plan tout entier; un extrait fidèle de l'*Iliade* devait me servir à le développer.

Mais j'en fus détourné par l'attention décidée que je donnais de nouveau aux arts plastiques depuis que Meyer était revenu d'Italie. Nous étions surtout occupés à préparer le premier article des *Propylées*. Je continuais la *Vie de Cellini*, comme un point d'appui dans l'histoire du seizième siècle. J'accompagnai de notes humoristiques plutôt qu'esthétiques les réflexions de Diderot sur les couleurs, et, tandis que Meyer se livrait à des études sérieuses sur les arts plastiques, j'écrivis le *Collectionneur*, pour faire naître dans un public libre et joyeux quelques réflexions et quelques scrupules.

1. Tome I, page 133. — 2. Tome V, page 63.

J'étais toujours occupé des sciences naturelles ; mais, pour que mon esprit fût ramené vers l'observation directe et commune de la nature, je cédai à la fantaisie champêtre de l'époque. Propriétaire du franc-alleu de Rossla, je fus appelé à faire plus intime connaissance avec le sol, les usages du pays, les affaires villageoises, qui, sans cela, me seraient restées tout à fait étrangères. Par là, je me trouvai aussi voisin de Wieland, qui s'était engagé plus avant dans ce genre de vie, car il avait quitté tout à fait Weimar et avait transporté son domicile à Ossmanstaedt. Il n'avait pas considéré ce qu'il aurait dû voir d'abord, que sa société était devenue indispensable à notre duchesse Amélie, comme à lui celle de la duchesse. Cet éloignement donna lieu à un merveilleux échange de messagers à pied et à cheval, et en même temps à une certaine inquiétude, qu'il était presque impossible de calmer.

Durant l'été, Mme de La Roche arriva : apparition singulière ! Wieland n'avait jamais été bien d'accord avec elle, mais il se trouvait alors en complète opposition. La bénigne sentimentalité qui avait pu être soufferte trente années auparavant, dans une époque de ménagements mutuels, était désormais tout à fait hors de saison et insupportable pour un homme tel que Wieland. Sa petite fille, Sophie Brentano, l'avait accompagné, et jouait un rôle opposé, non moins étrange.

1799.

Le 30 janvier, représentation de *Piccolomini*; le 30 avril, de *Wallenstein*. Cependant Schiller travaillait toujours. Il s'occupe de *Marie Stuart* et des *Frères ennemis*. Nous conférons ensemble sur l'idée de recueillir et de faire imprimer les pièces allemandes qui pouvaient se conserver; les unes seraient imprimées sans changements, les autres seraient modifiées, resserrées et mises au goût du temps. On en devait faire autant des pièces étrangères, et cette transformation ne devait point mettre obstacle à nos propres travaux. On ne peut méconnaître ici l'intention de fonder pour les théâtres d'Allemagne un solide répertoire, et notre zèle prouve combien nous étions persuadés qu'une telle entreprise était nécessaire, importante et féconde en conséquences. Nous avions déjà l'habitude d'agir en commun. Cette année, *Macbeth* fut arrangé et *Mahomet* fut traduit[1].

Les mémoires de Stéphanie de Bourbon-Conti me suggèrent l'idée de la *Fille naturelle*. Je me préparais dans le plan un cadre, où je pourrais placer, avec la gravité convenable, tout ce que j'avais écrit et pensé depuis plusieurs années sur la Révolution française et ses conséquences. J'esquissai en commun avec Schiller de petites pièces, dont il reste encore quelques-unes écrites de la main de Schiller.

Les *Propylées* furent continués. Au mois de septembre eut lieu à Weimar notre première exposition de tableaux de concours. Le sujet était Pâris et Hélène. Hartmann de Stuttgart obtint le prix.

Aux mois d'août et de septembre je me retire dans mon jardin du Stern, pour observer avec un bon télescope catoptrique toute une lunaison, et je fais enfin plus intime connaissance avec cette voisine, si longtemps aimée et admirée. Dans tout cela j'avais toujours, comme arrière-pensée, le dessein d'un grand poëme sur la nature.

Pendant ma retraite dans le jardin, je lus les *Fragments* de Herder, les *Lettres* et les premiers écrits de Winckelmann, puis le *Paradis perdu* de Milton, pour me rendre présentes les situations, les opinions et les créations les plus diverses. Revenu à la ville, j'étudiai, pour les besoins de notre théâtre, d'anciennes pièces anglaises, surtout celles de Ben Jonson et d'autres encore, qu'on attribue à Shakspeare. Mes bons avis ne furent pas inutiles aux *Sœurs de Lesbos*, ouvrage d'une dame[2] qui m'avait attiré autrefois par sa beauté et plus tard par un talent très-remarquable.

Tieck me lut sa *Geneviève*, ouvrage vraiment poétique, qui me fit beaucoup de plaisir, et auquel j'applaudis de bon cœur. La présence de Wilhelm-Auguste Schlegel me fut aussi très-avantageuse. Pas un moment pour l'oisiveté.

1800.

Je passai cette année en partie à Weimar, en partie à Iéna. Le 30 janvier, on donna *Mahomet*, au grand avantage de nos

---

1. *Macbeth*, par Schiller; *Mahomet*, par Goethe. — 2. Mme Am. de Helwig.

comédiens, qui durent s'éloigner un peu du ton familier et s'imposer quelque gêne, dont les formes maniérées devinrent bientôt naturelles.

J'envoie à Unger mes nouvelles *Poésies diverses*; j'écris les *Bonnes femmes*, badinage de société.

Comme nous préparions au mois d'août notre seconde exposition, nous trouvâmes de plusieurs côtés une faveur marquée. Les sujets : *la Mort de Rhésus* et *les Adieux d'Hector et d'Andromaque*, avaient séduit plusieurs bons artistes. Hoffmann de Cologne obtint le premier prix; Nahl de Cassel, le second. Nous donnâmes le troisième volume des *Propylées* et nous dûmes nous en tenir là. Il faudrait, pour la consolation de nos successeurs, qui peut-être ne seront pas plus heureux, exposer ici en détail de quelle manière des méchants s'opposèrent à cette entreprise.

1801.

Au commencement de cette année, je tombai gravement malade. Depuis la représentation de *Mahomet*, j'avais entrepris la traduction de *Tancrède*. L'année approchait de sa fin, et je dus me mettre sérieusement à l'ouvrage. Vers le milieu de décembre, je me rendis à Iéna, où je m'établis dans les grandes salles du château ducal. L'assiduité avec laquelle je travaillais me fit oublier la mauvaise influence du local. L'édifice est situé dans le lieu le plus bas de la ville; il est humide et malsain, surtout en hiver. Je fus pris d'un violent catarrhe, sans être arrêté dans mon projet. Traité d'abord par un jeune ami, je me crus guéri et je revins gaiement à Weimar avec Schelling. Mais, au commencement de l'année, le catarrhe reparut plus violent et me mit dans un si fâcheux état que j'en perdis connaissance. Les miens étaient hors d'eux-mêmes; les médecins ne faisaient que tâtonner; le duc, voyant le danger, fit venir en hâte d'Iéna le docteur Stark. Après quelques jours de délire, je revins à moi; les soins du docteur et la bonté du prince, qui me remit ensuite à son médecin ordinaire, excellent praticien, me rendirent bientôt la santé et dissipèrent l'inquiétude que j'avais eue de perdre l'usage d'un œil.

Le 29, je repassai le rôle d'Aménaïde avec Mlle Caspers, actrice qui se formait. L'ami Schiller dirigea les répétitions, et, le 30 au soir, il vint m'annoncer le succès de la représentation.

Dès le 7 février, ma verve se réveilla, et je repris *Faust*. Je terminai certains endroits, que j'avais indiqués depuis longtemps dans l'esquisse et le plan de l'ouvrage.

A la fin de l'année précédente, quand je traduisais *Tancrède* à Iéna, les doctes amis que j'avais là me reprochèrent hautement les soins que je donnais à des pièces françaises, qui, dans les dispositions actuelles de l'Allemagne, ne pouvaient guère obtenir la faveur ; ils auraient voulu me voir traiter quelque sujet de mon invention, dont j'avais indiqué un bon nombre. Je me rappelai donc la *Fille naturelle*, dont le plan, entièrement achevé, dormait dans mon portefeuille depuis quelques années.

Je songeai dans l'occasion aux développements ; mais, une superstition, appuyée sur l'expérience, m'ayant persuadé que, si je voulais réussir dans une entreprise, je devais la tenir secrète, je ne dis rien de ce travail à Schiller lui-même, et, par là, je dus lui paraître sans sympathie, sans foi et sans activité. Je trouve qu'à la fin de décembre le premier acte de la *Fille naturelle* est terminé.

Toutefois, les sciences physiques, la philosophie et la littérature ne me laissaient pas manquer de distraction. Ritter me visita souvent ; j'avais toujours des communications actives avec Schelling et Schlegel ; Tieck séjourna longtemps à Weimar : il savait toujours plaire et stimuler ; ma liaison avec Paulus subsistait toujours la même ; le voisinage de Weimar et d'Iéna et ma résidence dans cette dernière ville fortifiaient toutes ces relations.

Ma nouvelle propriété de Rossla exigea aussi de moi pendant quelque temps une attention particulière ; mais, les jours qu'elle semblait me dérober, je sus les utiliser de diverses manières. L'ancien fermier à poursuivre en justice, un nouveau à installer : c'était là des expériences qu'il fallait compter pour quelque chose, et que j'avais acquises peu à peu en m'occupant d'affaires si nouvelles pour moi. A la fin de mars, un séjour à la campagne me fut un agréable délassement. On laissait les affaires aux économes et aux juristes et l'on jouissait du plein air. Les visites ne manquaient pas, et les frais d'une table bien servie augmentaient le déficit laissé par l'ancien fermier.

Le nouveau était un ami passionné de l'arboriculture. Un agréable vallon, du sol le plus fertile, lui fournissait l'occasion de se livrer à son goût; un des versants, qui était boisé et embelli par une source vive, réveilla mon ancien goût de jardinier pour les allées qui serpentent et les salles de conversation. En un mot, il ne manquait rien que l'utile pour donner à cette propriété un véritable prix. Le voisinage d'une petite ville intéressante et de petits villages, où des employés intelligents et de bons fermiers composaient une population sociable, donnait à ce séjour un attrait particulier; une route, qui devait tendre à Eckartsberga, et qui déjà était jalonnée derrière le jardin de la maison, faisait naître l'idée et le plan d'un pavillon, qu'on bâtirait là pour jouir du spectacle animé des voitures se rendant à la foire: si bien qu'un fonds, qui aurait dû devenir productif, ne préparait que de nouvelles occasions de dépenses et d'agréables mais ruineuses distractions.

Cependant notre maison fut témoin d'une pieuse solennité, qui marque dans la vie. La confirmation de mon fils, que Herder accomplit avec sa dignité accoutumée, ne nous laissa pas sans émotion, au souvenir de notre ancienne liaison, ni sans espérance de relations amicales pour l'avenir.

Le temps s'écoulait, et les médecins et mes amis me pressaient d'aller aux eaux. On recommandait alors les fortifiants, et je me décidai pour Pyrmont, d'autant plus que je désirais depuis longtemps faire un séjour à Goettingue. Je partis le 5 de Weimar, et, dès les premiers milles, je me sentis beaucoup mieux. Je pouvais jeter les yeux sur le monde avec intérêt. Je sentais qu'il m'appartenait encore.

Arrivé à Goettingue, je descendis à la Couronne. Vers le soir, je remarquai quelque mouvement dans la rue; des étudiants allaient et venaient; ils se perdaient dans les ruelles latérales, puis ils reparaissaient en groupes animés. Enfin un joyeux vivat retentit, et, dans le moment, tout disparut. J'appris que ces témoignages de sympathie étaient défendus, et je fus d'autant plus touché qu'on eût hasardé à l'improviste de me saluer au passage. Aussitôt après, je reçus un billet, signé Schoumacher, du

Holstein, qui m'annonçait avec une politesse familière qu'une société de jeunes amis avait formé le projet de me rendre visite à Weimar vers la Saint-Michel, et qu'ils espéraient voir ici leur désir satisfait. Je les entretins avec intérêt et avec plaisir. Une réception si amicale eût été bonne à un homme en santé : elle l'était au double pour un convalescent.

Le conseiller Bloumenbach me reçut à sa manière accoutumée. Toujours entouré des choses les plus nouvelles et les plus remarquables, il communique l'instruction à tous ceux qui le visitent. Un jeune Kestner et d'Arnim, qui était pour moi une ancienne connaissance, me conduisirent au manége, où je vis en fonctions le célèbre écuyer Ayrer. Un manége bien établi a toujours quelque chose d'imposant. Le cheval est placé très-haut dans l'échelle des êtres, mais sa remarquable intelligence est singulièrement limitée par des extrémités massives. Un animal qui, avec de si importantes et si grandes qualités, ne peut que marcher, courir, galoper, est un singulier objet pour l'observateur ; on est tenté de croire qu'il fut créé uniquement pour être l'instrument de l'homme, et, associé à une pensée, à un but plus élevé, accomplir jusqu'à l'impossible avec une force et une grâce infinies. Si la vue d'un manége produit sur l'homme intelligent un si heureux effet, c'est qu'on y voit de ses yeux, on y saisit de la pensée, ce qui ne se rencontre peut-être que là, une action sagement limitée, soustraite à toute espèce d'arbitraire et même aux chances du hasard. L'homme et l'animal s'identifient de telle sorte qu'on ne pourrait dire lequel forme l'autre.

Pour passer de là à l'activité la plus calme et la plus invisible, on me conduisit à la bibliothèque, où je ne jetai qu'un coup d'œil rapide. Là, je me sentais en présence d'un grand capital qui rapporte sans bruit des intérêts incalculables.

Le conseiller Heyne me montra des têtes de héros d'Homère dessinées en grand par Tischbein. Je reconnus la main de mon ancien ami, et je vis avec joie ses nouveaux efforts pour arriver par l'étude de l'antique à découvrir comment l'artiste doit lutter avec le poëte.

Les séductions par lesquelles Bloumenbach sait attirer à lui la jeunesse et l'instruire en l'amusant, produisirent leur effet sur mon fils, âgé de onze ans. L'enfant, ayant appris que le Hainberg était comme un composé de pétrifications diverses, me pressa de visiter cette montagne.

Je quittai le 12 juin cette ville célèbre, avec l'agréable espérance d'y faire à mon retour des eaux un plus long séjour. La route jusqu'à Pyrmont m'offrit de nouveaux sujets d'observations : le Leinethal, avec son caractère doux, gracieux et paisible, la ville d'Eimbeck, dont les toits pointus sont couverts de dalles en pierre, produisirent sur nous une impression singulière. En parcourant cette ville et ses alentours avec les idées de Zadig, je crus observer que, vingt ou trente années auparavant, elle devait avoir eu un excellent bourgmestre, et je le concluais de belles plantations d'arbres à peu près de cet âge.

A Pyrmont, je trouvai un logement commode et tranquille, des voisins paisibles, d'anciens amis, personnes instruites et bienveillantes. Je n'avais jamais rencontré aux eaux une meilleure société. Malheureusement, les orages et la pluie empêchèrent souvent les réunions en plein air. Je me livrai chez moi à la traduction de Théophraste et à ma doctrine des couleurs.

Dans le voisinage de Pyrmont, nous visitâmes la remarquable caverne où le gaz suffocant, qui, étant combiné avec l'eau, exerce sur le corps humain une action si salutaire, invisible en soi, forme une atmosphère mortelle. Ce fut pour nous l'occasion d'expériences amusantes.

Nous parcourûmes souvent le sentier qui mène à Lugde à travers des pâturages entourés de clôtures. Dans le village, plus d'une fois ravagé par le feu, notre attention se fixa sur une maison qui portait cette inscription désespérée :

> Que Dieu veuille bénir mon gîte !
> Deux fois j'en suis sorti bien vite,
> Car deux fois le feu l'a détruit.
> A fuir encor s'il me réduit,
> Que Dieu veuille bénir ma fuite !
> Je ne rebâtis plus mon gîte.

Nous visitâmes le couvent des franciscains, où l'on nous offrit du laitage. Hors du village, une très-vieille église nous présenta la première et innocente idée d'une de ces anciennes basiliques, où la nef et les cloîtres sont sous un même toit. On croit cette église de l'époque de Charlemagne.

Le recteur Werner offrit de nous conduire, au delà de Lugde, à la montagne des cristaux. Ce fut pour moi, mais surtout pour mon fils, une surprise très-agréable. Par un beau soleil, on voit les champs étinceler de mille et mille petits cristaux de montagnes. Ils ont leur origine dans les petites cavités d'une pierre marneuse, et ils sont remarquables, comme un nouveau produit dans lequel un minimum de terre siliceuse, contenue dans la pierre calcaire, dégagé vraisemblablement sous forme de vapeur, se condense en cristaux purs et transparents.

Nous visitâmes ensuite derrière le Kœnigsberg la fabrique de couteaux établie et tenue par les quakers. Leur culte se célébrant tout près de Pyrmont, nous y assistâmes souvent. Leur rhétorique, qui, après une longue attente, doit passer pour improvisée, ne semblera guère inspirée à quiconque l'entend pour la première fois, et bien moins encore si l'on répète les visites. Il est triste qu'un culte pur comme celui-là, aussitôt qu'il est fixé dans un certain lieu et limité par le temps, ne puisse jamais échapper à une certaine hypocrisie.

La reine de France, épouse de Louis XVIII, parut aux eaux sous le nom de comtesse de Lille. Elle se renfermait dans sa société, qui était peu nombreuse.

La durée du mauvais temps refoulait la société au théâtre. Je faisais plus attention au personnel qu'aux pièces jouées. Iffland et Kotzeboue étaient fort bien accueillis. Eulalie [1], si peu que l'on comprît son rôle, produisait le plus grand effet par un débit doucereux et sentimental : mes voisines fondaient en larmes.

Mais le mal redoutable qui s'insinue et se glisse dans la société de Pyrmont comme un serpent funeste, c'est la passion du jeu et l'intérêt que chacun y prend, même contre son gré. Qu'on entre dans les salles, pour se dérober au vent et à la pluie, ou que, dans les plus belles heures, on remonte et l'on descende l'allée, partout le monstre siffle dans les rangs : ici on entend une femme inquiète supplier son mari de ne plus

1. Personnage de *Misanthropie et Repentir* de Kotzeboue.

jouer; là on rencontre un jeune homme, qui, désespéré de ses pertes, néglige sa maîtresse, oublie sa fiancée ; tout à coup la nouvelle éclate que la banque a sauté ! Cela arriva en effet une fois à rouge et noir. Le gagnant eut la prudence de se jeter aussitôt dans une chaise de poste, pour mettre en sûreté chez des parents et des amis son trésor inattendu. Il revint, à ce qu'il parut, avec une bourse moins bien garnie, car il vécut sans bruit, comme s'il ne fût rien arrivé.

Vous ne pouvez séjourner dans cette contrée sans qu'on vous rappelle ces anciennes histoires dont les écrivains romains nous font de si glorieux récits. Ici est encore visible la circonvallation d'une montagne; là, une suite de collines et de vallées, qui ont pu être le théâtre de certaines marches et de certaines batailles. Voilà un nom de montagne, un nom de ville, qui semble un indice de ces temps éloignés ; des usages traditionnels rappellent même ces anciens âges et leurs fêtes barbares. On a beau se défendre, on a beau témoigner son éloignement pour ces recherches, qui vous mènent de l'incertain au plus incertain, on se trouve pris comme dans un cercle magique; on identifie le passé avec le présent ; on réduit l'espace le plus vaste aux plus étroites limites, et l'on finit par trouver du plaisir à se figurer un moment qu'on a amené à l'évidence l'objet le plus insaisissable. Toutes ces conversations, jointes à la lecture des brochures, des livres et livrets de tout genre, qui se rapportent plus ou moins à Pyrmont et au voisinage, m'inspirèrent la pensée d'un récit dont je traçai sur-le-champ le canevas ; mais ce travail m'aurait mené trop loin, et il dut rester à l'état de projet ou de rêverie.

J'avais passé les derniers jours d'une manière peu agréable, et je commençais à craindre que ce séjour à Pyrmont ne me fût pas salutaire ; j'étais devenu tellement irritable que j'en avais perdu le sommeil et que, le jour, le moindre sujet me mettait hors de moi. Je partis donc le 17 juillet, peu satisfait des résultats de mon séjour.

Grâce au mouvement et à la distraction du voyage, et surtout à ce que j'avais cessé de prendre ces eaux minérales excitantes, j'arrivai en bonnes dispositions à Goettingue. Mon but, en y prolongeant mon séjour, était de combler les lacunes qui restaient dans la partie historique de mon *Traité des couleurs*. Je trouvai des secours abondants. Je passais une grande partie du jour dans la bibliothèque ; beaucoup de livres me furent apportés chez moi, et je fis le plus utile emploi de mon temps. Je passai mes autres heures de la manière la plus agréable. Il me faudrait nommer tout Goettingue, si je voulais entrer dans le détail des sociétés d'amis, des dîners, des soupers, des promenades et des parties de campagne. Tous les savants me faisaient part de leurs travaux. Mais je m'aperçus à la fin qu'il était dangereux pour moi de m'approcher d'une si grande masse de science : je me sentais attiré de tous côtés, et les notes que je recueillais commençaient à prendre une forme très-bigarrée. Je me resserrai bientôt dans mes étroites limites, et je sus arriver en temps opportun à une conclusion.

Tandis que je passais des jours si utiles et si agréables, mes nuits étaient troublées d'une manière que je trouvais alors infiniment désagréable et qui, à distance, n'est plus que risible.

Ma belle et admirable amie, Mlle Jagemann, avait ravi le public avant mon arrivée. Les maris parlaient de ses avantages avec plus d'enthousiasme que leurs femmes n'auraient voulu ; la jeunesse impressionnable n'était pas moins transportée : cependant les dons et les talents supérieurs de notre artiste me préparaient un cruel supplice. La fille de mon hôte avait une jolie voix, heureusement cultivée, mais le trille lui manquait : elle en apprit le charme par notre cantatrice, qui l'exécutait en perfection. Ma voisine parut négliger tout le reste et se proposer d'acquérir cet ornement du chant. Comment elle y travaillait le jour, je ne saurais le dire, mais, la nuit, au moment où l'on allait chercher le repos, son ardeur s'élevait au comble ; elle répétait jusqu'à minuit certains passages à cadences, qui devaient être couronnés par un trille, dont elle faisait le plus souvent quelque chose d'horrible.

Autre désespoir : une troupe de chiens se rassemblait autour de la maison, et poussait sans relâche des aboiements insupportables. Pour les chasser, on s'emparait des premiers projectiles venus ; bien des cornes d'Ammon, que mon fils avait rapportées à grand'peine du Hainberg, volèrent dans l'air et presque toujours en pure perte. Le chien de la maison, debout à la fenêtre sur nos têtes, excitait ses confrères en leur donnant la réplique.

Ce n'était pas tout. Étions-nous endormis, le son formidable d'un cor nous réveillait. Je croyais l'entendre à mes oreilles, sous mes rideaux. Un garde de nuit remplissait son office sous ma fenêtre, et, pour comble de malheur, ses confrères lui répondaient de tous les coins de rue, afin de nous assurer par des sons effroyables qu'ils veillaient pour la sûreté de notre repos. Réduit au désespoir, j'entrai en négociation avec la police, qui eut la bonté d'imposer silence à la plupart de ces cors en faveur du bizarre étranger, tout prêt à jouer dans Humphry Clinker le rôle de l'oncle, qu'une couple de cors de chasse rendent effectivement fou.

Instruit, joyeux et reconnaissant, je partis de Goettingue le 14 août. Je visitai les carrières de basalte de Dransfeld, dont l'apparition problématique inquiétait déjà les naturalistes. Je montai sur le Hahn, où, favorisés par un beau temps, nous jouîmes d'un vaste panorama, et nous pûmes saisir nettement l'ensemble de la contrée depuis le Harz jusqu'à nous. Enfin j'arrivai à Cassel, où je trouvai les miens et le professeur Meyer.

Je gagnai ensuite Gotha, où le prince Auguste, qui m'honorait dès longtemps de son amitié, me reçut dans sa belle maison d'été, et, pendant tout mon séjour, resserra le cercle de ses convives, parmi lesquels je trouvai les personnes les plus chères. M. de Grimm, qui avait fui devant les horreurs de la Révolution un peu avant Louis XVI, plus heureux que ce monarque, avait trouvé un sûr asile dans cette cour, dès longtemps amie. Homme du monde, homme expérimenté et convive agréable, il ne pouvait néanmoins toujours dissimuler une profonde amertume des pertes qu'il avait faites. Voici un exemple qui montre comme en ces temps-là toutes les valeurs se réduisaient à rien. Au moment de fuir, Grimm avait laissé à son homme d'affaires quelques centaines de mille francs en assignats. Ils furent déjà réduits par les mandats à une moindre valeur, et, tandis que toutes les personnes prévoyantes, s'attendant à voir aussi ces papiers tomber à rien, tâchaient de les échanger contre des marchandises indestructibles; tandis qu'on se hâtait, par exemple, d'amasser du riz, des bougies, ou tels autres objets, mis en vente, l'homme d'affaires de Grimm balança à cause de la grande responsabilité; enfin, désespéré, et voulant sauver quelque chose, il donna toute la somme pour une garniture de manchettes et un jabot de dentelles de Bruxelles. Grimm se plaisait à nous les montrer, et triomphait gaiement de ce que personne ne possédait une parure aussi chère.

Je revins à Weimar, le 30 août, dans les meilleures dispositions; j'oubliai un reste de faiblesse pour m'occuper de notre troisième exposition, qui fut organisée avec plus de soin et visitée par des amis, des voisins, des étrangers. Elle aida à faire mieux connaître certains artistes contemporains, comme la décoration du château fut un moyen d'occuper leurs talents.

Schiller arrangea *Nathan le Sage*; je pris quelque part à ce travail. Cette pièce fut jouée pour la première fois le 28 novembre, et ce ne fut pas sans exercer une remarquable influence sur la scène allemande. Schiller avait commencé et achevé dans le cours de cette année la *Pucelle d'Orléans*. Il nous vint sur la représentation quelques doutes, qui nous privèrent du plaisir de produire sur la scène une œuvre si importante. Il était réservé à l'activité d'Iffland, avec les abondantes ressources dont il disposait, de s'acquérir une gloire durable dans les annales du théâtre par une brillante représentation de ce chef-d'œuvre.

Le passage public de Stolberg au catholicisme acheva de rompre des liens autrefois bien chers. Je n'y perdis rien, car notre ancienne intimité n'était plus depuis longtemps qu'une vague bienveillance. J'avais senti de bonne heure pour lui une véritable affection, le jugeant un homme solide, aimant et digne d'être aimé; mais je dus bientôt remarquer qu'il ne s'appuierait jamais sur lui-même, et dès lors je vis en lui un homme qui chercherait son salut et son repos hors de la sphère où se déployait mon action. Je ne fus nullement surpris de cet événement. Je tenais depuis longtemps Stolberg pour catholique; il l'était par ses sentiments, sa marche et son entourage, et je pus observer avec tranquillité le tumulte qui dut résulter enfin d'une manifestation tardive de secrètes mésintelligences.

1802.

Nos acteurs et notre public avaient déjà fait des progrès remarquables, et nous donnâmes avec un succès qui surpassa notre attente *Jon*[1] (4 janvier), *Turando*[2] (30 janvier), *Iphigénie* (15 mai), *Alarcus*[3] (29 mai). Ces pièces furent jouées avec le plus grand soin. Par ces représentations nous fîmes voir notre sérieuse résolution de soumettre à un pur et libre jugement tout ce qui serait digne d'attention; mais nous eûmes à lutter cette fois avec un esprit de parti exclusif et envahissant. Le grand schisme qui se manifestait dans la littérature allemande agit sur notre théâtre, surtout à cause du voisinage d'Iéna. Schiller et moi nous étions d'accord; nous étions partisans de la nouvelle philosophie et d'une esthétique qui en dérivait, sans nous arrêter beaucoup aux personnes, et laissant chacun donner l'essor à ses témérités et à ses caprices.

Les frères Schlegel avaient profondément offensé l'autre parti, qui forma des cabales; mais nous ne voulions pas souffrir les commérages du jour sur notre scène, où nos adversaires auraient voulu déployer leur malveillance. Aussi se récrièrent-ils, quand j'effaçai de la *Petite Ville*[4] toutes les personnalités. On soutint que, l'auteur étant présent, on aurait dû le consulter; on l'avait fait pour Schiller: un autre avait les mêmes droits. Mais Schiller ne produisait rien sur la scène que de noble et de grand, tandis que nos adversaires ne cherchaient qu'à rabaisser, défigurer et anéantir le bien. Je maintins mes coupures et je les remplaçai par des plaisanteries générales, qui furent bien reçues.

Mais ce n'étaient là que des bagatelles auprès de la scission prononcée qui éclata dans la société de Weimar, à l'occasion d'une fête qu'on devait célébrer le 5 mars. On projetait en l'honneur de Schiller une grande exhibition de tableaux, relatifs à sa personne et à ses ouvrages, dans la grande salle de l'hôtel de ville, fraîchement décorée par la commune. On voulait faire un éclat, se mettre en lutte avec le théâtre, opposer

---

1. Drame par Guillaume Schlegel. — 2. Imité de Gozzi.
3. Imité d'Eschyle par Fréd. Schlegel. — 4. Comédie de Kotzebue.

au spectacle public un spectacle particulier, capter la bienveillance de Schiller et l'éloigner de moi.

Schiller n'était pas à son aise : le rôle qu'on lui faisait jouer était fallacieux, insupportable pour un homme tel que lui, comme pour tout homme sage, condamné à se voir en personne, devant une nombreuse société, le point de mire de burlesques hommages. Il eut envie de se dire malade; mais, plus sociable que moi, plus engagé dans la société par des relations de femmes et de famille, il était presque forcé de boire ce calice.

On nous jugea cependant assez débonnaires pour nous demander notre concours. Le seul buste original de Schiller se trouvait à la bibliothèque de Weimar. C'était un présent de Dannecker. On le demanda pour cette cérémonie, et il fut refusé par la raison toute simple qu'on n'avait jamais rendu après une fête un buste en plâtre qu'il ne fût endommagé. Quelques autres refus accidentels, venus d'autres côtés, irritèrent les conjurés au dernier point. Ils ne réfléchirent pas qu'avec quelques démarches prudentes et mesurées, ils auraient écarté les obstacles ; aussi, quel fut leur étonnement, leur furie, quand les charpentiers, étant venus avec les poutres, les lattes et les planches pour monter l'échafaudage, trouvèrent la porte fermée et furent avertis que, la salle étant tout fraîchement arrangée et décorée, on ne l'accorderait pas pour ce spectacle tumultueux, personne ne pouvant se porter caution pour le dommage !

Le premier finale du *Sacrifice interrompu* ne produisit jamais un aussi terrible effet que ce trouble, ce renversement du plus louable dessein, d'abord dans la haute société, puis, par échelons, dans toutes les classes de la population. Et comme le hasard avait combiné les obstacles si habilement qu'on croyait y reconnaître la direction d'un seul principe ennemi, ce fut contre moi que s'éleva la plus violente colère. Cependant on aurait dû réfléchir qu'un homme comme Kotzeboue, qui par mille attaques provoque de divers côtés la malveillance, s'attire çà et là, dans l'occasion, des hostilités plus promptes que n'en peut jamais produire une entente concertée.

Si la haute société était pour notre adversaire, la classe moyenne se prononça contre lui et remit sur le tapis tout ce qu'on pouvait dire sur les écarts de sa première jeunesse. Nos princes n'avaient fait aucune attention à ces querelles particulières ; mais le hasard, qui est souvent naïf, comme dit Schiller, voulut que le bourgmestre qui avait fermé la salle reçût justement alors, comme récompense de ses services, le titre de conseiller. Les Weimariens, auxquels ne faisaient jamais défaut ces spirituelles saillies qui rattachent le théâtre à la vie sociale, lui donnèrent le surnom de *prince Piccolomini*, qui lui resta quelque temps.

Qu'une pareille secousse ait eu des suites fâcheuses sur nos relations de société, c'est ce qu'on imagine aisément. Dans le cours de l'hiver précédent, il s'était formé chez moi, sans objet scientifique, un cercle choisi, pour goûter avec moi les plaisirs de la société et entendre quelques lectures. A l'occasion des réunions qui avaient lieu chez moi de temps en temps, je composai quelques chansons, qui se répandirent ensuite. Ainsi, par exemple, la chanson connue : « Je suis saisi, je ne sais comment, d'une céleste joie[1], » fut composée pour le 22 février, jour où S. A. le prince héritier, partant pour Paris, paraissait chez nous pour la dernière fois. Nous avions aussi salué la nouvelle année par la chanson : « Pourquoi, belle voisine, aller ainsi seule au jardin[2], » et les membres de la société pouvaient s'y reconnaître comme sous un voile léger. D'autres chants, qui plaisaient surtout par leur naïveté, me furent encore inspirés par ces réunions, où l'attachement sans passion, l'émulation sans envie, le goût sans prétention, l'amabilité sans afféterie, le naturel sans rudesse, agissaient mutuellement. Kotzeboue avait frappé à notre porte, mais nous ne l'avions pas admis. Il n'entra jamais chez moi. Il fut donc obligé de se créer une société particulière, et cela ne lui fut pas difficile. Par ses manières insinuantes, il sut bientôt s'entourer d'un cercle ; quelques personnes nous quittèrent même pour lui. Ma petite société se dispersa, et je ne trouvai plus de chansons comme celles que je lui avais consacrées.

Tout cela ne m'empêchait pas de marcher toujours avec Schiller et d'autres amis. On laissait derrière soi ce qu'on avait

---

1. Tome I, page 46. — 2. Tome I, page 42.

perdu; on ne voyait que ce qu'on pouvait acquérir encore. Et cela nous était d'autant plus facile que nous pouvions compter sur les nobles sentiments de nos princes, pour qui les aventures de cour et de ville étaient choses indifférentes et passagères ou même divertissantes.

De jeunes sujets venaient de temps en temps renouveler le personnel de notre théâtre : mais je me fais un devoir de rappeler un triste événement. Corona Schrœter mourut. Je ne me sentais pas alors en état de lui consacrer un hommage bien mérité, et je me rappelai avec un singulier plaisir que je lui avais voué, bien des années auparavant, un souvenir, que je n'aurais pas su rendre maintenant plus caractéristique. C'était justement à l'occasion d'une autre mort, celle de Mieding, le décorateur du théâtre, que j'avais célébré notre belle amie avec une grave sérénité[1]. Mais ce ne fut pas un présage pour Corona; sa belle figure, sa gaieté charmante, se conservèrent encore de longues années. Elle aurait dû rester plus longtemps en rapport avec le monde, auquel elle avait renoncé.

J'ajouterai sur le théâtre, que nous eûmes cette année la bonhomie d'assigner un prix pour une comédie d'intrigue. Nous en reçûmes successivement une douzaine, mais la plupart si mauvaises et si extravagantes que nous ne pouvions assez nous étonner des bizarres et fausses tendances qui régnaient secrètement dans notre chère patrie, et qui s'étaient fait jour à notre appel. Nous ne prononçâmes pas, il n'y avait pas lieu de le faire, et, sur leur demande, nous renvoyâmes aux auteurs leurs ouvrages.

Il faut dire encore que, cette année, nous commençâmes à faire connaissance avec Calderón, dont les premiers chefs-d'œuvre nous remplirent d'abord d'étonnement.

Au milieu de mes autres occupations, les soins que j'avais voués aux musées d'Iéna depuis plusieurs années m'occupèrent beaucoup, et souvent d'une manière désagréable.

Le théâtre de Lauchstaedt fut reconstruit, et je composai pour l'ouverture un prologue qui fut favorablement accueilli. De Lauchstaedt, où je m'étais rendu, j'allai voir mes amis de Halle,

---

1. Tome I, page 231.

et Giebichenstein se trouvant dans les environs, je me sentis attiré par l'humeur hospitalière de Reichardt. Une excellente femme, de belles et charmantes filles, offraient dans une romantique retraite champêtre un cercle de famille infiniment agréable, dans lequel des hommes marquants, venus de près ou de loin, faisaient volontiers des séjours plus ou moins longs, et formaient pour la vie d'heureuses liaisons. Je ne dois pas omettre de dire que j'eus le plaisir d'entendre l'aînée des filles de Reichardt chanter d'une voix harmonieuse les mélodies qu'il avait, le premier, consacrées à mes chansons.

Si mon séjour à Halle me fut profitable, je ne dus pas moins à celui que je fis à Iéna pendant le mois d'août, et j'aurais voulu le prolonger encore pour mon plaisir et mon instruction, mais je fus rappelé à Weimar pour notre quatrième exposition. Elle réussit fort bien, elle fut très-visitée, et nous fournit l'occasion de nous entretenir avec des amateurs nationaux et étrangers. Le conseiller Bloumenbach nous donna quelques jours, et, comme un bonheur n'arrive jamais seul, la bonne harmonie se rétablit peu à peu dans la société de Weimar.

J'avais passé cette année dans un mouvement continuel, et séjourné tantôt à Weimar, tantôt à Iéna et à Lauchstaedt; cependant mon petit domaine de Rossla m'obligea aussi à plusieurs allées et venues. J'avais sans doute déjà reconnu assez clairement que, pour tirer un avantage réel d'une si petite propriété, il faudrait la cultiver, la soigner soi-même, être soi-même son fermier et son intendant, en tirer directement son entretien, ce qui ferait une existence fort jolie, mais non pour un homme du monde trop délicat.

Cependant ce qu'on appelle la vie champêtre, dans un agréable vallon, auprès d'une petite rivière bordée d'arbres et de buissons, dans le voisinage de fertiles collines, non loin d'une petite ville peuplée et industrieuse, avait de quoi m'intéresser des jours entiers, et m'inspirait même une sérénité favorable à de petites compositions poétiques; une femme et des enfants sont là dans leur élément, et le commérage, insupportable dans les petites villes, est là du moins à sa plus simple origine; même l'aversion et la malveillance semblent plus franches, parce qu'elles résultent des besoins immédiats de l'humanité.

Je trouvais infiniment agréable le voisinage d'Ossmanstdaet, plus haut dans la même vallée, sur l'autre bord de l'eau. Wieland commençait aussi à voir des inconvénients à cet état de nature. Il développa un jour très-plaisamment les nombreux détours par lesquels il fallait obtenir de la nature quelque substance alimentaire. Il savait exposer à fond et gaiement tous les détails de la production des plantes fourragères. Il faisait premièrement recueillir par une servante chèrement nourrie le trèfle soigneusement cultivé, puis il le faisait consommer par la vache, pour avoir enfin quelque chose de blanc à verser sur son café.

Nous le visitions souvent l'après-midi, et, prenant à travers les prairies, nous étions rentrés de bonne heure à la maison.

Il se fit dans mon intérieur, à Weimar, un changement considérable. L'ami Meyer, qui, à part quelques années d'absence, était, depuis 1792, mon commensal fidèle, mon conseiller, mon maître, quitta ma maison pour se marier. Mais le besoin de communiquer sans cesse nous fit bientôt oublier la petite distance qui nous séparait; nous ne cessâmes pas d'agir l'un sur l'autre, rien ne nous fit obstacle, rien ne nous arrêta.

Parmi toutes les agitations de cette année, je m'occupais toujours en secret d'*Eugénie*[1], ma création favorite. Tout l'ensemble m'était parfaitement présent, et, dans mes courses comme dans le cabinet, je travaillais aux détails. Ainsi s'explique l'étendue des développements, parce que je concentrais ma pensée sur chaque point particulier, qui devait ressortir d'une manière immédiate.

Cellini convenait déjà mieux à un monde agité et distrait : je sus l'avancer aussi, mais ce ne fut pas sans efforts, car, au fond, l'entreprise était plus considérable que je ne l'avais supposé d'abord.

Le *Roman du Renard* n'avait qu'à se produire dans un moment de malice et de verve, il était bienvenu et je m'en occupai aussi quelque temps.

---

1. La *Fille naturelle*.

1803.

Nous donnâmes au théâtre *Palæophron et Néoterpe*, qui n'avait été d'abord qu'un divertissement pour la cour. Les acteurs jouèrent masqués. Nous avions déjà accoutumé le public à la chose avec les *Frères*, imités de Térence. Le 19 mars, nous donnâmes la *Fiancée de Messine*; le 2 avril, la première partie de la *Fille naturelle*, puis la *Pucelle d'Orléans*. Nous n'avions peut-être jamais travaillé d'une manière aussi vive, aussi opportune et aussi propre à satisfaire le public. Mais tout ce qui était malveillant, négatif, dénigrant, était absolument refusé et écarté. Au commencement de l'année, je reçus par un honorable ami une petite pièce intitulée le *Crânologue*, qui versait le ridicule et le mépris sur les louables efforts d'un homme tel que Gall. Je la renvoyai avec le billet suivant :

« Nos anciennes relations d'amitié me font un devoir de vous dire pourquoi je vous renvoie cette jolie petite pièce, comme inadmissible chez nous. Soit par principe, soit à cause du voisinage de notre université, nous évitons autant que possible sur notre théâtre tout ce qui pourrait rabaisser aux yeux de la foule les recherches scientifiques. Il nous semblerait désobligeant de rendre ridicule et méprisable à Weimar ce qui occupe très-sérieusement les esprits à Iéna.

« Assez souvent les tentatives que fait la science pour dérober à la nature un secret peuvent offrir par elles-mêmes ou par la charlatanerie de l'homme un côté ridicule, et l'on ne peut trouver mauvais que le poëte comique se permette en passant un petit coup de langue; nous n'y mettons aucune pédanterie : mais nous avons évité soigneusement toute satire un peu étendue sur les questions philosophiques et littéraires, sur la nouvelle théorie médicale. Par la même raison nous ne voudrions pas livrer au ridicule la singulière doctrine de Gall, qui peut-être ne manque pas plus de base que celle de Lavater, d'autant plus que nous pourrions affliger par là plusieurs de nos estimables auditeurs. »

Nous retournâmes à Lauerstædt avec un répertoire plus riche. Nous donnâmes entre autres l'*Andrienne* de Térence, arrangée par M. Niemeyer. Il nous vint des spectateurs même de

Leipzig. Je ne m'arrêtai cette fois que le temps rigoureusement nécessaire; mais le théâtre savait toujours m'occuper : trois jeunes hommes, qui se sentaient une vocation décidée pour la scène, vinrent à moi, et, comme ils montraient des talents et des dispositions, nous les accueillîmes favorablement.

La première partie d'*Eugénie* était achevée, jouée, imprimée; le plan tout entier était tracé scène par scène, et l'amour que je portais depuis plusieurs années à cette production n'avait point diminué. La deuxième partie devait se passer dans le domaine dont Eugénie avait fait sa retraite; la troisième, dans la capitale, où le sonnet, retrouvé au milieu du trouble le plus affreux, n'aurait pas été sans doute une cause de salut, mais aurait produit une belle scène. Je n'irai pas plus loin, car autrement il me faudrait tout dire.

Je reçus de tous côtés les témoignages de sympathie les plus aimables. On sentait, on pensait, on concluait, tout comme je pouvais le souhaiter. Mais j'avais commis la grande, l'impardonnable faute de produire la première partie avant d'avoir achevé tout l'ouvrage. J'appelle cette faute impardonnable, parce que je l'avais commise contre mon ancienne superstition éprouvée, qui peut toutefois s'expliquer très-raisonnablement. Un sens profond est caché sous cette rêverie que, pour s'assurer la possession d'un trésor, il faut agir en silence, ne pas proférer un seul mot, quelque sujet de terreur ou de ravissement qui se présente. Il n'est pas moins significatif, le conte qui veut que, dans la merveilleuse et hardie poursuite d'un talisman, au fond des montagnes les plus reculées et les plus sauvages, on marche en avant sans s'arrêter, que même on ne se retourne pas, si, dans un sentier escarpé, on entend derrière soi des voix menaçantes ou flatteuses. Mais la chose était faite, et les scènes aimées qui devaient suivre ne me visitaient plus quelquefois que comme des âmes errantes, qui reviennent avec des soupirs implorer leur délivrance.

Il y avait déjà quelques années que l'université d'Iéna nous donnait des inquiétudes. Depuis la Révolution française, une certaine agitation poussait les hommes à changer de condition ou du moins de séjour. Les professeurs des universités étaient plus que personne entraînés sur cette pente. Comme on en fondait alors de nouvelles et que d'autres étaient particulièrement favorisées, les séductions et les appels ne manquaient pas dans des centres où l'on pouvait se promettre de meilleurs honoraires, un rang plus élevé, une plus grande influence, dans un cercle plus étendu. Christian-Wilhelm Houfeland, le célèbre médecin, fut appelé à Berlin; Fichte, qui s'exprimait toujours sur Dieu et les choses divines d'une manière qui choquait les anciens usages, fut menacé d'une réprimande et offrit fièrement sa démission, qui dut être acceptée. Sa retraite n'entraîna pas, comme il nous l'avait annoncé, celle d'autres professeurs; les choses restèrent dans le même état; mais un secret mécontentement s'était emparé de tous les esprits; on cherchait sans bruit d'autres positions; Houfeland, le juriste, passa à Ingolstadt, Paulus et Schelling furent appelés à Wurzbourg.

Bientôt nous fûmes informés que la *Gazette littéraire*, si estimée, serait transportée à Halle, résolution très-grave, et qui menaçait l'existence même de notre université. Nous décidâmes alors de la continuer nous-mêmes, et le succès justifia cette résolution hardie.

Des hommes de mérite furent appelés pour remplir les chaires devenues vacantes; l'anatomiste Ackermann, le botaniste Schelver, furent de précieuses acquisitions. Une société de minéralogie, fondée par Lenz, reçut de notables accroissements. Le prince Gallitzin, nommé président, lui céda, en reconnaissance de cet honneur, sa collection particulière. Le duc lui donna une existence publique. Fernow nous arriva de Rome, et fut nommé bibliothécaire de la duchesse Amélie. Sa connaissance profonde de la littérature italienne nous le rendait très-précieux. Il apportait d'ailleurs avec lui un trésor, les cartons de son ami Carstens, mort à la fleur de l'âge. Le docteur Riemer, qui avait visité l'Italie avec MM. de Humboldt, en était revenu avec Fernow, et il forma avec nous une intime relation; il logea chez moi et voua ses soins à mon fils.

Je me liai aussi plus particulièrement avec Zelter, qui passa quinze jours à Weimar. Zelter se trouvait dans une singulière situation, entre un métier héréditaire, qu'il exerçait avec avantage dès sa jeunesse, et un amour irrésistible de l'art musical.

Poursuivant son métier, poursuivi par son art, il avait de son métier une expérience consommée, il cherchait à se perfectionner toujours plus dans son art, et n'était pas comme Hercule devant le chemin fourchu, indécis sur ce qu'il devait suivre et ce qu'il devait éviter : il était attiré de deux côtés par deux nobles muses, dont l'une s'était emparée de lui et l'autre désirait se l'approprier.

Vers la fin de l'année, j'eus le bonheur de rompre les liens qui m'enchaînaient aux glèbes de Rossla. Le nouveau fermier était un homme d'une probité minutieuse, et la manière dont il traita la source que j'ai célébrée en peut être un symbole. Le bon homme, dans ses idées d'horticulture, considérant un jet d'eau comme l'objet par excellence, amena par des tuyaux de plomb l'eau, qui suivait une pente modérée, dans l'endroit le plus bas, où elle jaillit en effet à quelques pieds de terre, mais, au lieu d'un miroir limpide, elle forma un marais. La promenade n'avait plus la grâce nouvelle d'une idylle; d'autres arrangements du même genre avaient fait perdre à Rossla son premier charme. Cependant ce bon économe avait pu voir clairement que la propriété est tout à fait avantageuse pour celui qui use personnellement de la chose, et autant la possession me pesait, autant elle devait lui sembler désirable. Voilà comment il arriva qu'au bout de six ans je lui vendis le domaine, sans autre perte que celle du temps et la dépense des fêtes champêtres, dont il fallait bien d'ailleurs compter le plaisir pour quelque chose. Et quoiqu'il fût impossible d'évaluer en argent l'idée claire que je m'étais faite de cette situation, j'avais cependant beaucoup gagné, sans dire que nous avions d'ailleurs passé avec nos amis bien des jours heureux dans les campagnes.

Mme de Staël arriva à Weimar au commencement de décembre, comme j'étais encore à Iéna, occupé du programme. Ce que Schiller m'écrivit à son sujet, le 21 décembre, servit en même temps à m'éclairer sur les relations que sa présence allait établir entre elle et moi.

« Mme de Staël vous paraîtra telle absolument que vous vous l'êtes sans doute déjà figurée *a priori*. Elle est tout d'une pièce. En elle, pas un trait faux, étranger, pathologique; ce qui fait que, malgré l'énorme différence des natures et des manières de penser, on se trouve parfaitement bien avec elle, on peut tout entendre d'elle et tout lui dire. Elle représente la culture française dans sa pureté et dans un jour infiniment intéressant. Dans tout ce que nous appelons philosophie, par conséquent, dans toutes les dernières et les plus hautes questions, on est en lutte avec elle, et l'on y reste en dépit de tous les discours. Mais chez elle le naturel et le sentiment valent mieux que la métaphysique, et sa belle intelligence s'élève à la puissance du génie. Elle veut tout expliquer, pénétrer, mesurer ; elle n'admet rien d'obscur, d'inaccessible, et, dans les régions qu'elle ne peut éclairer avec son flambeau, il n'existe rien pour elle. Aussi a-t-elle une horrible aversion pour la philosophie idéaliste, qui conduit, dit-elle, au mysticisme et à la superstition ; c'est un air suffocant, qui est mortel pour elle. Quant à ce que nous appelons poésie, elle n'en a aucun sentiment ; elle ne peut s'approprier des ouvrages de ce genre que ce qu'ils ont de passionné, d'oratoire et d'universel, mais elle n'estimera jamais le faux : seulement elle ne reconnaîtra pas toujours ce qui est bien. Vous voyez par ce peu de mots que la clarté, la décision et la spirituelle vivacité de sa nature ne peuvent qu'exercer une influence bienfaisante. Il n'y a de fatigant chez elle que l'étonnante volubilité de sa parole ; il faut se faire tout oreille pour la suivre. Mais, puisque nous pouvons nous entendre assez bien, malgré mon peu de facilité à parler la langue française, vous qui en avez plus d'habitude, vous converserez avec elle fort aisément. »

Comme je ne pouvais m'éloigner d'Iéna sans avoir terminé mon affaire, je reçus encore d'autres lettres et diverses peintures de Mme de Staël, de sa manière d'agir, de l'effet qu'elle produisait, et je pus assez bien me tracer le rôle que j'aurais à jouer. Mais les choses devaient se passer tout autrement, comme je le dirai bientôt.

Qu'une visite si considérable me gênât beaucoup dans ce moment, on le comprendra sans peine, si l'on considère l'importance de l'affaire qui me retenait à Iéna. Rompre tout lien avec la célèbre *Gazette littéraire générale*, prétendre à la continuer dans le même lieu, tandis qu'elle se transférait dans une autre ville, c'était là une audacieuse entreprise. On ne songe pas toujours qu'une entreprise hardie demande aussi de la hardiesse dans l'exécution : car, pour accomplir une chose extraordinaire, les moyens ordinaires ne suffisent pas. Plus d'un homme sage et clairvoyant me témoigna sa surprise de ce qu'on avait osé s'engager dans une affaire tellement impossible : aussi n'eût-elle pas été possible, si un homme du mérite de M. le conseiller Eichstaedt n'avait résolu de continuer une publication à laquelle il avait pris jusqu'alors une part considérable. Les amis des arts de Weimar se firent un devoir de prêter aussi leur concours, et la *Gazette littéraire générale* publia le résultat de leurs efforts et de leurs travaux.

Notre exposition de cette année avait été retardée ; le goût que le public y prenait la fit prolonger. Les salles n'étaient chauffées que pour les heures où le public était admis. Un matin, nous aperçûmes sur le verre qui couvrait une charmante et fidèle copie de la *Charitas* de Léonard de Vinci la trace d'un tendre baiser. L'adorateur avait sans doute soufflé sur le verre et imprimé le baiser dans sa propre haleine, qui s'était prise aussitôt. Il nous fut aisé de découvrir la personne qui avait pu s'introduire seule dans les chambres encore froides, et nous eûmes plus d'une fois l'occasion de sourire au jeune coupable dont la bouche était vraiment faite pour le baiser.

Nous fîmes à la fin de cette année une grande perte, mais dès longtemps prévue. Herder nous quitta après avoir langui longtemps. Il y avait trois ans que je m'étais éloigné de lui, car avec sa maladie s'était accrue son humeur querelleuse et malveillante, qui jetait une ombre sur son amabilité incomparable. On n'allait pas à lui sans éprouver sa douceur, on ne le quittait pas sans être blessé.

Qu'il est facile d'offenser et d'affliger quelqu'un, si, dans les agréables moments où le cœur s'épanche, on signale par un mot incisif et spirituel ses défauts personnels ou ceux de sa femme, de ses enfants, de sa situation, de sa demeure! C'était une mauvaise habitude de sa jeunesse, qu'il avait conservée et qui avait fini par éloigner de lui tout le monde. On supporte les défauts de la jeunesse, parce qu'on les regarde comme des transitions, comme l'âpreté d'un fruit mal mûr : dans la vieillesse, ils sont désespérants.

Peu de temps avant sa mort il devait me donner un singulier

« résumé » de nos plaisirs et de nos peines de tant d'années, de notre bonne harmonie et des mésintelligences qui la troublèrent. J'avais ouï dire qu'après la représentation d'*Eugénie*, Herder s'était exprimé sur cet ouvrage de la manière la plus favorable. Cela me fit espérer un rapprochement, qui m'aurait rendu mon œuvre doublement chère.

Nous étions alors à Iéna, logés tous deux au château, et nous échangions des visites polies. Un soir, il se rendit chez moi, et commença par me dire avec calme et netteté le plus grand bien de ma pièce. En même temps qu'il développait l'ouvrage en connaisseur, il y prenait comme ami un profond intérêt, et, comme un tableau nous charme souvent davantage, reflété dans une glace, il me sembla que, de cette heure seulement, j'avais moi-même bien connu l'ouvrage et l'avais parfaitement senti. Mais cette intime et douce jouissance ne fut pas longue, car Herder finit par une boutade qui, pour être galement exprimée, n'en était pas moins extrêmement déplaisante, et qui effaça, du moins pour le moment, l'impression de l'ensemble. Je fus saisi d'une sorte d'horreur. Je le regardai, je ne répondis rien, et je vis avec effroi comme résumées dans ce symbole les longues années de notre intimité. Nous nous séparâmes, et je ne l'ai jamais revu.

1804.

L'hiver était venu avec toute sa violence; les routes étaient couvertes de neige; on ne pouvait franchir la Schecke, hauteur escarpée devant Iéna. Mme de Staël était toujours plus pressante; mes affaires étaient terminées, et je résolus de retourner à Weimar. Mais, cette fois encore, je ressentis les fâcheux effets de mon séjour au château. Je revins avec un fort catarrhe, qui me retint quelques jours au lit et quelques semaines dans ma chambre. Une partie du séjour de cette femme illustre fut donc pour moi de l'histoire. Nos communications commencèrent par des billets, puis vinrent les tête-à-tête et les réunions en très-petit comité. Et c'était peut-être le meilleur moyen d'apprendre à la connaître et aussi de me faire connaître d'elle, autant que la chose était possible.

Sa personne avait du charme aussi bien que son esprit, et elle paraissait n'être point fâchée qu'on n'y fût pas insensible. Que de fois avait-elle dû fondre ensemble la prévenance, la bienveillance, l'attachement et la passion! Aussi disait-elle un jour : « Je ne me suis jamais fiée à un homme qui n'eût pas été une fois amoureux de moi. » Elle avait raison : car, une fois qu'un homme a ouvert son cœur et qu'il s'est livré, comme il arrive dans l'amour, c'est un don qu'il ne peut reprendre, et il serait impossible d'offenser ou de laisser sans protection une personne autrefois aimée.

Mme de Staël poursuivait avec persistance son projet d'apprendre à connaître notre société, de la coordonner et de la subordonner à ses idées; de s'enquérir des détails autant qu'il se pouvait; de s'éclaircir, comme femme du monde, sur les relations sociales; de pénétrer et d'approfondir avec son grand esprit de femme les idées les plus générales et ce qu'on appelle philosophie. Je n'avais aucune raison de dissimuler avec elle, et d'ailleurs, même quand je me livre, je ne suis pas toujours bien compris; mais, cette fois, une circonstance étrangère m'avertit pour le moment de me tenir sur mes gardes. Je reçus dans ce temps un livre français, qui renfermait la correspondance de deux dames avec Jean-Jacques Rousseau. Elles avaient mystifié singulièrement cet homme ombrageux et inabordable, en sachant d'abord l'intéresser à de petites affaires, et l'engager avec elles dans un commerce de lettres, qu'elles avaient ensuite rassemblées et fait imprimer, quand elles furent lassées de ce badinage. Je laissai voir à Mme de Staël combien j'étais choqué de cette conduite, mais elle prit la chose légèrement; elle parut même l'approuver, et fit entendre assez clairement qu'elle agirait à peu près de même à notre égard. Il n'en fallait pas davantage pour me rendre attentif et prudent et me renfermer un peu.

Les grandes qualités de cet écrivain, ses pensées et ses sentiments élevés sont connus de chacun, et les résultats de son voyage en Allemagne font assez voir qu'elle avait bien employé son temps. Son but était multiple : elle voulait apprendre à connaître le Weimar moral, social et littéraire, et s'instruire de tout exactement; mais elle voulait aussi être connue, et cherchait aussi bien à faire valoir ses idées, qu'elle paraissait désirer de pénétrer les nôtres. Elle ne s'en tenait pas là : elle voulait aussi agir sur les sens, sur le sentiment, sur l'esprit ; elle voulait éveiller en nous une certaine activité, dont elle nous reprochait le défaut. Comme elle n'avait aucune idée de ce qu'on appelle devoir et de la situation tranquille et recueillie à laquelle doit se résoudre celui qui s'impose un devoir, elle voulait une action continue, des effets soudains, comme, en société, une conversation, une discussion, non interrompues.

Les Weimariens sont capables d'enthousiasme, peut-être même, dans l'occasion, d'un enthousiasme faux ; cependant il ne fallait pas attendre d'eux l'effervescence française, surtout à une époque où la prépondérance de cette nation menaçait toute l'Europe, et où les hommes prudents prévoyaient le mal inévitable qui devait, l'année suivante, nous conduire au bord de l'abîme.

Mme de Staël aspirait aussi aux couronnes de la lecture et de la déclamation. Une lecture de *Phèdre*, à laquelle je ne pus assister, eut le résultat qu'on devait prévoir. Il fut évident une fois de plus que les Allemands avaient pour jamais renoncé à cette forme restreinte, à ce pathos mesuré et boursouflé. Ils aiment mieux renoncer au beau fruit naturel qui est caché dessous, que de l'obtenir en épluchant toutes les enveloppes qui le défigurent.

Philosopher en société, c'est discourir vivement sur des problèmes insolubles. C'était le plaisir et la passion de Mme de Staël. Naturellement, de réponse en réplique, elle arrivait d'ordinaire jusqu'aux choses de l'esprit, du sentiment, qui ne doivent proprement se passer qu'entre Dieu et l'homme. Avec cela elle avait, comme femme et comme Française, l'habitude de persister sur les points principaux et de ne pas écouter exactement ce que disait l'interlocuteur. Par là elle éveilla en moi la malicieuse fantaisie de contredire, de disputer sur tout, de réduire tout en problème, et de la mettre souvent au désespoir par une opposition obstinée. C'est alors qu'elle était tout à fait aimable, et qu'elle faisait paraître avec le plus d'éclat la prestesse de son esprit et de ses répliques.

J'eus aussi avec elle en tête-à-tête plusieurs conversations suivies, où elle se montrait aussi fatigante à sa manière, parce qu'elle ne souffrait pas sur les événements les plus graves un moment de réflexion tranquille: il fallait, pour les affaires, pour les objets les plus importants, être aussitôt prêt que s'il s'était agi de recevoir un volant. Un soir, avant l'heure de réception de la cour, elle entre chez moi, et, pour toute salutation, elle me dit vivement : « Je vous annonce une importante nouvelle. Moreau est arrêté avec quelques autres et accusé de trahison envers le tyran. » Cet homme éminent m'avait inspiré depuis longtemps, comme à tout le monde, un vif intérêt ; j'avais suivi ses actes et sa conduite; je me rappelais en silence le passé pour juger le présent à ma manière et en tirer des conclusions ou du moins des conjectures pour l'avenir. Mme de Staël changea la conversation, en la portant suivant sa coutume sur diverses choses indifférentes, et, comme je rêvais toujours et ne sus pas aussitôt trouver beaucoup de paroles pour la réplique, elle renouvela le reproche qu'elle m'avait déjà fait souvent, que j'étais encore maussade suivant ma coutume, et qu'on ne pouvait causer agréablement avec moi. Je fus décidément fâché, et lui soutins qu'elle était incapable d'un sérieux intérêt. Elle tombait chez moi comme une bombe, elle m'étourdissait d'un coup violent, et voulait qu'aussitôt on sifflât sa petite chanson, et qu'on sautât d'un sujet à un autre. Ce langage était fait pour lui plaire : elle voulait exciter une passion, n'importe laquelle. Pour m'apaiser, elle exposa à fond les circonstances de ce grave incident, et fit preuve d'une grande intelligence de la situation et des caractères.

Une autre anecdote fera voir combien son commerce était facile et gai, quand on entrait dans sa manière. Dans un nombreux souper, chez la duchesse Amélie, j'étais placé loin de Mme de Staël, et, cette fois encore, je demeurais silencieux et rêveur. Mes voisins me le reprochèrent, et cela causa un petit mouvement, dont le sujet finit par être connu des hauts personnages. Mme de Staël entendit qu'on me reprochait mon silence : elle s'exprima là-dessus comme à l'ordinaire et ajouta : « Pour moi, je n'aime Goethe que lorsqu'il a bu une bouteille de champagne. » Sur quoi je dis à demi-voix, de manière à n'être entendu que de mes plus proches voisins : « Il faut donc que nous ayons fait quelquefois ribote ensemble. » Un rire modéré suivit ces paroles. Elle voulut en savoir la cause. Personne ne pouvait ni ne voulait lui rendre ces paroles en français dans leur véritable sens ; enfin Benjamin Constant, qui était aussi un de mes voisins, cédant à ses instances, essaya de la satisfaire en usant d'euphémisme.

Mais, quoi qu'on puisse dire et penser des rapports de Mme de Staël avec la société de Weimar, ils furent certainement d'une grande portée et d'une grande influence pour la suite. Son ouvrage sur l'Allemagne, résultat de ces conversations familières, fut comme un puissant instrument qui fit la première brèche dans la muraille chinoise d'antiques préjugés, élevée entre nous et la France. On voulut enfin nous connaître, d'abord au delà du Rhin, puis au delà du Canal, ce qui nous assura inévitablement une vivante influence sur l'extrême Occident. Nous devons donc bénir cette gêne et le conflit des individualités nationales qui nous semblaient alors incommodes et tout à fait inutiles.

Nous passâmes aussi avec Benjamin Constant des heures agréables et instructives. Si l'on se rappelle ce que cet homme supérieur a fait dans la suite, et avec quelle ardeur il a poursuivi sans balancer la route qu'il avait choisie, comme étant celle de la justice, on pourra se figurer quelles nobles tendances, encore enveloppées, agissaient dans un tel homme.

Il passait quelquefois la soirée chez moi avec Mme de Staël. Jean de Müller vint plus tard se joindre à nous, et la conversation ne pouvait manquer d'être du plus haut intérêt, quand le duc voulait bien aussi prendre part à ces réunions intimes. Sans doute les événements du jour revenaient sans cesse dans ces entretiens : pour en distraire les esprits, je me servis avec succès de ma collection de médailles du quinzième siècle, qui faisait passer mes hôtes des méditations politiques et des généralités philosophiques aux particularités de l'histoire. Là, Jean de Müller était sur son terrain ; il avait parfaitement présente à l'esprit l'histoire de chacun de ces hommes, plus ou moins importants, dont la figure en bronze passait sous nos yeux, et il en prenait occasion de nous citer d'amusants détails biographiques.

Mme de Staël avait, je puis dire, exigé une représentation de la *Fille naturelle* : mais, avec le peu d'action mimique de la pièce, que pouvait-elle saisir dans ce dialogue absolument incompréhensible pour elle ? Elle me dit que j'avais eu tort de traiter ce sujet ; le livre où je l'avais puisé n'était pas estimé du public; l'héroïne qui y figurait n'était pas bien vue dans la bonne société. Comme j'étais d'assez joyeuse humeur pour écarter ces critiques en badinant, elle répliqua qu'en Allemagne le grand défaut des auteurs était justement de ne pas s'inquiéter du public.

Vers la fin de juin, je me rendis à Iéna, où je fus assez gaiement accueilli par les feux de la Saint-Jean, qui brillaient en obélisques, en pyramides, semblaient s'éteindre puis se rallumer tout à coup, et présentaient du haut en bas de la vallée les jeux les plus variés. Au sommet du Hausberg s'élevait un feu remarquable, mais mobile et agité : tout à coup il parut couler en deux ruisseaux qui s'écartaient l'un de l'autre et qui, réunis par une ligne transversale, formèrent un A, en l'honneur de notre duchesse Amélie. Cette apparition fut accueillie avec des applaudissements universels.

La collection de la Société de minéralogie recevait des accroissements considérables. Le duc parut à Weimar, et il prit la résolution de fonder un musée anatomique; l'entreprise prospéra bientôt par les soins du professeur Ackermann, appelé d'Heidelberg.

Les lettres de Winckelmann au conseiller Bérendis étaient depuis longtemps dans mes mains, et je m'étais préparé à les publier : afin de grouper tout ce qui pourrait servir à peindre cet homme extraordinaire, j'intéressai à l'œuvre mes dignes amis Wolf à Halle, Meyer à Weimar, et Fernow à Iéna : ainsi se forma le volume in-octavo que j'ai donné au public.

Schiller m'avait remis un manuscrit français, le *Neveu de Rameau*, et me demandait de le traduire. J'avais depuis longtemps beaucoup de goût, non pas pour les opinions de Diderot, mais pour sa manière d'écrire, et je trouvai un remarquable mérite dans le petit cahier que j'avais sous les yeux. J'avais rarement vu quelque chose de plus téméraire et de plus contenu, de plus spirituel et de plus hardi, de plus moralement immoral, et je résolus donc de le traduire. Afin de rendre l'ouvrage intelligible aux lecteurs et à moi-même, je mis à contribution tout ce que j'avais recueilli auparavant des trésors de la littérature. Ainsi prirent naissance les notes ajoutées à l'ouvrage, qui parut enfin chez Goeschen. La traduction allemande devait être mise en tête du volume et le texte à la suite. Dans cette idée, je négligeai de prendre une copie de l'original, et il en résulta des choses très-singulières.

La nouvelle *Gazette littéraire générale* prenait chaque mois une marche plus vive, mais ce n'était pas sans combats. Le récit détaillé ne serait pas dépourvu d'intérêt. Nos rivaux n'avaient pas songé qu'on peut bien emmener une batterie d'un poste favorable et la transporter dans un autre, mais que rien n'empêche l'ennemi d'établir son artillerie dans le poste abandonné et d'en tirer pour lui les mêmes avantages. Je continuai de prendre à l'affaire un vif intérêt. Parmi mes articles critiques, je citerai seulement les *Poésies de Voss*[1].

En 1797, j'avais fait avec mon ami Meyer, qui revenait d'Italie, un joyeux pèlerinage dans les Petits Cantons où m'attirait, pour la troisième fois, un incroyable désir. Le lac des Quatre-Cantons, le Haken de Schwytz, Fluelen et Altorf, que je pus contempler à l'allée et au retour, contraignirent mon imagination de peupler cette imposante contrée. Et qui s'offrait à la pensée plutôt que le brave Tell et ses compagnons? Sur les lieux mêmes, l'idée me vint d'un poëme épique, et je m'y attachai d'autant plus volontiers que je désirais entreprendre encore un grand travail en hexamètres, cette belle forme de vers, à laquelle notre langue se façonnait par degrés, et où je voulais me perfectionner toujours plus par l'exercice et avec le conseil de mes amis.

Quelques mots seulement sur mon dessein. J'aurais fait de Tell comme un type du peuple, et je l'aurais représenté comme un robuste et colossal portefaix, occupé toute sa vie à porter deçà et delà, par-dessus les montagnes, les peaux de bêtes et d'autres marchandises, et, sans s'inquiéter de domination et d'esclavage, exerçant son industrie, résolu et capable de repousser toute insulte à sa personne. Ses dispositions étaient connues des riches et des notables habitants, et il vivait paisiblement même parmi les oppresseurs étrangers. Cela me faci-

---

1. Voir les *OEuvres diverses* qui terminent ce volume.

litait une exposition générale tournée en action, qui aurait fait connaître la véritable situation du moment.

Mon bailli était un de ces tyrans de joyeuse humeur, qui poursuivent leurs desseins sans s'émouvoir ni s'embarrasser de rien ; qui d'ailleurs, aimant leurs aises, veulent vivre et laisser vivre ; qui, par fantaisie, font, dans l'occasion, des choses ou indifférentes ou de nature à produire de bons comme de mauvais effets. On voit par ces deux portraits que le plan de mon poëme avait de part et d'autre quelque chose de libre, qui permettait une marche mesurée, très-convenable au poëme épique. Les vieux Suisses et leurs fidèles représentants, lésés dans leurs biens, leur honneur, leurs personnes et leur considération, devaient pousser les passions morales à la fermentation intérieure, au mouvement et enfin à l'éclat, tandis que ces deux figures se trouveraient en présence et agiraient directement l'une sur l'autre.

Ces pensées et ces images m'avaient beaucoup occupé et formaient déjà un ensemble bien mûri, mais elles me souriaient sans que le désir me vînt de passer à l'exécution. La prosodie allemande, en tant qu'elle imitait la métrique des anciens, au lieu de se régulariser, devenait toujours plus problématique ; les hommes qu'on reconnaissait pour maîtres dans cet art et ce mécanisme étaient en lutte et même en hostilité. Les points douteux en devenaient plus incertains encore. Et moi, quand j'avais quelque projet, il m'était impossible de songer d'abord aux moyens ; il fallait que je les eusse déjà à ma disposition, sinon le projet était aussitôt abandonné.

J'avais souvent parlé à Schiller de cet objet ; je lui représentais vivement ces monts escarpés, la rude vie des pâtres, si bien que ce thème dut se construire chez lui à sa manière. A son tour, il me communiqua ses vues ; je ne perdais rien à un sujet qui n'avait plus pour moi l'attrait de la nouveauté, et je le lui abandonnai formellement, comme j'avais fait auparavant les *Grues d'Ibycus* et bien d'autres. Ce que j'ai dit plus haut, comparé avec le drame de Schiller, montre avec évidence que tout lui appartient, et qu'il me doit uniquement l'impulsion et une vue plus vivante du sujet que la simple légende n'eût pu la lui fournir.

Nous continuâmes à nous occuper de la mise en œuvre, selon notre habitude; Schiller distribua les rôles comme il l'entendit; nous dirigeâmes les répétitions, qui furent nombreuses et soignées; nous ne fîmes pour les costumes et les décors qu'une dépense modérée, mais ils furent convenables et caractéristiques. En cela nos convictions étaient, comme toujours, d'accord avec nos ressources; nous pensions qu'il fallait donner peu à l'extérieur, et, au contraire, élever autant que possible le côté moral et intellectuel. La pièce fut donnée le 17 mars, et cette représentation, comme les suivantes, et l'immense plaisir que fit cet ouvrage, furent la justification et la récompense des soins et de la peine qu'il nous avait coûtés.

D'accord avec Schiller sur la convenance de former peu à peu un répertoire à notre théâtre, j'essayai de remanier *Goetz de Berlichingen*, sans pouvoir atteindre mon but. La pièce était toujours trop longue; elle ne se divisait pas commodément en deux parties, et l'enchaînement de la marche historique ne permettait pas que chaque scène, prise à part, eût son intérêt propre, comme le théâtre l'exige. Cependant le travail fut entrepris et achevé, et ce ne fut pas sans perte de temps et sans autres ennuis.

1805.

Ainsi donc nous commencions cette année avec les plus beaux projets et les meilleures espérances, et surtout nous nous entretenions souvent de *Démétrius*. Mais, comme nous étions souvent troublés dans nos occupations principales par des souffrances corporelles, Schiller poursuivait sa traduction de *Phèdre* et moi celle de *Rameau*, ce qui, sans exiger de nous la production, animait et récréait notre imagination par des œuvres étrangères et tout achevées.

Je fus sollicité et même obligé par mon travail de revenir à la littérature française, et, pour l'intelligence de ce petit livre singulier et hardi, je dus faire revivre en traits caractéristiques bien des noms complètement oubliés, du moins chez nous autres Allemands. Je dus aussi revenir aux études musicales, qui m'avaient occupé autrefois si agréablement, et que j'avais depuis longtemps laissées en oubli. Je remplis ainsi bien des heures que sans cela, j'aurais perdues dans les douleurs et l'impatience. Par un heureux hasard, il arriva dans ce temps à Weimar un Français nommé Texier, qui savait lire gaiement et spirituellement la comédie, en changeant de voix, de manière à imiter les acteurs de Paris. Il donna plusieurs soirées à la cour, qui admira son talent. Il me fut à moi particulièrement utile et agréable ; en effet, ce Molière, dont je faisais le plus grand cas, à qui je consacrais quelque temps chaque année, pour éprouver une fois de plus et renouveler mon admiration bien sentie, je pus l'entendre par la voix d'un compatriote, qui, lui-même, admirateur d'un si grand génie, rivalisait avec moi dans l'expression de ses sentiments pour ce poëte.

Pressé par la date du 30 janvier, Schiller travaillait assidûment à *Phèdre*, qui fut en effet représentée ce jour-là, et qui, à Weimar, comme ailleurs dans la suite, fournit à d'excellentes comédiennes l'occasion de se signaler et de développer leur talent.

Deux incendies, qui éclatèrent à quelques nuits de distance, et qui menacèrent tous deux mon domicile, me rejetèrent dans les souffrances contre lesquelles je luttais. Schiller était retenu chez lui par les mêmes chaînes. Nous ne pouvions nous voir, et nous échangions des billets. Ceux qu'il m'écrivit en février et en mars attestent ses souffrances, son activité, sa résignation, et le déclin toujours plus marqué de ses espérances. Au commencement de mai, je hasardai de sortir ; je le trouvai sur le point de se rendre au théâtre, et je ne voulus pas y mettre obstacle ; un malaise m'empêcha de l'accompagner, et nous nous séparâmes devant sa porte pour ne plus nous revoir. Dans l'état de souffrance physique et morale où je me trouvais, personne n'osait m'apporter dans la solitude la nouvelle de sa mort. Il nous quitta le 9 et tous mes maux redoublèrent.

Quand j'eus retrouvé ma fermeté, je cherchai une grande occupation, capable de me distraire, et ma première pensée fut d'achever *Démétrius*. Depuis que Schiller avait projeté cet ouvrage, nous en avions souvent débattu le plan. Durant son travail, Schiller aimait à discuter le pour et le contre avec lui-même et avec ses amis ; il se fatiguait aussi peu d'entendre des opinions étrangères que de tourner les siennes en tous sens. J'avais donc suivi, depuis Wallenstein, ses ouvrages pas à pas, le plus souvent dans un parfait accord avec lui, mais quelquefois attaquant avec vivacité certaines choses, quand on en venait à l'exécution, jusqu'à ce qu'enfin l'un ou l'autre trouvât bon de céder. C'est ainsi que son génie, qui aimait à s'élever et à se déployer, avait conçu *Démétrius* dans de trop vastes proportions. J'avais pu le voir méditer d'abord l'exposition en forme de prologue, comme dans *Wallenstein* et la *Pucelle d'Orléans*, puis se resserrer peu à peu, grouper les idées principales et commencer çà et là le travail. Je l'avais aidé de mes conseils et de ma collaboration; le drame était aussi vivant pour moi que pour lui.

Maintenant je désirais passionnément de continuer notre conversation interrompue par la mort, de conserver jusque dans les détails ses pensées et ses vues, et de montrer pour la dernière fois, et dans son point culminant, notre longue habitude de travailler ensemble à la rédaction de nos drames et de ceux d'autrui. Je croyais le posséder encore, quand je continuais son existence. J'espérais rallier nos amis communs. Le théâtre allemand, pour lequel nous avions travaillé jusqu'alors ensemble, lui par l'invention et la composition, moi en enseignant, en exerçant et en faisant exécuter, ne serait pas tout à fait déshérité, jusqu'à l'apparition d'un nouveau génie de même trempe. En un mot, l'enthousiasme qu'éveille en nous le désespoir d'une grande perte m'avait saisi tout entier. J'étais libre de tout travail; j'aurais terminé la pièce en peu de mois; jouée sur tous les théâtres en même temps, elle eût été la plus magnifique fête funèbre qu'il se serait préparée à lui-même et à ses amis. Il me semblait être guéri, être consolé. Mais divers obstacles s'opposèrent à l'exécution : avec un peu de réflexion et de prudence, je les aurais écartés peut-être : mon ardeur passionnée et mon trouble les augmentèrent; le caprice et la précipitation me firent abandonner ce projet, et je ne puis encore songer à l'accablement dans lequel je me vis alors plongé : c'est de ce moment que je me sentis véritablement séparé de Schiller, que je fus privé de son commerce. Mon imagination d'artiste ne pouvait plus s'occuper du monument que j'avais songé à lui élever, et[1]

---

1. Allusion à la dernière scène de la *Fiancée de Messine*.

qui aurait survécu à la sépulture plus longtemps que celui de Messine ; elle se tourna désormais vers le cadavre et le suivit dans la fosse, qui l'avait englouti sans appareil. Alors seulement, je me le représentai tombant en pourriture. Une douleur insupportable me saisit, et, la maladie me séparant de la société, je demeurai plongé dans la plus triste solitude. Mon journal ne dit rien de ce temps-là ; les pages blanches attestent le vide que je sentais ; les nouvelles qui s'y trouvent font voir seulement que je côtoyais le courant des affaires sans y prendre intérêt, et qu'au lieu de les conduire, je me laissais conduire par elles. Que de fois, dans la suite, je dus sourire en moi-même quand des amis de Schiller regrettaient qu'il n'eût pas de monument à Weimar ! J'avais toujours dans l'idée que c'était moi qui aurais pu ériger à Schiller et à notre intimité le plus honorable monument.

C'était encore par l'entremise de Schiller que j'avais envoyé à Leipzig la traduction du *Neveu de Rameau*. On me renvoya après sa mort quelques cahiers manuscrits du *Traité des couleurs*. Les objections qu'il avait à me faire sur les endroits soulignés, je pus me les expliquer dans son sens, et son amitié continuait d'agir du royaume des morts, tandis que la mienne se voyait exilée parmi les vivants.

Je dus alors fixer sur un autre objet mon activité isolée. Les lettres de Winckelmann, qui étaient arrivées dans mes mains, me portèrent à réfléchir sur cet homme admirable dès longtemps disparu, et à donner une forme précise aux idées, aux sentiments, qu'il avait fait naître en moi depuis tant d'années. J'avais déjà réclamé le concours de plusieurs amis. Schiller m'avait promis le sien. Un homme du plus grand mérite, Wolf, professeur à Halle, s'intéressa à cette publication. Il était arrivé le 30 mai à Weimar, accompagné de son aimable fille, dont la belle et vive jeunesse rivalisait avec le printemps. Wolf accepta l'hospitalité dans ma maison, et je passai avec lui des heures fécondes en plaisir et en instruction. Mais nos directions étaient diverses, et ce ne fut plus ici comme avec Schiller : cette diversité nous tint séparés. Wolf avait consacré toute sa vie aux documents écrits de l'antiquité ; son esprit pénétrant s'était tellement rendu maître des qualités propres aux différents auteurs, qu'il savait découvrir sous la différence de la langue et du style la différence du génie et de la pensée. Il ne fallait pas s'étonner qu'un tel homme estimât au plus haut point ces profondes recherches, et qu'il ne reconnût comme historique et vraiment digne de foi que ce qui nous était parvenu de l'antiquité par des écrits authentiques et dont il fallait étudier l'authenticité. Avec une foi aussi grande, nous autres amis des arts, nous avions suivi un autre chemin. Nous trouvions dans les arts plastiques, anciens et modernes, une base historique aussi solide, et nous pensions avoir trouvé dans leur domaine de nombreux caractères auxquels nous pouvions très-bien distinguer le temps et le lieu, le maître et l'élève, l'œuvre originale et l'imitation, les devanciers et les successeurs.

Cependant les amis des arts rendaient pleine justice aux études et à la science de cet homme éminent; ils formaient leur goût sur le sien et cherchaient, selon leurs forces, à suivre ses ingénieux travaux. Mais lui, il niait obstinément la sûreté de leur marche, et nous ne pûmes par aucun moyen changer sa conviction. Toutefois, comme la bienveillance et l'amitié régnaient dans ces débats, pendant toute la durée d'un assez long séjour qu'il fit parmi nous, Wolf nous rendit une ardeur nouvelle et une vive sérénité. A son départ, il me pressa de lui rendre bientôt sa visite, et il retourna à Halle le cœur joyeux.

J'avais donc une excellente raison de retourner à Lauchstaedt, quoique le théâtre n'exigeât pas proprement ma présence. Le répertoire s'était fort enrichi. Divers obstacles s'opposèrent à ce qu'une solennité fût directement consacrée à la mémoire de Schiller, mais du moins le chant de *la Cloche* y fut donné comme un précieux et digne souvenir du poëte.

Après une courte halte à Lauchstaedt, je me rendis à Halle, où je trouvai chez mon ami l'accueil le plus hospitalier. La conversation, naguère interrompue, fut vivement continuée avec des développements très-variés : car, trouvant cet homme laborieux au milieu de ses travaux quotidiens, déterminés, quelquefois imposés, j'avais mille occasions de prendre de nouveaux objets pour texte de conversations intéressantes. Après avoir admiré son immense savoir, je fus curieux d'apprendre comment il initiait la jeunesse aux détails de la science. Conduit par son aimable fille, j'entendis derrière une porte de tapisserie plusieurs de ses leçons, et je trouvai chez lui en activité tous les dons que je devais attendre : une exposition facile, découlant de l'abondance du savoir, et qui répandait parmi les auditeurs les plus solides connaissances avec liberté, avec esprit et avec goût.

Je devais trouver à Halle une autre source d'instruction. Le docteur Gall commença ses leçons dans les premiers jours du mois d'août, et je me joignis à la foule des auditeurs. Sa doctrine devait me plaire ; j'étais accoutumé à considérer le cerveau au point de vue de l'anatomie comparée. En admettant que Gall, séduit par son coup d'œil pénétrant, descendît trop aux spécialités, on pouvait bien mettre certaines tendances en rapport avec la prédominance de certains organes.

Dès le début de ses cours il fit mention de la métamorphose des plantes. Il avait senti cette analogie ; mais il n'y revint pas dans la suite, quoique cette idée eût fort bien pu pénétrer toute sa doctrine.

Gall faisait partie de la société au sein de laquelle j'étais si amicalement reçu. Nous nous voyions presque tous les jours, presque à tous moments, et la conversation demeurait toujours dans la sphère de ses remarquables observations. Il plaisantait sur chacun de nous ; et il soutenait que, d'après la structure de mon front, je ne pouvais ouvrir la bouche sans produire un trope : sur quoi il pouvait en effet me prendre à chaque instant en flagrant délit. En observant toute ma structure, il assurait sérieusement que j'étais né orateur populaire. Ces réflexions donnaient lieu à mille plaisanteries, et il me fallait souffrir qu'on fît de moi un Chrysostome.

Une sérieuse indisposition m'ayant empêché de suivre jusqu'au bout les leçons du docteur Gall, il eut la complaisance d'en faire transporter l'appareil dans ma chambre, et de me donner une connaissance très-suffisante de son système.

Il était parti pour visiter Goettingue. De notre côté, nous fûmes séduits par la perspective d'une course aventureuse. Le conseiller Beireis, qui demeurait à Helmstaedt, nous était depuis longtemps connu comme un singulier personnage, à plusieurs égards, énigmatique ; son entourage, sa richesse remarquable, sa conduite bizarre, enfin le mystère qui planait sur tout cela, avaient depuis longtemps éveillé ma curiosité et celle de mes amis. Sachant qu'il était alors chez lui, nous résolûmes d'aller faire une visite à cet homme qui, tel qu'un mystérieux griffon, tenait sous sa garde des trésors extraordinaires, à peine imaginables. Mon joyeux compagnon de voyage permit que mon fils Auguste, alors âgé de quinze ans, fût de la partie, qui n'en fut que plus gaie. Le savant professeur se faisait une occupation de le houspiller sans cesse, et Auguste usait librement du droit de défense; des agaceries en paroles on passait quelquefois aux jeux de mains, dont il fallait rire, bien qu'ils soient un peu incommodes en voiture.

A Magdebourg, je m'occupai surtout des antiquités de la cathédrale, et j'en observai les monuments plastiques, surtout les tombeaux. J'en citerai seulement trois en bronze, qui furent érigés pour trois archevêques, Adelbert II (1403), roide et dur, mais d'une exécution soignée et naturelle; Frédéric (1464), d'un meilleur style; Ernest (1499), œuvre inestimable de Pierre Vischer. Je ne pouvais me lasser de l'admirer, car, une fois que l'œil et le goût sont exercés à sentir le progrès des arts, leur déclin, leurs écarts, leur retour dans la bonne voie, il n'est pas de conversation plus instructive et plus intéressante que le silence de monuments tels que ceux-là.

Nous observâmes avec attention et intérêt la ville, la forteresse et, du haut des remparts, la contrée environnante; mon regard s'arrêta longtemps sur le groupe d'arbres, peu éloignés, qui formait à la plaine une décoration majestueuse. Il ombrageait le cloître de Bergen, lieu qui rappelait plus d'un souvenir. C'est là que Wieland avait promené les tendres rêveries de sa jeunesse et jeté les bases d'une culture littéraire plus élevée; c'est là que l'abbé Steinmetz avait exercé l'influence d'une piété, exclusive peut-être, mais énergique et sincère. Et le monde, dans son esprit impie d'exclusion, a grand besoin de ces sources de chaleur et de lumière, pour ne pas se glacer et se dessécher tout à fait dans un égarement égoïste.

Dans nos visites répétées à la cathédrale, nous remarquâmes un Français, un ecclésiastique, aux allures vives, qui, promené par le sacristain, parlait très-haut avec sa société. Nous apprimes que c'était l'abbé Grégoire. Je désirais fort m'approcher de lui et lier connaissance ; mais mon ami, qui n'aimait pas les Français, ne voulut pas y consentir, et nous nous bornâmes à observer, d'une certaine distance, ses manières, et à prêter l'oreille à ses jugements, qu'il exprimait à haute voix.

Nous poursuivîmes notre voyage, et, passant du bassin de l'Elbe dans celui du Weser, nous arrivâmes à Helmstaedt. Cette ville est dans une situation charmante. Si l'on n'arrive pas avec l'idée d'une université allemande, on est agréablement surpris de trouver dans une pareille situation un ancien et modeste établissement scolaire, où, sur la base d'une vie claustrale antérieure, furent établies des chaires d'un nouveau genre ; où de bons bénéfices offrent une position aisée ; où d'anciens et vastes édifices fournissent une place suffisante à un établissement convenable, à d'importantes bibliothèques, à des cabinets considérables ; enfin, où une activité tranquille peut d'autant mieux se livrer à des travaux littéraires assidus, que le petit nombre des étudiants n'exige pas cette ardeur d'enseignement, qui ne fait que nous étourdir dans les universités fréquentées.

Le personnel des maîtres était, de toute façon, considérable. Il me suffira de nommer Henke, Pott, Lichtenstein, Crell, Bruns et Bredow, et chacun pourra se faire l'idée du cercle dans lequel se trouvèrent les voyageurs. Un solide savoir, qui se communiquait volontiers, une société où la bonne humeur était entretenue par une jeunesse constamment renouvelée, un joyeux contentement d'esprit au milieu d'occupations sérieuses et sages : tout cela se combinait de la manière la plus heureuse, et il y faut ajouter l'influence des femmes : les plus âgées avec leur simplicité hospitalière, les jeunes dames avec leurs grâces, les jeunes filles tout aimables, enfin tout ce monde paraissant ne former qu'une seule famille. Les vastes appartements des habitations antiques permettaient les tables nombreuses et les grandes assemblées.

A la fin d'un beau souper, on avait projeté de nous offrir, à Wolf et à moi, deux couronnes élégamment tressées. Je remerciai par un baiser vivement rendu la belle jeune fille qui m'avait couronné, et j'eus le plaisir de lire dans ses yeux que je ne lui déplaisais pas sous cette parure. Le capricieux convive placé vis-à-vis de moi se défendit obstinément contre sa vive dispensatrice, et si, dans ces tiraillements, la couronne ne fut pas entièrement gâtée, l'aimable enfant n'en dut pas moins se retirer un peu confuse de ne l'avoir pas fait agréer.

Au milieu de ces plaisirs, nous aurions presque oublié le but de notre voyage, mais Beireis animait chaque fête par sa joyeuse présence. C'était un homme de moyenne taille, agile et bien fait; on pouvait admettre ses légendes de ferrailleur; un front bombé, d'une hauteur incroyable, en contraste avec des traits finement rassemblés, annonçait des facultés intellectuelles d'une puissance remarquable, et, en effet, dans un âge si avancé, il conservait une vive et franche activité. En compagnie, et surtout à table, il donnait à sa galanterie un tour particulier, sachant se poser sans gêne comme l'ancien adorateur des mères, et le prétendant actuel des filles ou des nièces. On souffrait cette folie souvent répétée, car, si personne ne prétendait à sa main, plusieurs convoitaient une part de son héritage.

Annoncés comme nous l'étions, nous fûmes l'objet de toutes ses prévenances hospitalières. Nous déclinâmes la proposition qu'il nous fit de loger chez lui, mais nous passions avec plaisir une grande partie du jour au milieu de ses curiosités. La plupart n'avaient plus que leur renommée et se trouvaient dans un déplorable état. Les automates de Vaucanson étaient absolument paralysés. Le joueur de flûte, très-pauvrement vêtu, était assis dans un vieux pavillon, mais il ne flûtait plus. Beireis nous montra le cylindre primitif, dont les simples modulations ne lui avaient pas suffi; en revanche, il nous fit voir un second cylindre, entrepris par des facteurs d'orgues qu'il avait entretenus des années chez lui : malheureusement, ils étaient morts trop tôt et n'avaient pu achever ni mettre en place l'ouvrage, à cause de quoi, le joueur de flûte était resté muet. Le canard, déplumé, était là comme un squelette, mangeant toujours vivement son avoine, mais ne la digérant plus. Tout cela ne déconcertait nullement notre homme; il parlait de ces vieilleries à moitié détruites avec autant d'aisance et en termes aussi forts, que si la mécanique savante n'avait rien produit dès lors de plus intéressant.

Dans une grande salle, consacrée à l'histoire naturelle, on

remarquait d'abord que, chez Beireis, tout ce qui se conserve de soi-même était bien conservé. Ainsi il nous montra un très-petit aimant qui portait un poids très-lourd ; une vraie phrénite du Cap de la plus grande beauté, et de remarquables échantillons d'autres minéraux : mais, au milieu de la salle, une file pressée d'oiseaux empaillés tombaient en poussière, rongés des teignes ; les vers et les plumes couvraient les tablettes. Là-dessus Beireis nous dit que c'était une ruse de guerre. Toutes les teignes de la maison se portaient là, et les autres chambres étaient respectées de cette vermine. Les sept merveilles d'Helmstaedt se déroulaient ainsi peu à peu. La machine arithmétique de Hahn exécuta quelques calculs compliqués ; mais « l'oracle magique » resta muet. Beireis avait juré de ne plus remonter l'horloge obéissante, qui, sur son ordre, donné à distance, tantôt marchait, tantôt s'arrêtait. Un officier, nous dit-il, auquel le récit de cette merveille avait attiré un démenti, ayant été tué en duel, il avait dès lors fermement résolu de ne plus exposer ses admirateurs à un pareil danger et de ne plus provoquer chez les incrédules une précipitation si coupable.

Beireis, qui sentait sa capacité, avait prétendu à la gloire de polymathe ; il voulait être sur son terrain dans toutes les facultés, et en état de remplir avec honneur une chaire quelconque. Voici sa signature, telle que je la trouve dans l'album de mon fils : *Godofredus Christophorus Beireis, Primarius Professor Medicinæ, Chemiæ, Chirurgiæ, Pharmaceutices, Physices, Botanices et reliquæ Historiæ naturalis. Helmstadii d. XVIII Augusti a. MDCCCV.*

On voit que, dans les collections, celles auxquelles il attachait le plus de prix étaient proprement des curiosités, qui devaient exciter l'admiration par le haut prix qu'elles avaient coûté : le possesseur n'oubliait pas de dire que, dans l'acquisition, il avait enchéri sur des empereurs et des rois.

Mais il ne montrait rien avec plus de passion que ses tableaux, sa plus nouvelle fantaisie, à laquelle il s'était abandonné sans y rien connaître. On ne saurait croire à quel point il s'était trompé, ou voulait tromper les visiteurs ; et il se plaisait surtout à montrer certaines curiosités : ici c'était un Christ, à la vue duquel un professeur de Goettingue avait fondu en larmes ;

et, aussitôt après, un pain assez naturellement rendu, sur la table des disciples à Emmaüs, et qui avait excité les aboiements d'un dogue anglais ; puis une image sainte merveilleusement sauvée du feu, etc., etc.

Mon compagnon fut bientôt las de ces bizarreries, et, véritablement, Beireis voulait en faire trop accroire à ses hôtes. Parmi ses tableaux supposés de maîtres célèbres, il se trouvait bien quelques originaux, mais fortement restaurés. Je distinguai pourtant, comme inestimable, un portrait d'Albert Durer peint par lui-même, avec le millésime de 1493, et par conséquent à l'âge de vingt-deux ans. Un véritable amateur l'aurait entouré d'un cadre d'or, l'aurait enfermé dans la plus belle armoire ; mais lui, il laissait sans cadre et sans protection cette œuvre peinte sur une planche mince ; il la maniait sans précaution, au risque de la voir brisée au premier moment. Je remarquai aussi un Rubens, d'une touche libre et spirituelle, représentant une vendeuse de légumes, et divers tableaux dont Beireis avait fait l'acquisition au moment où l'on avait supprimé les couvents. J'aurais pu donner sur quelques-uns des indications précises, mais Beireis me déroutait sans cesse, car, pour ses tableaux comme pour sa personne, il voulait être unique.

Ces visites et ces revues étaient fort agréablement interrompues par de joyeux banquets, où l'homme singulier continuait sans gêne son rôle de jeune homme à marier. On souffrait toutes ses folies, et il était facile de voir que sa maison, ses collections, ses objets de prix, ses capitaux, sa richesse, peut-être exagérée, donnaient dans la vue à beaucoup de gens, et lui, de son côté, il savait à merveille allécher les quêteurs d'héritage ; on eût dit que sa maxime était de se faire ainsi comme une famille artificielle. Dans sa chambre à coucher était le portrait d'un jeune homme comme on en voit mille, qui n'avait rien de distingué, rien d'attrayant ni de repoussant. Il le faisait voir d'ordinaire à ses hôtes, et puis il racontait en gémissant comme quoi ce jeune homme, pour lequel il avait fait de grands sacrifices, auquel il voulait laisser tout son bien, s'était montré envers lui infidèle et ingrat ; qu'il avait dû l'éloigner, et qu'il en cherchait inutilement un second, avec lequel il pût former plus heureusement les mêmes relations. J'ai vu des hommes sages courir quelque temps après ce feu follet.

Nous passions avec lui la plus grande partie du jour, et, le soir, il nous servait dans la porcelaine de Chine et la vaisselle d'argent de gras laitage de brebis, qu'il estimait et recommandait comme extrêmement salutaire. Était-on parvenu à prendre un peu de goût à cette nourriture inaccoutumée, on finissait en effet par la trouver agréable, et l'on pouvait aussi la juger fort saine.

Nous vîmes encore ses autres collections, à l'heureuse formation desquelles les connaissances historiques avaient suffi, sans que le goût fût nécessaire. Les monnaies d'or des empereurs romains et de leurs familles étaient des plus complètes. Il avait de belles monnaies d'argent des villes grecques. Il ne manquait ni de nobles à la rose, ni de vieilles monnaies papales, ni de bractéates, ni de décevantes empreintes satiriques, ni d'aucune des raretés remarquables qu'on pouvait s'attendre à voir dans une si nombreuse et si ancienne collection. Il faut d'ailleurs convenir qu'il était connaisseur dans cette branche. Il avait publié autrefois un petit traité sur les moyens de distinguer les monnaies vraies et fausses.

Malgré tout le temps qu'il nous donnait, il se livrait avec activité à sa pratique médicale: tantôt il revenait de bon matin de la campagne, où il avait accouché une paysanne; tantôt il sortait de consultations diverses, qui l'avaient occupé ou retenu. Pour être nuit et jour en état de vaquer à ses fonctions avec la dignité convenable, il apportait un soin particulier à sa coiffure: il se faisait, disait-il, friser tous les soirs, et se couchait, les cheveux soigneusement bandés, et, à quelque moment qu'il fût appelé, il se présentait toujours aussi décemment que s'il avait dû paraître dans une compagnie.

Jusque-là il nous avait fait grâce des choses incroyables. Mais enfin il ne put s'abstenir tout à fait de nous débiter ses légendes. Dans un excellent repas qu'il nous donna, nous ne pûmes nous empêcher d'admirer un beau plat d'écrevisses, d'une grosseur remarquable pour un pays si pauvre en eaux courantes. Sur quoi il nous assura que son réservoir ne manquait jamais de cette provision. Il était si redevable à ces crustacés, il en croyait l'usage si salutaire, qu'il en avait toujours de prêts comme mets savoureux pour d'honorables convives, et aussi comme remède efficace dans des cas désespérés. Épuisé par des travaux importants, il s'était trouvé sans connaissance, à la dernière extrémité, quand un jeune élève, qui lui était tendrement attaché, lui avait présenté un plat d'écrevisses et l'avait obligé d'en manger copieusement. Ce secours l'avait rendu à la vie.

Dans une promenade que nous fîmes pour aller rendre visite à une noble famille dont il était le médecin, il nous parla de ses prouesses d'enfant et de jeune homme. Trois années de voyages restèrent dans un vague mystérieux. Au reste la possession d'innombrables curiosités, une richesse incalculable, paraissant être le résultat de son genre de vie, il ne pouvait manquer de trouver des gens crédules et des admirateurs. On s'accordait à attribuer sa richesse à l'invention d'une couleur qui, disait-on, remplaçait avantageusement la cochenille. Était-il peut-être parvenu de bonne heure à perfectionner l'emploi de la garance ?...

Il avait vécu dans un temps où, les communications n'étant pas aussi promptes qu'aujourd'hui, un homme établi dans un pays écarté, comme Swedenborg, ou dans une petite université, comme Beireis, pouvait encore s'envelopper d'un voile mystérieux, évoquer des esprits, s'occuper de la pierre philosophale. N'avons-nous pas vu de nos jours Cagliostro parcourir précipitamment de grands espaces, se livrer tour à tour à ses jongleries dans le Sud, le Nord et l'Ouest, et trouver partout des partisans? Est-ce aller trop loin que d'affirmer qu'une certaine croyance superstitieuse aux hommes possédés du démon ne cessera jamais; qu'en tout temps, il se trouvera un lieu où le vrai problématique, que nous ne respectons qu'en théorie, pourra s'unir commodément dans la pratique avec le mensonge?

Beireis, qui se montrait avec nous si obligeant et si communicatif, ne nous avait pas encore parlé de son fameux diamant, sur lequel on faisait mille contes. Un jour cependant, après nous avoir montré dans un volume des voyages de Tournefort le dessin de quelques diamants naturels, et nous en avoir fait observer les formes, il tira sans cérémonie de son gousset ce fameux produit de la nature. Il était gros comme un œuf d'oie, parfaitement clair et transparent, et toutefois, sans aucune trace de polissure. Avec son phlegme ordinaire, il nous montra quelques essais douteux qui devaient constater les propriétés d'un diamant. Après qu'on l'avait frottée modérément, la pierre attirait des petits morceaux de papier; la lime anglaise paraissait n'y produire aucun effet; mais Beireis passa rapidement sur ces preuves, et nous rapporta l'histoire, souvent répétée, qu'il avait mis le minéral à l'épreuve sous le moufle, et que le magnifique spectacle de la flamme qui s'était développée lui avait fait oublier de modérer et d'éteindre le feu, en sorte qu'en un moment, la pierre avait perdu pour un million de thaler de sa valeur. Néanmoins il s'estimait heureux d'avoir vu un feu d'artifice tel que n'en sauraient voir ni les empereurs ni les rois.

Pendant qu'il s'étendait sur ces détails avec abondance, songeant aux épreuves chromatiques, j'avais placé la merveille devant mes yeux, pour observer les traverses horizontales de la fenêtre, mais je ne trouvai pas les bords colorés plus larges qu'un cristal de montagne ne les eût donnés; en sorte que je me permis de nourrir en secret quelques doutes sur la vérité de ce trésor si vanté. Voilà comment notre séjour fut couronné par la plus grande rodomontade de notre singulier ami.

Ces bizarreries étaient souvent à Helmstaedt le sujet des conversations joyeuses et familières, mais on nous parlait aussi fréquemment d'un fantasque gentilhomme, qu'on nous recommanda de voir à notre retour, afin d'étendre nos études de caractères originaux, ce qui nous serait facile, puisque nous retournions par Halberstadt, et que le gentilhomme ne demeurait pas loin de la route. Nous nous trouvâmes d'autant plus disposés à cette expédition, que le joyeux et spirituel doyen Henke promit de nous y accompagner, ce qui semblait prouver qu'on pouvait en tout cas se démêler des impertinences et des incongruités de ce singulier personnage.

Nous voilà donc quatre en voiture : le prieur Henke avec une longue pipe de terre blanche, parce que toute autre manière de fumer lui était désagréable ; mais, en voiture même, assurait-il, et dans un long voyage, il savait conserver sa pipe entière et sans dommage.

Une conversation aussi amusante qu'instructive égaya la route, et nous arrivâmes enfin au domaine de notre homme, qui était connu au loin sous le nom du *fou Hagen*, comme une espèce de cyclope vivant dans une belle propriété. La réception fut déjà assez caractéristique. Il nous rendit attentifs à l'enseigne de son auberge nouvellement bâtie. Cette enseigne, suspendue à un bel ouvrage de forge, devait être un appât pour les hôtes. Mais nous ne fûmes pas peu surpris d'y voir exécuté par un artiste assez habile un tableau qui faisait le pendant de cette enseigne sur laquelle s'étend et s'égaye si fort le *Voyageur dans le midi de la France* (Maurice-Auguste de Thummel).

Une réception pareille nous paraissait un fâcheux pronostic, et je me tins sur mes gardes, parce que j'eus l'idée que nos nouveaux amis, après la haute comédie d'Helmstaedt, nous avaient engagés dans cette aventure pour nous voir enveloppés et nous faire jouer un rôle dans une mauvaise farce satyrique. Si nous prenions mal cette plaisanterie, cela ne provoquerait-il pas chez eux une maligne joie? Cependant j'écartai ces soupçons quand nous entrâmes dans la ferme imposante. Les bâtiments d'exploitation rurale étaient dans le meilleur état; les cours en bon ordre, mais sans aucune trace d'intentions esthétiques. Les manières du maître avec les valets de ferme pouvaient passer pour brusques et dures; toutefois la bonne humeur perçait et les rendait tolérables. Ces bonnes gens paraissaient d'ailleurs accoutumés à la chose, et poursuivaient tranquillement leur ouvrage comme si on leur avait parlé doucement.

Introduits dans une salle à manger claire, propre et spacieuse, nous y trouvâmes la dame de la maison, grande et belle femme, absorbée dans une tristesse muette, qui annonçait d'abord tout ce qu'elle avait à souffrir, puis deux enfants, le fils, alors en congé, enseigne au service de Prusse, la fille, venue de sa pension passer quelques jours chez ses parents; tous deux au-dessous de vingt ans, silencieux comme leur mère.

La conversation eut d'abord quelque chose de la rudesse soldatesque; le bourgogne était excellent; la table et le service faisaient honneur à la dame de la maison, et tout serait allé passablement : mais on ne pouvait promener ses regards bien loin sans voir percer l'oreille du faune à travers la simplicité rustique d'un riche gentilhomme de campagne. Dans les angles de la salle étaient de beaux plâtres d'Apollino et d'autres statues, mais affublées d'une singulière parure : le maître avait cru devoir, par égard pour la bonne société, leur ajuster ses vieilles manchettes en guise de feuilles de figuier. Il y avait de quoi s'alarmer, car on peut être sûr qu'une absurdité en annonce toujours une autre, et cela se trouva vrai cette fois. La conversation s'était soutenue, du moins de notre part, sur un ton assez modéré, sans être toutefois des plus convenables en présence des jeunes gens; mais, au dessert, quand on les eut congédiés, notre bizarre gentilhomme se leva d'un air solennel, enleva les manchettes et dit qu'il était temps de se comporter d'une manière un peu plus libre et plus naturelle. Nous fîmes entendre gaiement à la dame de la maison, qui nous faisait pitié, qu'elle était libre de se retirer, car nous prévoyions où notre hôte en voulait venir. Il nous avait fait servir du bourgogne encore plus généreux, auquel nous ne fîmes pas un mauvais accueil. Cependant il nous fut permis, une fois la table levée, de proposer une promenade.

À la tombée de la nuit, Hagen obligea sa pauvre femme de chanter, en s'accompagnant du piano, quelques chansons, qu'elle put choisir à son gré, et la bonne exécution nous fit un vrai plaisir. Mais lui, éclatant à la fin, il exprima son mécontentement de ces fades chansons; il prétendit en chanter une bien meilleure, et la bonne dame dut accompagner sur son piano une strophe absurde et indécente. Alors, indigné d'un procédé si malséant, je sentis que le moment était venu de monter sur mes chevaux de jeune homme, sur lesquels j'avais autrefois caracolé si hardiment. Après que notre homme eut répété plusieurs fois sur ma demande la détestable strophe, je lui assurai que la poésie était excellente, mais qu'il devait s'efforcer de rendre dignement par un débit soigné cette œuvre admirable et de la relever par la justesse de l'expression. Je l'entretins d'abord des forte et des piano, puis des nuances délicates, de l'accent, de l'opposition entre le doux murmure et le cri. Cet esprit baroque semblait prendre plaisir aux exigences sans nombre de son instituteur ; il essayait pourtant quelquefois de m'interrompre en nous versant du bourgogne et nous offrant des gâteaux. Wolf, aux abois, s'était retiré; l'abbé Henke se promenait dans la chambre avec sa longue pipe, et prenait son temps pour jeter par la fenêtre le bourgogne qu'on lui avait versé malgré lui, attendant avec un calme imperturbable la fin de cette folie. Mais je le mis à une rude épreuve, car j'exigeais toujours davantage, une expression toujours plus extravagante de mon docile et humoristique écolier, et, vers minuit, je finis par déclarer mauvais tout ce que j'avais entendu. « Tout cela est seriné, lui dis-je, cela ne vaut rien. Il vous faut maintenant trouver la vraie expression par vous-même et lutter de la sorte avec le poëte et le compositeur. »

Il avait l'esprit assez délié pour deviner que derrière ces folies se dérobait un sens caché, et il parut se divertir d'un abus si téméraire de respectables leçons. Cependant il était lui-même fatigué, et, l'on pourrait dire, maté, et, lorsque enfin je tirai ma conclusion, savoir qu'il devait d'abord se livrer au sommeil, pour attendre qu'il lui vînt peut-être en songe une révélation, il céda volontiers et nous permit d'aller goûter nous-mêmes le repos.

Le lendemain, nous fûmes levés de bonne heure et prêts à partir. Le déjeuner se passa fort décemment. Il semblait que notre hôte ne voulût pas nous laisser quitter sa maison avec une impression trop défavorable. Comme conseiller provincial, il sut nous rendre un compte intéressant, mais baroque, à sa manière, de l'état et des affaires de la province. Nous nous quittâmes en fort bons termes, et nous pûmes remercier cordialement de sa fidèle compagnie dans cette périlleuse aventure notre ami Henke, qui s'en retournait à Helmstaedt avec sa longue pipe toujours entière.

Il nous fut donné en revanche de faire à Halberstadt un séjour parfaitement paisible et satisfaisant pour la raison. Il y avait déjà quelques années que le noble Gleim était allé rejoindre ses anciens amis. Une visite que je lui avais faite longtemps auparavant ne m'avait laissé qu'un vague souvenir; une vie tumultueuse et variée avait presque effacé de ma mémoire les particularités de sa personne et de son entourage. Je n'avais pu, ni dans ce temps-là ni depuis, lier avec lui aucune relation, mais ses travaux ne m'avaient jamais été étrangers. J'entendais beaucoup parler de lui par Wieland et Herder, avec lesquels il resta toujours en correspondance. Nous fûmes reçus très-amicalement dans sa demeure par M. Koerte. Elle annonçait une honnête aisance, une vie paisible, des habitudes tranquilles et hospitalières. Nous célébrâmes en présence de son héritage son influence passée; nous parlâmes beaucoup de lui; on nous montra diverses choses, et M. Koerte nous promit une biographie détaillée de Gleim et la publication de sa correspondance.

Nous trouvâmes un attrait particulier dans le temple de l'amitié. C'était une collection de portraits de ses amis anciens et nouveaux, beau témoignage de son estime pour ses contemporains. On voyait là plus de cent poëtes ou littérateurs, mais pas un musicien, pas un compositeur! Ce vieillard, qui semblait ne vivre et ne respirer que pour chanter, n'avait-il donc aucune idée du véritable chant, de l'art musical, l'élément d'où jaillit et où revient toute poésie?

Gleim était essentiellement un homme bienveillant, et il le faisait voir par son langage et sa conduite[1]. Il faut de plus reconnaître en lui, à tous égards, l'esprit du citoyen. Il se montre, envers la patrie et le monde, un vrai libéral. En revanche, toutes les nouvelles tendances révolutionnaires qui se manifestent dans ses vieux jours, il les déteste profondément, comme autrefois tout ce qui était hostile à la Prusse et à son grand roi.

Comme toute religion doit favoriser les paisibles relations des hommes, et que la religion chrétienne évangélique y est particulièrement propre, Gleim pouvait, en pratiquant sans cesse la religion de l'honnête homme, qui lui était naturelle et nécessaire, se juger le plus croyant de tous les hommes, et s'en tenir paisiblement à la confession héréditaire comme au simple culte traditionnel de l'Église protestante.

Après tous ces vivants souvenirs, nous devions avoir encore une image du passé, car nous pûmes voir sur son lit de douleur la nièce de Gleim, qui s'en allait. Elle avait été longtemps, sous le nom de Gléminde, l'ornement d'un cercle poétique. La

---

1. Comparez tome VIII, page 345.

propreté recherchée qui régnait autour d'elle allait fort bien à sa figure gracieuse, quoique maladive, et nous eûmes du plaisir à nous entretenir avec elle des beaux jours passés, dont le souvenir lui était toujours présent, comme la vie et les travaux de son excellent oncle.

Pour terminer sérieusement et dignement notre pèlerinage, nous allâmes au jardin visiter la tombe du noble vieillard, à qui il avait été donné de reposer à la place de son choix, après bien des années d'activité, d'épreuves et de souffrances, environné des monuments de ses amis trépassés.

Nous visitâmes plusieurs fois la déserte et humide cathédrale. Quoique privée de son ancienne vie religieuse, elle avait conservé toute sa dignité première. Ces édifices ont un charme qui nous attire : ils nous représentent une civilisation forte, mais sombre, et, comme nous nous plaisons quelquefois à nous plonger dans les ombres du passé, nous aimons aussi qu'une mystérieuse enceinte nous saisisse d'un certain frissonnement, agisse sur notre sentiment, sur notre imagination, et réveille en nous une disposition morale, poétique et religieuse.

Les Spiegelberg, collines boisées naturellement, qui s'avancent du Harz voisin, sont devenues maintenant, grâce aux plus bizarres décorations, le rendez-vous de hideuses créatures. On dirait qu'une société maudite, revenant du Blocksberg[1], ait été là pétrifiée par l'insondable volonté de Dieu. Au pied de la montagne, un énorme tonneau sert de salle de noces à l'abominable race des nains ; et, de là, par toutes les allées du parc, des monstres de toutes sortes vous épient, si bien que Prétorius, l'ami des difformités, pourrait y voir parfaitement réalisé son *mundus anthropodemicus*. Ce spectacle me fit sentir combien il est nécessaire dans l'éducation de ne pas laisser de côté l'imagination, mais, au contraire, de la régler et de lui inspirer par de nobles images, présentées de bonne heure, le goût du beau, le besoin de l'excellent. Que sert-il de refréner la sensualité, de former l'intelligence, d'assurer à la raison son empire ? L'imagination nous guette, victorieux ennemi ; elle a, par nature, un irrésistible penchant pour l'absurde, qui agit puissamment,

---

[1]. Comparez tome IV, page 240.

même chez les hommes cultivés, et qui, en dépit de toute culture, fait reparaître, au milieu de la société la plus décente, la grossièreté native des sauvages amis des caricatures.

Je ne dirai qu'un mot en passant du reste de notre voyage. Nous visitâmes le Bodethal et le Hamner, que je connaissais depuis longtemps. De là je remontai, pour la troisième fois de ma vie, la source bruyante, emprisonnée dans les rochers de granit, et je fus de nouveau frappé de la pensée que rien ne nous engage à réfléchir sur nous-mêmes comme de revoir après un long intervalle des objets très-remarquables, particulièrement de grandes scènes de la nature, et de comparer l'impression qu'ils nous avaient laissée avec l'impression présente. Alors nous remarquerons en somme que l'objet ressort toujours davantage; que si, auparavant, nous nous sentions nous-mêmes dans l'objet, si nous reportions en lui joie et souffrance, trouble et sérénité, maintenant, notre personnalité étant domptée, nous rendons à l'objet ce qui lui appartient, nous reconnaissons ses propriétés et ses qualités, en tant que nous les pénétrons, et que nous savons les estimer à un plus haut degré. La première sorte de contemplation est celle de l'artiste, la seconde celle du naturaliste. Ce ne fut pas d'abord sans douleur, mais ce fut enfin avec joie, que, cette première sensation m'échappant peu à peu, je sentis la seconde se développer avec d'autant plus de force dans mon œil et dans mon esprit.

1806.

Les espérances intérimaires qui nous avaient amusés durant plusieurs années, nous entretinrent encore pendant celle-ci : le monde était en feu de toutes parts, l'Europe avait changé de face, on ne parlait que de villes en ruine, de flottes en débris ; mais l'Allemagne du centre et du nord jouissait encore d'une sorte de paix fiévreuse, dans laquelle nous nous abandonnions à une sérénité trompeuse. Le grand Empire d'Occident était fondé ; il poussait de tous côtés des racines et des branches : cependant on semblait accorder à la Prusse le privilége de se fortifier dans le nord. Elle avait récemment occupé Erfourt, position très-importante, et, dans cette idée, nous consentîmes, dès le commencement de l'année, à recevoir chez nous des troupes prussiennes. Le régiment Ostin fut suivi, au commencement de février, par des fusiliers, puis arrivèrent les régiments Bork, Arnim, Pirsch. On s'était déjà accoutumé à ce mouvement.

Le 30 janvier, jour de naissance de notre honorée duchesse, fut célébré cette fois avec assez de pompe, mais avec de fâcheux pressentiments. Le régiment Ostin se vantait d'avoir un chœur de trompettes sans égales. Ils parurent en demi-cercle sur la scène pour saluer la princesse ; ils donnèrent des preuves de leur habileté extraordinaire, et finirent par accompagner un chœur, dont la mélodie, généralement connue, consacrée à un roi insulaire, et qui n'a encore été surpassée par aucun chant patriotique du continent, produisait son effet sublime.

Ensuite on donna une traduction ou une imitation du *Cid* de Corneille, ainsi que *Stella*, pour la première fois, avec la catastrophe tragique[1]. *Goetz de Berlichingen* et *Egmont* eurent aussi leur tour. La *Cloche* de Schiller, avec tout l'appareil de la fonte et la représentation complète, que nous avions déjà essayée depuis longtemps comme exercice, fut donnée, et de telle sorte que la troupe entière y concourut. La partie proprement dramatique et de métier échut au maître et à ses ouvriers ; tout ce qui était lyrique fut partagé entre les acteurs et les actrices, depuis les plus âgés jusqu'aux plus jeunes.

Le *docteur Luther* d'Iffland fit sensation, mais nous hésitâmes à l'accueillir sur notre théâtre. On s'occupa aussi d'accommoder à la scène *Hakon-Iarl*, estimable tragédie d'Oelenschlaeger. On avait déjà préparé les costumes et les décorations ; mais, dans un temps où l'on jouait sérieusement avec les couronnes, on vit ensuite des inconvénients à se faire un amusement de cet insigne sacré. Quand l'année fut plus avancée, et que la fureur de la guerre menaçait de rompre toutes les relations, on se fit un devoir de maintenir le théâtre, comme un objet d'intérêt public. Les représentations ne furent interrompues que deux mois ; les travaux scientifiques ne le furent que peu de jours.

La nouvelle édition qu'on se proposait de faire de mes œuvres

---

[1]. Comme nous l'avons donnée, tome II, page 486. Le premier dénoûment était conforme à l'histoire du comte de Gleichen, rappelée par Cécile, page 483.

m'obligea à les revoir d'un bout à l'autre, et je donnai à chaque ouvrage la plus grande attention, tout en restant fidèle à mon ancienne résolution de ne rien remanier et de ne faire aucun changement de grande importance. Je revis *Faust* d'une manière fragmentaire et lui donnai la forme qu'il a maintenant. Cependant l'épopée de Tell m'occupait toujours. Elle aurait pu subsister à côté de la tragédie de Schiller. Mais les derniers mois de l'année furent si menaçants, que je ne pus songer à exécuter dans l'Allemagne tourmentée un plan imaginé sur le lac des Quatre-Cantons et sur le chemin d'Altorf, au milieu d'une libre nature.

Les arts plastiques nous occupaient toujours, et nous fîmes l'acquisition d'un trésor, les dessins de Carstens, qui étaient restés entre les mains de son ami Fernow, et qu'il céda à notre musée. Tischbein, depuis son départ de Naples, avait trouvé chez le duc d'Oldenbourg une heureuse et tranquille position, et il nous donnait dans l'occasion de ses nouvelles; il nous fit, au commencement de cette année, plusieurs envois agréables. Il offrit entre autres à la duchesse Amélie un volume in-folio de dessins à la plume, où il était particulièrement heureux. Il aimait toujours à représenter les animaux. Je me souviens d'un âne broutant des ananas en guise de chardons. Une de ses aquarelles représentait une vue par-dessus les toits d'une grande ville. Tout près du spectateur, un jeune ramoneur est appuyé contre une cheminée. Tout ce qui, dans sa personne, pouvait admettre la couleur, était doré par le soleil levant : aimable pensée, qui nous offre le dernier fils du plus misérable métier jouissant, tout seul entre des milliers d'hommes, de ce sublime aspect de la nature.

Mais une lettre de Hackert vint m'affliger. Cet homme excellent avait été frappé d'apoplexie, et s'en était remis tout juste assez pour être en état de dicter une lettre et de la signer. J'étais navré de voir cette main, qui avait dessiné tant de lignes si pures, ne tracer qu'en tremblant et d'une manière incomplète son nom célèbre, qu'il avait écrit si souvent avec plaisir et avantage.

Les musées et les collections d'Iéna m'occupaient toujours. Au mois de septembre, à mon retour de Carlsbad, où ma mauvaise santé m'avait forcé de me rendre, je trouvai le cabinet de minéralogie dans le plus bel ordre. Je m'occupai de physique, d'histoire naturelle; je lus l'*Histoire des Mathématiques* par Montluca. Je ne veux pas omettre, pour conclure, que la *Carte botanique d'après Ventenat* mit sous mes yeux et me rendit plus sensibles les rapports des familles. Elle était suspendue dans une grande salle du château d'Iéna, dont j'habitais le premier étage. Elle resta fixée au mur quand je quittai à la hâte l'appartement pour faire place au prince de Hohenlohe. Elle fut un sujet d'étude pour son état-major, très-instruit, comme, plus tard, pour celui de Napoléon ; et je la retrouvai inaltérée, lorsqu'après tant de troubles et d'horreurs, je rentrai dans ma demeure autrefois si paisible.

Mes travaux pour le *Traité des couleurs*, dont je m'occupais depuis douze ans sans interruption, étaient si avancés que l'ensemble promettait de prendre bientôt de la consistance ; nous étions occupés de l'impression, quand le 14 octobre[1] vint nous frapper d'un coup terrible, et menaça de détruire sans remède les papiers sauvés à la hâte. Heureusement, nous sûmes nous relever avec vigueur, reprendre cette affaire comme les autres, et continuer avec une courageuse activité notre œuvre de chaque jour.

Mon attention, sans se porter sur un grand nombre d'œuvres poétiques étrangères, se fixa du moins avec intérêt sur quelques-unes. Le *Cor merveilleux*[2], antique et fantastique, fut apprécié comme il le méritait, et j'en rendis compte avec un vrai plaisir ; les poésies naturelles de Hiller, tout à fait actuelles et attachées à la réalité, furent, dans leur genre, favorablement jugées; *Aladin*, par OElenschlaeger, ne fut pas moins bien reçu, quoique tout ne fût pas jugé bon, surtout dans la marche de la fable. Et quand je trouve que, parmi mes études de l'antiquité, se rencontrent les *Perses* d'Eschyle, il me semble que je fus poussé à cette lecture comme par un pressentiment de ce qui nous attendait.

Cependant les *Nibelungen* avaient inspiré un véritable intérêt national ; se les approprier, en faire une étude approfondie,

---

1. La bataille d'Iéna.
2. Recueil de légendes publié par Arnim et Brentano.

était le désir de plusieurs hommes de mérite, et leur préférence était la nôtre.

L'héritage de Schiller était toujours mon objet principal, mais le douloureux souvenir de ma première tentative me faisait constamment refuser de concourir à une édition de ses œuvres, et de donner une esquisse biographique de mon excellent ami.

Les écrits de Hamann étaient de temps en temps tirés du caveau mystique où ils reposaient. Cet esprit vigoureux et pur, qui agissait à travers l'enveloppe d'un langage bizarre, attirait toujours les hommes avides de culture, jusqu'à ce que, fatigué et étourdi de tant d'énigmes, on jetât le livre de côté, sans cesser toutefois de désirer les œuvres complètes.

La traduction de l'*Épître aux Pisons* par Wieland me détourna quelque temps d'autres occupations. Cet ouvrage problématique paraîtra aux uns différent de ce qu'il semble aux autres, et il ne paraîtra plus le même à chacun tous les dix ans. J'entrepris de donner de l'ensemble et des détails une explication hardie et singulière. Je voudrais l'avoir mise par écrit, ne fût-ce que pour sa donnée humoristique. Mais ces pensées et ces rêveries, produites, ainsi que tant d'autres, dans les épanchements de l'amitié, se sont perdues dans l'air.

Le long séjour de Fernow à Weimar nous fit jouir pleinement du grand avantage de vivre avec un homme occupé à fond d'une étude quelconque. Avec son *Traité sur les dialectes italiens*, il nous reporta, cette année, au milieu de la vie de ce remarquable pays.

L'histoire des derniers temps de la littérature allemande fut aussi éclairée de lumières nouvelles, d'abord par l'autobiographie de Jean de Muller, dont je donnai un compte rendu, puis par la publication des *Lettres* de Gleim, que nous devons à Koerte, son adepte, et de la *Vie* de Huber, qui nous a été donnée par sa veuve, cette femme à tant d'égards digne d'estime.

Dans mes études d'histoire ancienne, je ne trouve autre chose que l'*Histoire des Empereurs* par Lampride, et je me souviens encore parfaitement de l'horreur dont je fus saisi en considérant cet affreux régime.

Je fus convié aux plus hautes pensées morales et religieuses par les études de Daub et de Creutzer, non moins que par le soixante et douzième numéro du *Journal des Missions de Halle*, que je dus, comme les précédents, à la bienveillance du docteur Knapp; persuadé de ma sincère sympathie pour la propagation du sentiment moral par les idées religieuses, il me tenait depuis des années au courant des progrès bénis d'une institution toujours vivante.

D'un autre côté, les *Fragments de l'histoire de l'équilibre européen*, par Gentz, me mirent au fait de la politique actuelle, et je me souviens encore qu'un personnage marquant, M. Osborn, Anglais qui séjournait à Weimar, me donna une explication graphique de la bataille de Trafalgar, de la grande pensée qui y présida et de l'exécution hardie.

Depuis mon séjour à Pyrmont, en 1801, je n'avais visité aucuns bains; mes amis et nos médecins décidèrent que je devais aller à Carlsbad. Je m'y rendis à la fin de mai avec un ami plein de zèle et d'activité, le major de Hendrich, qui prit sur lui tous les embarras du voyage. Arrivé aux eaux, où il fallait, pour guérir, se délivrer de tout souci, on se trouva, au contraire, au milieu de l'angoisse et du chagrin. Le prince de Reuss XIII, toujours si bienveillant pour moi, me développa en diplomate habile les maux dont nous étions menacés. Le général Richter me montra la même confiance. Il avait vu le désastre d'Ulm, et me communiqua un journal qui allait du 3 octobre 1805 jusqu'au 17, jour où la place fut rendue. Nous vécûmes ainsi jusqu'au mois de juillet; les nouvelles graves arrivaient à la file.

Pendant les années où je n'avais pas visité Carlsbad, Joseph Muller avait travaillé assidûment au progrès des études géologiques. Cet homme de mérite, originaire de Tournau, était lapidaire, et, après diverses tentatives d'établissement, il s'était fixé à Carlsbad. Là, il eut l'idée de tailler en tables les formations fontinales de Carlsbad, et de les polir soigneusement, ce qui fit connaître peu à peu aux amateurs ces concrétions remarquables. De ces productions des sources thermales, il se tourna vers d'autres produits singuliers des montagnes. Il avait été autrefois de nos promenades, et je profitai beaucoup de ses recherches. Le conseiller de légation de Strouve, dont le savoir égalait l'obligeance, prit beaucoup de part à nos observations géologiques. Des promenades entreprises dans ce but furent à la fois agréables et instructives ; c'était une diversion aux affaires du jour.

Un digne ecclésiastique, arrivé de Bavière, nous parla avec détail d'une institution pédagogique établie dans l'armée française. Les officiers et les sous-officiers tenaient, le dimanche, une sorte d'école pour instruire le soldat de ses devoirs, et lui donner l'instruction dont il avait besoin dans sa condition. On voyait que l'intention était de former des hommes habiles et sages, qui eussent confiance en eux-mêmes : mais il en fallait conclure que le grand esprit qui était à leur tête ne cessait pas de les dominer tous, et n'avait rien à craindre des raisonneurs.

L'angoisse et le péril s'accroissaient par la courageuse et forte volonté des vrais patriotes allemands, qui, dans le dessein sérieux, et nullement déguisé, d'organiser et de produire un soulèvement populaire, s'entretenaient avec passion des moyens d'agir ; en sorte que, déjà menacés par des orages lointains, nous voyions les nuages s'amonceler dans le plus proche voisinage. Cependant la Confédération du Rhin était formée, et il était facile d'en prévoir les suites : à notre retour par Hof, nous apprîmes la dissolution de l'empire germanique.

Au milieu de ces conversations alarmantes, il s'en rencontrait pourtant de récréatives : le landgrave Charles de Hesse, toujours livré aux études profondes, aimait à discourir sur l'histoire primitive de l'humanité, et n'était pas éloigné de professer les opinions les plus élevées, mais on ne pouvait parvenir à suivre avec lui une marche logique.

Carlsbad semblait alors une terre de Gosen : l'Autriche était contrainte à une paix apparente avec la France, et du moins, en Bohême, on n'était pas à chaque instant tenu sur le qui-vive par des marches et des contre-marches. Mais, à peine rentré chez soi, on vit l'orage s'avancer menaçant ; l'approche de troupes innombrables était la plus formelle déclaration de guerre.

Les Prussiens continuent de fortifier Erfourt ; notre prince se dispose aussi à partir comme général prussien. Il me serait difficile d'exposer les négociations épineuses auxquelles je me livrai alors avec mon collègue fidèle et jamais oublié, le ministre d'État de Voigt, ainsi que le grave entretien que j'eus avec mon prince au quartier général de Niederrossla.

La duchesse mère habitait Tiefourt. Le maître de chapelle Himmel s'y trouvait, et l'on faisait de la musique, le cœur oppressé. Mais c'est l'usage dans ces moments, que les plaisirs et les travaux, comme le manger, le boire, le sommeil, se succèdent tristement.

La suite des roches de Carlsbad était arrivée à Iéna; je m'y transportai le 26 septembre pour les déballer et les cataloguer préalablement avec l'assistance du directeur Lenz; un rôle pareil était rédigé pour la *Gazette littéraire d'Iéna* et livré à l'impression. Cependant je m'étais retiré dans l'aile du château pour faire place au prince de Hohenlohe, qui s'approchait avec sa division, et qui aurait mieux aimé s'avancer sur la route de Hof à la rencontre de l'ennemi. Malgré cette triste perspective, nous traitâmes, suivant l'ancien usage, avec Hegel, bien des questions philosophiques.

Je dînais chez le prince de Hohenlohe; je revis à sa table plusieurs hommes marquants; je fis de nouvelles connaissances. Personne n'était à son aise; chacun se sentait dans un désespoir qu'il ne pouvait s'empêcher de trahir, sinon par ses discours, du moins par son attitude.

J'eus une scène singulière avec le colonel de Massenbach, la tête chaude. Comme chez d'autres, la passion d'écrire avait fait tort chez lui à la prudence politique et à l'activité militaire. Il était accouché d'un écrit bizarre, qui était tout uniment un manifeste moral contre Napoléon. Chacun prévoyait, craignait la supériorité de l'ennemi; c'est pourquoi l'imprimeur, accompagné de quelques conseillers, vint à moi, et, tous ensemble, ils me supplièrent d'empêcher l'impression du manuscrit, qu'ils me présentèrent, et qui, vu l'approche de l'armée française, serait nécessairement funeste à la ville. Je me le fis remettre et je vis une suite de périodes, dont la première commençait ainsi : « Napoléon, je t'aimais! » et la dernière : « Napoléon, je te hais! » Dans l'intervalle étaient exprimées toutes les espérances qu'on avait d'abord fondées sur la grandeur du caractère de Napoléon, parce qu'on croyait devoir attribuer à l'homme extraordinaire des intentions humaines et morales; puis la pièce finissait par exprimer en termes vifs tous les maux qu'on avait eu à souffrir de lui dans les derniers temps. Avec peu de changements, on aurait pu faire de ce morceau la plainte d'un amant trompé par sa maîtresse infidèle. La pièce était donc aussi ridicule que dangereuse.

Les instances des honorables habitants d'Iéna, avec qui j'avais vécu en bons rapports durant tant d'années, me portèrent à passer sur une loi que je m'étais faite de ne pas me mêler d'affaires publiques. Je pris le manuscrit et je trouvai l'auteur dans les salles antiques et spacieuses de la pharmacie Wilhelmi. Après que nous eûmes renouvelé connaissance, j'articulai ma protestation, et j'eus affaire, comme il fallait s'y attendre, à un auteur obstiné. Mais je me montrai aussi obstiné citoyen, et je produisis, avec une éloquente vivacité, mes raisons, qui certes avaient assez de poids, si bien qu'à la fin il céda, et nous nous séparâmes bons amis.

Je rencontrai à la table du prince de Hohenlohe plusieurs grands personnages. Plein de confiance, comme je l'étais, dans la puissance de la Prusse et dans son expérience de la guerre, je trouvais étranges les avertissements qui çà et là sonnaient à mes oreilles, qu'il fallait cacher les effets les plus précieux, les papiers les plus importants. Alors, dispensé de toute espérance, je dis, un jour qu'on nous servait les premières alouettes : « Eh bien, si le ciel tombe, il y en aura beaucoup de prises. »

Le 6, je trouvai tout Weimar dans le trouble et la consternation. Les grands caractères étaient calmes et décidés. On continuait à délibérer, à résoudre. Qui devait rester? qui devait s'éloigner? C'était la question.

1807.

Dès la fin de l'année précédente, le théâtre avait été rouvert; le balcon et les loges, le parterre et la galerie, se repeuplèrent bientôt : signe et emblème du retour de toutes choses à l'ancienne marche dans la ville et dans l'État. A vrai dire, nous dûmes nous féliciter de ce que l'empereur restait fidèle à sa maxime principale, de vivre en paix et en bonne intelligence avec tout ce qui portait le nom de Saxon, sans se laisser détourner par aucun incident. Le général Dentzel, qui avait étudié, bien des années auparavant, la théologie à Iéna, et que sa connaissance des lieux avait fait appeler à cette grande expédition, montra, en sa qualité de commandant, les dispositions les plus bienveillantes. Le jeune Mounier, élevé chez nous, lié d'amitié avec plusieurs familles, fut nommé commissaire ordonnateur, et sa douceur apaisa peu à peu les esprits agités. Chacun avait quelques récits à faire des mauvais jours, et se plaisait à rappeler comme il avait surmonté ses souffrances; on supporta volontiers quelques charges, quand on fut délivré des terreurs qui avaient saisi soudain le pays.

Nous cherchâmes donc à rendre au théâtre son ancienne consistance, et il reprit un nouvel éclat, non pas sans préparation, mais accidentellement, grâce à une œuvre d'art d'un caractère gracieux et fait pour rétablir la paix de l'âme. *Le Tasse* fut représenté. On l'avait appris, non pas au milieu de ces orages, mais depuis longtemps en secret. Et maintenant, qu'on ne se sentait pas le courage de préparer quelque autre nouveauté, qu'il se présentait des jours de fête à célébrer, l'empressement amical de mes chers élèves se réveilla, en sorte que je finis par accorder avec une demi-contrainte ce que j'aurais dû souhaiter vivement, encourager et recevoir avec reconnaissance. Le succès de la pièce fut aussi grand que la préparation en avait été soignée et soutenue, et je fus charmé de voir qu'une chose que j'avais jugée impossible fût si heureusement réalisée.

Peu de temps après la représentation du *Tasse*, cette image si pure de scènes tendres, aimables, spirituelles, de la vie du monde et de la cour, la duchesse Amélie fut enlevée à cette patrie qu'elle avait vue si profondément ébranlée et presque détruite. Ce fut un deuil général, et pour moi une affliction toute particulière.

Pour m'arracher à toutes ces douleurs, je retournai à l'observation de la nature. Plusieurs fois il m'était revenu que les idées qui avaient fait ma joie se développaient dans des esprits parents du mien. Cela me décida à faire réimprimer la *Métamorphose des plantes*, et à revoir d'anciens cahiers, où je pourrais puiser des choses utiles et agréables aux naturalistes.

Dans la première moitié de l'année, Alexandre de Humboldt me fit l'honneur de me dédier son important ouvrage : *Idées pour une géographie des plantes, avec un tableau de la nature des Tropiques.*

On imprima les tables pour le *Traité des couleurs*; l'impression de l'*Essai* avançait toujours, et je pus me livrer avec plus de liberté à la polémique.

J'apprends la mort de Hackert. On m'envoie, d'après son ordre, ses notes biographiques et ses esquisses. J'écris un sommaire de sa vie, qui paraît d'abord dans le *Morgenblatt.*

Le séjour que j'avais fait à Carlsbad l'année précédente m'avait été si salutaire, que je résolus d'y retourner, et, cette fois, de bonne heure. J'y arrivai dès le milieu de mai. Cette saison fut féconde en petites histoires imaginées, commencées, poursuivies, achevées, et que je devais enchaîner par un fil romantique sous le titre de *Années de voyage de Wilhelm Meister.* Je signalerai la conclusion de la *Nouvelle Mélusine*[1], l'*Homme de cinquante ans*[2], la *Folle voyageuse*[3].

Dans l'âge mûr, où l'on n'est pas entraîné par les distractions, absorbé par les passions, un séjour aux eaux offre de grands avantages. Tant de personnes marquantes et diverses, qui affluent de tous côtés, nous apportent l'expérience de la vie. Cette année, Carlsbad me fut très-favorable, car j'y trouvai non-seulement les plus abondantes et les plus agréables distractions, mais j'y formai une liaison qui me devint très-avantageuse dans la suite. Je rencontrai le résident de Reinhard, qui avait choisi ce séjour avec sa femme et ses enfants, pour se refaire et se reposer de ses dures épreuves. Mêlé dans ses jeunes années à la révolution française, il s'était assimilé aux générations suivantes et signalé par ses services comme ministre et comme diplomate. Napoléon, qui ne pouvait l'aimer, sut toutefois l'employer et finit par l'envoyer dans un poste désagréable et dangereux, à Jassy, où il séjourna quelque temps, remplissant son devoir avec fidélité; mais ensuite, enlevé par les Russes, emmené avec les siens à travers plusieurs provinces, il fut enfin relâché par suite de représentations officieuses. Sa femme, per-

1. Tome VII, page 317. — 2. Page 162. — 3. Page 47.

sonne très-cultivée, fille de Reimarus de Hambourg, avait écrit une excellente relation, qui donnait une idée exacte et intéressante de leur situation pénible et difficile.

Le moment où s'offrit à moi ce digne compatriote de Schiller et de Cuvier était par lui-même assez intéressant pour établir d'abord entre nous une étroite liaison. Les deux époux, pleins de franchise, Allemands de cœur, très-instruits; le fils et la fille, aimables et charmants, m'attirèrent bientôt dans leur intimité; l'excellent Reinhard s'attacha d'autant plus à moi, qu'en sa qualité de représentant d'une nation qui faisait alors du mal à tant de monde, il ne pouvait être vu avec bienveillance par le reste de la société. En homme pratique, accoutumé à prêter l'oreille aux affaires les plus étrangères, il écouta avec une attention soutenue l'exposé de ma doctrine des couleurs, et, à son tour, il me fit l'histoire sommaire de sa vie. Ces confidences mutuelles resserrèrent notre liaison.

La princesse de Solms, née de Mecklenbourg, ne doit pas être passée sous silence. Elle m'avait toujours témoigné une gracieuse bienveillance. Elle me demandait souvent de lui faire quelque lecture, et je choisissais toujours ce qui avait coulé le plus récemment de mon cœur et de ma plume, et, par là, comme expression d'un sentiment vrai, la poésie avait aussi de la vérité; émanée du cœur, elle allait au cœur. Une dame d'honneur, gracieuse et sensée, Mme de Lestocq, assistait avec un bon esprit à ces lectures familières.

Le nom de Reinhard devait m'être cher à double titre. Le prédicateur de la cour de Saxe était venu essayer de rétablir aux eaux de Carlsbad sa santé déjà très-ébranlée. Quelque douloureux qu'il fût de voir cet homme excellent dans un état si fâcheux, on trouvait pourtant sa conversation pleine de charme. Sa belle nature morale, son esprit cultivé, sa volonté loyale, comme aussi son intelligence pratique de ce qu'on doit désirer et poursuivre, paraissaient en toutes choses. Quoiqu'il ne pût se faire entièrement à ma manière de m'exprimer sur ce qui se présentait, j'eus pourtant la joie de me trouver parfaitement d'accord avec lui, sur quelques points principaux, contre l'opinion dominante : d'où il put voir que mon indifférence apparente, mon libéralisme, s'accordait au fond avec lui dans la pratique, pouvait bien n'être qu'un masque, derrière lequel je cherchais à me préserver de la vanité et de la pédanterie. Je gagnai donc à un haut degré sa confiance, et j'en tirai divers avantages. Ces conversations morales, touchant aux choses éternelles, écartaient ou tempéraient l'effet violent des nouvelles de guerre que chaque jour apportait.

Un nouveau cercle s'ouvrait encore pour moi. La princesse Bagration, belle, charmante, attrayante, rassemblait autour d'elle une société remarquable. Chez elle, je fis connaissance avec le prince de Ligne, que ses relations avec mes amis m'avaient déjà fait connaître de la manière la plus avantageuse. Je trouvai qu'il justifiait sa renommée. Il se montrait toujours gai, spirituel, à la hauteur de tous les événements, partout bienvenu, partout à son aise, en homme du monde et en homme de plaisir. Le duc de Cobourg se distinguait par sa belle tournure, la grâce et la dignité de ses manières; le duc de Weimar, que, par rapport à moi, j'aurais dû nommer le premier, car c'était à lui que je devais l'honneur d'être admis dans ce cercle, l'animait admirablement par sa présence.

Il y eut, cette année, abondance de médecins à Carlsbad, et l'on put s'éclairer sur leurs diverses méthodes. La ville et le gouvernement songeaient à faire en l'honneur de ces eaux thermales des établissements plus agréables. La classe pauvre devait avoir un hôpital; les personnes aisées se réjouissaient par avance des promenades plus commodes et plus décentes qui leur étaient promises. Mon goût pour les études minéralogiques fut favorisé de plusieurs manières.

Vers la fin de la cure, mon fils vint à Carlsbad. Je voulais qu'il pût jouir aussi de l'aspect d'un lieu dont il était si souvent question à la maison. Son arrivée donna lieu à quelques incidents qui révélaient l'agitation secrète de la société. On portait alors une sorte de polonaises vertes, garnies de cordons de même couleur, très-commodes à la chasse et pour monter à cheval. Beaucoup d'officiers prussiens, dispersés par la guerre, avaient adopté ce déguisement comme uniforme d'intérim, et ils pouvaient ainsi circuler incognito parmi les fermiers, les propriétaires, les chasseurs, les maquignons et les étudiants. Mon fils portait cet habit. Cependant on avait éventé à Carlsbad quelques-uns de ces officiers déguisés, et ce costume remarquable annonçait d'abord un Prussien.

Personne ne savait l'arrivée de mon fils. J'étais avec Mlle de Lestocq devant la salle saxonne. Il passe devant nous et nous salue. Elle me prend à part et me dit avec vivacité : « C'est un officier prussien, et, ce qui m'effraye, c'est qu'il ressemble beaucoup à mon frère. — Je vais l'appeler, lui répliquai-je, nous l'examinerons. » J'étais déjà loin quand elle me cria : « Au nom de Dieu, ne faites point de folie ! » Je le ramène, je le présente et lui dis : « Monsieur, cette dame désire quelques explications. Veuillez nous dire d'où vous venez et qui vous êtes. » Les deux jeunes gens étaient aussi embarrassés l'un que l'autre. Comme mon fils gardait le silence, ne sachant ce que cela voulait dire, et que la demoiselle, également silencieuse, paraissait méditer une retraite honnête, je pris la parole, et, d'un ton badin, je lui dis : « Ce jeune homme est mon fils, et nous devons nous féliciter qu'il ressemble un peu à monsieur votre frère. » D'abord elle ne voulut pas me croire, puis elle douta, puis elle fut convaincue.

L'autre aventure ne fut pas aussi gaie. Nous étions arrivés au mois de septembre, saison dans laquelle les Polonais se réunissent en plus grand nombre aux eaux de Carlsbad. Ils avaient dès longtemps pour les Prussiens une haine très-forte, et, après les derniers malheurs, cette haine s'était changée en mépris. Ils crurent reconnaître un Prussien sous la polonaise. Auguste se promenait sur la place : quatre Polonais le rencontrent ; un d'entre eux se détache des autres, va droit à lui, le regarde fixement et rejoint ses camarades. Mon fils manœuvre de manière à les rencontrer encore, s'avance, les coupe, leur dit en deux mots son nom et son adresse, et les prévient qu'il part le lendemain matin : qui aurait affaire à lui pouvait lui parler ce soir. Nous passâmes la soirée sans être inquiétés, et nous partîmes en effet le lendemain. Il semble qu'à la manière d'une pièce anglaise, cette comédie en plusieurs actes ne pouvait finir sans une affaire d'honneur.

A mon retour de Carlsbad, nos chanteurs me donnèrent une sérénade, où je pus reconnaître à la fois leur affection, leur bonne volonté et leurs progrès dans l'art musical. L'administration du théâtre continua de m'occuper, et je ne voulus pas non plus rester, comme poëte, inactif pour la scène. Je composai un prologue pour Leipzig, où nos comédiens devaient se produire quelque temps ; puis un prologue pour fêter le 30 septembre, jour où la famille de nos princes se réunit enfin, après une affligeante séparation.

Cependant mon travail le plus important fut le *Retour de Pandore* [1], que j'entrepris en faveur de deux jeunes hommes, mes anciens amis, Léon de Seckendorf et le docteur Stoll. Dans leur zèle littéraire, ils songeaient à publier un *Almanach des Muses* à Vienne. Ce recueil devait porter le titre de *Pandore*, et, comme le point de la mythologie où figure Prométhée m'était toujours présent, à l'état d'idée familière, j'entrepris ce travail avec une sérieuse application. Je devais joindre l'*Achilléide* à mon volume de poésies épiques : je repris tout l'ensemble, mais j'eus assez de peine à mettre seulement le premier chant au point de pouvoir l'ajouter aux autres poëmes.

Un travail que l'amitié me fit encore entreprendre. Jean de Muller avait écrit au commencement de l'année un discours académique en mémoire de Frédéric II, et cela lui avait attiré de violentes attaques. Depuis les premières années de notre liaison, il s'était toujours montré mon ami et m'avait rendu des services essentiels. Je désirais l'obliger à mon tour, et je crus qu'il lui serait agréable de se voir approuvé de quelqu'un dans son entreprise. Un écho bienveillant, au moyen d'une traduction toute simple, me sembla ce qu'il y avait de plus convenable. Elle parut dans le *Morgenblatt*, et il m'en sut gré, mais cela ne changea rien à la chose.

Je traçai le plan de *Pandore*, et je l'exécutai peu à peu. Je n'en ai achevé que la première partie, mais elle suffit pour montrer combien cet ouvrage était médité. Dans mes heures de gaieté, je m'occupai des petites nouvelles dont j'ai parlé plus haut. Je devais traiter de même les *Affinités électives*, mais le sujet était trop important et il avait jeté dans mon esprit trop de racines pour qu'il me fût possible de m'en délivrer aussi aisément. *Pandore* et les *Affinités électives* expriment le douloureux senti-

---

1. Tome III, page 251.

ment de la privation et pouvaient par conséquent marcher de front. La première partie de *Pandore* arriva à Vienne en temps utile, vers la fin de l'année. Le plan des *Affinités électives* était fort avancé, et bien des travaux préparatoires furent terminés. Un autre objet m'occupa dans les trois derniers mois de l'année, c'étaient les *Nibelungen*, dont il serait à propos de dire quelque chose.

Je connaissais depuis longtemps ce poëme par les travaux de Bodmer. Christophe-Henri Muller m'envoya son édition en feuilles. Le précieux ouvrage resta chez moi dans cet état. Occupé d'autres soins, je restai muet sur cet objet comme toute l'Allemagne. Seulement, je lus par hasard une page qui se trouvait tournée en dehors: c'était l'endroit où les femmes de la mer prophétisent à l'audacieux guerrier. J'en fus frappé sans que cela me conduisît à poursuivre cette lecture. Le fond m'inspira seulement une ballade, dont mon imagination s'occupa souvent, sans que je sois parvenu à l'achever.

Mais, comme il faut que tout arrive à sa maturité, le zèle patriotique fixa plus généralement l'attention sur ce vieux monument et en rendit l'abord plus facile. Les dames auxquelles j'avais encore le plaisir de faire des lectures le mercredi demandèrent des explications sur le poëme, et je n'hésitai pas à les satisfaire. Je pris en main l'original et je l'étudiai assez bien pour être en état d'en donner ligne par ligne une traduction intelligible, en ayant le texte sous les yeux. Le ton, la marche, étaient conservés, et aucun détail n'était perdu. Une pareille exposition ne réussit jamais mieux que lorsqu'on parle d'abondance, parce qu'il faut alors que les idées s'enchaînent et que l'esprit agisse avec une force vive, car c'est une sorte d'improvisation. Mais tout en songeant à pénétrer ainsi dans l'ensemble de l'œuvre poétique, je ne négligeai pas de me préparer de manière à être en état de répondre pertinemment aux questions de détail. Je me composai un rôle des personnages et des caractères, de courtes notices sur les lieux et les faits historiques, les mœurs et les passions, l'harmonie et les incongruités, et j'ébauchai pour la première partie une carte hypothétique. Par là je gagnai beaucoup pour le moment, et plus encore pour la suite, parce que je fus même en état de juger, d'apprécier et de mettre à profit les travaux sérieux et persévérants des amis de la langue et des antiquités nationales.

Le docteur Niethammer de Munich provoque la composition de deux importants ouvrages : un livre populaire, historique et religieux, et un recueil général de chants pour l'édification et le plaisir des Allemands. Je méditai quelque temps sur l'un et l'autre ouvrage et j'en traçai le plan, mais plusieurs difficultés me firent abandonner l'entreprise. Cependant je conservai mes notes, quelque chose de pareil pouvant être entrepris dans la suite.

Je préparais sérieusement la biographie de Hackert. C'était une tâche difficile. Les papiers qu'on m'avait remis ne pouvaient être considérés ni comme des notes, ni comme une rédaction. Il ne fallait ni détruire tout à fait ce qui était donné, ni l'employer tel qu'il était. Ce travail exigeait donc plus de soin et de peine qu'un ouvrage qui aurait émané de moi. Il fallait quelque ténacité, et toute l'affection, toute l'estime que j'avais vouée à ce défunt ami, pour ne pas abandonner l'entreprise, car les héritiers de cet homme excellent, s'exagérant la valeur des manuscrits, ne se comportaient pas avec moi de la manière la plus aimable.

La partie historique et polémique du *Traité des couleurs* avançait lentement, mais régulièrement. Les établissements d'Iéna, préservés comme par miracle au milieu des orages de la guerre, étaient complétement réorganisés. Tous les intéressés y avaient travaillé avec zèle, et, lorsqu'on en fit la revue complète au mois de septembre, on put en rendre un compte satisfaisant à leur créateur, notre honoré maître, à l'occasion de son heureux retour.

1806.

Je trouvai cet été à Carlsbad une société toute différente : la duchesse de Courlande, toujours gracieuse elle-même, et son gracieux entourage, Mme de la Recke, accompagnée de Tiedge, et leurs alentours, formaient le centre accoutumé de la société. On s'était vu souvent dans le même lieu, dans les mêmes liaisons ; on s'était toujours trouvé les mêmes, chacun dans sa manière d'être ; c'était comme si l'on avait vécu bien des années ensemble ; on se fiait les uns aux autres sans trop se connaître.

J'étais convaincu depuis longtemps, et surtout depuis quelques années, que les gazettes sont faites uniquement pour amuser la foule et l'éblouir sur le moment, soit qu'une force extérieure empêche le rédacteur de dire la vérité, soit que l'esprit de parti l'en détourne : aussi n'en lisais-je plus aucune. Des amis curieux de nouvelles m'informaient des principaux événements, et je n'avais d'ailleurs rien à chercher dans les affaires du temps. Cependant la Gazette universelle (*Allgemeine Zeitung*), qui m'était régulièrement envoyée, grâce à l'obligeance de Cotta, s'était amoncelée chez moi. Un soigneux ami avait fait relier les années 1806 et 1807, comme je me disposais à partir pour Carlsbad ; et, quoique l'expérience m'ait appris à emporter peu de livres dans ces occasions, parce que nous faisons peu d'usage de ceux que nous avons ainsi sous la main, et que nous lisons plutôt ceux que des amis nous prêtent accidentellement, il me parut commode et agréable d'emporter cette bibliothèque politique, et je ne fus pas le seul à y trouver une instruction et un délassement inattendus : des amis, qui virent ces volumes chez moi, me les demandèrent tour à tour, si bien qu'à la fin je ne pouvais plus les ravoir. Et peut-être cette feuille montrait-elle son mérite particulier en ce que, si elle dissimulait çà et là avec une sage lenteur, elle n'hésitait pas à communiquer peu à peu consciencieusement ce qui devait éclairer l'observateur réfléchi.

Cependant la situation du moment était toujours assez inquiétante, en sorte que les diverses nationalités qui s'étaient réunies dans ce lieu salutaire éprouvaient les unes à l'égard des autres une certaine appréhension, et s'abstenaient par conséquent de toute conversation politique. La lecture de ces feuilles en devait donc être d'autant plus recherchée, pour suppléer au besoin vivement senti.

Je repris mes conversations ordinaires avec de savants géologues, comme si nous nous fussions quittés la veille. J'eus le plaisir de voir que les collections de Joseph Muller prenaient toujours plus de faveur. Je le visitais journellement sur le chemin de Neubrounnen, et je trouvais toujours auprès de lui une conversation instructive.

Ces objets peuvent sembler par trop secs et matériels, mais je trouvai une vie nouvelle dans les relations que je reformai avec des artistes de mérite. Kaatzen, de Dresde, l'excellent peintre de paysage, me donna de précieuses directions et m'apprit à faire quelque chose d'agréable de mes exercices d'amateur. Une charmante surprise pour moi fut la rencontre de mon ancien ami Bury. A cette occasion, il fit une seconde fois mon portrait en petit format, que ma famille sut apprécier dans la suite comme un heureux souvenir de cette époque.

A mon retour, je fus encore appelé à de plus hautes études sur l'art. Les inestimables pâtes de Mionnet, d'après des monnaies grecques, étaient arrivées. On plongeait ses regards dans l'abîme du passé, et l'on contemplait avec étonnement ces admirables images. Il y avait là des années d'instruction et de plaisir.

Après d'autres artistes, je reçus à la fin de l'année la visite de Kugelgen, qui était partout le bienvenu. Il fit aussi mon portrait. Un homme tel que lui devait produire la plus douce impression dans un cercle intime de personnes cultivées.

Notre jeune duc devint père. La naissance d'une princesse Marie réjouit tout le monde, et moi en particulier, qui voyais s'enrichir d'un nouveau rejeton la maison des princes auxquels j'avais consacré ma vie.

Mon fils Auguste partit avec joie et courage pour l'université d'Heidelberg; ma bénédiction, ma sollicitude et mes espérances le suivirent. Recommandé à des amis tels que Voss et Thibaut, auparavant professeurs à Iéna, il était comme en famille. En passant à Francfort, il vit sa bonne grand'mère. Il en était temps, car hélas! elle nous fut enlevée au mois de septembre.

Vers la fin de l'année, nous perdîmes aussi un jeune homme bien regretté : Fernow mourut après de cruelles souffrances. Ce fut pour nous une grande perte, car la source de la littérature italienne, qui s'était rouverte à peine après la mort de Jagemann, tarit pour la seconde fois. Toute littérature étrangère doit être importée et même imposée. Il faut qu'on puisse l'acquérir à bon marché, avec peu d'efforts, si l'on veut s'en rendre maître et en jouir commodément. C'est ainsi que nous voyons l'élément italien prévaloir dans l'Allemagne orientale, le français dans l'occidentale, l'anglais dans celle du nord, à cause du voisinage ou d'autres influences.

Le congrès qui se rassembla dans le voisinage, et qui se rapprocha de nous jusqu'à Erfourt au mois de septembre, est d'une si grande importance, ce temps eut sur ma position une influence si considérable, que je devrais entreprendre un tableau particulier de ce peu de jours.

ESQUISSE.

Septembre.

Au milieu du mois, le bruit se confirme d'une réunion des monarques à Erfourt.

Le 23, des troupes françaises marchent sur cette ville.

Le 24, le grand-duc Constantin arrive à Weimar.

Le 25, l'empereur Alexandre.

Le 27, les augustes personnages se rendent à Erfourt. Napoléon vient au-devant d'eux jusqu'à Munchenholz.

Le 29, le duc m'appelle à Erfourt. Le soir, *Andromaque* au théâtre français.

Le 30, grand dîner chez le duc. Le soir, *Britannicus*. Grand thé chez Mme la présidente de la Reck. Le ministre Maret.

Octobre.

Le 1er. Lever chez l'empereur Napoléon. — Palais du gouverneur. Escalier. Vestibule et salle. — Grand bruit. — Local bien connu, personnel nouveau. — Mélange. — Vieilles et nouvelles connaissances. — Le poëte prophète. — Humeur badine. — Le prince de Dessau reste pour l'audience. Beaucoup de personnes se rassemblent chez le duc de Weimar. Le prince revient et nous rapporte une scène entre l'empereur et Talma, qui pouvait amener de fâcheuses interprétations et des caquets. — Je dîne chez le ministre Champagny. J'ai pour voisin de table Bourgoin, envoyé français à Dresde.

Le 2. Le maréchal Lannes et le ministre Maret ont, je pense, parlé de moi favorablement. — Je connaissais le premier depuis 1806. — Je suis mandé pour onze heures du matin chez l'Empereur. — Un gros chambellan, M. Pole, me dit d'attendre. — La foule s'éloigne. — On me présente à Savary et à Talleyrand. — Je suis appelé dans le cabinet de l'Empereur. — Dans ce moment, Daru se fait annoncer. Il est introduit aussitôt. — Cela me fait hésiter. — Je suis appelé une seconde fois. — J'entre. — L'Empereur est assis à une grande table ronde. Il déjeune. A sa droite, à quelque distance de la table, est Talleyrand, à sa gauche, Daru, avec qui il parle de contributions. — L'Empereur me fait signe d'approcher. — Je reste debout devant lui à une distance convenable. — Après m'avoir considéré un moment, il me dit : « Vous êtes un homme. » Je m'incline. — Il me dit : « Quel âge avez-vous? » — Soixante ans. — Vous êtes bien conservé. Vous avez écrit des tragédies? » Je réponds le plus nécessaire. — Daru prend la parole. Pour flatter un peu les Allemands, auxquels il était obligé de faire tant de mal, il avait pris quelque connaissance de notre littérature. Il était d'ailleurs versé dans la littérature latine et avait même traduit Horace. — Il parla de moi à peu près comme mes amis de Berlin en auraient parlé. Je reconnus leur manière de voir et leur sentiment. — Il ajouta que j'avais traduit des pièces françaises et, par exemple, le *Mahomet* de Voltaire. — L'Empereur dit : « Ce n'est pas un bon ouvrage, » et il développa avec détail combien il était peu convenable que le vainqueur du monde fît de lui-même une peinture si défavorable. — Il porta ensuite la conversation sur *Werther*, qu'il devait avoir étudié à fond. Après plusieurs observations tout à fait justes, il me signala un certain endroit et me dit : « Pourquoi avez-vous fait cela? Ce n'est pas naturel. » Et il développa sa thèse longuement et avec une parfaite justesse.

Je l'écoutai le visage serein, et je répondis, avec un sourire de satisfaction, que j'ignorais si jamais personne m'avait fait le même reproche, mais que je le trouvais parfaitement fondé, et je convins qu'on pouvait reprocher à cet endroit un défaut de vérité. « Mais, ajoutai-je, le poëte est peut-être excusable de recourir à un artifice qui n'est pas facile à découvrir, pour produire certains effets, auxquels il ne serait pas arrivé par une voie simple et naturelle[1]. »

L'Empereur parut être de mon avis ; il revint au drame et fit des réflexions d'un grand sens, en homme qui avait observé avec beaucoup d'attention, comme un juge criminel, la scène tragique, et qui avait profondément senti que le théâtre français s'était éloigné de la nature et de la vérité.

Il en vint aux pièces fatalistes et il les désapprouva. Elles avaient appartenu à un temps de ténèbres. « Que nous veut-on aujourd'hui avec le destin ? disait-il. Le destin, c'est la politique. »

Il se tourna de nouveau vers Daru et lui parla de contributions. Je reculai de quelques pas et je me trouvai près de la tourelle, où j'avais passé, plus de trente ans auparavant, bien des heures de plaisir et aussi de tristesse, et j'eus le temps de remarquer qu'à ma droite, vers la porte d'entrée, se trouvaient Berthier, Savary et quelqu'un encore. Talleyrand s'était éloigné.

On annonce le maréchal Soult.

Entre un personnage de haute taille à l'abondante chevelure. L'Empereur le questionne d'un ton badin sur quelques événements désagréables de Pologne, et j'ai le temps de jeter les yeux autour de moi dans la salle et de songer au passé.

C'étaient toujours les anciennes tapisseries.

Mais les portraits avaient disparu.

Là avait été suspendu celui de la duchesse Amélie, un demi-masque noir à la main ; tous les autres portraits de gouverneurs et de membres de la famille.

L'Empereur se leva, il vint droit à moi, et, par une sorte de manœuvre, il me sépara des autres personnes qui formaient la file où je me trouvais. Il tournait le dos à ces personnes et me parla en modérant sa voix. Il me demanda si j'étais marié, si j'avais des enfants, et d'autres choses relatives à ma personne.

Il me questionna aussi sur mes rapports avec la maison des princes, sur la duchesse Amélie, sur le prince, sur la princesse.

---

[1]. Cette réflexion de Goethe me semble peu d'accord avec l'assertion du chancelier de Muller. On lit dans ses *Erinnerungen* (Souvenirs) que, selon Napoléon, Goethe avait eu tort d'attribuer deux motifs au suicide de Werther, et de supposer que l'ambition trompée y avait concouru avec l'amour malheureux.

Je répondis d'une manière naturelle. Il parut satisfait, et se traduisit ces réponses en sa langue, mais en termes un peu plus décidés que je n'avais pu le faire.

Je dois remarquer aussi que, dans toute notre conversation, j'avais admiré chez lui la variété des formes approbatives, car il écoutait rarement en restant immobile. Ou bien, il faisait un signe de tête méditatif et disait : « Oui, » ou « C'est bien » ou quelque chose de pareil ; ou, s'il avait énoncé quelque idée, il ajoutait le plus souvent : « Qu'en dit monsieur Goet? »

Je saisis l'occasion de demander par geste au chambellan si je pouvais me retirer, et, sur sa réponse affirmative, je pris congé aussitôt.

Le 3. Divers pourparlers au sujet d'une représentation théâtrale, qui aurait lieu à Weimar. Le soir, *Œdipe*.

Le 4, je me rends à Weimar pour faire disposer le théâtre.

Le 6. Grande chasse. Les comédiens français arrivent avec leur directeur. Le soir, la *Mort de César*. Le ministre Maret et ses gens logent chez moi.

Le 7. Le maréchal Lannes et le ministre Maret. Conversation détaillée au sujet de la prochaine expédition d'Espagne. Tout le monde revient de la chasse d'Iéna-Apolda et va plus loin. Le conseiller Sartorius de Gœttingue et sa femme me rendent visite.

Le 14. Je reçois la croix de la Légion d'honneur. Talma et sa femme et de Lorgne d'Idonville, secrétaire du ministre Maret, se rencontrent chez moi.

1809.

Cette année m'a laissé de doux et précieux souvenirs à cause de ses beaux résultats. Je la passai tout entière soit à Weimar, soit à Iéna. Elle eut donc plus d'unité et de concentration que d'autres, qu'une saison passée aux eaux avait coupées et troublées par des distractions diverses. Cependant ce que j'avais entrepris de faire à Iéna aurait voulu une résidence continue, qui ne me fut pas permise. La guerre me troubla plus d'une fois inopinément et m'obligea à changer de séjour.

Les mouvements de la guerre, éloignés et prochains, en Espagne et en Autriche, suffisaient déjà pour tenir chacun dans la crainte et le souci. Le départ de nos chasseurs pour le Tyrol (14 mars) fut triste et alarmant. Aussitôt après vinrent les cantonnements. Le prince de Ponte-Corvo, comme chef du corps d'armée saxon, se porta vers les frontières de la Bohême, et partit le 25 de Weimar pour Kranichfeld. Accoutumé depuis longtemps, et surtout depuis les dernières années, à m'isoler complétement du monde extérieur, à m'occuper de mes affaires, à poursuivre mes travaux intellectuels, je me rendis à Iéna dès le 29 avril. J'y travaillai à l'histoire de la doctrine des couleurs, j'arrivai au quinzième et au seizième siècle, et j'écrivis l'histoire de ma propre conversion « chromatique. » Puis je poussai l'histoire de la doctrine des couleurs jusqu'à la fin du dix-huitième siècle. Dans tous ces travaux, le docteur Seebeck me montra sa sympathie et son obligeance.

Pour dire quelques mots de mes travaux poétiques, depuis la fin de mai je n'avais pas perdu de vue les *Affinités électives*, dont la première conception m'occupait depuis longtemps. Nul ne peut méconnaître dans ce roman une profonde blessure qui craint de se cicatriser, un cœur qui a peur de guérir. J'avais conçu l'idée première depuis quelques années ; mais, dans l'exécution, l'ouvrage s'étendait, se diversifiait toujours plus, et menaçait de franchir les limites de l'art. Après tant de travaux préliminaires, on résolut sérieusement de commencer l'impression, de couper court aux hésitations et de donner à l'œuvre une forme déterminée.

Cependant je fus troublé tout à coup dans ce travail, car nous avions à peine appris, avec anxiété, l'irruption des Français en Autriche, que le roi de Westphalie entreprit une expédition en Bohême, qui m'obligea de revenir le 13 juin à Weimar. Les nouvelles de cette singulière expédition étaient très-incertaines, quand deux diplomates de mes amis, qui suivaient le quartier général, MM. de Reinhard et Wangenheim, vinrent me voir à l'improviste, et m'annoncèrent en termes énigmatiques une retraite inexplicable. Dès le 15 juillet, le roi arrive à Weimar ; la retraite semble devenir une fuite, et, dès le 20, les courses du corps d'armée d'Oels nous inquiètent ainsi que le voisinage. Cependant cet orage s'éloigne à son tour ; il passe au nord-ouest, et, le 23 juillet, je n'hésite pas de retourner à Iéna.

Aussitôt après, les *Affinités électives* sont livrées à l'impression, et, pendant que les presses travaillent, j'achève de donner à l'ouvrage la dernière main; enfin, le 3 octobre, je me délivre de ce travail, sans que l'impression qu'il avait faite sur moi soit tout à fait effacée.

Dans notre société intime, l'attention se porta presque exclusivement sur les vieux âges du Nord et, en général, sur le passé romantique. Ma traduction improvisée des *Nibelungen* réussissait toujours mieux et intéressait vivement les dames qui se réunissaient chez moi le mercredi. D'autres récits héroïques suivirent, et l'on fut captivé surtout par Wilkina Saga et d'autres productions du Nord.

L'édition de mes œuvres, publiée par Cotta, demanda aussi beaucoup de temps. Elle parut et me fournit l'occasion de me rappeler au souvenir de plusieurs amis en leur envoyant des exemplaires. Mais l'objet principal qui devait m'occuper désormais, ce furent les préparatifs de ma biographie. Beaucoup de soins et de précautions m'étaient nécessaires, car il paraissait difficile de me rappeler les temps lointains de ma jeunesse. Cependant je pris ma résolution, bien décidé à être sincère envers moi comme envers les autres, et à m'approcher le plus possible de la vérité, pour autant que ma mémoire voudrait bien venir à mon secours.

Une nouvelle organisation des institutions scientifiques d'Iéna exigea, cette année encore, que je fisse un long séjour dans cette ville. Fondées et développées depuis trente ans, elles n'avaient que peu souffert de l'invasion française, et l'on se sentait d'autant plus d'ardeur pour les rétablir complétement et les étendre.

A Weimar, on agrandit le bâtiment de la bibliothèque ducale, dont les collections étaient toujours plus riches. Des ressources financières bien ménagées permirent d'envoyer à Paris un jeune naturaliste, le professeur Voigt, dont le voyage nous fut très-utile.

Après des orages facilement traversés, le théâtre avait repris une marche tranquille. Le répertoire était bien fourni. Pour encourager le talent remarquable de Werner, on prépara avec beaucoup de soin la représentation du *Vingt-quatre février*.

Werner essaya de grandes et de petites tragédies, mais elles parurent inadmissibles sur notre scène.

L'art musical était en progrès au théâtre. Il fut aussi le charme de nos sociétés. Le chœur des chanteurs se perfectionnait sous la direction d'Eberwein. Le jeudi soir, on faisait une répétition, qui était ordinairement suivie d'un joyeux repas; le dimanche, concert devant une grande et belle assemblée, et puis un déjeuner. Les exercices, un peu interrompus pendant l'été, furent repris dès l'automne.

Les arts plastiques, auxquels nous ne cessions pas de vouer un vif intérêt, produisirent cette année les plus beaux fruits.

Ma collection d'autographes de personnes remarquables s'augmenta considérablement cette année, grâce à l'obligeance d'un ami; et je me persuadai toujours plus que l'écriture offre des indices marqués sur le caractère de la personne et sa situation présente, quoiqu'on puisse s'en rendre compte par des présomptions plus que par des notions claires : c'est le cas de toute physiognomonie, qui, toute fondée qu'elle est sur la nature, n'a perdu son crédit que pour avoir été érigée en science.

Dans la nuit du 30 au 31 janvier, nous essuyâmes un violent orage, qui exerça au loin sa fureur, et qui me causa un dommage sensible, en renversant dans mon jardin du Stern un vieux et vénérable genévrier. Il m'enleva par conséquent un fidèle témoin de jours heureux. Cet arbre, unique dans la contrée, où le genévrier ne se présente guère qu'à l'état de buisson, s'était vraisemblablement conservé de l'époque où Weimar ne s'occupait pas encore d'horticulture. On faisait à son sujet toute sorte de contes. Un ancien propriétaire, un maître d'école, devait être enterré dessous. Entre lui et la vieille maison voisine, on prétendait avoir vu de fantastiques jeunes filles qui balayaient la place. Bref, cet arbre faisait partie du merveilleux ensemble de cette demeure, dans laquelle s'étaient passées tant d'années de ma vie, et qui était devenue si chère à moi et aux miens par l'inclination et l'habitude, par la poésie et les doux songes.

Je fis dessiner par un jeune artiste l'arbre renversé, comme on le voit encore dans la bibliothèque ducale, avec l'inscription suivante : « Ce genévrier se voyait au Stern dans le jardin de M. de Goethe, conseiller intime. Il avait douze pieds de haut, depuis le sol jusqu'au point où il se séparait en deux branches; la hauteur totale était de quarante-trois pieds. A rase terre, il avait dix-sept pouces de diamètre, et quinze au point de la bifurcation. Chaque branche avait onze pouces de diamètre, et diminuait d'épaisseur jusqu'aux extrémités, qui se ramifiaient de la manière la plus délicate.

« On ne peut hasarder aucune conjecture sur son très-grand âge. Le tronc était desséché à l'intérieur, le bois traversé par des fentes horizontales, comme on en voit d'ordinaire dans le charbon; il était jaunâtre et rongé des vers.

« Le grand orage qui éclata dans la nuit du 30 au 31 janvier 1809 le renversa. Sans cet événement extraordinaire, il aurait pu subsister longtemps encore. La cime des branches, comme les extrémités des rameaux, était parfaitement verte et vivante. »

1810.

Année remarquable, remplie tour à tour par l'activité, la jouissance et le progrès.

La science exige d'abord une mention particulière. L'impression du *Traité des couleurs* était fort avancée. Je terminai la partie polémique et l'histoire du dix-huitième siècle; des dessins soigneusement exécutés furent enluminés; la récapitulation fut achevée. On fut heureux de voir la dernière page envoyée à l'imprimerie. Ce fut dix-huit ans après que j'eus reconnu une ancienne erreur, à la suite de travaux incessants. Je me voyais soulagé d'un si lourd fardeau, que je pus regarder comme un jour de délivrance le 18 mai, où je montai en voiture pour me rendre en Bohême. Je m'inquiétais peu de l'effet et je fis bien; mais je n'aurais pas attendu une si complète indifférence, une si rebutante froideur. Je n'en dirai rien; j'aime mieux rappeler ici combien je fus redevable, dans ce travail, comme dans mes autres travaux scientifiques, à un ancien commensal, un compagnon de voyage, un collaborateur aussi savant et habile que bienveillant, le docteur Frédéric Wilhelm Riemer.

Je fus soutenu également dans ces études par le docteur Seebeck, qui fut constamment ou mon hôte ou mon voisin. Le professeur Voigt revint de France et nous communiqua de belles expériences et de belles idées ; l'état scientifique de Paris nous fut exposé en notre langue et à notre point de vue par un Allemand, et nous reconnûmes avec joie que notre voyageur avait bien employé son temps soit pour lui soit pour nous.

L'art musical est toujours l'objet de nos soirées, ainsi que l'art de la récitation. *Zaïre*, traduite par Peucer, prouve de nouveau l'habileté de notre personnel dans la déclamation. *Le Vingt-quatre février*, de Werner, joué à sa date, fut, à cet égard, un véritable triomphe.

Les frères Boisserée m'envoyèrent leurs précieux dessins de la cathédrale de Cologne, et ces belles gravures me reportèrent à l'époque où la cathédrale de Strasbourg était l'objet de mon enthousiasme.

La biographie de Hackert m'occupait toujours, et j'étais soutenu dans ce long travail par la mémoire de mon défunt ami. Je songeai aussi aux petites nouvelles qui attendaient un lien ; la pensée des *Années de voyage*, suite des *Années d'apprentissage*, se développa de plus en plus, et je m'en occupai dans mes heures solitaires.

A propos des droits d'auteur, on trouvera remarquable que le ministre Portalis se soit informé auprès de moi si c'était avec mon consentement qu'un libraire de Cologne imprimait les *Affinités électives*. Je témoignai, pour ce qui me concernait, ma reconnaissance, mais je renvoyai l'affaire au légitime éditeur. Tant les Français se faisaient déjà, en ce qui concerne la propriété intellectuelle, de plus justes idées, auxquelles les bons Allemands ne s'élèveront pas de sitôt !

1811.

Cette année se distingue par une activité extérieure soutenue. La biographie de Philippe Hackert est imprimée. Ce travail m'avait de nouveau attiré vers le Sud. Ce que j'avais éprouvé dans ce temps-là auprès de Hackert ou dans son voisinage revivait dans mon imagination. Je fus conduit à me demander pourquoi je ne faisais pas pour moi-même ce que j'avais fait pour un autre. Aussi, avant d'avoir achevé ce volume, ma pensée se porta-t-elle sur les premières années de ma vie, et je reconnus que j'avais tardé trop longtemps. J'aurais dû entreprendre ce travail du vivant de ma mère. J'aurais été moi-même plus près de ces scènes d'enfance, et l'excellente mémoire de ma mère m'aurait transporté complétement dans cette époque de ma vie. Maintenant il me fallait évoquer en moi ces fantômes évanouis. J'avais à présenter le développement d'un enfant devenu un personnage, comme il s'était produit dans des circonstances données, mais, en général, d'une manière conforme aux vues d'un homme d'expérience. Dans ce sens, j'intitulai assez modestement cet ouvrage, traité avec un soin fidèle : *Poésie et vérité*[1], intimement persuadé que l'homme modèle sur son individualité le monde extérieur même dans le présent, et bien plus encore dans le souvenir.

Ce travail, auquel je devais consacrer beaucoup de temps pour les études historiques, et pour me rendre présents les lieux et les personnes, m'occupait partout où j'allais, où j'étais arrêté, dans la maison, hors de la maison, si bien que mon état réel en prenait le caractère d'une chose accessoire; et pourtant, en quelque lieu que je fusse appelé par les devoirs de la vie, je me retrouvais soudain avec toute ma force et toute ma présence d'esprit.

Le théâtre de Weimar continuait à donner de beaux résultats. La nouvelle salle de spectacle construite à Halle réunissait tous les avantages de celles de Lauchstaedt. L'installation donna lieu à un prologue, qui fut accueilli avec faveur.

La musique me donna moins de satisfaction. Ce que j'osais appeler, l'année précédente, ma chapelle particulière, fut menacé dans son existence. Il s'était formé certaines affinités électives qui me parurent d'abord dangereuses. L'approche de mon voyage d'été ayant amené une pause vers la fin d'avril, je pris dès lors la résolution de laisser tomber la chose. J'y perdais beaucoup et je dus chercher des dédommagements.

Meyer travaillait sans relâche à l'histoire de l'art, et ses recherches étaient le sujet de conversations intéressantes. Nous

---

[1]. Voyez notre tome VIII. L'ouvrage même est intitulé dans le texte allemand (vol. 16 et 17 des Œuvres de Goethe) *Vérité et poésie*. Nous croyons les deux mots mieux placés dans cet ordre.

prenions toujours plaisir à nous représenter le passé. Avec le secours d'un bon calculateur, nous cherchâmes un jour à reconstruire le bûcher d'Héphestion, et surtout l'immense amphithéâtre au milieu duquel il fut élevé, et d'où l'armée grecque tout entière put voir commodément la solennité.

Le docteur Sulpice Boisserée vint ensuite à nous, et, avec une série importante de gravures et de dessins, il dirigea notre attention vers le moyen âge. Nous accueillîmes ses communications avec une vive sympathie, et, comme au théâtre, dans un changement de décoration, on se laissait volontiers transporter dans des temps et des lieux désormais inaccessibles.

Pour l'observation de la nature, j'étais un peu sur mes gardes : cependant j'étudiai l'histoire de la physique, pour me représenter aussi bien que possible le développement de cette haute science, car c'est en éclaircissant le passé qu'on parvient à comprendre le présent. Je m'abstenais personnellement de toute expérience, mais un feu de Bengale, allumé par le professeur Doebereiner sur le Landgrafenberg, produisit, par l'illumination de la vallée et surtout des montagnes vis-à-vis, un effet des plus surprenants.

Cependant, après cette éblouissante lumière, la magnifique comète, qui brilla longtemps, pouvait encore se faire voir, charmer nos yeux et appeler nos âmes dans les espaces infinis.

Cette année, mon séjour à Carlsbad prit un caractère tout particulier. Le goût de l'histoire naturelle, du dessin, de la géologie, m'avait complétement passé. Dans la société d'amis et d'amies de joyeuse humeur, je m'abandonnai à une dissipation qui dévorait les jours. Les promenades traditionnelles à pied et en voiture nous conduisaient de tous côtés ; nous visitâmes tous les lieux de plaisir voisins et éloignés, auxquels il s'en joignit un nouveau d'une façon presque risible. A Wehediltz, village situé au delà de l'Éger vers Dalwitz, un paysan, qui voiturait des marchandises jusqu'en Hongrie, avait pris en retour des vins nouveaux, spiritueux, excellents, et établi dans sa ferme une petite auberge. L'avilissement du papier monnaie, réduit presque au dixième de sa valeur nominale, permettait de boire à très-bon marché une bouteille d'un agréable vin de Hongrie. La nouveauté, l'étrangeté et même l'incommodité du local ajoutaient au bon marché un certain attrait. On parlait, on riait, on se moquait les uns des autres, et l'on buvait toujours plus que de raison de ce vin flatteur.

On rapportait sur ce pèlerinage l'anecdote suivante. Trois vieillards se rendirent à Weheditz pour se régaler de ce bon vin :

Le colonel Otto, âgé de	87 ans.
Le capitaine Muller, âgé de	84 —
Un bourgeois d'Erfourt, âgé de	82 —
Total	253 ans.

Ils burent gaillardement, et le dernier montra seul au retour quelques signes d'ivresse; les deux autres prirent leur cadet sous le bras et le ramenèrent heureusement chez lui.

Mais le jour est si long qu'il ne peut se passer sans une occupation utile, et, avec l'assistance de Riemer, je continuai ma biographie. Nous avions toujours, pour la lecture ordinaire et la méditation, les petits traités de Plutarque; et d'ailleurs, dans un si nombreux concours d'hommes marquants, qui, dans une liberté désœuvrée, s'entretiennent volontiers de ce qui les intéresse, nous ne pouvions manquer d'acquérir de l'instruction et de l'expérience.

Entre autres livres importants, qui devaient me laisser une impression durable, je lus Sainte-Croix : *Examen des historiens d'Alexandre*, les *Idées de Heeren sur la politique et le commerce des peuples de l'antiquité*, l'*Histoire de la philosophie*, par de Gérando. Le livre de Jacobi : *Des choses divines*, m'affligea. Comment pouvais-je accueillir avec joie l'ouvrage d'un ami si cher, où je voyais développée la thèse que la nature nous cache Dieu ! Avec mon intuition pure, profonde, native et exercée, qui m'avait instruit fidèlement à voir Dieu dans la nature et la nature en Dieu, tellement que cette idée faisait le fond de toute mon existence, une assertion si étrange, si étroite et bornée, ne devait-elle pas séparer pour jamais mon esprit de l'homme excellent dont je vénérais le cœur avec tendresse? Mais je ne m'abandonnai pas à mon douloureux chagrin : je me réfugiai dans mon ancien asile, et, pendant plusieurs semaines, je trouvai dans l'*Éthique* de Spinosa ma nourriture journalière.

Le projet d'Uwaroff de fonder une académie asiatique m'attira dans ces régions, où j'étais d'ailleurs enclin à faire un plus long pèlerinage. Les nouvelles *Poésies alemaniques* de Hébel me firent l'agréable impression que nous sentons toujours à l'approche de nos ancêtres. Il n'en fut pas ainsi du *Livre des héros* de Hagen : une époque qui changeait tout s'était interposée. Le *Pauvre Henri* de Busching, poëme en soi très-estimable, me causa une souffrance physique et morale. Un maître lépreux, pour qui une courageuse jeune fille se sacrifie, ne peut guère inspirer que le dégoût. L'affreuse maladie qui sert ici de base à l'héroïsme me produisit du moins une impression si violente, qu'au seul contact du livre, il me semblait déjà que je fusse atteint de la lèpre.

Un hasard fit tomber ensuite dans mes mains un livre dont on aurait pu craindre une contagion immorale ; cependant, comme une vanité téméraire nous persuade que nous échapperons toujours plus facilement aux influences spirituelles qu'aux corporelles, je lus le petit volume avec plaisir, mais rapidement, parce qu'on ne pouvait me le prêter longtemps : c'étaient les *Novelle galanti* de Berrochio. Elles approchent de celles de l'abbé Casti pour la poésie et le style, mais Casti groupe ses idées avec plus d'art et domine mieux son sujet. Par le conseil d'un ami, je lus aussitôt après les *Novelle del Bandello*, puis je passai à un livre de la même famille : l'*Histoire de Manon Lescaut et du chevalier Desgrieux*. Je dois me rendre le témoignage qu'après tout cela, je revins avec une satisfaction innocente au *Vicaire de Wakefield*.

1813.

Nous redonnons au théâtre *Roméo et Juliette* ; nous préparons *La vie est un songe*, de Caldéron. Ces poëmes exigent et provoquent des études plus profondes. Théodore Kœrner s'était produit comme auteur dramatique. *Toni Zriny, Rosamonde*, qui reflètent un passé récent encore, sont aisément saisis et rendus par les comédiens, et bien accueillis du public, qui y retrouve ses sentiments.

Wolf et Riemer veulent reprendre *Faust* pour le théâtre, ce qui entraîne le poëte à intercaler quelques nouvelles scènes, et à projeter même des décorations et d'autres préparatifs. Ces amis, toujours zélés, songent également à une nouvelle rédaction d'*Egmont*, et ils rétablissent le rôle de la duchesse de Parme.

Iffland nous donna quelques représentations à la fin de l'année, qui fut ainsi terminée de la manière la plus satisfaisante.

J'achève le deuxième volume de ma biographie ; je commence le troisième ; j'en trace le plan et je l'exécute. A la suite de l'histoire des patriarches [1], je reprends la *Marche des enfants d'Israël dans le désert*, tirée d'anciens papiers, mais je réserve ce travail pour un autre objet.

Trois chants composés au nom des habitants de Carlsbad pour des Majestés impériales me fournirent l'occasion, à la fois honorable et douce, d'essayer s'il y avait encore en moi quelque verve poétique.

On nous fait connaître des événements heureux pour les arts plastiques. L'annonce des découvertes faites à Égine ouvre à l'histoire de l'art de nouvelles perspectives, auxquelles nous prenons une joyeuse part avec notre ami Meyer, qui avance toujours dans son travail.

1813.

Mes productions poétiques furent peu nombreuses cette année. Trois ballades méritent d'être citées : la *Danse des morts*, le *Fidèle Eckart* et *la Cloche qui chemine* [2]. Je commençai, mais sans l'achever, un opéra, le *Loewenstouhl*, fondé sur une ancienne tradition, et dont le sujet passa dans la ballade du *Comte exilé et revenu* [3].

Le troisième volume de ma biographie fut rédigé et imprimé, et, malgré les temps défavorables, il produisit un bon effet. Je commençai à m'occuper du journal de mon voyage d'Italie. Un discours en l'honneur de Wieland fut prononcé dans la loge de deuil des francs-maçons et livré à l'impression pour être communiqué aux amis. Je mentionnerai aussi mon étude sur Shakspeare et ses devanciers.

Guillaume et Alexandre de Humboldt m'engagent, l'un, à tracer une carte du monde, indiquant les idiomes parlés sur

---

1. Tome VIII, page 110. — 2. Tome I, pages 77 et 79. — 3 Tome I, page 59.

le globe, et l'autre, un tableau comparatif des hauteurs des montagnes de l'ancien et du nouveau monde.

C'est ici le lieu de dire en peu de mots comment j'ai cherché à mériter le bonheur d'avoir pour contemporains des hommes éminents. Du point où il a plu à Dieu et à la nature de me placer, et où je n'ai pas cessé d'agir selon les circonstances, j'ai porté mes regards autour de moi, et observé où se manifestaient et agissaient constamment des tendances élevées. De mon côté, par mes études, mes productions, mes collections et mes essais, je me suis efforcé d'aller au-devant d'elles, et, fidèlement préparé à acquérir les choses auxquelles je n'aurais jamais atteint par moi-même, j'ai tâché de les mériter, si bien que j'ai pu m'approprier tout uniment, sans rivalité, sans envie, dans sa nouveauté et sa fraîcheur, ce que les meilleurs esprits offraient au siècle. Aussi le nouveau ne me semblait-il jamais étrange, et je ne courais pas le risque de l'accueillir par surprise ou de le rejeter par un vieux préjugé.

L'abbé Monti, se souvenant de nos anciennes relations, m'envoie sa traduction de l'*Iliade*.

Plusieurs objets d'art viennent enrichir mes collections, et, pour fixer toujours plus mon attention sur ces études, je saisis l'occasion qui s'offre à moi de voir à loisir la collection des originaux et des plâtres de Dresde.

Les sciences naturelles, et surtout la géologie, eurent leur tour. J'allai de Tœplitz visiter les mines d'étain de Graupen, de Zinnwald et d'Altenberg. A Bilin j'eus le bonheur d'avoir pour guide le docteur Reuss, qui me communiqua les lumières de son expérience. Le docteur Stolz me rendit à Aussig les mêmes services. Ici parut encore le grand mérite d'un homme qui approfondit d'abord sa spécialité, et qui transmet au visiteur autant de connaissances qu'un long séjour aurait pu lui en procurer.

Parmi les livres que j'étudiai à cette époque, je dois mentionner les *Études sur l'intérieur des montagnes* par Trebra et les ouvrages de Charpentier. C'était mon goût de vouer une attention particulière aux idées et aux convictions de mes contemporains, surtout s'ils ne pouvaient régler leur marche sur la routine du jour.

Après la bataille de Leipzig nous vîmes à Weimar Guillaume de Humboldt, le comte de Metternich, le chancelier d'État de Hardenberg, le prince Paul de Wurtenberg, le prince Auguste de Prusse, le prince électeur de Hesse, le chimiste John, le conseiller Rochlitz.

Ici je dois signaler encore un trait particulier de ma conduite. Dès qu'il se formait dans le monde politique un orage menaçant, je me jetais capricieusement dans les régions les plus lointaines. A mon retour de Carlsbad, je m'attachai à l'étude sérieuse de l'empire chinois, et, dans l'intervalle, ayant en vue une représentation d'*Essex*, imposée et désagréable, pour obliger la comédienne, Mme Wolf, et pour jeter quelque éclat sur son triste rôle, j'écrivis l'épilogue d'*Essex*, le propre jour de la bataille de Leipzig.

Je note quelques événements. L'envoyé français est surpris à Gotha et s'échappe. Un petit corps de Prussiens occupe Weimar et veut nous faire croire que nous sommes en sûreté sous sa protection. Les volontaires se conduisent mal et ne préviennent pas en leur faveur. Je quitte Weimar. Aventures de voyage. Cantonnements russes à Dresde. La nuit éclairée aux flambeaux. Arrive le roi de Prusse. Conférences de Tœplitz. Indices préalables d'une alliance générale contre Napoléon. Bataille de Lutzen. Les Français à Dresde. Armistice. Séjour en Bohème. Manœuvres de parade entre Bilin, Osseck et Douchs. Divers événements à Dresde. Je reviens à Weimar. La jeune garde française y fait son entrée. Le général Travers, dont j'avais fait la connaissance lorsqu'il accompagnait le roi de Hollande, se trouve, à sa grande surprise, logé chez moi. Les Français marchent tous en avant. Bataille de Leipzig. Les Cosaques arrivent sans bruit. L'envoyé français est pris à Weimar. Les Français arrivent d'Apolda et d'Umpferstedt. La ville est surprise. Les Autrichiens y pénètrent.

1814.

Grâce aux études sérieuses des acteurs, notre théâtre put donner plusieurs excellentes représentations de *Roméo et Juliette*, d'*Egmont*, du *Camp de Wallenstein*. Mais, comme on cherchait du nouveau, de l'étrange, qui fît sensation, on crut pouvoir tirer quelque parti des drames de Fouqué, d'Arnim et d'autres humoristes; mais l'entreprise ne réussit pas, non plus que pour les anciens ouvrages de Tieck et de Brentano.

La visite du prince de Radziwill éveilla également un désir difficile à satisfaire : la musique originale qu'il avait composée pour *Faust*, cette musique heureuse, entraînante, ne nous donnait toutefois qu'une espérance éloignée de porter sur la scène ce singulier ouvrage.

Sur la demande soudaine d'Iffland, je me mis à écrire le *Réveil d'Épiménide*, et Weber, le maître de chapelle, se chargea de la musique.

Le monodrame de *Proserpine*, musique d'Eberwein, fut mis à l'étude et confié à Mme Wolff. Cela nous valut une représentation courte, mais du plus haut intérêt, où l'on ne savait qu'admirer le plus, de la récitation, de la déclamation, de la mimique, des poses et des mouvements plastiques. Un grand tableau final, qui représentait le royaume de Pluton, et couronnait toute l'œuvre, laissa une impression très-favorable.

Le *Banquet des Sages*[1], sous le titre de *Les Sages et les Gens*, badinage lyrique et dramatique, dans lequel les divers philosophes répondent gaiement, ou plutôt d'une manière évasive, à ces importunes questions métaphysiques dont le peuple les assiége souvent, était destiné, sinon au théâtre, du moins à un concert de société ; mais la pièce tenait du sarcasme, et il a fallu la rejeter dans les paralipomènes.

A l'occasion des fêtes auxquelles donne lieu l'arrivée de notre duc, revenu d'une heureuse campagne, on décore les rues d'arcs de triomphe. Un recueil de chants fut publié plus tard sous le titre de *Bienvenu !*

On travaillait à la nouvelle édition de mes œuvres. Le troisième volume de ma biographie parut à *Jubilate*. Le voyage d'Italie avançait, et l'idée du *Divan* était conçue. Un voyage que je fis dans les contrées du Rhin, du Mein et du Necker, me valut un riche butin et me fit connaître beaucoup de personnes, de localités, d'œuvres d'art, entières ou en débris.

---

1. Tome I, page 317.

Parmi les événements publics, je note seulement la prise de Paris. J'assiste à Francfort à la première célébration du 18 octobre.

1815.

Dès l'année précédente, j'avais connu l'ensemble des poésies de Hafiz par la traduction de Hammer, et, si les pièces éparses de cet excellent poëte, que j'avais trouvées çà et là traduites dans les journaux, étaient restées sans effet sur moi, elles agirent d'autant plus vivement toutes ensemble, et je fus entraîné à exercer de mon côté mon talent poétique, afin de soutenir cette apparition sublime. L'influence était trop vive, la traduction était sous mes yeux; d'ailleurs je sentais le besoin de fuir loin du monde réel, qui menaçait de se dévorer lui-même, et de me réfugier dans un monde idéal, auquel ma fantaisie, mes facultés, mon goût, pouvaient prendre une joyeuse part.

Je n'étais pas tout à fait étranger aux mœurs de l'Orient, et je m'occupai de la langue, autant que la chose était indispensable pour respirer cette atmosphère; je m'appliquai même à l'écriture avec ses particularités et ses ornements. Je repris les *Moallakats*[1], dont j'avais traduit quelques-uns aussitôt après leur apparition. Je me représentai la vie des Bédouins. Le *Mahomet* d'OElsner, avec lequel je m'étais familiarisé depuis longtemps, me rendit de nouveaux services; mes relations avec de Dietz s'affermirent. Le livre du *Cabus*[2] m'ouvrit le théâtre de cette civilisation à une époque très-remarquable et semblable à la nôtre, où un prince avait tout sujet d'enseigner à son fils, dans un long ouvrage, comment il pourrait, au besoin, en cas de revers funeste, gagner son pain en exerçant un métier. Medschnoun et Leila, modèles d'un amour sans bornes, devaient à leur tour satisfaire le sentiment et l'imagination. La pure religion des Parsis fut relevée de son ancienne décadence et ramenée à sa belle simplicité; je relus avec intention les voyageurs Pietro della Vella, Tavernier, Chardin, que j'avais étudiés autrefois.

Ainsi les matériaux s'entassèrent, le fonds s'enrichit, si bien

---

1. Tome I, page 616. — 2. Tome I, page 729.

que je trouvais à ma disposition et que je pouvais mettre en œuvre ce dont j'avais besoin pour le moment. Dietz était la complaisance même, pour répondre à mes singulières questions; Lorsbach se montrait sympathique et obligeant au plus haut point; par lui je fus même en rapport avec Sylvestre de Sacy. Ces hommes ne pouvaient soupçonner, encore moins comprendre, quel était proprement mon dessein : cependant chacun s'empressait de me diriger dans un champ où je m'étais, il est vrai, quelquefois exercé, mais que je n'avais jamais étudié sérieusement. Et comme la traduction de Hammer était journellement sous ma main, et qu'elle devint pour moi le livre des livres, je ne manquai pas de m'approprier plus d'un joyau de ses *Mines*[1].

Cependant le ciel politique semblait peu à peu s'éclaircir; le désir me prit de courir le monde et surtout de visiter ma libre ville natale, à laquelle je pouvais de nouveau prendre intérêt. Le grand air et le mouvement rapide m'inspirèrent bientôt de nombreuses productions dans le goût oriental. Un salutaire séjour que je fis aux bains, une demeure champêtre dans un pays connu, que j'avais fréquenté dès ma jeunesse, la sympathie d'amis aimables et affectueux, contribuèrent à stimuler et à exalter cet heureux état de l'âme, que tous les cœurs purs doivent reconnaître à la lecture du *Divan*.

Vers la fin de ce pèlerinage je trouvai mon recueil si riche, que je pus déjà le diviser en livres d'après une certaine connexité, mesurer les rapports des différentes branches, et amener tout l'ouvrage, sinon à la perfection, du moins à la conclusion. J'avais ainsi gagné et trouvé dans cette distraction plus que n'aurait pu me donner un nombre pareil de jours les plus tranquilles du monde.

Avant mon départ j'avais essayé d'écrire mon *Voyage en Sicile*, mais l'Orient s'était tout à fait emparé de moi, et ce fut heureux, car, si mon élan s'était alors arrêté ou s'il avait pris une autre direction, je n'aurais pas su retrouver le chemin de ce paradis.

Peu de choses étrangères me touchaient, cependant je m'in-

---

1. Tome I, page 732.

téressai vivement aux chants de la Grèce moderne, dont l'original et la traduction me furent confiés et que je désirai voir bientôt imprimés. Je lus aussi avec profit les *Annales de Goettingue*, dont je trouvai plusieurs volumes dans la bibliothèque de Wiesbaden. En les parcourant de suite, avec une attention recueillie, je pus me rendre compte de ce que j'avais éprouvé et traversé, et de la valeur d'un pareil ouvrage, que le jour produit avec précaution et qui déploie son action dans le temps. Dans ce sens, il est infiniment agréable d'observer ce qui s'est passé depuis de longues années. On voit déjà enchaînés les causes et les effets; tout ce qui était de peu de valeur est tombé en poussière; le faux intérêt du moment est évanoui; la voix de la foule est expirée, et le bien qui survit ne peut être assez apprécié.

Je visitai successivement Cologne, Francfort, Heidelberg, et je pus reconnaître dans ce voyage combien j'avais perdu à notre malheureux état de guerre et d'esclavage, qui m'avait jusqu'alors séquestré dans un coin de notre patrie.

Un singulier bonheur m'attendait à Bieberich. S. A. I. l'archiduc Charles voulut bien, après une conversation intéressante, me faire la description de ses campagnes avec des cartes extrêmement précises et nettement gravées. Sur ces précieuses feuilles se trouvait justement la contrée de la Lahn, depuis Wetzlar jusqu'à Neuwied, et je fis l'observation qu'une bonne carte militaire serait la plus utile pour des études géognostiques : en effet, le soldat et le géognoste demandent, non pas à qui appartiennent la rivière, le pays et la montagne, mais l'un, en quoi ils peuvent être utiles à ses opérations, l'autre, de quelle manière ils pourraient lui servir à compléter ou à confirmer ses expériences.

Je garderai de mon retour un précieux souvenir. Je revins d'Heidelberg à Wurtzbourg avec Sulpice Boisserée. Affligés l'un et l'autre de nous quitter, nous préférâmes nous séparer sur un territoire étranger plutôt que sur le nôtre. De là je me rendis à Gotha par Meiningen et la forêt de Thuringe, et j'arrivai à Weimar le 11 octobre, après une absence de quelques semaines.

Je reçus chez moi plusieurs visites intéressantes, et les sciences naturelles m'occupèrent beaucoup, mais les arts ne furent pas oubliés. Le théâtre de Weimar s'occupait toujours de Calderon. Il donna la *Grande Zénobie*. Les trois premiers actes réussirent parfaitement ; les deux derniers, fondés sur un intérêt national de convention et temporaire, ne furent ni goûtés ni jugés, et, après cette dernière tentative, les applaudissements avec lesquels les autres pièces avaient été reçues cessèrent de se faire entendre.

Le monodrame de *Proserpine*, avec la musique d'Eberwein, fut représenté avec succès. *Épiménide* fut composé pour Berlin. J'écrivis en société avec Peucer une petite pièce en souvenir de Schiller et d'Iffland. A cette époque, le théâtre de Weimar était arrivé à son apogée pour la pureté du débit, la force de la déclamation, le naturel et le goût de l'exposition. La mise en scène fut par degrés plus soignée; les dames d'abord, puis les hommes, perfectionnèrent leurs costumes ; nous eûmes des décorateurs plus habiles.

Je n'avais pas cessé de travailler, principalement avec le concours de Schiller, à élever notre scène dans l'ensemble et dans les diverses parties, selon nos forces et nos moyens, et le résultat fut que, depuis nombre d'années, elle était considérée comme une des meilleures de l'Allemagne.

Il nous sera permis de passer du petit théâtre de planches à la grande scène du monde. Le retour de Napoléon effraya l'Europe. Nous eûmes à traverser cent jours gros d'événements. Les troupes, à peine éloignées, revinrent sur leurs pas. Je trouvai à Wiesbaden la garde prussienne. On appela les volontaires ; et les citoyens, paisiblement occupés, qui commençaient à peine à respirer, se résignèrent de nouveau à une position à laquelle ne répondaient pas leurs forces physiques, et qui n'était pas en harmonie avec leurs dispositions morales. Au grand effroi de tout le monde, la bataille de Waterloo fut annoncée à Wiesbaden comme perdue, et puis ce fut une explosion de joie délirante, quand on sut qu'elle était gagnée. Dans la crainte de voir les troupes françaises se répandre aussi vite qu'autrefois dans les provinces, les baigneurs faisaient déjà leurs paquets, et, remis de leur épouvante, ils se consolèrent bientôt des embarras inutiles que leur prévoyance s'était donnés.

1816.

J'avais besoin de retracer les objets si intéressants et si divers, que j'avais vus l'année précédente dans ma contrée natale. J'entrepris l'*Art et l'Antiquité aux bords du Rhin et du Mein*, dont j'avais déjà préparé les matériaux à la fin de 1815. Et comme, dans nos temps modernes, une chose agit sur l'autre, et même le contraire par le contraire, je m'occupai aussi d'une figure héroïque, comme symbole de la personne de Blücher, en conséquence de ses grands exploits. Quand le héros, au risque de sa vie et de sa gloire, joue le sort du monde, et que le succès est heureux, le patriote admire, et il appelle volontiers l'artiste à son aide, afin de trouver un langage pour son admiration, pour son respect.

Selon le goût traditionnel, marier la forme héroïque de l'antiquité avec un costume approchant du moderne fut en définitive, après une correspondance préalable avec M. le directeur Schadow, le projet et la convention. Un premier modèle fut endommagé, et l'artiste en produisit un second, sur lequel, après des conversations instructives, on finit par s'accorder, sous réserve des modifications que l'achèvement de l'œuvre amène toujours. Cette statue se trouve donc comme au point qui sépare les temps anciens des nouveaux, à la limite d'un certain idéal de convention, qui veut parler à l'imagination et au souvenir, et d'un naturel absolu, qui fait violence à l'art lui-même et l'enchaîne à une réalité souvent importune.

Je reçus avec plaisir de Berlin des tableaux transparents d'après mon *Hans Sachs*, qui rendaient comme j'avais aimé à le faire cette vieille poésie grave et naïve. Les dessins de Cornélius et de Retzsch sur Faust produisirent dans leur genre un effet semblable.

Le goût des tableaux vivants était toujours plus répandu dans les sociétés, et, si je ne l'encourageai pas directement, je consacrai du moins, dans l'occasion, quelques strophes à ces amusements.

Des hommes singuliers, comme il s'en trouve, ayant pris parti pour l'ordre chronologique, qu'on avait observé dans les œuvres de Schiller, me demandèrent de l'adopter aussi, mais je fis prévaloir mes raisons pour m'y refuser. L'impression suivit son cours. Je revis les neuvième et dixième volumes. Le *Voyage en Italie*, surtout Naples et la Sicile, avançait toujours plus, et, comme un travail en appelle toujours un autre, je ne pus manquer de retoucher quelques moments principaux du quatrième volume de *Vérité et Poésie*, si longtemps différé et attendu. Je travaillai à la deuxième partie du *Voyage au Rhin et au Mein*. Je revis le *Roman du Renard*, et j'écrivis la *Fête de saint Roch*.

Je reçois la seconde livraison de mes œuvres; je m'occupe de nouveau des *Paralipomènes*. Je compose un chant pour la fête des artistes à Berlin. En revanche, une grande cantate, dont j'avais conçu l'idée pour la fête de Luther, est abandonnée par défaut de temps et d'encouragement.

Mon attention se porta vivement sur les poëmes de Byron, qui se signalait toujours davantage et m'attirait peu à peu, tandis qu'il m'avait repoussé autrefois par son hypocondrie et sa violente haine de lui-même. Je lus le *Corsaire* et *Lara* non sans admiration et sans intérêt.

Je reçus de Humboldt la traduction d'*Agamemnon*, qui me permit de goûter à mon aise une pièce que j'avais toujours idolâtrée. Niebouhr m'envoya son *Marcus Cornelius Fronto*. Le conseiller intime Wolf parut chez moi à l'improviste. La conversation fut intéressante et profitable. Meyer y prit part en artiste. Mais ces deux amis me quittèrent le 27 août, et j'eus le loisir de solenniser encore en petit comité mon jour de naissance, et de méditer sur la valeur des couronnes dont je vis ma chambre parée par les soins de la bienveillante hôtesse.

Plusieurs événements publics me touchèrent de près dans cette année, et furent pour moi des sujets de joie ou de douleur. Le 30 janvier, fut institué l'ordre du Faucon, et j'en reçus d'abord la grand'croix. Le mariage du duc Bernard donna les plus belles espérances. En revanche, la mort de l'impératrice d'Autriche me fit une impression qui ne s'est jamais effacée. Le ministre d'État de Voigt, mon cher et ancien confrère, mon appui dans mes entreprises pour le bien public, célébra le jubilé de son office, et je le saluai d'un poëme et des vœux les plus sincères.

Notre paix intérieure était favorisée par celle du monde, lorsque, la liberté de la presse ayant été promulguée, les annonces de l'*Isis* parurent, et tous les hommes sages et bien pensants prévirent avec effroi et tristesse les suites immédiates de cet événement, faciles à calculer, et les suites éloignées, qui étaient incalculables.

1817.

Cette année, j'avais plus d'une raison de faire un long séjour à Iéna, et j'y fis transporter une partie de mes manuscrits, de mes dessins, de mes instruments et de mes collections. Je passai d'abord en revue l'ensemble des établissements. Le premier objet qui nous occupa fut la création d'un musée botanique; vers la fin de l'année, ce fut l'arrangement de la bibliothèque, qui présentait de grandes difficultés. L'espace ne suffisait plus aux livres, entassés depuis trois cents ans. La salle inférieure était humide. Il fallut veiller d'abord aux réparations nécessaires. L'école vétérinaire fut ensuite l'objet de nos soins.

Les sciences m'occupèrent tour à tour. J'avais fait venir à Iéna mon portefeuille d'anatomie comparée. Le professeur Renner me démontra plusieurs choses, surtout en ce qui touche au système lymphatique. La géognosie, la géologie, la minéralogie et leurs dépendances étaient à l'ordre du jour. La chromatique ne cessait pas de m'occuper en silence. Je recherchai l'état où elle était parvenue en Angleterre, en France, en Allemagne. Je remarquai avec joie qu'on s'était approché de la voie naturelle par l'observation pure, et qu'on y avait même touché quelquefois; mais j'eus bientôt le chagrin de reconnaître qu'on ne pouvait se délivrer entièrement de l'ancienne erreur, que la couleur fût renfermée dans la lumière; qu'on se servait de la terminologie traditionnelle, et qu'on était tombé par là dans le plus grand embarras.

Cette année fut heureuse pour les arts plastiques. On parlait toujours plus des marbres d'Elgin, et le désir de voir de mes yeux quelque chose de Phidias était si vif chez moi, que, par une belle matinée, étant sorti sans dessein, surpris par ma passion, je me rendis soudainement à Roudolstadt, et je me réconfortai pour longtemps à contempler les merveilleuses têtes du Monte-Cavallo. Je fis plus ample connaissance avec les marbres d'Égine par les dessins de l'homme chargé à Rome de les restaurer.

En vue du *Divan*, je continue d'étudier l'Orient et j'y consacre un temps considérable. Et comme l'écriture est en Orient de grande conséquence, je m'exerce à copier les manuscrits aussi nettement que possible et même avec les ornements traditionnels. La troisième livraison de mes œuvres, du neuvième au douzième volume, paraît à Pâques; je termine le deuxième cahier du *Rhin et du Mein*. On imprime le voyage à Naples et en Sicile. Je reviens à ma biographie. En fait de travaux poétiques, je ne saurais citer que les *Paroles orphiques* en cinq stances et un chant de mort irlandais traduit de *Glenarvon*.

Pour la physique, je note ici une remarquable aurore boréale au mois de février.

Après avoir étudié les formes des nuages avec Howard, je vis paraître fort à propos la traduction de l'indien *Megha-Douta*. On s'était longtemps occupé des nuages et des formes de nuages, et l'on pouvait suivre plus sûrement par la pensée ce messager des nues dans ses mille formes diverses.

La poésie et la littérature anglaises eurent cette année le pas sur toutes les autres. Plus on se familiarisait avec les particularités de ce génie extraordinaire, plus les poésies de lord Byron inspiraient d'intérêt. En Allemagne, hommes et femmes, jeunes gens, jeunes filles, semblaient en oublier tout esprit germanique et toute nationalité. Ses ouvrages se trouvant mieux à ma portée, je pris aussi l'habitude de m'occuper de lui. J'aimais ce contemporain, et je me plaisais à le suivre par la pensée dans sa vie aventureuse. Le roman de *Glenarvon* devait nous donner la clef de plusieurs de ses aventures d'amour; mais, si cet ouvrage était volumineux, il n'était pas intéressant à proportion. Réduit à deux volumes ordinaires, il aurait fait plus de plaisir.

Parmi les livres qui fixèrent mon attention, je signalerai entre autres : Hermann, *De mythologia Græcorum antiquissima*; Raynouard, *Grammaire de la langue romane*. Le *Manuscrit venu de Sainte-Hélène* occupa tout le monde. On disputa sur son authenticité, sur son originalité totale ou partielle. Il était évident et indubitable qu'on avait recueilli bien des choses de la bouche du héros. L'*Histoire primitive d'Allemagne* de Bark n'entrait pas dans nos études du temps, mais le *Lundi de Pentecôte* du professeur Arnold de Strasbourg fut au contraire une apparition pleine de charme. On éprouve un sentiment très-doux, quoique assez indéfinissable, quand une nation se reflète dans les particularités de ses membres, car c'est seulement dans le particulier qu'on se reconnaît des parents ; dans le général, on ne retrouve toujours que la descendance d'Adam. Cette comédie m'occupa beaucoup, et j'exprimai sincèrement et en détail le plaisir qu'elle m'avait fait.

Depuis quarante ans que je parcourais la Thuringe à pied, à cheval, en voiture, je n'avais jamais visité la Paulinzelle (cellule de Paulin). Ce n'était pas encore la mode de regarder comme très-intéressantes et très-respectables ces ruines ecclésiastiques. Enfin on m'en parla tant, la jeunesse voyageuse et celle du pays me vantèrent si fort cet aspect grandiose, que je résolus de passer là dans la solitude mon jour de naissance, que j'aimais toujours à solenniser dans la retraite. Une très-belle journée favorisa mon entreprise, mais l'amitié me préparait une fête inattendue. Le grand maître des eaux et forêts, M. de Fritsch, s'était entendu avec mon fils pour nous faire servir d'Ilmenau un charmant repas, si bien que nous pûmes contempler dans un joyeux loisir ce vieux bâtiment, déblayé par le gouvernement de Schwarzbourg Roudolstadt.

Les étudiants allemands célébrèrent à Iéna une fête générale le 18 juin, et une plus grande encore à la Wartbourg le 18 octobre. Le jubilé de la réformation pâlit en présence de ces manifestations plus vivantes et plus nouvelles. Des hommes courageux avaient fait, trois siècles auparavant, une grande entreprise, maintenant leurs exploits paraissaient vieillis, et l'on attendait tout autre chose des nouvelles entreprises secrètes et publiques.

Un nombre considérable de jeunes Grecs, qui étudiaient à Iéna et à Leipzig, exercèrent sur moi et pour longtemps une action toute particulière. Le désir de s'approprier la culture allemande était chez eux extrêmement vif, comme celui de consacrer leurs nouveaux talents à la culture et au bien de leur patrie. Seulement, il fallait reconnaître qu'en ce qui concernait l'essentiel de la vie, ils étaient gouvernés par des mots plus que par des idées et des intentions claires. Papadopoulos, qui venait souvent me voir à Iéna, me vantait un jour avec un juvénile enthousiasme l'enseignement de son professeur de philosophie. « C'est admirable, s'écriait-il, d'entendre cet homme excellent parler de Vertu, de Liberté et de Patrie. » Mais quand je demandai ce que cet excellent maître enseignait sur la Vertu, la Liberté, la Patrie, le jeune homme me répondit qu'il ne pouvait proprement pas le dire, mais que ces mots : Vertu, Liberté, Patrie, ne cessaient pas de retentir au fond de son âme.

C'est ce même Papadopoulos qui traduisit dans ce temps-là mon *Iphigénie* en grec moderne. Et dans cet idiome la pièce exprime merveilleusement la langueur d'un Grec voyageur ou exilé, car le regret général de la patrie s'y trouve exprimé d'une manière toute spéciale par le regret du pays de Grèce, le seul qui fût alors civilisé.

1818.

J'avais encore travaillé au *Divan* pendant l'hiver avec tant d'amour et de passion, que nous n'hésitâmes pas à commencer l'impression dès le mois de mars. Cependant les études continuèrent : je voulais tâcher de rendre cette poésie plus intelligible par des notes et des mémoires détaillés. Car il fallait s'attendre à voir les Allemands surpris, quand on essayerait de leur produire quelque chose d'un tout autre monde. Quelques pièces insérées dans l'*Almanach des dames* avaient déconcerté le public plus qu'elles ne l'avaient préparé. On se demandait si c'étaient des traductions ou des imitations inspirées et appropriées, et ce doute ne fut pas favorable à l'entreprise. Je laissai l'affaire suivre son cours, ayant déjà l'habitude de voir le public allemand s'étonner avant d'accueillir et de jouir.

Avant tout, il me parut nécessaire d'éclaircir pour mes lecteurs et pour moi les caractères des sept principaux poëtes persans et de leurs œuvres[1]. Cela ne m'était possible que par une étude sérieuse et soutenue de l'important travail de Hammer. Je ne négligeai aucun secours, ni la *Religion des anciens Parsis*

---

1. Tome I, pages 837 et suivantes.

d'Anquetil, ni les *Fables* de Bidpai, ni les *Poésies arabes* de Freytag, ni la *Grammaire arabe* de Michaelis.

Cependant les raretés que notre prince avait rapportées de Milan fixèrent au plus haut point mon attention. La plus grande partie avait trait à la Cène de Léonard de Vinci, et ce fut l'occasion du travail que je composai sur ce sujet.

Vers la fin de l'année, je reçus les 17ᵉ et 18ᵉ volumes de mes œuvres[1].

Cette année marque chez nous pour les arts plastiques. Nous avions eu déjà des détails sur les marbres d'Égine; nous en avions reçu des dessins sur les monuments de l'art grec, mais l'objet principal nous manquait encore. Nous cherchâmes à nous représenter le Parthénon tel que l'avaient vu les voyageurs du dix-septième siècle, et nous en reçûmes de Paris le dessin, qui donnait de l'intention générale une idée plus claire que cela n'a été possible depuis, la destruction n'ayant pas cessé son œuvre.

J'achetai à vil prix plusieurs bonnes estampes de l'école française. La nation voisine était alors si détestée, qu'on ne voulait ni lui reconnaître aucun mérite, ni posséder quelque chose qui vînt d'elle. C'est ainsi que je réussis dans quelques ventes à acquérir pour un prix dérisoire de grandes estampes bien gravées, bien connues dans l'histoire de l'art, remarquables par des anecdotes ou par quelques particularités de leurs auteurs; des planches originales de plusieurs artistes célèbres, et goûtés dans le dix-huitième siècle, m'avaient coûté deux gros (trente centimes) la pièce.

1819.

Le ministre d'État de Voigt nous fut enlevé le 22 mars. Il me fit un grand vide, et je perdis en lui un précieux collaborateur. Il se sentait très-affecté dans les derniers temps par les progrès de l'esprit révolutionnaire, et je l'estimai heureux d'avoir ignoré l'assassinat de Kotzeboue, qui fut frappé le 23 mars, et d'avoir échappé aux inquiétudes que nous donnèrent, après cet attentat, les violentes agitations de l'Allemagne.

1. Nous passons de nombreux détails d'occupations scientifiques et administratives.

Du reste le monde poursuivait sa marche paisible. L'impératrice de Russie visita Weimar. Le duc Bernard eut un fils, et ce fut un sujet d'allégresse universelle. Les séjours qu'on fit à Dornbourg et à Iéna donnèrent lieu à diverses réjouissances. Les princesses avaient établi leur jardin à Iéna : ce fut un sujet d'allées et de venues fréquentes. Et ce qui rendit plus vivante la haute société, c'est que le duc de Meiningen et le prince Paul de Mecklenbourg vinrent passer quelque temps à Iéna pour leurs études.

Je vis à Carlsbad le prince de Metternich, et je trouvai en lui, comme auparavant, un gracieux seigneur. Je fis la connaissance personnelle du comte de Bernstorff, après avoir entendu longtemps parler de lui avec de grands éloges. Je vis aussi le comte de Kaunitz et d'autres personnes qui avaient accompagné à Rome l'empereur François : aucun ne voulut me parler favorablement de l'exposition allemande des beaux-arts dans le palais Caffarelli.

Chez moi, comme à Iéna, j'eus des rapports très-avantageux avec des personnes résidentes et avec des voyageurs. Mais je dois mentionner ici les témoignages d'intérêt que je reçus de tous côtés à l'occasion de mon soixante et dixième anniversaire. Une bizarre fantaisie, un capricieux embarras, me portait toujours à éviter la célébration de mon jour de naissance. Cette fois, je l'avais passé en voyage entre la cour et Carlsbad. J'arrival le soir à Carlsbad, et je me crus hors d'affaire ; mais je fus invité le 29 à un banquet déjà convenu au Posthof, et je dus m'excuser pour raison de santé. Mais il m'arriva aussi de loin plusieurs agréables surprises. A Francfort, une belle et brillante fête avait été donnée en l'honneur du 28 août ; la société pour l'ancienne histoire d'Allemagne m'avait nommé membre honoraire ; les États de Mecklenbourg m'honorèrent ce jour-là d'une médaille d'or, comme témoignage de reconnaissance pour la part que j'avais prise, au point de vue artiste, à l'exécution de la statue de Blücher.

1820.

Après avoir observé, le 29 mars, une éclipse de lune, notre attention se porta sur l'éclipse annulaire de soleil annoncée pour le 7 septembre. On en avait fait les dessins préalables à l'observatoire d'Iéna. Le jour vint, mais le ciel était couvert de nuages. On avait fait des dispositions dans le jardin des princesses, afin que plusieurs personnes pussent être admises à la fois. Notre prince vint voir ses chers petits-fils à la bonne heure; les nuages s'éclaircirent autour du soleil, et l'on put observer parfaitement le commencement et le milieu, et, pour voir l'émersion, la fin, on se rendit à l'observatoire, où le professeur Posselt était occupé avec d'autres employés. Là encore, l'observation réussit, et l'on eut lieu d'être complétement satisfait, tandis qu'à Weimar un ciel couvert rendit toute observation impossible.

Dans un voyage à Carlsbad, je ne cessai pas d'observer la forme des nuages et j'y rédigeai mes observations. Je continuai ce journal des nuages jusqu'à la fin de juillet et plus tard encore. Par là j'appris à connaître toujours mieux le développement des états visibles de l'atmosphère, et je pus entreprendre un classement des formes des nuages dans un tableau à différents compartiments.

Je ne perdais pas de vue la botanique. Le catalogue du Belvédère fut achevé, et par là je fus conduit à écrire l'histoire de la botanique weimarienne. Là-dessus, je fis traduire une brochure française qui recommandait et enseignait la multiplication des érycacées.

J'observai sur place une remarquable miellée et je la décrivis. M. le docteur Carus me communiqua un tissu délicat de racines de tilleuls plantés dans un cimetière de Saxe. Ces racines, descendues jusqu'aux cercueils, les avaient enveloppés comme d'un filigrane, ainsi que les corps qu'ils renfermaient.

Je continuai à Carlsbad mes collections géognostiques. Je donnai une nouvelle attention aux roches pseudo-volcaniques. A Iéna, je passe de nouveau en revue la suite des roches de Carlsbad. De jeunes amis me fournissent des échantillons de galets primitifs du voisinage de Danzig et de Berlin, dont on pouvait faire une collection parfaitement systématique.

Les couleurs entoptiques me donnent une nouvelle envie de travailler à mon *Traité des couleurs*. On me communique la *Nouvelle chroagénésie* de Le Prince, qui peut être considérée comme un résultat et une confirmation de ma doctrine des couleurs.

La grande salle inférieure de la bibliothèque d'Iéna était désormais réparée. On y fit tous les arrangements convenables. Nous enrichîmes le jardin botanique d'une nouvelle serre.

Je connaissais déjà quelques estampes du *Triomphe de Mantégna*; j'en reçus enfin la suite complète, et je pus les étudier de suite et à loisir. Mais j'ignorais où se trouvaient les originaux, lorsqu'un matin, ayant étalé mes feuilles devant moi dans le pavillon du jardin d'Iéna, pour les considérer plus attentivement, le jeune Mellish, fils d'un ancien ami, entra, et me dit aussitôt qu'il se trouvait en pays de connaissance : car, peu de temps avant son départ d'Angleterre, il avait vu ces tableaux bien conservés à Hamptoncourt, dans les salles du château royal. La recherche m'était rendue plus facile. Je renouvelai mes relations avec M. le docteur Noehden, qui vint au-devant de mes désirs avec la plus grande obligeance. Le nombre, la mesure, l'état de conservation, l'histoire de l'acquisition par Charles Ier, tout fut éclairci.

Dès ma jeunesse, j'avais aimé la société des artistes plastiques. Je pus en jouir pleinement cette année. Comme je séjournais à Iéna, vers la fin de l'été, dans le pavillon du jardin, ma demeure ordinaire, je reçus la visite de trois bons artistes de Berlin. M. Schinkel me communiqua les plans de son nouveau théâtre, et il me fit voir aussi d'inestimables paysages dessinés à la plume, qu'il avait recueillis dans un voyage au Tyrol. MM. Tieck et Rauch modelèrent mon buste ; M. Tieck fit aussi le profil de mon ami Knebel. Des conversations vives, et même passionnées, s'établirent entre nous, et je pus compter ces jours parmi les plus beaux de l'année.

L'excellent Frédéric Gmelin, toujours studieux, toujours bien disposé pour les amateurs de Weimar, nous envoya la plupart des épreuves de ses cuivres pour le Virgile de la duchesse de Devonshire. Nous admirâmes son burin, mais nous déplorâmes qu'il eût dû prêter son talent à de pareils dessins. Ces gravures, destinées à accompagner une édition de luxe de l'*Énéide* d'Annibal Caro, offrent un triste exemple de la tendance réaliste moderne, qui se déploie surtout chez les Anglais.

Quoi de plus triste que de vouloir aider un poëte à représenter des contrées désertes, que l'imagination la plus vive ne saurait ni recréer ni peupler? Ne faut-il pas reconnaître qu'en son temps Virgile eut déjà de la peine à représenter au monde latin cet état primitif, pour habiller de quelque parure poétique, aux yeux des Romains de son siècle, des forteresses et des villes absolument changées? Et ne réfléchit-on pas que des villes dévastées, rasées, englouties, paralysent l'imagination, et lui ôtent absolument l'élan qu'elle aurait eu peut-être encore pour rivaliser avec le poëte?

Parmi les livres qui m'occupèrent, je citerai les *Prolégomènes* de Wolf. Je les repris. Les travaux de cet homme, avec qui j'étais étroitement lié, avaient dès longtemps éclairé mon sentier. En étudiant cet ouvrage, je réfléchis sur moi-même et j'observai le travail de ma pensée. Je remarquai en moi un mouvement continu de systole et de diastole. J'étais accoutumé à considérer comme un ensemble chacun des poëmes d'Homère, et je les voyais là séparés et dispersés, et, tandis que mon esprit se prêtait à cette idée, un sentiment traditionnel ramenait tout sur-le-champ à un point unique; une certaine complaisance, que nous inspirent toutes les productions vraiment poétiques, me faisait passer avec bienveillance sur les lacunes, les différences et les défauts qui m'étaient révélés.

La littérature française, ancienne et nouvelle, fixa aussi, cette année, mon attention d'une façon toute particulière. Les œuvres de Mme Roland excitèrent mon admiration. L'apparition de pareils talents et de pareils caractères sera peut-être le principal avantage que des temps malheureux auront procuré à la postérité. Ce sont ces caractères qui donnent une si haute valeur aux jours les plus abominables de l'histoire du monde. L'histoire de Jeanne d'Arc, dans tous ses détails, produit un effet pareil; seulement la distance de plusieurs siècles répand sur eux une ombre mystérieuse. C'est encore ainsi que les poésies de Marie de France doivent au voile vaporeux des années qui nous séparent d'elle plus de grâce et de charme.

La mésintelligence qui éclata entre Voss et Stolberg me fut particulièrement sensible. Elle donna lieu à des réflexions diverses.

On voit, après vingt ans de mariage, un couple, brouillé en secret, demander le divorce, et chacun s'écrie : « Pourquoi avez-vous souffert cela si longtemps, et pourquoi ne le souffrez-vous pas jusqu'à la fin? » Mais ce reproche est injuste. Celui qui considère toute la valeur et la dignité de l'union conjugale dans une société policée reconnaîtra combien il est dangereux de se dépouiller d'une pareille dignité. Il se posera la question de savoir s'il ne vaut pas mieux supporter les désagréments journaliers, qu'on se sent le plus souvent la force de souffrir; s'il ne vaut pas mieux traîner une ennuyeuse existence que de se résoudre précipitamment à un résultat qui finit, hélas! par se produire de lui-même violemment, quand la somme totale est par trop pesante.

Il en est de même d'une amitié de jeunesse. Quand on s'engage dans une liaison pareille à l'âge de l'espérance, on le fait sans condition; on n'imagine pas qu'une rupture soit possible ni maintenant ni jamais. Ce premier engagement est d'un caractère beaucoup plus élevé que la promesse prononcée à l'autel par deux amants passionnés; car il est tout à fait pur; il n'est pas exalté par le désir, dont la satisfaction peut faire craindre un pas en arrière. Aussi semble-t-il impossible de briser un lien d'amitié formé dans la jeunesse, quand même les divergences survenues menacent plus d'une fois de le rompre.

Cependant Voss et Stolberg auraient brisé ces nœuds bien plus tôt, si la comtesse Agnès n'avait déployé son influence aimable et conciliante. Quand l'ange de paix fut remonté au ciel, Stolberg chercha un nouvel appui, et le pampre s'enlaça autour de la croix. Voss se laissa maîtriser par la mauvaise humeur qu'il nourrissait depuis longtemps dans son âme. Tous deux étaient à plaindre. Ils ne voulaient pas renoncer à l'ancienne amitié, oubliant que des amis qui se tiennent encore par la main à l'endroit où le chemin se bifurque, sont déjà à cent lieues l'un de l'autre.

Quelques travaux définitifs ou préparatoires m'occupèrent à un haut degré. Je repris le *Second séjour à Rome*[1] pour ajouter au *Voyage en Italie* une suite nécessaire. Puis je me sentis dis-

---

1. Tome IX, page 385.

posé à écrire la *Campagne de France* de 1792 et le *Siége de Mayence*. Je rédigeai ensuite une chronique sommaire des années 1797 et 1798. J'écrivis *Lequel est le traître*[1], la suite de la *Brunette*[2] et je donnai un ensemble idéal aux *Années de voyage*.

La douce liberté d'une excursion que je fis me permit de revenir au *Divan*; j'étendis le livre du Paradis, et je trouvai plus d'une chose à insérer dans les livres précédents. La bienveillance avec laquelle on fêta en beaucoup de lieux mon jour de naissance m'inspira, pour y répondre, un chant symbolique. Enfin, sur une demande amicale qui me fut adressée, j'écrivis un commentaire pour l'ode abstruse intitulée : *Voyage dans le Harz en hiver*[3].

Parmi les ouvrages de littérature étrangère, je remarquai le *Comte Carmagnole*. L'auteur, vraiment aimable, Alexandre Manzoni, né poëte, fut accusé de romantisme par ses compatriotes, parce qu'il changeait le lieu de la scène. Mais on ne trouve pas trace chez lui des défauts du romantisme. Il s'attache à la marche historique; sa poésie a un caractère parfaitement humain, et, quoique peu figurées, ses poésies lyriques sont dignes des plus grands éloges, comme ont dû le reconnaître même des critiques malveillants. Nos bons jeunes Allemands pourraient trouver en lui un exemple de la naturelle et véritable grandeur : cela les ferait renoncer peut-être au faux sublime.

Voici quelques faits, comme je les trouve consignés dans mes notes. Le duc de Berry est assassiné, et toute la France est saisie d'horreur. S. M. le roi de Wurtenberg, accompagné de nos jeunes princes, m'honore de sa visite. A Carlsbad, une noce bourgeoise est célébrée dans le Schiesshaus, que nous appelions le petit Versailles, et cette gracieuse réunion, à laquelle je m'associe, me donne en peu d'heures une idée plus nette de la population de Carlsbad que je n'avais pu me la faire en beaucoup d'années, pendant lesquelles j'avais considéré ce lieu comme une immense auberge et une maison de santé. M. Roehr, prédicateur de la cour, nous arriva à la bonne heure. Son premier office ecclésiastique fut le baptême de mon deuxième petit-fils,

---

1. C'est le titre que porte cette nouvelle, tome VII, page 80.
2. Tome VII, page 125.
3. Voyez cette ode, tome I, page 193.

chez lequel j'entrevoyais déjà le germe d'un heureux développement. Nos chers parents, le conseiller Schlosser et sa femme[1], arrivés de Francfort, passèrent chez nous quelques jours, et nos anciennes relations d'amitié en devinrent encore plus intimes. Dans la famille de nos princes, nous eûmes à nous réjouir de l'arrivée du duc Bernard avec son épouse et ses enfants; mais, presque en même temps, une chute malheureuse que fit la grande-duchesse causa la fracture d'un bras, et cet accident affligea et alarma tout son entourage.

* * * *

Plusieurs circonstances m'engagèrent cette année à faire des travaux particuliers. Mon ancien ami, le comte de Bruhl, me demanda un prologue pour l'ouverture du nouveau théâtre de Berlin; le temps pressait et l'ouvrage dut être en quelque sorte improvisé. Il produisit un bon effet, et je fus charmé d'avoir pu donner à l'illustre ville une preuve de mon affection dans une occasion solennelle.

Je revins aux *Paralipomènes*, où je rassemblai celles de mes poésies, la plupart d'occasion, qui n'étaient entrées dans aucun recueil. J'en fis un des *Xénies inoffensives*[2]. Occupé depuis longtemps, après Howard, de la formation des nuages, je consacrai à ce savant un *Souvenir d'honneur*[3].

Un plaisir inattendu vint me surprendre. Le grand-duc Nicolas et son épouse Alexandra, accompagnés de nos princes, vinrent me voir dans ma retraite champêtre. La grande-duchesse me permit d'écrire quelques vers dans son album.

Je donnai de nouveaux soins aux *Années de voyage*, et l'on put passer à l'impression. Commencée au mois de janvier, elle fut achevée au milieu de mai. Je continuais en même temps mes études sur l'*Art et l'Antiquité*. Puis un vif désir me reprit en passant de travailler au quatrième volume de *Vérité et Poésie*. J'en avais écrit le tiers, mais des occupations me détournèrent

1. Le beau-frère de Goethe s'était remarié avec une personne de mérite, dont notre poëte a parlé avec éloge.
2. Tome I, page 355.
3. Tome I, page 314.

bientôt de ce travail, qui ne pouvait réussir que par un aimable abandon.

J'eus le plaisir d'apprendre que mon *Souvenir d'honneur* à Howard avait été traduit en anglais, et que les compatriotes de l'auteur étaient touchés de l'hommage que je lui avais rendu. Le *Neveu de Rameau* fut traduit à Paris et passa quelque temps pour l'original. On traduisait aussi peu à peu mes pièces de théâtre.

Cependant je ne cessais pas de m'occuper des littératures étrangères et de la nôtre. Les idées de Schoubarth sur Homère excitèrent un vif intérêt. L'*Aristophane* de Voss nous offrit de nouvelles vues sur le plus singulier de tous les poëtes dramatiques.

De nombreuses publications fixaient l'attention sur la littérature anglaise. Le *Marino Faliero* et le *Manfred* de lord Byron, traduits par Dœring, nous rendaient toujours présent ce génie extraordinaire. Un des nombreux romans de Walter Scott, le *Château de Kenilworth*, que je lus avec attention, me fit reconnaître son talent unique pour changer l'histoire en tableau vivant, et, en général, son admirable facilité dans ce genre de compositions poétiques.

Au moyen de l'anglais, et sous la direction du digne professeur Kosegarten, je revins à l'étude de l'Inde. Grâce à son exacte traduction de *Megha-Douta*, ce poëme inestimable parut vivant devant moi, et gagna infiniment à une imitation si fidèle. J'étudiai aussi *Nala* avec admiration, et je regrettai toutefois que le sentiment, les mœurs et les idées se fussent développés chez nous d'une manière tellement étrangère à celle de ce peuple oriental, qu'un ouvrage si remarquable ne pût intéresser que peu de lecteurs, et peut-être seulement les hommes spéciaux.

La littérature espagnole ne fut pas oubliée. Je lus deux pièces de Caldéron, qui m'intéressèrent à des titres différents. Une chrestomathie espagnole, que je dus à la complaisance de M. Perthes, me fit beaucoup de plaisir. Je m'en appropriai ce que je pus; mais, peu versé dans la connaissance de la langue, je rencontrais bien des difficultés. Peu de livres italiens vinrent à ma connaissance. Cependant l'*Ildegonda* de Grossi s'empara de mon attention. Un remarquable talent s'y déploie de la manière la plus variée. Les stances sont excellentes, le sujet est moderne et triste, le style, très-soigné, offrant le caractère des grands modèles : le charme du Tasse, la souplesse de l'Arioste, la choquante et souvent l'affreuse grandeur de Dante. Je ne me souciai point de relire l'ouvrage pour le mieux juger, ayant assez de peine à chasser peu à peu de mon imagination les monstres fantastiques qui m'avaient effarouché à la première lecture.

Quant à la nouvelle littérature allemande, je dus me borner à prendre connaissance de ce qui avait rapport à moi. Les *Éléments d'une poétique allemande, théorique et pratique*, par Zauper, me présentèrent à moi-même comme dans un miroir et firent naître chez moi quelques réflexions. Je me disais : Puisqu'on emploie les chrestomathies pour l'instruction de la jeunesse et pour initier à la connaissance d'une langue, on ne fait pas mal de s'en tenir à un poëte, qui, par inspiration et par hasard, plus que par choix et de propos délibéré, est arrivé à être lui-même une chrestomathie. Car, en définitive, on trouve chez lui un esprit et un goût formés par l'étude de nombreux modèles. Cela ne limite nullement le jeune homme qui suit une pareille marche : au contraire, après qu'il s'est exercé assez longtemps dans un certain cercle, au gré de son caprice, cela l'oblige à prendre l'essor dans le vaste monde et dans le lointain des âges, comme on peut le voir par Schoubarth, qui s'est tenu quelque temps dans ma sphère, et ne s'en est trouvé que plus fort pour s'attaquer aux problèmes les plus difficiles de l'antiquité, et arriver à une ingénieuse solution. Je dis à l'excellent Zauper plusieurs choses qui pouvaient lui être utiles, et je répondis à ses *Aphorismes*, qu'il m'envoya en manuscrit, par de courtes observations, qui ne seront pas sans utilité pour lui et pour d'autres.

Un manuscrit du quinzième siècle, qui développait de la manière la plus fabuleuse la légende des *Trois Rois*, étant tombé par hasard dans mes mains, m'avait intéressé dans plus d'un sens. Je m'en occupai, et un jeune homme plein d'esprit, le docteur Schwab, se plut à le traduire. Cette étude nous donna lieu d'observer comme la fable et l'histoire se rencontrent et s'entremêlent par époques, si bien qu'il devient très-difficile de les séparer, et qu'en essayant de les démêler on les embrouille toujours davantage.

A chacun de mes séjours en Bohême, j'étudiais la langue et l'histoire du pays, en me bornant toutefois aux notions les plus générales. Cette année, je relus la *Guerre des Hussites* par Zacharias Théobaldus, et ce fut pour moi une source de plaisirs et d'instruction, de faire plus ample connaissance avec la *Respublica Bohemiæ* par Strausky, avec l'histoire de l'auteur lui-même et avec le mérite de l'ouvrage.

1822[1].

Deux ouvrages importants me conduisirent à l'étude de l'ancienne architecture allemande, à l'appréciation de son caractère par celle de sa signification, à l'idée du temps où elle prit naissance. J'avais sous les yeux les *Monuments de l'architecture allemande* par Moller, dont le premier cahier était achevé. Après des épreuves multipliées, le premier cahier de la *Cathédrale de Cologne* par Boisserée avait aussi paru. Une grande partie du texte, que j'avais déjà étudié en manuscrit, l'accompagnait, et l'on se persuadait toujours plus que, pour bien juger ces choses, la religion, les mœurs, le développement de l'art, le besoin, la disposition des siècles où florissait cette architecture, tout ensemble devait être considéré comme une grande et vivante unité. Il fallait également observer comment la chevalerie se rattachait à l'Église, pour répondre, dans un même esprit, à un autre besoin.

La plastique produisit peu, mais des choses intéressantes. La petite médaille offrant la figure de notre duc et cette légende : *Doctarum frontium præmia*, fut gravée à Paris par Barre. Je dus à l'affection du major de Staff (que ses campagnes avaient mené jusqu'en Calabre, et qui avait eu l'occasion de se procurer plusieurs jolies œuvres d'art) un petit Bacchus de bronze, vraiment antique et de la plus grande élégance. Connaissant la vivacité de mon goût pour ces ouvrages, il me fit présent de cette

---

[1] Nous donnons cette année au complet, sauf quelques lignes de la fin, pour qu'on puisse se faire une juste idée de l'activité de Goethe à l'âge de soixante et treize ans.

statuette, qui me réjouit chaque fois que je la regarde. Mon vieil et bon ami Tischbein me fit la surprise d'une gemme portant pour empreinte une cigogne et un renard : travail grossier, pensée et exécution excellentes.

Je reçois *The Climate of London* de Howard. Posselt en rend compte. En Allemagne, les observations se continuent sur tous les chefs, et les tableaux en sont dressés régulièrement. L'inspecteur Bischoff de Durrenberg demande des observations barométriques comparatives, et l'on répond à son désir. On recueille et l'on continue avec attention des dessins de formes de nuages. L'observation et la méditation continuent du même pas ; en outre, au moyen d'un tableau symbolique et graphique, la marche uniforme de tant de baromètres (on pourrait dire de tous), dont les observations se présentaient d'elles-mêmes d'une manière parallèle, conduit à découvrir une cause tellurienne, et à faire attribuer l'élévation et l'abaissement du mercure, dans certaines limites, à une force attractive incessamment variable de la terre.

Cette année, à l'occasion de mon séjour en Bohème, la collection géologique de la contrée de Marienbad fut reprise et complétée. Je la rangeai en bon ordre dans une armoire, et, à mon départ, je la remis au docteur Heidler, comme une base pour les naturalistes qui viendraient ensuite. Le musée de Tépel me donne de beau schiste calcaire avec des empreintes de poissons et de végétaux, tiré de la seigneurie de Walsch. Agréable et instructive conversation avec M. de Bouch. A Éger, je trouvai l'attentif observateur de la nature, M. le conseiller Gruner, occupé à faire tirer de l'eau un chêne antique, colossal, qui était couché en travers au fond du lit de la rivière. L'écorce était noire comme du charbon.

Ensuite nous visitâmes l'ancienne carrière de pierre à chaux, de Dœlitz, où l'on avait trouvé la dent de mammouth qui, longtemps conservée comme un remarquable héritage de la famille propriétaire du fonds, se voit maintenant dans le musée de Prague. Je la fis mouler en plâtre, afin de la communiquer à M. d'Alton, pour qu'il en fît l'objet d'une étude approfondie.

Nous vîmes l'ensemble avec des étrangers de passage, et nous fîmes une nouvelle visite au problématique Kammerberg. Pour tout cela, nous trouvâmes d'utiles secours dans l'*Histoire naturelle de Bohême* par Dlaks.

M. d'Eschewege arrive du Brésil. Il nous montre des pierreries, des métaux et des roches. Le duc fait une emplette considérable. À cette occasion, on me remet la collection de pierres précieuses qu'on avait achetée de la succession Bruckmann. Ce fut pour moi une occupation très-intéressante, de passer en revue une collection formée par un amateur passionné, un connaisseur habile et sûr pour son temps; d'y intercaler les acquisitions plus récentes et de donner à l'ensemble un agréable coup d'œil. Une cinquantaine de cristaux-diamants bruts, remarquables chacun à part, et plus encore dans leur enchaînement, aujourd'hui décrits et classés d'après leur formation par M. Soret, me donnèrent une idée toute nouvelle de ce remarquable et suprême produit de la nature. M. d'Eschewege nous fit voir ensuite des roches brésiliennes, qui nous prouvèrent de nouveau que les roches du nouveau monde sont parfaitement pareilles dans leur forme primitive à celles de l'ancien : ce que les observations, soit manuscrites soit imprimées, de ce savant nous avaient déjà fait connaître.

Je rédigeai une esquisse pour la culture des plantes dans le grand-duché de Weimar. Une pièce de bois de hêtre m'offrit un remarquable phénomène pathologique. C'était un tronçon refendu, détaché d'une tige, sur lequel il se découvrit que, bien des années auparavant, on avait entaillé dans l'écorce une croix régulière, qui, cicatrisée et recouverte, enfermée dans la tige, reproduisait dans la fente sa forme et son empreinte.

Mes rapports avec Ernest Metzer me donnèrent une nouvelle ardeur studieuse. Je me fis une idée claire du genre *Juncus*, qu'il avait exactement déterminé et décrit, et sur lequel je consultai encore l'ouvrage de Host : *Gramina austriaca*.

Je dois enfin mentionner avec reconnaissance un gigantesque *cactus melocactus*, que M. Andreæ m'envoya de Francfort.

Pour l'histoire naturelle en général, il parut plusieurs ouvrages remarquables. La grande carte d'histoire naturelle de Wilbrand et Ritgen, en rapport avec l'élément de l'eau et la hauteur des montagnes, exposait la manière dont l'organisation se présente partout. Le mérite en fut aussitôt reconnu ; ce beau tableau, si clair, fixé au mur, exposé pour l'usage journalier, commenté avec les amis, ne cessa pas d'être étudié et utilisé.

La suite de l'*Allemagne géognostique*, par Keferstein, continua de me rendre de très-bons services; elle en aurait rendu encore davantage, si la coloration eût été plus exacte. On fera bien de se redire souvent en pareil cas que, lorsqu'on veut distinguer par les couleurs, il faut que les couleurs soient distinctes.

La quatrième partie de mes *Études morphologiques et d'histoire naturelle* fut soigneusement méditée et rédigée, car, avec elle, devaient se clore pour cette fois les deux volumes.

Je trouvai un nouvel attrait à l'ouvrage de M. de Hoff, *Histoire des changements de la surface terrestre prouvés par la tradition*. C'est un trésor auquel on voudrait toujours ajouter quelque chose, parce qu'on s'y enrichit.

Afin d'entretenir mon goût pour les mines et les minéraux, M. Mahr, qui se voue avec tant de zèle à ces études, m'envoya d'intéressantes empreintes végétales dans le schiste bitumineux. Je dus à M. de Redwitz des minéraux du Fichtelberg, plusieurs du Tyrol, et j'envoyai à ces amis diverses choses en échange. M. Soret augmenta ma collection d'échantillons importants, tirés de Savoie, de l'île d'Elbe et de lieux plus éloignés. Ses connaissances en crystallographie me furent extrêmement utiles pour la détermination des diamants et d'autres minéraux, qu'il s'agissait de dénommer exactement. Il voulut bien me communiquer à cet effet les mémoires qu'il avait livrés à l'impression, et les accompagner d'explications verbales.

Dans la *Chromatique*, j'eus un grand succès, car je pus espérer enfin qu'un plus jeune que moi allait se charger d'approfondir et de défendre cette doctrine importante. M. de Henning vint me voir, et m'apporta des verres entoptiques admirablement réussis et des miroirs de verre noirs, qui, réunis ensemble, présentent, sans beaucoup d'autres façons, tous les phénomènes désirables. L'entretien fut facile; M. de Henning avait approfondi l'affaire, et j'eus bientôt répondu à quelques doutes qui lui restaient. Il me parla de ses leçons, dont il m'avait déjà communiqué l'introduction. Nous nous fîmes part mutuellement de nos idées et de nos expériences; je lui remis un ancien mémoire sur les prismes combinés avec les lentilles, dont on avait fait jusqu'à ce jour dans l'enseignement une fausse application. Il m'encouragea de son côté à classer d'une manière plus juste et plus complète mes notes sur la chromatique. Tout cela se fit en automne et ne me donna pas peu de satisfaction.

Je préparai pour Berlin et j'expédiai un appareil entoptique. Cependant les verres entoptiques simples, avec les miroirs de verre noirs, conduisirent dans une nouvelle voie, augmentèrent les découvertes, étendirent les vues, et donnèrent lieu d'observer la propriété entoptique du fer en fusion.

Le tableau des couleurs fut revu et imprimé; un instrument, exécuté avec un soin infini, pour faire voir le phénomène de la polarisation de la lumière selon les idées françaises, fut établi chez moi, et j'eus l'occasion d'apprendre à en connaître parfaitement la construction et la fonction.

Pour la zoologie, je trouvai des secours dans Carus, *Idées sur l'assemblage des coquilles et des os*, et aussi dans un tableau qui rendait sensible aux yeux la filiation de toutes les transformations des vertèbres. Je reçus enfin la récompense de mes anciennes études générales, quand je vis devant mes yeux, jusque dans les détails, le développement que j'avais seulement pressenti. J'éprouvai la même impression quand je repris l'ancien travail de d'Alton sur les chevaux, et qu'ensuite je trouvai instruction et plaisir dans son ouvrage sur les tardigrades et les pachydermes.

L'aurochs trouvé dans la tourbière derrière l'Ettersberg m'occupa quelque temps. Il fut monté à Iéna, restauré autant que possible et recomposé. Par là, j'eus de nouveaux rapports avec un ancien ami, M. le docteur Koerte, qui me montra à cette occasion une grande obligeance.

L'*Anthropologie* de Heinroth me donna des éclaircissements sur ma méthode dans l'observation de la nature, au moment où je travaillais à terminer mes cahiers d'histoire naturelle.

M. Purkinje vint nous voir et nous laissa l'idée frappante d'une individualité remarquable, d'efforts et de sacrifices inouïs.

Comme je désirais, pour ma propre instruction, me faire une idée plus exacte et plus claire de la verrerie de Kunckel, que j'avais jusqu'alors considérée avec un préjugé sombre et sans véritable intérêt, j'eus quelques communications avec M. le professeur Dœbereiner, qui me mit au fait des expériences et des découvertes les plus nouvelles.

Cette année, il y eut dans la société de Weimar un mouvement d'idées très-agréable. Deux jours par semaine étaient destinés à présenter chez moi à nos princes quelques objets intéressants, sur lesquels on donnait les explications nécessaires. Les sujets ne manquaient pas et la variété était grande, car l'ancien et le nouveau, les arts et les sciences, étaient toujours bien reçus. Chaque soir, se réunissait chez moi un cercle plus intime de personnes instruites. Et pour intéresser plus de monde à nos plaisirs, il fut convenu que, le mardi, on trouverait toujours bonne compagnie autour de ma table à thé. Nous avions de temps en temps d'excellente musique. De savants Anglais prenaient part à ces entretiens, et comme d'ailleurs je recevais volontiers vers midi de courtes visites d'étrangers tout renfermé que j'étais dans ma maison, j'avais toujours avec le monde des rapports plus intimes et plus solides peut-être que si je me fusse répandu et dissipé hors de chez moi.

FIN DES ANNALES.

ŒUVRES DIVERSES

DISCOURS

EN MÉMOIRE DU NOBLE POËTE WIELAND,

NOTRE AMI, NOTRE FRÈRE.

PRONONCÉ LE 18 FÉVRIER 1813.

Auguste protecteur, respectables maîtres, honorables assistants! Quoiqu'il ne convienne absolument à personne de s'opposer aux anciens et respectables usages, et de changer par caprice ce qu'il a plu à nos ancêtres d'établir, cependant, si j'avais à mon commandement la baguette magique que la Muse avait confiée à notre défunt ami, je changerais soudain tout ce lugubre appareil en appareil de fête; ces sombres couleurs s'éclairciraient à vos yeux, et vous verriez paraître une salle joyeusement décorée de tentures variées et de riantes couronnes, brillantes et gaies comme la vie de notre ami. Les créations de son imagination fleurie attireraient vos yeux, vos esprits; l'Olympe, avec ses dieux, introduit par les Muses, orné par les Grâces, serait le vivant témoignage que celui qui a vécu dans un entourage si serein, et qui a pris congé de nous avec la même sérénité, doit être compté au nombre des hommes les plus heureux, et ne doit pas être inhumé avec des lamentations, mais avec l'expression de la joie et de l'allégresse.

Ce que je ne puis présenter à vos sens, souffrez du moins que je l'expose à votre pensée! Quatre-vingts ans! Que de choses en quelques syllabes!... Qui de nous osera les passer rapidement en revue, et se représenter ce que supposent tant d'années bien remplies? Qui de nous voudrait affirmer qu'il sait mesurer et apprécier sur-le-champ la valeur d'une vie à tous égards complète?

Si nous suivons notre ami dans la marche de sa vie, si nous l'observons enfant, jeune homme, homme fait et vieillard, nous trouvons qu'il eut en partage le bonheur extraordinaire de cueillir les fleurs de chacune de ces saisons, car le grand âge lui-même a sa floraison, et il fut donné à notre ami d'en jouir de la manière la plus heureuse. Il y a peu de mois que les frères unis couronnaient pour lui de roses leur sphinx mystérieux, pour faire entendre que, si Anacréon, le vieillard, entreprit de parer avec de légères branches de roses sa sensualité élevée, la sensualité morale, la volupté modérée, ingénieuse, de notre noble Wieland, méritait une riche et pleine couronne. Il y a peu de semaines que cet excellent ami assistait à nos réunions et même y déployait son activité. C'est à travers nos rangs qu'il a pris sa course pour quitter le monde terrestre; nous lui fûmes encore au dernier moment plus proches que le reste du monde, et, quand la patrie, quand les pays étrangers, célèbrent sa mémoire, où devait-elle être célébrée plus tôt et plus vivement que chez nous?

Je n'ai donc pu me refuser aux respectables commandements de nos maîtres, et je prononce d'autant plus volontiers dans cette honorable assemblée quelques mots consacrés à sa mémoire, qu'ils pourront être les fugitifs avant-coureurs de ce que le monde et notre confrérie feront bientôt pour lui. C'est ce sentiment, cette intention, en faveur desquels j'ose solliciter une attention bienveillante, et, si des paroles qui me seront inspirées par une affection éprouvée durant près de quarante ans plus que par une méditation oratoire; si un discours sans enchaînement convenable, de courtes réflexions, des idées éparses, ne semblaient pas dignes de l'homme célébré et de ceux qui le célèbrent, je dois faire observer qu'il ne faut attendre ici qu'un travail préparatoire, une esquisse, le fond ou, si l'on veut, les premiers traits d'un ouvrage futur. Sans tarder davantage, je passe donc au sujet qui nous est si cher, si précieux, et même sacré.

Wieland naquit en 1733 à Biberach, petite ville impériale de Souabe. Son père, ministre évangélique, lui donna une éducation soignée et fut son premier maître. Ensuite le jeune homme fut envoyé à Kloster-Bergen, au bord de l'Elbe, où se trouvait un institut renommé, sous la direction du pieux abbé Steinmetz. De là il se rendit à l'université de Tubingue, puis il remplit quelque temps à Berne une place de précepteur; mais il fut bientôt attiré à Zurich, auprès de Bodmer, qu'on pouvait appeler dans l'Allemagne du Sud l'accoucheur du génie, comme Gleim le fut plus tard dans l'Allemagne du Nord. Là il se livra sans réserve au plaisir que procure à la jeunesse la production spontanée, quand le talent se forme sous une direction bienveillante, sans que les hautes exigences de la critique soient mises sur le tapis. Mais l'élève fut bientôt trop grand pour le maître; il revint dans sa ville natale, et fut dès lors son propre maître et son instituteur, en développant sans relâche ses inclinations littéraires et poétiques. Les occupations mécaniques d'officier de la chancellerie lui prirent du temps, sans lui ôter le goût et le courage. Son génie aurait pu se flétrir dans une position si étroite; mais il fit la connaissance d'un riche voisin, le comte Stadion, ministre de l'électeur de Mayence. C'est dans cette illustre et opulente maison qu'il respira pour la première fois l'air du monde et des cours; les affaires d'État, intérieures et extérieures, ne lui restèrent pas étrangères, et il trouva dans le comte un protecteur pour toute sa vie. Par là, il ne resta pas inconnu au prince électeur, et lorsque, sous Emeric-Joseph, on songea à rendre une vie nouvelle à l'université d'Erfourt, on y appela notre ami : preuve évidente des sentiments de tolérance qui se répandaient depuis le commencement du siècle dans les différentes Églises chrétiennes et même chez tous les hommes.

Wieland ne put déployer longtemps à Erfourt son activité sans être connu de la duchesse régente de Weimar, et Charles de Dalberg, toujours si empressé à faire le bien, ne manqua pas de l'introduire auprès de la princesse. Cette mère, si tendre, si instruite elle-même, n'avait point de plus pressant souci que de faire donner aux princes ses fils une instruction suffisante. Wieland fut appelé, afin qu'il employât ses talents littéraires, ses qualités morales, pour le bien de la maison de nos princes, pour notre bien et celui de l'État.

Le repos qu'on lui avait promis après que l'éducation serait achevée lui fut aussitôt accordé, avec une aisance plus grande que celle qu'on lui avait fait espérer; et dès lors il put vivre près de quarante ans d'une manière parfaitement conforme à sa nature et à ses désirs.

L'influence de Wieland sur le public fut continue et durable. Il a formé son siècle sur lui ; il a donné au goût comme au jugement de ses contemporains une direction décidée, en sorte que ses mérites sont assez reconnus, appréciés, décrits. Dans plusieurs ouvrages sur la littérature allemande, on parle de lui d'une manière aussi honorable que sensée. Je rappellerai seulement ce que Kuttner, Eschenbourg, Manso, Eichhorn, ont dit à sa gloire.

Et d'où est venue la grande influence qu'il a exercée sur les Allemands? De son caractère ouvert et solide. L'homme et l'écrivain s'étaient pénétrés l'un l'autre ; sa poésie fut celle d'un vivant, sa vie celle d'un poëte. Dans ses vers et dans sa prose, il ne dissimula jamais ses impressions du moment, sa manière de sentir dans chaque occasion : aussi écrivait-il encore en jugeant et jugeait-il en écrivant. De la fécondité de son esprit découlait la fécondité de sa plume.

Je dis sa plume, et ce n'est pas une expression oratoire. Elle est ici tout à fait à sa place, et, si une pieuse vénération a rendu parfois hommage à un auteur en cherchant à s'approprier une plume avec laquelle il a écrit ses ouvrages, celle dont Wieland se servit serait, plus que bien d'autres, digne de cette distinction. Car c'est parce qu'il écrivait tout de sa main et d'une très-belle écriture, et en même temps avec liberté et réflexion ; c'est parce qu'il avait toujours son manuscrit devant les yeux, l'étudiait, le changeait, le corrigeait soigneusement, le travaillait et le retravaillait sans se rebuter ; c'est parce qu'il n'était même jamais las de recopier des ouvrages de longue haleine, que ses productions acquéraient la délicatesse, la grâce, la clarté, l'élégance naturelle, qui résultent non pas de pénibles efforts, mais de l'attention géniale et sereine qu'on donne à un ouvrage déjà terminé.

Ce soigneux remaniement de ses écrits résulta d'une heureuse conviction, qui se développa sans doute en lui à la fin de son séjour en Suisse, quand l'impatience de produire se fut un peu apaisée, et qu'il vint à éprouver, d'une manière plus décidée et plus claire, le désir d'offrir au public un ouvrage achevé.

Et comme, chez lui, l'homme et le poëte ne faisaient qu'un, quand nous parlerons du premier nous peindrons aussi le second. L'irritabilité et la mobilité, compagnes du talent oratoire et poétique, le dominaient à un haut degré ; mais une modération plutôt acquise que naturelle leur faisait équilibre. Notre ami était au plus haut point susceptible d'enthousiasme : dans sa jeunesse il s'y abandonna entièrement, et cela, d'une manière d'autant plus vive et soutenue, que ce beau temps, durant lequel le jeune homme sent en lui le mérite et la dignité de la perfection, qu'elle soit accessible ou inaccessible, se prolongea pour lui bien des années.

Ces pures et riantes compagnes de l'âge d'or, ce paradis de l'innocence, il l'habita plus longtemps que les autres hommes. Sous son toit natal, où un ecclésiastique d'un esprit cultivé exerçait son autorité paternelle ; dans l'antique Kloster-Bergen, entouré de tilleuls sur les rives de l'Elbe, où un pieux instituteur faisait son œuvre en patriarche ; à Tubingue, où régnaient encore les habitudes claustrales ; dans les simples demeures de la Suisse, entourées de ruisseaux murmurants, baignées par des lacs, environnées de rochers : partout il retrouvait son Delphes, partout les bois sacrés dans lesquels le jeune homme, déjà développé, s'abandonnait encore à son ivresse. Là il fut puissamment attiré par les monuments qui nous restent de la mâle innocence des Grecs. Les grandes figures de Cyrus, Araspe et Panthée, et leurs pareilles, revivaient en lui ; il sentait l'esprit de Platon agir dans le sien ; il sentait qu'il en avait besoin, afin de reproduire pour lui et pour d'autres ces images lointaines, d'autant plus que son espérance était moins d'évoquer des ombres poétiques que de donner à des êtres réels une influence morale.

Mais, précisément parce qu'il eut le bonheur de séjourner longtemps dans ces hautes régions ; parce qu'il put tenir longtemps pour la plus complète réalité toutes ses pensées, ses sentiments, ses conceptions, ses rêves, ses illusions, il dut trouver plus amer le fruit qu'il fut enfin contraint de cueillir sur l'arbre de la science.

Qui peut échapper au combat avec le monde? Notre ami fut entraîné à son tour dans cette lutte. A contre-cœur il se laisse démentir par l'expérience et la vie ; et comme, après une longue résistance, il ne peut réussir à accorder ces admirables figures avec le monde vulgaire, cette volonté sublime avec les besoins du jour, il se résout à admettre le réel pour le nécessaire, et il déclare fantastique ce qui lui a paru vrai jusqu'à ce jour.

Mais là se montrent encore admirables le caractère et l'énergie de son esprit. Avec toute sa force de vie et son imperturbable gaieté, avec ses admirables facultés, ses aspirations et ses vues loyales et spirituelles, il se sent blessé par le monde, lésé dans ses plus précieux trésors. Il ne peut plus retrouver nulle part dans l'expérience ce qui avait fait son bonheur durant tant d'années, ce qui avait même été le fonds le plus intime de sa vie. Mais il ne se consume pas en plaintes vaines, comme nous en avons tant lu en prose et en vers; il se décide à la réaction. Il déclare la guerre à toute chose qui ne peut toujours se vérifier dans la réalité et, par conséquent, en premier lieu à l'amour platonique, puis à tout dogmatisme, surtout aux deux extrêmes, aux idées de Platon et de Pythagore. Il se déclare l'irréconciliable ennemi du formalisme religieux et de tout ce qui semble excentrique à la raison.

Mais aussitôt il est pris de la crainte d'aller trop loin, de s'abandonner lui-même à des rêveries, et il entreprend de lutter contre la réalité vulgaire. Il s'élève contre tout ce que nous avons coutume d'appeler *philistin*, contre la roideur pédantesque, l'esprit de petite ville, les habitudes mesquines, la critique étroite, la fausse pruderie, le sot contentement, la dignité prétentieuse, enfin tous ces mauvais esprits dont le nom est légion.

Là, il procède d'une manière tout à fait naturelle, improvisée, inconsciente. Il se trouve à la gêne entre l'imaginable et le réel, et, comme il doit conseiller la modération pour les surmonter ou les unir l'un et l'autre, il doit aussi s'observer lui-même et se montrer large pour être équitable.

La sage et pure honnêteté de nobles Anglais, d'un Addison, d'un Steele, et leur action dans le monde moral, l'avaient dépuis longtemps attiré; mais il trouve bientôt dans cette société un homme dont le caractère lui va beaucoup mieux.

Shaftesbury, qu'il me suffit de nommer pour rappeler à tout esprit cultivé un remarquable penseur, Shaftesbury vécut dans un temps où divers mouvements se manifestaient dans la religion de sa patrie ; où l'Église dominante songeait à réprimer violemment les hétérodoxes. L'État, les mœurs, étaient aussi exposés à des mesures faites pour alarmer les hommes sages et bien pensants. Contre tous ces maux, il crut que le mieux était d'agir par la gaieté. « On ne voit bien, dit-il, que ce qu'on observe avec sérénité. Celui qui peut regarder d'un œil serein dans son propre cœur doit être un honnête homme. » C'était le point essentiel, duquel découlaient tous les autres biens. L'esprit, l'enjouement, l'humour, étaient les vrais organes avec lesquels un pareil tempérament saisit le monde. Tous les objets, même les plus éloignés, devaient supporter cette lumière et cette liberté, s'ils ne faisaient pas étalage d'une dignité présomptueuse, mais renfermaient en eux un mérite véritable, qui ne craignît pas l'épreuve. Dans cette ingénieuse tentative pour maîtriser les choses, il fallait bien s'assurer des arbitres, et le sens commun fut pris pour juge du fond, le goût, pour juge de la forme.

Notre Wieland ne trouva pas dans cet homme un devancier à suivre, ni un associé avec qui il dût travailler, mais un véritable esprit jumeau, auquel il ressemblait parfaitement sans s'être formé sur lui. C'est ainsi qu'on ne pourrait dire des Ménechmes, lequel est l'original et lequel la copie.

Ce que Shaftesbury, né dans une condition plus relevée, mieux pourvu de ressources temporelles, plus favorisé par ses voyages, ses emplois, sa connaissance du monde, fit dans une sphère plus étendue, à une époque plus sérieuse, dans la maritime Angleterre, notre ami l'accomplit, d'un lieu d'abord très-borné, par un travail opiniâtre, par une action soutenue, dans son pays partout environné de terres et de montagnes, et le résultat en fut (pour nous servir dans ce court exposé d'une expression brève, mais généralement comprise) cette philosophie populaire par laquelle un esprit pratique, exercé, est érigé en arbitre de la valeur morale des choses comme de leur valeur esthétique.

Cette philosophie, préparée en Angleterre et favorisée aussi en Allemagne par les circonstances, fut donc répandue avec le concours d'une infinité de personnes bien intentionnées, par les poétiques et savants ouvrages, et par la vie même de notre ami.

Au reste, si nous avons pu trouver Shaftesbury et Wieland parfaitement semblables dans leurs vues et leurs sentiments, Wieland l'emporta de beaucoup par le talent : en effet, ce que l'Anglais enseigne et recommande avec sagesse, l'Allemand sait l'exposer en poëte et en orateur, en vers et en prose.

Mais, dans l'exécution, la forme française devait particulièrement lui plaire. La sérénité, l'enjouement, l'esprit, l'élégance, se montrent déjà chez les Français : son imagination fleurie, qui ne veut s'occuper maintenant que de choses légères et gaies, se tourne vers les contes de fées et de chevalerie, qui lui procurent la plus grande liberté. Ici la France lui fournit encore dans les *Mille et une Nuits*, dans la *Bibliothèque des Romans*, une matière à demi préparée, tandis que les vieux trésors de ce genre que possède l'Allemagne étaient encore bruts et indigestes.

Ce furent justement ces poëmes qui étendirent et consolidèrent le plus la gloire de Wieland. Sa gaieté fut bienvenue chez tout le monde, et les plus graves Allemands s'en accommodèrent, car tous ses ouvrages parurent à propos et au moment favorable. Ils étaient tous écrits dans l'esprit que nous avons développé plus haut. L'heureux poëte entreprit souvent en artiste de donner par la forme une haute valeur à un sujet indifférent, et l'on ne peut nier qu'il ne fasse triompher tantôt la raison sur les forces supérieures, tantôt la sensualité sur les forces morales; il faut reconnaître aussi qu'au bon moment, tout ce qui peut orner les belles âmes prend le dessus.

La traduction de Shakspeare fut antérieure, sinon à tous ces travaux, du moins à la plupart. Wieland ne craignait pas que l'étude fît tort à son originalité; il fut convaincu de bonne heure que la traduction de quelques ouvrages est, tout comme le remaniement de sujets connus, le meilleur délassement pour un esprit vif et fécond.

Traduire Shakspeare était dans ce temps-là une audacieuse

pensée, parce que des littérateurs cultivés déclaraient eux-mêmes impossible le succès d'une pareille entreprise. Wieland traduisit librement, saisit le sens de son auteur, laissa de côté ce qui lui paraissait intraduisible, et il donna ainsi aux Allemands une idée générale des plus admirables ouvrages d'une autre nation; il donna à son époque une idée de la haute culture de siècles écoulés.

Cette traduction, qui produisit un si grand effet en Allemagne, paraît avoir eu peu d'influence sur Wieland lui-même. Il était trop en lutte avec son auteur, comme on le reconnaît bien aux endroits qu'il a laissés de côté, et plus encore aux notes qu'il a ajoutées, et dans lesquelles ressortent les idées françaises.

Mais, d'un autre côté, les Grecs, avec leur mesure et leur pureté, sont pour lui des modèles infiniment précieux. Il se sent uni avec eux par le goût : religion, mœurs, constitutions, tout lui donne lieu d'exercer sa diversité, et comme ni les dieux, ni les philosophes, ni les citoyens, ni les peuples ne s'accordent entre eux, non plus que les hommes d'État et les guerriers, il trouve partout l'occasion la plus désirable, en paraissant douter et badiner, d'inculquer toujours sa philosophie douce, humaine, tolérante. Il se plaît en même temps à tracer des caractères problématiques, et, par exemple, il trouve du plaisir à faire briller, sans considérer la chasteté féminine, les grâces aimables d'une Musarion, d'une Laïs, d'une Phryné, et à mettre leur sagesse mondaine au-dessus de la sagesse pédantesque des philosophes.

Cependant il trouve dans le nombre de ceux-ci un homme qu'il peut peindre et produire comme le représentant de ses sentiments, c'est Aristippe. Chez lui, la philosophie et les plaisirs du monde sont si heureusement unis par une sage modération, qu'on voudrait avoir vécu dans un pays si beau, dans une si bonne société. On est heureux d'entrer en relation avec ces hommes instruits, bien pensants, cultivés, joyeux, et aussi longtemps qu'on est avec eux par la pensée, on croit même sentir et penser comme eux.

Notre ami se maintint dans ces régions par de sérieux exercices, qui sont encore plus nécessaires au traducteur qu'au poëte : ainsi prit naissance le Lucien allemand, qui devait nous reproduire le grec d'autant plus vivement que l'auteur et le traducteur peuvent véritablement passer pour des esprits de la même famille.

Un homme d'un talent si supérieur a beau prêcher les bienséances, il se sentira quelquefois tenté de franchir les bornes, car le génie compte de tout temps ces témérités au nombre de ses priviléges. Wieland donna satisfaction à ce penchant en essayant de jouter avec l'audacieux, l'étrange Aristophane, et il sut traduire, adoucies par sa grâce native, ces plaisanteries aussi téméraires que spirituelles.

Sans doute une idée des grandes œuvres plastiques était nécessaire pour toutes ces peintures, et comme notre ami n'avait jamais eu le bonheur de contempler les chefs-d'œuvre qui nous restent de l'antiquité, il s'efforça de s'élever jusqu'à eux par la pensée, de les voir en imagination, en sorte qu'on doit admirer comme cet esprit excellent sait se faire une idée même d'objets éloignés de sa vue : et cela lui aurait réussi parfaitement, si une louable circonspection ne l'avait pas détourné de faire des pas décisifs; en effet, l'art en général, et particulièrement l'art antique, ne se peut ni saisir ni comprendre sans enthousiasme. Celui qui ne veut pas commencer par l'étonnement et l'admiration ne trouve pas l'entrée du sanctuaire. Mais notre ami était beaucoup trop sur ses gardes : et comment aurait-il fait dans ce cas unique une exception à la règle de toute sa vie?

S'il était proche parent des Grecs par le goût, il l'était plus encore des Romains par le sentiment. Non qu'il se fût laissé entraîner par le zèle républicain ou patriotique; mais, tandis qu'il ne s'est trouvé en quelque sorte avec les Grecs qu'une ressemblance imaginaire, il trouve réellement ses égaux chez les Romains. Horace a beaucoup de rapports avec lui : esprit ingénieux, homme de cour et homme du monde, il est un juge intelligent de la vie et de l'art; Cicéron est philosophe, orateur, homme d'État, citoyen plein d'activité, et tous deux sont parvenus d'une humble origine à de grandes dignités et de grands honneurs.

Combien notre ami, quand il s'occupe des ouvrages de ces

deux hommes, n'aime-t-il pas à se transporter dans leur siècle, dans leurs entours, chez leurs contemporains, pour nous transmettre une vive image de ce passé ! Et il y réussit étonnamment. Peut-être voudrait-on trouver chez lui plus de bienveillance pour les hommes dont il s'occupe ; mais il craint tellement d'être partial, qu'il préfère prendre parti contre eux plutôt que pour eux.

Il y a deux règles de traduction : l'une demande que l'auteur étranger soit transporté chez nous, de telle sorte que nous puissions le considérer comme un des nôtres ; l'autre règle exige, au contraire, qu'on se transporte chez l'étranger et qu'on s'accommode à sa situation, à son langage, à ses particularités. Les avantages de l'un et de l'autre système sont assez connus, par d'excellents exemples, de tous les hommes cultivés. Notre ami, qui cherchait encore ici la voie moyenne, s'efforçait d'unir les deux manières, mais en homme de sentiment et de goût, dans les cas douteux, il inclinait pour la première.

Personne peut-être n'a senti aussi profondément combien une traduction est une œuvre complexe. Comme il était profondément convaincu que ce n'est pas le mot, mais l'esprit qui vivifie ! Qu'on observe comme il s'efforce dans ces introductions de nous transporter d'abord dans l'époque, de nous familiariser avec les personnages ; comme il fait ensuite parler son auteur d'une manière qui nous est déjà connue, en relation avec notre esprit et notre oreille, comme il cherche enfin à expliquer, à éclaircir dans des notes les particularités qui pourraient rester obscures, éveiller des doutes, paraître choquantes ! On voit bien qu'il a commencé par se rendre maître de son sujet ; par un travail consciencieux, il veut nous mettre en état de nous instruire et de jouir avec lui.

Quoiqu'il possédât plusieurs langues, il s'attachait fermement aux deux dans lesquelles le mérite et la dignité du monde antique nous ont été transmises de la manière la plus pure. Car nous ne voulons pas nier qu'on a découvert et qu'on pourra découvrir encore des trésors en fouillant d'autres littératures anciennes ; mais on ne nous contestera pas que la langue des Grecs et celle des Romains nous ont transmis jusqu'à ce jour de précieuses richesses, égales pour le fond à ce que les autres ont de meilleur, et préférables à toutes pour la forme.

La constitution de l'Empire germanique, qui renfermait en elle tant de petits États, ressemblait en cela à la constitution de la Grèce. La moindre ville, inapparente, même invisible, ayant des intérêts particuliers, devait les soigner, les maintenir, les défendre contre les voisins. De là, sa jeunesse était promptement rendue attentive et obligée de réfléchir aux affaires d'État. Wieland, comme officier de la chancellerie d'une des plus petites villes impériales, eut aussi lieu de se montrer patriote et démagogue dans le meilleur sens du mot. On le vit même une fois, pour un objet de ce genre, s'attirer la disgrâce temporaire du comte Stadion, son voisin et son protecteur, plutôt que de céder en mauvais patriote.

Son Agathon nous apprend déjà qu'en cela comme dans le reste, il était ami de la règle : cependant ces choses lui inspiraient tant d'intérêt que, dans la suite, tous ses travaux et ses goûts ne l'empêchèrent pas d'y arrêter ses pensées, et il s'y sentit de nouveau appelé d'une façon particulière, quand il dut se promettre une influence marquée sur l'éducation de princes d'une grande espérance.

Tous les ouvrages qu'il publia dans ce genre révèlent un esprit cosmopolite, et comme ils furent écrits à une époque où la puissance monarchique n'était pas encore ébranlée, l'affaire principale de Wieland est de représenter vivement aux potentats leurs devoirs, et de leur montrer le bonheur qu'ils trouveront à rendre leurs sujets heureux.

Mais le temps arriva où une nation soulevée renversa tout ce qui avait subsisté jusqu'alors, et semblait appeler les esprits de tous les habitants de la terre à une législation générale. Il s'explique aussi sur ce sujet avec une prudente modestie, et, par de sages représentations, qu'il déguise sous différentes formes, il cherche à établir un contre-poids dans la multitude agitée. Mais, le tumulte de l'anarchie devenant toujours plus violent, et l'union volontaire de la masse paraissant impossible, il est le premier qui revienne à conseiller la monarchie, et qui désigne l'homme[1] capable d'accomplir le miracle de la restauration.

---

1. Napoléon 1er.

Si l'on réfléchit que notre ami a écrit ces choses, non pas après coup, mais dans le temps même, et qu'en sa qualité d'éditeur d'un journal très-répandu, il avait l'occasion, il était même obligé, de parler au public, tous les mois, sans préparation, ceux qui sont appelés à suivre selon l'ordre des temps le cours de sa vie remarqueront, non sans étonnement, avec quelle attention il suivait la marche rapide des événements du jour, et avec quelle sagesse il s'est comporté en véritable Allemand, en homme réfléchi et sympathique. Et c'est ici le lieu de mentionner le *Mercure allemand*, journal si important pour notre patrie. Cette entreprise n'était pas la première dans son genre, mais, pour le temps, elle était nouvelle et importante. Le nom de l'éditeur inspira d'abord une grande confiance. Un homme, qui était poëte lui-même, promettait d'introduire dans le monde les poésies d'autres auteurs ; un écrivain, auquel on devait d'excellents ouvrages, voulait lui-même juger, lui-même publier ses opinions, et cela excita les plus grandes espérances. Aussi des hommes de mérite se groupèrent-ils bientôt autour de lui, et cette réunion de littérateurs éminents exerça une action si marquée, que le *Mercure* peut servir de fil directeur pour l'histoire de notre littérature pendant nombre d'années. L'effet fut grand et considérable sur le public en général : car, d'un côté, l'habitude de lire et de juger se répandit davantage ; de l'autre, le goût de se produire instantanément s'éveilla chez tous ceux qui avaient quelque chose à donner. Les communications affluèrent plus que l'éditeur ne l'avait attendu et désiré ; son succès produisit des imitateurs ; des gazettes semblables naquirent, qui s'offrirent à l'envi au public d'abord chaque mois, puis chaque semaine et chaque jour, et produisirent enfin cette confusion babylonienne dont nous avons été et dont nous sommes encore témoins, et qui vient proprement de ce que chacun veut parler et que personne ne veut écouter.

Ce qui maintint pendant beaucoup d'années le mérite et la dignité du *Mercure allemand*, ce fut le caractère naturellement libéral de l'éditeur. Wieland n'était pas né pour être chef de parti. Quiconque adopte pour maxime fondamentale la modération, ne doit jamais tomber dans l'esprit d'exclusion. Ce qui irritait sa nature vive, il cherchait à le souffrir doucement par le bon sens et le goût, et c'est encore ainsi qu'il traitait ses collaborateurs, pour lesquels il ne s'enthousiasmait nullement. Et tout comme, en les traduisant avec soin, il combattait souvent dans des notes les anciens, qu'il estimait tant, il lui arrivait d'affliger et même de s'aliéner par des notes critiques des collaborateurs estimés et même chéris.

Notre ami avait déjà essuyé bien des attaques pour des ouvrages grands et petits ; comme éditeur d'un journal, il dut bien moins encore manquer de querelles littéraires. Il s'y montra toujours le même. Avec lui ces guerres de plume ne durent jamais longtemps, et, si elles se prolongent un peu trop, il laisse à l'adversaire le dernier mot et poursuit sa route.

Des étrangers ont fait la remarque fort juste que les écrivains allemands ont moins égard au public que ceux des autres nations, et que, par là, on peut découvrir bientôt dans leurs ouvrages l'homme qui se développe lui-même, l'homme qui veut se contenter lui-même ; que, par conséquent, on peut y découvrir son caractère. Nous avons déjà reconnu souvent cette qualité chez Wieland, et il sera d'autant plus intéressant de passer en revue, dans cette pensée, ses écrits comme sa vie, qu'on a voulu à diverses époques se fonder sur ses écrits pour rendre suspect le caractère de notre ami. Beaucoup de personnes s'abusent encore aujourd'hui sur son compte, parce qu'elles se figurent que l'homme divers doit être indifférent et l'homme mobile inconstant. On ne songe pas que le caractère se rapporte uniquement à la pratique. C'est seulement dans les choses que l'homme fait, qu'il continue de faire, et auxquelles il s'attache, qu'il montre son caractère. Et, dans ce sens, il n'y eut jamais d'homme plus ferme, plus égal à lui-même que Wieland. Quand il s'abandonnait à la diversité de ses sentiments, à la mobilité de ses pensées, qu'il ne voulait permettre à aucune impression isolée de le maîtriser, il montrait par là même la fermeté et la sûreté de son caractère. L'homme d'esprit jouait volontiers avec ses opinions, mais, j'en atteste tous ses contemporains, il ne joua jamais avec ses sentiments. C'est ainsi qu'il gagna et se conserva beaucoup d'amis. Je ne sache pas qu'il ait eu un seul ennemi déclaré. Dans la jouissance de ses travaux poétiques, il vécut de longues années à la ville, entouré de concitoyens et d'amis, et il parvint à cette distinction, de voir une édition, une édition magnifique de ses œuvres complètes, soigneusement retouchées.

Mais, dans son automne, il devait ressentir encore l'influence de l'esprit du temps, et commencer d'une manière imprévue une nouvelle vie, une nouvelle jeunesse. Les bénédictions de la paix avaient longtemps régné sur l'Allemagne; la sûreté et la tranquillité extérieures générales s'accordaient admirablement avec les sentiments intimes, humains, cosmopolites; le paisible citadin semblait n'avoir plus besoin de ses murailles : on s'y dérobait, on aspirait à la campagne. La sécurité du propriétaire inspirait à chacun la confiance; la libre vie naturelle attirait chacun, et l'homme né sociable, pouvant se bercer de la douce illusion qu'il mènerait dans la retraite une vie meilleure, plus commode, plus sereine, Wieland, qui avait déjà en partage le plus grand loisir littéraire, parut se chercher une demeure où régnerait une tranquillité plus favorable aux Muses. Et comme il eut l'occasion et le moyen d'acheter un domaine dans le voisinage de Weimar, il prit la résolution d'y passer le reste de sa vie. Ceux qui l'ont visité souvent, qui ont vécu avec lui, pourront nous raconter en détail de quelle manière il se montra dans cette retraite avec toute son amabilité, comme chef de maison et père de famille, comme ami et comme époux, surtout parce qu'il pouvait bien s'éloigner des hommes, mais que les hommes ne pouvaient se passer de lui; on nous dira avec quelle grâce il développa ses vertus sociales et hospitalières.

Je demanderai à de plus jeunes amis de nous retracer cette idylle, et je me borne à rappeler en peu de mots avec sympathie comment ce bonheur champêtre fut troublé par la mort, qui enleva d'abord à Wieland une fidèle amie, habitante de sa maison, puis la digne et soigneuse compagne de sa vie. Il dépose ces restes chéris dans son propre domaine, et, lorsqu'il prend le parti de renoncer au ménage champêtre, beaucoup trop compliqué pour lui, et de vendre la propriété dont il avait joui gaiement quelques années, il se réserve une place entre ses deux amies pour y trouver aussi son repos. Et c'est là que les honorables frères l'ont accompagné ou plutôt l'ont porté, accomplissant ainsi son touchant désir que les descendants puissent, d'un cœur joyeux, visiter et honorer sa tombe dans un frais bocage.

Ce ne fut pas sans de hautes raisons qu'il revint à la ville. Les relations avec sa grande protectrice, la duchesse mère, avaient plus d'une fois attristé son séjour champêtre. Il sentait trop ce qu'il lui en coûtait d'être éloigné d'elle. Il ne pouvait se passer de sa société, et pourtant il ne pouvait en jouir sans difficultés et sans embarras. Aussi, après avoir vu sa famille étendue, resserrée, accrue, diminuée, réunie, dispersée, il fut appelé dans l'intime société de l'auguste princesse. Il revient, il fixe sa demeure tout près de la sienne; il prend part aux séjours d'été de Tiefourt, et se considère désormais comme membre de la famille et de la cour.

Wieland était né pour la haute société; la plus haute même aurait été son véritable élément. En effet, comme il ne voulait primer nulle part, mais qu'il prenait volontiers part à tout, qu'il était porté à s'exprimer sur tout avec mesure, on devait le trouver d'un commerce agréable, et il l'eût paru plus encore chez un peuple qui ne prendrait pas toute conversation trop au sérieux.

Car sa tendance, soit poétique soit littéraire, était dirigée immédiatement vers la vie, et, lors même qu'il ne se proposait pas toujours directement un objet pratique, il avait toujours, près ou loin, un but pratique devant les yeux. Aussi ses pensées étaient-elles toujours claires, son expression distincte, compréhensible, et comme, avec ses connaissances étendues, il s'attachait constamment à l'intérêt du jour; qu'il le suivait, qu'il s'en occupait avec esprit, sa conversation était extrêmement vive et variée. Je n'ai vu, je crois, personne accueillir avec plus de joie ce qu'un autre avait dit d'heureux, et y faire des répliques plus vives.

Telle étant sa manière de penser, d'amuser et lui-même et les autres, sa loyale intention d'agir sur son siècle, on ne peut lui faire un grief de sa répugnance pour les nouvelles écoles philosophiques. Lorsque, dans de petits écrits, Kant préluda à ses grandes idées, et que, dans une forme sereine, il parut s'exprimer d'une manière problématique sur les objets les plus importants, il se trouvait encore assez près de notre ami. Mais lorsqu'il eut élevé l'imposant édifice de sa doctrine, tous ceux qui, se donnant carrière, avaient jusqu'alors poétisé et philosophé librement, durent y voir une forteresse menaçante, d'où l'on mettrait des bornes à leurs joyeuses courses dans le champ de l'expérience.

Mais ce ne fut pas seulement le philosophe, ce fut le poëte, qui eut beaucoup, qui eut tout à craindre de la nouvelle direction de l'esprit, aussitôt qu'une grande masse se laissa entraîner par elle. En effet, quoiqu'il parût d'abord que l'on n'avait en vue que la science, puis la morale et ses plus proches dépendances, il était facile de voir que, si l'on songeait à donner une base plus solide à ces graves intérêts de la haute science et de la conduite morale ; si l'on demandait dans ce domaine un jugement plus sévère, mieux enchaîné, développé des profondeurs de l'humanité, on ne tarderait pas non plus de signaler au goût ces principes et l'on chercherait à écarter complétement le goût particulier, la culture accidentelle, les particularités nationales, et qu'on invoquerait une loi plus générale comme règle décisive.

C'est aussi en effet ce qui arriva, et il s'ouvrit dans la poésie une époque nouvelle, qui devait être en contradiction avec notre ami comme lui avec elle. Dès lors il eut à subir plusieurs jugements peu équitables, dont il ne fut pas très-ému, et je signale ici cette circonstance, parce que le débat qui s'en est suivi dans la littérature allemande n'est nullement apaisé et terminé, et qu'un homme bienveillant, qui se propose d'apprécier le mérite de Wieland et de maintenir fermement sa mémoire, devra connaître exactement la situation des choses, la naissance comme le développement des opinions, le caractère, les talents des coopérateurs, les forces, les mérites des deux partis, et, pour agir d'une manière impartiale, appartenir en quelque mesure à l'un et à l'autre.

Mais je suis détourné des grandes ou petites querelles auxquelles ces nouveautés ont donné naissance, par une sérieuse réflexion à laquelle nous devons désormais nous abandonner.

La paix, heureusement fixée durant de longues années entre nos collines et nos montagnes, dans nos vallons bien arrosés, était depuis longtemps troublée ou du moins menacée par des expéditions guerrières. Quand vint le jour mémorable qui nous jeta dans l'étonnement et la frayeur, ce jour où le destin du monde fut décidé dans nos promenades, même pendant ces heures effroyables, que notre ami affrontait avec une âme tranquille, la fortune ne lui fut pas infidèle, car il fut d'abord préservé par les précautions d'un jeune et courageux ami, puis par les attentions des autorités françaises, qui respectèrent en lui l'honorable et célèbre écrivain, et en même temps un membre de leur grand Institut.

Il eut bientôt après à pleurer avec nous la perte douloureuse d'Amélie. La cour et la ville s'efforcèrent de lui offrir toutes les compensations, et, au bout de quelque temps, deux empereurs l'honorèrent de marques de distinction qu'il n'avait jamais ni recherchées ni attendues pendant sa longue vie.

Il était pareil à lui-même dans les jours sombres comme dans les jours sereins, et il démontrait ainsi l'avantage des natures délicates, dont la sensibilité modérée sait accueillir doucement la bonne comme la mauvaise fortune.

Il parut surtout admirable, pour le corps et pour l'âme, après le grave accident dont il fut victime dans un si grand âge, lorsqu'il fut grièvement blessé par une chute de voiture en même temps qu'une fille chérie. Il supporta avec la plus grande égalité d'âme les suites douloureuses de la chute, les lenteurs de la guérison ; et, pour la consolation de ses amis plus que pour la sienne, il disait qu'un malheur pareil ne lui était jamais arrivé, et que les dieux avaient pu juger équitable de lui faire aussi payer de cette manière la dette de l'humanité. Il guérit bientôt ; sa nature se rétablit promptement, comme celle d'un jeune homme, et il fut pour nous la preuve qu'une grande force physique peut être aussi dispensée à la délicatesse et à la pureté.

Et comme sa philosophie pratique se vérifia par cette épreuve, l'accident ne changea rien à ses sentiments et à sa manière de vivre. Après sa guérison, sociable comme auparavant, il prit part à tous les amusements accoutumés de la cour et de la ville, et, avec une véritable affection et une application soutenue, aux travaux des frères unis. Si vivement que son regard semblât toujours dirigé sur les choses terrestres, sur la connaissance et l'emploi qu'on en peut faire, il ne pouvait nullement, doué comme il l'était de facultés excellentes, se passer du surhumain et du supersensible. Ici encore se produisit remarquablement cette lutte que je me suis fait un devoir de décrire plus haut avec détail : car, en même temps qu'il semblait écarter tout ce qui se trouve hors des limites des connaissances générales, hors du cercle de ce qu'on peut vérifier par l'expérience, il ne pouvait s'empêcher de s'avancer ou du moins de regarder, comme par forme d'essai, au delà de la ligne si nettement tracée, et de se construire, de se représenter à sa manière un monde supérieur, un état dont toutes les forces natives de notre âme ne peuvent nous donner aucune idée.

Des traits épars de ses ouvrages en offrent des témoignages variés ; mais je puis surtout alléguer son *Agathodémon* et son *Euthanasie*, et même les belles et sages et cordiales paroles que naguère encore il prononça avec tant de franchise et de simplicité dans cette assemblée. Car il avait conçu une confiante affection pour notre confrérie. Il avait connu dès sa jeunesse ce que l'histoire nous a transmis sur les mystères des anciens ; avec son esprit clair et serein, il fuyait, il est vrai, ces sombres mystères, mais il ne se dissimulait point que sous ces enveloppes, étranges peut-être, des lumières supérieures avaient d'abord pénétré chez les hommes barbares et sensuels ; par des symboles mystérieux, des idées puissantes, lumineuses, s'étaient éveillées ; la foi à un Dieu qui gouverne tout avait été communiquée ; la vertu, représentée avec plus d'attraits, et l'espérance de la continuation de notre existence, purifiée des terreurs d'une ténébreuse superstition, tout comme des exigences aussi fausses d'une voluptueuse sensualité.

Or, comme vieillard, laissé sur la terre par tant d'amis et de contemporains aimés, se sentant isolé en plus d'un sens, il se rapprocha de notre chère société. Comme il s'y présentait le cœur joyeux, comme il se trouvait régulièrement à nos assemblées, donnait son attention à nos affaires, se réjouissait de l'admission de jeunes hommes distingués, assistait à nos honorables banquets, et ne pouvait s'empêcher de nous découvrir ses pensées sur plus d'une affaire importante : nous en sommes tous témoins ; nous l'avons observé avec affection et reconnaissance. Oui, si cette société, dès longtemps fondée, et souvent reconstituée après maintes vicissitudes, avait besoin d'un témoignage, le plus complet se présenterait ici, puisqu'un homme plein de talent, sage, prudent, circonspect, expérimenté, bienveillant et modéré, crut trouver chez nous ses pareils, se sentait chez nous dans une société qui lui paraissait, à lui, accoutumé à la meilleure, l'accomplissement de ses aspirations humaines et sociales !

Quoique invité par nos maîtres à prononcer quelques paroles sur le défunt devant cette honorable assemblée, j'aurais voulu refuser, dans la pensée qu'il ne suffit pas d'une heure fugitive, de quelques feuilles légères, détachées, mais que des années entières, des volumes bien médités, bien ordonnés, sont nécessaires pour célébrer glorieusement sa mémoire, à côté du monument qu'il s'est dignement élevé lui-même dans ses ouvrages et ses travaux. Si je me suis chargé de ce devoir honorable, c'est encore dans la pensée que mes paroles pourront servir d'introduction à ce qui sera mieux développé par d'autres à l'avenir, quand sa mémoire sera de nouveau solennisée. S'il plaît à nos respectables maîtres de déposer avec cet écrit dans leurs archives ce qui sera publié, nous l'espérons, sur notre ami, mais surtout ce que nos frères sur lesquels il a exercé une action plus considérable et plus particulière, qui ont vécu sans cesse dans son intimité, voudront bien nous communiquer et nous confier, il en résultera un trésor de faits, de renseignements et de jugements qui sera unique dans son genre, et dans lequel nos descendants pourront puiser, afin de protéger sans cesse, de maintenir et de mettre dans un nouveau jour, avec une affection fidèle, une si noble mémoire.

L'IMPORTANCE DE L'INDIVIDUEL.

L'individu se perd, son souvenir s'évanouit, et pourtant il importe et à lui et aux autres que ce souvenir soit conservé.

Chacun n'est lui-même qu'un individu, et ne peut non plus

s'intéresser proprement qu'à l'individuel. L'universel se trouve de lui-même, s'impose, se maintient, s'accroît. Nous l'utilisons, mais nous ne l'aimons pas.

Nous n'aimons que l'individuel : de là le grand plaisir que nous prenons aux relations, aux confessions, aux mémoires, aux lettres, aux aventures de personnes mortes, ces personnes fussent-elles insignifiantes.

C'est très-mal à propos qu'on demande si un homme doit écrire sa biographie : je tiens celui qui le fait pour le plus courtois des hommes.

Si quelqu'un s'ouvre à nous, peu importe le motif qui l'engage à le faire.

Il n'est nullement nécessaire qu'on soit irréprochable, qu'on fasse les choses les plus excellentes et les plus irréprochables, mais seulement qu'il se passe quelque chose qui puisse être utile aux autres ou les amuser.

On a trouvé mauvais que Lavater se soit fait si souvent peindre, dessiner, graver sur cuivre, et qu'il ait répandu partout son portrait, mais n'est-on pas charmé, aujourd'hui que la forme de cet être extraordinaire est détruite, de savoir en somme, d'une manière certaine, quelle figure il avait, au moyen d'imitations si diverses faites en divers temps?

On a peu s'en faut imputé à crime au bizarre Arétin d'avoir fait frapper des médailles à son effigie et d'en avoir fait hommage à ses amis et à ses protecteurs. Moi, je me félicite d'en posséder une couple dans ma collection, et d'avoir de lui sous mes yeux une image qu'il a lui-même avouée.

Nous sommes en général beaucoup trop légers pour conserver comme un ensemble le souvenir individuel dans ses vraies particularités, et, d'un autre côté, beaucoup trop curieux d'apprendre les détails, surtout ceux qui rabaissent.

KOTZEBOUE[1].

Si l'on étudie attentivement l'histoire de la littérature, on reconnaît que ceux qui entreprennent d'instruire et d'amuser par leurs ouvrages se trouvent dans une très-fâcheuse position : car ils ne manquent jamais d'adversaires qui s'efforcent d'effacer les impressions qu'ils ont produites, d'affaiblir ou de détourner l'effet du moment et de détruire l'influence dans l'avenir. Qu'on ne puisse rien opposer à ces attaques, c'est ce que démontrent les controverses de tout genre, anciennes et nouvelles ; car tout manque à ces combats, champ clos, sergents d'armes, juges du camp, et, comme jadis dans le cirque, la foule impétueuse se jette partialement, dans tout amphithéâtre, du côté des verts ou des bleus ; la masse domine le moment; une lutte ingénieuse excite le tumulte, l'irritation, et finit violemment.

Toutefois, dans une situation pareille, l'homme moral ne peut jamais demeurer sans secours, pourvu qu'il ne le cherche pas trop loin, quand ce secours se trouve immédiatement à son côté, et souvent même s'impose à lui avec emportement.

Pour user de mon droit de biographe, je rappelle ici, par exemple, qu'avec beaucoup d'autres, qui ont lutté contre mon influence, il est surtout un homme qui prend à tâche de s'élever par tous les moyens contre mon talent, mon activité, ma fortune. Et moi, avec mon caractère, je me trouverais absolument sans défense et dans une position désagréable, si je n'avais pas employé depuis longtemps contre ces importunités ma vieille recette vantée, et si je ne m'étais pas accoutumé à considérer

---

[1]. On imprime partout *Kotzebue*, et cela conduit les Français à une prononciation vicieuse. Nous nous sommes permis souvent un changement pareil dans l'orthographe des noms propres allemands. Il nous semble qu'on devrait en faire une règle générale. Les Allemands ont les deux voyelles *ou* et *u* : chacune devrait être rendue exactement. On n'entendrait pas parler de la *Théorie des beaux-arts de Sulzer*, et l'on rendrait à *Soulzer* son véritable nom. On ne dirait plus le canton d'*Uri*, mais le canton d'*Ouri*, etc., etc.

comme un ingrédient nécessaire et même salutaire de mon existence celle de l'homme qui me poursuit de son antipathie et de sa haine.

J'aime à songer qu'il est de Weimar, et je suis charmé qu'il ne puisse ravir à cette ville, qui m'est si chère, le mérite d'avoir été le lieu de sa naissance. Je me le rappelle avec plaisir bel et joyeux enfant, qui tendait des lacets dans mon jardin, et qui m'amusait souvent par sa libre activité ; j'aime à voir en lui le frère d'une aimable personne, qui s'est toujours montrée digne de respect comme femme et comme mère. Si je passe en revue ses travaux littéraires, je me retrace avec plaisir les heureuses impressions que m'ont faites quelques endroits, quoique l'ensemble d'un de ses ouvrages, soit comme œuvre d'art ou de sentiment, soit par ce qu'il exprimait ou faisait entendre, n'ait jamais pu me charmer et s'identifier avec ma nature. D'un autre côté, ses travaux littéraires m'ont beaucoup servi à exercer mon jugement, car les œuvres contemporaines aiguisent notre jugement d'une façon toute particulière.

Il m'a fourni l'occasion de connaître beaucoup d'autres choses, et même le public tout entier. Et, pour dire plus, je trouve encore souvent l'occasion de défendre contre des critiques et des improbateurs ses ouvrages, dont on ne peut méconnaître le mérite.

Si maintenant je me considère comme directeur d'un théâtre, si je me rappelle tous les moyens qu'il nous a fournis d'amuser les spectateurs et de remplir notre caisse, je ne sais comment je pourrais dédaigner, critiquer ou même nier l'influence qu'il a exercée sur mes affaires et mon entreprise : au contraire, je crois avoir tout sujet de m'en applaudir et de souhaiter qu'il puisse l'exercer encore longtemps.

Je me féliciterais de l'aveu que je viens de faire, si j'apprenais que ce moyen, qui n'est point d'une haute morale, qui est moins encore chrétien, mais inspiré par un égoïsme intelligent, est employé de même avec avantage par tel homme qui se trouve dans le même cas, pour bannir de son cœur le plus désagréable de tous les sentiments, l'antagonisme sans force et la haine impuissante.

Et pourquoi ne pas avouer que, dans ce grand commandement qu'*il faut aimer ses ennemis*, le mot *aimer* est employé dans un sens abusif ou du moins très-impropre, tandis que je répète volontiers, avec une grande conviction, cette sage maxime, qu'on reconnaît principalement un bon ménager à ce qu'il sait se servir avantageusement même des contrariétés.

Avec son talent distingué, Kotzeboue avait dans sa nature une certaine nullité, sur laquelle on n'a point de prise, qui le tourmentait et le forçait de rabaisser l'excellent, afin de paraître excellent lui-même. Par là, il était toujours révolutionnaire et esclave, excitant la multitude, la dominant, la servant; et il ne pensait pas que la plate multitude peut se relever, se former, et même s'élever haut, pour distinguer le mérite, le demi-mérite et l'absence de mérite.

SUR MOI-MÊME (FRAGMENTS).

JEUNESSE.

Il n'y a guère d'enfant, de jeune homme, ayant un peu d'esprit, qui ne se demande de temps en temps l'origine, le comment et le pourquoi des choses qu'on voit paraître. Pour moi, j'avais le besoin décidé et constant de rechercher les maximes desquelles il fallait déduire une œuvre de l'art ou de la nature, une action ou un événement. Ce besoin, je ne le sentais pas sans doute aussi clairement que je l'exprime aujourd'hui; mais plus je suivais cette direction d'une manière inconsciente, plus mes efforts étaient sérieux, passionnés, inquiets, assidus; et parce que je ne trouvais nulle part une direction qui me rendît le progrès facile, au degré de développement où j'étais parvenu, je faisais cent fois le chemin en avant et en arrière, comme cela peut nous arriver dans un labyrinthe artificiel ou dans un lieu sauvage.

Ce que j'appelle maximes, on l'appelait règles, et je croyais bien qu'on pouvait les donner, tandis qu'il aurait fallu les chercher.

Je croyais de m'être assez bien approprié les règles d'après lesquelles on devait écrire et juger les pièces de théâtre, et je pouvais me le figurer, à cause de la facilité avec laquelle je savais adapter la forme dramatique à tous les événements, grands et petits. Je contais facilement toute sorte de légendes, de nouvelles, d'histoires de revenants, d'histoires merveilleuses, et je savais présenter à l'impromptu, dans cette forme, mille incidents de la vie. Je m'étais fait aussi là-dessus une règle qui s'écartait peu de la règle théâtrale. En ce qui touchait le jugement, mes idées étaient assez étendues : aussi tout ce qui était poétique et oratoire me semblait-il agréable et charmant. En revanche, l'histoire, dont je ne pouvais absolument rien tirer, ne m'entrait pas dans l'esprit. La vie me donnait encore plus d'exercice ; j'y manquais tout à fait d'une boussole, qui m'aurait été bien nécessaire ; car, au moindre vent favorable, je voguais toujours à pleines voiles, et je courais à tout moment le risque d'échouer. Combien m'était-il déjà arrivé de choses tristes, pénibles, fâcheuses ! Quand je portais avec quelque attention mes regards autour de moi, je ne voyais aucun jour où je fusse à l'abri de semblables expériences. Depuis plusieurs années, la bonne fortune m'avait adressé plus d'un sage mentor ; mais, plus j'apprenais à en connaître de nouveaux, moins j'arrivais à ce qui était proprement l'objet de mes recherches. L'un plaçait la maxime fondamentale de la vie dans la bonté et la tendresse ; l'autre dans une certaine habileté ; le troisième dans l'indifférence et la légèreté ; le quatrième dans la piété ; le cinquième dans le travail et dans l'activité du devoir ; le sixième dans une imperturbable sérénité, et ainsi de suite, en sorte qu'avant ma vingtième année, j'avais parcouru presque toutes les écoles des moralistes. Ces leçons se contredisaient trop souvent pour se pouvoir concilier. Cependant on parlait toujours d'une certaine modération, qu'avec mon naturel, je comprenais moins que tout le reste, et que la jeunesse en général ne peut comprendre, parce que la modération, quand elle n'est pas native, exige la plus claire connaissance de soi-même, et qu'avec tous ses efforts pour se montrer modérée, la jeunesse ne s'en abandonne que plus à de déraisonnables emportements. Toutes ces pensées et ces opinions étaient donc éveillées chez moi, et si vive, libre et joyeuse que fût ma vie de jeune homme, cette règle connue et désirable m'était rappelée assez souvent. J'avais beau vivre librement et sans gêne, me montrer joyeux avec mes amis, je m'aperçus bientôt que les circonstances nous limitent quoi que nous puissions faire, et l'idée me vint que le mieux était de nous faire du moins une âme indépendante.

AGE MÛR.

Je n'ai jamais connu d'homme plus présomptueux que moi, et, en le disant, je prouve déjà la vérité de ce que j'avance.

Je ne croyais jamais qu'il s'agît d'atteindre à quelque chose : je pensais toujours que c'était chose faite. On aurait pu me poser une couronne sur la tête, que cela m'aurait paru tout simple. Et, par là justement, je n'étais qu'un homme comme un autre. Mais, ce qui me distinguait d'un véritable fou, c'est que je cherchais à venir à bout de ce que j'avais entrepris au-dessus de mes forces, et de mériter ce que j'avais obtenu au delà de mon mérite.

J'étais d'abord importun aux gens par mon erreur, puis par mon application. J'avais beau faire, j'étais seul.

La raison serait en nous une grande puissance, si seulement elle savait qui elle aura à combattre. La nature prend en nous incessamment une forme nouvelle, et chaque forme nouvelle devient un ennemi inattendu pour la bonne raison, toujours égale à elle-même.

Les amis qui observent de sang-froid éveillent parfois sans ménagement les somnambules de génie par des observations, qui interrompent et détruisent l'intime vie mystique de ces enfants favorisés ou, si l'on veut, maltraités de la nature.

Dans mon meilleur temps, des amis, qui devaient bien me connaître, me disaient souvent que ma vie valait mieux que mes discours, mes discours que mes écrits, mes écrits que mes livres.

Par ces propos bienveillants et même flatteurs, ils ne faisaient pourtant rien de bon : car ils ne faisaient qu'augmenter chez moi le mépris du moment, ce qui était déjà ma disposition dominante, et je contractai l'habitude invincible de négliger ce que j'avais dit et écrit, et de laisser avec indifférence se perdre bien des choses qui auraient mérité d'être conservées.

J'avais le sentiment que je poursuivais de grands et de nobles desseins, mais je ne pouvais jamais comprendre les conditions sous lesquelles j'agissais. Ce qui me manquait, je le voyais bien, tout comme ce qui surabondait : c'est pourquoi je ne cessais pas de me cultiver au dehors et au dedans. Et pourtant c'était toujours la même affaire. Je poursuivais toujours mon but avec ardeur et fidélité. Il m'arrivait souvent de surmonter complétement des obstacles, mais souvent aussi je me brisais contre eux, parce que je ne pouvais apprendre à céder, à faire un détour. Ainsi s'écoulait ma vie entre l'action et la jouissance, la souffrance et la lutte, entre l'amour, la satisfaction, la haine et le mécontentement d'autrui. Que celui-là se reconnaisse dans cette peinture, à qui est échu le même sort.

PROPOSITION AMIABLE.

On a publié un volume in-octavo intitulé : *Goethe, selon les témoignages bienveillants des contemporains*. Je conseillerais maintenant d'y faire une contre-partie : *Goethe, selon les témoignages malveillants des contemporains*.

Ce travail serait facile pour mes adversaires, et il serait instructif. Il procurerait aussi un bénéfice assuré à un de ces éditeurs qui trouvent au gain, d'où qu'il vienne, une bonne odeur.

Ce qui me détermine à faire cette proposition, c'est que,

comme il paraît que je tiendrai désormais ma place dans la littérature universelle et dans la littérature allemande, il ne sera pas désagréable aux amis de l'histoire d'apprendre commodément quelle fut la physionomie de notre temps et quels esprits y régnèrent.

Une pareille entreprise m'offrirait à moi-même un haut degré d'intérêt, quand je reporterais mes regards sur ma propre vie; en effet, comment pourrais-je me dissimuler que j'ai été odieux et antipathique à beaucoup de gens, et qu'ils ont essayé de me dépeindre au public à leur façon?

Pour moi, je puis me rendre le témoignage de n'avoir jamais agi directement contre les malveillants, et de m'être maintenu dans une activité non interrompue, dans laquelle, en dépit des hostilités, j'ai persévéré jusqu'à la fin.

FRÉRON[1].

NÉ À QUIMPER EN 1719, MORT A PARIS EN 1776.

Homme de tête, homme d'esprit. Il avait fait de bonnes études et possédait une instruction variée, mais, parce qu'il avait des lumières sur quelques points, il crut tout dominer du regard. Il chercha surtout à se donner de l'importance par son opposition à Voltaire ; et son audace à combattre cet homme illustre, extraordinaire, amusa un public qui ne peut se défendre en secret d'une maligne joie, quand il voit rabaisser des hommes éminents, auxquels il a de grandes obligations, tandis qu'il se prend d'affection et de pitié pour la médiocrité durement traitée.

Les feuilles de Fréron obtinrent succès et faveur et le méritaient en partie. Malheureusement il se regarda dès lors comme un personnage de la plus haute importance, et, de sa propre autorité, il se fit le prôneur des petits talents et le rival des grands. Car celui qui, par défaut de lumières ou de conscience

---

1. Cet article et les suivants, jusqu'à VOLTAIRE, sont tirés des notes ajoutées à la traduction du *Neveu de Rameau*. Nous avons traduit celles de ces notes qui nous ont semblé particulièrement intéressantes pour les lecteurs français.

rabaisse l'excellent, n'est que trop enclin à relever le vulgaire, qui se trouve à sa portée, et à se ménager ainsi un agréable élément moyen, sur lequel il peut régner à son aise.

On trouve surtout de ces niveleurs dans les littératures qui sont en fermentation, et ils ont une grande influence chez un bon peuple qui recherche dans les arts et les sciences la convenance et la juste mesure plutôt que l'excellent.

En revanche, la spirituelle nation française eut bientôt éventé Fréron, et Voltaire n'y contribua pas peu en ne cessant de combattre son adversaire d'une manière juste et injuste, mais toujours spirituelle. Aucune bévue du journaliste ne passa inaperçue; aucune forme du discours et de la poésie ne fut négligée, jusqu'à produire l'homme sur la scène, sous le nom de Frélon, dans l'*Écossaise*.

Voltaire qui, dans ses innombrables écrits, surpassait l'attente du monde, amusa aussi dans cette affaire le public par des facéties toujours nouvelles et surprenantes; il s'en prit au journaliste et à tous ses favoris, dont il rejeta les ridicules sur leur protecteur.

On vit alors clairement les vaines prétentions de l'homme. Fréron perdit son crédit, même celui qu'il méritait, parce que, au bout du compte, le public, comme les dieux, aime à se ranger du côté des vainqueurs.

La personne de Fréron en a été tellement défigurée et obscurcie, que la postérité a de la peine à se faire une juste idée des mérites de cet homme et de ce qui lui manquait.

DU GOUT.

« Le goût, dit-il, le goût est une chose.... En vérité, je ne sais quelle chose il dit que c'était. Il ne le savait pas lui-même. »

Dans ce passage, Diderot veut se moquer de ses compatriotes, qui, avec ou sans idée, ont sans cesse le mot de *goût* à la bouche, et qui rabaissent souvent des productions remarquables, en leur reprochant le défaut de goût.

A la fin du dix-septième siècle, les Français n'employaient pas ce mot d'une manière absolue; ils le déterminaient par un adjectif. Ils disaient « un bon, un mauvais goût, » et ils savaient fort bien ce qu'ils entendaient par là. Cependant on trouve déjà dans un recueil d'ana et de maximes de ce temps-là : « Les écrivains français ont tout, excepté le goût[1]. »

Si l'on étudie la littérature française dès son origine, on trouve que, de très-bonne heure, le génie a beaucoup fait pour elle. Marot était un homme éminent, et qui peut méconnaître le haut mérite de Montaigne et de Rabelais?

Le génie, aussi bien que le bon esprit, cherche à étendre son domaine dans l'infini. Ils embrassent dans leur cercle de création les éléments les plus divers, et sont souvent assez heureux pour les dominer et les mettre en œuvre parfaitement. Si l'entreprise ne réussit pas tout à fait, l'esprit ne se sent pas absolument obligé de carguer les voiles; que les travaux arrivent seulement à un certain degré, où il peut y reprendre quelque chose, aussitôt se produisent la louange et la critique des détails, et l'on croit préparer des ouvrages parfaits, si l'on sépare bien nettement les éléments dont ils doivent se composer.

Les Français ont un poëte dont ils ne parlent plus ou dont ils ne parlent qu'avec mépris, c'est Dubartas. Il vécut de 1544 à 1590. Il fut soldat et homme du monde et il écrivit d'innombrables alexandrins. Nous autres Allemands, qui observons l'état de cette nation d'un autre point de vue, nous sommes disposés à sourire, quand nous trouvons réunis chez ce poëte, que le titre de ses ouvrages proclame le prince des poëtes français, tous les éléments de la poésie française, mêlés, il est vrai, d'une étrange façon. Il traita des sujets importants et vastes, comme, par exemple, les Sept jours de la création, où il trouva l'occasion d'étaler, sous une forme narrative, descriptive, didactique, un tableau naïf de l'univers et les diverses connaissances qu'il avait acquises dans une vie active. Ces poëmes, très-sérieusement conçus, ressemblent par conséquent à d'innocentes parodies et leur aspect bigarré choque au plus haut point le Français, au degré élevé de culture où il se flatte d'être parvenu,

---

1. Ce mot est de Ménage.

tandis qu'un poëte français devrait porter dans ses armes, sous quelque symbole, la *Semaine* de Dubartas, comme l'archevêque de Mayence porte la roue.

Mais, pour que notre exposition aphoristique ne semble pas vague et paradoxale, nous demanderons si les quarante premiers vers du septième jour de la *Semaine* de Dubartas ne sont pas excellents; s'ils ne méritent pas de figurer dans toute chrestomathie française; s'ils ne soutiennent pas la comparaison avec d'estimables productions plus récentes?

Les connaisseurs allemands seront de notre avis, et ils nous remercieront d'avoir fixé leur attention sur cet ouvrage. Mais les Français continueront sans doute à méconnaître ce qu'il renferme de bon et d'excellent, à cause des bizarreries qu'il présente.

Car la culture intellectuelle, toujours en progrès, et parvenue à sa maturité sous Louis XIV, s'est constamment efforcée de bien distinguer tous les genres de poésie et de style, en procédant, non pas de la forme, mais du fond, et en écartant certaines idées, certaines pensées, certaines expressions de la tragédie, de la comédie, de l'ode (avec laquelle on ne pouvait en finir); en admettant au contraire d'autres à leur place, dans chaque genre particulier, comme spécialement appropriées et réservées à ce genre.

On traita les différents genres de poésie comme différentes sociétés, dans lesquelles aussi est convenable une conduite particulière. Les hommes ne se comportent pas quand ils sont seuls entre eux comme quand ils sont avec des dames; une société change d'aspect quand il y paraît un grand personnage, auquel on doit du respect. Le Français, dans ses jugements sur les ouvrages d'esprit, ne craint non plus nullement de parler de convenances, expression qui ne peut être admise que pour les bienséances de la société. Et il ne s'agit pas là-dessus de contester avec lui, mais de s'appliquer à reconnaître à quel point il a raison. On peut se féliciter qu'une nation si spirituelle et si polie ait été forcée de faire cette expérience et le soit de la continuer.

Mais, dans un sens plus élevé, l'essentiel est de savoir quelles limites le génie s'est tracées pour y déployer son action, quels éléments il rassemble pour en composer son œuvre.

A cet égard, il est déterminé soit par son impulsion intérieure et sa propre conviction, soit par le peuple et le siècle pour lesquels il s'agit de travailler. Or, le génie n'atteint le véritable but qu'autant qu'il produit des ouvrages qui lui font honneur, qui charment et qui éclairent en même temps ses contemporains. En effet, comme il voudrait concentrer tout le champ plus vaste de sa lumière dans le foyer de sa nation, il sait mettre à profit tous les avantages intérieurs et extérieurs et satisfaire la foule, la combler même de plaisirs. Qu'on se représente Shakspeare et Caldéron! Selon les principes de l'esthétique la plus élevée, ils sont irréprochables, et, si quelque habile éplucheur leur reprochait obstinément certains endroits défectueux, ils produiraient en souriant une image du peuple, du temps, pour lequel ils ont travaillé, et par là ils n'obtiendraient pas seulement l'indulgence, ils mériteraient de nouvelles couronnes, pour avoir su s'y accommoder et avec tant de bonheur.

La distinction des genres de poésie et de style est renfermée dans la nature même du style et de la poésie : mais c'est l'artiste lui seul qui doit et qui peut entreprendre cette séparation, et il l'entreprend, car il est le plus souvent assez heureux pour sentir ce qui appartient à tel ou tel domaine. Le goût est inné au génie, bien qu'il n'arrive pas dans chacun à la perfection.

Il serait donc sans doute à désirer que la nation eût du goût, afin que chacun n'eût pas besoin de se former, que bien que mal, isolément. Par malheur le goût des natures improductives est négatif, étroit, exclusif, et il ôte à la classe productive la force et la vie.

Il se trouve bien chez les Grecs et chez quelques Romains une très-judicieuse épuration et séparation des divers genres de poésie ; mais on ne peut nous adresser, nous autres gens du Nord, exclusivement à ces modèles. Nous pouvons nous glorifier d'autres ancêtres, et nous avons d'autres types devant les yeux. Si l'évolution romantique des siècles incultes n'avait mis en contact le prodigieux et l'absurde, aurions-nous un *Hamlet*, un *Roi Léar*, une *Adoration de la Croix*, un *Prince constant*[1]? Et comme nous n'atteindrons jamais aux mérites antiques, nous

---

1. Ces deux dernières pièces sont de Caldéron.

maintenir courageusement au faîte de ces barbares avantages est notre devoir; mais c'est notre devoir aussi de bien connaître et d'apprécier loyalement les idées, les jugements et les convictions des autres, ce qu'ils font et ce qu'ils produisent.

PALISSOT.

NÉ A NANCY, 1730.

Palissot était une de ces natures moyennes qui aspirent au grand sans pouvoir y atteindre, et qui fuient le vulgaire, auquel elles ne peuvent échapper. Si l'on veut être équitable, on le comptera au nombre des bonnes têtes. Il ne manque pas de clarté d'esprit, de vivacité, d'un certain talent, mais ce sont justement ces hommes qui affichent toute sorte de prétentions. Comme ils mesurent tout d'après une certaine petite échelle, il leur manque le sens de l'extraordinaire, et comme ils se montrent justes envers l'ordinaire, ils deviennent injustes envers le mérite éminent, surtout au début, quand il s'annonce. C'est ainsi que Palissot se méprit sur Jean-Jacques Rousseau.

Le roi Stanislas érigeait à Nancy une statue de Louis XV. On désirait pour la consécration (6 novembre 1755) une pièce de théâtre analogue. Palissot, dont le talent avait sans doute éveillé la confiance de sa ville natale, fut chargé de l'exécution. Un véritable poëte eût saisi cette occasion pour offrir un noble et digne spectacle : l'homme d'esprit ne chercha qu'à se débarrasser de cette heureuse matière par un prologue allégorique, qu'il fit suivre d'une pièce à tiroirs, *le Cercle*, dans laquelle il se complut à traiter ce qui était le plus à la portée d'un petit littérateur tel que lui.

Dans cette pièce paraissaient des poëtes exagérés, des protecteurs et des protectrices d'humeur orgueilleuse, des femmes savantes et d'autres personnages pareils, dont les originaux ne sont pas rares, dès que les arts et les sciences agissent sur la vie. Ce qu'ils peuvent avoir de ridicule est exagéré dans cette pièce jusqu'à l'absurde, et pourtant on a toujours lieu de s'applaudir qu'une personne qui se distingue de la foule, une belle femme, un homme riche, un grand, s'intéressent à ce qui est bon et vrai, lors même que cela n'a pas lieu de la bonne manière.

En général, rien n'appartient moins au théâtre que la littérature et ce qui s'y rapporte. Tout ce qui s'agite dans cette sphère est si délicat et si important qu'il n'est pas une de ces questions controversées qui doive être portée devant le tribunal de la foule, qui ouvre de grands yeux et s'étonne. Qu'on n'invoque pas l'autorité de Molière, comme l'ont fait Palissot et d'autres après lui. On ne peut rien prescrire au génie ; il court avec bonheur, comme un somnambule, sur les arêtes aiguës des toits, d'où la médiocrité qui veille se précipite à la première tentative.

Palissot, non content de railler devant la cour et la ville ses confrères en littérature, produisit sur la scène une caricature de Rousseau, qui s'était annoncé dans ce temps-là en homme à paradoxes, mais avec assez de dignité. Ce qu'il y avait de singulier chez cet homme extraordinaire, qui pouvait choquer le mondain, était présenté ici non pas avec esprit et gaieté, mais d'une manière lourde et malveillante, et la fête de deux rois était déshonorée par la diffamation.

Cette hardiesse maladroite ne fut pas sans conséquence pour l'auteur ; elle eut même de l'influence sur toute sa vie. La société des hommes de génie et de talent qu'on désignait sous le nom de philosophes ou d'encyclopédistes s'était déjà formée, et d'Alembert en était un membre important. Il sentit quelles suites pourrait avoir une pareille incartade dans un pareil jour, devant une pareille société. Il s'y opposa de toutes ses forces, et, quoiqu'on ne pût avoir d'ailleurs aucune prise sur Palissot, on le traita en ennemi décidé de cette grande société, et l'on sut, de plus d'une façon, lui rendre la vie amère. Lui, de son côté, il ne resta pas oisif.

Il est tout naturel que cette ligue d'hommes extraordinaires ait dû trouver, à cause de ce qu'ils étaient et de ce qu'ils voulaient, beaucoup d'ennemis. Palissot fut du nombre, et il écrivit la comédie des *Philosophes*, qui fut jouée à Paris le 2 mai 1760.

Un écrivain continue le plus souvent comme il s'est annoncé, et, chez les hommes d'un talent moyen, le premier ouvrage renferme tous les autres, car l'homme, qui est lui-même *unus et rotundus*, ne peut non plus parcourir qu'un certain cercle dans ses ouvrages. Les *Philosophes* de Palissot n'étaient qu'une amplification de la pièce pour la fête de Nancy. Palissot va plus loin, mais il ne voit pas plus loin. Esprit borné, ennemi d'un certain ordre de choses, il n'aperçoit nullement l'idée générale dont il a affaire, et il produit sur un public passionné, ignorant, un effet momentané.

Élevons-nous plus haut, et nous ne pourrons méconnaître qu'une fausse apparence accompagne d'ordinaire les sciences et les arts quand ils pénètrent dans la vie, car ils agissent sur tous les hommes et non pas seulement sur les plus distingués de l'époque. L'intérêt que leur portent des esprits médiocres, présomptueux, est souvent stérile et même nuisible. Le sens commun s'effraye de la fausse application de maximes élevées, quand on les met en rapport direct avec la dure réalité.

D'ailleurs tous les hommes retirés, occupés d'une seule affaire, ont aux yeux du monde un air étrange, qu'on se plaît à trouver ridicule. Ils ne cachent guère que l'objet auquel ils consacrent leur vie a pour eux grande importance, et ils paraissent orgueilleux, fantasques et vains à celui qui ne sait pas apprécier leurs efforts, ni avoir quelque indulgence pour le mérite peut-être trop conscient de lui-même.

Tout cela résulte de la chose, et, pour mériter des louanges, il faudrait savoir s'élever contre ces maux inévitables, de telle sorte que le but principal ne fût pas manqué, et que les grands effets ne fussent pas perdus pour le monde. Mais Palissot veut empirer le mal ; il songe à faire une satire, et à nuire dans l'opinion publique à certains individus, dont on peut toujours faire grimacer la figure. Le plan de sa pièce est assez bien conçu, mais elle est pauvre d'invention. Il n'y a rien de neuf que la hardiesse de produire des personnalités clairement exprimées.

PIRON.

NÉ EN 1689, MORT EN 1773.

Piron était un causeur des plus agréables et des plus spirituels, et le ton libre et joyeux de ses écrits est aussi plein d'attrait et de vie.

Les critiques français regrettent que, dans la collection de ses ouvrages, on n'ait pas été assez sévère. On aurait dû, pensent-ils, abandonner bien des choses à l'oubli. Le jugement dédaigneux des critiques paraît tout à fait ridicule en présence de la masse de livres insignifiants que nous voyons étalés, qui pourtant appartiennent tous à la postérité et que nul bibliothécaire n'a le droit de proscrire. Pourquoi veut-on nous dérober les essais, les compositions ingénieuses et légères d'un bon esprit?

Ces travaux légers sont justement ceux qui nous affectionnent d'abord à Piron. C'était une bonne et forte tête. Né et élevé dans une ville de province, et, plus tard, menant à Paris une vie pauvre, il se développa par lui-même plus qu'il ne put profiter pour sa culture des avantages que le siècle lui présentait. C'est pourquoi il se trouve toujours dans ses premiers ouvrages quelque chose à rejeter.

Nous ne dissimulerons pas qu'il ne nous intéresse peut-être jamais plus que lorsqu'il prodigue son talent, dans l'occasion, pour un but étranger. Comme Gozzi, quoique avec moins de force et d'étendue, il s'attache aux théâtres gênés ou limités; il travaille pour eux, les met en réputation, et se plaît à produire des choses inattendues.

On sait que les théâtres de Paris étaient rigoureusement distingués les uns des autres; chaque théâtre avait un privilége déterminé, borné à tel ou tel genre de spectacle. Toutes les autres formes étant déjà concédées, un artiste obtint encore la permission de représenter des monodrames, dans le sens le plus rigoureux. D'autres personnages pouvaient bien encore paraître sur la scène, mais cet artiste pouvait seul agir et parler. Piron travailla pour lui et ce fut avec succès. Remercions les éditeurs de nous avoir conservé ces bagatelles, dont les pharisiens et les docteurs de la critique nous auraient frustrés volontiers.

Dans ses vaudevilles aussi, Piron s'est montré fort spirituel. Il réussissait parfaitement à s'emparer au hasard d'une mélodie dont le premier texte se trouve dans un rapport malin avec le nouveau, et, dans ce genre, il a souvent fort bien réussi.

Piron eut d'abord le malheur de ne pouvoir faire goûter au public difficile aucune de ses pièces écrites pour le Théâtre-Français, mais il fut bien dédommagé par le succès de sa *Métromanie*. Dans cet ouvrage il sut si bien prendre ses compatriotes par leur côté faible, que cette pièce, dès son apparition et bien des années après, ne cessa pas d'être estimée au-dessus de son mérite. On la plaçait à côté de celles de Molière, auxquelles on ne peut d'aucune façon la comparer. Mais peu à peu on saura, même en France, l'apprécier à sa juste valeur.

En général, rien n'était plus difficile pour les Français que de classer un homme tel que Piron, qui, avec un talent supérieur et fait pour plaire à ses compatriotes, laissait trop à désirer dans la plupart de ses ouvrages. Sa vie fut excentrique dès sa jeunesse. Une poésie licencieuse l'obligea à fuir de sa ville natale, pour vivre chétivement à Paris pendant neuf ans. Jamais il ne démentit tout à fait son caractère indépendant. Ses vives saillies, souvent égoïstes, ses excellentes épigrammes, son esprit, sa gaieté, qui ne lui faisait jamais défaut, lui gagnèrent tellement la faveur de ses contemporains, qu'il put, sans paraître ridicule, se comparer à Voltaire, qui lui était si supérieur, et se poser non-seulement comme son adversaire, mais comme son rival.

VOLTAIRE.

Quand les familles se maintiennent longtemps, on peut remarquer que la nature finit par produire un individu qui renferme en lui les qualités de tous ses ancêtres, et qui montre unies et complètes toutes les dispositions jusqu'alors isolées et en germe. Il en est de même des peuples, dont toutes les qualités s'expriment une fois, si le bonheur le veut, dans un individu. C'est ainsi qu'on vit paraître en Louis XIV un roi français par excellence, et dans Voltaire l'écrivain le plus éminemment français qui se puisse imaginer, le plus approprié à la nation.

Les qualités qu'on veut trouver, qu'on admire, chez un homme bien doué, sont diverses, et, à cet égard, les exigences des Français sont plus grandes, ou du moins plus diverses, que celles des autres peuples.

Voici, pour amuser nos lecteurs, cette échelle, que nous n'avons pas tracée peut-être d'une manière complète, ni assurément assez méthodique :

Profondeur, génie, intuition, élévation, naturel, talent, mérite, noblesse, esprit, bel esprit, bon esprit, sentiment, sensibilité, goût, bon goût, intelligence, justesse, convenance, ton, bon ton, ton de cour, variété, abondance, richesse, fécondité, chaleur, magie, charme, grâce, agrément, légèreté, vivacité, finesse, brillant, saillant, petillant, piquant, délicat, ingénieux, style, versification, harmonie, pureté, correction, élégance, perfection.

De toutes ces qualités et ces manifestations de l'esprit, on contestera peut-être à Voltaire la première et la dernière, la profondeur dans la disposition et la perfection dans l'exécution. Mais tous les dons, toutes les facultés, qui jettent sur la face du monde un brillant éclat, il les a possédés, et c'est ainsi qu'il a répandu sa renommée sur la terre.

Il est très-intéressant d'observer en quelles occasions les Français se servent dans leur langue des mots synonymes ou équivalents de ceux que nous avons cités, et les appliquent à tel ou tel cas. Une histoire de l'esthétique française par un Allemand serait donc très-intéressante, et nous y trouverions peut-être quelques points de repère pour observer et juger certaines régions de la manière et de l'art allemand, dans lesquelles il règne encore beaucoup de confusion, et pour préparer une esthétique générale allemande, qui pèche encore par tant de vues étroites.

SUR LE LAOCOON.

1797.

Une véritable œuvre d'art, comme une œuvre de la nature, sera toujours infinie pour notre esprit; nous la contemplons, nous la sentons, elle agit sur nous, mais nous ne pouvons proprement la connaître à fond, et nous pouvons bien moins en exprimer par le langage l'essence et le mérite. Dans ce que nous allons dire sur le Laocoon, nous n'avons donc nullement la prétention d'épuiser ce sujet; nous n'écrivons pas sur cet excellent ouvrage, mais à son occasion.

Si l'on veut parler d'une œuvre d'art excellente, il est presque nécessaire de parler de l'art tout entier, car elle le renferme tout entier, et chacun peut, autant que ses facultés le lui permettent, développer d'un cas particulier comme celui-là la théorie générale. C'est pourquoi nous commencerons par quelques généralités.

Tous les grands ouvrages d'art représentent la nature humaine. Les arts plastiques s'occupent particulièrement du corps humain. C'est d'eux seulement que nous parlons ici. L'art a de nombreux degrés; sur chacun peuvent se produire d'excellents artistes; mais un ouvrage parfait possède toutes les qualités qui ne sont d'ordinaire que réparties isolément.

Les œuvres d'art les plus éminentes que nous connaissions nous montrent :

Des NATURES VIVANTES, D'UNE ORGANISATION SUPÉRIEURE. On attend avant tout la connaissance du corps humain dans ses parties, ses masses, ses destinations intérieures et extérieures, ses formes et ses mouvements en général.

DES CARACTÈRES. La connaissance de la dégradation de ces parties dans la forme et l'effet. Les qualités se séparent et se présentent isolément; par là naissent les caractères, et par là différents ouvrages d'art peuvent être mis dans une relation intéressante les uns à l'égard des autres; tout comme, quand un ouvrage est composé, ses parties peuvent avoir entre elles des relations importantes. Le sujet est :

EN REPOS OU EN MOUVEMENT. Une œuvre d'art ou ses parties peuvent être présentées pour elles-mêmes, à l'état de repos et simplement existantes, ou bien en mouvement, agissantes, avec une expression passionnée.

IDÉAL. Pour s'élever jusque-là, il faut que l'artiste soit doué d'un sentiment profond, persévérant, et d'une élévation qui lui permettent d'embrasser l'objet dans son ensemble pour trouver le moment culminant qu'il faut représenter, le dégager par conséquent de sa réalité bornée et lui donner dans un monde idéal la mesure, la limite, la vérité et la dignité.

GRACE. L'objet et la manière de le représenter sont assujettis à des règles sensibles, savoir à l'ordre, à la clarté, à la symétrie, aux contrastes, etc., par lesquels il sera beau à l'œil, c'est-à-dire gracieux.

BEAUTÉ. Il est de plus soumis à la loi de la beauté intellectuelle, qui résulte de la mesure à laquelle l'homme exercé à exposer ou à produire le beau sait soumettre jusqu'aux extrêmes.

Après avoir présenté les conditions que nous voulons voir remplies dans une grande œuvre d'art, je dirai beaucoup en peu de mots, si j'affirme que notre groupe les remplit toutes, et qu'on pourrait les déduire de cet unique ouvrage.

On me dispensera de prouver qu'il montre la connaissance du corps humain, qu'il en reproduit le caractère, comme l'expression et la passion. Combien la conception du sujet est élevée et idéale, c'est ce qui paraîtra par ce que nous allons dire. Qu'on doive appeler l'ouvrage beau, on n'en doutera point, si l'on reconnaît la mesure avec laquelle est ici représentée l'extrême douleur physique et morale.

En revanche, je paraîtrai paradoxal à plusieurs, si je soutiens que ce groupe est en même temps gracieux. Quelques mots sur ce point.

Toute œuvre d'art doit se présenter comme telle, et elle le peut seulement par ce que nous appelons beauté sensible ou grâce. Les anciens, bien éloignés de l'opinion moderne, qu'une œuvre d'art doit redevenir en apparence une œuvre de nature, signalaient leurs œuvres d'art comme telles par un ordre choisi des détails; ils facilitaient à l'œil la vue des rapports par la symétrie, et par là une œuvre compliquée devenait claire. Par cette symétrie même et par des oppositions, devenaient possibles, dans de légères déviations, les plus hauts contrastes.

Le soin des artistes d'opposer les unes aux autres des masses diverses, surtout de placer dans une situation régulière, les unes par rapport aux autres, dans les groupes les extrémités des corps, était au plus haut degré médité et heureux, en sorte que toute œuvre d'art, même abstraction faite du sujet, même vue de loin et dans ses contours les plus généraux, paraît toujours à l'œil comme un ornement. Les vases antiques nous offrent cent exemples de ce groupement gracieux, et peut-être parviendrait-on à présenter par degrés, depuis le groupe le plus tranquille d'un vase antique jusqu'au Laocoon, si mouvementé, les plus beaux exemples d'une composition artistement symétrique, agréable aux yeux. Je ne crains donc pas de répéter que le groupe du Laocoon, outre tous les mérites qu'on lui reconnaît, est aussi un modèle de symétrie et de diversité, de repos et de mouvement, d'opposition et de gradation, qui s'offrent ensemble soit aux sens soit à l'esprit du spectateur, éveillent, à l'aspect de la grande souffrance, une agréable sensation, et tempèrent par la grâce et la beauté l'orage de la douleur et de la passion.

C'est un grand mérite pour un ouvrage d'art d'être indépendant et complet en soi. Un objet tranquille se manifeste uniquement dans son existence : il est donc complet par lui-même et en lui-même. Un Jupiter tenant la foudre dans son giron, une Junon qui se repose dans sa majesté et sa dignité de femme, une Minerve pensive et recueillie, sont des objets qui n'ont, semble-t-il, aucun rapport avec l'extérieur, qui reposent en eux-mêmes et sur eux-mêmes, et ce sont les premiers, les plus chers objets de la sculpture. Mais dans le cycle admirable de l'art mythologique, dans lequel les types isolés, indépendants, subsistent et reposent en eux-mêmes, il y a de plus petits cycles où les figures isolées sont supposées et mises en rapport avec d'autres. Par exemple, les neuf Muses avec Apollon, leur guide. Chacune est conçue et exécutée pour elle-même; cependant elle devient encore plus intéressante dans l'ensemble varié du chœur.

Si l'art en vient à la passion prononcée, il peut procéder de même : ou bien il nous présente un cercle de figures qui ont entre elles une relation passionnée, comme Niobé avec ses enfants, poursuivie par Apollon et Diane, ou bien elle nous montre dans un seul ouvrage le mouvement en même temps que sa cause. Nous ne rappellerons ici que le gracieux enfant qui se tire une épine du pied, le Lutteur, deux groupes de Faunes et de Nymphes à Dresde, et le groupe mouvementé et magnifique du Laocoon.

On estime si haut la sculpture, et à bon droit, parce qu'elle peut et qu'elle doit porter la représentation à son plus haut degré, parce qu'elle dépouille l'homme de tout ce qui ne lui est pas essentiel. Aussi, dans ce groupe, le Laocoon n'est-il qu'un nom : les artistes l'ont dépouillé de son sacerdoce, de sa nationalité troyenne, de tout accessoire poétique et mythologique ; il n'est rien de tout ce que la fable fait de lui : c'est un père avec ses deux fils, en danger de succomber sous les attaques de deux serpents. Il n'y a point là non plus de serpents envoyés des dieux, mais seulement des serpents naturels, assez puissants pour vaincre quelques hommes ; mais, ni dans leur figure ni dans leur action, n'apparaissent des êtres extraordinaires, vengeurs et punisseurs. Selon leur nature, ils s'avancent en rampant, ils entourent, ils enlacent, et l'un d'eux mord parce qu'il est provoqué. Si je n'avais sur ce groupe aucune indication particulière, je l'appellerais une idylle tragique. Un père dormait avec ses deux fils ; ils ont été enlacés par des serpents, et, au réveil, ils s'efforcent de s'arracher à ce réseau vivant.

Cet ouvrage est extrêmement remarquable par le choix du moment. Si une œuvre plastique doit se mouvoir réellement devant nos yeux, il faut choisir un moment de transition. Il faut qu'un instant plus tôt, aucune partie de l'ensemble n'ait dû se trouver dans cette position, et qu'un instant après, chaque partie soit forcée de la quitter. Par là l'ouvrage paraîtra toujours vivant et nouveau à mille et mille spectateurs.

Pour bien saisir l'intention du Laocoon, qu'on se place à une distance convenable les yeux fermés ; qu'on les ouvre et qu'on les referme aussitôt, et l'on verra tout le marbre en mouvement, et l'on craindra de retrouver tout le groupe changé quand on les rouvrira. Tel qu'il est, je dirais que c'est un éclair fixé, un flot pétrifié au moment où il se brise contre le rivage. Le même effet se produit, quand on voit le groupe de nuit aux flambeaux.

La pose des trois figures est graduée avec la plus grande sagesse. L'aîné des fils n'est pris que par les extrémités; le plus jeune est entouré plusieurs fois, et sa poitrine surtout est serrée; par le mouvement du bras droit il cherche à se dégager; de sa main gauche il repousse doucement la tête du serpent, pour l'écarter et empêcher qu'il ne forme un cercle de plus autour de sa poitrine; le serpent est sur le point de glisser sous la main, mais il ne la mord point. En revanche, le père veut se délivrer par la force, lui et ses fils, de ces enlacements; il serre l'autre serpent, et celui-là, irrité, le mord dans le flanc.

Pour expliquer la pose du père, soit dans l'ensemble soit dans toutes les parties du corps, il me semble que le mieux est de présenter la douleur instantanée de la blessure comme la cause principale de tout le mouvement. Le serpent n'a pas mordu, il mord, et dans une partie délicate au-dessus et un peu en arrière de la hanche. La position de la tête restaurée du serpent n'a jamais bien exprimé la véritable morsure. Heureusement les restes des deux mâchoires se sont conservés dans la partie postérieure de la statue. Pourvu que ces vestiges si importants n'aient pas péri dans le triste changement actuel! Le serpent fait à l'infortuné une blessure dans la partie du corps où l'homme est très-sensible à la moindre atteinte, où même un chatouillement léger provoque le mouvement que nous voyons produit ici par la blessure. Le corps fuit de l'autre côté, le ventre se contracte, l'épaule s'abaisse, la poitrine ressort, la tête se penche du côté blessé, et, comme le reste de la situation ou de l'action précédente se montre encore dans les pieds, qui sont enchaînés, et dans les bras, qui combattent, il en résulte une combinaison de lutte et de fuite, d'action et de souffrance, d'effort et de relâchement, qui ne pouvait guère se rencontrer dans d'autres conditions. On est confondu de la sagesse des artistes, si l'on essaye d'appliquer la morsure à une autre partie du corps. Toute l'attitude serait changée et l'on ne peut d'aucune façon l'imaginer plus convenable. Ceci est donc fondamental : l'artiste a mis sous nos yeux un effet sensible : il nous en montre aussi la cause sensible. Le point de la morsure détermine, je le répète, les mouvements actuels des membres, la fuite des parties inférieures, la contraction du ventre, la saillie de la poitrine, l'abaissement des épaules et de la tête ; je vois même tous les traits du visage déterminés par cette atteinte momentanée, douloureuse, inattendue.

Mais je suis loin de briser l'unité de la nature humaine, de nier le concours des forces intellectuelles de cet homme aux formes admirables, de méconnaître les efforts et les douleurs d'une grande nature. L'angoisse, la peur, l'effroi, l'amour paternel, me semblent circuler aussi dans ces veines, monter dans cette poitrine, sillonner ce front. Je me plais à reconnaître que la souffrance morale est exprimée au plus haut degré avec la souffrance physique : toutefois il ne faut pas reporter trop vivement sur l'ouvrage même l'effet qu'il produit sur nous; que surtout on ne voie pas un effet du poison dans un corps que saisissent en cet instant même les dents du serpent; qu'on ne voie aucune agonie dans un corps superbe, résistant, sain, à peine blessé. Qu'on me permette ici une observation importante pour l'art plastique : la plus haute expression pathétique qu'il puisse présenter se déploie sur le passage d'un état à un autre. Qu'on voie un enfant vif, qui court, saute et se divertit avec toute l'énergie et le plaisir de la vie, et qui est soudain frappé rudement par un camarade, ou qui éprouve une atteinte violente, physique ou morale, cette nouvelle sensation se communique à tous les membres comme une décharge électrique, et ce brusque passage est pathétique au plus haut point : c'est une opposition dont on n'a aucune idée sans expérience. Là, l'homme moral agit manifestement aussi bien que l'homme physique. Si dans une pareille transition la trace distincte de l'état précédent subsiste encore, il en résulte le plus magnifique sujet pour l'art plastique, comme c'est le cas dans le Laocoon, où la lutte et la souffrance sont réunies dans un même instant. C'est ainsi, par exemple, qu'Eurydice, mordue au talon par un serpent qu'elle a foulé au moment où elle traverse gaiement la prairie en portant ses fleurs, ferait une statue très-pathétique, si l'on savait exprimer non-seulement par les fleurs qui tombent, mais aussi par la direction de tous les membres et le mouvement incertain des plis de la robe, le double état d'une marche joyeuse et d'un arrêt douloureux.

Après avoir compris dans ce sens la figure principale, nous pouvons juger d'un regard libre et sûr les rapports, les dégradations et les contrastes de toutes les parties de l'ouvrage entier.

Le sujet est un des plus heureux qu'on puisse imaginer. Des hommes sont en lutte avec des animaux dangereux, qui agissent non pas comme masses violentes, mais comme forces divisées, qui ne menacent pas d'un seul côté, n'exigent pas une défense ramassée, mais qui, grâce à leur organisation étendue, sont en état de paralyser plus ou moins trois personnes sans les blesser. Par ce moyen de la paralysie, un certain repos, une certaine unité, sont déjà répandus sur l'ensemble si mouvementé. L'action des serpents est représentée avec gradation. L'un ne fait qu'envelopper, l'autre est provoqué et blesse son adversaire.

Les trois personnes sont aussi très-heureusement choisies. C'est d'abord un homme bien fait et robuste, mais qui a déjà passé les années de la plus grande énergie, capable cependant de résister à la douleur et à la souffrance. Mettez à sa place un robuste jeune homme, et le groupe perdra toute sa valeur. Avec lui souffrent deux adolescents qui, même proportion gardée, sont petits auprès de lui; ce sont encore deux natures accessibles à la douleur. Le plus jeune résiste sans force; il est angoissé, mais non pas blessé; le père résiste avec force, mais sans effet; sa résistance produit même l'effet contraire : il provoque son ennemi et il est blessé. L'aîné des fils est le plus légèrement embrassé; il ne sent ni étouffement ni douleurs; il s'effraye de la blessure et du mouvement soudain de son père; il crie, en même temps qu'il cherche à dérouler de son pied la queue du serpent. Il est donc là encore un observateur, un témoin compatissant de l'action, et l'œuvre est complète.

Ce que j'ai déjà touché en passant, je veux le faire observer encore, c'est que les trois figures expriment toutes une double action, si diversement qu'elles soient occupées. Le plus jeune fils veut se dégager en élevant le bras droit, et de la main gauche il repousse la tête du serpent; il veut se soulager du mal présent et empêcher le mal plus grave. C'est toute l'activité qu'il peut déployer encore dans ses chaînes. Le père s'efforce de se délivrer des serpents, et le corps fuit en même temps devant la morsure soudaine. L'aîné des fils est saisi d'horreur en voyant le mouvement de son père, et il cherche à se délivrer du serpent qui l'enlace légèrement.

Nous avons déjà signalé le point suprême du moment représenté comme un grand mérite de cet ouvrage : c'est de quoi nous avons à dire encore quelques mots.

Nous avons supposé que des serpents naturels ont enlacé pendant le sommeil un père avec ses fils, afin d'avoir devant nous une gradation dans l'étude des moments. Les premiers instants de l'enlacement pendant le sommeil sont menaçants, mais insignifiants pour l'artiste. On pourrait représenter un jeune Hercule endormi, enlacé par des serpents; mais sa taille et son corps nous diraient ce que nous pouvons attendre de son réveil.

Allons plus loin et figurons-nous le père, qui se sent, comme que ce soit, enveloppé avec ses fils par les serpents : il n'y a qu'un seul moment d'intérêt suprême, c'est celui où l'un des corps est rendu impuissant par les étreintes, où l'autre se défend mais est blessé, et où le troisième conserve encore une espérance de fuite. Le premier cas est celui du plus jeune fils, le second, celui du père, le troisième, celui de l'aîné. Qu'on cherche à trouver un autre cas, qu'on cherche à partager les rôles autrement qu'ils sont ici distribués !

Représentons-nous l'action dès le commencement, reconnaissons qu'elle est arrivée au point culminant, et nous sentirons aussitôt, en réfléchissant aux moments qui ont suivi, que tout le groupe doit changer, et qu'on ne saurait plus trouver un instant qui soit égal à celui-là en valeur esthétique. Le plus jeune fils est étouffé par le serpent qui l'embrasse, ou, s'il le provoque, dans sa situation tout à fait désespérée, il souffre encore une morsure. Les deux éventualités sont insupportables, parce qu'elles sont un état suprême, qui ne doit pas être offert aux regards. Quant au père, ou bien il est mordu en d'autres endroits, ce qui doit changer toute sa pose, et les premières blessures sont perdues pour le spectateur, à moins qu'elles ne lui soient montrées, ce qui provoquerait son dégoût; ou bien le serpent se retournera et attaquera l'aîné des fils. Alors celui-ci est ramené sur lui-même, l'événement n'a plus de spectateur qui s'y intéresse; la dernière lueur d'espérance disparaît du groupe; ce n'est pas une scène tragique, c'est une scène cruelle. Le père, qui repose maintenant dans sa grandeur et sa souffrance, devrait se tourner vers son fils et deviendrait une figure accessoire compatissante.

Dans ses douleurs et dans celles d'autrui, l'homme n'est susceptible que de trois sentiments, la crainte, la terreur et la compassion, la prévoyance inquiète d'un mal qui s'approche, le sentiment inattendu d'une douleur présente, et la sympathie pour une douleur durable ou passée : tous trois sont exprimés et éveillés par cet ouvrage, et cela avec les dégradations les plus convenables.

L'art plastique, qui travaille toujours pour le moment, saisira, dès qu'il choisit un sujet pathétique, le moment qui excite la terreur, tandis que la poésie s'attache à ceux qui excitent la peur et la pitié. Dans le groupe du Laocoon, la souffrance du père inspire la terreur au plus haut point ; en lui, la sculpture a accompli son œuvre souveraine; mais, soit pour parcourir le cercle de tous les sentiments humains, soit pour adoucir l'impression violente de la terreur, elle éveille la pitié pour l'état du plus jeune fils et pour l'autre la peur, en même temps qu'elle laisse encore pour lui de l'espérance. Par là les artistes ont mis, au moyen de la variété, un certain équilibre dans leur travail; ils ont adouci et élevé l'effet par les effets, et achevé un ensemble qui parle aux sens et au cœur.

Enfin, nous oserions affirmer que cet ouvrage épuise son sujet, et remplit heureusement toutes les conditions de l'art. Il nous apprend que, si le maître peut répandre sur des sujets simples et paisibles le sentiment qu'il a de la beauté, ce sentiment se montre toutefois dans son énergie et sa dignité la plus haute, quand il déploie sa force en traçant des caractères variés et qu'il sait modérer et contenir dans l'imitation artiste les éclats passionnés de la nature humaine. Les statues connues sous le nom de la famille de Niobé et le groupe du taureau Farnèse sont du petit nombre des scènes pathétiques qui nous soient restées de la sculpture antique.

D'ordinaire les modernes se sont mépris dans le choix des sujets de ce genre. Que Milon, pris par les deux mains dans un tronc d'arbre fendu, soit attaqué par un lion, l'art s'efforcera vainement d'en faire une œuvre qui inspire un intérêt pur. Une double souffrance, un effort inutile, un état désespéré, une perte certaine, ne peuvent exciter que l'horreur, s'ils ne laissent pas complétement froid.

Et, pour finir, encore un mot sur les rapports de ce sujet avec la poésie.

On est souverainement injuste envers Virgile et la poésie, quand on compare un seul instant le chef-d'œuvre le plus accompli de la statuaire avec la description épisodique de l'*Énéide*. Énée, le malheureux exilé, ayant à raconter que ses compatriotes et lui-même ont commis l'impardonnable folie de mener dans leurs murs le fameux cheval, le poëte ne doit songer qu'au moyen d'excuser cette action. Tout est disposé pour cela, et l'histoire de Laocoon n'est là qu'un argument oratoire, où l'on peut fort bien pardonner l'exagération, si elle est conforme au but. D'énormes serpents viennent de la mer; leurs têtes sont couronnées de crêtes; ils courent aux enfants du prêtre qui avait blessé le cheval, les enlacent, les déchirent, les arrosent de venin; puis ils entourent, ils enveloppent la poitrine et le cou du père, accouru pour les défendre, et ils élèvent bien haut leurs têtes triomphantes, tandis que le malheureux, sous les replis qui l'enchaînent, demande en vain du secours par ses cris. Le peuple, saisi d'horreur, s'enfuit à ce spectacle; personne ne se hasarde plus à se montrer patriote; et l'auditeur, effrayé par ce récit étrange et dégoûtant, excuse aussi les Troyens d'avoir traîné le cheval dans la ville.

L'histoire de Laocoon n'est donc dans Virgile qu'un moyen pour atteindre un grand but, et c'est encore une grande question de savoir si cet événement en soi est un sujet poétique.

LA CÈNE DE LÉONARD DE VINCI

PAR JOSEPH ROSSI. GRAND IN-FOLIO DE 264 PAGES. 1810.

(1817-1818.)

L'auteur de cet important ouvrage naquit à Milan en 1777. Doué par la nature de belles facultés, qui se développèrent de bonne heure, il montra surtout beaucoup de goût pour les arts plastiques, et paraît s'être cultivé par lui-même et par les ouvrages qui nous restent de Léonard de Vinci. Après avoir fait à Rome un séjour de seize ans, il revint dans sa ville natale, et fut nommé directeur d'une académie des arts, à laquelle il s'agissait d'imprimer une vie nouvelle.

Aussi porté à la méditation qu'au travail, il avait approfondi les principes et l'histoire de l'art, et il put en conséquence entreprendre la tâche difficile de reproduire dans une copie soigneusement méditée le célèbre tableau de la Cène par Léonard de Vinci, pour qu'on en pût faire une mosaïque, qui lui assurerait une durée perpétuelle. Il expose dans ce livre comment il a procédé, et notre dessein est de donner ici une idée de ses travaux.

Les amis des arts ont fait en général à cet ouvrage un accueil favorable, mais on s'est heureusement trouvé à Weimar en mesure d'en porter un jugement plus approfondi, parce que Bossi, n'ayant pu prendre pour base de son travail un original entièrement altéré et repeint, s'est vu forcé d'étudier à fond les copies qui en restent. Il a dessiné les têtes ainsi que les mains de trois reproductions; il a cherché à pénétrer, autant que possible, dans l'esprit de son illustre devancier et à deviner ses intentions; enfin, conduit par le jugement, le choix et le sentiment, il a terminé son travail, modèle d'une mosaïque désormais exécutée. Or tous ces dessins se trouvent à Weimar. C'est le fruit du dernier voyage de S. A. R. le grand-duc en Lombardie. La suite de cet exposé en fera apprécier la grande valeur.

SUR LA VIE DE LÉONARD DE VINCI.

Vinci, château et seigneurie du val d'Arno, près de Florence, fut possédé, vers la fin du quinzième siècle, par un seigneur nommé Pierre, qui eut, d'une mère inconnue, un fils naturel. Ce fils, nommé Léonard, déploya, dès sa plus tendre jeunesse, toutes les qualités d'un chevalier; il avait la force du corps, l'adresse à tous les exercices, la grâce et les bonnes manières; mais il fit surtout paraître un goût passionné et une grande aptitude pour les arts plastiques. Aussi fut-il envoyé de bonne heure à Florence, et donné pour élève à Berrochio, esprit méditatif, profondément versé dans la théorie. Léonard surpassa bientôt son maître dans la pratique, au point de lui faire prendre la peinture en dégoût.

L'art se trouvait alors au point où un grand talent pouvait entrer avec succès dans la carrière, et se produire dans tout l'éclat de son activité. La peinture avait déjà renoncé depuis deux siècles à la sèche roideur de l'école byzantine, et, par l'imitation de la nature, par l'expression de sentiments pieux et moraux, elle s'était élevée à une vie nouvelle. L'artiste travaillait excellemment, mais d'une manière inconsciente, il exprimait avec bonheur ce que lui inspirait son talent, les choses auxquelles son sentiment le portait, selon la mesure de son développement esthétique, mais nul ne savait encore se rendre compte des mérites et des défauts de ses ouvrages, qu'il ne laissait pas de sentir et de remarquer. Chacun a dans l'œil la vérité et le naturel, mais l'unité vivante fait encore défaut; on trouve les plus admirables dispositions, et pourtant aucun ouvrage n'est parfaitement conçu, entièrement combiné; on rencontre partout quelque chose d'accidentel, d'étranger; les principes d'après lesquels on aurait pu juger son propre travail ne sont pas encore formulés.

Telle était l'époque dans laquelle parut Léonard de Vinci, et en même temps que son habileté naturelle lui rendait facile l'imitation de la nature, son esprit profond remarqua bientôt que, derrière l'apparence extérieure, qu'il savait si heureusement reproduire, étaient cachés encore bien des mystères, qu'il devait s'efforcer sans relâche de découvrir. Il chercha donc les lois de la structure organique, la base des proportions ; il étudia les règles de la perspective, de la disposition, du coloris ; bref, il tâcha d'approfondir toutes les exigences de l'art. Mais ce qui l'intéressait surtout, c'était la diversité de la figure humaine, sur laquelle se manifeste aussi bien le caractère permanent que la passion momentanée, et ce sera le point auquel nous devrons nous arrêter le plus en étudiant le tableau de la Cène.

TRAVAUX PUBLICS DE LÉONARD.

Les troubles que la faiblesse de Pierre de Médicis fit naître à Florence chassèrent Léonard en Lombardie, où Ludovic le More, successeur de François Sforza, songeant à honorer et son devancier et lui-même par la même grandeur et la même activité, voulait illustrer son propre gouvernement par la culture des arts. Léonard fut chargé d'exécuter une statue équestre colossale.

Après plusieurs années de travail, il termina le modèle du cheval, qui excita l'admiration générale. Malheureusement, on en fit parade dans une fête, comme de l'objet le plus magnifique ; il se brisa, et l'artiste fut obligé d'en entreprendre un second. Il en vint aussi à bout. Alors les Français passèrent les Alpes. Les soldats prirent le cheval pour but de leurs exercices, et ils le détruisirent à coups de fusil. Aucune trace ne nous est restée de ces deux modèles, qui avaient coûté un travail de seize années. Nous voyons par là que la vaine ostentation et la grossière ignorance sont également funestes.

Nous ne mentionnerons qu'en passant la bataille d'Anghiari, dont il exécuta le carton à Florence, en rivalisant avec Michel-Ange, et le tableau de sainte Anne, où la Vierge, tenant son fils dans ses bras, est assise sur les genoux de sa mère.

LA CÈNE.

Portons maintenant notre attention sur le véritable objet de notre étude, la Cène, qui fut peinte sur la muraille du couvent des Dominicains à Milan. Si nos lecteurs ont sous les yeux la gravure de Morghen, elle suffira pour l'intelligence de l'ensemble et du détail.

Il faut d'abord considérer la place où le tableau est peint; car la sagesse de l'artiste s'y manifeste comme dans son foyer. Pouvait-on choisir pour un réfectoire un sujet plus noble et plus convenable qu'un repas suprême, qui devait prendre dans tout le monde, pour tous les siècles, un caractère de sainteté?

Nous avons vu dans nos voyages, il y a bien des années, cette salle encore intacte. Vis-à-vis de l'entrée, le long du côté étroit, au fond de la salle, était la table du prieur, et, de part et d'autre, les tables des moines, toutes élevées d'une marche au-dessus du plancher, et, quand le visiteur se retournait, il voyait sur la quatrième muraille la quatrième table, peinte au-dessus des portes peu élevées; à cette table, le Christ et ses disciples, absolument comme s'ils avaient fait partie de la société. Ce devait être, à l'heure du repas, un remarquable coup d'œil que ces deux tables du prieur et du Christ en regard l'une de l'autre et celles des moines comprises entre elles. Ce fut pour l'ingénieux artiste une raison de prendre comme modèles les tables des moines, telles qu'il les trouvait.

Et sans doute la nappe, avec ses plis froissés, ses rayures ouvragées et ses franges, a été prise de la lingerie du couvent; les siéges, les assiettes, les coupes et tous les autres ustensiles sont également imités de ceux dont les moines se servaient.

L'artiste n'a donc nullement visé à se rapprocher d'un costume antique incertain. Il eût fait une grande maladresse d'étendre en ce lieu la sainte assemblée sur des coussins. Elle devait être rapprochée du présent; le Christ devait célébrer la Cène chez les Dominicains à Milan.

Le tableau devait, à d'autres égards encore, produire un grand effet. Les treize figures, qui ont à peu près une fois et demie la grandeur naturelle, occupent, à dix pieds environ au-dessus du sol, une longueur de vingt-huit pieds. On n'en voit que deux tout entières aux deux bouts de la table; les autres sont des demi-figures, et l'artiste a trouvé encore ici son avantage dans la nécessité. Toute expression morale appartient exclusivement à la partie supérieure du corps, et, dans ces occasions, les pieds sont toujours un obstacle : ici l'artiste s'est assuré onze demi-figures, dont le giron et les genoux sont couverts par la table et la nappe, et dont les pieds devaient être à peine aperçus dans une ombre modeste.

Qu'on se transporte par la pensée dans cette salle ; qu'on se figure la tranquillité décente qui règne dans un réfectoire de moines tel que celui-là, et l'on admirera l'artiste, qui a répandu dans son tableau une émotion puissante, un mouvement passionné, et, en approchant le plus possible son œuvre de la nature, la met en contraste avec la réalité voisine.

Le stimulant que l'artiste emploie pour émouvoir le saint et paisible souper, ce sont les paroles du maître. « Je vous le dis en vérité, l'un de vous me trahira. » Ces paroles sont prononcées, et toute l'assemblée s'agite. Jésus penche la tête, il baisse les yeux; toute son attitude, le mouvement des bras, des mains, tout répète, avec une résignation céleste, les funestes paroles; le silence même fortifie cette déclaration: « Oui, il n'en est pas autrement, l'un de vous me trahira. »

Avant d'aller plus loin, développons un grand moyen par lequel Léonard a surtout animé ce tableau : c'est le mouvement des mains, et ce moyen, un Italien pouvait seul le trouver. Chez ses compatriotes, tout le corps est intelligent; tous les membres prennent part à toute expression du sentiment, de la passion, même de la pensée. Certains gestes et certains mouvements des mains diront, par exemple : « Que m'importe ? — Viens çà. — Cet homme est un fripon : défie-toi de lui. — Il n'a pas longtemps à vivre. — C'est là le point capital. — Messieurs, notez bien ceci, etc., etc. » Léonard, qui observait avec la plus grande attention tout ce qui était caractéristique, dut remarquer particulièrement ces habitudes nationales. Sous ce rapport, le tableau de la Cène est unique, et l'on ne peut y donner assez d'attention. Une parfaite harmonie règne entre l'expression du visage et chaque mouvement, et l'on ne peut trop louer la manière, tout aussi claire, dont les membres sont disposés et coordonnés.

A droite et à gauche du Seigneur, les figures peuvent être considérées trois à trois; c'est ainsi qu'elles ont été groupées, et pourtant mises en rapport avec celles d'alentour. A la droite du Christ et auprès de lui, se trouvent Jean, Judas et Pierre.

Pierre, le plus éloigné, après avoir entendu les paroles du Maître, s'avance précipitamment, avec l'ardeur qui le caractérise, derrière Judas, qui lève les yeux avec effroi et se penche en avant sur la table, serrant la bourse de la main droite, tandis que la gauche fait un mouvement convulsif involontaire, comme s'il voulait dire : « Qu'est-ce que cela signifie ? Que va-t-il arriver ? » Cependant Pierre a saisi de la main gauche l'épaule droite de Jean, qui est penché vers lui. Il lui indique Jésus et il invite le disciple bien-aimé à demander qui donc est le traître. Il tient de la droite un couteau, dont la pointe menace accidentellement les côtes de Judas, ce qui détermine bien à propos le mouvement d'effroi avec lequel Judas se penche en avant et renverse même une salière. Ce groupe peut être considéré comme le premier conçu ; c'est le plus parfait du tableau.

Si, à la droite du Seigneur, un mouvement modéré a exprimé la menace d'une vengeance immédiate, à sa gauche éclate une vive horreur de la trahison. Jacques le Majeur recule d'épouvante ; il ouvre les bras, saisi de stupeur, et baisse la tête, en homme qui croit voir déjà de ses yeux l'acte abominable qu'il entend de ses oreilles. On voit par-dessus son épaule Thomas, qui s'approche du Sauveur en portant à son front l'index de sa main droite. Philippe, le troisième personnage de ce groupe, l'achève avec une grâce infinie. Il s'est levé, il s'incline vers le Maître, il pose sa main sur sa poitrine, et il semble qu'on l'entende dire : « Seigneur, ce n'est pas moi ! Tu le sais. Tu connais la pureté de mon cœur. Ce n'est pas moi ! »

Les trois derniers personnages de ce côté nous fournissent de nouveaux sujets d'observation. Ils s'entretiennent sur l'affreuse nouvelle qu'ils viennent d'apprendre. Matthieu tourne vivement le visage à gauche vers ses deux interlocuteurs, en même temps qu'il tend les mains vers le Maître et, par un artifice admirable, relie le groupe au précédent. Thaddée exprime la plus violente surprise, le doute et le soupçon. Il a posé sur la table sa main gauche ouverte, et il lève la droite, comme s'il était sur le point de frapper du dos de cette main dans la gauche, mouvement qu'on observe encore chez les personnes naturelles, quand elles veulent dire, à propos des événements inattendus : « Ne l'ai-je pas dit ? Ne l'ai-je pas toujours soupçonné ? » Simon est assis, avec une grande dignité, au bout de la table, aussi le voyons-nous tout entier. Il est le plus âgé de tous ; il porte un ample et riche vêtement ; sa figure et ses gestes font voir qu'il est surpris et pensif, mais non ébranlé, à peine ému.

Portons maintenant les yeux à l'autre bout de la table : nous y voyons Barthélemy. Le pied droit croisé sur le pied gauche, les deux bras accoudés sur la table et soutenant son corps penché en avant, il paraît prêter l'oreille à ce que Jean demande au Seigneur. Car la question présentée par le disciple bien-aimé semble partir de tout ce côté de la table. Jacques le Mineur, en arrière et à côté de Barthélemy, pose la main gauche sur l'épaule de Pierre, comme Pierre sur l'épaule de Jean ; mais Jacques se borne à demander doucement une explication, tandis que Pierre menace déjà de la vengeance. Ainsi donc, comme Pierre derrière Judas, Jacques le Mineur s'avance derrière André, une des figures les plus importantes, qui, levant les bras à demi, montre les paumes des mains, expression décidée de l'horreur, qui ne paraît qu'une fois dans ce tableau, tandis qu'elle est trop souvent répétée dans d'autres ouvrages d'une conception moins ingénieuse et moins solide.

PROCÉDÉS TECHNIQUES.

Il nous reste beaucoup de choses à dire sur les figures et les physionomies, le mouvement et les costumes ; mais nous devons nous occuper d'une autre partie de notre exposé, où nous ne trouverons que matière à nous affliger. Je veux parler des moyens mécaniques, physico-chimiques et techniques dont l'artiste a fait usage pour exécuter son œuvre admirable. Les nouvelles recherches n'ont prouvé que trop clairement que le tableau fut peint à l'huile sur la muraille. Ce procédé, employé depuis longtemps avec avantage, devait plaire infiniment à un artiste comme Léonard, qui, étant né avec le plus heureux coup d'œil pour contempler la nature, s'efforçait de la pénétrer jusqu'au fond, afin de manifester l'intérieur dans l'extérieur.

Combien c'est là une grande et même une ambitieuse entreprise, c'est ce qui paraît avec évidence, quand on réfléchit que la nature travaille du dedans au dehors, et qu'elle doit d'abord se préparer à elle-même des moyens infinis avant de pouvoir, après mille tentatives, faire sortir les organes les uns des autres, les développer ensemble, pour produire une œuvre telle que la figure humaine, qui manifeste, il est vrai, extérieurement les plus hautes perfections intérieures, mais qui semble envelopper plutôt que résoudre l'énigme derrière laquelle se cache la nature.

Représenter consciencieusement l'intérieur dans l'extérieur était le vœu suprême, unique, des plus grands maîtres ; ils ne s'efforçaient pas seulement de rendre avec une vérité frappante l'idée de l'objet, ils voulaient que l'imitation fût équivalente à la nature, qu'elle lui fût même supérieure sous le rapport de l'effet. Or cela exigeait avant tout le plus grand détail, et l'on ne pouvait y arriver que par degrés. Il était d'ailleurs indispensable qu'on pût retoucher, et donner un nouveau coup de pinceau : ces avantages, et bien d'autres, on les trouve dans la peinture à l'huile.

On a donc reconnu, après d'exactes recherches, que Léonard avait enduit avec un fer chaud la crépissure d'un mélange de mastic, de poix et d'autres ingrédients. Ensuite, pour obtenir un fond parfaitement uni, et une plus grande sûreté contre les influences extérieures, il avait passé sur le tout une couche légère de blanc de plomb et une fine argile jaune. Mais ces soins mêmes paraissent avoir nui à l'ouvrage ; en effet, si, dans les commencements, quand les couleurs du tableau avaient assez de nourriture, cette dernière et légère couche huileuse en prit sa part et se maintint quelque temps ; lorsque, avec le temps, l'huile vint à se dessécher, l'enduit perdit également de sa force et commença à se gercer ; parce que l'humidité de la muraille y pénétra et produisit d'abord la moisissure, qui effaça peu à peu le tableau.

EMPLACEMENT.

Mais ce qui provoque des réflexions encore plus tristes, c'est que, le tableau une fois achevé, on put en prédire la destruction, vu la nature et la situation de l'édifice. Soit dessein, soit caprice, le duc Ludovic avait obligé les moines de rebâtir dans ce lieu défavorable leur monastère tombé en ruine. D'ailleurs il fut mal construit et comme par corvées. On voit dans le vieux cloître de misérables colonnes, négligemment travaillées, de grands arceaux alternant avec de petits, des tuiles inégales, ébréchées, des matériaux de vieux édifices démolis. Si l'on traita de la sorte les parties extérieures, exposées aux regards, on peut présumer que les murs intérieurs, qui devaient être crépis, furent bâtis plus mal encore. On y employa probablement des briques effleuries et d'autres pierres pénétrées de sels nuisibles, qui absorbaient et exhalaient ensuite la funeste humidité du local. Ajoutons que la malheureuse muraille à laquelle un si grand trésor était confié regardait le nord et se trouvait dans le voisinage de la cuisine, de l'office, du dressoir. Quel dommage qu'un artiste si prévoyant, qui ne pouvait assez choisir et préparer ses couleurs, assez clarifier ses vernis, se soit vu forcé par les circonstances de négliger ou de trop peu considérer l'emplacement qui devait recevoir le tableau, circonstance capitale de laquelle tout dépend!

Si du moins le couvent se fût trouvé sur une hauteur, le mal ne serait pas arrivé à ce point. Mais l'édifice, et surtout le réfectoire, est placé si bas qu'en 1800, après de longues pluies, l'eau s'y éleva à la hauteur de trois palmes, ce qui nous autorise à conclure que l'effroyable inondation de 1500 s'y étendit également. Quelques soins que les ecclésiastiques aient pris alors pour sécher la salle, les murailles ne restèrent que trop pénétrées d'humidité. Et cela arriva dès le temps où Léonard travaillait encore à son tableau.

Environ dix ans après que l'ouvrage fut terminé, une affreuse peste envahit la bonne ville. Comment peut-on prétendre que les religieux, abandonnés de tout le monde, en danger de mort, aient dû prendre soin du tableau de leur réfectoire?

Les troubles de guerre et tant d'autres adversités, qui assaillirent la Lombardie dans la première moitié du seizième siècle, firent aussi négliger complétement les ouvrages d'art; et le nôtre, grâce aux défauts intérieurs que nous avons signalés, surtout ceux de la muraille, de l'enduit, peut-être du genre même de la peinture, était déjà livré à la destruction. Dès le milieu du seizième siècle, un voyageur dit que l'ouvrage est à moitié dégradé; un autre n'y voit qu'une tache sombre; on déplore déjà le tableau comme perdu; on assure qu'on le voit à peine et mal; quelqu'un déclare qu'on n'y voit plus rien. Et c'est ainsi que s'expriment tous les écrivains postérieurs.

Cependant le tableau était toujours là; il n'était plus qu'une ombre de lui même, toutefois cette ombre existait. Dès lors on commence à craindre de le perdre entièrement; les crevasses augmentent, elles se rencontrent, et la grande et précieuse surface, qui éclate en mille petites croûtes, menace de tomber morceau par morceau. Le cardinal Frédéric Borromée s'en émeut et, en 1612, il commande une copie, que nous mentionnons préalablement avec reconnaissance.

BESOIN CROISSANT.

Mais ce n'est pas seulement le laps du temps, joint aux circonstances que nous avons rapportées, ce sont les possesseurs eux-mêmes, ceux qui auraient dû garder et protéger ce chef-d'œuvre, ce sont eux qui lui causèrent le tort le plus grave, et, par là, couvrirent leur mémoire d'une honte éternelle. La porte par laquelle ils entraient dans le réfectoire leur parut trop basse; elle faisait symétrie avec une autre, pratiquée dans le socle sur lequel reposait le tableau. Les moines demandèrent une entrée majestueuse dans ce lieu, qui leur était si cher.

Une porte beaucoup plus grande qu'il n'était nécessaire fut ouverte dans le milieu, et, sans aucun respect pieux ni du peintre ni des saints personnages qu'il avait représentés, les moines détruisirent les pieds de quelques apôtres et du Christ lui-même. Et c'est là proprement que commence la ruine du tableau. En effet, comme, pour former un cintre, il fallut pratiquer dans le mur une ouverture beaucoup plus grande que la porte, on perdit une plus grande partie de la surface du tableau. D'ailleurs les coups de pic et de marteau l'ébranlèrent dans son véritable champ; en plusieurs endroits la croûte tomba et l'on refixa les morceaux avec des clous.

Plus tard une nouvelle insulte au bon goût assombrit la peinture. On fixa au plafond un écusson *seigneurial*, qui, touchant presque la tête du Christ, resserrait et déshonorait par en haut la personne du Seigneur, comme la porte par en bas.

Dès ce temps là, on parla toujours plus de la restauration du tableau. Elle fut entreprise fort tard. Quel véritable artiste se serait hasardé à prendre sur lui une pareille responsabilité? Malheureusement, en 1726, Bellotti offrit ses services. C'était un pauvre artiste, qui, selon l'ordinaire, ne manquait pas de prétentions. En vrai charlatan, il se vanta de posséder un secret avec lequel il se chargeait de rendre à la vie la peinture effacée. Un petit essai éblouit les moines ignorants; le trésor est livré à l'entrepreneur, qui l'entoure aussitôt d'une paroi de planches, et, caché derrière, il repeint de sa main profane le tableau du haut en bas. Les pauvres moines admirent le secret qu'il leur communique pour les aveugler entièrement, et qui n'était autre chose qu'un vernis ordinaire. « C'était, leur dit-il, une ressource infaillible pour l'avenir. »

S'ils firent encore usage de ce précieux moyen quand le tableau vint de nouveau à s'assombrir, c'est ce qu'on ne sait pas; mais il est certain qu'on lui fit subir encore quelques restaurations partielles, et l'on y employa la détrempe, comme on peut l'observer encore en quelques places.

Cependant le tableau se dégradait toujours davantage, et la question de savoir à quel point on pouvait encore le conserver fut, entre les artistes et les administrateurs, le sujet de nombreux débats. De Giorgi, artiste modeste, d'un talent moyen, mais exclusif et enthousiaste, appréciateur de l'art véritable, refusa de mettre la main où Léonard avait mis la sienne.

Enfin, en 1770, sur un ordre donné à bonne intention, mais aveuglément, par la condescendance d'un prieur courtisan, l'affaire fut remise à un certain Mazza. Cet homme bâcla l'ouvrage de la bonne manière. Le peu de parties originales qui restaient, quoique deux fois altérées par une main étrangère, gênaient son hardi pinceau : il les gratta avec le fer, et se ménagea des places unies pour ses barbouillages téméraires. Plusieurs têtes furent même traitées de la sorte.

Les amis de arts se révoltèrent. On blâma publiquement les protecteurs et les protégés. Des esprits vifs et singuliers attisèrent le feu; la fermentation fut générale. Mazza, qui avait commencé son travail à la droite du Sauveur, s'arrêta, comme il travaillait à la gauche, et ne toucha pas aux têtes de Matthieu, de Thaddée et de Simon. Là encore, il se proposait de repeindre le travail de Bellotti et de lui disputer le nom d'un Érostrate. Mais la destinée voulut qu'après que le prieur complaisant eut accueilli une renommée étrangère, son successeur, amateur des arts, ne balançât pas un moment à éloigner Mazza, et cette décision sauva les trois têtes, en ce sens qu'on peut juger par elles le travail de Bellotti. C'est probablement cette circonstance qui fit dire qu'il restait encore trois têtes du travail original.

Depuis cette époque, on discuta souvent, mais on ne fit rien de plus. Et quel autre embaumement aurait-on pu pratiquer encore sur un cadavre de trois cents ans? En 1796, l'armée française franchit les Alpes d'une marche victorieuse. Elle était commandée par le général Bonaparte. Jeune, avide de gloire et à la recherche des choses renommées, il fut attiré par le nom de Léonard de Vinci dans le lieu, qui subsiste encore. Il ordonna sur-le-champ qu'on n'y logeât point de soldats et qu'on n'y causât aucun dommage. Il signa l'ordre sur son genou avant de monter à cheval. Bientôt après, un autre général n'eut aucun égard pour cet ordre; il fit enfoncer la porte et transforma la salle en écurie.

La toilette de Mazza avait déjà perdu son éclat, et la transpiration des chevaux, plus pernicieuse que la fumée des mets de l'office monacal, ayant couvert incessamment les murailles, produisit sur le tableau une nouvelle moisissure; l'humidité devint si forte qu'elle ruisselait et marqua son passage par des traces blanches. Plus tard, par un nouvel abus, on fit de cette salle un magasin à foin, puis on la consacra à d'autres services militaires.

Enfin l'administration parvint à la fermer et même à la murer, en sorte que, pendant un long temps, les personnes qui voulaient voir la Cène devaient monter par une échelle dans la chaire, accessible du dehors, d'où le lecteur édifiait les moines pendant le repas.

En 1800, survint la grande inondation: elle fit de la salle un marais. En 1801, sur la proposition de Bossi, qui s'y trouvait autorisé comme secrétaire de l'Académie, une porte fut ouverte et le conseil d'administration promit ses soins pour l'avenir. Enfin, en 1807, le vice-roi d'Italie ordonna que la salle fût restaurée et respectée. On posa des fenêtres et une partie du carrelage; on dressa des échafaudages, pour examiner s'il y avait encore quelque chose à faire. On rejeta la porte dans le côté, et, depuis lors, on ne trouve aucun changement remarquable, quoique le tableau paraisse plus ou moins sombre à l'observateur attentif, selon l'état de l'atmosphère. Puisque l'ouvrage est, on peut dire, perdu, que du moins la trace en soit désormais conservée, comme un triste et pieux souvenir!

DES COPIES EN GÉNÉRAL.

Avant d'en venir aux copies de notre tableau, dont on compte une trentaine, disons quelques mots des copies en général. Elles ne furent pas en usage avant que tout le monde eût reconnu que l'art avait atteint son point culminant. Alors les faibles talents, contemplant les ouvrages des grands maîtres, désespérèrent de produire par leurs propres forces, soit d'après nature, soit d'imagination, quelque chose de pareil; l'art devint un métier, et il commença à répéter ses propres créations. Cette incapacité de la plupart des artistes ne fut pas un mystère pour les amateurs, qui, ne pouvant s'adresser toujours aux premiers maîtres, appelèrent et payèrent des talents inférieurs, et, pour ne pas en recevoir quelque chose de tout à fait manqué, pour être jusqu'à un certain point bien servis, aimèrent mieux leur commander des copies d'ouvrages d'un mérite reconnu. Les amateurs et les artistes favorisèrent cette nouvelle habitude par lésinerie et par précipitation, et l'art s'abaissa de propos délibéré à copier par principe.

Dans le quatorzième et le quinzième siècles, les artistes avaient d'eux-mêmes et de l'art une haute idée, et ils ne se résignaient guère à répéter les inventions d'autrui. Aussi ne voit-on de ce temps-là point de véritables copies : circonstance que doit bien remarquer tout homme qui cultive l'histoire de l'art. Les arts inférieurs se servaient bien pour de petits travaux de plus grands modèles, comme cela est arrivé dans le guillochis et d'autres ouvrages d'émailleur; et quand des motifs religieux ou autres faisaient demander une reproduction, on se contentait d'une imitation inexacte, qui exprimait à peu près l'action et le mouvement de l'original, sans qu'on observât soigneusement la forme et la couleur. C'est pourquoi on ne trouve dans les plus riches galeries aucune copie antérieure au seizième siècle.

Mais le temps vint où un petit nombre d'hommes extraordinaires (parmi lesquels notre Léonard est rangé sans conteste, et considéré comme le plus ancien) portèrent la peinture, dans chacune de ses parties, au point de la perfection. On apprit à mieux voir et à mieux juger, et désormais la demande de copies d'excellents ouvrages ne fut pas difficile à satisfaire, surtout dans les écoles où se pressaient beaucoup d'élèves, et où les ouvrages du maître étaient très-recherchés. Toutefois les demandes se bornèrent dans ce temps-là aux petits ouvrages, qu'on peut aisément comparer avec l'original et apprécier. Quant aux grands travaux, il en fut tout autrement, alors comme plus tard, parce que l'original ne se peut confronter avec la copie : aussi ces commandes sont-elles rares. L'art et les amateurs se contentèrent donc d'imitations en petit, où on laissait au copiste beaucoup de liberté, et les suites de cet arbitraire se montrèrent outre mesure dans le peu de cas où l'on demanda des copies en grand, qui étaient presque toujours des copies de copies, et même faites d'après des copies réduites, exécutées loin de l'original, souvent d'après de simples dessins ou peut-être même de mémoire. Alors se multiplièrent les peintres à la douzaine, qui travaillaient à vil prix. On faisait parade de peinture; le goût déclina; les copies furent toujours plus nombreuses; elles obscurcissaient les murs des antichambres et des escaliers; des commençants faméliques vivaient d'un chétif salaire, en reproduisant sur toute échelle les ouvrages les plus importants; beaucoup de peintres passaient même toute leur vie à copier. Cependant on voyait encore dans chaque copie quelque divergence, qu'il faut attribuer au caprice de l'amateur ou du peintre, et peut-être à la prétention de se montrer original.

Ajoutons encore la demande de tapisseries, où la peinture ne semblait dignement enrichie que par l'or, et où l'on tenait pour maigres et misérables les plus admirables tableaux, parce qu'ils étaient sérieux et simples. C'est pourquoi le copiste ajoutait dans le fond des fabriques et des paysages, des ornements aux habits, des rayons d'or ou des couronnes autour des têtes, puis des enfants, des animaux de formes bizarres, des chimères, des grotesques et d'autres folies. Souvent aussi le cas se présentait, qu'un artiste, qui se croyait inventeur, recevait d'un amateur, qui ne savait pas estimer son talent, la commission de copier un ouvrage étranger, et, le faisant avec répugnance, voulait aussi par-ci par-là se montrer original, et changeait ou ajoutait selon les inspirations de sa science et peut-être aussi de sa vanité. Ces changements étaient aussi demandés quelquefois par le temps et le lieu. On se servait de telle ou telle figure pour un but tout différent de celui auquel le premier auteur l'avait destinée. Les peintures profanes étaient transformées en peintures sacrées avec quelques garnitures; des dieux et des héros païens devaient se résigner à être des évangélistes et des martyrs. Souvent aussi l'artiste, après avoir copié dans un tableau célèbre quelque figure pour s'exercer et s'instruire, y ajoutait quelque chose de son invention pour en faire un tableau de vente. Enfin, on peut aussi attribuer en partie à l'invention et à l'abus de la gravure la décadence de l'art, parce que la gravure offrit en foule aux peintres médiocres des inventions étrangères, en sorte que personne n'étudia plus, et que la peinture finit par tomber au point d'être confondue avec les travaux mécaniques. Les gravures étaient déjà différentes des originaux, et qui les copiait multipliait le changement selon son idée ou son caprice, ou le caprice et l'idée d'autrui. Il en alla de même pour les dessins : les artistes esquissaient pour eux les objets les plus remarquables de Rome et de Florence, afin de les reproduire arbitrairement une fois qu'ils seraient chez eux.

COPIES DE LA CÈNE.

Ce qui précède fera bien juger ce qu'on peut plus ou moins attendre des copies de la Cène, quoique les plus anciennes soient contemporaines du tableau, parce que l'ouvrage fit une grande sensation et que d'autres couvents en demandèrent de pareils.

Des copies citées par l'auteur, trois seulement nous occuperont ici. Cependant il en est une quatrième qui leur a servi de base, et nous devons par conséquent en dire d'abord quelques mots.

Marcus d'Oggiono, élève de Léonard de Vinci, n'avait pas un vaste talent ; cependant il acquit le mérite de son école, surtout dans les têtes, sans se montrer pourtant toujours égal à lui-même. Il fit vers 1510 une copie en petit, afin de l'utiliser ensuite en grand. Suivant l'usage du temps, elle n'était pas tout à fait exacte, mais il la prit pour base d'une plus grande, qui se trouve à la muraille du couvent de Castellazzo, maintenant aboli, et toujours dans le réfectoire des anciens moines. Tout y est soigneusement travaillé, mais l'arbitraire accoutumé règne dans les accessoires. Et quoique Bossi n'en dise pas beaucoup de bien, il ne nie pas que ce ne soit un monument considérable, et que le caractère de plusieurs têtes, quand l'expression n'en est pas exagérée, ne mérite des éloges. Bossi l'a calquée.

Une deuxième copie est une fresque qu'on voit à Ponte Capriasca. On la rapporte à l'an 1565, et on l'attribue à Pierre Lovino. Elle a ceci de particulier que les noms des figures y sont inscrits, précaution qui nous aide à caractériser d'une manière sûre les différentes physionomies.

Nous avons exposé avec assez de détails la destruction graduelle de l'original. Il était déjà en fort mauvais état en 1612, quand le cardinal Frédéric Borromée, amateur zélé des beaux-arts, essaya de prévenir la perte totale de l'ouvrage et chargea un Milanais, André Bianchi, surnommé Vespino, d'en faire une copie de la même grandeur. Cet artiste s'essaya d'abord sur quelques têtes seulement ; elles réussirent, il passa outre et copia toutes les figures, mais une à une, et il les groupa ensuite avec tout le soin possible. Le tableau se trouve encore actuellement dans la bibliothèque Ambrosienne à Milan, et il a été la base principale de la nouvelle copie, exécutée par Bossi. Voici à quelle occasion celle-ci fut entreprise.

LA NOUVELLE COPIE.

Le royaume d'Italie était proclamé, et, à l'exemple de Ludovic Sforza, le prince Eugène voulut signaler le début de sa vice-royauté par l'encouragement des beaux-arts. Ludovic avait commandé à Léonard le tableau de la Cène, Eugène résolut de faire revivre, autant que possible, dans un nouvel ouvrage celui que trois siècles avaient détruit ; mais, pour que le nouveau travail fût impérissable, il devait être exécuté en mosaïque.

Bossi est chargé de ce travail et il commence dès les premiers jours de mai 1807. Il juge convenable d'exécuter un carton de même grandeur. Il reprend les études de sa jeunesse et s'attache entièrement à Léonard ; il étudie ses œuvres et surtout ses écrits, parce qu'il est convaincu qu'un homme qui a produit de si excellents ouvrages doit avoir travaillé d'après les principes les mieux arrêtés et les meilleurs. Il avait calqué les têtes et quelques autres parties de la copie de Ponte Capriasca, les têtes et les mains de la copie de Castellazzo et de celle de Bianchi. Il dessine ensuite tout ce qui reste de Léonard lui-même et aussi de quelques contemporains. Il se procure toutes les autres copies encore existantes, dont il apprend à connaître vingt-sept de près ou de loin ; des dessins et des manuscrits de Vinci lui sont obligeamment communiqués de toutes parts.

Dans la composition de son carton, il s'attache surtout à la copie Ambrosienne : c'est la seule qui soit aussi grande que l'original. Bianchi avait cherché, au moyen de fils croisés et de papier transparent, à donner une imitation très-exacte, et il avait travaillé incessamment en présence de l'original, qui, déjà très-endommagé, n'était pourtant pas encore repeint.

A la fin d'octobre 1807, le carton est achevé ; une toile d'une seule pièce et de même grandeur est tendue, et tout l'ensemble aussitôt dessiné dessus. Alors, afin de régler un peu ses teintes, Bossi peignit le peu de ciel et de paysage qui, à cause de la situation élevée et de la pureté des couleurs, était resté frais et brillant dans l'original. Ensuite il ébauche les têtes de Christ et des trois apôtres à sa gauche. Pour ce qui regarde les vêtements, il commence par peindre ceux dont il a pu constater plus tôt les couleurs, afin de choisir ensuite les autres d'après les principes du maître et d'après son goût personnel. C'est ainsi qu'il parvint à couvrir toute la toile, dirigé par une méditation attentive, donnant à ses couleurs des tons élevés et vigoureux.

Malheureusement l'humidité de ce lieu inhabité lui fit contracter une maladie, qui le força de suspendre ses travaux ; mais il profita de cet intervalle pour mettre en ordre les dessins, les gravures, les écrits, qui se rapportaient soit à la Cène de Léonard de Vinci, soit à ses autres ouvrages. La bonne fortune fit parvenir dans ses mains une collection de dessins à la plume, qui venait du cardinal César Monti, et qui renfermait, parmi d'autres trésors, des choses excellentes de Léonard lui-même. Bossi étudia aussi les écrivains contemporains de ce maître, pour mettre à profit leurs avis et leurs vœux ; enfin il porta de tous côtés ses regards sur ce qui pouvait lui être avantageux. C'est ainsi qu'il utilisa son état maladif et qu'ayant enfin recouvré ses forces, il put se remettre à l'ouvrage.

Tous les artistes, tous les amateurs, voudront lire comment il a procédé dans le détail, comment il a approfondi les caractères des physionomies, leur expression et jusqu'aux mouvements des mains, comment il les a reproduits. Il considère également les ustensiles de table, la chambre, le fond, et montre qu'il ne s'est décidé sur aucune partie sans les plus fortes raisons. Quelle peine ne se donne-t-il pas pour placer régulièrement les pieds sous la table, cette partie de l'œuvre étant depuis longtemps détruite dans l'original et négligemment traitée dans les copies!

Jusqu'ici nous avons donné une idée générale de l'ouvrage du chevalier Bossi; nous l'avons traduit et abrégé dans le détail; nous avons accueilli son exposé avec reconnaissance; nous avons partagé sa conviction, admis son opinion, et, quand nous y avons intercalé quelque chose, nous l'avons fait d'accord avec ce qu'il avance. Mais, à présent qu'il est question des principes qu'il a suivis dans l'exécution de sa copie, de la voie qu'il a prise, nous sommes amenés à nous éloigner un peu de lui. Nous trouvons aussi qu'il a essuyé bien des attaques, que ses adversaires l'ont traité durement, que ses amis eux-mêmes se sont écartés de lui, et cela nous conduit du moins à douter si nous devons tout approuver ce qu'il a fait. Néanmoins comme il n'est plus de ce monde, qu'il ne peut plus se défendre, plus soutenir ses raisons, c'est notre devoir de le justifier ou du moins de l'excuser autant que possible, en rejetant sur les circonstances dans lesquelles il a travaillé ce qu'on met à sa charge, et en cherchant à démontrer que ses décisions et ses actes lui ont été imposés plutôt qu'ils ne sont émanés de lui.

Les œuvres d'art comme celle-là, qui doivent frapper les yeux, faire sensation et même exciter l'étonnement, sont d'ordinaire exécutées dans des proportions colossales. Dans son tableau de la Cène, Léonard dépasse déjà de moitié la grandeur naturelle; les figures étaient calculées pour neuf pieds, et quoique douze soient assises, ou que, placées derrière la table, elles doivent être considérées comme des demi-figures; qu'une seule soit debout, mais courbée, le tableau, même à une distance considérable, doit avoir été d'un effet prodigieux. C'était ce qu'on voulait reproduire, sinon dans les détails avec une délicatesse caractéristique, du moins dans l'ensemble avec une vive énergie.

Pour le public, c'était un prodige qu'on annonçait. Un tableau de vingt-huit pieds de long sur dix-huit pieds de haut, devait être composé de mille et mille petits morceaux de verre, après qu'un artiste ingénieux aurait copié soigneusement tout l'ouvrage, l'aurait médité, et, appelant à son aide tous les moyens matériels et intellectuels, aurait reproduit du mieux possible l'ouvrage perdu. Et pourquoi douter qu'une pareille entreprise pût s'exécuter au moment où l'État éprouvait une transformation mémorable? Pourquoi l'artiste n'aurait-il pas été entraîné à produire dans une pareille époque ce qui aurait pu sembler absolument impraticable en temps ordinaire?

Une fois qu'il fut résolu que la copie serait de même grandeur que l'original, Bossi, qui s'était chargé du travail, nous paraît excusable de s'être arrêté à la copie de Vespino. L'ancienne copie de Castellazzo, à laquelle on reconnaît justement de grands avantages, est notablement plus petite que l'original. Si l'artiste avait voulu s'en servir exclusivement, il aurait dû agrandir les corps et les têtes, travail inimaginable, le dernier surtout, comme le savent fort bien tous les connaisseurs.

On a reconnu depuis longtemps qu'il n'appartient qu'aux plus grands maîtres de peindre dans des proportions colossales la figure humaine. Le corps humain, et surtout le visage, est réduit, d'après les lois de la nature à une certaine dimension, qu'il ne doit pas excéder, pour paraître régulier, caractéristique, beau, spirituel. Essayons de nous regarder dans un miroir concave, et nous serons effrayés de l'objet uniforme, inanimé, inculte, qui s'offre à nous comme une tête de Méduse. Il arrive quelque chose de pareil à l'artiste sous les mains duquel doit se former un visage énorme. Un tableau s'anime par le détail : or, pour représenter le détail, il faut descendre aux particularités; mais où les trouver, quand les parties se développent et se généralisent?

Nous ne pouvons plus juger du haut degré de fini que Léonard avait donné à ses têtes. Dans celles de Vespino, que nous avons sous les yeux, quelques éloges et quelque reconnaissance que nous devions à son travail, on sent un certain vide, qui délaye sous l'enflure le caractère qu'on a voulu exprimer. Cependant elles sont imposantes par la grandeur, assez hardiment exécutées, et elles doivent produire de loin un assez grand effet. Bossi les trouvait devant lui; le travail de l'agrandissement, qu'il aurait dû entreprendre à ses risques et périls d'après ses petites copies, ce travail était fait : pourquoi ne s'en serait-il pas contenté ? En homme d'un caractère vif, il s'était décidé pour ce qu'il avait devant lui; il avait rejeté complétement ce qui se trouvait à côté ou qui lui faisait obstacle : de là son injustice envers la copie de Castellazzo et sa ferme confiance dans les principes qu'il s'était faits d'après les ouvrages et les écrits du maître. Là-dessus il entra publiquement en lutte avec le comte Verri, et en désaccord, sinon en mésintelligence, avec ses meilleurs amis.

UN COUP D'ŒIL SUR LÉONARD DE VINCI.

Avant d'aller plus loin, nous avons à dire quelques mots sur la personne et les talents de Léonard. Les dons variés que lui avait faits la nature se concentraient principalement dans l'œil : de là vient qu'étant capable de tout, il se montra surtout un grand peintre. D'une taille belle et régulière, il semblait un modèle de la figure humaine, et, comme la force compréhensive et la clarté de l'œil se rapportent tout particulièrement à l'intelligence, la clarté et l'intelligence étaient éminemment propres à notre artiste. Il ne se reposait pas sur l'impulsion secrète de son talent naturel, inestimable; il ne se permettait pas un coup de pinceau arbitraire, accidentel : tout devait être médité deux fois et trois fois. De la proportion pure et constatée jusqu'aux monstres les plus étranges, formés d'un assemblage d'imaginations contradictoires, tout devait être à la fois naturel et rationnel.

C'est à sa vive et intelligente perception du monde extérieur que nous devons aussi le grand détail avec lequel il sait présenter par le langage les mouvements les plus impétueux d'événements compliqués, absolument comme s'ils pouvaient devenir des tableaux. Qu'on lise la description de la *Bataille*, de la *Tempête*, et l'on reconnaîtra qu'il est difficile de trouver des représentations plus exactes. On ne pourrait les peindre, il est vrai, mais elles indiquent au peintre ce qu'on pourrait exiger de lui.

Nous voyons donc par les écrits que notre Léonard a laissés combien son sentiment délicat et paisible était disposé à recevoir l'impression des phénomènes les plus divers et les plus animés. Ses leçons insistent d'abord sur la beauté générale des formes, puis en même temps sur l'observation attentive de toutes les déviations, jusqu'à la plus affreuse laideur. La transformation visible de l'enfance jusqu'à la vieillesse, par tous les degrés, mais surtout l'expression de la passion, depuis la joie jusqu'à la fureur, doivent être rendues d'une manière fugitive, comme elles se présentent dans la vie. Veut-on dans la suite faire usage d'une pareille représentation, il faut chercher dans la réalité une figure qui en approche, la placer dans la même position, et traiter l'idée générale qu'on a dans l'esprit exactement d'après le vif. Mais, quelques avantages que puisse offrir cette méthode, on sent bien qu'elle ne peut être employée que par le plus grand talent. En effet, comme l'artiste part de l'individuel et s'élève à l'universel, il trouvera toujours devant lui une tâche difficile, surtout s'il faut rendre l'action simultanée de plusieurs figures.

Considérons la Cène, où Léonard a représenté treize personnages, depuis le jeune homme jusqu'au vieillard, l'un paisiblement résigné, l'autre effrayé; onze, émus et irrités par la pensée d'une trahison domestique. On passe de la tenue la plus douce et la plus modeste jusqu'à la passion la plus violente. S'il fallait prendre tout cela dans la nature, quelle attention de tous les moments, quel temps ne serait pas nécessaire, pour trouver tant de détails et en former un ensemble! Il n'est donc pas invraisemblable que l'artiste ait travaillé seize ans à cet ouvrage, et qu'il n'ait pu achever ni l'Homme-Dieu ni le traître, qui, n'étant l'un et l'autre que des conceptions idéales, ne s'étaient pas offerts à ses yeux.

AU FAIT!

Si nous pesons les considérations qui précèdent, si nous réfléchissons qu'une sorte de miracle de l'art a été nécessaire pour faire approcher l'ouvrage de sa perfection; que, d'après le procédé décrit, il resta toujours dans plusieurs têtes quelque chose de problématique, qui l'est devenu davantage encore par les copies, même par la plus exacte, nous nous trouvons dans un labyrinthe, où les calques placés sous nos yeux[1] nous fournissent bien quelque lumière, mais d'où ils ne peuvent entièrement nous tirer.

Ainsi donc nous devons avouer d'abord que le traité par lequel Bossi cherche à nous rendre les copies absolument suspectes, sans porter atteinte à leur exactitude historique, que ce traité, dis-je, semble être écrit dans le but oratoire de rabaisser la copie de Castellazzo, qui, avec tous les défauts qu'elle peut avoir, a cependant, sous le rapport des têtes que nous voyons devant nous, des avantages décidés sur celle de Vespino, dont nous avons exprimé plus haut le caractère général. Pour les têtes de Marcus d'Oggiono, on y peut reconnaître évidemment l'intention de Vinci; peut-être même y a-t-il pris une part active et la tête du Christ est-elle de sa propre main. N'aurait-il pas aussi étendu aux autres têtes, si ce n'est pas à tout l'ensemble, l'influence de ses leçons et de ses conseils? Les domi-

---

1. Voyez ci-dessus, page 399.

nicains de Milan eussent-ils été assez désobligeants pour défendre qu'on prît désormais l'ouvrage pour modèle, il se trouvait dans l'école même assez d'esquisses, de dessins et de cartons, avec lesquels Léonard, qui n'avait rien de caché pour ses élèves, pouvait très-bien aider un disciple favori, qui entreprenait de faire, non loin de la ville, une imitation soignée du tableau.

Quelques mots seulement, les plus nécessaires et les plus décisifs, sur le rapport des deux copies[1]. La troisième[2], il faut la voir : des paroles ne peuvent en exprimer les mérites.

COMPARAISON.

Saint Barthélemy. Un mâle jeune homme, un profil marqué, un visage pur, recueilli, la paupière et les cils baissés, la bouche fermée, comme prêtant l'oreille avec soupçon : caractère parfaitement dessiné. Dans Vespino, aucune apparence d'une physionomie individuelle et caractéristique; une figure d'album, n'ayant rien de particulier, écoutant la bouche ouverte. Bossi a approuvé cette ouverture des lèvres et il l'a maintenue. Nous ne pouvons l'approuver.

Saint Jacques le Mineur. Encore un profil; la ressemblance de famille avec le Christ est incontestable; mais les lèvres saillantes, entr'ouvertes, lui donnent quelque chose d'individuel, qui refoule cette ressemblance. Dans Vespino, une figure de Christ, générale, académique, la bouche ouverte pour l'étonnement plutôt que pour l'interrogation. Notre assertion, que Barthélemy a la bouche fermée, se confirme par le fait que son voisin a la bouche ouverte. Léonard ne se serait pas permis cette répétition.

Saint André a lui-même aussi la bouche fermée. A la manière des personnes âgées, il presse davantage la lèvre inférieure contre celle d'en haut. Cette tête a dans la copie de Marcus quelque chose de particulier, d'inexprimable, le regard recueilli, la bouche naïve, quoique fermée. Le contour du côté

---

1. Celle de Castellazzo et celle de Bianchi (Vespino).
2. Celle de Marcus Oggiono.

gauche forme contre le fond une belle silhouette ; on voit de ce côté-là assez du front, de l'œil, du nez, de la barbe, pour que la tête s'arrondisse et prenne une vie propre. En revanche, Vespino efface entièrement l'œil gauche et ne laisse voir du front et de la barbe, du côté gauche, qu'autant qu'il en faut pour produire l'expression dure et hardie d'un visage relevé, intéressant, il est vrai, mais qui conviendrait mieux à des poings fermés qu'à des mains qui se présentent ouvertes.

JUDAS. Concentré, effrayé, regardant avec angoisse en haut et derrière lui ; le profil anguleux, sans exagération ; ce n'est point une figure repoussante, car le bon goût ne pourrait souffrir auprès d'hommes si vertueux et si purs un véritable monstre. Vespino, au contraire, en a fait un de son Judas, et l'on ne peut nier que, prise à part, cette tête n'ait beaucoup de mérite. Elle exprime vivement une joie maligne et hardie ; elle ressortirait parfaitement dans la populace, triomphante devant l'*Ecce homo* et criant : « Crucifie ! crucifie ! » Elle conviendrait aussi pour un Méphistophélès, dans le moment le plus satanique. Mais, de crainte et d'effroi unis à la dissimulation, à l'indifférence et au mépris, on n'en voit pas une trace. Les cheveux hérissés vont bien à l'ensemble ; toutefois leur exagération ne peut aller qu'avec l'énergie et la violence des autres têtes de Vespino.

SAINT PIERRE. Figure très-problématique. Elle n'offre déjà chez Marcus que l'expression de la douleur ; on ne peut y voir ni colère ni menace ; elle exprime également quelque angoisse. Il est possible que Léonard n'ait pas été ici d'accord avec lui-même, car il est difficile de faire paraître à la fois sur un visage la cordiale sympathie pour un maître chéri et la menace pour le traître. Cependant le cardinal Borromée prétend avoir vu de son temps ce prodige. Mais, si éloquentes que soient ses paroles, nous avons lieu de croire que le cardinal ami des arts a plutôt rendu son sentiment que le tableau ; autrement nous ne saurions justifier notre Vespino, dont le Pierre a une expression désagréable. Il semble un dur capucin, qui va réveiller les pécheurs par un sermon de carême. Il est étrange que Vespino lui ait donné des cheveux hérissés, tandis que le Pierre de Marcus a une belle tête frisée aux cheveux courts.

Le SAINT JEAN de Marcus est rendu tout à fait dans le sentiment de Vinci ; c'est un beau visage ovale ; les cheveux lisses descendent et se terminent en boucles allongées, infiniment gracieuses, surtout à l'endroit où elles caressent la main de Pierre, qui presse l'épaule de Jean. Ce qu'on voit de la prunelle se détourne de Pierre : observation pleine de finesse, car celui qui prête l'oreille avec un sentiment profond à son voisin, qui lui parle en secret, détourne de lui son regard. Dans Vespino, c'est un jeune homme satisfait, tranquille, presque endormi ; pas une trace de sentiment sympathique.

Passons à la gauche du Christ, et réservons pour la fin ce que nous avons à dire sur la figure du Sauveur.

SAINT THOMAS. La tête et la main droite. L'index élevé est un peu courbé vers le front, pour exprimer la réflexion. Ce mouvement, qui convient si bien au soupçon et au doute, a été méconnu jusqu'à ce jour, et l'on a déclaré menaçant un disciple méditatif. Dans la copie de Vespino, il est également assez réfléchi ; mais, l'artiste ayant encore omis l'œil droit, qui fuit, il en résulte un profil perpendiculaire, uniforme, où il n'est rien resté de cette tête de l'ancienne copie, qui se pousse en avant et qui cherche.

SAINT JACQUES LE MAJEUR. Émotion violente ; la bouche très-ouverte, l'effroi dans l'œil ; tentative originale de Léonard. Mais nous avons lieu de croire que cette tête a été aussi fort bien rendue par Marcus. Le calque est excellent. Dans la copie de Vespino, tout est perdu, pose, attitude, expression, tout a disparu et s'est fondu dans je ne sais quelle indifférente vulgarité.

SAINT PHILIPPE. Infiniment aimable. Il ressemble parfaitement aux jeunes hommes de Raphaël, qui se groupent autour de Bramante, au côté gauche de l'École d'Athènes. Malheureusement Vespino a encore effacé l'œil droit, et, comme il ne pouvait nier qu'il n'y eût là plus qu'un profil, il a fait une tête équivoque, singulièrement penchée par-dessus.

SAINT MATTHIEU. Nature jeune, confiante ; cheveux crépus ; air d'angoisse dans la bouche entr'ouverte ; les dents, visibles, expriment une sorte de légère fureur, qui s'accorde avec le mouvement passionné du visage. Il n'est rien resté de tout cela dans

Vespino. Matthieu porte devant lui un regard fixe, inanimé ; nul ne soupçonne le moins du monde le mouvement violent du corps.

Saint Thaddée. Dans Marcus, encore une tête inestimable. L'angoisse, le soupçon, le chagrin, se révèlent dans tous les traits. L'unité de cette figure émue est admirable ; elle s'accorde parfaitement avec le mouvement des mains, que nous avons expliqué. Dans Vespino tout est généralisé ; il a rendu la tête insignifiante en la tournant trop vers le spectateur, tandis que, dans Marcus, le côté gauche en forme à peine le quart, ce qui exprime à merveille le soupçon, la défiance.

Saint Simon, le plus âgé, n'est qu'un profil opposé au profil pur du jeune Matthieu. La lèvre inférieure proéminente, que Léonard aimait tant dans les vieilles figures, est ici des plus exagérées, mais elle produit avec le front sévère et surplombant un excellent effet de chagrin et de méditation, ce qui forme une opposition très-prononcée au mouvement passionné du jeune Matthieu. Dans Vespino, c'est un vieillard décrépit, débonnaire, incapable de prendre aucun intérêt à l'affaire la plus importante qui se passe en sa présence.

Après avoir considéré les apôtres, tournons-nous vers le Christ. Ici nous retrouvons la légende qui rapporte que Léonard de Vinci ne sut achever ici ni Jésus ni Judas, ce que nous croyons sans peine, car, avec sa méthode, il était impossible de mettre la dernière main à ces figures capitales. Aussi, après tous les obscurcissements que l'original a dû subir, la physionomie ébauchée du Christ devait-elle y produire un assez fâcheux effet. Que Vespino ait trouvé peu de chose, c'est ce qu'on peut conclure de ce qu'il a produit une tête colossale de Christ, tout opposée au sentiment de Vinci, sans même observer le moins du monde l'inclination de la tête, qui devait nécessairement être mise en parallèle avec celle de saint Jean. Nous ne disons rien de l'expression : les traits sont réguliers, bienveillants, intelligents, tels que nous sommes accoutumés à les voir dans le Christ, mais sans la moindre sensibilité, en sorte que nous ne saurions presque dire à quelle histoire du Nouveau Testament cette tête pourrait convenir.

Heureusement les connaisseurs nous assurent que, dans la

copie de Castellazzo, la tête du Sauveur a été peinte par Léonard lui-même, et qu'il a risqué dans un travail étranger ce qu'il n'a pas voulu entreprendre dans son propre tableau. Nous n'avons pas cette copie sous les yeux, mais nous pouvons dire que le calque répond parfaitement à l'idée qu'on se fait d'un homme généreux, oppressé d'une douleur morale dont il a voulu se soulager par un épanchement qui, loin d'alléger le mal, l'a rendu plus grave encore.

Au moyen de cette marche comparative, nous nous sommes assez approchés des procédés de l'artiste éminent, tels qu'il les a expliqués et démontrés d'une manière claire et détaillée dans ses récits et ses tableaux, et nous trouvons heureusement l'occasion de faire un pas de plus. On conserve dans la bibliothèque Ambrosienne un dessin authentique de Léonard; il est sur papier bleu, avec un peu de crayon blanc et de couleur. Le chevalier Bossi en a donné un fac-simile fort exact. C'est un noble visage de jeune homme, dessiné d'après nature, manifestement avec l'intention d'en faire usage pour la tête de Christ dans le tableau de la Cène. Des traits purs, réguliers, les cheveux unis, la tête inclinée du côté gauche, les yeux baissés, la bouche entr'ouverte, et toute la figure mise dans la plus belle harmonie par un léger trait de tristesse. Là, rien de plus, il est vrai, que l'homme qui ne dissimule pas une souffrance morale; mais comment, sans effacer cet aveu, devrait-on exprimer la sublimité, l'indépendance, la force, la puissance de la divinité? C'est une tâche difficile à remplir pour une main terrestre, quelque génie qui la guide. Dans cette figure de jeune homme, qui flotte entre le Christ et saint Jean, nous voyons une tentative suprême pour s'attacher à la nature, quand il s'agit d'exprimer le surhumain.

SUR LA VÉRITÉ ET LA VRAISEMBLANCE
DANS LES ŒUVRES D'ART.

DIALOGUE.

1798.

On avait représenté sur un théâtre d'Allemagne un édifice ovale, une sorte d'amphithéâtre, dans les loges duquel étaient peints de nombreux spectateurs, qui semblaient s'intéresser à ce qui se passait sous leurs yeux. Plusieurs spectateurs réels du parterre et des loges en furent mécontents, et trouvaient mauvais qu'on voulût leur faire accroire quelque chose de si contraire à la vérité et à la vraisemblance. A cette occasion, s'engagea à peu près la conversation suivante.

L'AVOCAT DE L'ARTISTE.

Voyons si nous ne pouvons par quelque voie parvenir à nous rapprocher.

LE SPECTATEUR.

Je ne comprends pas comment vous prétendez excuser une pareille exhibition.

L'AVOCAT.

N'est-il pas vrai que vous ne vous attendez pas, quand vous allez au spectacle, à trouver réel et véritable tout ce que vous y verrez?

LE SPECTATEUR.

Non, mais je demande que du moins tout me semble réel et véritable.

L'AVOCAT.

Excusez-moi si je vous contredis en face, et si j'affirme que vous ne le demandez pas du tout.

LE SPECTATEUR.

Voilà qui serait étrange! Si je ne le demandais pas, pourquoi le décorateur se donnerait-il la peine de tracer toutes les lignes exactement d'après les lois de la perspective, de peindre tous les objets avec une entente parfaite? Pourquoi étudierait-on le costume? Pourquoi se mettrait-on en dépense afin d'y rester fidèle, et de me transporter ainsi dans des temps reculés? Pourquoi donnerait-on plus d'éloges au comédien qui exprime les sentiments avec le plus de vérité, qui, dans le discours, la tenue et les gestes, s'approche le plus de la vérité, qui me trompe de telle sorte que je crois voir non pas une imitation, mais la chose elle-même?

L'AVOCAT.

Vous exprimez fort bien vos sensations. Cependant il est plus difficile que vous ne pensez peut-être de discerner clairement ce qu'on sent. Que direz-vous si je vous objecte que les représentations théâtrales ne vous paraissent jamais vraies, et que vous avez plutôt une simple apparence du vrai?

LE SPECTATEUR.

Je dirai que vous avancez une subtilité qui pourrait bien n'être qu'un jeu de mots.

L'AVOCAT.

Et je vous répondrai que, quand nous parlons des opérations de notre esprit, il n'y a pas de termes assez délicats et assez subtils, et que les jeux de mots de ce genre annoncent même un besoin de l'esprit, qui, dans l'impuissance où nous sommes d'exprimer tout uniment ce qui se passe en nous, s'efforce d'opérer par des antithèses, de répondre à la question de deux côtés, et, par là, de saisir en quelque sorte la chose dans le milieu.

LE SPECTATEUR.

Fort bien! mais expliquez-vous plus clairement, et, si j'ose vous le demander, expliquez-vous par des exemples.

L'AVOCAT.

Il me sera facile d'en citer à mon avantage. Par exemple, quand vous êtes à l'Opéra, ne sentez-vous pas un plaisir vif et complet?

LE SPECTATEUR.

Quand tout s'accorde bien, un des plus complets que je connaisse.

L'AVOCAT.

Mais, quand ces bonnes gens se saluent, se complimentent là-haut en chantant, chantent les billets qu'ils reçoivent, expriment en chantant leurs amours, leurs haines, toutes leurs passions, se battent et rendent l'âme en chantant, pouvez-vous dire que la représentation tout entière, ou seulement une partie, vous semble vraie, je dirai même ait la moindre apparence de vérité ?

LE SPECTATEUR.

Franchement, lorsque j'y réfléchis, je n'oserais le dire. Rien de tout cela ne me semble vrai.

L'AVOCAT.

Et pourtant vous en êtes entièrement satisfait et content?

LE SPECTATEUR.

Sans contredit. Je me souviens encore fort bien qu'on voulait naguère présenter l'opéra comme ridicule, à cause de sa grossière invraisemblance, et que malgré cela j'y trouvais le plus grand plaisir, et je l'y trouve toujours plus, à mesure qu'il devient plus riche et plus parfait.

L'AVOCAT.

Et à l'Opéra, ne vous trouvez-vous pas aussi complétement trompé?

LE SPECTATEUR.

Trompé!.... Je ne voudrais pas me servir de ce mot. Et pourtant oui !.... et pourtant non !

L'AVOCAT.

Vous voilà à votre tour dans une complète contradiction, qui semble être bien plus fâcheuse qu'un jeu de mots.

LE SPECTATEUR.

Patience ! La chose s'éclaircira.

L'AVOCAT.

Aussitôt qu'elle sera éclaircie, nous serons d'accord. Voulez-vous me permettre, au point où nous en sommes, de vous adresser quelques questions?

LE SPECTATEUR.

Puisque vos questions m'ont jeté dans cette perplexité, il est juste que vos questions m'en tirent.

L'AVOCAT.

Vous n'aimeriez pas à nommer tromperie la sensation que vous éprouvez à l'Opéra ?

LE SPECTATEUR.

Non pas volontiers, et pourtant c'en est une espèce, quelque chose qui y touche de tout près.

L'AVOCAT.

N'est-il pas vrai que vous vous oubliez peu s'en faut vous-même ?

LE SPECTATEUR.

Non pas peu s'en faut, mais complétement, quand l'ouvrage est bon dans son ensemble, ou quand une partie est bonne.

L'AVOCAT.

Vous êtes ravi ?

LE SPECTATEUR.

Cela m'est arrivé plus d'une fois.

L'AVOCAT.

Pourriez-vous dire dans quelles circonstances ?

LE SPECTATEUR.

Les cas ont été si nombreux qu'il me serait difficile de les compter.

L'AVOCAT.

Et pourtant vous l'avez déjà dit : assurément, c'est surtout quand tout s'accordait.

LE SPECTATEUR.

Sans contredit.

L'AVOCAT.

Cette exécution parfaite s'accordait-elle avec elle-même ou avec une autre production naturelle ?

LE SPECTATEUR.

C'était sans aucun doute avec elle-même.

L'AVOCAT.

Et cet accord était sans doute un ouvrage de l'art ?

LE SPECTATEUR.

Sans doute.

L'AVOCAT.

Nous refusions tout à l'heure à l'opéra une sorte de vérité, nous affirmions qu'il ne présente point d'une manière vraisemblable ce qu'il imite; mais pouvons-nous lui contester une vérité intérieure, qui résulte de l'enchaînement d'une œuvre d'art ?

LE SPECTATEUR.

Quand l'opéra est bon, il compose un petit monde à lui, dans lequel tout se passe selon certaines lois, et qui veut être jugé selon ses propres lois, senti selon ses propres qualités.

L'AVOCAT.

Ne s'ensuivrait-il pas que le vrai dans les arts et le vrai dans la nature sont complétement différents, et que l'artiste ne doit nullement viser à ce que son ouvrage paraisse proprement une œuvre de la nature ?

LE SPECTATEUR.

Cependant il nous paraît tel bien souvent.

L'AVOCAT.

Je ne veux pas le nier. Mais dois-je être sincère ?

LE SPECTATEUR.

Pourquoi pas ? Il ne s'agit pas ici de nous faire des compliments.

L'AVOCAT.

Eh bien, je ne craindrais pas de le dire, c'est aux spectateurs tout à fait incultes qu'une œuvre de l'art peut sembler une œuvre de la nature. Et ces spectateurs, l'artiste les aime aussi et les apprécie, bien qu'ils soient d'un ordre tout à fait inférieur. Malheureusement, ces spectateurs ne seront satisfaits qu'aussi longtemps que l'artiste s'abaissera jusqu'à eux ; jamais ils ne s'élèveront avec le véritable artiste, lorsqu'il doit prendre l'essor auquel le porte son génie, et donner à l'œuvre toute son ampleur et sa perfection.

LE SPECTATEUR.

Cela est singulier et pourtant plausible.

L'AVOCAT.

Vous ne le trouveriez pas plausible, si vous ne vous étiez pas déjà élevé à un degré supérieur.

LE SPECTATEUR.

Laissez-moi essayer de mettre en ordre ce que nous avons dit et d'aller plus loin. Souffrez que je vous questionne à mon tour.

L'AVOCAT.

Fort bien !

LE SPECTATEUR.

Vous dites que c'est seulement à l'homme sans culture qu'une œuvre d'art paraîtra une œuvre naturelle ?

L'AVOCAT.

Certainement. Rappelez-vous les oiseaux qui volaient aux cerises du grand artiste.

LE SPECTATEUR.

Cela ne prouve-t-il pas que ces fruits étaient peints excellemment ?

L'AVOCAT.

Point du tout, cela prouve que ces amateurs étaient de vrais moineaux.

LE SPECTATEUR.

Je ne puis m'empêcher de juger un pareil tableau excellent.

L'AVOCAT.

Vous conterai-je une histoire moderne ?

LE SPECTATEUR.

En général, j'écoute les histoires plus volontiers que les raisonnements.

L'AVOCAT.

Un grand naturaliste possédait parmi ses animaux domestiques un singe, qui disparut un jour et qu'après de longues recherches, il trouva dans sa bibliothèque. L'animal était assis par terre et avait dispersé autour de lui les gravures d'un ouvrage d'histoire naturelle qui n'était pas relié. Étonné de ce zèle studieux chez son familier, le maître s'approcha et fut bien surpris et bien affligé de voir que le singe friand avait enlevé et dévoré tous les scarabées qu'il avait vus çà et là représentés.

LE SPECTATEUR.

L'histoire est assez drôle.

L'AVOCAT.

Et j'espère qu'elle vient à propos. Vous ne mettrez pas cependant ces planches enluminées à côté du tableau d'un grand artiste.

LE SPECTATEUR.

Ce serait difficile.

L'AVOCAT.

Mais vous rangerez pourtant le singe parmi les amateurs sans culture ?

LE SPECTATEUR.

Sans doute, et de plus parmi les curieux. Vous faites naître chez moi une singulière pensée. L'amateur sans culture demanderait-il peut-être qu'une œuvre d'art fût naturelle, afin de pouvoir en jouir d'une manière naturelle, souvent grossière et commune ?

L'AVOCAT.

C'est tout à fait mon avis.

LE SPECTATEUR.

Et vous soutenez qu'un artiste s'abaisse, de poursuivre cet effet ?

L'AVOCAT.

C'est ma ferme conviction.

LE SPECTATEUR.

Mais je sens encore ici une contradiction. Vous m'avez fait l'honneur de me ranger du moins dans le nombre des amateurs à demi cultivés.

L'AVOCAT.

Parmi les amateurs qui sont en chemin de devenir connaisseurs.

LE SPECTATEUR.

Eh bien, dites-moi comment il se fait qu'une œuvre d'art parfaite me semble une œuvre naturelle ?

L'AVOCAT.

Parce qu'elle s'harmonise avec votre meilleure nature, parce qu'elle est supra-naturelle, mais non extra-naturelle. Une œuvre d'art parfaite est une œuvre de l'esprit humain, et, dans ce sens, elle est aussi une œuvre de la nature. Mais, en tant que les objets épars sont réunis et que même les plus communs sont pris dans leur valeur et leur dignité, cette œuvre est au-dessus de la nature. Elle veut être saisie par un esprit qui est né et cultivé avec harmonie, et cet esprit trouve l'excellent, le parfait en soi, conforme aussi à sa nature. C'est de quoi l'amateur vulgaire n'a aucune idée ; il traite une œuvre d'art comme une marchandise qu'il trouve au marché ; mais l'amateur éclairé ne voit pas seulement la vérité de l'imitation, il voit le mérite du choix, l'intelligence de la composition, le surhumain de ce petit monde des arts; il sent qu'il doit s'élever jusqu'à l'artiste pour jouir de l'ouvrage; il sent qu'il doit se recueillir de sa vie distraite, se familiariser avec l'ouvrage, le contempler souvent et se créer par là une plus haute existence.

LE SPECTATEUR.

Bien, mon ami! Devant ces tableaux, au théâtre et à la lecture d'autres genres de poésie, j'ai eu des sensations assez pareilles, et pressenti à peu près ce que vous demandez. A l'avenir, j'observerai encore plus attentivement et moi-même et les œuvres d'art : mais, quand j'y réfléchis, il me semble que nous nous sommes beaucoup écartés du sujet de notre conversation. Vous vouliez me persuader que je devais trouver admissibles les spectateurs peints dans notre opéra, et je ne vois pas encore, lors même que je me suis mis d'accord avec vous jusqu'ici, comment vous justifierez aussi cette licence, et à quel titre vous introduisez chez moi ces assistants peinturés.

L'AVOCAT.

Par bonheur, on redonne aujourd'hui l'opéra, et apparemment vous ne manquerez pas le spectacle?

LE SPECTATEUR.

Non, certainement.

L'AVOCAT.

Et les figures peintes?

LE SPECTATEUR.

Ne m'effaroucheront pas, parce que je crois être quelque chose de mieux qu'un moineau.

L'AVOCAT.

Je souhaite que le plaisir nous réunisse bientôt l'un et l'autre.

POÉSIES LYRIQUES DE JEAN-HENRI VOSS[1].

1802.

Ces poésies sont rangées, dans l'ordre chronologique, et cette disposition, adoptée par plusieurs poëtes, annonce, particulièrement chez le nôtre, une culture paisible, uniforme, graduelle, et nous fait pressentir que nous trouverons reproduits dans ce recueil, plus peut-être que dans tout autre, la vie, le caractère et la marche du poëte.

Tout écrivain se peint en quelque mesure dans ses ouvrages, et même contre son gré. Le nôtre nous expose de propos délibéré sa vie intérieure et extérieure, sa manière de penser, les mouvements de son cœur, et il ne répugne pas à nous expliquer familièrement dans des notes supplémentaires son état, ses sentiments, ses desseins et son langage.

Invités d'une manière si amicale, approchons-nous de lui, cherchons-le chez lui-même, attachons-nous à lui, et promettons-nous d'avance beaucoup d'instruction et de plaisir.

Nous le trouvons dans les plaines du Nord, menant une vie heureuse, sous un climat où les anciens soupçonnaient à peine des êtres vivants.

L'hiver y exerce en effet tout son empire. Il s'élance du pôle avec les orages et couvre les forêts de frimas, les fleuves de glace; la neige en poussière tourbillonne autour du pignon pointu, tandis que le poëte, bien abrité, jouit des douceurs du foyer et défie gaiement ces fureurs. Arrivent des amis, en pelisses brodées de frimas. Cordialement accueillis sous l'avant-toit protecteur, réunis en cercle pour l'intime causerie, ils animent le repas familier par le choc des verres, par les chansons, et savent se créer un été idéal.

Nous le voyons ensuite braver en personne les horreurs du ciel hivernal. Tandis que l'essieu crie sous la charge du bois à

---

1. Extrait de la *Gazette littéraire générale* d'Iéna.

brûler, que même la glace craque sous les pas du voyageur, nous voyons notre ami, tantôt pousser à travers la neige son cheval au grand trot, pour se rendre chez ses amis écartés, tantôt avec une grande file de traîneaux, dont les sonnettes retentissent, parcourir les vastes plaines, au bout desquelles une auberge hospitalière accueille les promeneurs engourdis; la vive flamme du foyer salue les hôtes qui se précipitent dans la salle; on danse, on chante en chœur, et la jeunesse et l'âge mûr trouvent pour se restaurer des boissons réchauffantes.

Quand le soleil revient fondre la neige, que le sol réchauffé se délivre un peu de cette enveloppe importune, le poëte se hâte avec les siens de courir dans les champs; il se ranime au premier souffle de vie de l'année, et cherche les premières fleurs. Il cueille le trèfle aux diverses couleurs, il en fait des bouquets qu'on rapporte en triomphe à la maison, où les avant-coureurs de jouissances prochaines sont destinés à couronner une joyeuse fête de famille.

Le printemps est-il en effet arrivé, il n'est plus question du logis; on trouve toujours le poëte hors de chez lui suivant les doux sentiers autour de son lac. Chaque buisson se développe à son tour; toutes les espèces de fleurs s'épanouissent l'une après l'autre en sa présence. Comme dans un tableau détaillé, on voit autour de lui, aux rayons du soleil, le gazon et les herbes aussi bien que les chênes et les buissons, et, au bord de l'eau tranquille, ne manquent ni le roseau ni les herbes flottantes.

Là ne l'accompagne point cette imagination transformatrice dont le travail impatient métamorphose les rochers en vierges divines, fait que l'arbre retire ses rameaux, et semble inviter le chasseur avec de jeunes bras potelés : le tendre poëte se promène solitaire, comme un prêtre de la nature; il touche d'une main légère chaque plante, chaque buisson, et les consacre comme membres d'une aimable et harmonieuse famille.

Autour de lui, comme autour d'un habitant du paradis, jouent d'innocentes créatures, l'agneau dans la prairie, le chevreuil dans la forêt; en même temps se rassemble tout le chœur des oiseaux, et la vie du jour s'annonce avec mille accents divers.

A l'approche de la nuit, quand la lune se lève avec un éclat paisible, et qu'elle nous envoie son image mobile sur la face de l'eau doucement agitée ; quand la nacelle se balance et s'enfuit, que l'aviron murmure en cadence, que chaque mouvement fait jaillir l'étincelle d'un reflet, le rossignol jette au loin, du rivage, ses célestes accents, et appelle tous les cœurs aux tendres pensées, alors l'amour et la passion se montrent dans une heureuse tendresse, depuis les premiers symptômes d'une sympathie préordonnée par l'Être suprême, jusqu'à cette sensualité paisible, gracieuse, timide, qui se développe dans le cercle étroit de la vie bourgeoise. Un sein palpitant, un regard de flamme, un serrement de main, un baiser dérobé, animent la chanson. Mais c'est toujours le fiancé qui s'enhardit, toujours la fiancée qui cède : ainsi toutes les hardiesses se plient elles-mêmes sous la règle; mais, dans ces limites, le poëte se permet quelques libertés. Femmes et filles disputent hardiment et sans honte sur leur situation désormais connue, et une fiancée inquiète est portée au lit au milieu des vives importunités d'hôtes malicieux. Mais bientôt le poëte nous ramène sous le vaste ciel dans la verdure, au berceau de feuillage, au buisson, et là il se montre sur son terrain de la manière la plus gaie, la plus affectueuse et la plus tendre.

L'été est revenu, une ardeur salutaire souffle à travers la chanson ; les tonnerres grondent, les nues répandent leur rosée, les arcs-en-ciel paraissent, les éclairs brillent à l'écart, et une fraîche bénédiction se verse à flots sur les campagnes. Tout mûrit, le poëte n'oublie aucune moisson ; il les solennise toutes par sa présence.

Et c'est ici le lieu de remarquer quelle influence notre poëte pourrait avoir, quelle influence il a peut-être en quelques lieux, sur la culture de la classe inférieure du peuple allemand.

Ses poésies, à l'occasion des incidents de la vie champêtre, expriment plutôt, il est vrai, les réflexions d'un tiers que les sentiments de la population elle-même ; mais, si l'on veut se représenter un joueur de harpe assistant à la récolte du foin, du blé, des pommes de terre[1] ; si on se le figure entouré des

---

1. La *Récolte des pommes de terre* peut sembler un singulier sujet de poésie ;

hommes, dont il fixe l'attention sur ce qui leur arrive tous les jours ; s'il exprime, s'il relève poétiquement la chose vulgaire en méditant sur elle ; s'il rend plus vive par une noble peinture la jouissance des dons du Créateur et de la nature, on osera dire qu'il est le bienfaiteur du peuple ; car le premier degré d'une véritable instruction, c'est que l'homme s'accoutume à réfléchir sur son état et, en conséquence, à le trouver digne d'envie. Qu'on chante la chanson des pommes de terre sur le champ même où se manifeste, après le long et secret travail des forces végétales, l'accroissement merveilleux qui conduit le naturaliste lui-même à de hautes méditations, sur ce champ où s'épanche de la terre une inconcevable richesse, et l'on sentira le mérite de ces poésies et d'autres semblables, où le poëte, s'adressant à l'homme inculte, léger, distrait, qui croit tout connaître, essaye de le rendre attentif à ces hautes merveilles qui l'environnent tous les jours, qui donnent à tous la nourriture.

A peine tous ces biens se sont-ils produits aux regards de l'homme, que déjà l'automne revient tout doucement, et notre poëte adresse des adieux touchants à une nature mourante, ou du moins qui semble mourir. Cependant il n'abandonne pas entièrement au rigoureux hiver cette végétation chérie. Des vases élégants recueillent l'arbuste, l'oignon à fleurs, afin que la retraite hivernale simule une apparence de l'été, et que, même dans cette saison, aucune fête ne se passe sans fleurs et sans couronnes. On a même pourvu à ce que l'oiseau, hôte de la famille, ait toujours dans sa cage un toit de fraîche verdure.

L'automne est le temps le plus favorable aux courtes promenades, aux conversations intimes dans les soirées frileuses. Tout ramène aux jouissances domestiques ; on soupire après ses amis ; le besoin de musique se fait plus vivement sentir ; le malade lui-même veut se joindre au cercle intime, et un ami mourant prend la couleur de l'année expirante.

Tout cela ne tient-il pas à la malheureuse dénomination de l'objet ? Il manque un mot à la langue française pour désigner le trésor de l'agriculture moderne. Paris n'a pas voulu adopter quelqu'un des termes que les campagnes emploient, par exemple, le joli mot de *truffelle*, qui est usité dans quelques provinces. Nous avons confié à l'Académie française le soin d'épurer la langue, nous aurions dû lui remettre aussi celui de la compléter.

Car, aussi certainement qu'un printemps revient après l'hiver enduré, les amis, les époux, les parents à tous degrés, se reverront; ils se retrouveront en présence d'un Père qui est tout amour; alors ils seront entre eux et avec tous les bons un même cœur, ce qu'ils ont vainement désiré dans ce misérable monde. De même, la félicité du poëte repose déjà sur la persuasion que tout est remis à la providence d'un Dieu sage, dont la force vient en aide à chacun, et qui fait briller sur tous sa lumière. L'adoration de cet Être développe chez le poëte la clarté et la sagesse la plus haute, et en même temps l'assurance que les pensées, les mots, avec lesquels il saisit et il exprime des qualités infinies, ne sont pas de vains songes et de vains bruits : sentiment délicieux d'une félicité particulière et universelle, dans laquelle tout ce qui résiste, s'isole, s'écarte, est résolu et absorbé.

Nous avons vu jusqu'ici la douce, paisible et calme nature de notre poëte en paix avec elle-même, avec Dieu, avec le monde; mais cette même indépendance, de laquelle une vie si sereine découle dans les sphères intérieures, ne dut-elle pas être assiégée souvent par le monde extérieur, blessée et poussée à des mouvements passionnés?

A cette question, la réponse se trouve au complet dans les poésies qui nous occupent.

Le sentiment de s'être tiré de circonstances difficiles par sa force propre, par une ferme volonté, de s'être formé par lui-même, de ne devoir qu'à soi son mérite, de n'avoir pu conserver et augmenter ces avantages que par le libre essor de l'intelligence, élève le sentiment naturel d'indépendance qui, toujours plus exalté par l'éloignement du monde, doit éprouver plus d'une fois le malaise et la gêne dans les relations inévitables de la vie.

Si donc le poëte a lieu d'observer que bien des personnes de haute condition négligent les grands priviléges et les inestimables avantages qu'ils tiennent de leur naissance, et si, au contraire, il voit chez eux l'ineptie, la grossièreté, la rudesse, le défaut de culture, il ne peut pardonner une pareille légèreté. Et si, en outre, ces personnes traitent le mérite avec une vanité prétentieuse, il s'éloigne avec dépit, se bannit capricieusement des festins joyeux et des compagnies de buveurs, où l'homme doit s'ouvrir, les cœurs s'épancher dans les cœurs, et la joie sociable former les plus aimables nœuds.

Avec une sainte et solennelle gravité, il montre le vrai mérite en regard du faux; tantôt il punit par la moquerie la vanité exclusive, tantôt il cherche à ramener avec amour celui qui s'égare.

Mais, s'il voit les avantages natifs relevés par un mérite propre, il témoigne une sincère estime et se fait les plus dignes amis.

Il prend d'ailleurs une part passagère au poétique sentiment de liberté, éveillé et entretenu en Allemagne par des peintures idéales, durant la jouissance d'une paix de dix ans. Des jeunes gens bien intentionnés, qui transportaient dans la vie et dans les arts le sentiment de l'indépendance universitaire, devaient trouver tant de choses oppressives et irrégulières dans les combinaisons de l'administration civile, qu'ils se faisaient un devoir de méditer le rétablissement du droit et de la liberté, sinon en particulier, du moins en général. Nuls ennemis extérieurs ne menaçaient la patrie, mais on croyait les trouver à l'intérieur, dans tel et tel tribunal, dans les châteaux, dans les cabinets, dans les cours, et Klopstock lui-même ayant fourni une sorte de base à l'imagination allemande en introduisant le chœur des bardes dans le bois sacré de chênes, ayant maintes fois battu les Romains avec le secours du chant, il devait naturellement se trouver parmi les jeunes hommes des bardes, avec ou sans vocation, qui useraient et abuseraient quelque temps de leur verve. On ne blâmera donc pas notre poëte, dont le patriotisme se déploya plus tard si noblement, d'avoir voulu, comme les autres, teindre parfois les flots du Rhin avec le sang des tyrans, pour briser les chaînes de la réalité.

Dans la suite, il ne fut ni vivement ni longtemps attiré vers la liberté française; il fut bientôt repoussé par les résultats de cette tentative malheureuse, et il rentra sans chagrin dans le sein de la liberté morale et civile.

Dans la sphère des arts, il laisse quelquefois aussi paraître son mécontentement : surtout il se prononce énergiquement, on peut dire même durement, contre ces diverses tentatives mal sûres qui jetèrent quelque temps la confusion dans la poésie allemande. Là il ne semble pas distinguer assez soigneusement ; il enveloppe tout dans une égale condamnation, quoiqu'il soit sorti même de ce mouvement chaotique quelques bons résultats. Mais ces poëmes et ces passages sont rares dans son recueil ; ils s'expriment par emblèmes, et sont à peine intelligibles sans clef. C'est pourquoi il y faut aussi sous-entendre ce que pense d'ailleurs le poëte.

On soupçonne aisément qu'une nature si délicate, recueillie en elle-même, éloignée du monde, ne fut pas fortement encouragée dans sa carrière, aidée, entretenue dans une sereine activité. Mais qui peut dire qu'un sort pareil lui soit échu ? Aussi trouvons-nous déjà dans quelques-unes de ses premières poésies un léger malaise, qui perce inopinément à travers l'allégresse du chant de ronde, comme à travers les joyeuses fêtes de l'amour et de l'amitié, et qui ôte à certains endroits d'admirables poésies un intérêt général. Plus tard nous remarquons d'autres chants, où les efforts contrariés, la croissance gênée, le succès troublé, les blessures de toute sorte, sont déplorés doucement, et où sont regrettées les époques perdues de la vie. Mais ensuite il se présente avec force et puissance ; il combat obstinément, comme pour sa propre vie ; il trouve des paroles véhémentes, de graves invectives, si la sereine liberté d'esprit qu'il a conquise, si ce regard tranquille, qui a sa source dans la paix de l'âme, ce regard qu'il porte sur l'univers, sur son harmonie morale, si cet amour d'enfant pour Celui qui dirige et gouverne toutes choses, pouvaient être un peu inquiétés, gênés, troublés. Veut-on ravir au poëte ce sentiment de sainte et universelle béatitude, veut-on produire quelque doctrine particulière, quelque opinion exclusive, quelque principe étroit, son esprit se passionne, l'homme paisible se lève, il prend son arme, et marche avec emportement contre les erreurs qui le menacent si horriblement, contre la croyance irréfléchie et la croyance superstitieuse, contre toutes les illusions qui surgissent des profondeurs de la nature et de l'esprit humain, contre les préceptes, les commandements, les anathèmes, qui obscurcissent le jugement, qui bornent l'intelligence, contre les gens qui crient à l'hérétique, contre les hiérarques, la prêtraille et leur ancêtre, le diable corporel.

Pourrait-on blâmer de pareils sentiments chez un homme pénétré de la joyeuse conviction qu'il est redevable, avec beaucoup d'autres, du véritable bonheur de sa vie à la sereine lumière qui, depuis quelques siècles, s'est répandue dans le Nord, non sans imposer à ses propagateurs et à ses confesseurs les plus grands sacrifices? Faudrait-il adhérer à cette maxime juste en apparence, mais réellement partiale et radicalement fausse, qui demande, assez effrontément, que la vraie tolérance tolère même l'intolérance? Nullement! l'intolérance est toujours active et agissante : on ne peut la surmonter qu'en lui opposant l'activité intolérante.

Oui, nous comprenons d'autant mieux l'inquiétude passionnée du poëte, que ces ténébreuses puissances le menacent d'un autre côté; elles menacent de lui ravir un ami, un ami dans le vrai sens du mot. Si notre poëte, ainsi que nous l'avons vu, peut s'attacher si affectueusement même à ce qui ne saurait lui rendre son affection, comme il s'unira étroitement avec ce qui pourra lui répondre, avec les hommes, avec ses pareils, avec les natures excellentes, et les rangera parmi ses plus précieuses richesses!

Son esprit et son cœur cherchent de bonne heure les hommes cultivés, les hommes qui aspirent à la culture. Hagedorn et Kleist, ces figures de poëtes déjà disparues et proclamées bienheureuses, planent désormais dans les demeures éthérées; sur elles sont dirigés les regards de leurs jeunes successeurs; leurs noms sont célébrés dans des hymnes pieux; les maîtres et les connaisseurs qui vivent encore, qui ouvrent la marche, Klopstock, Lessing, Gleim, Gerstenberg, Bodmer, Ramler, sont vénérés par des nouveaux venus qui sentent leur force. Déjà se font connaître Stolberg, Burger, Boie, Miller, Hœlty, et bientôt la patrie confirmera leur gloire naissante.

Le poëte poursuit longtemps sa carrière sans perte sensible, au milieu de ce cercle d'amis qu'il honore; il réussit même à entrelacer dans le tissu de sa vie les fils de ses jeunes années d'université par l'amitié, l'amour, la parenté, le mariage, la sympathie fidèle, les voyages, les visites et les correspondances.

Aussi, quelle ne doit pas être la douleur du poëte accoutumé aux prévenances de l'amitié, quand il voit, non pas la mort, mais le changement d'opinion, le retour à l'ancien ordre de choses oppresseur des âmes, combattu énergiquement par nos pères, menacer de lui ravir pour jamais un de ses amis les plus chers! A ce coup, son mécontentement ne connaît point de mesure; sa douleur est sans bornes, à ce triste démembrement de son aimable entourage. Il ne pourrait surmonter sa peine et son chagrin, si la Muse ne lui offrait pas cette fois encore l'inestimable avantage d'exhaler en vers harmonieux le sentiment qui l'oppresse dans le sein d'un ami qui partage sa douleur.

Sans plus nous occuper des sentiments généraux et particuliers exprimés par le poëte, si nous revenons à son talent d'exposition, diverses réflexions se présentent à notre esprit.

C'est déjà par une sorte de poésie, vouée surtout à la nature et, l'on peut dire, à la réalité, qu'un homme, d'ailleurs prosaïque, est disposé à attacher une valeur particulière aux choses qu'il possède, à ce qui l'entoure immédiatement. Cette aimable expression d'un égoïsme qui nous fait trouver une saveur plus agréable aux productions de notre sol, qui nous persuade que nous préparons, même pour nos amis, un meilleur régal avec les fruits qui ont mûri dans notre jardin, cette persuasion, est déjà une sorte de poésie, que le génie artiste ne fait que développer en lui; il donne à sa chose d'abord une valeur particulière par sa préférence, puis une valeur générale, une incontestable dignité, par son talent, et, de la sorte, il sait consacrer et transmettre sa propriété à ses contemporains, au monde et à la postérité.

Cet effet, qui tient de la magie, une nature énergique, qui sent profondément, le produit par une intuition fidèle, par une affectueuse persévérance, en isolant les situations, en traitant chacune en soi comme un tout, et, par là, elle satisfait aux conditions fondamentales, indispensables, de valeur intérieure; mais cela ne suffit pas : il faut encore des moyens extérieurs pour former de cette matière un beau corps. Ces moyens sont la langue et le rhythme. Et c'est là encore que notre poëte montre au plus haut point sa supériorité.

Il semble que le Bas-Allemand a ses motifs tout particuliers pour étudier la langue avec amour. Séparé de tout ce qui n'est pas allemand, il n'entend autour de lui que l'ancien idiome national, agréable et doux, et ses voisins parlent des langues analogues. Même s'il approche de la mer, s'il lui arrive des navigateurs d'autres contrées, il reconnaît les syllabes radicales de sa langue, et retrouve ainsi sur des lèvres étrangères plus d'un idiotisme qu'il avait lui-même abandonné; par là il s'accoutume plus que le Haut-Allemand, voisin de peuples d'origine toute différente, à observer, même dans la conversation ordinaire, la dérivation des mots.

Notre poëte s'attache consciencieusement à cette première partie de la philologie. La dérivation le conduit à l'essence du mot, et il rétablit ainsi bien des termes expressifs; il ramène à leur premier état ceux qu'on employait abusivement, et, s'il procède en cela avec exactitude et précaution, il ne manque pas de hardiesse pour employer à propos un terme dur, d'ordinaire évité. Une si exacte appréciation des vocables, l'usage précis qu'il en fait, donnent naissance à un langage ferme, qui s'élève insensiblement de la prose aux plus hautes sphères, et qui, par lui-même, y peut être le digne interprète de la poésie. Là, paraissent à leur grand avantage les constructions, les compositions, les combinaisons de mots, qui s'offrent à l'Allemand, et l'on peut bien dire qu'il se trouve dans le nombre d'inestimables exemples.

Et ce n'est pas seulement la révélation d'un langage si riche et si noble dans sa profondeur que nous admirons, ce sont tous les services que le poëte a rendus par ses hautes exigences pour la rhythmique, dont il a suivi les règles les plus sévères. Ce n'est pas assez pour le satisfaire que cette vigueur de l'expression, où chaque mot est bien choisi, ne permet aucune idée accessoire, mais détermine et désigne uniquement son objet; il exige pour la perfection l'harmonie des sons, le beau mouvement de la période, telle que l'esprit cultivé la développe de lui-même, pour que l'expression réponde parfaitement à l'objet, à la sensation, et qu'elle ait en même temps la grâce qui charme. Ici nous reconnaissons ses impérissables mérites à l'égard de la rhythmique allemande, qu'après tant d'essais incertains, il élève à une sûreté et une fermeté si désirables pour l'artiste. Voss prêta une oreille attentive aux accents de l'antiquité grecque, et la langue allemande se régla sur eux pour la même harmonie. Ainsi se dévoila à lui le mystère de la quantité; ainsi lui fut manifestée l'étroite union de la poésie et de la musique, et, sous l'influence de son intimité avec Schoulze, il fut en état de communiquer, d'une manière à la fois théorique et pratique, à ses concitoyens les beaux fruits de leurs travaux communs.

Il est surtout agréable d'étudier celles de ces poésies qui, par la forme, annoncent une imitation de celles qui nous restent de l'antiquité. On s'instruit à observer comment le poëte procède. Ce n'est pas seulement un corps semblable, qu'on a rétabli tant bien que mal, c'est le même esprit, qui semble reproduire exactement la même forme.

Et comme le poëte reconnaît vivement le mérite d'une forme déterminée et accomplie, dont il est parfaitement maître dans ses derniers travaux, il se montre aussi sévère pour ses premières poésies, et les remanie en maître selon les règles d'une perfection qui est arrivée chez lui plus tard à maturité.

C'est aux grammairiens et aux hommes du métier d'apprécier à fond ces mérites; pour nous, il nous reste à terminer en quelques traits la tâche que nous avons entreprise d'expliquer le poëte par les poésies et les poésies par le poëte.

Nous le trouvons ici tel qu'il est devenu peu à peu, traducteur excellent des ouvrages de l'antiquité.

Par la victoire décidée de la forme sur le fond, cette victoire à laquelle nous avons rendu hommage, par plusieurs poésies entièrement indépendantes de toute impulsion extérieure, le poëte nous montre qu'il peut à son gré abandonner le réel et aborder le possible, rejeter ce qui est proche et saisir ce qui est éloigné, renoncer à ce qui lui est propre et s'approprier ce qui lui est étranger. Et comme on disait qu'à côté du peuple romain, un peuple de statues décorait la ville, on peut dire de notre poëte que chez lui, à un entourage réel et véritablement national, se joint un monde intellectuel vraiment antique.

Il avait eu le bonheur de se vouer dès sa jeunesse aux langues et aux littératures anciennes; il en avait fait l'affaire de sa vie. Son objet n'était pas un savoir morcelé et littéral; il pénétra jusqu'à l'intuition, jusqu'à la compréhension immédiate du passé dans ses relations les plus vraies ; il se représenta le lointain, et saisit heureusement l'idée enfantine que les premières nations policées se faisaient, dans leur imagination bornée, de leur grand domicile, la terre, du ciel courbé sur elle en voûte, du Tartare caché; il vit comme ces nations peuplaient ces espaces de dieux, de demi-dieux et de merveilleuses figures; comme ils assignaient à chacun une place pour sa demeure, un sentier pour sa marche; puis, attentif aux progrès de l'esprit humain, qui ne cessait pas d'observer, de conclure, d'inventer, l'investigateur laissa se développer par degrés et s'élever de ses premiers germes l'idée complète que les modernes ont acquise de la terre et de l'univers comme de ses habitants. Personne n'ignore plus combien la fable et l'histoire en ont profité, et son mérite paraîtra toujours plus éclatant à mesure qu'on agira de tous côtés en suivant cette méthode, et qu'on ordonnera, qu'on exposera ce qu'on aura recueilli.

C'est ainsi qu'il s'assura le glorieux privilége de s'attacher au barde antique[1], de recevoir de lui la consécration poétique, de l'accompagner dans ses pèlerinages, pour revenir, affermi et fortifié, parmi ses compatriotes. Ainsi, avec une inaltérable individualité, il sut apprécier le caractère individuel de chaque siècle, de chaque peuple, de chaque poëte, et il nous a transmis, d'une main exercée et savante, les anciens poëtes, de telle sorte que les nations étrangères seront désormais obligées d'estimer hautement la langue allemande, comme intermédiaire entre les temps anciens et les temps modernes.

POÉSIES ALEMANIQUES.

PAR J.-P. HEBEL. (1804.)

L'auteur de ces poésies, écrites dans un dialecte de la Haute-Allemagne, se ménage une place particulière sur le Parnasse allemand. Son talent se porte de deux côtés opposés. D'une

---

[1] Homère, qu'il a traduit vers pour vers en hexamètres.

part, il observe, d'un vif et joyeux regard, les œuvres de la nature qui manifestent leur vie dans une existence durable, dans la croissance et le mouvement, et que nous avons coutume d'appeler choses inanimées, et il s'approche de la poésie descriptive, en donnant toutefois à ses tableaux, par d'heureuses personnifications, une haute valeur esthétique. D'une autre part, il incline vers le genre moral, didactique, et l'allégorie, mais ici ses personnifications viennent encore à son aide, et comme il a trouvé d'abord ses corps pour un esprit, ici il trouve pour ses esprits un corps. Cela ne lui réussit pas constamment; mais, quand il réussit, ses travaux sont excellents, et, à notre avis, la plupart méritent cet éloge.

Les poëtes antiques et ceux qui se sont formés par le goût plastique animent par des figures idéales ce qu'on appelle nature inanimée; ils mettent des essences supérieures, divines, des nymphes, des dryades et des hamadryades, à la place des rochers, des sources, des arbres : l'auteur des *Poésies alemaniques* change ces objets naturels en campagnards, et, d'une manière toute naïve et charmante, il « empaysanne » tout l'univers, si bien que la campagne, dans laquelle on voit d'ailleurs toujours le campagnard, semble, dans notre imagination exaltée et réjouie, ne faire plus qu'un avec lui.

Le lieu de la scène est extrêmement favorable au poëte. Il s'arrête surtout au coin de pays que limite le Rhin en tournant de Bâle vers le Nord. Un ciel serein, une terre fertile, un paysage varié, des eaux vives, un peuple gai, jaseur, qui sait peindre par la parole, des formes de conversation familières, un langage railleur : tout cela est au service du poëte, pour exprimer ce que lui inspire son talent.

La première pièce renferme déjà un très-joli anthropomorphisme. Une petite rivière, nommée la Wiese, qui a sa source au Feldberg, est représentée comme une jeune paysanne qui toujours avance et grandit, et qui, après avoir parcouru une remarquable contrée de montagnes, arrive dans la plaine et finit par se marier avec le Rhin. Le détail de ce pèlerinage est singulièrement joli, spirituel, varié, développé avec une tenue parfaite et une progression croissante.

Si nous portons nos regards de la terre au ciel, nous trouvons aussi les grands luminaires devenus de bienveillants et honorables paysans. L'astre du jour[1] repose derrière ses volets; le flambeau de la nuit, son mari, vient voir si sa femme est déjà couchée, et s'il peut boire encore un coup; leur fils, l'étoile du matin, se lève plus tôt que sa mère pour rendre visite à sa bien-aimée.

Notre poëte doit-il représenter ses amants sur la terre, il sait y mêler quelque chose de fantastique, comme dans la *Petite Sorcière;* de romantique, comme dans le *Mendiant.* Il les représente aussi heureux ensemble, comme dans *Jean et Vérène.*

Il s'arrête avec complaisance aux métiers et aux occupations domestiques. *L'Heureux paysan,* le *Haut Fourneau,* l'*Ouvrier menuisier,* offrent plus ou moins une dure réalité avec joyeuse humeur. Les *Femmes du marché à la ville* sont moins bien réussies : en étalant leurs produits champêtres, elles font trop gravement la leçon aux citadins. Nous engageons l'auteur à reprendre ce sujet, pour le rendre à une vraie et naïve poésie.

Il excelle à exprimer les saisons et les heures. C'est qu'il a un merveilleux talent pour saisir et peindre les particularités de chaque situation. Il sait s'approprier et reproduire non-seulement ce qui frappe la vue, mais aussi l'ouïe, l'odorat, le toucher, et la sensation qui résulte de l'ensemble des impressions sensibles. Je cite comme exemple l'*Hiver*, *Janvier*, le *Soir d'été*, et surtout la *Matinée du dimanche,* un des meilleurs poëmes qu'on ait jamais faits dans ce genre.

Le poëte sent le même attrait pour les plantes, pour les animaux. La croissance de l'avoine, racontée par une mère à ses enfants à l'occasion d'une *Bouillie d'avoine*, est une délicieuse idylle. Nous voudrions voir l'auteur reprendre la *Cigogne* et n'admettre dans le poëme que les idées paisibles. En revanche l'*Araignée* et le *Scarabée* sont admirables de plan et d'exécution.

Si, dans toutes les pièces que nous avons citées, l'auteur fait toujours entrevoir l'idée morale, si le travail, l'activité, l'ordre, la modération, le contentement, sont partout la chose désirable et ce qu'exprime toute la nature, il y a d'autres pièces qui

---

[1]. Le *Soleil* est du genre féminin en allemand, la *lune* du genre masculin. En français, il faudrait changer les rôles.

doivent conduire gaiement du mal au bien d'une manière plus directe, mais pourtant avec un grand charme d'invention et de style. Nous citerons le *Guide*, l'*Homme dans la lune*, les *Feux follets*, le *Fantôme du chemin de Kander*. De cette dernière pièce nous pouvons dire encore qu'on n'a jamais rien conçu ni exécuté de meilleur dans ce genre.

Les relations de parents et d'enfants sont souvent aussi mises en œuvre par le poëte, pour conduire d'une manière plus pressante et plus tendre à ce qui est juste et bon. Nous citerons la *Mère dans la veille de Noël*, une *Question*, *Encore une question*.

Après nous avoir ainsi promenés gaiement à travers la vie, le poëte exprime aussi avec gravité et même avec mélancolie, par l'organe des paysans et des gardes de nuit, les sentiments plus élevés de la mort, la fragilité des choses terrestres, la durée de celles du ciel, l'autre vie. *Sur une tombe*, le *Cri du guet*[1], le *Guet à minuit*, l'*Instabilité*, sont des peintures crépusculaires et sombres heureusement rendues. Ici la dignité du sujet semble avoir entraîné le poëte hors du domaine de la poésie populaire; toutefois les sujets, les circonstances réelles, sont si bien mis à profit, qu'on se sent ramené dans le cercle qu'il s'est tracé.

En général, le poëte a fort bien saisi le caractère de la poésie populaire, en ce qu'il exprime toujours avec plus ou moins de douceur ou de rudesse l'application. Si le lecteur instruit veut que l'ensemble de l'œuvre d'art fasse impression sur son être moral, s'il veut donc, dans un sens élevé, être édifié, les hommes d'une culture inférieure demandent l'application de chaque détail, afin de pouvoir s'en servir aussitôt dans la vie domestique. A notre avis, l'auteur amène d'ordinaire très-heureusement et avec beaucoup de goût le *Fabula docet*, et, en même temps que l'œuvre garde le caractère de poésie populaire, le lecteur qui cherche une jouissance esthétique ne se sent pas blessé.

La Divinité suprême réside chez lui dans l'arrière-plan des étoiles, et, pour ce qui regarde la religion positive, nous devons avouer que nous avons été très-satisfaits de parcourir une contrée toute catholique sans rencontrer à chaque pas la Vierge

---

[1]. Dans quelques villes aux frontières des pays allemands, par exemple, à Lausanne, on appelle *guet*, l'homme chargé de crier les heures de nuit soit dans les rues, soit du haut d'un clocher.

Marie et les blessures saignantes du Sauveur. Le poëte fait des anges un délicieux emploi, en les associant aux destinées de l'humanité et aux phénomènes de la nature.

Si, dans les pièces citées jusqu'à présent, le poëte a saisi très-heureusement la réalité, on remarque bientôt qu'il a très-bien compris les principaux caractères du sentiment et de la tradition populaire. Cette précieuse qualité se montre principalement dans deux légendes populaires dont il a fait deux idylles.

La première, l'*Escarboucle*, légende fantastique, représente un jeune paysan libertin, adonné surtout aux jeux de cartes, qui court irrésistiblement dans les filets du malin, et cause la ruine de sa famille puis la sienne propre. La fable, avec tous ses développements, est excellente, et le sujet fort bien traité.

J'en dirai autant du *Maire de Schopfheim*. Il commence d'un ton grave et mystérieux, on s'attend presque à une fin tragique, et il aboutit à une heureuse conclusion. C'est proprement l'histoire de David et Abigaïl, non pas parodiée mais incarnée sous le costume de paysans modernes.

Ces deux pièces, traitées sous forme d'idylles, présentent l'histoire à l'auditeur comme racontée par des paysans, et elles y gagnent beaucoup, les bons et naïfs narrateurs ayant l'habitude d'animer le récit par de vives prosopopées et par l'intérêt immédiat qu'ils prennent à l'affaire, comme si elle était présente.

Une langue familière et naïve fait très-bien valoir les mérites du fond. On rencontre beaucoup de mots expressifs et harmonieux, les uns particuliers à ces contrées, les autres empruntés au français et à l'italien; des mots d'une ou deux lettres, des abréviations, des contractions, beaucoup de syllabes courtes, légères, des rimes nouvelles, avantage plus grand qu'on ne le croit pour le poëte. Ces éléments sont resserrés par d'heureuses constructions et des formes vives en un style qui a pour cet objet de grands avantages sur notre langue des livres.

Nous souhaitons que l'auteur poursuive dans cette voie; qu'il veuille aussi prendre en considération ce que nous avons dit sur le fond de la poésie, et qu'il donne encore plus d'attention à la partie technique, surtout à ses vers sans rime, afin qu'ils soient toujours plus achevés et plus agréables à la nation. Car, s'il est désirable qu'on puisse nous présenter dans un dictionnaire universel le trésor entier de la langue allemande, cette communication se fait pourtant d'une manière beaucoup plus prompte et plus vivante au moyen des poésies et des livres.

On pourrait même faire observer à l'auteur que, tout comme un peuple se civilise à traduire dans sa langue des ouvrages étrangers, on avance aussi la culture d'une province, quand on lui donne à lire dans son dialecte des ouvrages de la même nation. Que l'auteur essaye donc de traduire dans son dialecte du Haut-Rhin des poésies convenablement choisies dans ce qu'on appelle le haut-allemand. Les Italiens ont traduit leur Tasse en plusieurs dialectes.

Après avoir exprimé le plaisir que nous a fait ce petit recueil, nous émettrons le vœu qu'on puisse lever un peu pour la moyenne et la Basse-Allemagne l'obstacle d'une langue et d'une orthographe étranges, afin de procurer à toute la nation cette charmante jouissance. Divers moyens se présentent : on peut lire à haute voix; on peut se rapprocher de l'orthographe et de la prononciation ordinaires, et un homme de goût peut arranger pour sa société les pièces qu'il a le plus goûtées. C'est une petite peine qui procure à nos amis un grand plaisir.

SANS-CULOTTISME LITTÉRAIRE.

1795.

Dans les *Archives du temps et de son goût*, qui se publient à Berlin, a paru, cette année, au mois de mars, un article *Sur la prose et l'éloquence des Allemands*, que les éditeurs n'ont pas inséré sans scrupule, comme ils nous le disent eux-mêmes. Pour notre part, nous ne les blâmons point d'avoir accueilli cette production mal mûrie. Si des archives doivent conserver les témoignages de l'esprit d'une époque, c'est aussi leur destination d'en éterniser les sottises. A la vérité, le ton et le langage tranchants avec lesquels on croit se donner l'air d'un esprit vaste, ne sont rien moins que nouveaux dans le domaine de notre critique: mais la marche rétrograde de quelques hommes vers un siècle plus barbare doit être remarquée, puisqu'on ne saurait l'empêcher. Que ces lignes soient donc, en ce que nous avons à dire, quoiqu'on l'ait déjà dit souvent et peut-être mieux, un témoignage qu'à côté de ces exigences peu équitables et exagérées à l'égard de nos écrivains, règnent encore en silence des sentiments équitables et reconnaissants envers ces hommes mal récompensés de leurs travaux.

L'auteur de l'article s'afflige de voir l'*Allemagne si pauvre en prosateurs excellents et classiques*, et là-dessus il lève bien haut le pied pour enjamber, d'un pas de géant, par-dessus une douzaine de nos meilleurs auteurs, qu'il ne nomme pas, et qu'avec de médiocres éloges et de sévères critiques, il caractérise de telle sorte qu'on aurait beaucoup de peine à les deviner sous ses caricatures.

Aucun auteur allemand, nous en sommes convaincus, ne se regarde comme classique, et chacun d'eux est plus sévère pour lui-même qu'un Thersite aux prétentions extravagantes, frondeur de personnes respectables, qui ne demandent nullement qu'on admire sans réserve leurs travaux, mais qui peuvent s'attendre qu'on saura les apprécier.

Nous nous garderons bien de commenter le texte mal pensé et mal écrit que nous avons sous les yeux. Nos lecteurs ne parcourront pas sans dégoût ces pages dans l'endroit indiqué, et ils sauront juger et châtier la prétention malhonnête avec laquelle un intrus veut pénétrer dans une honorable compagnie, et mettre à la porte des gens de mérite, afin de prendre leur place. Quelques mots seulement, pour faire justice de cette grossière importunité.

L'homme qui regarde comme un devoir indispensable d'attacher des idées déterminées aux mots dont il se sert en parlant ou en écrivant, emploiera très-rarement les expressions d'*auteur classique*, d'*ouvrage classique*. Quand voit-on, où voit-on paraître un auteur classique national? Lorsqu'il rencontre dans l'histoire de sa nation de grands événements, et qu'il en observe les suites dans une heureuse et imposante unité; quand il ne cherche pas inutilement dans le caractère de ses compatriotes la grandeur; dans leurs sentiments la profondeur, et dans leurs actions la force et la conséquence; quand, pénétré lui-même de l'esprit national, il se sent, par l'effet d'un génie qui habite en lui, capable de sympathiser avec le passé comme avec le présent; quand il trouve sa nation à un haut degré de civilisation, qui lui rend facile sa propre culture; quand il voit devant lui beaucoup de matériaux rassemblés, des essais complets ou incomplets de ses devanciers, et quand il se rencontre tant de circonstances extérieures et intérieures qu'il n'a pas besoin de payer un coûteux apprentissage, qu'il peut, dans ses meilleures années, embrasser le plan d'un grand ouvrage, l'ordonner et l'exécuter dans une seule pensée.

Ces conditions, sous lesquelles seulement un écrivain classique, surtout un prosateur, est possible, qu'on les mette en regard des circonstances au milieu desquelles ont travaillé nos meilleurs auteurs de ce siècle, et, si l'on voit clair, si l'on pense justement, on admirera avec respect ce qu'ils ont fait de bien, et l'on regrettera décemment ce qui leur manque.

Un livre marquant n'est, comme un discours marquant, qu'une conséquence de la vie; l'écrivain, non plus que l'homme d'action, ne crée pas les circonstances au milieu desquelles il est né, et au milieu desquelles il agit. Chaque homme, et même le plus grand génie, souffre de son siècle en quelques points, comme il est favorisé en d'autres, et c'est de la nature seulement qu'il faut attendre un excellent écrivain national.

Mais il ne faut pas non plus faire un reproche à la nation allemande, de ce que sa position géographique la resserre, et que sa situation politique la morcelle. Nous ne voulons pas souhaiter les bouleversements qui pourraient préparer en Allemagne des ouvrages classiques.

C'est donc le blâme le plus injuste que celui qui déplace le point de vue. Qu'on voie notre position comme elle était et comme elle est; qu'on observe les rapports individuels dans lesquels se sont formés les écrivains allemands, et l'on trouvera aisément le point de vue sous lequel il faut les juger. Il n'existe en Allemagne aucun centre de culture sociale où les écrivains se rencontrent et, suivant une même manière, dans un même esprit, se puissent développer chacun dans sa spécialité. Naissant dispersés, élevés de la manière la plus diverse, abandonnés le plus souvent à eux-mêmes et aux impressions de sociétés toutes différentes ; entraînés par leur préférence pour tel ou tel modèle national ou étranger, contraints à toutes sortes de tentatives et même de bousillages, pour essayer, sans direction, leurs propres forces ; avertis seulement par degrés et par leurs méditations de ce qu'on doit faire; instruits par la pratique de ce qu'on peut faire ; sans cesse rejetés dans la confusion par un grand public sans goût, qui se repaît du mauvais après le bon avec le même plaisir, puis ranimés par la connaissance qu'ils font du public éclairé, mais dispersé dans toutes les parties du grand empire ; fortifiés par des contemporains, qui travaillent, qui s'évertuent comme eux : les écrivains allemands arrivent enfin à l'âge mûr, où le souci de leur entretien, le souci d'une famille, les oblige de se chercher une position, et souvent, avec le sentiment le plus triste, de se procurer, par des travaux qu'eux-mêmes ils n'estiment pas, les moyens de pouvoir produire les choses dont leur esprit cultivé voudrait s'occuper uniquement. Quel écrivain allemand, en réputation, ne se reconnaîtra pas dans ce portrait? Lequel n'avouera pas avec une modeste douleur qu'il a soupiré souvent après l'occasion de soumettre plus tôt les singularités de son génie original à une culture nationale universelle, que, par malheur, il ne rencontrait pas? Car la culture des hautes classes par des mœurs et par une littérature étrangères, quelques nombreux avantages qu'elle nous ait procurés, a empêché l'Allemand de se développer plus tôt comme Allemand.

Qu'on observe maintenant les travaux de nos poëtes et de nos prosateurs d'une réputation bien établie. Avec quel soin, avec quelle religion, ils ont obéi dans leur marche à une conviction éclairée! Ce n'est pas aller trop loin, par exemple, d'affirmer que, par la comparaison des diverses éditions de notre Wieland, de cet homme dont nous osons nous glorifier en dépit du murmure de tous les frondeurs, un littérateur judicieux et appliqué pourrait développer toutes les règles du goût au moyen des corrections graduelles de cet écrivain infatigable à chercher le mieux. Que tout bibliothécaire attentif ait soin de rassembler cette collection, qui est possible encore, et le siècle qui vient saura en faire usage avec reconnaissance.

Peut-être oserons-nous tracer plus tard l'histoire du développement de nos principaux écrivains, comme il se révèle dans leurs écrits. S'ils voulaient eux-mêmes, sans que nous nous permettions de leur demander des confessions, nous faire connaître les causes qui ont le plus contribué à leur développement et ce qui l'a le plus contrarié, l'heureuse influence qu'ils ont exercée en recevrait une extension nouvelle.

Car ce que des censeurs ignorants remarquent le moins, l'avantage dont jouissent aujourd'hui les jeunes hommes de talent de se former plus tôt, et d'arriver plus promptement à écrire d'un style pur, proportionné au sujet, à qui en sont-ils redevables qu'à leurs devanciers, qui, dans la dernière moitié de ce siècle, se sont formés, chacun à sa manière, par des efforts continuels, au milieu d'obstacles de tout genre? Par là s'est constituée une sorte d'école invisible, et le jeune homme, qui commence aujourd'hui sa carrière, entre dans une sphère beaucoup plus grande et plus lumineuse que l'écrivain plus ancien, qui devait d'abord la parcourir lui-même d'un pas incertain dans un jour crépusculaire, pour s'aider comme par hasard à l'agrandir. Il vient beaucoup trop tard, ce pauvre critique, qui veut nous éclairer avec sa petite lampe; le jour a paru et nous ne refermerons pas les volets.

On ne donne pas cours à sa mauvaise humeur en bonne compagnie, et il doit être de très-mauvaise humeur, celui qui dénie à l'Allemagne d'excellents écrivains dans le moment où presque tout le monde écrit bien. On n'a pas besoin de chercher loin pour trouver un joli roman, une heureuse narration, un mémoire bien écrit sur tel ou tel sujet. Nos revues critiques, nos journaux et nos abrégés, quelles preuves ne donnent-ils pas souvent d'un bon et convenable style? Les connaissances positives s'étendent de plus en plus chez les Allemands; leurs vues générales s'éclaircissent. En dépit de la résistance des opinions flottantes, une saine philosophie leur fait toujours mieux connaître les forces de leur esprit et leur en facilite l'emploi. Les nombreux exemples de style, les préparatifs et les travaux de tant d'écrivains mettent plus promptement le jeune homme en état d'exposer avec clarté, avec grâce, et d'une manière conforme au sujet, ce qu'il a recueilli du dehors et élaboré en lui. C'est ainsi qu'un Allemand qui a de la justice et de la sérénité voit les écrivains de sa nation montés à un degré honorable, et il est persuadé que le public ne se laissera pas non plus égarer par un critique de mauvaise humeur. Qu'on l'éloigne de la société, d'où il faudrait exclure tout homme dont les efforts destructeurs ne feraient que chagriner ceux qui travaillent, refroidir les hommes sympathiques et rendre les spectateurs défiants et indifférents.

SUR LA LANGUE ALLEMANDE.

1817.

Une conversation dans laquelle je m'engageai dernièrement avec de jeunes amis des arts réveilla chez moi des scrupules de conscience, et, pour qu'on ne m'adresse pas, dans quelque vingt ans, au delà du Lethé, le reproche d'avoir gardé mal à propos le silence, je me décidai à dire un mot de la langue allemande, et de ce que, à tort et à droit, elle doit accepter aujourd'hui. Heureusement il me tomba dans les mains un mémoire que je recommande à tous mes lecteurs; ils y trouveront à peu près tout ce que je pense moi-même sur ce sujet. Ce travail a paru dans le troisième numéro de la *Némésis*, sous ce titre : *Du développement de la langue allemande, sous le point de vue des nouveaux essais dont elle est l'objet*[1].

Nous sommes très-obligés à l'auteur d'avoir dit à notre place ce que nous pensons à ce sujet. Il signale, comme nous l'aurions fait, le tort irréparable qu'on peut causer à une nation, même avec de loyales convictions et des intentions excellentes, quand on lui donne une direction fausse, comme on voudrait le faire maintenant chez nous en ce qui touche le langage. Comme nous souscrivons à tout ce que dit l'auteur et à la manière dont il l'expose, nous nous bornerons à dire un mot de sa personne.

---

1. Les réflexions qui suivent ce morceau font assez entendre quelles étaient les vues de Goethe en ce qui concernait le développement de la langue allemande, et combien il désapprouvait la tendance de quelques hommes à isoler l'Allemagne du reste de l'Europe et surtout de la France.

Ce n'est point un écrivain étranger à l'Allemagne, ni un Allemand désaffectionné, mais un véritable et digne enfant de la Germanie, tel qu'on peut souhaiter un jeune homme.

Charles Rouckstouhl, d'une bonne famille du canton de Lucerne, fit ses premières études dans sa patrie, puis il se rendit à l'université d'Heidelberg. Convaincu que la source d'une véritable culture ne se trouve que chez les anciens, il se voua essentiellement aux études philologiques. Désirant être utile à sa patrie en se consacrant à l'éducation de la jeunesse, il remplit quelque temps, pour s'y préparer par la pratique, la place de maître de langues anciennes à l'école cantonale d'Aarau.

Mais au printemps de 1815, le repos du monde étant de nouveau menacé, il céda au noble désir de combattre dans l'armée prussienne, avec laquelle il entra à Paris. Au milieu des armes, il n'oublia point les sciences, et, soit à Paris, soit à son retour en Allemagne, il se lia partout avec les savants. Il est maintenant à Berlin, où il poursuit ses études, et c'est là qu'il a écrit le mémoire que nous recommandons.

A une époque où les Allemands tendent à borner l'horizon de la pensée, il serait bien utile, pour l'ouvrir et l'étendre, qu'un jeune savant entreprît d'apprécier les mérites vraiment poétiques auxquels se sont élevés pendant trois siècles nos poëtes qui ont écrit dans la langue latine. On reconnaîtrait que l'Allemand reste fidèle à son caractère, même lorsqu'il parle une langue étrangère. Nous ne citerons que Balde et Jean Second. M. Passow, qui a traduit Jean Second, devrait entreprendre ce travail. Il pourrait examiner aussi avec quel succès les autres nations policées ont cultivé la poésie latine dans un temps où le latin était la langue universelle, et se sont entendues entre elles d'une manière aujourd'hui perdue pour nous.

On ne réfléchit pas que souvent on poétise dans sa langue maternelle comme si elle était étrangère. Voici ce qui arrive :

lorsque, pendant un certain temps, on a beaucoup écrit dans une langue, et que des talents supérieurs l'ont mise en œuvre pour développer le cycle actuel et vivant des destinées et des sentiments humains, le fonds de l'époque est épuisé et la langue également, si bien que tout talent médiocre peut se servir à son aise des expressions toutes faites comme de phrases données.

A travers l'histoire littéraire, comme à travers l'histoire du monde, se glissent souvent de petits travaux qui semblent de peu de valeur, mais qui, par une persévérance soutenue, produisent des effets remarquables. Il serait intéressant, par exemple, de nous faire voir dans un court exposé comment, depuis quarante années, des hommes d'esprit, qui avaient l'oreille musicale, ont mis des paroles allemandes à des opéras français et italiens, et ont rendu par ce moyen à la langue et à la musique de grands services inaperçus. Par là notre scène lyrique s'est élevée insensiblement à une hauteur extraordinaire ; nous avons vu sur nos théâtres les principales productions du drame lyrique français, les opéras italiens ne nous sont pas demeurés étrangers; depuis nombre d'années, des libretti allemands, mis en musique par des maîtres allemands, charment l'esprit, élèvent le cœur ; la masse du public se forme et s'éclaire, et la poésie lyrique y gagne d'année en année l'inestimable avantage de devenir toujours plus chantante sans perdre de sa valeur. Des chants religieux, patriotiques, affectueux, passionnés, retentissent de toutes parts, et notre musique, grave, caractéristique, a trouvé l'emploi multiplié de ses inépuisables moyens. Et qui dira pourtant que ce fut Marchand[1], ce directeur de théâtre entièrement oublié, qui donna la première impulsion, en nous amenant de France la malicieuse *Laitière* avec les niais *Chasseurs*, puis la *Belle* avec la bonne et douce *Bête*, en animant le théâtre avec la touchante musique de Grétry : car, depuis ce temps-là, on peut suivre sans interruption l'histoire de l'opéra allemand. Peut-être un collaborateur de la *Gazette musicale*, qui a gardé

1. Voyez tome VIII, page 590.

le souvenir de ces temps, auxquels il s'intéressait, nous en donnera-t-il une idée. On verrait clairement, une fois de plus, que l'Allemand ne saurait faire une chose plus bizarre que de se renfermer dans son enceinte méditerranée, se figurant qu'il se nourrit de son propre bien, sans songer à tout ce qu'il a reçu depuis un demi-siècle des peuples étrangers et à ce qu'il leur emprunte encore tous les jours.

Mais, sur tout cela, le mieux aujourd'hui est de se taire : le temps viendra où l'Allemand demandera encore par quelle voie ses ancêtres ont réussi à élever sa langue à ce haut degré d'indépendance dont elle se glorifie aujourd'hui.

Nous accordons volontiers que tout Allemand peut se développer complétement dans les limites de notre langue, sans aucun secours étranger. Nous devons cet avantage aux travaux particuliers et divers du siècle passé, travaux qui profitent maintenant à toute la nation, mais surtout à une certaine classe moyenne, à prendre ce mot dans son acception la plus favorable. A cette classe appartiennent les habitants des petites villes, dont l'Allemagne compte un si grand nombre de bien situées et bien établies ; tous les employés et les sous-employés qui s'y trouvent, les commerçants, les fabricants, particulièrement les femmes et les filles de ces familles, les ecclésiastiques campagnards, en tant qu'ils sont instituteurs : toutes ces personnes, qui se trouvent dans une situation bornée, mais pourtant aisée et qui procure un bien-être moral, peuvent subvenir à leur besoin de société et d'instruction avec les seules ressources de la langue maternelle.

Mais, si l'on a quelque expérience du monde, on ne peut ignorer que, dans les sphères plus étendues et plus élevées, on exige aussi de nous la connaissance pratique d'autres langues.

Épurer et enrichir en même temps la langue maternelle est l'affaire des meilleurs esprits. L'épurer sans l'enrichir est souvent l'œuvre d'un sot, car il n'y a rien de plus commode que de négliger le sens et de s'arrêter à l'expression.

L'homme d'esprit pétrit la matière de son langage, sans considérer de quels éléments elle se compose ; le sot n'est pas embarrassé à parler purement ; il n'a rien à dire. Comment sentirait-il quel misérable pis aller il admet à la place d'un mot expressif, ce mot n'ayant jamais été vivant pour lui, parce qu'il n'y attachait aucune idée ? Il y a bien des manières d'épurer et d'enrichir un idiome, et elles doivent proprement s'enchaîner toutes, pour que le langage se développe d'une manière vivante. La poésie et le discours passionné sont les seules œuvres d'où cette vie jaillit, et lors même que, dans leur essor impétueux, elles entraînent quelques débris de la montagne, il se dépose au fond, et le flot pur poursuit son cours.

TRADUCTION DE LUCRÈCE PAR DE KNEBEL.

1821.

L'œuvre qu'un ami éprouvé avait poursuivie pendant de longues années vient enfin de paraître, et j'ai de fortes raisons pour lui souhaiter un bon accueil, car il y a longtemps que je profite de ce travail, accompli avec tant de persévérance. Les difficultés que présente à chacun l'étude de Lucrèce m'arrêtaient aussi, et mon ami, en s'appliquant à comprendre ce précieux monument de l'antiquité, m'en a considérablement facilité l'intelligence. Il ne s'agit de rien moins en effet que de se transporter, soixante et dix ou quatre-vingts ans avant notre ère, dans le centre du monde, c'est-à-dire à Rome, et de se représenter quel était alors l'aspect de la vie civile, guerrière, religieuse et esthétique. On ne connaîtra jamais le vrai poëte, si l'on ne connaît pas le temps où il a vécu.

On peut dire que Lucrèce parut à l'époque (qu'il concourut à former) où la poésie romaine était arrivée au grand style. L'ancienne et énergique rudesse était adoucie ; un plus vaste horizon ouvert à la pensée, une appréciation plus profonde des caractères marquants, qu'on voyait agir à côté et autour de soi, avaient amené la civilisation romaine au point admirable où la force et la gravité pouvaient se marier avec la grâce, un langage énergique, violent, avec la bienveillance. De là se développa par degrés le siècle d'Auguste, où des mœurs plus délicates cherchèrent à faire disparaître la grande distance du maître aux sujets, et qui présenta dans leur perfection le bon et le beau auxquels les Romains étaient capables d'atteindre. Dans la suite, un accommodement ne fut plus imaginable ; du forum, la tyrannie relégua l'orateur dans l'école ; elle concentra le poëte en lui-même. Suivant donc cette période par la pensée avec un vif intérêt, si j'ai commencé avec Lucrèce, je finis avec Perse, qui, enveloppant dans des maximes sibyllines le plus amer mécontentement, exprime son désespoir dans de sombres hexamètres.

Que la marche de Lucrèce est plus libre encore ! A la vérité, il est gêné par les orages du temps, qui troublent son heureux loisir ; il fuit le théâtre du monde ; il déplore l'absence de son excellent ami [1] et se console en lui communiquant ses méditations sublimes. Et qu'est-ce proprement qui l'oppresse ? Depuis la fondation de Rome, l'homme d'État, le guerrier, ont, selon le besoin, tiré de la superstition les plus grands avantages ; mais, si l'on croyait recevoir des dieux favorables de fidèles avis par le vol des oiseaux et l'état des entrailles d'une victime ; si le ciel semblait s'intéresser aux croyants, ils n'étaient pas à l'abri des terreurs de l'enfer ; et comme l'horrible ébranle toujours plus que le doux ne peut apaiser, les flammes fumantes de l'enfer obscurcissaient l'éther olympien, et la Gorgone stygienne effaçait toutes les pures et paisibles images des dieux qu'on avait arrachés à leurs belles demeures et traînés à Rome en esclavage.

Dès lors les esprits faibles s'appliquaient toujours plus à détourner les présages menaçants et à se délivrer heureusement de la peur. Cependant l'inquiétude et l'angoisse croissaient, une vie après la mort paraissant toujours plus désirable, avec la misérable vie qu'on menait sur la terre : mais qui garantis-

---

[1] C. Gemellus Memmius.

sait qu'on ne se trouverait pas aussi mal, peut-être plus mal encore, là-bas qu'à la lumière du jour ? Ainsi flottait entre la crainte et l'espérance la multitude, qui, bientôt après, dut accueillir avec joie le christianisme et aspirer au règne de mille ans comme au plus souhaitable des états.

En revanche, les esprits forts, comme Lucrèce, qui pouvaient bien renoncer, mais non pas se soumettre, cherchaient, rejetant l'espérance, à se délivrer aussi de la crainte; mais vainement était-on parvenu à se mettre d'accord avec soi-même, on avait encore à souffrir de grandes attaques du dehors.

Un homme condamné à entendre répéter sans cesse ce qu'il a rejeté depuis longtemps, éprouve un malaise qui peut monter de l'impatience jusqu'à la fureur ; de là vient la véhémence avec laquelle Lucrèce s'élève et s'indigne contre ceux qui ne veulent pas s'anéantir dans la mort. Ces violentes invectives m'ont toujours paru avoir quelque chose de comique, et me rappellent ce général, qui, dans le moment décisif de la bataille, voyant que ses troupes hésitaient à marcher à une mort inévitable, leur cria avec colère : « Hé ! chiens, voulez-vous donc vivre toujours ? » C'est ainsi que l'effroyable touche au risible.

Nous n'en dirons pas davantage pour le moment sur un ouvrage qui, méritant l'attention générale, doit offrir à l'époque actuelle un intérêt tout particulier.

Bien souvent on ne pensera pas comme Lucrèce, on ne le peut même quand on le voudrait, mais on avait besoin d'apprendre comment on pensait soixante ou quatre-vingts ans avant notre ère. Ce document est infiniment remarquable comme prologue de l'histoire de l'Église chrétienne.

Qu'il me soit permis de revenir sur un sujet si important. Je souhaitais de présenter Lucrèce dans ses divers caractères, de peindre l'homme et le Romain, le philosophe naturel et le poète : cet ancien projet, l'heureuse traduction de Knebel vient à propos le faciliter. Elle seule en rend l'exécution possible. Car nous la voyons marcher toujours avec une majestueuse et noble liberté; s'offrir dans une forme claire à notre intelligence, même quand il s'agit des problèmes les plus abstrus. Elle nous invite avec grâce à pénétrer dans les plus profonds mystères ; elle commente sans périphrase et anime un antique et difficile original.

POUR LES JEUNES POËTES.

1831.

De jeunes hommes m'envoient fort souvent des poésies allemandes, en me priant de les juger et même de dire ma pensée sur la vocation poétique de l'auteur. Mais, malgré mon désir de reconnaître cette confiance, il m'est impossible de faire par écrit, dans le cas particulier, une réponse convenable, qu'il serait assez difficile d'exprimer de vive voix. Cependant ces envois s'accordent, en général jusqu'à un certain point, et je puis me résoudre à présenter ici quelques réflexions pour l'avenir.

La langue allemande est arrivée à un si haut degré de perfection, qu'il est donné à chacun, selon son talent, de s'exprimer heureusement, en prose et en vers rhythmiques ou rimés, d'une manière convenable à l'objet comme au sentiment. Il s'ensuit que toute personne qui s'est un peu formée en écoutant et en lisant, dès qu'elle s'entend un peu elle-même, se sent pressée de communiquer, avec une certaine facilité, ses pensées et ses jugements, ce qu'elle a reconnu et senti.

Mais il est difficile, je crois même impossible, au jeune homme de reconnaître que, dans un sens élevé, c'est encore avoir fait peu de chose. Si l'on considère attentivement ces productions, on trouve tout ce qui se passe dans l'intérieur, tout ce qui se rapporte à la personne même, plus ou moins réussi, et quelquefois si bien, que l'expression paraît avoir autant de clarté que de profondeur, autant de fermeté que de grâce. Tout ce qui est général, l'Être suprême, comme la patrie, l'immense nature, avec ses merveilleux phénomènes, nous surprennent dans les poésies de jeunes hommes ; nous ne pouvons en méconnaître la valeur morale, et nous devons en trouver l'exécution digne d'éloges.

Mais voici justement la difficulté. Plusieurs jeunes gens, qui entrent dans la même voie, se grouperont ensemble, et entreprendront ensemble un joyeux pèlerinage, sans s'éprouver, et sans considérer si leur but n'est pas trop reculé dans le vague.

Car, par malheur, un observateur bienveillant ne tarde pas à remarquer que le bien-être juvénile diminue soudain ; que le regret des joies évanouies, la poursuite langoureuse des biens perdus, l'aspiration à l'inconnu, à l'inaccessible, le découragement, les invectives contre les obstacles de tout genre, la lutte contre la disgrâce, l'envie et la persécution, troublent la source claire. Et nous voyons la joyeuse société s'éparpiller et se disperser en ermites misanthropes : aussi est-il bien difficile de faire comprendre aux talents de tout genre et de tout degré que LA MUSE ACCOMPAGNE VOLONTIERS LA VIE, MAIS NE SAIT NULLEMENT LA DIRIGER.

Quand nous entrons dans la vie active et forte, quelquefois fâcheuse, où nous devons tous, tels que nous sommes, nous sentir dépendants d'un grand ensemble, si nous redemandons tous nos premiers rêves, nos vœux, nos espérances et les agréments des vieux contes, la Muse s'éloigne et cherche la société de celui qui renonce avec sérénité, qui se relève aisément, qui sait dérober quelques jouissances à chaque saison, qui donne le temps convenable au chemin de glace comme au jardin de roses, qui fait taire ses propres douleurs, et cherche attentivement autour de lui où il pourrait trouver une douleur à calmer, une joie à faire éclore.

Alors les années ne le sépareront point des nobles déesses, car, tout comme elles se plaisent à l'innocence ingénue, elles marchent volontiers aux côtés de la sagesse prudente ; là, favorisant dans son germe un être naissant, d'une belle espérance ; ici, prenant plaisir à un être accompli dans son entier développement. Qu'il me soit permis de finir par quelques rimes ces épanchements.

> A l'âge où d'espoir on s'enivre,
> Jeune homme, écoute, et te souvien
> Que la Muse, qui sait nous suivre,
> A nous conduire n'entend rien

ENCORE UN MOT POUR LES JEUNES POËTES.

Notre maître est celui sous la direction duquel nous nous exerçons dans un art d'une manière continue, et qui, à mesure que nous acquérons de l'habileté, nous communique peu à peu les principes d'après lesquels nous pourrons atteindre le plus sûrement le but désiré.

Dans ce sens, je n'ai été le maître de personne. Mais, si je dois dire ce que j'ai été pour les Allemands en général, et particulièrement pour les jeunes poëtes, j'oserai me nommer leur libérateur; chez moi, en effet, ils se sont aperçus que, de même que l'homme doit vivre du dedans au dehors, l'artiste doit opérer aussi du dedans au dehors : car, il aura beau faire, il ne produira jamais que son individualité.

S'il se met à l'œuvre vivement et gaiement, il manifestera certainement la valeur de son être, la grandeur ou la grâce, peut-être aussi la gracieuse grandeur, que lui a dispensée la nature. Je puis d'ailleurs très-bien observer sur qui j'ai opéré de la sorte. Il en résulte en quelque façon une poésie naturelle, et c'est la seule manière dont il est possible d'être original.

Heureusement notre poésie est si perfectionnée sous le rapport technique, le mérite d'un fonds intéressant se montre si clairement au jour, que nous voyons paraître des œuvres merveilleusement agréables. Cependant le progrès peut devenir plus sensible tous les jours, et nul ne sait où cela peut conduire. Mais il faut que chacun apprenne à se connaître lui-même, sache se juger lui-même, parce qu'il est ici impossible de recourir à une mesure étrangère.

Disons en peu de mots l'essentiel. Le jeune poëte doit exprimer uniquement sa vie et son œuvre, sous quelque forme que ce puisse être; il doit écarter rigoureusement tout esprit de contradiction, toute malveillance, toute médisance, et ce qui est purement négatif, car de cela il ne sort rien.

Je ne puis assez sérieusement recommander à mes jeunes amis de s'observer eux-mêmes, afin que, à côté d'une certaine facilité d'expression rhythmique, ils gagnent aussi de plus en plus pour le fonds.

Mais le fonds poétique, c'est le fonds de notre propre vie, et personne ne peut nous le donner; on peut l'assombrir peut-être, mais non le gâter. Tout ce qui est vanité, c'est-à-dire amour-propre sans fondement, sera plus maltraité que jamais.

Se déclarer libre est une grande prétention, car on déclare en même temps qu'on veut se dominer soi-même. Et qui en est capable? A mes amis, les jeunes poëtes, voici là-dessus ce que je dirai : Vous n'avez proprement aujourd'hui aucune règle, et vous devez vous en tracer une à vous-mêmes. Demandez-vous, au sujet de chaque poésie, si elle renferme une chose que vous ayez éprouvée et si cette épreuve vous a avancés. Vous n'êtes pas avancés, si vous pleurez sans cesse une amante, que vous avez perdue par l'absence, l'infidélité ou la mort. Cela n'est d'aucune valeur, quelque habileté, quelque talent qu'on y sacrifie.

Qu'on s'en tienne au courant de la vie, et qu'on s'éprouve dans l'occasion; car c'est ainsi qu'il se vérifie, dans l'instant même, si nous sommes vivants, et, dans la méditation postérieure, si nous étions vivants.

FIN.

TABLE ALPHABÉTIQUE

DE NOMS DE PERSONNES QUI SE RENCONTRENT

DANS LES ŒUVRES DE GOETHE[1]

ACKERMANN (JACQUES-FIDELIS). Rudesheim, 1756 — Heidelberg, 1815. Conseiller aulique, professeur d'anatomie à Mayence, à Heidelberg, à Iéna.

ALTON (JOSEPH-GUILL.-ÉDOUARD D'). 1772-1840. Il unit l'étude des beaux-arts à celle de l'histoire naturelle. Visita l'Italie puis la France, l'Angleterre, l'Espagne et le Portugal. Professeur d'archéologie et d'histoire des beaux-arts à Bonn.

ARNIM (LOUIS-ACHIM D'). Poëte, romancier. Un des chefs de l'école romantique en Allemagne. Imagination vive et hardie mais sombre. Il s'efforça d'élever la poésie par le sentiment religieux et de répandre sur la religion le charme de la poésie.

BABO (FRANÇOIS-MARIE). Ehrenbreitstein, 1756-1822. Professeur de philosophie à Munich, puis d'esthétique à Mannheim, donna au théâtre *Otto de Wittelsbach*, *les Strelitz*, *Gênes ou la vengeance*, *les Romains en Allemagne*, etc.

BAGRATION (LA PRINCESSE DE), femme du célèbre général russe qui fut blessé mortellement à la bataille de la Moskowa.

BANDELLO (MATHIEU), 1480-1561, Milanais, Dominicain. Enseigna les belles-lettres à Mantoue et à Milan, passa en France après que les Espagnols eurent conquis la Lombardie. A laissé des *Nouvelles* et des *Contes* dont le fond est intéressant mais le style assez diffus.

BATSCH (AUGUSTE-JEAN-GEORGE-CHARLES) 1761-1802. Professeur de médecine et de philosophie à Iéna. Botaniste. *Elenchus fungorum. De la manière de sécher les plantes pour en faire des herbiers. Tabula affinitatum regni regetabilis*, etc.

BEIREIS (GODEFROI-CHRISTOPHE). Mulhouse 1730-1809. Professeur de physique, de médecine et de chirurgie à Helmstaedt. Les *Annales* de Goethe font assez connaître les mérites et les bizarreries de ce savant. Il perfectionna la fabrication du carmin et celle du vinaigre.

BENGEL (JEAN-ALBERT). 1687-1752. Il fit ses études à Stuttgart et à Tubingue. Professeur de grec et de théo-

---

[1]. On rencontre dans les Œuvres de Goethe, particulièrement dans les tomes VIII, IX et X, un assez grand nombre de noms de personnes. Comme la plupart reparaissent en plusieurs endroits, on a jugé convenable de les réunir dans une table alphabétique. Mais, en général, on a laissé de côté les noms qui ont été l'objet d'une note dans les premiers volumes, et ceux sur lesquels Goethe donne lui-même des détails suffisants. On a cru devoir aussi omettre les noms généralement connus, de même que ceux des personnes qui n'avaient par elles-mêmes aucun titre pour fixer l'attention des lecteurs.

logie à l'école claustrale de Denkendorf. Était porté au mysticisme, mais plein de science. A laissé de nombreux ouvrages.

BERTOUCH (Frédéric-Jean-Justin). Weimar 1748-1822. Poëte, littérateur. Plusieurs traductions, entre autres celles du *Don Quichotte*. Publia avec Seckendorf et Zanthier le *Magasin de la littérature espagnole et portugaise*. Traduisit l'ouvrage de Marmontel sur la poésie dramatique. Fonda plusieurs journaux et fut surnommé le *Père des gazettes littéraires allemandes*.

BŒHMR (Jean-Gottlob). 1717-1780. Conseiller aulique et historiographe de l'électeur de Saxe. Professeur d'histoire à Leipzig. A laissé des discours et des mémoires d'une latinité pure et élégante.

BOIE (Henri-Chrétien). Littérateur. Meldorp (Holstein), 1745-1806. Avec Frédéric Guillaume, créateur des *Almanachs des Muses* en Allemagne ; travailla à celui de Gœttingue. Un *Recueil de poésies*.

BOISSERÉE (Melchior et Sulpice). Ces deux frères se sont distingués par leurs travaux comme antiquaires et amateurs des beaux-arts. Leur collection de tableaux des anciens maîtres allemands se trouve aujourd'hui à la Pinacothèque de Munich. Sulpice a publié les *Monuments de l'architecture du Bas-Rhin* et l'*Histoire et description de la cathédrale de Cologne*.

BOSSI (Joseph). 1777-1815. Artiste d'un talent remarquable, président des académies de Milan, de Venise et de Bologne. Fonda une école de mosaïque. Fit établir des pensions pour entretenir à Rome les meilleurs élèves de l'académie de Milan. Copie de la Cène de Léonard de Vinci.

BOURBON-CONTI (Louise de). 1762-1825. Aventurière. Elle prétendait être fille de P. F. Bourbon-Conti et de la belle duchesse de Mazarin ; mais ses prétentions ne furent admises ni par le gouvernement impérial ni par la Restauration. Ses *Mémoires historiques*, publiés en l'an VI, ont fourni à Goethe le sujet de la *Fille naturelle*.

BREITINGER (Jean-Jacques). Zurich 1701-1776. Goethe rappelle le rôle important que Breitinger a rempli dans le mouvement littéraire de l'Allemagne. Professeur d'hébreu et de grec à Zurich. Prit part aux travaux critiques de Bodmer. On a de lui une édition des *Septante*.

BRENTANO. Famille de Francfort dont Goethe parle à plusieurs reprises. Clément Brentano, poëte et romancier fécond. Un des chefs de l'école romantique. Parmi ses nombreuses productions (romans, nouvelles, comédies, satires), nous citerons le *Cor merveilleux de l'enfant*, recueil de légendes qu'il a publiées en société avec d'Arnim.

BROUNS pour BROWN (Paul-Jacques). Professeur d'histoire de la littérature et bibliothécaire à Helmstaedt.

BRYDONE (Patrice). 1741-1818. Physicien et voyageur anglais. On a de lui un *Voyage en Sicile et à Malte*.

CARUS (Charles-Gustave). Leipzig, 1780. Médecin, naturaliste. Professeur à Leipzig. Enseignait l'anatomie comparée. Appelé à Dresde comme professeur et directeur de la clinique d'accouchement. Médecin du roi de Saxe. Unit le goût des beaux-arts à celui des sciences.

CHARPENTIER (Jean-François-de). Freyberg, 1786. Bex (Suisse), 1855. Professeur honoraire de géologie à l'Académie de Lausanne, directeur des mines et salines du canton de Vaud. Naturaliste distingué. *Essai sur la Constitution géognostique des Pyrénées*, couronné par l'Institut. *Essai sur les glaciers*.

CLÉRISSEAU (Charles-Louis). Paris 1721-1820. Peintre et architecte. Vécut et étudia longtemps en Italie. A publié les *Monuments de Nîmes*, œuvre d'une grande valeur. A créé le musée de Saint-Pétersbourg, où il fut appelé par Catherine II.

CLODIUS (Chrétien-Auguste). 1738-1784. Professeur de philosophie à Leipzig. Poésies, dissertations. Voir Goethe pour sa comédie de *Médon ou la vengeance du sage*.

CORNÉLIUS (Pierre). Célèbre peintre né à Dusseldorf, 1787. Talent vigoureux, élevé. Illustration de *Faust*, des *Nibelungen*. Directeur de l'académie de Dusseldorf. Appelé plus tard à Munich, où il attira d'autres artistes. Dès lors, Munich devint comme le centre des arts en Allemagne.

CRELL (Laurent-Florent-Frédéric de). Fut professeur de médecine à Helmstaedt.

DIETZ (Henri-Frédéric de). 1751-1817. Jurisconsulte. Ambassadeur de Prusse près la cour ottomane. *Guerre entre les Russes et les Ottomans. Curiosités de l'Asie.*

DŒBEREINER (Jean-Wolfgang). 1780-1849. Professeur de chimie à l'université d'Iéna. A fait de belles découvertes et a publié de nombreux articles dans divers journeaux.

DROUAIS (Jean-Germain). Paris 1763, Rome 1788. Élève de David. Il serait parvenu à une grande célébrité s'il eût vécu. Enlevé aux arts à l'âge de vingt-cinq ans, il a laissé néanmoins de très-beaux ouvrages. Au Louvre la *Cananéenne aux pieds de Jésus, Marius à Minturnes*.

EBERWEIN (François-Charles-Adalbert). Chef d'orchestre au théâtre de Weimar, où sa femme Henriette, née Haesler, était chanteuse.

EHRENREICH (Jean-Benjamin). Peintre et graveur à Francfort.

ESCHENBOURG (Jean-Joachim). Conseiller intime et professeur de droit à Brunswick.

ESCHWEGE (Guillaume-Louis d'). Colonel portugais, directeur général des mines du Brésil.

ETTLING, échevin à Francfort, possédait une belle collection de tableaux.

FERBER (Jean-Jacques). Professeur de physique et d'histoire naturelle à Mittau. A laissé une *Histoire minéralogique de Bohême* et des *Recherches sur les montagnes et les mines de Hongrie*.

FERNOW (Charles-Louis). Prusse 1763-1808. Philologue. Cultiva surtout la littérature italienne, donna de savantes éditions de Dante, de Pétrarque et de l'Arioste, une grammaire italienne, un *Tableau des mœurs et de la civilisation des Romains*.

FURSTENBERG (Frédéric-Guillaume-François de), 1729-1810. Administrateur de la principauté de Munster pour l'électeur de Cologne. Il fut le bienfaiteur du pays. Les états de Munster demandèrent qu'il fût nommé coadjuteur de l'archevêque de Cologne : l'archiduc Maximilien fut préféré. Dès lors Furstenberg se renferma dans son office ecclésiastique. Il fonda l'université catholique de Munster.

GEMMINGEN (Othon-Henri, baron de). Heilbronn, 1756-1836, littérateur. A laissé des drames, et de nombreux articles sur la philosophie et l'esthétique dans le *Weltmann* (Homme du mont de) et le *Magasin des sciences et de la littérature*.

GERSTENBERG (Henri-Guillaume). Poëte et critique. Tondern, 1737-1823. Vécut en Danemark, à Lubeck, à Altona, publia des poëmes en prose, donna *Ariane à Naxos*, *Ugolino*, *Minona ou les Anglo-Saxons*, etc.

GEYSER (Chrétien-Théophile). 1742-1803. Célèbre graveur de Leipzig. A exécuté à la pointe des œuvres très-originales, des paysages d'après Wouvermans. A illustré les poésies d'Outz, le Virgile de Heine.

GOETTLING (Jean-Frédéric-Auguste). Savant chimiste. Bernbourg 1755-1809. On a de lui un *Aperçu systématique de technologie* et un *Manuel de chimie théorique et pratique*.

GRIESBACH (Jean-Jacques). Hesse-Darmstadt 1745-1812. Professeur de théologie à Halle, puis à Iéna. On remarque entre autres sa recension du Nouveau Testament.

GROSSI (Frédéric) Milan 1791-1853. Poëte, littérateur. Écrivit ses premiers ouvrages dans le dialecte milanais. A laissé des drames, des nouvelles en vers et même une épopée :

Lombardi alla prima Crociata. On préfère son roman de *Marco Visconti*.

GROSSMAN (GUSTAVE-FRÉDÉRIC-GUILLAUME). Berlin, 1746-1796. Auteur dramatique et comédien remarquable. L'art dramatique a profité de ses travaux. Surnommé le Shakspeare allemand. Il est traduit dans le second volume du *Nouveau théâtre allemand*.

GUNTHER (JEAN-CHRÉTIEN). Poëte. Striegau (Basse-Silésie), 1695-1723. Recommandé au roi de Pologne, il parut un jour ivre devant lui et fut chassé de la cour. Dès lors il se livra sans réserve à ses passions et à son humeur indépendante. Ses ouvrages reflètent sa vie.

HACKERT (PHILIPPE). Prenzlau Brandebourg), 1737-Florence, 1807. Il passa une grande partie de sa vie en Italie. Il travailla pour la cour de Russie, puis pour le roi de Naples. On lui a reproché de s'être négligé à la fin de sa vie. C'était peut-être l'effet du déclin de l'âge.

HACQUET (BALTHASAR). Conquet (Bretagne), 1740. Naturaliste; membre du conseil des mines de Vienne. A laissé un *Voyage dans les Alpes*, et *Oryctographia carniolica*.

HEDLINGER (JEAN-CHARLES). Schwitz, 1691-1771. Célèbre graveur de médailles. Son œuvre forme 2 vol. in-4°.

HIMMEL (FRÉDÉRIC-HENRI). Brandebourg), 1705-1814. Maître de chapelle du roi de Prusse. A composé des oratorios, des opéras, des cantates qui eurent beaucoup de succès.

HŒLTY (LOUIS-HENRI-CHRÉTIEN), Mariensée, 1748-1776. Aimable poëte, mort à la fleur de l'âge. Il reste de lui un recueil de poésies diverses pleines de douceur et de charme.

JUNGER (JEAN-FRÉDÉRIC). Leipzig, 1759-Vienne, 1797. Littérateur, poëte. Commença par des chansons qui furent très-populaires. Auteur dramatique à Vienne. Vécut pauvre et malheureux. Romans et comédies agréables.

KLINGER (FRÉDÉRIC-MAXIMILIEN DE), Francfort, 1753-1831. Auteur dramatique. Romans, œuvres diverses. Une de ses pièces, *Stourm und Drang*, donna son nom à l'époque d'effervescence de la littérature allemande, époque dont il fut lui-même la fidèle expression.

KLOTZ (CHRÉTIEN-ADOLPHE), Saxe, 1738-1771. A publié de nombreux ouvrages d'érudition et de critique. Conseiller intime et professeur de rhétorique à Halle.

KNEBEL (CHARLES-LOUIS DE). Littérateur. Wallerstein, 1744-1834. Servit d'abord la carrière des armes, puis se lia avec Ramler, Gleimet Mendelssohn; fut nommé gouverneur du prince Constantin de Weimar et l'accompagna à Paris. Bonnes traductions de Properce et de Lucrèce; recueil de petits poëmes, correspondance avec sa sœur Henriette, très-intéressante pour la plus belle époque de la littérature allemande.

KOERTE (GUILLAUME). Aschersleben, 1776-1846. Littérateur; petit-neveu de Gleim, dont il a écrit la vie. Autres biographies: dans le nombre, celle de Carnot. A publié des lettres de Bodmer, Soulzer et Gessner. On a de lui: *Proverbes et dictons des Allemands*.

KUGELGEN (GÉRARD de). Bacharach, 1772, assassiné près de Dresde, 1820. Comme Charles, son frère jumeau, il montra de bonne heure les plus grandes dispositions pour la peinture. Ils se rendirent à Rome. Gérard était peintre de portraits, Charles, de paysages. Ils travaillèrent pour la cour de Russie.

LENZ (JEAN-MICHEL-REINHOLD). Livonie, 1750-Moscou, 1792. Etudia à Kœnigsberg, parcourut l'Allemagne, connut Goethe à Strasbourg et le rejoignit à Weimar. On voit par les *Mémoires* que Goethe eut à se plaindre de lui. Auteur comique de talent, mais parfois licencieux et bizarre. Il ne put faire partager son amour à Frédérique Brion, et tomba dans des frénésies dont il ne guérit jamais. Avec le secours de Goethe, il traduisit et arrangea pour la scène cinq pièces de Plaute.

LICHTWER (MAGNUS-GODEFROI).

Brandebourg, 1719-1783. Recueil de fables, traduit en français. Il a le mérite d'avoir inventé les sujets.

LIPS (JEAN-HENRI), graveur et dessinateur. Kloten, près de Zurich, 1758-1817. Travailla plus de vingt ans sous la direction de Lavater; saisissait admirablement la ressemblance. A fourni de nombreux profils pour la *Physiognomonie*.

LISCOW (CHRÉTIEN-LOUIS). Poëte satirique, naquit dans le Mecklenbourg et mourut jeune en 1760.

LOBSTEIN (JEAN-FRÉDÉRIC). Près de Strasbourg, 1736-1784. Professeur d'anatomie à l'université de Strasbourg; observateur exact, habile opérateur. A laissé plusieurs ouvrages.

MEYER (JEAN-HENRI). Dessinateur, archéologue. Né à Staefa, au bord du lac de Zurich, 1759, il mourut à Weimar, 1832, quelques mois après son ami Goethe. Directeur de l'école de dessin à Weimar. *Histoire des beaux-arts chez les Grecs*, Œuvres de *Winckelmann*, publiées avec Fernow; *Propylées*, avec Goethe; légua 132000 francs pour fonder un établissement en faveur des pauvres de Weimar.

MILLER (JEAN-MARTIN). Poëte et romancier. Ulm, 1750-1814. Etudia à Gœttingue et fit partie de la société de poëtes qui se forma dans cette ville; se lia ensuite avec Klopstock, avec Cramer, fut professeur au gymnase d'Ulm et devint prédicateur à la cathédrale. *Élégies* touchantes; *Lieder* (chants), dont plusieurs sont restés populaires. Romans qui furent très-goûtés, entre autres *Siegwart*.

MŒSER (JUSTE). Avocat, littérateur. Osnabruck, 1720-1794. Envoyé du duc de Brunswick à Londres pendant la guerre de Sept ans: *Essai de quelques tableaux des mœurs de notre temps; Histoire d'Osnabruck*; autres écrits. mais surtout: *Idées patriotiques*, recueil dont Goethe fait de justes éloges, et qui mérita à l'auteur le surnom de *Franklin allemand*.

MORGENSTERN (JACQUES-SALOMON). 1706-1785. Homme savant et singulier. Professa d'abord l'histoire et la géographie à Halle. Remarqué par Frédéric-Guillaume I*er*, il le charma tellement par ses reparties, que ce monarque le prit pour son lecteur, et le nomma conseiller-bouffon de la société des Fumeurs, qu'il présidait lui-même. Morgenstern fut un des premiers à s'occuper de statistique. On a de lui: *Pensées raisonnables sur la folie*.

MORITZ (CHARLES-PHILIPPE). 1757-1793. Il acquit dans ses voyages en Angleterre et en Italie des connaissances variées. Il fut savant dans plusieurs branches, mais peu profond. Professeur d'archéologie et d'esthétique à Berlin; publia de nombreux ouvrages: *Essai d'une prosodie allemande, Voyage en Angleterre, Voyage en Italie. Antoine le Voyageur* n'est que sa biographie un peu idéalisée; *Mythologie des Anciens*.

MORUS (SAMUEL-FRÉDÉRIC-NATHANAEL). Lauben (Haute-Lusace), 1736, Leipzig 1792. Humaniste et théologien; savant modeste, laborieux; a laissé des ouvrages de théologie et de bonnes éditions de plusieurs classiques.

MULLER (CHRISTOPHE-HENRI). Zurich, 1740-1807. Savant littérateur, professeur d'histoire et de philosophie à Berlin; fut un des premiers à faire connaître les monuments de la littérature allemande. Recueil de poèmes allemands des douzième, treizième et quatorzième siècles. Édition des Nibelungen.

MUNTER (FRÉDÉRIC). Fils de Balthasar, qui prépara Struensée à la mort et publia le récit de sa conversion. Frédéric fut professeur de théologie à Copenhague, voyagea en Italie, découvrit les statuts des Templiers dans la bibliothèque Corsini, à Rome; a publié: *Symboles et Idées sur l'Art chrétien*; fonda à Copenhague le musée des antiquités du Nord.

NIETHAMMER (FRÉDÉRIC-EMMANUEL). 1766-1846. Professeur de philosophie et de théologie à Iéna; plus tard, membre du conseil supérieur d'instruction publique à Munich, et de l'Académie des sciences de cette ville; combattit, en matière d'éducation, les principes exclusivement utilitaires.

NOTHNAGEL (Jean-André-Benjamin). Saxe-Cobourg, 1720. Peintre et graveur à l'eau-forte.

ŒSER (Adam-Frédéric). Cet homme, qui occupe une si belle place dans les *Mémoires* de Goethe, naquit à Presbourg, en 1717, et mourut à Leipzig en 1799; il fut peintre, mouleur et graveur. Son fils, Frédéric, était peintre de payage; il mourut dès 1792.

PASSAVANT (Jacques-Louis). Cet aimable compagnon de voyage de Goethe fut plus tard pasteur réformé et membre du consistoire à Francfort.

PAULUS (Henri-Éverard-Théophile). Léonberg (Wurtenberg), 1761-1851. Professeur de théologie à Iéna, à Wurzbourg, à Heidelberg; a pris part aux affaires d'État et laissa de nombreux ouvrages.

POSSELT (Jean-Frédéric), directeur de l'observatoire et professeur de mathématiques à Iéna.

POTT (David-Jules), professeur de théologie à Helmstaedt.

PURKINJE (Jean-Évangéliste), professeur de physiologie à Breslau.

PUTTER (et non Poutter) (Jean-Étienne), jurisconsulte. Il fut professeur de droit à Gœttingue pendant plus d'un demi-siècle; a laissé de savants ouvrages de droit et d'histoire.

RAUCH (Chrétien), professeur de sculpture à Berlin.

RECKE (Élisabeth-Charlotte-Constance, baronne de la). Château de Schœnberg (Courlande), 1756-1833; femme auteur. Elle se sépara de son mari pour suivre Cagliostro; devint mystique à la fin de sa vie.

REICHARDT (Jean-Frédéric). Kœnigsberg, 1752-1814. Maître de chapelle la cour de Russie, puis directeur de l'Opéra de Berlin; a composé de la musique instrumentale et des opéras.

REIFFENSTEIN (Jean-Frédéric).
Les cours de Russie et de Saxe-Gotha lui donnèrent le titre de conseiller. Il fut à Rome le directeur de l'institut fondé pour les jeunes artistes russes.

RETZSCH (Maurice), professeur de peinture à Dresde.

REUSS (François-Ambroise), conseiller des mines et médecin à Bilin.

RIEDESEL (Jean-Hermann, baron de), 1740-1785. Ministre plénipotentiaire de Frédéric II près la cour de Vienne. L'amour des arts le porta à voyager en Italie, en Sicile, en Grèce. Il a laissé: *Voyage dans la Sicile et la grande Grèce*, et *Remarques d'un voyageur moderne au Levant*. Ses intéressants ouvrages ont été réimprimés à Paris en 1802.

RIEMER (Frédéric-Guillaume), conseiller aulique et bibliothécaire à Weimar; fut secrétaire de Goethe et précepteur de son fils.

SAINT-OURS (Jean-Pierre). Genève, 1752-1809. Peintre d'histoire et de portraits; homme, artiste excellent; il étudia et travailla longtemps à Rome, où il se fit une belle réputation, qu'il affermit et étendit encore dans sa ville natale, où il mourut.

SALIS (Jean-Gaudence de), Grisons, 1762. Fut d'abord militaire au service de France, puis inspecteur général des milices en Suisse. Il finit sa vie dans la retraite. Poëte descriptif, il anima ses poésies par le sentiment moral et religieux.

SCHEFFAUER (Philippe-Jacques de), professeur de sculpture à Stuttgart.

SCHINKEL (Charles-Frédéric), Brandebourg, 1781-1841. Architecte à Berlin. Il y construisit le théâtre, le musée, le pont du Château, la porte de Potsdam, l'École du génie et de l'artillerie; directeur général des bâtiments de Prusse, professeur à l'Académie des beaux-arts.

SCHOULZ (Joachim-Christophe-Frédéric), conseiller aulique à Weimar, professeur d'histoire à Mittau.

SCHWENDIMANN (Gaspard-Joseph), médailleur suisse.

SORET (Frédéric). M. Soret, de Genève, savant naturaliste et numismate, a été le précepteur du grand-duc de Saxe-Weimar, aujourd'hui régnant.

SPIELMANN (JACQUES - REINHOLD), Strasbourg, 1722-1783. D'abord professeur de belles-lettres, puis de médecine, de chimie et de botanique à l'université de Strasbourg; a laissé sur ces diverses branches de savants écrits.

THORANE (comte de). Ce personnage, qui occupe une place remarquable dans les *Mémoires* de Goethe, n'a pas laissé dans sa patrie de bien vifs souvenirs; après avoir occupé divers emplois, il passa aux Indes-Occidentales, où il mourut gouverneur d'une des colonies françaises.

THOURET (NICOLAS-FRÉDÉRIC de), peintre et architecte à Stuttgart.

TIECK (FRÉDÉRIC), professeur de sculpture à Berlin, frère du célèbre écrivain Louis Tieck.

TIEDGE (CHRISTOPHE - AUGUSTE), Marche de Prusse, 1752-1841. Poète distingué. On a de lui un poème didactique : *Urania, le Miroir des femmes*, aimable apologie du sexe; des élégies, des poésies diverses, des romans lyriques, enfin, sous le titre de *Monuments du temps*, des chants patriotiques.

TORREMUZZA (GABRIEL-LANCELLOTTO-CASTELLO, prince DE), numismate et antiquaire. Palerme, 1727-1792. Étudia surtout les antiquités de la Sicile; a publié divers ouvrages estimés et laissé de riches collections.

UFFENBACH (JEAN - FRÉDÉRIC). Francfort-sur-le-Mein, 1685-1769. Frère de Zacharie-Conrad, continua ses travaux de bibliophile. Les deux frères rassemblèrent une riche et précieuse bibliothèque, qui fut léguée, avec d'autres collections, par Jean-Frédéric, à l'Académie des sciences de Gœttingue.

UNZER (JEAN-AUGUSTE). Halle, 1727 — Altona, 1799. Il fut médecin à Halle, à Hambourg, à Altona, où il eut une vogue extraordinaire. Ses nombreux écrits intéressent autant les littérateurs et les philosophes que les médecins. Son *Journal de Médecine* eut de nombreuses éditions; on le traduisit en plusieurs langues. Unzer joignait à un profond savoir une grande expérience. Sa femme, Jeanne-Charlotte, a laissé des productions de mérite en prose et en vers.

UWAROFF (SERGIUS D'), conseiller intime à la cour de Russie et président de l'Académie des sciences à Saint-Pétersbourg.

VOLKMANN (JEAN-JACQUES). Hambourg, 1732-1803. Littérateur et géographe; a publié de nombreux ouvrages, et surtout des traductions, qui firent sa fortune.

VOLPATO (JEAN). Bassano, 1733-1802. Graveur célèbre, d'abord brodeur. Il étudia sous la direction de Bartolozzi; il se rendit à Rome, où il fut employé à la gravure des tableaux du Vatican.

WEYLAND. Deux frères de ce nom figurent dans les œuvres de Goethe : Frédéric-Léopold, qui fut étudiant à Strasbourg en même temps que lui, et, dans la suite, conseiller aulique de Darmstadt et médecin à Bouchsweiler; Philippe-Chrétien, qui fut président du Landschafts-Collegium à Weimar.

WILLE (JEAN-GEORGE). Kœnigsberg, 1717—Paris, 1807. Graveur. Il vint à Paris à l'âge de dix-neuf ans, et il y passa toute sa vie; il fut membre de l'Académie des beaux-arts.

WINKLER (JEAN-HENRI), 1703-1772. Jurisconsulte, philosophe de l'école de Wolf; professeur à l'université de Leipzig.

WOLF (ERNEST - WILHELM), 1735-1792. Musicien et compositeur remarquable. Son fidèle attachement à la duchesse Amélie lui fit refuser toutes les offres qui lui furent adressées, et il resta jusqu'à la fin maître de chapelle à Weimar.

ZAUPER (JOSEPH-STANISLAS), chanoine et professeur à Pilsen.

ZELTER (CHARLES-FRÉDÉRIC). 1758-1832. Compositeur, directeur du Conservatoire de Berlin.

ZIEGLER (Frédéric-Guillaume), acteur et auteur dramatique.

ZUCCHI (Antoine), peintre vénitien, épousa Angélica Kauffmann.

ZOUMSTEEG (Jean-Rodolphe). Sachsenflour, dans l'Odenwald, 1760— Stuttgart, 180?. Compositeur; a laissé des œuvres remarquables : *Plainte d'Agar*, *Colma*, *la Lénore* de Burger, *l'Ile des Esprits* de Gotter. Maître de chapelle à la cour de Wurtenberg.

FIN DE LA TABLE DES NOMS DE PERSONNES.

TABLE ALPHABÉTIQUE

DE TOUTES LES ŒUVRES

CONTENUES DANS LES DIX VOLUME

(N. B. Le chiffre romain marque le volume : le chiffre arabe la page.)

ABSENCE (Le Bonheur de l'). Chansons, I, 20.
ABSENTE (A l'Amie). Chansons, I, 25.
ABSOLUTISTES (Aux). Épigrammes, I, 296.
ACCUSATION. Divan, I, 540.
ACHETEURS (Les). Paraboles, I, 372.
ACHILLÉIDE (L'). Poëme, V, 63.
ADIEU. Chansons, I, 19.
ADMISSION. Divan, I, 606.
AFFINITÉS ÉLECTIVES (Les). Roman, V, 335.
AGAPE de Kestner. Épigrammes, I, 293.
AGE (L'). Épigrammes, I, 293.
AH! PETIT FRIPON! Divan, I, 593.
AIGLE et la COLOMBE (L'). Poésies, I, 197.
ALBUM (Extrait d'un) de 1604. Poésies, I, 209.
ALEXANDRE (De quel vin) s'est-il enivré. Divan, I, 591.
ALEXIS et DORA. Élégies, I, 115.
ALLEMAND (L') remercie. Divan, I, 541.
ALLEMANDE (Sur la langue). Mélanges, X.
ALLIANCE (Chant d'). I, 44.
ALPE suisse (L'). Épigrammes, I, 100.
ALTERNÉ (Chant) pour la danse. I, 12.
AMADIS (Le nouvel). Chansons, I, 8.
AMANT sous toutes les formes. Chansons, I, 13.

AMANTE parle (L'). Divan, I, 581.
AMANTE parle encore (L'). Divan, I. 581.
AMATEUR (Monologue de l'). Poésies, I, 256.
AMATEUR et l'ARTISTE (L'). Poésies, I, 260.
AMATEUR et le CRITIQUE (L'). Paraboles, I, 265.
AME du monde. Poésies, I, 306.
AMITIÉ des Allemands (L'). Divan, I, 558.
AMOUR (Le nouvel). Épigrammes, I, 99.
AMOUR peintre de paysage (L'). Poésies, I, 253.
AMOUR pour amour, heure pour heure. Divan, I, 577.
AMOUR et PSYCHÉ (L'). Paraboles, I, 269.
AMOUR sans trêve. Chansons, I, 32.
AMOUREUX (L') malgré lui. Chansons, I, 18.
AMOURS (Qui veut acheter des). Chansons, I, 17.
AMYNTAS. Élégies, I, 128.
ANACRÉON (Le Tombeau d'). Épigrammes, I, 94.
ANGOISSE (D'où me vient cette). Divan, I, 548.
ANIMAUX favorisés. Divan, I, 609.
ANNALES. X. 205.
ANNÉE en année (D'). Épigrammes, I, 295.

ANNÉES (Les). Épigrammes, I, 290.
ANNÉES D'APPRENTISSAGE DE WILHELM MEISTER (Les), VI.
ANNÉES DE VOYAGE DE WILHELM MEISTER (Les), VII, 1.
ANNÉES (Avec les) DE VOYAGE. Poésies, I, 223.
ANTÉPIRRHÈMA (Métamorphose des animaux). I, 312.
ANTIQUE. Poésies, I, 259.
A PEINE l'ai-je retrouvé. Divan, I, 582.
APHORISMES à méditer. Pensées, I, 470.
APPRENTI SORCIER (L'). Ballades, I, 80.
APPROCHE du bien-aimé. Chansons, I, 24.
ARABES (Les). Notes du Divan, I, 616.
ARDEUR (Bienheureuse). Divan, I, 539.
ART et ANTIQUITÉ. Épigrammes, I, 298.
ARTISTE (Le droit de l'). Poésies, I, 257.
ARTISTE (Chant matinal de l'). I, 252.
ARTISTE (Chant du soir de l'), I, 255.
ARTS (Beaux-). I, 249.
ASSEMBLÉE nationale. Épigrammes, I, 292.
ATMOSPHÈRE. Poésies, I, 314.
Au bord de la riante fontaine. Divan, I, 582.
AUDACE. Divan, I, 537.
AUJOURD'HUI et éternellement. Épigrammes, I, 300.
AUJOURD'HUI tu as bien mangé. Divan, I, 594.
AUSSI longtemps qu'on est à jeun. Divan, I, 591.
AUTEURS (Les). Paraboles, I, 264.
AUTOMNE (Impression d'). Chansons, I 33.
AUTREFOIS, quand on citait le saint Coran. Divan, I, 562.
AVANT-GOUT. Divan, I, 604.
AVEC quelle intime jouissance. Divan, I, 588.
AVERTI. Divan, I, 547.
AVERTISSEMENT. Chansons, I, 27.
AVERTISSEMENT. Épigrammes, I, 94.
AVERTISSEMENT. Épigrammes, I, 284.
AVERTISSEMENT. Sonnets, I, 176.
AVERTISSEMENT. Notes du Divan, I, 665.

AVEU. Épigrammes, I, 281.
AVEU. Divan, I, 534.
AVOUE-LE, tu as souvent. Divan, I, 573.
AVRIL. Poésies, I, 218.

BACIS (Prophéties de). I, 155.
BALLADES. I, 59.
BEAUX-ARTS. I, 249.
BEHRAMGOUR, dit-on, trouva la rime. Divan, I, 583.
BÉLINDE (A). Chansons, I, 28.
BÉRISCH (Trois odes à). I, 187.
BESOIN d'aimer. Poésies, I, 202.
BIBAMUS (Ergo). Chansons, I, 53.
BIEN-AIMÉE, Divan, I, 548.
BIENVENUE et adieu. Chansons, I, 27.
BOHÉMIENNE (Chanson). I, 57.
BON à observer. Poésies, I, 315.
BONHEUR champêtre. Épigrammes, I, 95.
BONHEUR en guerre. Chansons, I, 50.
BONHEUR éprouvé. Épigrammes, I, 95.
BONHEUR et songe. Chansons, I, 20.
BONHOMME et bonne femme. Ballades, I, 79.
BONNE NUIT! Divan, I, 612.
BONNES FEMMES (Les). Nouvelle, VII, 533.
BONS (Aux). Épigrammes, I, 288.
BORD (Au) de la rivière. Paraboles, I, 269.
BORD du fleuve (Au). Chansons, I, 25.
BORNES de l'humanité (Les). Poésies, I, 198.
BOUCLES charmantes. Divan, I, 579.
BRIGAND (Le). Poésies, I, 221.
BULBUL (Le chant nocturne de). Divan, I, 598.

CABUS (Le livre du). Notes du Divan, I, 731.
CALIFES (Les). Notes du Divan, I, 631.
CAMP (Un). Épigrammes, I, 97.
CAMPAGNE DE FRANCE (La), X, 1.
CAPRICE DE L'AMANT (Le). Pastorale, II, 1.
CATÉCHISME. Épigrammes, I, 281.
CELA peut être. Divan, I, 577.
CÉLÉBRITÉ (La). Paraboles, I, 266.
CELUI qui aime ne s'égare point. Divan, I, 571.

C'EST bon. Divan, I, 600.
C'EST en vain. Épigrammes, I, 286.
C'EST un défaut de se louer soi-même. Divan, I, 561.
CETTE affreuse coquette. Divan, I, 593.
CHANGEMENT (Le). Chansons, I, 26.
CHANSONS, I, 7.
CHANSONS DE SOCIÉTÉ, I, 41.
CHANT et l'IMAGE (Le). Divan, I. 537.
CHARADE. Sonnets, I, 177.
CHARDIN. Notes du Divan, I, 723.
CHARLOTTE (A). Chansons, I, 30.
CHASSEUR (Chant du soir du), I, 38.
CHATEAU (Le) sur la montagne. Chansons, I, 36.
CHERCHEUR de trésors (Le). Ballades, I, 68.
CHIFFRE. Divan, I, 587.
CHIFFRES. Notes du Divan, I, 676.
CHINOIS à Rome (Le). Épigrammes. I, 98.
CHOISIE (A celle que j'ai). Chansons, I, 23.
CHRISTINE. Chansons, I, 9.
CHULD-NAMEH. LIVRE DU PARADIS. Divan, I, 604.
CIGOGNE (Vocation de la). Paraboles, I, 270.
CINQ choses. Divan, I, 551.
CINQ autres. Divan, I, 551.
CIRRUS, Poésie, I, 315.
CITOYEN GÉNÉRAL (Le). Comédie, III. 129.
CLABAUDEUR (Le). Paraboles, I, 266.
CLAVIJO. Tragédie. II, 375.
CLOCHE qui chemine (La). Ballades. I, 77.
COBLENTZ (Diner à). Épigrammes, I, 282.
CŒUR d'or (A un) qu'il portait à son cou. Chansons, I, 37.
COLIN-MAILLARD. Chansons, I, 9.
COLLIER d'or (Avec un petit). Chansons, I, 30.
COMME je voguais sur l'Euphrate. Divan, I, 572.
COMME les brillants dont les facettes. Divan, I, 578.
COMME si elle reposait sur le nom. Divan, I, 560.
COMME tu me fais je te ferai. Épigrammes, I, 792.

COMMENT pourrais-je être serein encore? Divan, I, 580.
COMPARAISON. Notes du Divan, I, 667.
COMPARAISON. Épigrammes, I, 299.
COMPLAINTE de la noble femme d'Assan-Aga. Ballades, I 90.
COMPLET. Épigrammes, I, 282.
COMPLICES (Les). Comédie, II, 29.
COMPTE RENDU. Chansons, I, 52.
COMTE (Le) exilé et revenu. Ballades, I, 59.
CONCLUSION définitive. Notes du Divan, I, 737.
CONDITION. Épigrammes, I, 289.
CONDITION essentielle. Épigrammes, I, 295.
CONFESSION générale. Chansons, I, 47.
CONFIANCE. Épigrammes, I, 270.
CONNAISSEUR (Le) et l'ARTISTE. Poésies, I, 255.
CONNAISSEUR (Le) et l'ENTHOUSIASTE. Poésies, I, 255.
CONRAD (Le chevalier). Ballades. I, 66.
CONSEIL (Avec le temps vient le). Épigrammes, I, 292.
CONSEIL (Bon). Poésies, I, 256.
CONSEILS aux jeunes artistes. Pensées. I, 474.
CONSEILS multiples. Épigrammes, I, 297.
CONSOLATION dans les larmes. Chansons, I, 33.
CONSOLATION du soldat. Épigrammes, I, 286.
CONSOLATION (Fâcheuse). Divan. I, 548.
CONVENANCE. Épigrammes, I, 286.
CONVERTIE (La). Chansons, I, 10.
COPERNIC (Le nouveau). Chansons, I, 22.
COPHTE (Le grand). Comédie, III, 25.
COPHTES (Chansons). I, 48, 49.
CORAN (Si le) existe de toute éternité. Divan, I, 590.
COUPE (La). Poésies, I, 207.
COUPLE (Un) encore. Divan, I, 546.
COURAGE. Chansons, I, 27.
COURAGE de tailleur. Épigrammes, I, 281.
COURONNES (Les). Épigrammes, I, 100.

COUTUME devient nature. Chansons, I, 46.
CRÉER et vivifier. Divan, I, 535.
CRITIQUE (La). Paraboles, I, 265.
CROISSANCE. Sonnets, I, 173.
CROYEZ-vous donc que de la bouche à l'oreille. Divan, I, 561.
CRUELLE (A la). Poésies, I, 203.
CULTURE. Paraboles, I, 274.
CUMULUS. Poésies, I, 375.

DANGER. Divan, I, 548.
DANGER (Un grand). Pensées, I, 527.
DANS la taverne de grand matin. Divan, I, 593.
DANS le lointain même, si près de toi. Divan, I, 580.
DANSE (Chant alterné pour la), I, 12.
DANSE des morts (La). Ballades, I, 79.
DÉCOURAGEMENT. Épigrammes, I, 288.
DÉDICACE de Faust, IV, 117.
DÉDICACE des poésies, I, 3.
DÉESSE (Ma). Poésies, I, 192.
DÉLIBÉRATION. Chansons, I, 26, 27.
DÉLIVRANCE. Chansons, I, 11.
DÉPART (Le). Sonnets, I, 173.
DE quoi il s'agit. Poésies, I, 316.
DÉSIR. Chansons, I, 35.
DÉSIR. Poésies, I, 202.
DESPOTISME. Notes du Divan, I, 654.
DÉTAIL (En). Épigrammes, I, 294.
DÉTOURS. Poésies, I, 260.
DIANE (Grande est la) des Éphésiens. Poésies, I, 259.
DIETZ (De). Notes du Divan, I, 727.
DIEU, AME ET MONDE. Pensées, I, 339.
DIEU (Le) et la BAYADÈRE. Ballades, I, 85.
DIEU ET LE MONDE. Poésies, I, 305.
DIGNITÉ HUMAINE. Épigrammes, I, 290.
DISCORDANCE. Divan, I, 536.
DITS, CONTREDITS. Épigrammes, I, 288.
DIVAN. I, 529.
DIVAN (Sur le). Épigrammes, I, 298.
DIVAN futur. Notes du Divan, I, 617.
DIVERSES (Poésies). I, 179.
DIVIN (Le). Poésies, I, 199.
DOCTEURS (Les). Épigrammes, I, 96.
DORMANTS (Les sept). Divan, I, 611.
DORNBOURG. Poésies, I, 210.

DOUCE enfant, les tours de perles. Divan, I, 575.
D'OÙ je suis venu. Divan, I, 553.
DOCTES. Notes du Divan, I, 653.
DSCHAMI. Notes du Divan, I, 644.
DSCHELAL-EDDIN-ROUMI parle. Divan, I, 555.
DSCHELAL-EDDIN-ROUMI. Notes du Divan, I, 640.
DURÉE dans le changement. Chansons, I, 45.

ÉCHANGE de fleurs et de signes. Notes du Divan, I, 673.
ÉCHANSON (A l'). Divan, I, 592.
ÉCHANSON (L') parle. I, 592.
ÉCHANSON (L') endormi. I, 596.
ÉCHAPPÉE de la coquille, la perle. Divan, I, 598.
ECKART (Le fidèle). Ballades, I, 77.
ÉCOUTE le conseil. Divan, I, 551.
EFFET à distance. Ballades, I, 76.
ÉGALITÉ. Épigrammes, I, 292.
EGMONT. Tragédie, II, 269.
ÉLÉGIES. I, 101.
ÉLÉGIES ROMAINES. I, 101.
ÉLÉMENTS. Divan, I, 534.
ÉLÉMENTS primitifs de la poésie orientale. Notes du Divan, I, 662.
ELLE ne peut finir. Sonnets, I, 175.
ELPÉNOR. Tragédie, IV, 63.
ÉLYSÉE, à Uranie. Poésies, I, 189.
EMBLÈME. Paraboles, I, 269.
EMPLETTE (A l'). Épigrammes, I, 294.
ENCORE un doigt qui me presse. Divan, I, 609.
ÉNIGME. Épigrammes, I, 290.
ÉNIGMES. Épigrammes, I, 296.
ENTERREMENT. Paraboles, I, 271.
ENTHOUSIASME. Poésies, I, 259.
ENTRETIENS D'ÉMIGRÉS ALLEMANDS. VII, 421.
ENVÉRI. Notes du Divan, I, 639.
ÉPIGRAMMATIQUES (POÈMES). I, 279.
ÉPIGRAMMES VÉNITIENNES. I, 139.
ÉPILOGUE (Le fou). Épigrammes, I, 300.
ÉPILOGUEUR. Paraboles, I, 266.
ÉPIPHANIE. Chansons, I, 55.
ÉPIRRHÉMA. Métamorphose des plantes, I, 310.
ÉPITAPHE. Épigrammes, I, 291.
ÉPITRE. Poésies, I, 256.

ÉPÎTRES. I, 133.
　Épître 1re. I, 133.
　Épître 2e. I, 136.
ÉPOQUE. Sonnets, I, 177.
ÉPOQUES de l'esprit humain. Pensées, I, 520.
ÉPOUX (Les heureux). Chansons, I, 43.
ESPÉRANCE. Chansons, I, 39.
ESPRITS (Chant des) sur les eaux. I, 191.
EST-IL possible, ô mon amie. Divan, I, 571.
ES-TU séparé de ta bien-aimée. Divan, I, 580.
ET ce qui se trouve dans.... Divan, I, 552.
ÉTÉ (En). Chansons, I, 31.
ÉTUDES. Poésies, I, 259.
ÉTYMOLOGIE. Épigrammes. I, 297.
EUPHROSYNE. Élégies, I, 123.
EXCUSE. Épigrammes, I, 97.
EXCUSES. Notes du Divan, I, 722.
EXEMPLE. Épigrammes, I, 291.

FAMILLE (Une sainte). Épigrammes, I, 97.
　FAUST. IV, 115.
　　Dédicace. 117.
　　Prologue sur le théâtre. 119.
　　Prologue dans le ciel. 125.
　　La Tragédie, première partie, 129.
　　La Tragédie, deuxième partie, 267.
FAVEUR suprême. Divan, I, 555.
FEMMES élues. Divan, I, 606.
FER-A-CHEVAL (Légende du). Paraboles, I, 276.
FERDOUCY parle. Divan, I, 555.
FERDOUCY. Notes du Divan, I, 637.
FETVA. Hafiz, dans ses esquisses. Divan, I, 541.
FETVA. Le mufti lut l'un après l'autre. Divan, I, 542.
FIANCE (Le). Poésies, I, 209.
FIANCÉE (La) de Corinthe. Ballades, I, 82.
FILET (Le) magique. Poésies, I, 206.
FILEUSE (La). Ballades, I, 70.
FILLE NATURELLE (La). Tragédie, III, 371.
FILS des Muses (Le). Chansons, I, 11.
FINLANDAISE (Chanson). I, 57.
FLEURETTE belle à ravir (La). Ballades, I, 65.

FLEURS (Le salut des). Chansons, I, 31.
FOI aux miracles. Divan, I, 598.
FOIRE (La) de Hunefeld. Épigrammes, I, 283.
FORMES naturelles de la poésie. Notes du Divan, I, 671.
FOURBERIE ou tromperie. Épigrammes, I, 292.
FRAGMENT sur moi-même. Œuvres diverses. X.
FRÈRE (Le) et la Sœur. Comédie. III, 1.
FRÈRES (Les deux). Épigrammes, I, 94.
FRÉRON. Mélanges. X.

GAGES de Félicité. Divan, I, 532.
GAGEURE (La). Comédie, IV, 95.
GANYMÈDE. Poésies, I, 198.
GELLERT (Monument de). Poésies, I, 182.
GÉMISSEMENT. Épigrammes, I, 280.
GEMME (Explication d'une) antique. Paraboles, I, 263.
GÉNIE (Manière de vivre du). Épigrammes, I, 287.
GENRES de poésie. Notes du Divan, I, 670.
GINGO biloba. Divan, I, 573.
GOETZ DE BERLICHINGEN. Drame, II, 129.
GOUVERNEMENT. Notes du Divan, I, 624.
GOÛT (Du). Œuvres diverses. X.
GRACES (Quatre). Divan, I, 534.
GRAND-COPHTE (Le). Comédie. III, 25.
GRENOUILLES (Les). Paraboles, I, 271.
GUERRE (Déclaration de). Chansons, I, 13.

HAFIZ-NAMEH. Livre de Hafiz, Divan, I. 540.
HAFIZ, s'égaler à toi. Divan, I, 543.
HAFIZ (A). Ce que veulent tous les hommes. Divan, I, 544.
HAFIZ. Notes du Divan, I, 642.
HAMMER (De). Notes du Divan, I, 732.
HANS-SACHS. Poésies, I, 223.
HARPES éoliennes. Poésies, I, 217.
HATEM. Ce n'est pas l'occasion. Divan, I, 571.

HÉBEL. Poésies alemaniques. Œuvres diverses, X.
HEBREUX (Les). Notes du Divan, I, 615.
HÉGIRE, Divan, I, 531.
HERMANN ET DOROTHÉE. Poëme, V, 1.
HERMANN ET DOROTHÉE. Élégies, I, 129.
HÉROS (Le) qui me plaît. Poésies, I, 222.
HEURES ET SAISONS CHINOISES-ALLEMANDES. I, 321.
HIKMET-NAMEH. LIVRE DES MAXIMES. Divan, I, 563.
HISTOIRE. Notes du Divan, I, 625.
HIVER (L') et TIMOUR. Divan, I, 568.
HOMÈRE, derechef Homère. Épigrammes, I, 298.
HONORE la salutation de l'inconnu. Divan, I, 552.
HOWARD (Souvenir d'honneur à). Poésies, I, 314.
HUMEUR accommodante. Divan, I, 48.
HUMILITÉ. Épigrammes, I, 288.
HYPOCONDRE. Épigrammes, I, 287.

IDÉAL. Poésies, I, 260.
IDÉE tout à fait générale. Notes du Divan, I, 649.
ILLUSION. Chansons, I, 13.
ILMENAU. Poésies, I, 283.
IL sommeille doucement. Divan, I, 596.
IL tomba du ciel dans l'abîme des mers. Divan, I, 598.
IMAGE sublime. Divan, I, 584.
IMITATION, Divan, I, 549.
IMITATIONS DE LA FORME ANTIQUE. I, 93.
INPATIENCE. Poésies, I, 222.
IMPORTUNS (Aux). Épigrammes, I, 288.
INDISPENSABLE. Poésies, I, 260.
INDIVIDU (L') et le TOUT. Poésies, I, 306.
INDIVIDUEL (Importance de l'). Œuvres diverses, X.
INÉVITABLE. Divan, I, 549.
INFIDÈLE (Un). Ballades, I, 61.
INFINI. Divan, I, 542.
INNOCENCE. Chansons, I, 22.
INSTALLATION (Chant d'). I, 42.

INTRODUCTION. Notes du Divan, I, 613.
INVINCIBLE. Épigrammes, I, 285.
INVITATION. Divan, I, 570.
IPHIGÉNIE EN TAURIDE. Drame, IV, 1.
ISRAËL dans le désert. Notes du Divan, I, 689.
IVRES, il faut que nous le soyons tous. Divan, I, 591.

JE connais bien les regards des hommes. Divan, I, 572.
JE demande peu de chose. Divan, I, 574.
JE n'écris plus sur la feuille de soie. Divan, I, 588.
JE ne veux jamais te perdre. Divan, I, 579.
JE suis prêt à l'expliquer. Divan, I, 572.
JE vis un jour avec surprise. Divan, I, 599.
JÉRY ET BAETELY. Opéra, II, 99.
JÉSUS-CHRIST (Descente de) aux enfers. Poésies, I, 232.
JÉSUS descendant du ciel. Divan, I, 600.
JEUNE FILLE (La) et le POËTE. Sonnets, I, 177.
JOUISSANCE de la vie. Épigrammes, I, 299.
JOUISSANCE (Vraie). Chansons, I, 18.
JOUR et JOURNAL. Épigrammes, I, 292.
JOYEUX et hardi. Chansons, I, 49.
JOYEUX et hardi. Épigrammes, I, 286.
JUIF (Le) errant. Poésies, I, 235.
JUIN. Poésies, I, 219.
JUSTES bornes. Chansons, I, 38.
JUSTICE (Devant la). Ballades, I, 70.
KNEBEL (De). Traduction de Lucrèce. Œuvres diverses, X.
KOTZEBUE, Œuvres diverses, X.
KRONOS (Au postillon). Poésies, I, 194.

LABOUREUR (Au). Épigrammes, I, 94.
LAC (Sur le). Chansons, I, 31.
La foule, l'esclave et le maître. Divan, I, 577.
LAISSE à Alexandre le miroir du monde. Divan, I, 588.
LAISSEZ-moi pleurer, environné de la nuit. Divan, I, 583.
LANGAGE. Épigrammes, I, 297.

LAOCOON (Sur le). Œuv. div., X, 389.
LARGE (Au). Épigrammes, I, 294.
LARGE (Aussi) que long. Épigrammes, I, 289.
LECTEURS (Aux) bienveillants. Chansons, I, 7.
LECTURE (Livre de). Divan, I, 547.
LÉGENDE. Paraboles, I, 264.
LÉGENDE (La) du fer-à-cheval. Paraboles, I, 276.
LÉOPOLD (Le duc) de Brunswick. Épigrammes, I, 93.
LÉTHARGIE. Chansons, I, 22.
LETTRE de l'amante. Sonnets, I, 174.
LETTRE (Deuxième) de l'amante. Sonnets, I, 174.
LIBÉRAL (Le) est trompé. Divan, I, 554.
LIDA (A). Poésies, I, 208.
LILA (A) (Chant matinal du pèlerin). I, 190.
LINA (A). Chansons, I, 39.
LITTÉRATURE universelle. Épigrammes, I, 299.
LOIN (De). Épigrammes, I, 95.
LORSQUE j'étais honnête, I, 553.
LUCRÈCE. Traduction par de Knebel, Œuvres diverses, X, 459.
LUNE (A la). Chansons, I, 21.
LUNE (A la). Chansons, I, 38.
LUNE (A la pleine), qui se levait. Poésies, I, 209.
L'UN s'en va après l'autre. Divan, I, 553.

MADEMOISELLE N. N. Épigrammes, I, 284.
MAHMOUD de Gasna. Notes du Divan, I, 633.
MAHOMET (Chant de). I, 190.
MAHOMET. Notes du Divan, I, 628.
MAI (Chanson de). I, 32.
MAI (Chant de). I, 29.
MAI. Poésies, I, 218.
MAÎTRE d'école de village (Un). Paraboles, I, 275.
MAÎTRES (Nos). Notes du Divan, I, 725.
MALIGNE JOIE. Chansons, I, 22.
MARCHE (Les Muses et les Grâces dans la). Chansons, I, 54.
MARCHÉS (Les) nous poussent aux emplettes. Divan, I, 553.

MARIAGE mal assorti. Épigrammes, I, 97.
MARMITE (La) neuve disait au Chaudron. Divan, I, 599.
MARS. Chansons, I, 15.
MATHAL NAMEH. LIVRE DES PARABOLES. Divan, I, 598.
MAXIMES ET RÉFLEXIONS. I, 403.
MEDSCHNOUN signifie. Divan, I, 560.
MEILLEURS (Aux). Épigrammes, I, 289.
MEISTER. (Voyez WILHELM).
MÉLANCOLIE. Chansons, I, 25.
MÉLANCOLIE (Délices de la). Chansons, I, 37.
MEMENTO. Épigrammes, I, 289.
MÉMOIRES (Vérité et Poésie). VIII.
MENACES diverses. Épigrammes, I, 285.
MER calme. Chansons, I, 27.
MÉTAMORPHOSE des animaux. Poésies, I, 310.
MÉTAMORPHOSE des plantes. Poésies, I, 308.
MEUNIÈRE (La trahison de la). Ballades, I, 72.
MEUNIÈRE (Le repentir de la). Ballades, I, 73.
MIEDING (Sur la mort de). Poésies, I, 227.
MIEUX (Le). Épigrammes, I, 289.
MIGNON (A). Chansons, I, 35.
MINEURS (Au corps des). Épigrammes, I, 97.
MINUIT (A). Poésies, I, 210.
MIROIR de la Muse (Le). Épigrammes, I, 99.
MISANTHROPE (Le). Chansons, I, 17.
MODÈLES. Divan, I, 546.
MODERNES. Poésies, I, 260.
MOGANNI NAMEH. LIVRE DU CHANTEUR. Divan, I, 531.
MONDE (Le cours du). Épigrammes, I, 291.
MONDE (Le) est d'un bout à l'autre. Divan, I, 588.
MONDES (Entre les deux). Poésies, I, 208.
MONTAGNE (De la). Chansons, I, 31.
MONTEVILLA (Jean de). Notes du Divan, I, 708.
MOTIF. Épigrammes, I, 286.

Moulin (Le Jeune garçon et le Ruisseau du). Ballades, I, 71.
Muley le voleur en vint au point. Divan, I, 590.
Musagètes (Les). Poésies, I, 203.
Musées. Épigrammes, I, 298.
Mystère évident. Divan, I, 543.
Mystère. Divan, I, 550.
Mystère (Profond). Divan, I, 550.
Mystères (Les). Poésies, I, 240.

Naïveté et humour. Pensées, I, 469.
Nativité. Épigrammes, I, 293.
Nature et art. Épigrammes, I, 279.
Navigation. Poésies, I, 196.
Nectar (Les gouttes de). Poésies, I, 249.
Ne demande pas par quelle porte. Divan, I, 553.
Némésis. Sonnets, I, 175.
Néologues. Paraboles, I, 265.
Ne permets pas à ta bouche vermeille. Divan, I, 580.
Népomucène (La veille de saint). Poésies, I, 220.
Nette et joliette. Épigrammes, I, 295.
Nimbus. Poésies, I, 315.
Nisami. Notes du Divan, I, 640.
Noce (La). Paraboles, I, 271.
Noces (Chant de). Ballades, I, 67.
Nocturne (Chant). I, 34.
Noël (Présent de). Sonnets, I, 175.
Notes et dissertations sur le Divan. I, 613.
Nouvel amour, nouvelle vie. Chansons, I, 28.
Nouvelle. VII, 559.
Nouvelle année (Pour la). Chansons, I, 41.
Novembre (Chanson de). I, 23.
Nuit (La belle). Chansons, I, 19.
Nuit de pleine lune. Divan, I, 586.
Nuit d'été. Divan, I, 595.
Nuit nuptiale (La). Chansons, I, 21.

Objection. Notes du Divan, I, 655.
Objet aimable. Divan, I, 535.
Observation transitoire. Notes du Divan, I, 632.
Observations générales. Notes du Divan, I, 647.

Observations incidentes. Notes du Divan, I, 662.
Octobre (Au 31) 1817. Épigrammes, I, 293.
Odes (Trois) à mon ami Behrisch. I, 187.
Œuf frais, bon œuf. Épigrammes, I, 290.
Oh! pourquoi nos sens sont-ils si nombreux? Divan, I, 580.
Oléarius. Notes du Divan, I, 723.
O maître! songe que dans l'ivresse. Divan, I, 595.
Ombre (Une) noire est sur la poussière. Divan, I, 538.
On a toujours fait mille contes. Divan, I, 552.
On ne s'inquiète plus de cela. Divan, I, 591.
On ne trouvera point de rimeur. Divan, I, 557.
On peut toujours se présenter au savant. Divan, I, 554.
Oracle (L') du printemps. Chansons, I, 42.
Oracles (Livres). Notes du Divan, I, 673.
Orage (Chant d') du pèlerin. I, 195.
Originaux (Les). Paraboles, I, 274.
Originaux (Aux). Épigrammes, I, 287.
Orphique (Poésie) I, 312.
Commentaire sur la poésie orphique. I, 523.
Où donc as-tu pris ces choses? Divan, I, 557.
Oui, c'étaient là les yeux. Divan, I, 547.
Oui, je me suis aussi attablé. Divan, I, 590.
Ouvrier (L') orfèvre. Chansons, I, 14.

Page (Le) et la Meunière. Ballades, I, 70.
Paix de l'âme chez le pèlerin. Divan, I, 561.
Palinodies (Trois). Paraboles, I, 273.
Palissot. Œuvres diverses, X, 383.
Panacée. Épigrammes, I, 298.
Pandore. Drame, III, 251.

PARABASE. Métamorphose des plantes, I, 308.
PARABOLES. I, 263.
PARC (Le). Épigrammes, I, 96.
PARC (Le) de la maison. Épigrammes, I, 284.
PARC (Le) de Lili. Poésies, I, 200.
PAREILLES (Les). Chansons, I, 12.
PARIA (Le). Ballades, I, 87.
PARLE, sous quel signe céleste. Divan, I, 578.
PARNASSE (Le) allemand. Poésies, I, 179.
PARSI NAMEH. LIVRE DU PARSI. Divan, I, 601.
PARTERRE (Le) parle. Épigrammes, I, 294.
PARTOUT et toujours. Poésies, I, 218.
PASSANT (En). Poésies, I, 220.
PASSÉ (Le) dans le présent. Divan, I, 536.
PÂTÉ (Le) de chat. Paraboles, I, 263.
PAUSIAS (Le nouveau) et la BOUQUETIÈRE. Élégies, I, 119.
PAYSAGE. Poésies, I, 261.
PÊCHEUR (Le). Ballades, I, 64.
PEINE inutile. Épigrammes, I, 289.
PÈLERINAGES et CROISADES. Notes du Divan, I, 706.
PENSÉE de nuit. Poésies, I, 208.
PENSÉES POLITIQUES. I, 303.
PENSÉES DIVERSES SUR L'ART. I, 467.
PENSÉES EN PROSE. I, 403.
PENSÉES EN RIMES. I, 339.
PENSÉES (Libres). Divan, I, 533.
PENTECÔTE. Poésies, I, 221.
PERFECTIBILITÉ. Épigrammes, I, 281.
PERSES (Anciens). Notes du Divan, I, 620.
PERTE (Première). Chansons, I, 24.
PHÉBUS et HERMÈS. Épigrammes, I, 99.
PHÉNOMÈNES. Divan, I, 535.
PHILOMÈLE. Épigrammes, I, 96.
PHILOSOPHIE de la nature. I, 527.
PIRON. Œuvres diverses, X, 386.
PLACE consacrée. Épigrammes, I, 96.
PLAINTE du berger. Chansons, I, 33.
PLAINTES du matin. Poésies, I, 204.
PLAISIR (Le). Paraboles, I, 268.
PLAISIR et peine. Chansons, I, 15.
POÈMES (Les). Paraboles, I, 268.
POÈMES ÉPIGRAMMATIQUES. I, 279.
POÉSIE (La). Paraboles, I, 268.
POÉSIES DIVERSES. I, 179.
POÈTE (Ils t'appellent le grand). Divan, I, 594.
POÈTES (Pour les jeunes). Œuvres diverses, X, 462.
POÈTES modernes et récents. Notes du Divan, I, 650.
POÉTIQUE finale. Épigrammes, I, 300.
POLO (Marco). Notes du Divan, I, 707.
POUDRE aux mouches. Paraboles, I, 269.
POUR elle. Épigrammes, I, 296.
POUR jamais. Poésies, I, 208.
POURQUOI es-tu souvent si malgracieux? Divan, I, 591.
POURQUOI n'userais-je pas? Divan, I, 538.
PRÉFÉRENCE (Ma). Épigrammes, I, 289.
PRENEUR (Le) de rats. Ballades, I, 69.
PRÈS de toi. Chansons, I, 23.
PRÉSENCE. Chansons, I, 24.
PRÊTRES (Le jeu des). Paraboles, I, 267.
PRIÈRE royale. Poésies, I, 200.
PRIMITIF. Épigrammes, I, 287.
PRINTEMPS précoce. Chansons, I, 32.
PRINTEMPS (Le) prochain. Poésies, I, 219.
PRIVILÉGIÉS (Les hommes). Divan, I, 604.
PROBATUM EST. Épigrammes, I, 287.
PROBLÈME. Épigrammes, I, 286.
PROMÉTHÉE. Drame, M, 85.
PROOEMIUM. Poésies, I, 305.
PROPHÈTE (Le) parle. Divan, I, 562.
PROPHÉTIES DE BACIS. I, 155.
PROPOSITION amiable. Épigrammes, I, 280.
PROPOSITION AMIABLE. Œuvres diverses, X, 377.
PROPRIÉTÉ. Chansons, I, 39.
PROTESTATION. Notes du Divan, I, 669.
PROVISION de voyage. Sonnets, I, 173.
PRUDE (La). Chansons, I, 10.

QUAND je suis seul à table. Divan, I, 590.

QUELQU'UN se trouve-t-il heureux. Divan, I, 558.

QUE signifie ce mouvement? Divan, I, 584.

QUE Souleika fût charmée de Joussouf. Divan, I, 570.

QUI peut commander louera. Divan, I, 554.

QU'ON ait la manie française. Divan, I, 562.

RAPPORT, INCLINATION, etc. Pensées, I, 519.

RÉACTION. Notes du Divan, I, 659.

RÉCIPROQUE. Poésies, I, 221.

REFLET. Divan, I, 587.

RÉFLEXIONS MORALES. Pensées, I, 519.

RÉFLEXIONS sur les sciences naturelles. Pensées, I, 479.

REGARD (Il est doux le). Divan, I, 551.

REGARD (Me délecter de ton). Divan, I, 583.

REGARD hostile. Épigrammes, I, 296.

REGARDS, bien-aimée, ces riches rameaux. Divan, I, 581.

RÈGLE de vie. Épigrammes, I, 290.

RÈGLE des princes. Épigrammes, I, 291.

RENARD (ROMAN DU). V, 85.

RENARD (Le) et la GRUE. Paraboles, I, 270.

RENARD (Le) et le CHASSEUR. Paraboles, I, 270.

RENARD (Le) mort, la fourrure a du prix. Chansons, I, 8.

RENCONTRE (Agréable). Sonnets, I, 171.

RENDSCH NAMEH, LIVRE DE LA MAUVAISE HUMEUR. Divan, I, 557.

RÉPONSES à des questions dans un jeu de société. Chansons, I, 15.

REPROCHE (Ils ne nous ont fait nul). Divan, I, 592.

RÉSIGNATION. Divan, I, 549.

RESSOUVENIR. Chansons, I, 24.

RESSOUVENIR. Divan, I, 607.

RETENTISSEMENT. Divan, I, 585.

RÉVISION. Notes du Divan, I, 742.

REVOIR (Le). Élégies, I, 128.

REVOIR (Le). Divan, I, 585.

RÉVOLTÉS (Les). Drame, III, 189.

REVUE. Notes du Divan, I, 645.

RIEN qui plaise. Épigrammes, I, 288.

ROCH (La fête de saint) à Bingen. Œuvres diverses, X, 177.

ROCHER (Le) choisi. Épigrammes, I, 95.

ROI (Le) des Aunes. Ballades, I, 62.

ROIS des Poètes. Notes du Divan, I, 636.

ROSE (La) de la bruyère. Chansons, I, 9.

RUBAN (Avec un) orné de dessins. Chansons, I, 29.

RUPTURE. Chansons, I, 26.

SAADI. Notes du Divan, I, 642.

SACHS (Hans). Poésies, I, 223.

SAGES (Les) et les GENS. Poésies, I, 317.

SAINTE (Nouvelle). Épigrammes, I, 284.

SAISONS (Les Quatre). I, 161.

SAKI-NAMEH (Livre de l'échanson). Divan, I, 590.

SAKONTALA. Épigrammes, I, 98.

SALUT. Divan, I, 549.

SANS BALANCER. Sonnets, I, 172.

SANS-CULOTTISME littéraire. Œuvres diverses, X, 450.

SANS DOUTE. Poésies, I, 316.

SATIRE critique. Épigrammes, I, 295.

SAVOIR-FAIRE (Le). Épigrammes, I, 289.

SCEPTIQUES (Les) et les AMOUREUX. Sonnets, I, 176.

SCHAH-SEDSCHA et ses pareils. Divan, I, 555.

SCHILLER (Méditation devant le crâne de). Poésies, I, 211.

SCIENCES NATURELLES (Réflexions sur les), I, 479.

SCRUPULE. Chansons, I, 7.

SÉANCE. Paraboles, I, 264.

SÉBUS (Jeanne). Ballades, I, 63.

SECOURS plus prochains. Notes du Divan, I, 706.

SENSATIONS diverses dans un même lieu. Chansons, I, 16.

SENTENCES. Pensées, I, 341.

SENTIMENT humain. Poésies, I, 200.

SICILIENNE (Chanson). I, 56.

SIÈGE DE MAYENCE, X, 153.

CONTENUES DANS LES DIX VOLUMES.   485

SIGNAL. Divan, I, 544.
SIGNES menaçants. Paraboles, I, 271.
SIGNES du temps. Épigrammes, I, 292.
SI l'homme admire la terre. Divan, I, 603.
SIRÈNE (La nouvelle). Épigrammes, I, 100.
SI tu passes à cheval. Divan, I, 552.
SI tu te reposes sur le bien. Divan, I, 559.
SOCIÉTÉ. Épigrammes, I, 287.
SOLDATS (Chanson des). I, 57.
SOLITUDE. Épigrammes, I, 95.
SOMBRE (Loi du). Poésies, I, 316.
SOMMELIER (Au). Divan, I, 592.
SONNET (Le). Épigrammes, I, 279.
SONNETS. I, 171.
SOUCI. Chansons, I, 39.
SOUCIS (Heureux). Épigrammes, I, 94.
SOUFFLE de l'Occident. Divan, I, 585.
SOUFFRANCES du jeune Werther (Les). V, 209.
SOUFFRANCES du jeune Werther (Des). Poésies, I, 212.
SOUHAITS de jeunes filles. Épigrammes, I, 285.
SOULEIKA parle. Divan, I, 556.
SOULEIKA (A). Divan, I, 568.
SOULEIKA. Enchantée de ton amour. Divan, I, 571.
SOULEIKA (Puisque) est ton nom. Divan, I, 570.
SOULEIKA NAMEH. LIVRE DE SOULEIKA. Divan, I, 570.
SOUVENIR. Épigrammes, I, 280.
SOUVENIR. Épigrammes, I, 298.
SOUVENIR vivant. Chanson, I, 20.
SPECTRE (Salutation du). Chansons, I, 36.
STELLA. Tragédie, II, 433.
STRATUS. Poésie, I, 314.
SUBMERGÉ. Divan, I, 547.
SUISSE (Chanson). I, 56.
SUPÉRIEUR et suprême. Divan, I, 610.
SUPÉRIORITÉ (La), vous pouvez la sentir. Divan, I, 558.
SUPPLÉMENT. Notes du Divan, I, 658, 672.
SURNOM. Divan, I, 540.

SURPRISE (Violente). Sonnets, I, 171.
SYMBOLE. Paraboles, I, 272.

TABLE (Chanson de). I, 46.
TABLE ouverte. Chansons, I, 51.
TALISMANS. Divan, I, 533.
TASSO (Torquato). Drame, III, 285.
TAVERNIER. Notes du Divan, I, 723.
TEFKIR NAMEH. LIVRE DES RÉFLEXIONS. Divan, I, 551.
TEMPS (La mesure du). Épigrammes, I, 94.
TENTATION. Épigrammes, I, 97.
TESTAMENT. Poésies, I, 307.
TESTAMENT (De l'Ancien). Notes du Divan, I, 689.
TESTAMENT de l'ancienne foi persane. Divan, I, 601.
THÉÂTRE allemand. Pensées, I, 477.
TIMOUR NAMEH. LIVRE DE TIMOUR. Divan, I, 568.
TIMOUR parle. Divan, I, 562.
TON amour, ton baiser. Divan, I, 607.
TOUJOURS le même. Épigrammes, I, 296.
Tous les hommes, grands et petits. Divan, I, 600.
TRADITIONS. Notes du Divan, I, 636.
TRADUCTIONS. Notes du Divan, I, 734.
TRAITEZ la femme avec ménagement. Divan, I, 554.
TRANSITION. Notes du Divan, I, 620.
TRANSITION des tropes aux métaphores. Notes du Divan, I, 664.
TRILOGIE de la passion. Poésies, I, 212.
TRINITÉ. Épigrammes, I, 293.
TROUVER. Chansons, I, 12.
TU dis que les années t'ont ravi. Divan, I, 554.
Tu peux te cacher sous mille formes. Divan, I, 589.
Tu riais de ces feuilles ambitieuses Divan, I, 576.
TYPE. Poésies, I, 260.

ULTIMATUM. Poésies, I, 317.
UN (L') comme l'autre. Paraboles, I, 274.
UN roi avait deux caissiers. Divan, I, 599.
USAGE reçu. Poésies, I, 316.

486 TABLE ALPHABÉTIQUE DES ŒUVRES, ETC.

Uschk Nameh. Livre de l'amour. Divan, I, 546.

Valet. Paraboles, I, 275.
Valle (Pietro della). Notes du Divan, I, 709.
Vanitas vanitatum. Chansons, I, 49.
Vérité et Poésie. Mémoires, VIII.
Vérité et vraisemblance dans les œuvres d'art. Œuvres diverses, X, 426.
Versus memoriales. Épigrammes, I, 283.
Vice Versa. Épigrammes, I, 291.
Vie (La) est une mauvaise plaisanterie. Divan, I, 554.
Vie (La) est un jeu de l'oie. Divan, I, 554.
Vie universelle. Divan, I, 538.
Viens, bien-aimée. Divan, I, 574.
Viens ça, échanson! Divan, I, 594.
Vigoureux et hardi. Divan, I, 537.
Village (Le) de la montagne. Paraboles, I, 272.
Vinci (Léonard de) Œuvres diverses, X, 399.
Violette (La). Ballades, I, 61.
Visage (Le laid). Épigrammes, I, 282.
Visite (La). Poésies, I, 205.
Voici le soleil. Divan, I, 573.

Voila bien cinquante années. Divan, I, 559.
Voltaire. Œuvres diverses, X, 387.
Vos (Jean-Henri). Œuv. div., X, 434.
Votre univers brisé. Divan, I, 580.
Vous ai-je donc jamais donné des conseils. Divan, I, 561.
Voyage (Heureux). Chansons, I, 27.
Voyage dans le Harz en hiver. Poésies, I, 193.
Voyages en Suisse et en Italie. IX.
Voyages physiognomoniques. Épigrammes, I, 98.
Voyageur (Le). Poésies, I, 249.
Voyageur (Chant de nuit du). I, 37.
Voyageur (Le) et la Fermière. Ballades, I, 75.
Voyageurs plus modernes. Notes du Divan, I, 724.

Weimar (Les bons vivants de). Chansons, I, 56.
Werther (Les souffrances du jeune). V, 209.
Wilhelm Meister,
  Années d'apprentissage. VI.
  Années de voyage. VII.
Wieland (Discours en mémoire de). Œuvres diverses, X, 351.

Xénies. Pensées, I, 255.

FIN DE LA TABLE ALPHABÉTIQUE.

TABLE DES MATIÈRES.

INTRODUCTION..
CAMPAGNE DE FRANCE.. 1
SIÉGE DE MAYENCE.. 153
FÊTE DE SAINT ROCH A BINGEN.. 177
ANNALES DE 1749 A 1822... 205
ŒUVRES DIVERSES... 349
    Discours en l'honneur de Wieland.................................. 351
    Importance de l'individuel... 370
    Kotzeboue... 372
    Sur moi-même; fragments... 374
    Proposition amiable.. 377
    Fréron... 378
    Du goût... 379
    Palissot... 383
    Piron... 386
    Voltaire... 387
    Sur le Laocoon.. 389
    La Cène de Léonard de Vinci.. 399
    Vérité et vraisemblance dans les œuvres d'art............... 428
    Poésies de Jean-Henri Voss.. 434
    Poésies alemaniques par J.-P. Hebel............................. 445
    Sans-culottisme littéraire.. 450
    Sur la langue allemande... 455
    Traduction de Lucrèce par de Knebel............................ 459
    Pour les jeunes poëtes... 462
    Encore un mot pour les jeunes poëtes.......................... 464
    Table alphabétique de noms de personnes................... 467
    Table alphabétique de toutes les œuvres...................... 475

FIN DE LA TABLE DES MATIÈRES DU DIXIÈME ET DERNIER VOLUME.

PARIS. — IMPRIMERIE DE CH. LAHURE ET Cie
Rue de Fleurus, 9

www.ingramcontent.com/pod-product-compliance
Lightning Source LLC
Chambersburg PA
CBHW071611230426
43669CB00012B/1908